# ヴェブレンとその時代

いかに生き、いかに思索したか

稲上 毅
Inagami Takeshi

新曜社

# ヴェブレンとその時代——目次

装幀――難波園子

## 凡例

一、本文中で括弧またはカギ括弧をして、やや小さな文字で付記している文章あるいは文言は、すべて私が補足したものである。注の場合も同様である。

一、外国人のファースト・ネームについては、必要がないと思われる場合、たとえば、「C・パース」を「パース」とだけ記したが、別の離れた箇所であれば、改めて「C・パース」と記している。

一、日本語訳があるもののページ数については、「訳」のあとに漢数字ではなく算用数字で、たとえば「訳25」（日本語訳の二五ページ）のように記した。

一、引用表記が、たとえば（Veblen, 1904: 38 [1934: 209]）となっている場合、初出の一九〇四年の掲載誌のページ数が三八、のちにヴェブレンの著書（一九三四年刊）に収められたときのページ数が二〇九であることを示している。

なお、巻末の「引用文献一覧」によって、それぞれの掲載誌および著書を確認することができる。

# はじめに

いったいソースタイン・ヴェブレンとはいかなる人物か。かれの真髄に迫ろうと、いまもこんこんと湧き出るヴェブレンの泉を訪れる研究者があとを絶たない。

しかし群盲、象を撫でるというべきか、ヴェブレン像はまことに多面体。『有閑階級の理論』（一八九九年）ひとつとってみても、多彩なイメージが描き出されてきた。

いわく――、そこにフォーディズムやフェミニズムの明晰な構図がある。環境問題の原初的な準拠枠が暗示されている。いまでは「ヴェブレン効果」と呼ばれる消費性向や生活様式の下方伝播の理論が明らかにされており、それはヴェブレンがマーケティング研究の先達であることを物語っている。この作品によって現代大学論の重要な礎が据えられた。平和と略奪、製作者本能と競争心による顕示的浪費、産業的職業と金銭的職業といった二項対立的で進化論的な（ときに先祖返りを含む）その歴史図式は大胆で刺激的だ。現存する社会制度あるいは思考習慣は過去の淘汰的適応プロセスの産物であり、原理的に環境変化そのものに追いつくことができないという文化的遅滞の理論も洞察力に富んでいる。「魂のない」株式会社が「寄生的な」産業の総帥に取って代わるといった展望もその言葉遣いともども興味深い。しかし、その特異な人種類型論はいただけない――、といったようにである。

ヴェブレン像のこの多面体的な形姿は『営利企業の理論』（一九〇四年）、『帝政ドイツと産業革命』（一九一五年）、『平和論』（一九一七年）、『近代科学論集』（一九一九年）、中世アイスランドの史伝的物語『ラックサー谷の人びとのサガ』（一九二五年）の翻訳まで視野に入れれば、いっそうゆるぎないものになる。ヴェブレン像の多面体は多少とも謎めいたその人格イメージや起伏の激しい生活史によって増幅され、さらにヴェブレンに対する錯綜した学問的評価によって一挙に膨張する。

この多面体の成り立ちを解明し、ヴェブレンの世界をできるだけ秩序立ったものに再構成してみたい[1]。それがこの本に託した願いであり、また狙いである。

そのために、ふたつのことを確かめておこう。ひとつは、冷戦後のこの二〇年ほどのうちに国際的に積み重ねられてきたヴェブレン研究の広がりと深まりのなかで、かれやその家族をめぐる生活史の新たな書き直しが精力的に行なわれてきた。そのプロセスで、ヴェブレン伝といえば、これまで他に比肩するものがないとされてきた不動の古典、J・ドーフマンの『ソースタイン・ヴェブレンとかれのアメリカ』(一九三四年、以下『ヴェブレン』と記す。八木甫訳『ヴェブレン——その人と時代』一九八五年)が批判の俎上にのぼり、厳しい非難に曝された。その経緯と内容を追ってみたい。

もうひとつ、このドーフマンも含めて、ヴェブレンとはいかなる人物であるかについてどのような見方が支配的だったのか、その研究史をふりかえっておこう。

## 異邦人あるいは境界人

これらふたつの問いのうち、時間の順序を考えて後者からはじめよう。

最も早いヴェブレン研究のひとつである『現代経済思想』(一九二八年——ヴェブレンのほか、J・ベイツ・クラーク、A・マーシャル、J・A・ホブソン、W・ミッチェルが取り上げられている)のなかで、ヴェブレンの孫弟子にあたるP・ホーマンは、「ヴェブレンの青年期の思想形成に影響を与えたものが何であるかが明らかになれば、かれについての理解がもっと進むだろう。しかし不幸なことに、かれの生活史について書かれたものはほとんどない」と慨嘆した(Homan, 1928: 108)。

コロンビア大学の大学院生だったドーフマンの問題意識も同じだった。かれはその後一〇年もの歳月をかけて、ヴェブレンの家族や親族、高等学校や大学時代の教師やクラスメートたち、いくつもの大学での同僚や学生などから丹念な聴き取り調査を行なって多くの貴重な情報を収集した。それらにもとづいて書き上げられた浩瀚な博士論文『ヴェブレン』はその後のヴェブレン解釈に決定的な影響を与えた。M・ラーナーはそれを「記念碑的な」作品といい（Lerner, 1948: 630）、D・リースマンは「入念で詳細を極めた」仕事といい（Riesman, 1953: Acknowledgements, 3）、R・ハイルブローナーは「最も信頼できる」書物といい（Heilbroner, 1953 [1986]: 197, 訳 395）、B・ローゼンバーグは「完璧な」著作といい（Rosenberg, 1956: 1）、C・コーレイは「細心の注意を払った」労作といい（Qualey, 1968: 2）、そしてL・コーザーとJ・ディッギンスは「ゆらぎなき不朽の」名作と呼んだ（Coser, 1971: 275; Diggins, 1978: 215）。

これらの人びとはいかなるヴェブレン像を描き出したのか。ラーナーは、ヴェブレンが描いたユダヤ知識人（Veblen, 1919c）はヴェブレンその人の自画像であり、かれは「貝殻に閉じ籠もって生きた孤高の文化的アウトサイダー」だった（Lerner, 1948: 48）という。リースマンは、ヴェブレンが両親の狭隘なノルウェー文化から遠ざかり、かといってアメリカニズムにも馴染めず、他の一八九〇年から一九三〇年までの移民第二世代の「内的な亡命者」がそうだったように、「その境界性がヴェブレンをして社会の伝統に囚われない周縁（Bohemian fringes）へと駆り立てた」（Riesman, 1953: 206）と記している。ローゼンバーグは、ジンメルの「異邦人」（der Fremde）やパークの「境界人」（marginal man）といった概念にふれながら、「まことにかれ（ヴェブレン）は境界人、どこか別の世界からやってきた異邦人」といい、ときにはもっと激しく「常軌を逸したはみ出し者」（the misfit whose eccentricities were overwhelming）（Rosenberg, 1956: 1, 8）と形容することもあった。コーザーは、ジンメルに倣って、異邦人たる者、多くの人びとが聖なるものとみるものを俗なるものとみなすものだとしたうえで、ヴェブレンを「境界人としてのノルウェー人」（Coser, 1971: 275f.）と呼んだ。ディッギンスはヴェブレンを「東部のエスタブリッシュメントにとってのみならずアメリカ社会全体にとっても異邦人だった」といい、「ヴェブレンは、自らの疎外の苦悩を通して、客観性は追放とか不安といった代償を払わないでは手にすることができないものだという明確な自覚に達していた」（Diggins, 1978: 33-34, 41）と書いた。ハイルブローナーは経済学者としてのヴェブレンを高く評価する一方、かれを「ノイローゼ患者」「社会から疎外された異邦人」(Heilbroner, 1953 [1986]: 176, 訳 355-356)と呼んだ。

このように、多くの有力な研究者がヴェブレンを異邦人、境界人とみている。(2) しかし、ここで異邦人あるいは境界人という場合でも、ジンメルやパークの用語法に忠実であるならば、(3) パークがいうように (Park, 1928)、境界人はそれゆえの精神的な不安定さ、内面的な緊張、根無し草のような不安に苛まれることはあっても、ものごとの認識という点でいえば、異邦人あるいは境界人であるがゆえに、かえって広く深く客観的にものごとを理解することができるという大切な利点をもちうるのであって、したがってヴェブレンを異邦人・境界人と呼んだとしても、それはこの原義を正確に踏まえているかぎり、否定的意味においてではないということになる。

## ユートピアン(夢想家)——テクノクラート・ヴェブレン

ヴェブレンを一種のユートピアンとみる社会学者がいる。代表的にはリースマンとベルを挙げることができる。リースマンは一九五三年に『ソースタイン・ヴェブレン』(Riesman, 1953) を書いた。この作品は、一九四九年の中華人民共和国の誕生およびソ連邦の原爆保有を背景にして冷戦構造が本格化し、アメリカでマッカーシズム旋風が猛威を振るっていたときに書かれたものである。この五三年という年は折しも赤狩りの対象が軍隊やマスコミ、映画関係者や学者にまで広がっていったときであり、したがってこの本を評価する場合、その異様な時代状況を念頭におく必要がある。

リースマンは精神分析的観点に立って、ドーフマンの『ヴェブレン』の記述を鵜呑みにする形で大胆なヴェブレン解釈を試みた。その方法論をひとことでいえば、「ヴェブレンの作品の多くはかれの両親の内面化された対話として読むことができる」(Riesman, 1953: 6-7) というものだった。ヴェブレンの場合、権力と権威をもった「男性」の性格に強く惹かれ、翻ってすべての権力ある者、自分を拘束する者に対して激しい敵意を抱くという性格を子供のときに植えつけられた、とリースマンはいう。かれが浮き彫りにしたヴェブレン像は必ずしも一義的ではなく、「クリーブランドの自由商人」「ベラミー的ナショナリスト」「議会制社会主義者」「サンディカリズム風ボルシェビキ」（Riesman, 1953: 139）といったりしているし、ときには「反－制度論的経済学者」（anti-institutional economist）という挑発的な言い方をしたり、あるいは「ポピュリスト」、さらには境界人といってもいる。しかし結局のところ、リースマンがもっとも強調していたのは冷徹なテクノクラート・ヴェブレンというものだった。リースマンからすれば、しかしそんなテクノクラシー社会など幻想にすぎず、ひとつの「ユートピア」（夢想）でしかない（Riesman, 1953: 96）。しかもリースマンには、現実のソ連邦がテクノクラシー社会と重なってみえていたから、詰まるところ、ヴェブレンはソ連邦の擁護者、忌むべき共産主義者の化身と映っていたのかもしれない。(4)

もうひとりのベルは、一方で社会的地位に沿った消費行動の下方伝播（いわゆるヴェブレン効果）、経済発展における追い越し理論、「産業」と「企業」の対抗的類型化、埋め込まれた文化的価値体系による経済の方向づけといったヴェブレンの見方を高く評価していた（Bell, 1973: 279, 訳・下巻 364; 1980: 112, 262-263, 訳 245, 515）。かれはまた、ヴェブレンを一種の懐疑主義者あるいは他の多くの論者と同じくアウトサイダー的知識人とみていた。

しかし「ヴェブレン体系の『速修コース』」といってよい『技術者と価格体系』（一九二一年）の一九六三年の序文において、ベルはヴェブレンのことを「ユートピアン・ヴェブレン」（Veblen, the Utopian）といっている。「ヴェブレンはそのもってまわった文体で巧妙に隠蔽していたものの、自己の真の知的系譜をみずから露呈していたのである。その系譜は決してマルキストではなく、フーリエとサン＝シモンのユートピア社会主義である。ヴェブレンの著作にみられるフーリエとの類似性は驚くほどである」（Bell, 1963: 31 [1980: 87, 訳 204]）。ベルは注意深く、ヴェブレンがみずから予見したテクノクラシーの支配する将来社会像を最終的に放棄したのかどうか、あるいはまたそうしたストーリーをただジョークとして語っていたのかどうか判然としないところがあるとしながらも、しかし最後には、科学的管理法のＦ・テイラーにヴェブレンの像を重ね、ヴェブレンをエリート主義的テクノクラシーの予言者として描き出し、その幻想性を批判した。

この一九六三年には冷戦構造下の「代理戦争」とも呼ばれたヴェトナム戦争が事実上はじまっていた。その年の一月にはアプバクの闘いがあり、アメリカ軍と南ヴェトナム政府軍が南ヴェトナム解放民族戦線軍に敗北を喫していたし、一一月にはケネディー大統領と南ヴェトナムのゴ・ディン・ジェム大統領が暗殺された。

ともあれ、リースマンとベルという学界のみならず、社会的にも圧倒的な影響力をもつふたりの社会学者が冷戦構造を背景にしながら、[5] まずソ連邦とテクノクラシーを重ね合わせ、第一次大戦とロシア革命を時代背景にして書かれた論理的構成物であり、試論的パンフレットともいえる『技術者と価格体系』をその有力な根拠にしてヴェブレンを「夢想的テクノクラート」と決めつけたことの効果は大きかった。

そういえば、L・E・ドブリアンスキーが「ヴェブレン主義」(Veblenism)[6] というときにも、その中心にあったのはヴェブレンをテクノクラートとして位置づける見方だった。じっさい、同名のタイトルをもったかれの『ヴェブレン主義』(一九五七年)には『経営者革命』(一九四一年)で知られるJ・バーナム(James Burnham: 1905-87)が短い序文を寄せていたし、また「ヴェブレン的管理主義」(Veblenian managerialism)と題するこの本の第八章の冒頭で、「まことにヴェブレンは『現代のイザヤ』(旧約聖書のイザヤ書のイザヤであり、紀元前七二〇年頃のヘブライの預言者)である」という、F・ルーズベルト大統領のもとで第三三代副大統領を務め、ヴェブレンから大きな影響を受けたヘンリー・A・ウォーラス(Henry A. Wallace: 1888-1965)の言葉を引いていた。ウォーラスがヴェブレンから学んだのは一八九二年の小麦の価格変動を分析した論文(「一八六七年以降の小麦価格」)や『帝政ドイツと産業革命』からだけではなく、もっと基本的に古典派経済学の市場主義的資源配分の危うさについてだった。[7]

## アウトサイダー

境界人・ヴェブレン、ユートピアン(夢想家)・ヴェブレンといった見方のほかに、ヴェブレのことをアウトサイダーと表現する者もいる。さきのラーナーやベル、一九六〇年代のドーフマン(Dorfman, 1968: 109; 1949 [1969]: 455)、そして現在の代表的ヴェブレン研究者の一人であるR・ティルマン(Tilman, 1992, 1996)もそうである。しかし大切な点は、このアウトサイダーという言葉の含意をどう理解するかである。ティルマンはヴェブレンを「境界人であり、永遠のアウトサイダーである」(Tilman, 1996: 30) としてふたつの言葉を区別なく用いている。また、ドーフマンも同一論文のなかで火星人といったり、アウトサイダーといったりしている。

しかし、H・ベッカーが的確に指摘したように (Becker, 1963)、ある人やその集団がアウトサイダーというレッテルを貼られる場合、その原因は本人たちよりもむしろレッテルを貼るインサイダーの側にある。いいかえれば、アウトサイダーはインサイダーによって創造されるということである。異邦人や境界人は本人のもつ客観的属性(たとえば、黒人と白人の混血第一世代であるアメリカン・ムラトー [American mulattoes] やヨーロッパ系のユダヤ人、華僑など) とみずからの主体的選択との合成物である。それでも、異邦人あるいは境界人という場合、いずれかといえば、主体的に選び取るというところにポイントがあるのに対して、アウトサイダーという場合にはレッテルを貼る側に力点がある。そこに両者の大きな違いがある。(8)

このように、境界人とアウトサイダーの違いにこだわるのは、ヴェブレンの生活史の真実がどうであれ、それとは独立にアウトサイダー・ヴェブレンという像が創り出されていく可能性があるということである。ヴェブレンの真実がなんであれ、かれをアウトサイダーとみなし、そのように仕立てあげていく社会的な力が働いている(いた) という観点を見落とすことができない。ベッカーによるアウトサイダーの定義は「正しく」捏造されたヴェブレン像が一人歩きしていく可能性を強く示唆している。

## 懐疑主義者

ヴェブレンをヒュームの衣鉢を継ぐ懐疑主義者とみる見方がある。たとえば、教え子のW・ミッチェルはこう書いている——、ヒュームと同じように、ヴェブレンもまた自らの属する集団が共有する考え方を引き継ぐことに逡巡した。「かれは懐疑主義者であり、演技者的性癖の持ち主だった。人生の裏面を強調し、事実に即していないものであれば、いかなる理論でも不遜な態度でそれを黙殺してかかった。そのため、ヒュームと同じように、ヴェブレンはかれの同時代人から理解されず、丁重に迎え入れられることもなかった」(Mitchell, 1936: Introduction)。

西部邁も、ジョンズ・ホプキンズ大学での先生だったC・パースとヴェブレンを並べたうえで、「両者は人生と文章の双方における一種の不粋さをあえて表面に出し、それを楯として、自分の思想と論理が流行によって毒されるのを防ごうとしたのである。懐疑的であること、つまりギリシャ語原義そのままに、〝思慮深く探究する〟ことに殉じようとすれば、自説が広く受容されるのは懐疑が希釈されたことの結果にすぎぬと思えたのだろう」(西部、1983: 114)と書いている。

じっさい、ヴェブレンのヒューム評はまことに高い。かれはヒュームについてつぎのように書いている――、ヒュームはかれの世代の思考習慣を安易に受け入れることはなかった。かれは多少とも演技者的であり、鋭敏な懐疑主義者だった。かれは裏面といわないまでも、人間事象の散文的な側面を強調した。事実に即して一歩ずつその因果関係を解明していくという手続きを踏まないような知識の定式化にはきわめて懐疑的だった。「要するに、ヒュームはあまりにも現代的だったがために、かれの同時代人から十分理解されることはなかった。かれは当代のイギリス人のなかでは一頭地を抜く存在だった(He out-Britishes the British.)。ものごとの完璧な説明を求めて、かれは足が痛くなるほど長い探究の旅を続けたが、同世代の人びとから安らぎを与えられたり、暖かく迎え入れられたりすることはなかった。かれは流行の先入観にナイーヴに共鳴するような人物ではなかった」(Veblen, 1899b: 134–136 [1919e: 96–97])。このくだりを読むと、たしかにヴェブレンはヒュームに自分の像を重ねているようにみえる。自画像といってもよいかもしれない。(9)

以上のほかにも、いくつものヴェブレン像が描き出されてきた。ドーフマンの『ヴェブレン』に先立つものでいえば、さきのホーマンがヴェブレンのことを「風刺家」「現代の偶像破壊者」(Homan, 1928: 113, 381)といっていた。また、G・ウォーラスやA・ヤング、F・タウシィッグあるいは兄アンドリューもそう書いたように、かれを「天賦の才に恵まれた」人物(Wallas, 1915; Dorfman, 1934: 299; Blitch, 1995: 26f.; Andrew Veblen's Letter to Joseph Dorman, March 19, 1925)とみる者が少なくない。さらにもっと月並みに、アメリカの社会科学者で「最も独創的な」人物といった言い方をする例は枚挙にいとまがない。

## 火星人・ヴェブレン

もうひとつ、風変わりなヴェブレン像についてふれておこう。「火星人・ヴェブレン」という言い方がある。さきのミッチェルはその追悼文のなかで、「ヴェブレンは経済学の世界に火星からの訪問者であるかのような超然たる態度をもちこんだ」(Mitchell, 1929: 647; Dorfman ed., 1973: 603) といってその大いなる独創性を称えた。[10]

この火星人 (man from Mars) という言い方はのちにドーフマンが一度ならず用いたものであるが (Dorfman, 1968: 127; 1969: 438)、最も早く似通ったヴェブレン像を描いていたのが、ヴェブレン自身その創設に関わったニューヨーク新社会研究学院 (New School for Social Research in New York、以下、「新学院」[11]という) の学長A・ジョンソンだった。かれは、ヴェブレンの教え子だったR・ホクシーが一九一六年に四八歳で夭逝したとき、その追悼文のなかでヴェブレンに言及し、「書かれたものでしかヴェブレンを知らない者にとって、ヴェブレンは宇宙の何かしら新しい存在であるかのようにみえるだろう」と述べた (Dorfman, 1934: 354, 訳 499)。それにミッチェルの追悼文の表現が重なって「火星人」ヴェブレンといったイメージが広がったようにみえる。

## 経済的困窮・社会的排除・文化的孤立

さて、さきのジョンソンとミッチェルの教え子であり、したがって、ヴェブレンからみれば孫弟子にあたる肝心のドーフマンはヴェブレンとその一家をどのように描いていたのか。

つづめていえば、ドーフマン『ヴェブレン』が描き出したのは、経済的に困窮し、社会的に排除され、文化的に孤立したソースタインとその一家の姿だった。いくつかの事実を補足しながら、ドーフマンの筆致をたどってみよう。

(A) 経済的困窮について。一八四七年九月一六日、ヴェブレンの父トーマス (二九歳) と母カリー (二二歳) はほとんど無一文の状態でウィスコンシン州ミルウォーキーにたどりついた。ノルウェーを発ってから四ヵ月半を費やした疲労困憊の長旅だった。郷里の幼友達であり大工仲間だったスティーヴン・オルソンを頼ってアメリカにやってきたのだ。入植まもない頃、トーマスもカリーも英語が分からず、ヤンキーの投機家たちの手練手管に乗せられ、土地の先買権（right of preemption）を手放すような憂き目にもあった。渡米二年後、ようやく八〇エーカーほどの土地を手にすることができたが、大所帯の生活は苦しかった。ヴェブレン一家にも長くノルウェー農村の自給自足の生活様式が残っていた。家は粗末で（「移民たちの家は丸太小屋、掘っ立て小屋あるいは横穴［log cabins, shanties, or dugouts］がふつうだった」とドーフマンは記している）、コーヒーや砂糖は贅沢品、女性の服装もごく質素で、「幼年時代のソースタイン・ヴェブレンはふだん下着などつけなかった」し、純毛の衣服など見たこともなかった。一八七四年、ソースタインは一七歳で近くのカールトン・カレッジ（予科）に入学したが、トーマスにとって「子供たちをカレッジに送り出すことは容易なことでなかった」。その頃になってもヴェブレン一家は自給自足的で質素な生活を余儀なくされ、およそ贅沢とはほど遠い生活だった（Dorfman, 1934: 6-7, 16-17, 訳 6-7, 23-24）。

（B）社会的排除について。入植まもない一八四〇年代の末、トーマスとカリーはニューイングランド出身のヤンキーたちから「ノルウェー・インディアン」「北欧蛮人」と蔑称され、除け者扱いにされていた。

こうした社会的排除に反発したノルウェー移民たちはノルウェー文化に対する帰属意識を高め民族意識を強めていったが、トーマスはその移民たちからも疎まれることがあった。出来のよい子供たちはルター派の学校に通わせて牧師にするというノルウェー移民たちの社会的通念に反して、トーマスがアメリカの高等教育機関、それも国内伝道に携わる若者を養成するためのニューイングランド会衆派の学校として創設されたカールトン・カレッジに、女の子を含めてほとんどの子供たちを入学させたからである。一八七四年（ソースタインがカールトン・カレッジに入学した年）、地域の指導的なノルウェー移民たちによってカールトン・カレッジと同じノースフィールドにセント・オラフ・カレッジ（St. Olaf College ――最初はセント・オラフ・スクールといった）が創られたが、トーマスは子供たちの誰一人としてその学校に通わせようとはしなかった。有能な息子たちを牧師にしようなどとは考えていなかったからである。この出来事によって、ヴェブレン家はヤンキーからだけでなく、近隣のノルウェー移民からも胡散臭い家族、お高くとまった連中だと非難された。

ソースタインに対する社会的排除ということでいえば、一八八四年にイェール大学で哲学博士の学位を得てのち、カールトン・カレッジ時代の先生だった経済学者のクラークやイェール大学の学長で哲学者だったN・ポーターから推薦状をもらっていたにもかかわらず、ヴェブレンはどの大学にも就職することができず、失意のうちに郷里に戻らなければならなかった。当時、哲学関係の教授職は神学部出身者によって占有されていただけでなく、「どの学部でもノルウェー人など歓迎しなかった」からである（Dorfman, 1934: 13, 29, 55, 訳 17, 41, 79）。

（C）文化的孤立について。こうした社会的排除にくわえて、ヴェブレンがカールトン・カレッジに入ったとき、まったく英語ができなかったという最初の妻エレン・ロルフの話をドーフマンは伝えている。また、ヴェブレンがカールトン・カレッジの宗教的・道徳的雰囲気に違和感を覚え、知的にも社会的にも大学生活に馴染めず、冷笑的な態度を取りつづけたこと、さらに「ニューイングランドの聖職者である学長（エレン・ロルフの母方の叔父）を心から嫌っていた」ことなどについてふれている。

ソースタインやヴェブレン一家は東部のニューイングランド文化からかけ離れていただけでなく、ノルウェー移民の篤い伝統的信仰心からも距離をおいていた。一八八〇年の冬、イプセンと並ぶ国民的劇作家で「徹底したダーウィン主義者」B・ビョルンソン（一九〇三年のノーベル文学賞受賞者であり、ノルウェー国歌の作詞者）が中西部一帯を講演して回ったとき、「かれの講演を聞いたルター派の人びとは教会から罰せられると脅されていたが、ヴェブレン家の者はみなこぞって、この大胆なノルウェー人にこのうえない関心を抱いた」。それだけでなく、ソースタイン（二三歳）はビョルンソンの講演旅行のマネジャーをしていたR・アンダーソン教授（Rasmus B. Anderson, ウィスコンシン大学のスカンジナヴィア語教授）と知り合い、「ノルウェー文学のいくつかの翻訳をしてアンダーソンを手助けしたほか、かれが興味をもった古い北欧史のなかの多くの重要なことについて教示した」（Dorfman, 1934: 29, 31, 36, 訳 41, 44, 49, 52）。

このように、ドーフマンは、（A）経済的困窮という点では、カントリー・タウンに住むヤンキー（農民とはいっても、その実態はしばしば投機家だったとドーフマンは書いている）に比べて、ノルウェー農民ひいてはヴェブレン一家がいかに貧しい自給自足的生活を強いられたか。また（B）社会的排除と（C）文化的孤立という点では、一方でニューイングランド風のヤンキーたちから、他方ではノルウェーの伝統的ルター派の人びとからヴェブレン一家がいかに疎まれていたかを強調している。

このほか、ドーフマンは、ソースタインが「信仰心の篤い」母のお気に入りであったこと、有閑階級に対して懐疑的であり、科学技術を大切にする「素晴らしく頭の切れる」父から強い影響を受けたこと、ソースタインはノルウェーあるいは北欧文化に強い内在的関心をもち、その歴史的・文化的伝統に強い自負心をもっていたこと、一二人の子供たちのなかでは「最も風変わりな」子供であり、知的能力ではいつも群を抜いていたが、小さなときからいたずら小僧の天の邪鬼、ユーモアはあるが皮肉家さん、近隣のノルウェー移民からもよく思われず、「早くから懐疑主義にとりつかれていた」（Dorfman, 1934: 12-3, 31, 57-8, 訳 14-16, 43-44, 84-85）ことなどにふれている。

これら経済的困窮、社会的排除、文化的孤立をめぐるドーフマンの記述のなかには真実を抉ったものもあれば、誇張もある。最近のヴェブレンの生活史研究に照らしていえば、明らかに誤りというべきものも含まれている。

## ドーフマン・コード

しかし、ここで注意したいのは、ヴェブレン家の人びとをめぐる生活史上の個々の事実の真偽を超えて、総じて図式的にしかもネガティヴに描き出されたそのイメージにもとづいて、「こうした状況（開墾地の貧しく節倹なノルウェー農民たちとかれらを食いものにして憚らない狡猾な町のヤンキーたちとの対立的構図）がヴェブレンのものの考え方のまさに心髄を形成した」と解釈するだけでなく、さらにその延長線上でヴェブレンの学問的業績までも――異邦人や境界人がもちうる積極的役割に関するジンメルやパークの理論的示唆を忘れ去り――、全体としてネガティヴな予断をもって評価することになっていないかという点である。

こうしたヴェブレン理解を「ドーフマン・コード」と呼ぶことにしよう。[12] ソースタイン・ヴェブレンは異端のアウトサイダー、それゆえにかれの人間、社会、歴史についての理解は特異な歪みをもち、正統派の人びとに受け入れられなかった。それは当然の報いであり、そうした異端者のものの見方、考え方などまともに相手にするに値しないといった類いの短絡的で狭隘なヴェブレン理解を指してドーフマン・コード（もっと一般化していえば、「正統派の誤謬」）と仮称する。その危うさはネガティヴな人格的評価（異端のアウトサイダー、偶像破壊者、危険分子、ノルウェーの野蛮人など）をそのままネガティヴな学問的業績評価に結びつけてしまうところにある。そんなことをすれば、ジンメルが異邦人という言葉に、またパークが境界人という言葉に託した積極的含意は霧散霧消してしまう。もちろん、ドーフマンがこのドーフマン・コードからどれほど自由であったかも問うべき問題のひとつである[13]が、いずれかといえば、ドーフマンの『ヴェブレン』を読み、解釈した人びとの理解を見定めるための尺度である。たとえば、リースマンはドーフマン・コードに一部ふれている可能性がある。

ともあれ、S・エッジェルがいうように、ドーフマンの『ヴェブレン』がドーフマン・コードを生み出す契機になったことは否めない（Edgell, 2001: 32-36）。

## 女たらし・ヴェブレン

いまネガティヴな人格的評価という点にふれたが、じつはヴェブレンにはもうひとつ厄介な風評がある。かれが女にだらしない好色漢[14]で、それが災いしてシカゴ大学もスタンフォード大学も辞さなければならなかったという噂である。

この女性問題といい辞職理由といい、ことがらの真相はいまも藪のなかという印象を拭いきれないが（第三章第六節および第八節参照）、ヴェブレンの女性問題が大学の辞職に深い関わりがあったことは間違いない。どのようにそうであったかについては、最近のヴェブレン生活史研究の成果を踏まえて、のちにふれることにしたい。

この悪評がヴェブレンの人格的評価をめだって貶め、かれの学者生活に身を切るような寒風を吹き込んだことは明らかであるが、それがヴェブレンの学問的業績にどれほどの影響を与えたのかといえば、それはおのずから別のことがらである。

この点、興味深いのはドーフマンのつぎのような理解である。ドーフマンは兄アンドリュー宛の一九二五年七月中旬（日付不祥）の手紙のなかでこう書いている――、W・ヤッフェ[15]に会ったとき、なぜヴェブレンの若い頃の生活で分からないことが多いのだろうかという話になり、そのなかでヤッフェ教授はヴェブレンの女性関係のことについてふれた。それが原因でソースタインとかれの家族の関係が気まずいものになったのだと聞かされた。しかし「（真相が）どうであれ、ヴェブレンの後年の行動はかれの理論と関係ありません。というのは、かれの理論はこのトラブルの前に出来上がっていたからです。私（ドーフマン）にはヴェブレンの女性関係など研究上の関心事にはなりません」と。これに対して、アンドリューはソースタインの女性問題のことは初耳であり、それが原因で家族との関係が悪くなったなどということはないと書き送っている（アンドリューのドーフマン宛の一九二五年七月一八日の手紙）。

いずれにしても、ヴェブレンの女性関係とかれの学問的業績とは関係ないというこのドーフマンの見方[16]は、ドーフマン・コードというリトマス試験紙に照らして興味深い。ヴェブレンの人格や性癖はかれの理論とは無関係――理論が先に出来上がっていたからという理由づけが気にかかるけれども――というのがドーフマンの基本的な見方だったからである。

## 最近のヴェブレン研究――冷戦終結後の活性化

ヴェブレン一家をめぐる経済的困窮、社会的排除、文化的孤立といった見方がどこまで正鵠を射ているかについて立ち入るまえに、もうひとつ、最近のヴェブレン研究の動向にふれておこう。というのも、その動向の一環としてヴェブレン一家の生活史的事実が明らかにされてきたからである。

一九九〇年代になって冷戦構造が崩れ、M・アルベールのベストセラー（Albert, 1991）に倣っていえば、まさに「資本主義対資本主義」の時代が訪れた。一方にネオ・アメリカ型の資本主義があり、他方にラインまたはアルペン型の資本主義（日本はアルプスの「東端」に位置するというのがアルベールの理解）がある。冷戦構造が崩落して、いかなる資本主義社会をめざすのかという問いが強い現実味を帯びるようになった。

この冷戦後の時代に新たにスタートしたヴェブレン研究の動きとしてなにより注目されるのが国際ヴェブレン研究会議（International Thorstein Veblen Association: ＩＴＶＡ）の発足である。資本主義対社会主義の対立を超えてヴェブレンがもつ新しい意義について考えてみよう。(17) あわせてかれの個人史を見直そうと呼びかけたのは日本との因縁浅からぬ(18)アメリカの社会学者Ａ・ヴィディック（Arthur J. Vidich: 1922-2005）だった。ソヴィエト・ブロックの崩壊がかれの背中を強く押した。ヴェブレンの営利企業（business enterprise）やファイナンスに関する理論、国際貿易と技術進歩あるいはグローバル秩序形成と帝国的勢力との関係など、いまあらためてヴェブレンを読み直すことによって、新たに出現した不安定なグローバル秩序に立ち向かうためのなにか有益な知見が得られるのではないかというのがヴィディックの思いだった。

第一回のＩＴＶＡの会議は一九九四年にニューヨークの新学院で開かれたが、それを皮切りにおよそ二、三年に一回の頻度で開かれてきた（現在は休止状態）。その会議に提出された多くの論文がヴェブレンの生活史をはじめ、新しいヴェブレン像を探索して大きな成果を挙げてきた。(19)

この時期、ヴェブレンの作品を集めた著作集やヴェブレンに関する重要論文を収集した大部の書物が刊行された。このうち、前者については二種類のヴェブレン著作集（*The Collected Works of Thorstein Veblen*）が新たに出版された。そのひとつが一九九四年にRoutledge/Thoemmes Pressから出版された全一〇巻であり、もうひとつはＩ・ホロヴィッツが実質上の編集者になってTransaction Publishersから断続的に刊行されたものであり、一一巻すべてに新たな解説が付されたヴェブレン著作集である（そのすべての解説がHorowitz ed. 2009に収録されている）。また後者の論文集には、『ソースタイン・ヴェブレン――批判的評価』（Wood ed., 3 Vols., 1993）や『ソースタイン・ブンデ・ヴェブレン』（Rutherford and Samuels eds., 2 Vols., 1997）のほか、ティルマンが八六篇のヴェブレン論を収録した『ソースタイン・ヴェブレンの遺産』（Tilman ed., 3 Vols., 2003）、カミックとホジソンが編集した『ソースタイン・ヴェブレン精選集』（Camic and Hodgson eds., 2011）がある。それぞれに大きな論文集であり、いずれもが新たなヴェブレン研究の刺激剤となった。

興味深いヴェブレン研究を挙げはじめれば切りがないが、この時期に解明が進んだヴェブレンの生活史研究という意味では、ジョルゲンセン夫妻の『ソースタイン・ヴェブレン』(Jorgensen and Jorgensen, 1999)、また単行本ではないが、バートレー夫妻による一連の論文(Bartley and Bartley [Yoneda], 1994, 1997, 1999a, 1999b, 2000)が特筆される。さらに、エッジェルの『ヴェブレンに関する均整のとれた見方』(Edgell, 2001)、そして近刊のライナートとヴィアノ編『ソースタイン・ヴェブレン――危機の時代のための経済学』(Reinert and Viano eds., forthcoming)などが注目される。

## ヴェブレンとその一家の生活史――ドーフマンの理解は正しいか

このように、最近のヴェブレン研究の重要な一角を構成するのがヴェブレン一家あるいはソースタイン個人の生活史に関する洗い直し作業である。

旧ソ連邦が瓦解した一九九一年、ドーフマンが八七歳で他界した。それがきっかけになって、翌九二年からコロンビア大学バトラー図書館がドーフマン文書(Joseph Dorfman Papers)[20]の公開に踏み切った。それによってドーフマンが収集してきたヴェブレンに関わる貴重な資料を利用できるようになった。しかし、それはひとつの素材にすぎない。というのも、ヴェブレンの生活史に関する貴重な文書といえば、ソースタインの長兄アンドリューとドーフマンとの七年間にわたる往復書簡があり、アンドリューが書いた『ヴェブレン一家――ヴァルドリスからの開拓移民』(一九三二年、タイプ印刷)などがあるからである。この往復書簡はミネソタ州ノースフィールド(カールトン・カレッジがある場所)のノルウェー・アメリカ歴史協会(Norwegian-American Historical Association――セント・オラフ・カレッジの構内にある)のアーカイブスに収められているものであり、コーレイなどがその一部を使って論文を書いていた(Qualey, 1968)。

しかし、こうした一次資料(ドーフマン文書に限らない)を駆使してソースタインやヴェブレン一家の生活史の再検討がはじまったのは一九九〇年代に入ってからのことである。その先端を切り拓いたのが一九九四年の第一回国際ソースタイン・ヴェブレン会議（ＩＴＶＡ）に提出された二つの論文だった。Ｒ・バートレーとＳ・ヨネダによる「ワシントン・アイランドのヴェブレン」（Bartley and Yoneda［のちにBartley］1994）、さきのエッジェルの「ソースタイン・ヴェブレン——火星人という間違った境界性」（Edgell, 1994）である。いずれもそれぞれの仕方で一次資料にもとづいてそれまでのヴェブレン像を批判し、修正しようとした。そしてそれからまもなくして、ヴェブレンの女性問題にも深く立ち入ったジョルゲンセン夫妻による新たなヴェブレン伝（Jorgensen and Jorgensen, 1999）が発表された。その最終章の冒頭部分にはこう記されている——、「真実はこうだ。ヴェブレンの生活が平凡なものだったなどということはない。かれの人生は身の毛のよだつほど凄まじいものだった。かれの人格はシカゴ大学で『抹殺され』、かれの学者生活はスタンフォード大学で深刻な打撃を受けた。医学（アイダホでの有毒水銀薬投与）がかれの健康を破壊した。二番目の妻との幸せな生活は束の間のものだった。彼女は気が狂ったからである。それでもヴェブレンは経済学的あるいは社会学的な珠玉の傑作をものし、国（アメリカ）の宝となった」(Jorgensen and Jorgensen, 1999: 183)。

ところで、さきのアンドリューとドーフマンとの往復書簡であるが、アンドリューからの返事がすべてタイプ印刷されているのに対して、ドーフマンからの質問状は一通（一九二八年一月一八日付けの手紙）を除いて全部が手書きされている。ドーフマンがアンドリュー宛に最初の手紙を出したのが一九二五年三月五日、ドーフマン弱冠二一歳、アイオワ州立大学物理学教授を務めたアンドリュー・ヴェブレンはすでに七七歳になっていた。そしてアンドリューからドーフマン宛の最後の手紙は、ソースタインが亡くなって二年半ほど経った一九三二年二月八日の日付になっている。

そこで、これら往復書簡を含むいくつかの一次資料を用いて、ごく簡潔にでもさきの経済的困窮、社会的排除や文化的孤立というドーフマンの見方が成り立つのかどうか、確かめておこう。

まず、経済的困窮についていえば、ドーフマンの記述には明らかに誇張がある。トーマスとカリーが無一文でミルウォーキーに到着したことについてはすでにふれた。そしてミシガン湖に面したアメリカ北西部のフロンティアに入植してから数年というもの、たしかにかれらの生活は楽ではなかった。それでも渡米二年後の秋には、兄のハルダーとともにウィスコンシン州シェボイガン郡のタウン・オブ・ホーランドにハルダー名義で一六〇エーカーの土地を手に入れ、開墾した。そしてそれから五年（つまり入植七年）後の一八五四年にはアンドリュー（一八四八年生まれ）、長女ベッツィー（一八五〇年生まれ）、オルソン（一八五三年生まれ）の三人の子供を連れて、トーマスとカリーはそこから六〇キロほど北の同州マニトウォック郡カトー・タウンシップに移った。近所づきあいに恵まれ、地味豊かで広い農地を求めてのことだった。

このカトー・タウンシップでの生活については、さいわい一八六〇年のウィスコンシン州マニトウック郡カトー・タウンシップに関する国勢調査の記録が残っている。(21) それによれば、ヴェブレン一家はすべてアンダーソン一家という名前で記載されており（したがってトーマス・ヴェブレンはトーマス・アンダーソン、またソースタインの名前はターソン［Terson］となっている）、トーマスの職業は「農民」（farmer）とある。いまここで大切な点は、かれの所有する農場などの不動産価値（r.e. value）が三〇〇〇ドル、個人資産（pers. prop.）が八〇〇ドルと書かれていることである。これらの金額はこの台帳に記載されている合計五一世帯のなかで一、二を争うものだった。合計金額でトーマスを上回るのはただ一人、ニューヨーク出身の製粉業者スティーヴン・クラーク（不動産価格が二〇〇〇ドル、個人資産が二〇〇〇ドル）だけだった。

ドーフマン自身、このカトー・タウンシップでのトーマスのことを「先導的な農場経営者」と表現し、「馬三頭、乳牛五頭、雄牛二頭、その他の畜牛四頭、羊一八頭、豚五頭」を所有していたことにふれている。そうであればこそ、アンドリューはドーフマン宛の手紙のなかで、「父（トーマス）はウィスコンシン州のなかでも成功を収めた革新的な農民だった」と書くことができた（アンドリューのドーフマン宛の一九三〇年二月四日の手紙）。

もうひとつ、フローレンス・ヴェブレン（ソースタインの兄オルソンの妻）がドーフマンに書き送った手紙をみてみよう。そこにはこうある――、「ソースタインの学費のことで数週間前にお答えしたことについて、あなたはいまも疑問に思っていらっしゃるようですが、義父（トーマス）に自分の子供たちの学費を払うだけのゆとりがなかったなどということはありません。義父には学費を払うだけの十分な余裕がありました。かれはアメリカでも最良の農業地帯に地味の肥えた農場をふたつももっていたのです。（中略）義兄のアンドリューが弟や妹たちの学費の面倒をみたなどということもありません」（フローレンスのドーフマン宛の一九二六年一月二六日の手紙）。

しかし、この手紙でフローレンスがいっている学費とはなにか。ドーフマンが尋ねていた文脈からすれば、カールトン・カレッジ（ソースタインの入学は一八七四年、一七歳のとき）の学費のことだといってよい。また、トーマスが地味豊かな農場をふたつももっていたというのは、さきのカトー・タウンシップから一八六五年に転居したミネソタ州ライス郡ウィーリングでのことである（アンドリューのドーフマン宛の同上の手紙）。したがって、このフローレンスの手紙がふれているのは一八七三年の不況に先立つ七〇年前後のことだと考えられる。この時期のヴェブレン一家の暮らし向きについて、のちにアンドリューは「ライス郡のなかでも父（トーマス）は最も進歩的な農民であり、暮らし向きという点でも最も恵まれた者のひとりでした」（アンドリューのドーフマン宛の同上の手紙）と書いている。

要するに、ドーフマンはヴェブレン一家の経済的困窮を明らかに誇張している。楽でない時期があったとしても、それはまずはフロンティアに入植後数年のことであって[22]、ソースタインが生まれる三年前、ヴェブレン一家はウィスコンシン州のカトー・タウンシップに移った頃には、すでにその地域でも一、二番の資産家になっていた。

そしてもし、もうひとつ経済的に困難な時期があったとすれば、それはヴェブレン一家にかぎったことではないが、七三年からの断続的不況と金ピカ時代到来のなかで、農業収入が落ち込む時期があった。すでにトーマスは六〇の坂を越えていたこともあるが、一八七九年のヴェブレン農場の粗収入が一二〇〇ドルだったとドーフマンは書いている（Dorfman, 1934: 16, 訳 23）。ちょうどその時期、ソースタインはジョンズ・ホプキンズ大学に進み、半年後にはイェール大学に移った時期だった。だからこそフローレンス・ヴェブレンは、「イェール大学の学費については義父と夫のオルソンが折半して出していました」（フローレンスのドーフマン宛の一九二六年一月二六日の手紙）

と書いたのだろう。

では、文化的孤立と社会的疎外のほうはどうか。これについては当て嵌まることもあれば、明らかな事実誤認と思われることもある。

このうち、後者の代表例がソースタインの英語能力についての誤解あるいは曲解である。この点についてドーフマン『ヴェブレン』の記述には誤りがあるようにみえる。ドーフマンは、最初の妻エレン・ロルフの話をそのまま鵜呑みにして、「カールトンに来たときのヴェブレンはまったく英語ができなかったが、急いで英語を勉強し、やがて楽々と喋れるようになった」(Dorfaman, 1934: 35, 訳 49) と書いている。しかし、ソースタインが一七歳になっても「まったく英語ができなかった」という記述については、これまでアンドリューをはじめとして事実の歪曲であるという批判があった。ドーフマンが送ってきた論文草稿に目を通したアンドリューは、「最初のパラグラフはいただけないし、脚注も間違っています。つぎのページにはもっと多くの誤りがあります。それを一々直していたのではあなたの五六ページの草稿と同じくらいの分量になってしまいます」としたうえで、ソースタインがカールトン・カレッジに入学したとき、「ノルウェー移民地の文化的孤立を象徴することだが、ソースタインは英語が分からなかった」(「ドーフマン草稿」三、五頁) というくだりに対して強い異議を唱えていた。

いわく――、「鎖に繋がれているわけでもない一七歳の若者が英語を学ばないなどということが考えられるでしょうか。あなた自身、ソースタインはすでに八歳にして大変な読書家だったと書いているではありませんか。(中略) ソースタインはよちよち歩きをしていた頃から英語を話す近所の子供たち――アンドリューの一九三〇年三月一三日の手紙によれば、ソースタインが生まれる前から、天気がよければ毎日のように遊んでいたこの幼友達のことを、「自宅から八分の一マイル (二〇〇メートル) ほど離れたアイルランド人の同じ年格好の子供たち」と書いている――とよく遊んでいました。かれらも毎日のように家にやってきました。ソースタインの四人の兄や姉たち (アンドリュー、ベッツィー、オルソン、エミリー) も英語を話しました。ソースタインは五歳足らずで小学校に通いはじめましたが、かれは最初からバイリンガルで会話をしていました」と書き送って、ソースタインがカールトン・カレッジに入ったとき、まったく英語が分からなかったという荒唐無稽な作り話を否定しただけでなく、ドーフマンの文化的孤立という見方に対しても、それは「あなたが創作した夢物語である」と一蹴している（アンドリューのドーフマン宛の一九三〇年二月二五日の手紙）。(23)

ちなみに、この手紙でアンドリューがふれているのは、ヴェブレン一家がカトー・タウンシップに移ってからの一八五〇年代後半の情景である。

この文化的孤立という言葉とは馴染まないが、ソースタインもヴェブレン家の人びとも故国ノルウェー、もっと広くいえば、北欧の歴史と文化に対して強い愛着をもっていた。トーマスはかなりの読書家で、入手できるかぎりのノルウェー文学の作品を集めていた。ウィーリングに移った翌年の一八六六年、シカゴでノルウェー語の日刊紙「スカジナヴィア人」（Skandinaven）が発刊されたとき、トーマスはこの地域の最初の定期購読者となった。

ソースタインのノルウェーあるいは北欧文化への傾倒についてはのちにふれる機会があるが、すでに述べたことでいえば、カールトン・カレッジを卒業した直後、ビョルンソンの中西部での講演旅行のマネジャーをしていたアンダーソン教授のためにノルウェー文学のいくつかを翻訳したことがあった。もっと恰好な例として、三〇歳代の前半、一九二五年まで長く筐底に沈めた中世アイスランドの史伝的物語『ラックサー谷の人びとのサガ』を翻訳していたことが思い浮かぶ。

その一方で、文化的孤立、社会的疎外といった表現に馴染む事実もある。特にヴェブレン一家がポート・ウラオから移り住んだタウン・オブ・ホーランドでの生活については、アンドリュー自身書いているように、近所のオランダ人との付き合いはほとんどなく、子供たちも一緒に遊ぶことはなかった。「私たちは孤立した家族でした」（Andrew Veblen, 1932: 21）。しかし、この文化的孤立や社会的疎外はカトー・タウンシップに移ってから一変する。さきにも引いたフローレンス・ヴェブレンの「ソースタイン・ヴェブレン――かれの兄オルソンの追憶」（一九三一年）という文章によれば、一家がウィスコンシン州のカトー・タウンシップからミネソタ州のウィーリングに移り住んだ一八六五年、したがってソースタインが八歳のとき、「かれら（ヴェブレン家の人びと）はそこで良き伝統をもつアメリカの人びとに囲まれ、学校も立派だった」（Florence Veblen, 1931: 189）と記している。

ともあれ、紛れのない明白な事実がある。それは、ヴェブレン家の人びとがかれらを社会的に排除しようとする力に屈することなく、また文化的に孤立した道を歩むこともなかったということである。かれらはノルウェーの文化的伝統に強い自負心を抱きながら、そうした排除の力と孤立の道を乗り越えてアメリカ社会に積極的に適応していった。ノルウェー移民たちがしばしば陥った自足的閉塞の世界に甘んじることなく、高等教育と科学的思考様式を身につけることによってアメリカのフロンティアに果敢に挑んでいったからである。

## ヴェブレン一家の「成功」

ある意味で、ヴェブレン家の人びとは新世界・アメリカで大きな成功を収めたということができる。トーマス（Thomas Anderson Veblen: 1818-1906）は無一文からミネソタ州ライス郡有数の農場経営者になった。また長男アンドリュー（Andrew Veblen: 1848-1932）はジョンズ・ホプキンズ大学で教鞭をとり、のちにアイオワ州立大学の数学と物理学の教授になった。アンドリューはまた、一八九九年にノルウェー移民のための最初の地方組織Valdres Sambandを創り、かれらや次世代の親睦と相互扶助に尽力した。かれの息子が微分位相幾何学で有名な数学者のオズワルド・ヴェブレン（Oswald Veblen: 1880-1960）であり、アインシュタインの同僚としてプリンストン大学高等研究所の教授を務めた。トーマスの次男のオルソン（Olson A. Veblen, 1853-1928）は長くセント・オラフ・カレッジの理事職にあった。

ヴェブレン一家の「成功」を語るためには、このリストにソースタインの名前を加えるだけで十分だろう。

## ヴェブレンのフロンティア

ヴェブレン家の人びとのフロンティアへの挑戦という観点からすると、ソースタインはそれぞれに険しい三つの新開地を切り拓いていったようにみえる。

第一のフロンティアは両親が入植したミシガン湖西岸およびミネソタ州の開墾地のことであり、そこでの生活経験を意味している。ソースタインはイェール大学から二七歳で博士号を授与されたが、病をえて故郷に戻り、前後七年もの浪人生活を余儀なくされた。この時代の思想形成とフロンティアでの生活経験がどのように関連しているのかは、ドーフマン・コードを超えて興味深い。

第二のフロンティアはソースタインの大学人としての波乱に富んだ生活経験をさす。シカゴ大学（一八九二―一九〇六年）からスタートし、スタンフォード大学（一九〇六―一九〇九年）、ミズーリ大学（一九〇九―一九一八年）を経てニューヨークの新学院（一九一八―一九二六年）にいたるその教師生活は決して平坦な道のりではなかった。生涯、かれは教授になることがなかった。晩年アメリカ経済学会の会長に推挙されたが、断わっている。ヴェブレンが大学の研究者になっていく一八九〇年代は、それに相前後して経済学や歴史学、社会学や心理学などの領域で新たな学会が創られ、社会研究が専門分化し、それぞれのディシプリンが大学に制度化されていった時代である。のちに、かれはシカゴ大学などでの体験をもとに『アメリカの高等学術』（一九一八年）を出版し、現代大学論にひとつの里程標を打ち立てた。その内容はいまも斬新であり、示唆に富んでいる。

第三のフロンティアはヴェブレンが構想し、開拓しつづけた学問内容そのものである。このフロンティアこそヴェブレンの精髄をなす。本書はあげてその内容の解明に傾注したい。その解明作業にあたって、かれの膨大な著作を貫通するものであり、その作品群をよりよく読み解くための戦略的概念がいかなるものであるかについては行論のなかで次第に明らかになるだろう。

このように、本書では、ヴェブレンを異邦人や境界人、懐疑主義者というように断定してしまうまえに――結果的にはそれらと齟齬しない可能性があるけれども――、まずはフロンティアズマン（frontiersman）として捉えることから出発しよう。そうすることがヴェブレンの明暗と起伏に富んだ「凄まじい」生きざまに迫り、その思索の核心に近づくための自然な筋道であるように思われる。

# 第一章　フロンティアの経験

ヴェブレンの第一のフロンティアは両親や兄弟姉妹とともに切り拓いたアメリカ中西北部（the Upper Midwest）での生活経験そのものだった。そこでもういちど、父トーマスと母カリーのアメリカへの旅立ちの場面に戻ってみよう。(1)

## 第一節　肥沃な土地をもとめて──勤勉力行と果敢な適応

### ミシガン湖西岸への入植

ふたりとも、ノルウェー東部オプランド（Oppland）の南西地域に位置するヴァルドリス郡フラム村（Hurum, Valdres County）の出身であり、カリーはこの地域で評判の美少女だった。結婚したのはトーマス二九歳、カリー二二歳のとき、同じ村の他の二組のカップルとともにその年の春にはアメリカに向けて出立することに決めていた。かれらがこの村からの最初のアメリカ移民だった。これは、その当時ノルウェーの農村で大望を抱く若者にとって希望の脱出行だった。腕のよい大工だったトーマスはアメリカ移住を夢見てせっせと旅費を貯めたが、蓄えは十分でなかった。英語もほとんど分からなかった。唯一の頼りといえば、幼友達で大工仲間だったS・オルソン（Stephen Olson、ノルウェー名はStefan Ole）が一年前にアメリカに渡り、ミルウォーキー市の北隣にあるオゾッキー郡ポート・ワシントン（Port Washington, Ozaukee County）でノルウェー移民たちの指導者になっていたことだった。

旅立ちの直前、最初の男の子を亡くすという不幸に見舞われた(2)。それでも、五月二日にフラム村を発ったふたりは、まずドラーメンで他の地域から集まってきた同じ志をもつ若者たちと合流、二本柱の帆船でハンブルグに向かった。五月二〇日のことだった。ハンブルグまでは逆風で一週間かかったが、さらにそこで一ヵ月以上の待機を余儀なくされた。捕鯨船の船長S・フォイン（Svend Foyn）の好意でようやく「希望号」（Haabet）という名の小型船に乗り込むことができ、トーマスらは勇躍アメリカに向かった。しかし小さな船はいくども嵐にあって大海原で翻弄され、船旅の終わり頃には水も食料も底を尽いた。トーマスはひどい熱病に冒され、乗り合わせた六歳以下の子供たち全員が幼い命を落とした。ハンブルクからケベックまでは、じつに一一週間を費やす暗澹たる長旅だった。

一八四七年九月一六日、ふたりはどうにかミルウォーキーに着くことができたが、ほとんど無一文だった。多くのノルウェー移民が西に向かった。翌日トーマスは病身をおして北に向かい、四〇キロも離れたミシガン湖西岸のポート・ワシントンまで歩いていった。そしてすぐにオルソンの穀物工場で働きはじめた。カリーもオルソンの世話でポート・ワシントンのルーミス（Loomis）という名のアメリカ人家庭でメイドとして働きだした。かれらは彼女に対してとても親切だった。カリーもルーミス家の人たちを好きになった。しかし、トーマスもカリーも二週間ほどすると仕事に耐えられなくなった。体力がすっかり衰えていたからである。

トーマスとカリーがポート・ワシントン近くに落ち着いたのがその年の暮れ、しかし翌四八年五月にはそこから一〇キロほど南の同じくミシガン湖に面したシェボイガン郡のポート・ウラオ（Port Ulao, Sheboygan County）に移った。一八四七年、イリノイ州の製材業者J・ギッフォード（James T. Gifford）がこの地に木材搬出用の小さな桟橋を築いたのがきっかけでポート・ウラオに人が集まりはじめた。トーマスとカリーはそのフロンティアの最前線に入植し、ポート・ウラオ開拓者のひとりとなった。

トーマスは雑木林を切り拓き、荒地を開墾するかたわら、大工仕事や蒸気機関車用の薪集めにも励んだ。大工の仕事ではかなり遠くまで出かけていったから、帰宅はしばしば夜中になった。道路などろくに整備されていない時代のことだった。近所といっても家はまばらで行き来も頻繁でなかった。トーマスは四八年の夏、このポート・ウラオに自力で家を建てた。九月になるとノルウェーから二歳年上の兄ハルダー（Haldor Veblen ―― 一九〇五年に亡くなるまで独身でヴェブレン家の一員だった）がやってきた。カリーの弟オルソン（Ole Bunde）と妹（Ingri Bunde）も一緒だった。ソースタインの長兄アンドリューは一八四八年九月二四日、この家で生まれた。いっぺんに六人の家族になった。さらに四九年になると、カリーの母（Berit Bunde）とその二番目の夫（Einar Bunde）、かれらの二人の息子（Tosten と Halvar）、そして六歳と四歳の異母兄弟がノルウェーから到着した。はじめ、この六人はヴェブレン一家とは離れた場所に住んでいたが、五二年頃には一緒に暮らすようになった。さらに五二年には母のいとこ（Engebret Gulliksen Egge、アメリカ名は Embrik Egge）もやってきた。この一時期、ヴェブレン家は一四人の大所帯に膨れあがった。同居は五四年、かれらが隣のミネソタ州に移住するまでつづいた。

## タウン・オブ・ホーランド――文化的孤立と社会的疎外

しかし、ポート・ウラオの土地は痩せていた。そのため、四九年の秋にはふたたび同郡のタウン・オブ・ホーランド（Town of Holland, Sheboygan County）に移ることになった。ウィスコンシン州グリーン・ベイ土地管理局（Green Bay Land Office）の一八四九年二月二三日の記録には兄ハルダーの名前（登記簿には Mr. Halvor Anderson Webler とある）でこの地に一六〇エーカーの土地先買権をもつと記されている。したがって転居に先立って、ハルダーはこのタウン・オブ・ホーランドに（登記簿の記載では）グリーン・ベイ・ランド地区のタウンシップ一二区画に一六〇エーカーの土地先買権を手に入れていた。これは、トーマスがオルソンから仕事の見返りにもらった四〇エーカーの土地先買権を知り合いのE・ブローテ（Eriki Brote）に譲って入手したものだった。しかしそれは正確には等価交換でなく、五〇ドルほどのお金を余分に払う必要があった。土地は折半してハルダーが西側、トーマスが東側ということになった。しかし、ふたりは五〇ドルの借金を早く返してしまいたかった。利子がじつに年率五〇パーセントもの高利だったからである。かれらはそのために土地先買権の一部を近隣の農家に譲渡した。出費はそれだけにとどまらず、先買権にもとづいてウィスコンシン州政府(3)から土地を買い取るため、一エーカー当たり一・二五ドル、総額で二〇〇ドルほどのお金を用意しなければならなかった。

ポート・ウラオからタウン・オブ・ホーランドに移るとき、それなりの家財道具一式を牛車に乗せ、乳牛一頭、子牛一頭、数頭の豚も一緒に連れていった。四〇キロほどの距離がある一日がかりの移動だった。トーマスもハルダーもまたカリーも、ヴェブレン家に住まった者すべてがこの地での農耕と牧畜に、そしてときどきの大工仕事に精を出した。カリーは自分のものだけでなく、夫や義兄などの衣服もすべて自力で紡ぎ縫製した。五〇年一〇月一〇日、長女のベッツィーが生まれた。

オランダ人が開拓したこの土地のことを、のちにアンドリューは「素晴らしい人たちが住んでいて、モデル・コミュニティを作り上げていた」と書いている。しかし、ヴェブレン一家にとってタウン・オブ・ホーランドは決して住みやすい場所ではなかった。ひとつには「はじめに」でふれたかれらの文化的孤立、社会的疎外があった。ヴェブレン家の人びとはこの地域では異邦人であり、近隣のオランダ人移民との付き合いもなかった。かれらオランダ人たちは英語が分からなかったということもその一因だった。「私（アンドリュー）が六歳、ベッツィーは四歳だったが、オランダ人の子供たちと一緒に遊ぶことはなかった。かれらは私たちを理解しなかったし、私たちも同じだった」。しかも、近くにノルウェー移民の姿はなかった。

アンドリューがこの時期、ほとんど唯一の精神的な絆という意味で両親から聞かされていたのは、一八四三年にノルウェーの同郷からやってきた人物で、ウィスコンシン州のベロイト・カレッジ（Beloit College）を卒業、四八年にシカゴのノルウェー・ルター教会の最初の牧師になったP・アンダーソン（Rev. Paul Anderson）のことだった。かれは年に数回、ヴェブレン家を訪れた。アンドリューもベッツィーもオルソンもかれから洗礼を施された。(4)

トーマスやカリーがこの地を離れたいと考えるようになったのは、かれらの文化的孤立や社会的疎外のせいだけではなかった。こともあろうか、ハルダーが牛泥棒事件に巻き込まれ、裁判沙汰になったからである。シェボイガン郡のドイツ人が牛泥棒で捕まったとき、この牛はタウン・オブ・ホーランドのノルウェー人移民から買ったと自白したことが発端だった。裁判で嫌疑は晴れたものの、ヴェブレン一家は大きな心労と多大の出費を余儀なくされた。ハルダーとトーマスの土地はふたりのオランダ人が買い取ってくれた。もともと雑木林と荒地を開墾して改良を重ね、「モデル農場」に仕上げたものだったが、トーマスはもっと肥沃な土地を手に入れたいと考えていた。さいわい、売値はトーマスの土地だけでも八〇〇ドルを超えた。

### カトー・タウンシップへの引っ越し

一八五四年の晩秋、ハルダーを含むヴェブレン一家六人は六〇数キロ北のマニトウォック郡カトー・タウンシップに移り住んだ。この転居については、旧友のオルソンがカトー・タウンシップ一帯の有力者の一人になっていたことがヴェブレン家の人びとの背中を押した。かれは四九年にカトー・タウンシップと南隣のリバティーに土地を買い求め、通称「ヴァルドリス開拓地」のリーダーになっていた。カトー・タウンシップとリバティーのちょうど境界にノルウェーの郷里とよく似た、名前も同じヴァルドリスという地域があり、近隣には多くのノルウェー移民が住んでいた。

晩秋のある土曜日、すべての家財道具と羊と豚を除く家畜を連れて、トーマスとカリー、ハルダーらは二台の馬車でカトー・タウンシップに向かった。三日を要した移動だった。トーマスはまずその二九区に八〇エーカーの土地を手に入れ、まもなく同じ二九区に同じ広さの土地を買い求めた。さらに、のちに三四区に四〇エーカーの土地を買い足した。アンドリューはこの土地について、「一八五四年、マニトウォック郡カトー・タウンに買った土地は不在地主がもっていた『投機屋の土地』(speculator land) だったと信じている」(Andrew Veblen, 1932: 57) と書き残している。

この二九区のすぐ北側をマニトウォック川が流れ、さらに橋を渡った北側にはカトー・フォールズ (Cato Falls) という町があった。ヴェブレン家の土地を横切ってリバー・ロードという公道が走り、東北東に二キロほど行くと、カトー・フォールズよりも大きなクラークス・ミルズ (Clarks Mills) という名の町に通じていた。そこにはI・クラーク (Ira Clark) が所有する小麦粉の製粉工場や製材所があった。カニンガムという名の雑貨商が大きな店を構え、鍛冶屋もあった。まもなく靴屋、荷馬車づくりをする工場もできて、次第に賑やかな田舎町になっていった。

ヴェブレン家の東隣にはアメリカ名でB・アムンズ（Boyer Amunds）というノルウェー人が八〇エーカーの土地をもち、西隣にはトーマスたちより一、二年早くカトー・タウンシップにやってきたプロテスタント系アイルランド人のH・マックローランド（Henry McGlaughlend）が住んでいた。しかしアムンズは、土地をもち、そこにはベイツ・ハウス（Bates House）と呼ばれた二階建ての白い家もあったが、まだ引っ越してきていなかった。そこで、まもなく合流した母のいとこを含むヴェブレン一家の七人はこのベイツ・ハウスを借りて農場づくりに励んだ。おかげで五五年の春には小麦の種を蒔くことができた。しかし、ベイツ・ハウスの建てつけはよくなかった。そのせいで、引っ越した年の冬の防寒には大いに苦労した。

その五五年の夏にトーマスは二階建ての家を造った。(5) その白塗りの家はリバー・ロードの北側に接し、ポーチを入ると大きな台所があった。その脇には寝室と貯蔵庫があり、台所は広い居間に通じていた。そこには暖炉があったが、居間に暖炉を切っているのはこの地域ではヴェブレン家だけだった。台所はホールに通じ、二階に上がることも地下室に降りることもできた。二階のほとんどは客室用のベッドルームになっていた。台所を奥に進むと倉庫と井戸があり、その北側には洗濯場や作業場があった。

この二階建ての家の東側には広い果樹園があり、その東側には屋外の井戸、納屋や牛・馬や羊用の大きな厩舎があった。そしてリバー・ロードの反対側には穀物用の納屋もあった。トーマスたちは時間をかけて、杭に横木を打ちつけた柵を敷地いっぱいにめぐらせた。かれらの所有地の境界線を明確にしておくためにも、また家畜の飼育のためにもそれは必要なことだった。

ヴェブレン家の東隣にはすでにふれたようにノルウェー移民のアムンズ一家が、また西隣にはアイルランド人のマックローランドの家族が住んでいた。それぞれの家にもヴェブレン家とほぼ同じ年格好の子供たちがいた。アムンズ家には二人の女の子と男の子一人がいたが、ソースタインは学校の行き帰りなど、その女の子をいじめたりしていたらしい。マックローランド家にもジェームズ、ヘンリエッタ、ウィリーという名の子供がおり、それぞれヴエブレン家のオルソン、エミリー、そしてソースタインと年が同じだった。エミリーの「回想録」によれば、「ジェームズたちはよくうちにきて一緒に遊んだ。とくに外で遊べる夏はそうだった。かれらと遊びまわることで、家でノルウェー語を習うのと変わらない小さな時から私たちは英語を学んだ。私たちはバイリンガルで育ったといってよい。学校に行くようになって英語も勉強したが、注目すべきことに、このアイルランド人の家族はこの国の多くの『アメリカ人』よりも正しい英語を話した」（Emily Veblen Olsen, 1940: 3）。

**ヴェブレンの生家**（ウィスコンシン州カトー・タウンシップ、1855年に父が建てた家）（カールトン・カレッジ蔵）

もうすこし近所の住人を追ってみると、まずアムンズの東隣には同郷のT・ベルク（Tosten Berge）、H・ローブル（Haakon Roble）、E・トム（Erik Ton）が住み、さらに南に下るとアーボル家（O. O. Aabol）のほか、モルガンという名のプロテスタント系アイルランド人たち三家族が住んでいた。また、ヴェブレン家のすぐ南側にはI・キエーラ（Isaak Kjera）の家があった。モルガン家などを除くと、これらの人びとはトーマスやカリーにとってはすべて広い意味での同郷人だった。さらに、ヴェブレン家から西のマニトウォック川に面してL・エリクセン（Lars Eriksen）というノルウェー人がいたし、その東隣にはワグナーという名のドイツ人の家があった。そのワグナー家の南にはオスロー出身のクリスチャンセン一家とE・ギルバート（Erik Gilbert）が住んでいた。いずれもノルウェーからやってきた人たちだった。

このように、ヴァルドリス開拓地の北端にあったヴェブレン家の隣近所には同郷の人びとが多かったが、それより東の地域にはアイルランド人やドイツ人がめだった。そしてマニトウォック川北側のカトー・フォールズやクラークス・ミルズの町には、アメリカ東部から移ってきたヤンキーが数多く住んでいた。

ちなみに、「はじめに」でもふれたカトー・タウンシップの一八六〇年の国勢調査の記録によれば、世帯数は五一、住民は二八〇人、したがって一世帯平均で五・五人。四〇歳代の移民第一世代とその子供たちという家族構成が多かったが、それ以外にも第一世代の親戚の者が同居していたケースが少なくなかった。第一世代の出生地を国別にみると、ノルウェーが三二世帯（全体の六二・七％）、ついでアイルランドが六世帯、そしてアメリカ国内からの移住が七世帯あった。かれらの大方はニューヨーク生まれだった。このように、カトー・タウンシップはさながら「ノルウェー移民の入植地」といった様相を呈していたが、その生活圏にはアイルランドやドイツからの移民のほか、東部からやってきたヤンキーたちも目についた。

## 文化的インフラづくり――ルター派教会と学校建設

マニトウォック川よりも南の地域に小学校ができたのは一八五八年から五九年にかけての冬だった。その五年前の五三年、ヴァルドリス開拓地に入植したノルウェー移民たちにとって大きな心の支えとなったヴァルダース教会（Valders Church）が建てられた。こうして五〇年代になってようやく教会と小学校が建てられ、開拓地の文化的インフラが整備されはじめた。その教会の最初の牧師となったのはオスロ大学神学部を卒業した若いJ・オテッセン（Jacob Aall Ottesen）だった。かれは熱心に教区民の家々を訪ね、ヴェブレン家にも何度かやってきた。しかし、なぜかトーマスとの折り合いはよくなかった。

この学校ができると、アンドリューは妹ベッツィー、弟オルソンとともにすぐにそこに通いはじめたが、それに先立って、近所の子供や旧友オルソンのふたりの息子たちと一緒に、ノルウェーで地方公務員をしていたベルクという老人から読み書きそろばんの基本を習った。ヴェブレン家に下宿していたこの家庭教師からアンドリューは「教理問答集」を勉強させられ、ノルウェーの民話も聞かされた。そのほか、とくに数学の基礎を懇切丁寧に手解きされた。かれはときにはヴァイオリンを弾いてくれた。

学校では英語を話す近くのアイルランド人の子供たちと一緒だったが、一般的にかれらよりも成績が良かったとアンドリューは述懐している。学校の先生は毎年のように代わったが、ヴェブレン一家に大きな影響を与えたという意味では、六三年から六四年にかけて教えてもらったI・ジェローム（Ira H. Jerome）の存在が大きかった。かれの詳しい経歴は分からないが、大卒で多方面に長けた人物だったらしい。あるときかれは、トーマスに「アンドリューに教育をつけるべきです。大学に行かせるべきですといって、『アンドリュー版ラテン語文法』と『アンドリュー版ラテン語レッスン』で勉強するとよいでしょう、とまでいってくれた」（Andrew Veblen, 1932: 47）。この忠告は進取の気性に富んだトーマスの胸を強く打った。それがきっかけとなって、トーマスは子供たちを女の子まで含めて大学に行かせようと決心した。やがてアンドリューはラテン語を勉強しはじめた。(6)

ヴェブレン一家がカトー・タウンシップに住んだのは五四年から一〇年ほどのあいだだったが、そのかなり早い時期からトーマスはこの地域の政策に関わるようになった。地域協議会の勢力はアイルランド人とノルウェー人のあいだで二分されていたが、隣人のアムンズに頼まれてトーマスは出納人に立候補し、選出された。ふたりは何年にもわたって再選され、この地域の町づくりの重要な担い手となった。その当時、学校の授業期間といえば三、四ヵ月の一学期制だったが、トーマスらはこれを夏・冬の二学期制に改めた。その結果、移民二世たちの英語を勉強する機会がめだって増えた。

ノルウェー移民の第一世代が乗り越えなければならなかった困難のひとつに姓名改変問題があった。さきの一八六〇年のカトー・タウンシップの国勢調査の結果をみると、そこにはヴェブレンという名字はなく、アンダーソンと記されている。ノルウェー移民は郷里で発行された旅券と身分証明書を携えてアメリカにやってきたが、そこには父祖代々受け継いできた名字が記されていた。しかも農民であれば、たとえばKvieneie、Bundeeie、Kjoseieといったように、語尾に「-eie」（動詞では「所有する」、名詞で「所有権」を意味するノルウェー語）がついていた。国籍の取得や土地先買権の入手の際、当然のことながら正確な名字が問題になる。しかし、アメリカの土地管理局の役人や公証役場の官吏は移民たちの事情などお構いなしに、この所有者・所有権を意味する表現（「-eie」）を削って別の名前にしてしまった。その結果、本人たちが知らないうちに、たとえばLarson、Olson、Thompsonといった名字に改変された。「間違った」名字を正しいものに戻すのは大変なことだった。トーマス自身こうした「姓名剝奪」という苦い経験をした（アンドリューのドーフマン宛の一九三〇年二月二五日の手紙）。同じことはファースト・ネームについてもいうことができる。MaritはMary、IngeborはIsabel、BeritはBetsey、JartrudはJane、IngriはEmilyといったように、アメリカ人の語感にあったように変換され、それが正式なファースト・ネームにされた。

### 若い世代の主体的「アメリカ化」

こうした改変に対して移民第一世代は強く反発したが、アメリカ人が多い人種混住地域では旧来の風習にとらわれない第二世代の若者たちが育っていた。その例として、アンドリューは若い女性たちのアメリカ社会への積極的な適応行動についてふれている。「移民たちのなかでも若い女性たちは新天地アメリカの言葉と習慣をできるだけ早く身につけるため、アメリカ人との接点をもとうとする。その最も一般的な方法がアメリカ人の家で働くことだった」。この「ヤンキーのために働く」という方法はたしかに彼女たちに大きな教育効果をもたらした。じっさい、彼女たちは「アメリカ化」すればするほど、彼女たちの移民社会における地位も高まるといった関係がみとめられたとアンドリューは書いている（Andrew Veblen, 1932: 49–50）。したがって、移民社会が内向きに閉ざされていたわけではない。

さきのエミリーもまた、その「回顧録」のなかで、「私たちは小さい時からとても愛国心の強いアメリカ人になっていました。アメリカに生まれたことを大変喜んでいたのです」（Emily Veblen Olsen, 1940: 6）とその子供時代を述懐している。

このように、新世界に入植したノルウェー移民やその子供たちのあいだでは、ノルウェーあるいは北欧文化への自覚が高まる一方、アメリカ化が進行するという二重プロセスが同時に働いていた。ヴェブレン一家にとってもそれは決して矛盾することではなかった。

ともあれ、カトー・タウンシップに移ってヴェブレン一家の暮らしは物質的にも精神的にも大いに改善された。(7) トーマスはこの町でも屈指の革新的で「豊かな」農場経営者となり、(8) 町づくりにも発言するようになった。隣近所には同郷のノルウェー移民が数多く住んでおり、タウン・オブ・ホーランドの時とは違って、文化的に疎外されたり、社会的に孤立したりすることはなかった。ソースタインが生まれたのはちょうどその頃、一八五七年七月三〇日のことであり、兄弟姉妹ともども近所のアイルランド人の子供たちと無心に遊びまわり、そのなかで自然に英語力を身につけていった。

## ミネソタ州ウィーリングへの転居

南北戦争の末期、トーマスとカリーは、カリーの母とその夫、それにかれらの三人の子供たちが住むミネソタ州ライス郡に出かけることがあった。トーマスはそれまでこのライス郡やその隣のグッドヒュー郡（Goodhue County）に広がる見事な平原と良質の森林地帯を目にしたことがなかった。かれはすっかりこの地に魅せられてしまった。カリーは必ずしも賛成でなかったが、最終的にはカトー・タウンシップの土地と家を売り払ってこのライス郡に移りたい、というトーマスの希望を受け入れた。

一八六五年の夏、ヴェブレン一家はライス郡ウィーリング（Wheeling, Rice County）に引っ越した。マニトウォック市までは馬車、ミルウォーキーまではミシガン湖を船で行き、そこからラ・クロスまでは鉄道、さらにそこからへスティングまではミシシッピー河での船旅、そして目的地のライス郡まではふたたび馬車で移動するという、いまでは想像できない遠回りの旅だった。その当時、まだ鉄道網が発達していなかったからである。すでにアンドリューが一七歳、ソースタインも八歳になっていた。

トーマスは三八五ドルを払って一〇区に二〇〇エーカーの牧草地と一二区に九〇エーカーの植林地を手に入れた。六四年当時、小麦一ブッシェル一ドルが相場だったから、一エーカー当たり二五ブッシェルという控えめの収穫だったとしても八〇エーカーで二〇〇〇ドルの年収になる。その頃のヴァレー・グローヴ（Valley Grove）教会の牧師の年収が一五〇ドルだったから、二〇〇〇ドルという収入がどれほどのものであったかがうかがえる[9][10]（Larson, 1994: 3）。

このウィーリングは開拓されて一〇年近く経っていたが、ヴェブレン一家の新たな住まいの近隣にはカトー・タウンシップの時と同じように、多くのノルウェーからの移民が住んでいた。開拓当初の丸太小屋などはすっかり姿を消し、ほとんどが大きな木造家屋になっていた。

ヴェブレン一家は広い農場の西三キロほどにある小さな農場にしばらくのあいだ住むことになった。大きな農場にはちょっとした小屋が建てられたが、ふたつの農場のあいだを頻繁に行き来する必要があった。その当時、エミリーとソースタイン、それにパスアップという名の大きなシェパード犬が農場で働くトーマスたちのためによく食事を持っていった。

南北戦争後の数年間、農民の暮らしは楽ではなかった。しかし六六年から六七年の夏までの一年ほどをかけて、トーマスは大きな農場の方に広くて立派な総二階建ての家を建てた。土台には近くのヴァレー・グローヴの採石場でとれた石灰石が敷きつめられた。一階、二階にはそれぞれ五部屋があり、いくつかのクローゼットもあった。引退にともなってトーマスは一八九三年、この家とともにヴェブレン農場を手放したが、その後もその農場は一九七〇年まで使われた。トーマスが建てた家は一九七五年に国の史跡（National Register of Historic Places）に登録され、八一年には国の歴史的建造物（National Historic Landmark）に指定され、八二年にヴェブレン保全プロジェクト（Veblen Preservation Project）がこの家を買い取り、痛んでいた箇所を修理した。さらに九〇年のミネソタ歴史協会の勧告を受けて、経済学者で歴史的遺産保存家でもあるW・メルトン（William C. Melton）がこの建物を買い取って大改修を行ない、その後ふたたびヴェブレン保全プロジェクトがこの遺産を手に入れた[11]。

このように、トーマスはのちにアメリカの歴史的建造物のひとつに指定されるほど立派な家を建てたのだった。

## ヴェブレン家の教育熱――子供たちのカールトン・カレッジへの進学

ところで、ウィーリングに最も近い町がノースフィールドだったが、ヴェブレン一家が転居した翌年（正確には一八六六年一〇月一二日）、そこにカールトン・カレッジが開校した。ソースタインも含めて、やがてこのカールトン・カレッジに多くのヴェブレン家の子供たちが進学し、そして卒業していった。

それに先鞭をつけたのが長兄アンドリューだった。かれが近くの町フェアリボー（Faribault）にあるパブリック・スクールに通いはじめたことがきっかけだった。そこには、のちにアンドリューの妻となるK・ホーガンのいとこが六四年から六五年にかけて在籍していた。やや離れたレッド・ウィング（Red Wing）には統一メソディスト教会と深い関わりがあり、一八五四年に創設されたハムライン大学（Hamline University――ミネソタ州最初の四年制大学で、しかも全米初の男女共学大学）があった。高等教育への関心を募らせていた父トーマスは一八七一年、アンドリューをカールトン・カレッジに送った。その後、アンドリューについで、オルソン、エミリー、ソースタイン、メリー、トーマス、エドワード、ハンナがつぎつぎとカールトン・カレッジに進学した。なかでも、エミリーはノルウェー系アメリカ人で最初の大卒の女性となった。

50歳台の母カリー

59歳の父トーマス

（ともにカールトン・カレッジ蔵）

これまでみてきたように、トーマスとカリーが呻吟難句の長旅の末、ようやくミルウォーキーにたどり着いたのが一八四七年の九月、そのときふたりはほとんど無一文だった。しかし、かれらが一時的に経済的に困窮し、文化的に孤立し、社会的に疎外されたことがあったとしても、それは入植後数年までのこと、シェボイガン郡タウン・オブ・ホーランド（文字通り、オランダ人の町）にいた時代までのことである。一八五四年の晩秋、マニトウォック郡カトー・タウンシップに移ってからのヴェブレン一家については、経済的困窮、社会的排除、文化的疎外といった言葉は馴染まない。

トーマスは寡黙だが進取の気性に富んだ勤勉力行と節倹の人、世俗化していく宗教よりも科学技術と高等教育に強い関心をもつ先進的な農業経営者だった。と同時に、かれはノルウェー文化あるいは北欧文化に対して大きな誇りをもっていた。

ヴェブレン家の子供たちは、新世界アメリカ中西部の北方に位置するフロンティアの真っ直中で、アンドリューを先頭に高等教育の階段を登りはじめた。ソースタインはそこで第二のフロンティアに直面することになるが、それについてふれるまえに、アメリカへのノルウェー移民の歴史、そしてアメリカにおける移民社会の変化について一瞥を与えておこう。

## 第二節　ノルウェー移民と中西部フロンティア

ノルウェーから大量の移民が新世界アメリカにやってくるようになったのは一八四〇年代になってからのことである。ウィスコンシン州やミネソタ州などアメリカ中西部の北方フロンティアに入植する者が多かった。

**ノルウェー移民の潮流――一九世紀ノルウェー社会のプッシュ要因**

ノルウェーからの移民をプッシュした要因のひとつが急激な人口増加だった。一八一五年から五〇年間でノルウェーの人口は倍増した。乳幼児死亡率が激減したためである。それだけでなく、一九世紀はじめの三〇年間、機械化などによって一人当たりの農産物生産量は七割ほど増えた。それでも、第一次産業に就業可能な労働力人口も耕作に適した農地も限られていた。多くの若者たちは農村に留まるかぎり、小作人（husmenn）になるか日雇い農夫になるほかなかった。一九世紀の前半期をとると、自作農は二七％増えたが、小作人は二倍に、日雇い農夫は三倍に膨れあがった。農業の機械化と農業人口の縮減が相即的に進行したことがうかがえる。次第に農村の若者たちはノルウェーの工業都市で働くことを考えるようになった。しかし一九世紀の半ばをすぎる頃、多くの農村の若者たちの耳にアメリカのフロンティアで成功したノルウェー移民の話が届くようになった。その成功物語を伝える貴重な手紙[12]が熱心に回し読みされた。アメリカに行けば、自作農になれるかもしれないという想いが若者の心を捉えた。

かれらの農業や農村に対する執着心についていえば、一九世紀はじめのH・ハウゲ（Hans Nielsen Hauge）に率いられたノルウェー・ルター派教会の敬虔主義的運動（いわゆるハウゲ運動[13]）や当時のロマン主義的ナショナリズムの影響をみてとることができる。というのも、その信仰復興と熱い国民感情の高まりのなかでは――ノルウェーの都市社会は長くノルウェーを支配してきたデンマークやスウェーデンとの結びつきを象徴し、「ノルウェーの譲歩」を意味するものであり、その裏返しとして――「農村社会こそ、真のノルウェーである」と声高に唱えられていたからである。ノルウェーの農村の若者たちを自国の都市社会ではなく、新世界アメリカの農村社会へ駆り立てていたのは、ひとり経済的理由だけでなく、こうした宗教的観念や愛国主義的な感情であったようにみえる（Semmingsen, 1980: 34f.; Gjerde and Qualey, 2002: 3-4）。

アメリカ移住はひとつのブームになり、一八六〇年代にピークに達した。アメリカから届く友人からの手紙がこの「アメリカン・フィーバー」と呼ばれた現象に拍車をかけた。たとえばミネソタ州ライス郡に入植したJ・グレンベック（Jens Grønbek）は義理の兄C・ヘルツェン（Christian Helzen）宛の一八六七年九月の手紙でこう書いている。

> こちらでは、とくに西部ではそうなのですが、数千エーカーの土地を手に入れることができます。誰でもクオーターあるいは一六〇エーカー当たり一四ドルの登記料を払えば、ほとんどタダ同然で耕作可能な土地が手に入ります。

クリスチャン様――、ノルウェーで農業に励んでも報われない、収入は僅かしかない と思うのでしたら、どうですか、六〇〇ドルを用意して思い切ってミネソタに来ませんか。これは友人であり義理の兄弟である私からあなたへのアドバイスです。嘘八百、お伽話だなどと思わないでください。すべて実際のことなのです。

クリスチャン様――、太西洋を渡ろうという決心がついたら、すぐに知らせてください。奥さんや子供さんについても、また長い船旅だって心配ご無用です。インディアンとか他のアメリカ原住民などについても恐れる必要はありません。インディアンたちはもう逃散してしまって、このあたりにはいません。ヤンキー（これはアメリカ人のことですが）は私たち異邦人に対しても親切な人たちです（Gjerde and Qualey, 2002: 7-8）。

このようにして、第一世代の移民が故郷の親族や友人に自らの成功物語を伝え、それが大きな誘因となって若者たちを新たな移民に駆り立てた。新天地でしばらくのあいだ引き寄せ家族や友人の家に留まったあと、やがて自らの土地を求めて「西に向かう」といった移民の流れが出来上がっていった。

しかし、こうしたノルウェーの農村からアメリカ中西北部の農村フロンティアへの移民の流れがいつまでも続いたわけではない。一八八〇年代半ばを過ぎる頃には、こうした流れに基本的な変化が現われはじめた。ノルウェーの農村あるいは都市からアメリカの都市への移民の流れが増えたし、アメリカ農村に入植した者がアメリカの都市に移り住むことも多くなった。また移民という形ではなく、ノルウェー都市の若者が数年アメリカで働いて金を貯め、故郷に戻るといった出稼ぎ労働も多くなった。こうした変化の背景には、一九世紀の末、新世界アメリカでフロンティアが終焉しようとしていたという事情がある。

ともあれ、ソースタインの父トーマスと母カリーは、その移民の時期といい動機といい、さらには入植した場所といい、ノルウェーからアメリカ中西北部の農村フロンティアへの移住という、まさに移民第一世代の典型的なケースということができる。

## 都市移民社会の変化

すでにみたように、ソースタインが八歳のとき、ヴェブレン一家はミネソタ州ライス郡ウィーリングに転居したが、そのミネソタ州が合衆国の領土に正式に編入されたのが一八四九年三月三日（トーマスとカリーがミルウォーキーに到着して一年半後）のこと、そして三二番目の州になったのがそれから一〇年ほどした一八五八年五月一一日（ソースタインが生まれて約半年後）のことである。

ヴェブレンの同時代人であり、フロンティア命題で知られる歴史家F・ターナー（Frederick Jackson Turner: 1861-1932）によれば、一九世紀の半ば、ウィスコンシン州はまだ「極西」（Far West）と呼ばれ、ミネソタ州はインディアン原住民と毛皮取引が盛んな、森林と荒れた平原に被われた文明の光が届かない辺境の地とみなされていた（Turner, 1918［1920: 341］）。

そのミネソタ州の一八五〇年の人口はわずか六千人、それが一〇年後の六〇年には一挙に一七万人（二八・三倍）に急増、七〇年には四四万人（五〇年比七二・四倍）、さらに八〇年には七八万人（同比一二八・五倍）にまで急テンポで増えつづけ、九〇年には一三一万人（同比二一五・六倍）に達した。文字どおり、倍々ゲームに近いうなぎ登りのフロンティア人口の急膨張だった。

最近（二〇〇二年）の国勢調査によると、出身地ではドイツ系（三六・七%）、ノルウェー系（一七・二%）、アイルランド系（一一・二%）といった構成になっている。いまでも州民の六割がプロテスタントであるが、ローマン・カソリック教徒も二五%を占める。そしてそのプロテスタントのなかではルター派教会に属する人びとが全体の二六%（プロテスタントのなかの四五%）という最大勢力を誇っている。ヴェブレン一家がノルウェー系、ルター派教会に属することはすでにふれたとおりである。

州都はセントポールだが、それと「双子の都市」と呼ばれる州最大の都市がミネアポリス。前者へのノルウェー移民の定着は一八五〇年代ごろから、また後者でのノルウェー人によるコミュニティ形成は南北戦争後に始まった。そしてこれら二つの都市へのノルウェーからの移民が最盛期を迎える一八八〇–九〇年代になると、シカゴに代わってミネアポリスが北欧移民のめざすアメリカ最大の目的地となっていた。一九一四年には、ノルウェー系住民がミネアポリスにあった二七の銀行のうち四つを経営し、二六の音楽団体の一三を運営し、一〇〇の新聞・雑誌の一五を発行していた（Gjerde and Qualey, 2002: 27）。

一八八〇年代のはじめには、ミネアポリスのワシントン・アベニューとその周辺に大きな商店街が出来上がっていた。ノルウェー人のコミュニティから歩いていける距離だった。このコミュニティにはノアの方舟という名前の六〇部屋もある大きなアパートもあった。しかし、住民が増えていくのにともなってノルウェー人の地域共同体という性格も薄れていった。ミネアポリスとセントポールに設けられた多くの社会団体も、ノルウェー人の排他的組織ではなく北欧人が集まってつくるといったものに変わっていた。そのなかにスカンジナヴィア労働福祉協会（Scandinavian Labor and Benefit Society）やスカンジナヴィア初期入植者協会（Scandinavian Old Settlers Society）といったもののほか、ノルウェー青少年協会（Den Norske Gutteforening）があったが、スカンジナヴィア人（ノルウェー人であれ、スウェーデン人であれ）以外の子供たちはすべて一括してアイルランド人と呼ばれた。エスニックな正確さなど問題にしないといった雰囲気が生まれていた。都市社会でエスニシティが曖昧になっていったのとは逆に、次第に階級格差がめだつようになった。

ノルウェーからミネアポリスやセントポールへの大量移民がみられた一八八〇–九〇年代、ノルウェーの知識人も数多くアメリカにやってきた。そのなかには、ユニテリアンの牧師K・ジャンソン（Kristofer N. Janson）やのちのノーベル賞作家K・ハムスン（Knut Hamsun ――アメリカに数年間滞在。一九二〇年に『土の恵み』Markens Grøde [1917] でノーベル文学賞を受賞）がいたし、短期間ではあったが、「はじめに」でもふれた同じくノーベル賞作家のビョルンソンも八〇年代のはじめ、ミネアポリスのジャンソン・サークルに顔を出した。これらいずれ劣らぬ型破りの知識人たちはとくに農村に住むルター派教会の人びとから顰蹙を買い、かれらの知識人嫌いを助長した(14)。そしてこの頃になると、同じノルウェー系アメリカ人といっても、都市と農村の間ではもちろんのこと、都市社会のなかでもものの見方や考え方、行動様式にかなりの差異がみられるようになった（Guterman, 1968）。

## 宗派対立とロー・チャーチの優勢

その代表例のひとつが、多くのノルウェー移民が帰依するルター派教会内部での宗派間の意見対立であり、組織間抗争だった。いくども激しい神学論争が起きた。ハウゲの影響が強いロー・チャーチ的なアメリカ・ルター派福音教会（The Evangelical Lutheran Church in America）は一八四六年に創設されていたが、ノルウェー国教会のハイ・チャーチ的見解は五三年に発足したアメリカ・ノルウェー福音教会（Norwegian Evangelical Church in America あるいは Norwegian Synod）が代弁していた。一八六〇年代には奴隷制の是非をめぐって、また八〇年代には教義内在的に重大な問題である予定調和説が正しいかどうかについて激論がたたかわされた。その結果、ミネソタ州にあった九二のルター派会衆のうち二三の組織が集まって九〇年にノルウェー・ルター派統一教会（The United Norwegian Lutheran Church）をつくった。これら三派の対立が最終的に解消されるためには一九一七年の全米ノルウェー・ルター派教会（Norwegian Lutheran Church in America）の創設を待たなければならなかった。

ノルウェー移民やその子供たちの精神生活にとって大きな地歩を占めていたこれらの宗派や会衆組織は、それぞれの布教と聖職者養成に強い関心をもっていた。一八六一年、アメリカ・ノルウェー福音教会はアイオワ州デコラ（Decorah, Iowa）に自らの神学校としてルター・カレッジ（Luther College）をつくった。七二年にはアウグスブルグ神学校（Augsburg Seminary）がウィスコンシン州マーシャルからミネアポリスに移設され、七四年にはミネソタ州ノースフィールド（ヴェブレン家から最も近いカントリー・タウン）にセント・オラフ・スクール（St. Olaf School. 八六年にカレッジに改組）が創設され、まもなく統一教会の影響下におかれた。七九年にはハウゲ会衆組織のためにレッド・ウィング神学校（Red Wing Seminary）が開設され、さらに九一年には統一教会の支援を受けてコンコルディア・カレッジ（Concordia College, Moorhead, Clay County）がミネソタ州クレイ郡ムーアヘッドに開校した。

これらの学校はほとんど聖職者や伝道師養成のために作られたものだったが（東部での経験に着目すれば、もともとアメリカ会衆派教会は神学教育だけでなく、リベラル・アーツへの関心もあった）、その教育の中身は急速にリベラル・アーツに変わっていった。ひとつの世俗化の進行といってよい。この現象はノルウェー系アメリカ人の新たな価値志向と時代精神を反映するものだった。

その一例がヴェブレン一家との因縁浅からぬ[15]セント・オラフ・スクール（カレッジ）である。このスクールの創設者となったアメリカ・ノルウェー福音教会の牧師B・ムース（Bernt Julius Muus）はノルウェー系アメリカ人の若い世代に高等教育を受けさせることをスクール開設の最優先課題と考えていた。実際の授業は七五年一月八日に始まったが、授業料は半年で一五ドル、寮費が一〇ドル、開校時の学生数は五〇人ほどであり、授業科目は宗教のほか英語、ノルウェー語、歴史、地理、習字、讃美歌斉唱などが含まれていた。このように、同校は発足当初からリベラル・アーツへの志向をもっていた。七〇年代から八〇年代にかけてたたかわされた予定調和説に関する激しい神学論争の結果、アメリカ・ノルウェー福音教会と袂を分かった人びとで、予定調和説に異を唱える牧師たち――かれらはAnti-Missourians Brotherhood[16]と呼ばれ、一八九〇年にはノルウェー・アウグスターナ会衆組織（Norwegian Augustana Synod）、ノルウェー・コンファレンス（Norwegian Conference）とともに統一教会をつくり、さきのムースのほか、カレッジの初代学長になったソービョルン・モーンも含まれていた――は独自の高等教育機関をもちたいと考えていた。かれらはセント・オラフ・スクールがカレッジ部門を新設してリベラル・アーツ教育に力を入れるのであれば、相応の資金援助をする用意があると申し出た。こうして八六年に新たにセント・オラフ・カレッジが発足した。その後もしばらくは、リベラル・アーツ教育の重視をめぐって内部対立が表面化することもあったが、大きな潮流が変わることはなかった。

## フロンティアの西漸とその消滅

ところで、統一教会が組織された一八九〇年、この年の国勢調査の結果を踏まえて、アメリカ国勢調査局長が「フロンティアの消滅」を宣言した。国勢調査の定義によれば、一平方マイル当たりの人口が二人以上六人以下の地域であれば、そこにフロンティア・ラインを引くことができる。しかしそうした地域は小さな飛び地になり、もはやフロンティア・ラインを引くことができなくなった（Turner, 1893［1920: 1-3, 39］）。

F・ターナーによれば、このフロンティア・ラインは一七世紀末にはいわゆるフォール・ライン（大西洋東岸平野とアパラチア山脈との中間に位置する南北一五〇〇キロに及ぶ高原地帯）の東側に達し、一八世紀末にはアリゲニー山脈の東側まで広がり、一九世紀の第一・四半期にはミシシッピー河の東側に及び、一九世紀半ばにはミズーリー河の東岸（カリフォルニア州を除く）に、そして一九世紀末にはロッキー山脈の森林ベルト地帯を越えて太平洋に達した。(17)

一九世紀にしぼってみても、この西漸運動はフランスなどからの広大な土地買収と割譲の歴史であり、メキシコやイギリスとの戦争さらには準州併合の積み重ねであり、先住民との闘いと追放の爪痕であり、聖職者や開拓商人たちの西に向かう長い隊列の轍であり、鉱山開発や鉄鋼業の盛況、鉄道網延伸の記録であり、一九世紀前半は北欧やドイツ、アイルランドからの、また後半は南欧や東欧からの移民流入の足跡であった。

## フロンティア命題

ここまでくると、ヴェブレンのカントリー・タウン論と比較するためにも、一九二〇年代前半のアメリカ歴史学界を席捲したかにみえるフロンティア命題にふれておくのがよいだろう。この命題は、一八九三年七月一二日、シカゴ・コロンブス万博（Chicago Columbian Exposition）にちなんで開かれたアメリカ歴史学会の席上、ターナーによって明らかにされたつぎのような見解をさしている。

（A）新世界アメリカの精神は旧世界ヨーロッパに通じる「東部」によってではなく、「偉大な西部」のフロンティア開拓の経験によって生み出されたものである。これをフロンティア命題という。

この点について、ターナーはつぎのように書いている――、初期のアメリカ史はヨーロッパの胚種がアメリカという新しい土壌でどう芽吹いたかについての物語だった。最初のフロンティアは大西洋岸のアメリカ東部にあった。しかし、それは「ヨーロッパのフロンティア」だった。「西に移動するにつれてフロンティアはますますアメリカ的なものになっていった」。いいかえれば、「フロンティアの西漸は、ヨーロッパの影響力が稀薄になっていくプロセスにほかならない」。もっと突き詰めていえば、「東部」とはニューイングランド（つまりイギリスとピューリタニズム）のことであり、「フロンティアの開発によって、われわれはますますイギリスに依存することがなくなっていった」（Turner, 1893［1920: 4, 23, 27］）。

じっさい、土地や関税、奴隷制そして鉄道敷設などに関する政治的にも経済的にもまた社会文化的にも大きな意味をもった一九世紀の諸立法は「東部」偏重ではなく、フロンティアを切り拓いた人びとの利害関心にそってつくられた。そしてそのフロンティアは、東西南北のアメリカが交差し交流しあう、その内部に政治経済的にも文化的にも大きな多様性を包み込んだ中西部によって代表される。アメリカの典型的な地方といえば、それは中西部というのがターナーの考え方だった。

（B）そのフロンティアが創造したアメリカ的精神とはいかなるものか。第一に、フロンティアは粗放で荒々しい個人主義を産み落とした。このフロンティア個人主義は何よりも個人の自由を尊重する。ソトからの直接的支配や強制、恣意的な介入を忌み嫌い、「徴税人は抑圧を代表する者」とみなすような性格をもっている。(18)

第二に、この個人主義は機会の平等を重視する。したがって、機会を独占しようとする規制や行為には強く反発する。いちど失敗した者に対しても等しく（西部への再挑戦の）「道が開かれていなければならない」。その機会が開かれていれば、希望なき格差や階級的ルールが幅を利かすことはない。

第三に、フロンティアの個人主義は自発的結社という理念と両立するだけでなく、それを必要とする。旧世界では政府の介入や強制が行なっていることを、アメリカでは人びとの自由な結社と相互理解が達成している。アメリカでは、こうした自発的結社の行為が法律と同じ役割を担っている。

第四に、そこから合意による統治という考え方が生まれる。そうなると、誰がその合意の輪に入るのかが問われる。おのずから、参政権のあり方が問題になる。一九世紀中葉以降のアンドリュー・ジャクソンの時代、土地所有者だけでなく、すべての白人男性に参政権が与えられた。

第五に、統治の範囲は――ターナーの地域主義的なものの見方、考え方（sectionalism）[19]から示唆されるように――、多彩な地域的個性が凝結した州を単位としながらも、ジェファーソン的デモクラシーとは違って、連邦である合衆国にまで広がっていく。ここにジャクソン的な連邦主義との親和性をみてとることができる。「自由な土地」が縮減し、階級格差がめだつようになると、さらにエスニックなあるいは宗教的な多様性が高まってくると、コモンマンによって合意されるものであれば、個人の自由や機会の平等などと両立する「法による社会統制」という考え方をかれらフロンティアズマンも受け入れるようになった。

第六に、そのほかにも、フロンティア形成は伝統的権威の破壊、新たなものへの挑戦と創造、実践的経験の重視とインテリ嫌い（anti-intellectualism）、空間的移動と外部への征服欲といった一連の心性を育んだ、とターナーはみている。

## いくつかのコメント――新たな現実とフロンティア命題

これらのフロンティア命題は『アメリカ史におけるフロンティア』（Turner, 1920）に収められた諸論文から再構成したものだが、いくつか補足しておく必要がある。

第一に、アメリカ的精神はフロンティアズマンの理念を体現したものである。しかし、この命題が提唱される三年前、すでにフロンティアはなくなっていた。たしかにミネルヴァの梟は夕暮れに羽ばたいたのかもしれないが、その梟にはもはや帰るべきフロンティアの森はなかった。ターナー自身、一八九三年の古典的論文の最後にこう記している――、「フロンティアは消え去り、アメリカ史の第一幕は終わった」と。

では、新しいフロンティアをどこに求めるべきか[20]、そして新しい環境のなかでアメリカ的精神はどう変わっていくのかといった問いが頭をもたげるだろう。

第二に、それらの問いに関連するが、ターナーはフロンティアの実態をどうみていたか。一八七三年、九三年そして一九〇七年の経済パニックとその後に起きた事態からすれば、個人主義と自由競争が天然資源や利権の独占をもたらす可能性は十分考えられる。大量生産技術が導入され、工場システムが立ち上がり、資本の集中が進む。個々の小さな資本では到底太刀打ちできない。それが新しい現実である。フロンティアが消滅してしまった以上、もはやあり余るほどの土地や資源が残されているという安全弁は機能しない。興味深いことに、新しい事態に反発する社会労働運動や民主主義的運動が勢いをえたのは典型的なフロンティアである中西部においてであった。アメリカ的精神と現実とのギャップがこの地方で最も鮮明な形で現われたからである。

要するに、中西部フロンティアが生み育てたアメリカ的精神がいまふたたび東部の巨大ビジネス（business Titans）によって踏みにじられようとしているというのがターナーの現状認識だった。したがって、かれからすれば、W・ブライアン（William J. Bryan: 1860–1925）のデモクラシー、E・デブス（Eugene V. Debs: 1855–1926）の社会主義、T・ルーズベルト（Theodore Roosevelt: 1858–1919）の共和主義といったものは、いずれも基本的には東部の新しい動向に対する政府規制の必要という点で軌を一にするものだった（Turner, 1910［1920: 274, 279–280］）。

もうひとつ、ターナーはフロンティア形成そのもののなかに問題の芽をみてとっていた。そのひとつが不在所有制（absentee ownership）である。中西部の広大な農地は無償で自営農に分け与えられるか、ただ同然でフロンティアズマンに売却された。しかし、土地価格が急騰した結果、農地の所有者はもっと安価な西方の土地に再投資するために不在地主となるか、あるいは小作農に土地を貸してみずからは都会に移り住んで不在地主になるといった者が少なくなかった。一九世紀後半の中西部の農村フロンティアであれば、どこでもよくみられた光景である。この不在所有制は農民共済組合（the Granger）の活動やポピュリズム、グリーンバック運動が大きな力をもった地方で深刻な問題になったとターナーは記している（Turner, 1914［1920: 297］）。

このように、危機に瀕していたのは中西部フロンティアが産み落としたアメリカ的精神そのものだった。そしてその危機をもたらした元凶といえば、それが金ピカ時代[21]の主役、東部の巨大ビジネスにほかならない。

じっさい、ターナーの思考の鋳型にはつねに「東部」対「中西部」という対抗図式があった。その東部は精神的世界において宗教教育のための大学づくりに励み、のちには物的領域で巨大資本を投入してそれぞれ中西部を浸食しようとした。

第三に、そのターナーはウィスコンシン州の出身であり、ヴェブレンと同時代人。ジョンズ・ホプキンズ大学でヴェブレンと同じくR・イリー（Richard Ely: 1854-1943）に学び、一八九〇年に同大から博士号を授与されている。この世代の知識人はダーウィンやスペンサーから大きな影響を受けていたが、ターナーもヴェブレンもその例外ではなかった。

そういう眼で中西部の農村フロンティアを定点観測的に追尾していくと、一方で、そこに未開から文明にいたる社会進化の歴史が浮上する（Turner, 1893［1920：11f.］）。他方、西に移動していくフロンティア・ラインの先端をみると、その都度そこで未開と文明がぶつかりあい、混ざりあっていた。その潮目からアメリカ的な精神が立ち上がっていったというのがターナーのゆるぎない考え方だった。

## 第三節　ヴェブレンのカントリー・タウン論

ニューヨークに新学院が創設された一九一八年からの数年間、ヴェブレンとともに教授陣に加わっていたH・ラスキがのちに回顧しているところによれば、ヴェブレンはターナーを称賛していたらしい（Dorfman, 1934: 451, 訳627）。その詳しい内容は分からないが、興味深い指摘であるにちがいない[22]。

そのヴェブレンはフロンティアに発達したカントリー・タウンについて重要な議論を書き残している。素材は三つ、ひとつは『帝政ドイツと産業革命』（一九一五年）の「イギリスのケース」と題する第四章の脚注、つぎにヴェブレンが一九一八年に連邦食料管理局に五ヵ月ほど勤めていたときに書き留めた「戦時期の農業労働」（Farm

Labor for the Period of War）というメモ、そしてもうひとつが『不在所有制』（一九二三年）におけるカントリー・タウン論である。これらのうち、最初の素材はヴェブレンが五八歳のときのもの、つぎが六一歳、最後のものは六六歳のときの仕事である。したがって若いヴェブレンが、たとえばカールトン・カレッジ時代（一七歳から二二歳まで）にカントリー・タウンについてどのように考えていたのかについて、これらの素材から直接推し量ることはできない。しかしそれにもかかわらず、いずれも貴重なものであるにちがいない。

## 適者生存と不動産投機——北欧移民を手玉にとった東部ヤンキー

まず、『帝政ドイツと産業革命』の原文九ページ（Transaction Publishers版）の脚注をみてみよう。

ヴェブレンは、この脚注ではアメリカの営利企業やビジネスマンについて立ち入って議論することはできないが、イギリスやドイツとの比較という意味で多少ふれておくのがよいだろうとしたうえで、つぎのように書いている。

第一に、アメリカのビジネスマンがフロンティアのカントリー・タウンや小都市で成功を収めることができれば、それはかれが「ビジネスマンの適者生存試験」（the test of fitness for survival to do business）に合格したことを意味する。アメリカのカントリー・タウンあるいは小都市は近郷農村からみれば物流と交易の要所であったが、その中心にいるのは地域の銀行家、多種多様な商人たち、不動産業者、弁護士や公認会計士、聖職者などだった。これらローカル・ビジネスマンが町の政治をみずからの金銭的利害関心にそって動かしていた。その行為は郷土愛とか公共精神、市民の誇りなどといった言葉でカモフラージュされていたが、かれらの利害関係は個別利害の集合体といったものではなく、ひとつの事業にもとづく共同結託的な性格をもっていた。その実態はアメリカの土地制度と関わりが深い不動産投機にほかならない。

第二に、このカントリー・タウンシップは特に中西北部で一九世紀第二・四半期以降に発達したものであり、しかも北欧移民の大量流入との結びつきが強い。

というのは、北欧移民はこの地方に大量に入植して農地開拓に精出し、東部からやってきたヤンキーたちはカントリー・タウンでの不動産投機に励んだのであるが、両者の関係は、ヤンキーからすれば、濡れ手に粟といってよいものだった。移民の継続的な大量流入によって農村人口が急増、農地は広がり、地価も上昇した。ローカル・ビジネスマンはこの好機を捉え、法律や法的手続きに無知な北欧移民を相手に土地転がしを重ねて不在地主となり、高利貸しとなり、物流差益を拡大して利鞘を貪った。移民たちがその犠牲となった。

カントリー・タウンで成功するためには、それが天賦の資質であれ訓練の賜物であれ、かれらビジネスマンは金銭に貪欲であることはもちろん、陰謀に長け、詐欺行為を恐れず、注意深く狡猾でなければならなかった。そうでなくては「自力でのしあがったビジネスマンのギルド」(the guild of self-made business men)、あるいは「町の外交官ギルド」(the guild of municipal diplomats) のメンバーになることはできない。アメリカの金銭的ビジネス倫理の苗床になったのがこうしたカントリー・タウンだった。

第三に、かれらビジネスマンからすれば、標準化されていない未知の新たな産業プロジェクトなどには関心がない。しかしそれが金儲けの機会になると分かれば、事態は一変する。そうした保守的性格はカントリー・タウンにおけるビジネスマンの訓練と選抜の方法にも反映されている。産業革新や新たな技術的知見に積極的関心をもつような人物は「試験」をパスすることができない。そうした保守的で金銭的なアメリカ的経営が産業効率を損なうばかりでなく、機械設備と労働力を浪費していることについてはつとに「能率エンジニア」が指摘するとおりである。

アメリカのビジネスはすぐれて金融的性格を帯びている。かれら金融家 (financiers) は金融市場の狭いサーキットのなかを疾走する。かれらにとってのインセンティヴは証券市場であって、製品市場ではない。最終的な采配はエンジニアや工場管理者ではなく、投資銀行家が握っている。いまでは (一九一五年)、一八九〇年代以降のトラスト運動がこうした性格をもっていたことは広く知られている (Veblen, 1915a: 332-340)。

さて、この脚注のなかでいま注目したいのは上記の第二点である。カントリー・タウンが発達したのは中西北部、その地方への北欧からの大量移民、かれらの心血を注いだ農地開拓、法的手続きに疎いかれらを犠牲にして成り立った東部ヤンキーによる不動産投機、濡れ手に粟の利鞘に群がったビジネスマンたち——、この図柄は (若いヴェブレンがどこまで明晰に自覚していたかは分からないが）父トーマスが身をもって経験したことだった。この点にふれて、ドーフマン『ヴェブレン』はこう書いている――、「トーマス・アンダーソン・ヴェブレンが土地所有者資格を得たときには、（スティーブン・オルソンは）四〇エーカーの土地をもつことができるよう手続きをとってくれた。体力を回復するや、彼は住宅の建築や内装の仕事に行き、妻は畑の世話をした。しかし、ほかの移民たちと同様に、ヴェブレン夫妻は英語がまだよくできなかったし、投機家たちの手管に不慣れであったため、土地の先買権を手放さざるをえなかった」（Dorfman, 1934: 5, 訳5）と。トーマスとカリーがこの災難にあったのはアメリカにやってきた直後、一八四七年のことだったと推察される。

## 食料管理局時代のメモ――流通革命による農業労働力の捻出とＩＷＷ

のちにみるように、ヴェブレンはミズーリ大学を辞めたあと、第一次世界大戦の末期、一九一八年二月一九日から六月三〇日までの五ヵ月ほどの短い期間ではあったが、ワシントンの連邦食料管理局統計部に特別調査官として勤めたことがある。そのあいだにかれは数編の論文を書き上げた。「戦時期の農業労働」「農業労働とＩＷＷ」「主要食料品価格一覧表に関するメモ」[23]などがそれである。内容的には互いに結びつきの深い論文ではあるが、カントリー・タウン論という意味では最初のものが注目される。

ヴェブレンと助手のＩ・ルビン（Isador Lubin: 1896-1978――ミズーリ大学の社会学院生としてヴェブレンの講筵に連なり、特別調査官の仕事をヴェブレンに紹介した人物。一九三三年から四六年まで労働省労働統計局長を務めた）が統計部長のＲ・パール（Raymond Pearl）から依頼されたのは北西部（the Northwest）の農業労働事情の調査だった。この地方の多くの農民が息子たちを兵役に取られ、特に収穫期にはひどい人手不足に陥っている。かれらはこのことに強い不満を抱いており、多くの農業労働者が世界産業労働組合（ＩＷＷ）[24]のメンバーになっているらしい。その実態を調査し、どうしたらよいか、その解決策を提案してほしいというものだった。

早速、ヴェブレンとルビンはミズーリ州のコロンビアに赴き、そこで数日をかけて農業大学（Agricultural

College）の人たちから聴き取り調査を行なった。そのあと、ミネソタ州のセントポールとミネアポリスに行き、そこでも同じようなヒアリングを重ねるとともに、ＩＷＷのリーダーに会おうと試みた。ヴェブレンは体調を崩してコロンビアに引き返したが、ルビンはミネアポリス市長の仲介でようやくＩＷＷのリーダーに会うことができた。これらの調査にもとづいてルビンが報告書の素案を作成、ヴェブレンがそれに手を加えてパールに提出した（Lubin, 1968: 138-9; Veblen, 1934: 319, 347［ドーフマンによる注記］）。その内容はおよそつぎのようなものだった。

第一に、この大戦によってアメリカの全産業が労働力の流出（不足）に悩まされている。若い労働力が兵役に取られているためである。しかし同盟国を支援してドイツを打ち負かすためには、アメリカは軍艦を製造し、食料を供給しなければならない。そういう意味で穀物生産を担う農業の役割はきわめて大きい。

第二に、アメリカの食料生産を担っているのは中西部の農民層、その若い息子たちを兵役に取られて労働力不足に悩んでいる農民たちである。農業労働者の労働条件も良くない。それが労働力不足に拍車をかけている。しかし、兵役免除というわけにはいかない。

中西部のどこかに「余剰な」労働力がありはしないか。そういえば、カントリー・タウンに労働力の「浪費」がみられる。かれらを農業労働力に振り替えることができるはずだ。浪費されている労働力とは膨大な数の小売業とそれにまつわる専門職的な職業（法律家や牧師など）である。小売業者はじつに多種多様であり、たとえば食料雑貨商、織物・服地商、衣料品店、婦人帽子店、靴屋、小間物商（notions）、金物商、洗濯屋、馬具商、荷馬車屋、宝石商、機械道具商、穀物商、新聞屋、銀行、薬屋、材木商、石炭商、パン屋、肉屋、乳製品商、ホテル・宿屋、タバコ屋、家具屋、肥料商など枚挙にいとまがない。しかし、これら小売業の役割といえば、一方では農産物のカントリー・タウン域外への販売であり、他方では域外からの必要物資の購入である。この物流の担い手がカントリー・タウンの小売業であり、かれらの収入は売買価格の差益から生まれている。

かれらはときに「寄生的な」（parasitic）とみなされた「仲介人」（middlemen）であり、カントリー・タウンの中心人物である。肝心なことは、これら小売商が互いに重複していることだ。この重複は地域によってまた業種によってバラツキが大きい。しかし一般的にいって、古いカントリー・タウンほど、また北部よりも南部ほどこの重複がめだつ。この重複は明らかに「浪費」であり、その水準はそのビジネスに必要な労働力の四-五倍、ときには一〇-二〇倍に達する。しかも、こうした小売業では投資に対する収益率が低い。効率を犠牲にして浪費することは、戦争という非常事態のなかでは公益を危険に曝すことになる。戦争に勝つためには、資本であれ労働であれ、こうした浪費的な既得権に手をつけなければならない。

第三に、カントリー・タウンの小売業などで働く「仲介人」のなかには農業経験のある者が少なくない。したがって、再教育などしなくても、かれらは農場労働者として働くことができる。要するに、かれらを農場に移すことができれば、一方では農場の人手不足を解消し、他方ではカントリー・タウンの労働力の浪費をなくすことができる。まさに一石二鳥である。

問題はどうやって小売業人口を減らすかである。要点は、これだけ多くの小売業がひしめきあっていたのでは共倒れするばかりだ、といった状況を連邦政府の政策によって作りだすことである。こうした荒療治も戦時の喫緊課題の遂行ということであれば正当化されるだろう。

しかし、そうした政策は州政府には任せられない。カントリー・タウン、郡そして州政府は商工会議所や商業クラブ（Commercial Clubs）を仲介役にして既得権の輪でつながっており、農民からみれば信頼できない。また連邦レベルでも、下院議員はしばしば既得権の利害関係のなかに取り込まれている。大切なことは、生産者と消費者の中間ステップを取引回数でも業者数という点でも削減することであり、そうすれば中間マージンを減らすことができるだけでなく、中間段階の交渉や取引から生じる流通の遅れや不安定さを排除することができる。

こうした方策は単純明快で直接的であり、かつ手っ取り早い。それだけにカントリー・タウンの「余剰な」商人たちや銀行家などからの強い反発が予想される。しかし、提案された方策は決して違法なものではなく、生活費の高騰や増税につながるものでもない。

じつは恰好の方法がある。戦時期に限ってのことでよいが、合衆国の荷物郵便制度と一八七〇年代に創業しているメール・オーダー会社（Mail-order Houses ── Montgomery Ward や Sears, Roebuck & Co. などが先駆け）を連邦食料管理局の指揮下で連携させ、流通システムを効率化することである。各地域の郵便局がこの物流システムの重要な拠点になるし、利用者の料金支払制度も郵便局口座で一括精算できるようにする。そのためには郵便貯金や支払い制度を導入する。そうすれば、カントリー・タウンの余計な銀行を現在の半分ほどに減らすことができる。さらに顧客の利便性を高めるため、この流通システムのなかにチェーン・ストアを組み込むことも大切である。

こうした改革が実行されれば、多くの連鎖反応が生じ、カントリー・タウンは小売業者といわず不動産業者といわず、銀行家といわずホテル業者といわず、さらには商業クラブといわず役所といわず、戦時の一時期ではあれ、大きな混乱に巻き込まれるだろう。しかし見方によっては、この「実験」によってカントリー・タウンがもっている「仕事の重複による浪費、不労所得、利鞘の共同結託的分割というレジーム」を炙り出すことができる、とヴェブレンは考えていたようにみえる（Veblen, 1918g［1934: 279-318］）。

結局のところ、こうしたヴェブレンの提案は受け入れられず、かれはワシントンを去ることになるが、助手のルビンからすれば、それはあまりに過激な提言であり、そのことをヴェブレンに伝えた。しかしヴェブレンは、頼まれたので単刀直入に提案したまでのこと、それを採用するかどうかは「私には関係ない」と言い放った（Lubin, 1968: 142; Jorgensen and Jorgensen, 1999: 157）。

この一件からもうかがえるように、ヴェブレンの関心は分析にあって改革にはない。ヴェブレンは実践と断行の人ではなく、思索と観照の人だった。

ともあれ、この「メモ」では──さきの「脚注」が中西部のフロンティアに入植した北欧移民による農地開拓という実業と、ヤンキーの不動産投機という共同結託的虚業の対照的な図柄、もっと端的に産業対企業という歴史的対立の構図を浮き彫りにしたのに対して──、カントリー・タウンの虚業とその労働力「浪費」のなかから、流通革命をテコとして実業と公益に役立つ農業労働力をいかにして捻り出すかという点に関心が注がれていた。

## 『不在所有制』でのカントリー・タウン論——全体像のデッサン

もうひとつ、ヴェブレンの最後の著作『不在所有制』(一九二三年)の第七章第三節をみてみよう。節のタイトルは「カントリー・タウン」、そこではつぎのような包括的な議論が展開されている。

第一に、冒頭部分でヴェブレンは、カントリー・タウンこそ「アメリカ文化のホームグランド」であり、アメリカ人のものの見方、考え方を形づくるうえで「最も重要な役割を果たした制度」であるとして、ターナーと見間違うばかりの見解を提示している。そこには成功への道が縦横に走っており、適者生存の試験場となってきた。

第二に、カントリー・タウンに充満しているのは一方では「自助と貪欲」(self-help and cupidity)の精神であり、他方では「共同結託の倫理的コード」(the ethical code of collusion)である。これがアメリカ民主主義の実態にほかならない。

第三に、カントリー・タウンの中核にあるのはもともと投機的性格をもった不動産業である。不動産価格を実勢より高く保っておくことがカントリー・タウンの掟であり成員に課された使命だった。そのための協調と共同結託が求められ、その結果、多くの産業で競争ではなく地域独占が生じた。

その主たる担い手はカントリー・タウンの外部とフロンティアの農業(農民)とを中継する膨大な数の小売業であり、それと関連する法律家であり不動産業者であり、銀行家でありホテル業者であり役人だった。アメリカで「公衆」(the Public)というのはこういう人びとのことをさす。

第四に、カントリー・タウンの中核産業は非効率的であり、ムダと浪費が渦巻いている。仕事に重複が多く、狭い地域に同業者がひしめきあっている。人もムダ使いされている。必要な水準の二倍から一〇倍も働いている産業がある。一人当たりの売上げや利潤はほどほどだが、産業全体ではその利鞘は法外な水準に達している。その犠牲になっているのが近隣の農民たちである。かれらは市場の需要と価格変動にくわえて、気候変動にも翻弄されている。

他方、カントリー・タウンの小売業にとって大きな脅威となっているのがライバルのカントリー・タウンとメール・オーダー会社である。とくに後者の効率性が恐怖の的になっている。

第五に、しかし一九世紀末から二〇世紀にかけてカントリー・タウンの小売業はその力を失い、もはやかつてのようなイニシャティヴを発揮することはできなくなった。かれらにとって最良の時代は過ぎ去った。というのも、運輸通信システム、宣伝・広告、荷造り技術、倉庫、チェーン・ストア、金融システム網などの飛躍的な拡充によってビッグ・ビジネスが経済界の中心に君臨するようになり、カントリー・タウンとその担い手たちはビッグ・ビジネスの掌中に握られるようになったからである。[25]

第六に、それでも、そのビッグ・ビジネスの精髄には自助と貪欲そして共同結託というカントリー・タウンの精神が息づいている。ビッグ・ビジネスを支配する精神構造はいまもカントリー・タウンのビジネスマンのそれと基本的に変わらない。

このように、『不在所有制』におけるカントリー・タウン論は一九一五年の「脚注」と一九一八年の「メモ」を合成したような内容になっている。

ヴェブレンは、こうしたカントリー・タウンの実像とそれが成り立っている因果関係について経済学者は立ち入った説明をしようとせず、小売業に関わる理論的定式化においても一切問題にしないことに対して不満と疑問を表明したうえで、その理由にふれて、現実が「自然な」もの、避けがたいものだとみなされているからだろう（Veblen, 1923e: 146［油本訳、第四巻第一号：126］）と書いている。それに比べれば、歴史家ターナーは十分尊敬に値する。じっさい、ヴェブレンとターナーは[26]、中西部のフロンティアこそアメリカ的精神文化の苗床であるという最も基本的な点で深く共鳴しあうところがあった。

では、ヴェブレン一家のフロンティア生活史はいまふれたソースタインのカントリー・タウン論とどの程度整合するだろうか。

いくつかのことが思い浮かぶ。入植間もない時期のことであるが、コモン・ローに疎いトーマスは先買権を手放さなければならなかったこと、そして高利貸しからの借金を早く返そうとしたことなどがすぐにも思い起こされる。しかし、その後しばらくして一家の生活は楽になっていった。トーマスをはじめ家族の者の勤勉力行と節倹、創意工夫の賜物だった。一家をあげてアメリカ社会に積極的に適応し、子供たちは高等教育の階段を登っていった。その結果、それぞれの仕方でほとんどの者が「成功」者になっていったようにみえる。

けれども、一八七三年の不況以降の金ピカ時代に入ると、ふたたびその生活は小さくない困難に直面した。[27] 鉄道業や鉄鋼業、不動産業や銀行業などで産業の総帥が簇生する一方、農民の生活は困窮と疲弊と零落とを余儀なくされた。肝心な点であるが、ヴェブレンからみれば、これら産業の総帥の行動様式とその犠牲になったカントリー・タウンの中核をなす人びとの行動様式（自助と貪欲、投機と共同結託など）は基本的に同根のものだった。

父トーマスはなにも書き残していないが、のちにみる「失われた七年」のあいだ、ヴェブレンはトーマスとよく話をして父から多くのことを学んだ。その教訓の中心にあった考え方が産業 対 企業という対立的図式であったようにみえる。

# 第二章　科学革命と高等教育――ヴェブレンの修業時代

一九世紀第四・四半期のアメリカ社会は凝縮された激変のときを迎えていた。そのなかで、ヴェブレンはいかにして第二のフロンティアを切り拓いていったのか。かれの場合もその思考の基本的枠組みはこの修業時代に形成されている。かれを取り巻く思想空間はいかなるものであり、そのなかでかれはいかに思索したか。この章ではその軌跡を追ってみることにしよう。

## 第一節　カールトン・カレッジのヴェブレン

### 疾風怒濤の時代

ヴェブレン家の子供たちは、新世界アメリカ中西部の北方に位置するフロンティアの真っ直中で、アンドリューを先頭にして高等教育の階段を登りはじめた。その第一歩が長兄アンドリューのカールトン・カレッジへの入学だった。ソースタインも一七歳のとき、カールトン・カレッジに正確にはその予科に進んだ。

ソースタインは同校を飛び級で卒業したのち、ジョンズ・ホプキンズ大学を経てイェール大学に進学、そこで博士号を取得したのが二七歳のときだった。しかし大学教授への道を歩きはじめようとしていた矢先、ソースタインはマラリアに罹ってすっかり体調を崩してしまい、就職できないまま帰郷する。そしてその後三三歳までの七年近くのあいだ――三一歳のとき、カールトン・カレッジで知り合ったエレン・ロルフと結婚しているが――、ときにゴーストライターとして『北米評論』(*North American Review*)に寄稿し、ときに大学への就職も試みたが失敗、長い療養生活と読書の日々を送って健康の回復に努めた。ようやく元気を取り戻した九一年、一念発起してコーネル大学大学院に入学、その翌年には同大の経済学者J・ラフリンに誘われて新設のシカゴ大学に赴任した。ソースタイン三五歳のときだった。本書では、ここまでの時代を括ってヴェブレンの修業時代と呼ぶことにしよう。

これらの大学でソースタインはキラ星のごとき学説史上の人物にめぐり会い、知己を得ている。カールトン・カレッジの経済学者クラーク（John Bates Clark: 1847–1938）、ジョンズ・ホプキンズ大学の経済学者イリーと哲学者パース（Charles S. Peirce: 1839–1914）、イェール大学の哲学者ポーター（Noah Porter: 1811–1892）と経済学者であり社会学者でもあったW・サムナー（William Graham Sumner: 1840–1910）、そしてコーネル大学の経済学者ラフリン（James Laurence Laughlin: 1850–1933）などである。

ヴェブレンの一七歳から三五歳（一八七四年から九二年）までのこの修業時代を理解するためには、アメリカの思想界と学界がこの時代、疾風怒濤の経験をしたことを忘れてはならない。イギリスやドイツの経験に照らしていえば、「圧縮され純粋培養された、遅れてきた近代」という個性的な思想空間がその形姿を露わにしていた。

つづめていえば、この一九世紀第四・四半期は、先進イギリスとドイツの後塵を拝しながら、東部の常識哲学とフロンティアの「過激な」自由主義という舞台のうえにドイツ観念論から社会ダーウィン主義までが短時日のうちに登場し、それとパラレルに、経済社会問題の深刻化を背景にして社会主義的あるいは社会改良主義的な運動が台頭したのであり、そのなかで社会研究が急速に専門分化しながら大学のなかにそれぞれのディシプリンにそって制度化されていった時代である。しかも、「遅れてきた」アメリカの場合、そのプロセスでふたつの学問的な先進国、すなわちイギリスとドイツからの学問的自立ということが問われていた。[1]若きヴェブレンは、こうした過剰と焦燥と騒擾とが交錯する凝縮された近代的思想空間のなかを生き抜き、第二のフロンティアを切り拓こうとしていた。

## カールトン・カレッジの創設とその背景

ライス郡ウィーリングの最寄りのカントリー・タウンといえば、ノースフィールドになる。一八六〇年代半ば、この町の人口は一万五千人に膨れあがっていた。一八六六年一〇月一二日（したがってヴェブレン一家がウィーリングにやってきた翌年）、ミネソタ会衆派教会（Congregational Churches of Minnesota）の総会でこの地にカールトン・カレッジを創設することが決まった。はじめはノースフィールド・カレッジ（Northfield College）といった。

このカレッジは、「この北西部（the North West ――中西北部と同義）で急増していく大小の町々に福音（キリストとその使徒たちの教え）を広めるため、その先頭に立つべき若者たちにキリスト教の訓練を施すことを目的としてニューイングランドから移植された」（Dana, 1879: 31）ものだった。この北西部に東部のイェール大学やアマースト・カレッジに匹敵するような立派な大学を、という意気込みだった。

しかし創設当初から大学の財政事情は火の車、六七年九月に予科が設けられて授業がはじまったが、学生数は少なく、教師の給与はしばしば遅配した。六八年七月発行のカレッジ・カタログ（Annual Catalogue of Northfield College, July 1868. Hiram A. Kimball, Printer. Record Office, Northfield）をみてみると、四人の理事会メンバーのほか、二名の教員すなわちH・グッドヒュー（Horace Goodhue ――文学士で［予科］校長、ラテン語、ギリシャ語、数学の教師）とF・アトキンズ（Francis H. Atkins ――理学士で医学博士、自然科学と英語科の教師）の名前が記され、さらに古典学科の初級学年に在籍する学生一七人（うち女性八人）、英語科中級学年の学生四人、同科初級学年の学生六〇人、総計八一人の名前が書き込まれている。授業料については、一般英語科が一八ドル、上級英語科と古典学科が二四ドル、そのほかに負担金一・五ドルなどと記載されている。また翌六九年夏発行の第二年次のカタログには新たにC・セッコンビ（Rev. Charles Seccombe ――六八年七月に着任、ラテン語とギリシャ語の上級教授）とH・セッコンビ（Mrs. Hattie M. Seccombe ――英語教師）が教員スタッフに加わったこと、さらに次年度の七〇年六月発行の第三年次のカタログには、来年（七一年九月七日）からノースフィールド・カレッジに大学本科が設けられること、ラテン語と英語の教師として文学士S・ダウ（Miss Sarah A. Dow）が採用されたことのほか、カレッジ開設三年目の学生数が合計で一六〇人になったことなどが記されている（Leonard, 1903: 123, 133-134）。

ともあれ、カレッジの苦しい財政事情を少しでも改善しようとして、会衆派の住民から寄付を募り、近隣の教会からも資金援助（といっても、一回に一〇〇ドルとか二五〇ドルといった水準）してもらったが、このままでは新設カレッジは「死を待つばかりだ」とみなされていた。

聡明で行動力に長け、強力なリーダーシップを発揮できる卓越した学長の就任が切望されていた。のちにカールトン・カレッジ「再生」の年といわれた一八七〇年、多くの努力の結果、大きな節目が訪れた。ベロイト・カレッジを卒業し、近くのフェアリボーの会衆派教会の牧師をしていたJ・ストロング（James W. Strong ——ヴェブレンの最初の妻エレン・ロルフの叔父）が初代学長に就いたからである。かれは財政立て直しのため、すぐさまニューイングランドに赴き、西部カレッジ神学教育振興協会（the Society for the Promotion of Collegiate and Theological Education at the West ——以下、カレッジ協会［The College Society］という）に資金援助を申し出た。そのことが機縁となって同年一二月、マサチュセッツ州チャールストンの会衆派教会のメンバーであり、ボストンの実業家だったW・カールトン（William Carleton）が来校、翌年には総額五万ドルもの巨額の寄付をしてくれた。帰路、学長ストロングがコネチカット州ハートフォードで瀕死の鉄道事故に遭ったにもかかわらず、一命を取り留めたことがカールトンにとっては啓示的なことに思えた。大学理事会はカールトン・カレッジ起死回生の契機となったこの寄付に報いるため、ノースフィールド・カレッジをカールトン・カレッジと改称した（Leonard, 1903: 182f, 192）。

ところで、すでにみたように、このカレッジの基本的な役割は中西部にニューイングランドのピューリタニズム(2)を浸透させるため、若い牧師や伝道者を養成することにあった。その背景事情について多少敷衍しておこう。

カールトン・カレッジがつくられた頃、三つのことが中西部会衆派のリーダーたちを悩ませていた。第一に、中西部の社会秩序が不安定さを増していたこと、第二に、ローマン・カソリシズムの勢力が侮りがたい脅威になっていたこと、第三に、中西部のカレッジや神学校が深刻な財政難に陥っていたことである。

（A）第一の問題について。カレッジ協会の最初の年次総会が一八四四年九月二五日、ニューヨークのブルーム・ストリートにある長老派教会で開かれた。この協会が設立されたのはアメリカ西部の神学校やカレッジからの要請にもとづいて、西部における神学教育を支援促進するためだった（カレッジ協会「綱領」第二条）。

このカレッジ協会の『第一回年次報告書』（一八四四年）は、西部にプロテスタントのカレッジや神学校が必要な理由として、カソリシズムとの闘いのほか、西部で重要な社会変化が起きていることにふれている。人口が急増している西部では、言語といい世論といい社会制度といい、多種多様であり、その乱立抗争によって社会秩序に大きな乱れが生じている。これはこれまでにない新たな事態である。いまや西部社会には誇大妄想や錯覚が渦巻いており、政治でも宗教でも社会的関心事においても粗野なアジテーションとデマゴギーが繰り返されている。こうした病理的な社会情勢を改革していくためには、西部におけるプロテスタントの神学教育を拡充していく必要があると記されていた。

（B）第二の問題について。西部で「ローマ」は大いなる努力を積み重ね、すでに一五から二〇ほどのカレッジや神学校を設けていた。しかも、今後その数はいっそう増えていく気配である。かれらの関心はもっぱら高等教育に注がれており、もし「ローマ」が西部の大学を制するようなことになれば、それは西部における公教育一般がかれらに牛耳られることになる。したがって、到底座視することなどできない。カレッジにはカレッジをもって対抗するしかない。「ローマ」の精神的専制支配など受け入れるわけにはいかない。「プロテスタントのカレッジや神学校をつくり、かれらを枯渇させるしかない」と激しい調子でその危機意識を表明していた（The College Society, 1844: 25-26; Dana, 1880: 785f.）。

（C）第三の問題について。こうした深刻な情勢のなかで、西部のプロテスタント系カレッジや神学校は大きな財政難に直面していた。カレッジ協会は毎年の年次報告書のなかでその窮状を訴え、東部のカレッジに偏った資金配分を批判し、西部のカレッジに対する資金援助の増額を求めている。

じっさい、一八七二年の資金援助額でいうと、東部の八カレッジ（アマースト、ボードウィン、ダートマス、ハーヴァード、ミドルベリー、ヴァーモント、ウィリアムズ、イェール）が総額で一一六九万五〇二七ドル、これに対して西部の一二カレッジ（ベロイト、カールトン、コロラド、ドーン、ドリュリー、イリノイ、アイオワ、オバーリン、オリベット、パシフィック、リポン、ウォッシュボーン）の総額が二二四万四〇一八ドルだった。単純に比べれば、東部が西部の五・二倍ということになる。これにそれぞれの人口規模（東部三七二万九七四四人、西部一四〇〇万二三一九人）を加味すると、その落差はいっそう大きなものになる。西部のカレッジや神学校の財政難は物的な教育環境ばかりでなく、教員の労働条件にも悪影響を及ぼしていた。優秀な大学教員を集めることが難しくなっていたからである。西部の若者たちは家庭の経済的事情もあってハーヴァードやイェールといった東部のカレッジに行くことができない。しかし、神学部の卒業生数でいえば、東部と西部のあいだに違いはない。かつて聖職者の受け手だった西部はいまや送り手に変わっている。これらのことを考慮すれば、もうこれ以上「こうした不均衡な状態を許しておくわけにはいかない」というのが中西部の会衆派関係者の一致した意見だった（Dana, 1879: 21; 1880: 780-784）。

しかし、さきのカレッジ協会『第一回年次報告書』はこうした中西部の見解が東部のカレッジや教会関係者の理解するところになっていないと批判している（だからこそカレッジ協会が創られたのだろう）。こうした事態は容易に改善されず、一八七〇年代になっても、依然として「西部は金喰い虫」「いつになっても物乞いばかり」「西部には多すぎるほどのカレッジがある」「西部のカレッジの財務管理はお粗末で信頼できない」「財務的には西部のカレッジは底なし沼」といった懐疑主義と批判の言葉が東部の関係者から寄せられていた（The College Society, 1844: 28-30; Dana, 1880: 774f.）。

それでも、カールトン・カレッジについていえば、七二年以降、財政的のみならず、その活動面でも大学運営は次第に軌道に乗りはじめた。一八七〇-七一年のカールトン・カレッジのカタログ末尾には、「カールトン氏からの寄付」「大学名称の改正」についての記載がある（Leonard, 1903: 192）。

### ヴェブレンの履修科目と成績

そのカールトン・カレッジにヴェブレンが進学したのは一八七七年のこと、入学試験の成績が最優秀だったので、兄アンドリューの場合もそうだったが、八〇ドルの奨学金がついたアトキンズ賞（the Atkins Prize）をもらうことができた。

その当時、カレッジの教科目の中心にはギリシャ語やラテン語のほか、道徳哲学、精神哲学、修辞学などがおかれ、自然科学系の科目も一部取り入れられていたが、その位置づけは低かった。[3]

では、ヴェブレンはカレッジでどういう科目を履修していたのか。さいわい、カレッジ時代のかれの学業成績の記録が残っている。それによれば、カレッジに進学した一八七七-七八年はギリシャ語（八五、八五、八六点）、ラテン語（八六、八五点）、修辞学（八四、八九、八九点）、数学（九〇、九〇、八一点）、非特定科目（九一点）を履修している。翌七八-七九年にもほとんど変わらない科目を履修し、同じような成績を収めている。しかし、飛び級で卒業することになった最後の七九-八〇年はギリシャ語（九〇点）、ラテン語一（八六、九〇点）、ラテン語二（九〇点）、修辞学（九〇点）のほか、論理学（九二・五点）、近代言語（九〇、九二・五点）、道徳哲学（Moral Philosophy, 九三点）、精神哲学（Mental Philosophy, 七七点）、キリスト教証験学（Evidences of the Christianity, 九四点）、政治経済学（Political Economy, 九四点）、イギリス文学（八五点）、アメリカ文学（九二点）、文明史（九三点）、地質学（八三点）、天文学（九一点）と多くの科目を受講している（Dorfman ed., 1973: 665）。

このリストはなかなかに興味深い。これらのうち、ギリシャ語やラテン語は学生すべてにとって必修科目だった（女性はギリシャ語の代わりにフランス語を履修することができた）。ギリシャ語の修得は新約聖書の理解にとって欠かせいものだった。ヴェブレンはキリスト教証験学を履修しているが、これがその主題からしてのちのイェール大学での博士論文のひとつの伏線になっていたかもしれない。また、政治経済学を教えていたのが若き経済学者ジョン・B・クラークだったことも注目される。

クラークは七五年に歴史学科（当時は歴史・政治学科）の講師として着任、同年冬から七七年まで、ハイベルベルク大学のK・クニース（Karl Knies: 1821-1898）のもとに留学、帰国後に教授に昇格、七七年（ヴェブレンがカレッジに進学した年）から政治経済学と歴史を講じている。かれがカールトン・カレッジにいたのは七五年から八一年までの六年ほどだったが、いわゆる「前期クラーク」（『富の哲学』［一八八六年］がその集大成）の考え方が社会改良主義的立場から当時の経済学の主流だった自由放任的経済理論を批判し、市場競争にすべてを委ねるのではなく、社会的公正を求めて社会を改革していく必要があるというものだったことを考えると、前期クラークがヴェブレンに多少の影響を与えていたかもしれない(4)。

ところで、一九世紀半ばまでのアメリカ哲学の主流(5)を形成していたものといえば、一般的にはT・リード(Thomas Reid: 1710-1796)を中心とするスコットランドの常識哲学(common sense philosophy)が考えられるが、カールトン・カレッジで教えられていた道徳哲学、精神哲学、キリスト教証験学もそうした性格のものだった。

## カールトン・カレッジの講義――ドーフマンの理解

このカレッジ創設の目的は、東部ニューイングランドの宗教的理想と原理を中西部の新しい諸州に浸透させ、カソリシズムの勢力拡大を押し止め、社会不安や混乱の増大を抑止し、キリスト教信仰に対する懐疑主義や不可知論、軽薄な煽情的運動などを払拭し予防することにあった。したがって、カールトン・カレッジの授業もこうした狙いにそったものでなければならなかった。

まず、「重要な科目はキリスト教証験論を含む、いわゆる道徳哲学だった。そして普通、それらの授業は学長が受けもって」おり、これらの講義は「聖書の逐語的解釈とニューイングランド的道徳体系に疑問を呈するものであってはならなかった」。そして道徳哲学やキリスト教証験学の中身といえば、それはスコットランドの常識哲学であり、ヴェブレンが「カールトン・カレッジに在学していた頃(一八七〇年代後半)、アメリカの哲学者の間で最も権威ある存在であった思想家は常識哲学の最後の偉大な代表者ウィリアム・ハミルトン卿であった」(Dorfman, 1934: 19, 訳 27)とドーフマンは書いている。

カールトン・カレッジで使われていた教科書でその中身が常識哲学であるといえるのはつぎの五つである。第一に、主知主義哲学(Intellectual Philosophy)の教科書として使われていたJ・ヘイブン(Joseph Haven: 1816-74――アマースト・カレッジの主知主義・道徳哲学教授)のもの、第二に、「哲学の一部に含まれていた美学」の教科書でJ・バスコム(John Bascom: 1827-1911――一八五五年から七四年までウィリアム・カレッジ修辞学教授、七四年から八七年までウィスコンシン大学学長）のもの、第三に、F・ウェイランド（Francis Wayland: 1796-1865――ブラウン大学の自然哲学・道徳哲学教授、一八二七年から五五年まで同大学長）によるアメリカで最初の経済学教科書であり、一八七八年にA・チェーピン（Aaron L. Chapin: 1817-92――一八五〇年から八六年までベロイト・カレッジ学長）が改訂したもの（チェーピン『政治経済学第一原理』と『ウェイランド政治経済学要綱』の合本版）、第四に、論理学の教科書でL・アトウォーター（Lyman H. Atwater: 1813-83――プリンストン大学の形而上学、論理学、経済学、政治学教授）のもの、第五に、キリスト教証験学の教科書でM・ホプキンズ（Mark Hopkins: 1802-87――一八三六年から七二年までウィリアムズ・カレッジ学長）が書いたものである。このうち、政治経済学の教科書は「常識哲学の重要な一部」であると考えられていたので、主知主義哲学や道徳哲学の教科書を著した神学者（ウェイランドがその好例）たちによって書かれることが多かった。

　そのチェーピン改訂によるウェイランドの教科書の中身をみておくのも意味があるかもしれない。第一に、神は人間を「欲望をもつ被造物」として創造されており、その欲望が生産と発明の刺激になっている。その欲望を満たすために人間は「煩わしい」（irksome）労働に携わる。その労働の成果に対しては排他的な所有権のみならず、自由に交換する権利も生まれる。第二に、所有権・財産権の確保という立場にたって、『進歩と貧困』（一八七九年）の著者H・ジョージ（Henry George: 1839-97）による必要以上の土地所有に対する土地収用構想(6)、あるいは政府の銀貨やグリーンバック（裏面が緑色の紙幣）の増発(7)といった当時の動きを厳しく批判し、私有財産権の「完全な否定」である社会主義はもちろんのこと、「慈善事業あるいはその他の貧民救済」活動も「怠惰と浪費に対する天罰を軽くする」ものであり、労働者のストライキなど「最も神聖な権利」に反する行為であるとみなしている。第三に、「政治経済学の基本原理」からすれば、「（当時急成長しつつあった）大会社がこの国にもたらす利益に最高の敬意を払うべき」であり、また「暴動や社会不安を引き起こす大衆の無知や偏見を追い払うべきである」（Dorfman, 1934: 23, 訳 32-7）といったものだった。

　このように、自由放任的競争と私有財産権の尊重こそ自然の摂理であり自然権である、というのがカールトン・

カレッジで使われていた政治経済学の教科書の基本的内容だった。

カールトン・カレッジで教えられていた道徳・精神哲学は常識哲学によって色濃く染め上げられていたから、「どんな形であれ、常識を脅かす哲学は認められなかった」というのがドーフマンの理解であり、したがってドイツの形而上学、特にカントのそれは政府と社会秩序の原理を破壊するものであり、無神論に口実を与えるものとして非難された。いわんや、常識哲学の最後の巨人であり、当時の「アメリカの哲学者の間で最も権威ある存在だった常識哲学の最後の偉大な代表者」ハミルトンを真っ向から批判したJ・S・ミルなど論外だった。さらに、「スペンサーなど進化についての新説を支持した者たちは『堕落した唯物主義』」と非難され、「あまりにも途方のないものであり、優れた思想家たちから一考だにされない」学説を流行らせている者として誹られた、とドーフマンは書いている（Dorfaman, 1934: 26, 訳 37-38）。

要するに、ヴェブレンが進学した一八七〇年代後半のカールトン・カレッジを被っていたのは、一方ではスコットランドの常識哲学であり、それに批判的なカント、ミル、スペンサーなどは「優れた思想家」からみれば、批判と非難の対象でしかなかった。他方、政治経済学のほうは、自由放任の市場競争と所有権あるいは財産権ということを重視した教科書が使われていたということになる。しかし、こうしたドーフマンの理解についてはもうすこし吟味してみる必要がある。

## 常識哲学の黄昏

ドーフマンは、ヴェブレンが進学した当時のカールトン・カレッジでの講義内容をいまみたようなものとして描き出し、だからこそ宗教嫌いの「異端者」(8) ヴェブレンにとって大学キャンパスの雰囲気は心地よいものでなく、馴染むこともできなかったと断定している。

もっとも、一八七〇年代後半といえば、七三年不況を契機に中西部の農民層と東部の大資本の利害対立が鮮明になり、グリーンバック運動やポピュリズムが急速に中西部で台頭し、東部では労働者のストライキもめだつようになっていた。

すでに、スペンサーの『社会静学』（一八五〇年、アメリカ版は一八六四年）が出版されて四半世紀、ダーウィンの『種の起源』（一八五九年）が刊行されて十数年、同じく『人類の起源』（一八七一年）が出て数年が経っていた。もっと直接的な影響という点でいえば、ミルのハミルトン批判の書『ハミルトン卿の哲学に関する考察』（一八六三年）が公にされて一〇年以上が過ぎていた。さらにいえば、あと数年もすれば、スペンサーがアメリカにやってきて東部財界のお歴々から大歓迎される（スペンサーの訪米は一八八二年）という時代になっていた。こうした激動の時代を考えれば、いかに聖職者が管理する保守的な大学とはいえ、カールトン・カレッジの講義内容はいかにも時代離れしているという印象を免れない。

じっさい、少なくとも当時のアメリカの哲学界についていうかぎり、ドーフマンのカールトン・カレッジに関する記述とは違って、すでに常識哲学は黄昏のときを迎えていた。アメリカ哲学史家のB・カクリック（Bruce Kuklick）などによれば、ハミルトンに対するミルの完膚なきまでの批判は思わぬ「成功」を収めることになった。というのも、この「批判」以降、イギリスやアメリカの大学の哲学カリキュラムからリードとスコットランド常識哲学の名前が消え失せてしまったからである（Grave, 1960: 257; Kuklick, 1984: 128）[9]。やがてリードは「忘れられた哲学者」となった。そしてもうひとつの派生効果といえば、ヒュームの懐疑主義に対する批判のよりどころが常識哲学ではなく、カントに求められるようになったことである。それまで批判の対象とされてきた（とドーフマンが書いている）カントがいまやヒューム批判の支柱に据えられることになった。大きな様変わりといわなければならないだろう。

このように急速に変化していく一九世紀第四・四半期のアメリカ哲学界について、第一にミルのハミルトン批判、第二にダーウィンの衝撃、第三に新しい大学にむけた改革（古典学中心のカレッジから自然科学を包括する自由な学術研究の場としてのユニバーシティーへ）、第四に聖書批判[10]、第五に急激な工業化に伴う社会問題の噴出といった要因が働いて、アメリカの有力大学から常識哲学がその姿を消し、「神学からプロフェッショナルな哲学へ」と変貌していったという興味深い見方がある（Kuklick, 2001: 97–105）。

## 素描・前期クラーク

もうひとつ、「前期クラーク」を念頭におけば、カールトン・カレッジの専任教員であるジョン・B・クラークによって自由放任の経済学とは異なる政治経済学が講じられていたことを見落とすことができない。ドーフマンはこの点の理解に欠けている。

というのも、ドーフマン自身、脚注のなかでふれている「前期クラーク」のいくつかの論文――当時はまだ経済学の専門誌がなかったので、クラークは一般誌『ニューイングランダー』（*New Englander*）に寄稿していた――に目を通していれば、それが市場一点張りの、しかも現状肯定的なウェイランド＝チェーピン風の経済学とは異質なものであったことが分かったはずである。試しにこの雑誌に載った前期クラークの論文をいくつかみてみよう。

（A）「政治経済学で認められてこなかった諸力」（Clark, 1877a）という論文では、これまでの政治経済学は人間行動の動機を正確に理解していなかったこと、人間をあまりにも機械的で利己的な存在として捉えてきたことを取り上げ、その陥穽を人類学的知見によって修正する必要があるという。文明社会になるにしたがって科学、美、道徳といったものに対する理念的欲求は高まるが、これらの欲求は決して利己的なものではないし、その欲求に上限はない。

したがってJ・S・ミルのように、これらの富――「富の新しい哲学」（Clark, 1877b: 172）という処女論文では、富は「欲求を満たす能力あるいは効用と専有性」によって定義されている――の産出を非生産的な活動などといってはならないと主張する。

（B）「ビジネスの倫理――過去と現在」（Clark, 1879）では、当時の鉄道ストと労働者の恒久的に報われない将来という世論動向に言及しながら、適切に規制されない野蛮で度を過ごした競争は社会に害悪をもたらすこと、したがって対等な競争関係を構築していく必要があること、法律ではなく、道徳的な力によってこうした過剰な競争を規制し、真の自由と偽りの自由を峻別していくことが大切だと書いている。

（C）もうひとつ、「非競争的な経済学」（Clark, 1882）によれば、政治経済学の最終目的は決して富の量的増大にあるのではない。有機体としての社会にはもっと高い経済的目的がある。富の最大化とともに、質的な高度化が重要であり、さらに富の分配公正が大切である。これらが実現されたとき、そこに「合理的な富」（rational wealth）が生まれる。しかし、現実はそれと大きく隔たっている。合理的な富を実現するためには、自由放任と競争原理だけに依存することはできない。「道徳最高裁判所」（Supreme Moral Court）を設け、競争原理に対抗しうる、公的機関によって担われた協調原理を導入する必要がある。それがあってはじめて合理的な富に到達することができる、とクラークは述べている。

したがって、このいわゆる「前期クラーク」は、独自に限界効用理論を提唱することになった『富の分配』（一八九九年）や『経済理論要綱』（一九〇七年）の「後期クラーク」（第三章第七節）とは質的に違っている。

ともあれ、ここでは、ヴェブレンが政治経済学への関心を深めるうえでひとつの契機となったカールトン・カレッジ時代の「前期クラーク」が、当時の主流派経済学とも「後期クラーク」とも異なる政治経済学を構想し、講義していたことが見落とせない。ドーフマンがこの点に注目していれば、かれのカールトン・カレッジの講義内容についての叙述も多少変わっていたかもしれない。

### 使われていた教科書――歴史学科（一八七五‐八一年）のケース

クラークはウェイランド＝チェーピンの経済学の教科書を使って講義していたのだろうか。さいわい、一八七五‐八一年までの期間について、カールトン・カレッジ歴史学科で用いられていた教科書のリストがわかる。(11) クラークと同じように、政治経済学と歴史学を講じていたのはM・ウィリストン（Rev. M. L. Williston）であるが、かれはイリノイ州ゲールスバーグ（Galesburg, Ill.）の会衆派教会の牧師だった。それでも、使われていた教科書のなかにはウェイランドやチェーピンのものはない。リストに載っているのは、ウェーバーの『史学概論』（Weber's

Outline of History. 正確な著者名とタイトルなどは不詳)、バトラーの『合衆国史』(おそらくバトラー版の『図鑑合衆国史』のことだろう)、F・ギゾーの『文明史』、C・タウンゼントの『市民統治分析』(Townsend's Analysis of Civil Government)、H・ロバートの『秩序のルール』(Robert's Rule of Order)、J・H・フェアチャイルドの『道徳哲学』、アトウォーターの『論理学』、ホプキンズの『キリスト証験学』、それにバスコムの『美学』である。

これらのうち、最後の四冊は内容的にも常識哲学の系譜に連なるものであり、したがってカールトン・カレッジの哲学系教科書が常識哲学的なものだったことを示している。しかし政治経済学の教科書については記載がない。また、一八八一-八二年の(辞める直前の)クラークが担当した講義(政治経済学と歴史学)の教科書リストにあるのはいまみたものとまったく変わらない。

したがって、このリストからみるかぎり、カールトン・カレッジの授業のうち、哲学系は常識哲学によって支配されていたが、政治経済学のほうは前期クラークを念頭におけば、すでにウェイランドやチェーピンを「卒業」していたのかもしれない。

ともあれ、一九世紀の第四・四半期になっても、ハミルトンだ、常識哲学だといっていたのではいかにも時代錯誤の感を否めない[12]。ヴェブレンならずとも、若い優秀な学生たちがその墨守的雰囲気に強い違和感を覚えても不思議はなかっただろう。

## ヒュームの懐疑主義

ここで、ヒュームの懐疑主義とそれに対する批判として登場した常識哲学についてごく簡潔にふれておこう。

スコットランド啓蒙の背骨といってもよいD・ヒューム(David Hume, 1711-1776)は二三歳のとき、もっと行動的な生活の舞台を求めてスコットランドの郷里ナインウェルズを発ってブリストルに向かう途中、ロンドンで「医者への書簡」(Hume, 1734 [1932]、以下「書簡」)という若きヒュームの精神的葛藤と斬新な構想力を伝える貴重な文書を書き残した。それによれば、かれは一八歳のある日、「思想のある新しい情景」(a new Scene of Thought)を垣間みて「ある大胆な気持」にとらわれたという。「哲学者や文芸批評家の書に親しまれた人なら誰でもご存じのとおり、これらふたつの学問のいずれにおいてもいまだ確定的なものはなにもなく、また最も基礎的な事柄においてすら、際限のない論争以外にはほとんどなにもない」。いま求められているのは、かれらの権威を否定し、空想に依存しない「真理を確立できるなにか新しい方法」(some new Medium by which Truth might be establisht [ed])を手に入れ、それを駆使して揺るぎない(のちの表現でいえば)「人間学」(the Science of Man)を打ち立てることである。そうすることによって「倫理学上ならびに文藝学上の一切の真理を導出しよう」とヒュームは考えた。大きな一条の光明が差し込んだかにみえた。

しかし、この「書簡」はもうひとつのことを伝えている。それはこの光明の道を歩む厳しい「ストア的自己鍛錬」の結果、ヒュームは病を得たこと、そこから自己省察をくりかえして立ち直り、そのプロセスで「人間本性」(human Nature)は「経験のみによって知りうる」という自覚に達したことである。情念(passion)が理性に優位するという考え方が生まれ、原子論的な内観的方法を見出した。やがてこの自己覚醒的な構想力は、みずから「印刷機から死んで生まれた」(Hume, 1776 [1777a])と言い切った処女作『人間本性論』(一七三九-四〇年)に結実することになるが、そこでは人間本性という基礎のうえに「諸学問の完全な体系」を構築されるという、さらに雄大な構想力が示されている。

では、その「書簡」で示された「新しい方法」とはいかなるものか。手懸かりは「道徳的な主題に実験的推論方法を導入する試み」(an Attempt to introduce the experimental Method of Reasoning into Moral Subjects)というその副題にある。ここにある「実験的」とは——そこにニュートンの影響をみてとることができるが(13)——、内容的には「経験的」というほどの意味である。『人間本性論』序論の言い方でいえば、「経験と観察にもとづいて」ということになる。

文脈上、この『人間本性論』で注目されるのは、カントの「独断のまどろみを破った」ヒュームの因果論である。かれによれば、第一に、ふたつの対象が時間的あるいは場所的に近接していること、第二に、原因と呼ばれる対象が結果と呼ばれる対象に先行していること、第三に、必然的な結合という要素――、これらが整ってはじめて因果関係を推論することができる。容易に想像されるように、問題は最後の必然的結合である。ロックとともに生得観念というものを否定し、[14]「観念はすべて印象、つまり先行する知覚に起因している」というヒュームの立場からすれば、「必然性は心のなかに存在する何者かであって、対象のなかにあるのではない」。そしてバラバラな印象をひとつの知識にまとめあげていくのが想像による連想（association）であり、その習慣化された「連想習慣」によって真の知識を獲得することができる。

しかし、伝統的な有神論者からすれば、生得観念を否定し、「すべての信念は観念の連合から生じる」といい、その観念の連合を形成するのが経験だとするヒュームは、それだけでも危うい存在であるにちがいなかった。ヒュームの懐疑主義に直接関連する、しかしさすがのヒュームも生前にはその出版を憚った『自然宗教に関する対話』（Hume, 1779［1826］）[15]は、理神論者のクレアンテス（Cleanthes）、懐疑主義者のフィロ（Phillo）、正統派神学者のデメア（Demea）の対話によって構成されている。抑えがたい関心は誰がヒュームの考え方を代表しているかである。

この点については、ヒューム研究者のあいだでも意見の対立があり、ここで深入りすることはできないが、たしかに懐疑論者フィロの発言にはヒュームと共鳴する部分が多い。しかし一概にそう断定することもできない。対話の記録人として登場するパンフィルス（Panphilus）がこの「対話」の最後に下した結論は、「私は正直に告白するが、全体を真剣に検討した結果、フィロの諸原理の方がデメアの主張よりも蓋然性をもつこと、しかしクレアンテスの諸原理がさらに真理に近接していると思わざるをえない」（Hume, 1779［1826: 548］, 訳 162）というものだった。この結論が著者の立場だとすれば、ヒュームは理神論者になる。日本でも、たとえば山崎正一がフィロとクレアンテスのふたりのうちに「ヒューム自身の心の両面」「人間本性の両面」を看取していたし、泉谷周三郎はヒュームを不可知論者としながらも、フィロをヒュームに重ね合わせることに慎重な姿勢を崩していない。福鎌忠恕と斎藤繁雄の見方もそれに近い。しかし、大槻春彦はフィロをヒュームとみる考え方に傾き、「適度な」（mitigated）懐疑論者としてのヒュームを強調している。杖下隆英も「あらゆる点を考えてもフィロがヒュームの立場にもっとも近いと考えることにはある種の自然さがある」と書いている。馬場啓之助になると、『人間悟性研究』第一一篇「神慮と未来」（Hume, 1777b [1826: 155–173], 訳 36–58）での議論を援用してではあるが、もっと断定的にフィロとヒュームを同一視している（山崎、1949: 207; 泉谷、1988: 171–172; 福鎌・斎藤、1975: 188; 大槻、1968: 39–41; 杖下、1982: 215; 馬場、1951: 96–99）。

ともあれ、ヒュームがさきの「書簡」をしたためていた一八世紀前半期は理神論をめぐる論争が最盛期を迎えていた。理神論――すなわち世界の創造主としての神は認めるが、ひとたび創造された後の世界は自然法則にしたがって進行していくものであり、そこに神が干渉する余地はないとする考え方であり、そうすることで科学と宗教とを両立させ、一方ではキリスト教信仰を守り、他方では科学の領域を確立しようとする考え方――の周囲には、伝統的な有神論があり、不可知論があり、無神論があった。ヒュームには『人間本性論』以来、つねに無神論者あるいは懐疑論者といった批判がつきまとっており、そのため、一七四四年（三三歳）にエディンバラ大学の倫理学・精神哲学教授の話があり、また五一年（四〇歳）のときにもグラスゴー大学の論理学教授の話がもちあがったが、いずれの場合もスコットランドの長老派カルヴィニズムの保守勢力の反対にあって実現しなかった。

しかし哲学的にも、ヒュームの「すさまじいまでの破壊力をもった懐疑主義」からの脱出口が模索されねばならなかった。その役割を担ったのが常識哲学だった。

**常識哲学とはなにか――経験論批判と直接的リアリズム**

その常識哲学はデカルト、ロック、バークレーを経てヒュームに繋がる哲学的懐疑主義を批判し、キリスト教信仰の伝統的基盤を守ろうとした。「常識哲学はヒュームに対する『回答』から立ち上がった」（Grave, 1960: 4）のであり、ふつうの人間は外的世界のリアリティを信じるが、懐疑主義者はその外的世界はフィクションにすぎないと主張する。他方、リードの哲学は「人間の一般的信条を正当化することをその目的としていた」（Stephen, 1876: 62,

訳・上巻70)。そういう意味では、リードには偉大なる啓蒙思想の潮流を堰き止め、それを逆流させようとした側面があるかもしれない。中山大は大胆に、[16]「常識哲学は絶対主義的思想体系」であり、神学的決定論であると規定した(中山、1974: 14-16)。

ところで、常識哲学への道を切り拓いたケイムズ卿ヘンリー・ホーム(Henry Home, Lord Kames: 1696-1782)は伝統的神学の哲学的基盤を再構築する必要を強く自覚していたし、リードもその課題を引き継いだ。一七五二年にアバディーン大学キングズ・カレッジの教授に就任したリードは『常識原理に基づく人間精神の探究』(一七六四年)を著わしてまもなく、アダム・スミスの後を襲ってグラスゴー大学の道徳哲学教授となり、八一年までその地位にとどまった。

常識哲学に先鞭をつけたケイムズ卿はもともと法律家であり、アダム・スミスのパトロンとしても知られる。じっさいかれは、スミスがグラスゴー大学教授になるために大いに尽力した。そのケイムズ卿は『道徳と自然宗教の原理』(一七五一年)において真っ正面からヒューム批判を行なった。認識論をめぐって、印象や観念を媒介せずとも外的世界を直観できるといい、道徳論でも「道徳感覚」のもつ先験性を主張した。[17]ついで、常識哲学の最高峰とされるリードは、外的世界は「心のなかの観念」にすぎないとするバークレー、また因果律の客観性を否定し、人間の知識は精神的な観念であるから外的世界がいかに構成されているかを知りえないとするヒュームをそれぞれ批判、人間の常識(sensus communis)という疑いがたい基盤のうえに外的世界は成り立っており、それこそが合理的思考の基礎を形成しているという考え方を提示した。それは直接的リアリズム(direct realism)あるいは常識リアリズム(common sense realism)と呼ばれる。たとえば、さきの『人間精神の探究』第一章第四節にはこうある――、「この勝ち目のない闘いのなかで、哲学はいつも敗北してその面目を失う。それどころか、哲学はこうした敵対関係が停止して侵略行為が放棄され、親密な友好関係が回復されるまでは栄えることができない。というのも、常識は哲学を何とも思わず、その援助も必要としていないからである。他方、哲学は常識の原理のほかに(別の比喩を用いれば)根をもたない。哲学は常識の原理(the principles of Common

Sense）から成長し、そこから養分をとる。この根から引き抜かれれば哲学の評判は衰え、その活力は枯れ、哲学は腐敗し死んでしまう」（Reid, 1764: 19 [1863: 101]，訳 13）。また、同書の第一章第六節には、「自然にその存在を信じ、ふだんの共同生活のなかでその存在を当然視するように求められている何らかの原則というものがあると私は考えている。それが常識の原則である。それに反するものがあれば、われわれはそれを理屈に合わない不条理なものと呼ぶ」（Reid, 1764: 52 [1863: 108]，訳 31）。

さらに、リードは『人間の知的能力に関するエッセイ』（*Essays on the Intellectual Powers of Man*, 1785）の第一章「当然とされる原則」の冒頭で、「科学およびすべての推論の基礎となる共通の原理が存在する。その原理は直接的には証明しようがないし、またその必要もない」（Reid, 1785: 36-7 [1863: 230]）。その原理が常識の原理であり、それが真理の原理（axioms）になる、と書いている。

こうしたリードの考え方を宗教の領域に展開したのがJ・オズワルド（James Oswald: 1703-1793）であり、美学の分野に拡張したのがJ・ビーティ（James Beattie: 1735-1803）である。J・プリーストリー（Joseph Priestley: 1733-1804）のように、この三人をさしてリード学派という場合がある。[18]

リードの弟子であり、早くから数学者として頭角を現わし（二五歳でエディンバラ大学数学教授）、のちに同大の道徳哲学教授となったD・スチュアート（Dugald Stewart: 1753-1828）は常識哲学の体系化に努めた。かれの評判の講義を聴くためにフランスやアメリカから多くの学生がやってきた。かれは数学や言語学などの領域でいくつもの顕著な業績を挙げ、道徳哲学から独立した経済学のあり方を提唱した。さらに、一八〇二年の『エディンバラ評論』の創刊にも尽力した。[19]

そのスチュアートの弟子のひとりにW・ハミルトン（Sir William Hamilton: 1788-1856）がいる。かれはリードとスチュアートの著作集を編んだ人だが、かれが「常識哲学の最後の偉大な哲学者」といえるかどうかについては議論の余地があるだろう。かれは若くしてドイツに学び、当時のイギリスではほとんど知られていなかったカントなどドイツ哲学をイギリスにもたらした。じっさい、カントから大きな影響を受けていた。

そのハミルトンのよく知られた処女論文に、フランスの哲学者であり常識哲学の支持者でもあったV・クーザン（Victor Cousin: 1792-1867）を批判した「クーザンの『哲学講義』」（Hamilton, 1829）がある。そこでかれは、有限なる人間精神をもってしては制約なきもの、条件づけられていない無限なるもの、絶対的なものの存在を知ることができないといい、「考えるとは条件づけること」であると主張した。しかし、この知識の相対性という考え方は明らかにリードとは異なる。他方、そう主張するハミルトンは、その無限なるもの、絶対的なるものの認識についてはそれを神学の手に委ねた。そのため、かれを「カントとリードの折衷[20]」とみる研究者もいる。

しかし、まことに皮肉なことに、リード哲学はそのカントによって一蹴されていた。カントは『プロレゴメナ』（Kant, 1783）の序言で、「リード、オズワルド、ビーティ」を名指し（かれらの論敵だったプリーストリーまで引き合いにだして）、かれらはヒュームの問題提起を正当に受け止めることなく、常識という到底哲学的とはいえない狡猾な概念を持ち出してヒュームの懐疑主義哲学を葬り去ろうとしたとして非難したからである（Johnston, 1915: 11; Grave, 1960: 5; 長尾、2004: 23-25）。じっさい、カントはそこでこういっている――、「自説を弁護する言句に窮した場合に、常識をあたかも神のお告げでもあるかのように持ち出すべきではない。洞察と学とが落ち目になり、衰退の一途を辿るようになると、この時とばかりに常識を引き合いに出すのは、当世の狡猾な発明のひとつである。すると浅薄きわまる饒舌でも、造詣の深い学者と安んじて張り合うことができるし、またかかる学者を相手にして引けをとらずに済むのである。しかし洞察がひとかけらでも残っているうちは、常識を引き合いに出すなどという便法を用いないように心掛けたいものである。それにまたよく考えてみると、常識に訴えるということは、取りも直さず、大衆の判断に頼ることにほかならない。大衆の拍手喝采を浴びると、哲学者は赤面するが、しかし俗受けをねらう軽薄な学者は得意の鼻をうごめかして尊大に振る舞うものである」（Kant, 1783: 6-7, 訳 18-19）と。

いまここで、このカントの常識哲学批判を取り上げてその妥当性を吟味しようとは思わないが、リードや常識哲学がやがて哲学の主要舞台から退いていったことについては、すでにふれたJ・S・ミルのハミルトン批判もさることながら、このカントの独断的ともいえる決めつけが大いに与って力があった。このカントの常識哲学に対する黙殺宣言的批判が（日本の哲学界でも）ながく尾を引き、リードは忘れられていった。リードが新たな脚光を浴びるためには、イギリスのG・ムーアとアメリカのC・パースによる二〇世紀初頭の再評価を待たねばならなかった。

## ヴェブレンのキャンパス生活

スコットランド常識哲学の盛衰に立ち入りすぎたかもしれない。しかし、そこでの中核的テーマが懐疑主義であり理神論であり、人間本性と社会秩序の可能性についてであり、人間知性論であり認識論であり、それらをめぐって多くの論争がたたかわされたことは銘記されてよい。常識哲学あるいはリードの復権も含めて、その主題は二一世紀のいまに継承されるべき現役の問題群を数多く含んでいる。

急いで、本論に戻ることにしよう。ヴェブレンが学んだ当時のカールトン・カレッジにおける特に哲学系の講義内容が問題だった。

ドーフマンも書いているが、ヴェブレンは「『ニューイングランドの聖職者』である（ストロング）学長を心から嫌っていた」（Dorfman, 1934: 31, 訳 44）。旧態依然とした東部ニューイングランドの理念や原理を振り回す鼻持ちならない人物とみえたからである。その違和感の背景には、ヴェブレン自身の宗教嫌いな性格があったかもしれない。のちに、フローレンス・ヴェブレンは、「ヴェブレン家には誰一人として宗教的と呼ばれるような者はおりません。ルター派教会の牧師から宗教的帰依を迫られたとき、聡明なソースタインは子供ながらにそうした拘束に強く反発しました」（フローレンス・ヴェブレンのドーフマン宛の一九二五年一二月七日の手紙）と書いている。強制一般に対する反発という水準を超えて、ヴェブレンは小さなときから宗教嫌いだったようにもみえる。この点、「はじめに」でふれたことでいえば、「ノルウェーの国民的英雄」であり伝統的ニューイングランドからみれば、「背教者」「異端者」であり、「徹底したダーウィン主義者」の作家であるビョルンソンが一八八一年にアメリカ中西部を講演旅行して回ったとき、ヴェブレン家の人びとがこの人物に「この上ない関心を抱いた」という事実を思い起こすことができる。

あるいは、ヴェブレンが飛び級をしてまで早くカールトン・カレッジを卒業したいと考えたことと、この宗教嫌いとのあいだには関連があるのかもしれない。その詳細は明らかでないが、ヴェブレンの卒業演説（「条件づけられた存在に関するハミルトン哲学についてのミルの考察」[Mill's Examination of Hamilton's Philosophy of the Conditioned][21]がそのタイトル）の内容についてローカル紙はごく短い紹介記事のなかで、「一言でいえば、ミルとハミルトンの係争は論理的に成り立ちがたい[22]」というのがヴェブレンの演説の主旨であったと報じていた。しかしドーフマンは、この紹介記事をいかに解釈すべきかについて、「ミルのおそらくは無神論的な哲学と常識哲学との違いは多くの人が考え始めているような重大なことではない」とヴェブレンがいおうとしていたのかどうか「疑わしい」という複雑なコメントをしている。

ともあれ、ヴェブレンの飛び級にはもっと積極的な理由があったようにみえる。ひとことでいえば、カールトン・カレッジひいては常識哲学が企図した神の存在証明という問いをめぐってヴェブレンはかれなりの回答を見出したいと考えていたのではないか。いいかえれば、スコットランド啓蒙世界の中心的な問いかけ、すなわち創造主たる神は存在するのかという重い問いに対して、ヴェブレンはみずからの明快な結論を得たいと強く願っていたようにみえる。もしそうだとすれば、その問いについて考えるためには、「宗教や宗派から自由な」アメリカ最初の大学院大学、一八七六年に新設されたばかりのジョンズ・ホプキンズ大学に行くのが最適である――、ヴェブレンはそういう思いを抱きながら、兄アンドリューとともにボルティモアに向かったのかもしれない。

ところで、カールトン・カレッジ時代のヴェブレンについて、もうすこしふれておくべきことがある。

そのひとつは、カールトン・カレッジで使われていたホプキンズの『キリスト教証験学』について、ヴェブレンは学友たちと吟味し、「そこでの『証言』（Evidence）が貧弱な証拠によるものであることを明示した」。また同じように教科書として使われていた『美学』の著者であるバスコムについて、「このニューイングランド常識哲学者は、独特の文体をもったその美学の教科書と同じように理解しがたい人物である」（Dorfman, 1934: 31f, 37, 訳 44以下、52）とヴェブレンはいっていた。

さらにヴェブレンは、毎週開かれた学生弁論会でカニバリズム（人肉嗜食）を肯定的に論じたり、グリーンバック運動を支持したり、公然とヘンリー・ジョージの『進歩と貧困』（すでにふれたように、ウェイランド＝チェーピン風の経済学からみれば、批判と非難の対象でしかない作品）の肩をもったり、インディアンを弁護したりした。そのため、多くの学生たちはヴェブレンのことを「孤立した」「変わり者の皮肉屋」とみていた。それでも、ヴェブレンの卓越した学力に疑問を抱く学生はいなかった。一〇歳年上の教師クラークはヴェブレンに好意をもっており、かれのことを「最も鋭い思考家」（the most acute thinker）と呼んだ。

カールトン・カレッジ時代といえば、最初の妻となるエレン・ロルフとの出会いにもふれておく必要がある。彼女はロルフ家（ニューイングランドの名門であり、歴史を遡れば、ヴァイキングの最初の領袖ガング・ロルフに行き着く。したがって、エレン・ロルフはノルウェー人の血を引いていることをヴェブレンは彼女に教えたらしい）とストロング家の血統につながり、叔父には学長のストロングのほか、辣腕の鉄道業者のW・ストロングがいた。

しかしドーフマンは「中西部の名門の娘がノルウェー移民の息子に興味をもったとしたら、これほど奇妙なことはないだろう」と書いて、ふたりの結婚が不釣り合いであることを示唆している。同じ思いはソースタインの父トーマスのものでもあり、トーマスはふたりの結婚に反対した。ヴェブレンはストロング学長を嫌っており、「東部」にもまた鉄道業者にも違和感をもっていたことを考えると、なぜソースタインは尊敬する父の反対を押し切ってまでエレンと結婚しようとしたのか、率直にいって理解に苦しむところがある。

のちに明らかにするように（第三章第八節）、ふたりは長い別居生活とヴェブレンからの再三再四の離婚要求の挙句、ようやく一九一二年にエレンは離婚に同意した。しかしふたりの不和、不仲はやがてヴェブレンの学者生涯に深い傷跡を残すことになる。

もうひとつ、ヴェブレンはカールトン・カレッジ在学中、長兄アンドリューとともに古代ノルウェー語を勉強し、中世アイスランドの史劇に基づくW・モリスの詩編などに目を通し、独学でドイツ語をマスターし、カレッジの講義では扱われない多くの思想家の著書、たとえばカント、スペンサー、J・S・ミル、ルソー、ハックスレーなどの作品を読み漁った。

このように、ヴェブレンはカールトン・カレッジでの生活に馴染めないものを感じていた。とりわけ哲学系の講義に違和感を抱いていた。というのも、かれの思想的触手は変わりゆく時代の先端にまで伸びており、その意味で「前期クラーク」を別にすれば、カールトン・カレッジの学問世界を超え出ていた。その自覚がヴェブレンをして飛び級という行動に駆り立てたのかもしれない。

## 第二節　ジョンズ・ホプキンズ大学のヴェブレン――パースとの出会い

ヴェブレンはカールトン・カレッジを卒業してから一年ほど、兄アンドリューの世話でウィスコンシン州マディソンにあったモノーナ学院（Monona Academy）で数学を教えた。しかし、まもなくその学院は潰れてしまい、兄ともども一八七六年に新設されたばかりのジョンズ・ホプキンズ大学に進み、さらに半年後、ソースタインは単身イェール大学に移った。

### ジョンズ・ホプキンズ大学へ

ヴェブレンはなぜジョンズ・ホプキンズ大学へ行こうとしたのか。[23] アンドリューの強い勧奨といったことのほかにも、ソースタインにはすでにふれたような内在的な理由があったようにみえる。

ジョンズ・ホプキンズ大学は宗教に対して寛大かつ開放的であり、アメリカ最初の研究本位の大学院大学として開設されたものであり、多くの著名な学者が集まっていた。そこに行けば、ヴェブレンがカールトン・カレッジで抱いた問題つまり神の存在あるいは非存在（証明）について納得のいく回答が得られるのではないかと考えたのかもしれない。

ジョンズ・ホプキンズ大学はそれまでのアメリカのカレッジとは異なって、研究重視の新しいタイプの大学として、一八七六年一月二二日、ボルティモアの著名な鉄道業者ジョンズ・ホプキンズの七〇〇万ドルという巨額の寄付にもとづいて創設された。いかなる意味で新しい大学なのかを理解するためには、大学創設記念式典での学長ギルマンの講演とその半年後に行なわれたハックスレーの記念講演に注目するのがよいだろう。

### ふたつの記念講演――ギルマンとハックスレー

ジョージ・ワシントンの誕生日にあたる一八七六年の二月二二日、ボルティモアの下町にある音楽学院でジョンズ・ホプキンズ大学の創設記念式典が催された。一八七二年から七五年までカリフォルニア大学学長を務めた経験のある初代学長D・ギルマン（Daniel Coit Gilman: 1831-1908）はメリーランド州知事やボルティモア市長、ハーヴァード大学学長などが列席するなかで内容豊かな堂々たる演説を行なった。

はじめに、ジョンズ・ホプキンズ氏への深い謝意を表わしたあと、ギルマンは大学（university）、アカデミーまたは学士院（academy or learned society）、カレッジ（college）、専門学校（technical school）、美術館・図書館という五種類の高等教育・研究機関をあげてそのそれぞれの職能についてふれ、これらは「大学が太陽、他の四つはその惑星」といった関係にあると述べた。そのうえで、大学に焦点を絞り、カレッジからユニバーシティーへという歴史的変化の基本的道筋を示したうえで、大学の研究と教育のあり方に関する一二の原則を挙げた。「すべての科学が振興に値する」「宗教は科学を恐れず、科学も宗教に脅威を感じる必要はない」「最優秀な学者は広い人文学的教養にもとづいて専門領域で業績を挙がることができる人びとである」「教育と研究は一体のものでなければならない」「大学は一日にして成らず、時間をかけて発展していくものである」「大学がめざすのは人格と品性の陶冶であって、巧言令色を好むもったいぶった人物を育てる場所ではない」などであった。さらに、それまで教会関係者によって支配されがちだったカレッジ教育のあり方を改め、医学を含む自然科学研究を促進し、大学の教師と学生には大きな学問研究の自由を与え、フェローシップ制度を導入すること、教授法もそれまで支配的だった一方的な講義形式にとらわれず、ゼミナール形式など多くの創意工夫をこらしていく必要があると熱弁をふるって新しい大学時代の到来を多くの聴衆に強く印象づけた（Gilman, 1876）。

ギルマンは、ジョンズ・ホプキンズ大学は政治的・宗教的セクショナリズムから解放された、国際的に開かれた、学問の自由を大切にする研究のための大学院大学であるべきだと考え、学長就任が決まって以降、その準備に余念がなかった。七五年の夏から秋にかけてかれはヨーロッパ各地の諸大学を歴訪し、多くの大学関係者に会い、教授陣を物色して回った。アイルランド、イングランド、フランス、スイス、ドイツ、オーストリア、スコットランドを訪れ、ロンドンではT・ハックスレー、H・スペンサーにも会った。この歴訪によって知己を得た多くの友人たちがやがてギルマンの良き相談相手になった。しかし、ギルマンは先進ヨーロッパの大学を模倣しようとしていたのではなかった。かれらの貴重な経験に学びながら、良いところを摂取して「アメリカの大学」を創るのだと考えていた。教授陣の三区分のステータスとその高めの年俸（教授三〇〇〇–五〇〇〇ドルという水準は、イェール大学の最高給教授が三五〇〇ドル、ハーヴァード大学の最高給教授は四〇〇〇ドルだったから、それよりも高くなる可能性があった）について、また理事会は教授人事に関する「政治的、セクト的な影響力を行使しない」という原則についても理事会の承認をとりつけた（Hawkins, 1960: 21–22, 26–27, 31–37）。

しかし、ギルマンのこの新大学構想がそのまま実現されたのかといえば、そうではなかった。いくつかの点で妥協が求められた。大学院のみの大学ではなく、学部も創ること、地元社会のニーズを十分汲み上げること、その一環として公開講座を設けることなどにくわえて、教育における宗教の位置づけをめぐってデリケートな妥協が必要になった。ギルマンは、ジョンズ・ホプキンズ大学は「（宗教的）セクショナリズムから自由でなければならない」。しかし、そのことは大学教育が「非宗教的」であることを意味しない。大学教育は物質主義や快楽主義（Epicureanism）に与することはできない、と『大学年次報告』（一八八〇年）に書かねばならなかった。

じつは、この宗教界との「妥協」の必要は大学創設時のハックスレー講演をめぐるちょっとした騒動によって示唆されていた。

一八七六年九月一二日、科学研究と高等教育の振興に尽力したという点ではギルマンがアメリカで果たしたのと同じような役割をイギリスで担ってきた生物学者T・ハックスレー（Thomas Henry Huxley: 1825-95）を招いて記念講演会が開かれた。みずからの神学的立場を不可知論と称し、「ダーウィンのブルドック」といわれていた旧知のハックスレーを招聘して（もちろんギルマン学長が呼んだのである）、ジョンズ・ホプキンズ大学創設記念の講演会が開かれたということ自体、象徴的な出来事であった。

ハックスレーはこの記念講演[24]のなかで、大学は政治的・宗教的セクショナズムから自由でなければならないこと、大学は真の意味でリベラルでなければならないこと（すなわち人文学と自然科学を等しく重視すること、国境を越えてすべての人びとに開かれた高等教育機関となること）、教育と研究を有機的に統合すること、教師の報酬が受講生の数で決まるようなことがなってはならないこと、新生ジョンズ・ホプキンズ大学が古くはボローニャ、パリ、オックスフォードなどの諸大学がそうであったように、真の研究教育の場となり、自由な真理探究の中心地となり、知的光明の原点となって地球上のすべての人びとが集う場所となることを心から願っているとその創設を称え、大きな期待感を表明した。

講演会は「万雷の拍手のなかで」終わったが（それだけにかえって）、正統派の保守的な教会関係者は――ハックスレーを無神論と物質主義の象徴と捉えていたから――、いっそう警戒心を強めた。「世界の将来は自然の解釈を先人よりも一歩先に進めることのできる人びとの掌中にある」。「大学の最高の機能はそうした人びとを探り出し、大切に育て、その能力を最大限発揮させるところにある」とハックスレーが述べたことに対して（特に「自然の解釈を先人より一歩先に進める」という表現）、またこの講演会が神に対する感謝の祈りなしに始まり、終わったことに対して、さらにはハックスレーを招聘したことに対して、長老派の教会関係者や雑誌編集者から非難の声が挙がった。さきにふれたギルマンの「妥協」はこうした反応を考慮してのものだった（Hawkins, 1960: 69-72）。

しかし回り始めた時代の大きな歯車を止めることなどできはしない。なによりも、ハックスレーの記念講演に対する「万雷の拍手」がそれを雄弁に物語っていた。

## 新しい大学制度

たしかに、ジョンズ・ホプキンズ大学の創設はアメリカの高等教育制度が大きく変わりはじめたことを示唆していた。

そこから遡ること十数年、一八六二年の第一次モリル法（The Morrill Act of 1862, 州政府が関与して農業、科学、工学に関する高等教育機関を設置する場合、連邦政府が管理する土地を譲渡するという法律）が制定された。科学技術開発に対するニーズがめだって高まり、それに見合ったしかるべき研究教育機関を設ける必要があったからである。この法律が中西部で州立大学が相次いで創設されたことのひとつの背景になっていた。

変化といえば、一九世紀の第四・四半期になっても「ウィリアムズやアマースト、カールトンなどの『人文学的』カレッジは重要な存在であったが、イェールやハーヴァード、プリンストン、ペンシルヴァニア、コロンビアといった大学はもはや小さな地方の大学といったものではなく、世界から多くの学生や魅力的な学者を集めることのできる国際的に著名な大学になっていた」（Kuklick, 2001: 100）。そして一八七六年のジョンズ・ホプキンズ大学に先立つものでいえば、一八六五年にマサチュセッツ工科大学（ＭＩＴ）とコーネル大学が、その後では九一年にスタンフォード大学が、九二年にはシカゴ大学といった有力な私立大学が創設された。成長しつづける経済社会への貢献という狙いが見え隠れしていたが、いずれも大学院を設置して科学研究を前面に押し出した大学だった。

一般的にいって、一七世紀以来、アメリカの高等教育機関は長く教会関係者によって支配されてきたが、いまや往時の覇権はみるべくもなかった。神学校を卒業して牧師を務めたあと、カレッジの学長になって道徳哲学を講じるといったタイプの古い学長[25]は一九世紀の第四・四半期になると、多くの大学から姿を消しはじめ、代わってギルマンのような新しいタイプの学長が登場した。明らかにこの時代、アメリカのアカデミズムは世俗化の方向に大きく舵を切った。

## イリーへの失望

ところで、すでにみたように、ヴェブレンがジョンズ・ホプキンズ大学にいたのはわずか半年のことである。なぜ大学を辞めたのか。ドーフマンは、兄アンドリューの「監視」から逃れるためといったことのほか、学長ギルマンの努力にもかかわらず、旧態依然とした教会権力が哲学の教授選考に大きな影響力をもっていたこと、ボルティモアを支配する南部の有閑階級文化にヴェブレンが違和感をもったことなどにくわえて、かれよりわずか三歳年上の「先生」だったR・イリーの政治経済学史の講義に失望したことを挙げている（Dorfman, 1934: 38-41, 訳 56-60）。

そのイリー[26]はカールトン・カレッジのクラーク同様、ヴェブレンのことを「大いに有能であり、自分独自の道を進む」人物として高く評価していた。しかしイリーの講義はドイツの百科事典をネタ本にしたもので、かれ自身の考えを「まったく含んでおらず」、ヴェブレンからすれば、聴講に値するものではなかったとドーフマンは書いている（Dorfman, 1934: 40, 訳 59）。

しかし、このヴェブレンの「失望」はともかくも、イリーには「政治経済学の過去と現在」（Ely, 1884――したがってヴェブレンが聴講してから二年後に発表された）と銘打った明快な政治経済学史[27]があり、そこにはイリー自身の考え方が示されていた。そればかりでなく、イリーは同僚の数学者であり天文学者でもあり、『政治経済学原理』（一八八五年）という著作もあるS・ニューカム（Simon Newcomb: 1835-1909）と経済学における数学の役割をめぐって論争した人物である。したがって、イリーの政治経済学史という講義の内容は（その評価はともかくも）鮮明なものだったにちがいない。

ちなみに、奇遇といえば奇遇、イリーの論争相手だったこのニューカムのハーヴァード大学での数学の先生がB・パース（Benjamin Peirce: 1809-1880）、そしてその息子が独創的な哲学者・論理学者C・パースなのであるが、ニューカムはそのパースの学者としてのキャリアに一度ならず、大きく立ちはだかることになった。学長ギルマンが講師パース[28]をジョンズ・ホプキンズ大学で教授として終身雇用しようとしたとき、それに反対して思いとどまらせたのも[29]、またそれから二〇年ほどして、パースのライフワークの出版計画に対するカーネギー財団からの資金援助に水を差したのもニューカムだったからである（Brent, 1993: 287, 訳 493）。

ともあれ、すぐにみるように、ヴェブレンはパースの大学院ゼミナールに参加して強い影響を受けたようにみえる。

## 政治経済学への関心

イリーの講義に対する評価はともかくも、ジョンズ・ホプキンズ大学在学中、ヴェブレンの中心的関心は哲学にあった。しかし、次第に経済学への興味を深めていった。大学院のセミナーで、ヴェブレンは「土地課税に関するJ・S・ミルの理論」という論文を書いて奨学金を手に入れようと考えた。さらに「人口増加と地代との関係」と題するもうひとつの論文も用意した。

このうち前者の内容は、土地課税についての「ミルの見解を要約し、西部での土地ブームの結果についての彼自身のコメントをつけた」ものであり、地主の不労所得に対する課税はいくつかの副次的効果を別にすれば、「労働の節約を可能にし、人口密度を高める利点がある」というものだった（Dorfman, 1934: 40, 訳 59）。しかし、もっと正確な内容がつかめないものか。というのも、この不労所得という主題はヴェブレンにとって生涯にわたる大切な研究テーマであり、ヴェブレン六六歳の最後の著作のタイトルも『不在所有制』（一九二三年）となっているからである。

若きヴェブレンは不労所得についてどう考えていたのか。オリジナル論文は手に入らないが、上記論文のより詳しい内容の分かる史料が残っている。ジョンズ・ホプキンズ大学『大学回覧』（一八八二年二月号）はヴェブレン論文をつぎのように要約している――、「社会の進歩とともに地代も上がる。しかし、その上昇は土地所有者の努力によるものではない。したがって、国が特別税を課してその不労所得の増加（unearned increment）が地主の懐に転げ込まないようにすることができる。（あるいは）将来の地代の上昇を見込んで土地を購入するといった所有者の不当な行為を抑えるため、国が市場価格で所有者から土地を買い上げることも考えられる。所有者に損害を与えることなく、投機的価値をもつ土地を国が買い取るというやり方である。この方法によって、投機的価値が生まれるまで土地を所有しようとする行為を取り締まることができる。そうなれば、一般的な土地国有化計画とは違って、土地価格の変動に伴う支出を社会のすべての階層に対してより平等に分担させることができる。この方法によって富の直接的な再分配が行なわれるわけではないが、価格変動がもたらすあらゆる望ましからざる副次的影響を排除しながら、人口密度を高め、労働力を節約するという利益がもたらされるだろう」(Johns Hopkins University Circulars, No. 13, February, 1882, p. 176)。

このように、二五歳の若きヴェブレンはJ・S・ミルの肩の上に乗ってつぎのように考えた。第一に、投機のための土地買い占めは排除すべきであり、一般化していえば、不労所得は基本的に否定さるべきものである。第二に、そのための方法は土地の私有制一般を廃止しようとする土地国有化構想とは別のものでなければならない。第三に、投機目的の土地買い占めを排除できれば、人口密度が高まり、労働力を節約することができるだろう、と。

この要約された文章からは、投機のための土地買い占めを具体的にどのようにして排除するのか、その方法がもうひとつ判然としない。しかし投機と不労所得の排除、そして労働力の節約というこの論文で示した考え方は、のちのヴェブレンの諸著作の内容に照らして注目に値する。

この論文要旨が載っているジョンズ・ホプキンズ大学の『大学回覧』は大学理事会の承認をえて刊行されたものだが、内容は大学内部の各種研究会(そのなかには、パースが主宰した「形而上学クラブ」が含まれる)で発表された「重要論文」の要旨のほか、次回の各種研究会の案内、大学カレンダー、教授陣の紹介などの記事が載っている。それによれば、ヴェブレンの論文は一八八二年一二月の歴史・政治学研究会(Historical and Political Science Association ――のちにヴェブレンの就職のために推薦状を書いてくれた歴史家ハーバート・B・アダムス〔注55参照〕が主宰していた研究会)の例会で発表されている。また同号の形而上学クラブに関わる記事をみると、一一月例会では学長ギルマンが「帰納法の諸理論」について、G・モリスが「イギリスの理神論と宗教哲学」についてそれぞれ発表し、一月例会ではG・ホールが「E・フォン・ハルトマン」について、パースが「J・S・ミルの論理学」について報告していることがわかる。これら専任教授陣の研究会報告の要約と併せて、大学院生だったヴェブレンの論文要旨が掲載されている点に注目する必要がある。

では、この論文を学長に提出して奨学金を手に入れようとしたヴェブレンの企ては成功したのか。この点を示唆するアンドリューとドーフマンの往復書簡がある。まずドーフマンは、「ジョンズ・ホプキンズ大学から一八八一年にヴェブレンが学長宛に書いた多くの手紙が送られてきました。ひとつは授業料［上記の『大学回覧』の記事によれば、当時の授業料は年間八〇ドル］の減免について、もうひとつは大学院生に対する奨学金を要望したものです」と記し、アンドリューに対して「何かご存じのことはありませんか」と尋ねている（ドーフマンのアンドリュー宛の一九三一年七月二八日の手紙）。これに対してアンドリューは、「奨学金をもらったということはなかったように思います。しかし、それが原因でボルティモアからニューヘブンへ（ジョンズ・ホプキンズ大学からイェール大学へ）行くことになったとも思えません。また、授業料を免除されていたのかどうか分かりませんが、そうだったかもしれません」（アンドリューのドーフマン宛の一九三一年八月五日の手紙）と書き送っている。このようにアンドリューは、ヴェブレンが奨学金をもらうことはなかったと推測しているが、すでにみたように、『大学回報』にヴェブレン論文の要旨が掲載されていることを考えると、あるいはアンドリューの理解が間違っていたのかもしれない。

では、もうひとつの「人口増加と地代の関係」という論文はどうなったのか。のちにヴェブレンはジョンズ・ホプキンズ大学時代の友人ジェイムソンに宛てた手紙のなかで、「（大学の定期刊行物に掲載されなかったことについて）ちょっとがっかりしたけれど、予想されたことだった。この件で私の（イリー）博士に対する評価は高まったが、かれは定期刊行物（の発行者）に恨みをもつようになった」（ヴェブレンのジェイムソン宛の一八八三年二月一二日の手紙――Dorfman, 1973: 267-268）と書いている。ヴェブレンはもうひとつの論文を書き上げ、それを高く評価してくれた「先生」イリーの勧めで大学当局に送ったが、大学の定期刊行物に掲載されなかったということであるように思われる。

## パースとの出会い

ジョンズ・ホプキンズ大学での学生生活はわずか半年ほどのものだったが、パースはヴェブレンに強い印象を与えた。

一八八一年の秋、「その哲学について多くを共有している」(Griffin, 1998: 733) と直感したヴェブレンはパースの「基礎論理学」(Elementary Logic) という大学院ゼミナールに出席した。少人数のゼミだったが、そのなかに二歳年下のJ・デューイ (John Dewey: 1859-1952) もいた。しかし、かれは数学的議論に違和感を抱いたためか、まもなくゼミに現われなくなった。

このゼミで取り上げられていたトピックスには、認識の理論、科学の方法、関係の論理 (logic of the relatives)、演繹法、帰納法、科学の論証、科学史からの例証、因果律など論理学的問題があったが、先端的科学研究の例解という議論のなかでL・モルガン (Lewis Henry Morgan: 1818-1881) の文化人類学的研究や、政治経済学の数学的研究に取り組んでいたA・クールノー (Antoine Augustin Cournot: 1801-1877) が話題にされた (Griffin, 1998: 733)。

この大学院ゼミを通じてヴェブレンはパースから多くのものを学んだが、ゼミが開かれていたのはカントの『純粋理性批判』(一七八一年) が公刊されて百周年という特別の年だった。各地でその出版百年を祝う会合が催された。有力な研究者がカント研究を公にした。ジョンズ・ホプキンズ大学でヴェブレンもその講義に出ていた哲学者G・モリスの『カントの純粋理性批判――批判的解説』(Morris, 1882) が八〇年代はじめに刊行され、イェール大学でヴェブレンの博士論文執筆の指導教授になったN・ポーターは『プリンストン評論』に「カント (純粋理性批判出版) 百年」(Porter, 1881) という論文を書き、さらに『カントの倫理学――批判的解説』(Porter, 1886) を出した (ヴェブレンの処女論文「カントの判断力批判」は一八八四年に発表された)。当時の『思弁哲学雑誌』(*Journal of Speculative Philosophy*) や『プリンストン評論』(*Princeton Review*)、あるいは『ニューイングランダー』(*New Englander*) などの各号をみてみれば、ドイツ哲学、なかでもカントさらにはヘーゲルへの関心がどれほど強かったかを知ることができるだろう。

じつはそのパースも、ハーヴァードの学生時代に深くカントに傾倒し、『純粋理性批判』を原書で毎日数ページずつ読み進め、三年間を費やしてすべて暗唱してしまったといわれる。そのパースは三八歳のとき、『月刊通俗科学』に「科学の論理を説明する」(Illustrations of the Logic of Science) という文章を六回にわたって掲載した。その第一論文が「信念の確定」(Peirce, 1877) である。この論文と第二論文「概念を明晰にする方法」(一八七八年) によって、パースは「プラグマティシズム」(pragmaticism) という考え方を明らかにした。このうち、第一論文の内容はつぎのようなものだった。

第一に、人間は論理的動物 (logical animal) であるが、完全にそうなりきることはできない。ほとんどの人間は論理的であるよりも、もっと楽天的な存在であり、希望に支えられて生きている。しかし、その希望が経験によってチェックされなければ、人びとの楽観主義は途方もないものになってしまう。そうなれば、自然淘汰によって誤った思考傾向が制覇することになる。

第二に、人間がある仕方でものごとを考え、推論するのは心の習慣 (habit of mind) によってである。心の習慣が推論の指導原理 (the guiding principle of inference) の役割を果たす。推論の目的はすでに知られていることにもとづいて、まだ知られていないことを明らかにすることにある。

第三に、疑問があるという不安定な状態を克服してはじめて信念 (belief) が生まれる。このプロセスが探究 (inquiry) にほかならない。その信念がわれわれの欲求を誘導し、われわれの行為を牽引する。そこに疑問と信念の累積的で永続的な進化プロセスが生まれる。この探究の目的は人びとのあいだに意見のまとまり (settlement of opinion) を生み出すことにある。

第四に、信念に到達する四つの方法がある。固執、権威、ア・プリオリな方法、そして科学である。[30] それはある程度まで、歴史的な変遷として理解することができる。

第五に、その科学の方法には「仮説形成の論理」(abduction)[31]、演繹、帰納の三つがある。構想された仮説は演繹と帰納によって検証される。しかし、信念形成において科学以外の三つの方法がいつでも劣位にあるというわけではない。それぞれには固有の利点と存在理由がある。心の習慣によって古い信念が生きのびていくこともあれば、反省の精神が古い信念を払拭していくこともある。

このように、パースが定式化した信念形成の方法論は動態的で柔軟なものであり、単純な啓蒙主義的図式とは異質なものだった。この自由でしなやかなものの見方、考え方はかれの可謬主義（fallibilism）や仮説形成の論理における想像力の大きな役割、さらに批判的常識主義[32]と見事に共鳴する。

ヴェブレンはパースについて特に書き残していないが、ヴェブレンが「唯一の重要な著作」と自称した『製作者本能』（一九一四年）には、パースとの理論的な平行関係を思い起こさせるものがある（Griffin, 1998）。心の習慣が推論を誘導するという考え方、その心の習慣は可変的であり、信念形成の方法が歴史的に変化していくというものの見方、自然淘汰によって誤った思考傾向が制覇することがあるという理解、仮説形成の論理における大胆な構想力と帰納法の重視、科学の方法がもつ（人間の感情に左右されない）冷徹な論理主義といったものはいずれもヴェブレンにとって印象深いものであったにちがいない（Dyer, 1986）。

## モリスの影響

もうひとり、ジョンズ・ホプキンズ大学でヴェブレンに影響を与えたかもしれない人物がいる。デューイの先生であり、ヘーゲル主義の哲学者だったG・モリス（George Sylvester Morris: 1840–1889）[33]である。ヴェブレンはモリスの三つの講義（ギリシャ哲学、倫理学、カントの純粋理性批判）すべてに出席していた（Dorfman, 1934: 39, 訳 57）。

まず、モリスがジョンズ・ホプキンズ大学に招かれたいきさつについて説明をしておこう。そこから、学長ギルマンの個人的思いとは別に、哲学教授招聘に関して大学理事会がかなり神経を尖らせていた事情が浮かび上がる。

じっさい、さきにふれた大学創設記念のハックスレー講演が理事会を保守化させていた。哲学の教授陣として最初に候補になったのはハーヴァード大学の生理学者・心理学者W・ジェームスだったが、哲学の担当者としては不適任であるというのが理事会の判断だった。目は外国に向いた。ふたりの候補者の名前が挙がった。ひとりはエディンバラ大学のR・フリント（Robert Flint: 1838-1910）、もうひとりがケンブリッジ大学のJ・ウォード（James Ward: 1843-1925）だった。しかし、最終的にはフリントは断わり、ウォードは不適格とされた。イギリスのケンブリッジでウォードに会ったジョンズ・ホプキンズ大学のふたりの理事は、「われわれがそう望んでいるほど、ウォードはキリスト教徒として固い信念をもっていない」というのが不適格とされた理由だった。のちに、ウォードはアメリカの哲学者、心理学者であり、社会学者でもあったJ・ボルドウィン（James Mark Baldwin: 1861-1934――かれ自身、数奇な運命をたどった人物）に宛てた手紙のなかで、「お話したことがあったかどうか分かりませんが、もう二〇年も前のこと、私は裕福なクエーカー教徒の紳士たちからインタビューを受けたことがあります。そのうちの一人はトーマスといったと思います。かれらはジョンズ・ホプキンズ大学の哲学担当者を探していました。かれは率直に私にこういいました――、あなたは正統派とはいえない、と。かれらはアメリカに戻ってG・S・ホール（Granville Stanley Hall: 1844-1924――モリス、パースとともにジョンズ・ホプキンズ大学設立時の哲学科の三人の教授陣のひとり）を指名したのです。その人（トーマス）は、ボルティモアでは私たちは毎週日曜日に教会に通っている。その私たちはある特別講義でハックスレーあるいはティンダール（Tyndall [John Tyndall: 1820-93]）からだったか、驚愕すべき恐ろしい話を聞かされたことがあります、といっていました」（ウォードのボルドウィン宛の一九〇三年九月一五日の手紙――Hawkins, 1960: 189, n. 9）。このインタビューと理事会の判断、そしてウォードの手紙は創設時のジョンズ・ホプキンズ大学がいわれるほど宗教的に自由な大学ではなかったことを証拠立てている。

こうした経緯を踏まえて、理事会の目はアメリカ国内に向けられた。まもなくモリスに白羽の矢が立った。すでに七五年、イェール大学のポーター学長がギルマンにモリスを推薦していたこともあったが、たしかにモリスは理事会の目からみて「宗教的に申し分のない人物」だった（Hawkins, 1960: 189-91）。

そのモリスであるが、七〇年代以降の「ダーウィン主義の洪水」（Wenley, 1917: 149）や「通俗科学」の人気ぶり、不可知論の浸透といったことを念頭におけば、時流から取り残された古いタイプの哲学者ということができるかもしれない。かれは『イギリスの思想と思想家』（一八八〇年）の序論のなかで――かつて一時期、J・S・ミルやスペンサーに強く影響されていたモリスではあったが――、理念の実現を希求してやまない人間精神の内在的必然性を強調し、その精神の現象形態には国別の個性があるとしたうえで、イギリス的精神には宗教的、科学的、詩的という三つの要素があること、しかしモリスの哲学理解からすれば、その精神は（哲学の領域と権能をせまく限定的に捉えすぎており）「真の哲学を否定する」ものである。「イギリスの経験的心理学者は科学のなかに哲学的問いに対する答えを見出そうとした」（Morris, 1880: 193）というのがモリスのイギリス哲学に対する包括的判断だった。かれは真の哲学的精神はギリシャとドイツに息づくものと考えていた。しかし、一九世紀後半のドイツ哲学界を駆け抜けた「カントに戻れ」（Rückkehr zu Kant）といった運動にモリスは関心を示そうとはしなかった（Wenley, 1917: 156, 244）。

こうしたモリスであったから、果たしてかれがヴェブレンにいかなる影響を与えたのか――、S・ドガート（Daugert, 1950: 4）は、「そこ（ジョンズ・ホプキンズ大学）でヴェブレンはモリスの新カント主義とパースの論理学の影響を受けた」と書いているが（モリスを新カント主義者といっているが、初期モリスのことだろう――この点については Schneider［1946: 408］参照）、それ以上の立ち入った議論はなく、その根拠は判然としない。

こうして、パースは「ホプキンズ・スキャンダル」（注29参照）で大学を去り、まもなくしてモリスが古巣のミシガン大学に戻り、弟子のデューイもその後を追った。ジョンズ・ホプキンズ大学哲学科はこれらの人びとを次々と失うことで致命的な深傷を負い、長い衰退プロセスに入った。

この点にふれて、学長のギルマン自身、一八八六年の『学長年次報告』のなかで「数年間、形而上学クラブ（Metaphysical Society［Club］――パースが主宰した研究団体）はパース氏やモリス教授の尽力で運営されてきたが、もはや維持することが難しくなった」と書かねばならなかった。パースが去り、モリスとデューイが辞めたあと、残ったのは実験心理学者のG・S・ホールだけだった。

## アメリカ観念論の台頭

モリスは「キリスト教こそ絶対宗教である」「人間の完全な生活とは神の意思を実行に移すことによって神を知ることである」と考えていた。そのかれを含めて、一九世紀第四・四半期のアメリカ哲学界（講壇アカデミズム）はドイツ観念論研究に深く傾いていった。この点についてもうすこしふれておこう。

この時代のアメリカ観念論について、H・シュナイダー『アメリカ哲学史』（Schneider, 1946）は、ボストン大学のB・ボーン（Borden Parker Bowne: 1847–1910）の人格主義、コーネル大学のJ・クレイトン（James Edwin Creighton: 1861–1924）の客観的観念論、ハーヴァード大学のJ・ロイス（Josiah Royce: 1855–1916）の絶対的観念論、そしてモリスの動態的観念論の四つを挙げている。また、B・カクリック『アメリカ哲学史 一七二〇–二〇〇〇年』はこれらにくわえて、コーネル大学のJ・シャーマン（Jacob Gould Schurman: 1854–1942）、ペンシルヴァニア大学・コロンビア大学のG・フラートン（George Stuart Fullerton: 1859–1925）、カリフォルニア大学バークレー校のG・ホイソン（George Holmes Howison: 1834–1916）、イェール大学のG・ラッド（George Ladd: 1842–1921）、ブラウン大学に短期滞在したスコットランド人のJ・セス（James Seth: 1860–1925）、そして在野の哲学者E・マルフォード（Elisha Mulford: 1933–1985）の六人の名前を挙げている。これらのうち五人（フラートン、ホイソン、ラッド、モリス、マルフォード）は正統派カルヴィニズムに批判的な神学校で教育を受け、同じく五人（ボーン、ホイソン、モリス、シャーマン、マルフォード）がドイツ留学の経験をもっていた。

シャーマンはクレイトンの先生であり、一八九二年に『哲学雑誌』（*Philosophical Review*）を発刊、一八九二年から一九二〇年まで長くコーネル大学の学長を務めた。同じ九二年、ラッドはアメリカ心理学会創設に関わり、のちにその第二代会長になった。クレイトンは一八九六年創刊のドイツ哲学雑誌『カント研究』（*Kant-Studien*）のアメリカ人編集者となり、一九〇五年にはアメリカ哲学会を創ってその初代会長となった（詳しくは、Schneider, 1946: 400f.; Kuklick, 2001, Chapter 7）。

これらの人びとは、前の世代が大なり小なり、スコットランドの常識哲学にコミットしていたのに対して、ドイツ哲学とりわけカントとヘーゲルに傾倒した。したがって、この時期のアメリカ観念論の台頭と隆盛が物語っていたのは、ひとことでいえば、それに先立つ常識哲学の衰退にほかならない。キリスト教信仰の哲学的根拠をもはや常識哲学に求めることはできず、それに代わってドイツ観念論のなかに依るべき術を見出そうとしたかにみえる。

しかし、そうした哲学的模索を局所化し（「哲学は科学的方法の序論にすぎない」［Wenley, 1917: 149］とみなし）、それに激しい揺さぶりをかけているものがあった。それがダーウィンでありスペンサーであり、またハックスレーであり「世俗化した科学主義」であり、「安直な物質主義」だった。

わずか半年でジョンズ・ホプキンズ大学を去ったヴェブレンが、イェール大学に移ってから真剣に考えねばならなかったのはカントでありダーウィンであり、そしてスペンサーについてだった。

それにしても、なぜヴェブレンがわずか半年でイェール大学に移ることになったのか、正確なことは分からない。この点、アンドリューは、「イェールに行けば、ジョンズ・ホプキンズよりもっと多くのことを見出せると思ったのでしょう。それ以外の理由は考えられません」（アンドリューのドーフマン宛の一九二五年七月一八月の手紙）と書いている(34)。

それでも、モリスについては、かれの神の存在に対する強い信念をヴェブレンは敏感に嗅ぎ分けていただろう。またパースについては、その独創性と論理学に大きな魅力を覚えながらも、ヴェブレンの内在的関心とのあいだに埋めがたいズレを感じていた可能性がある。

## 第三節　イェール大学のヴェブレン――ポーターとサムナーに会って

ヴェブレンがイェール大学に移ったのは一八八二年春のこと、そこでかれは学長ポーターと経済学者であり社会学者でもあった俊英W・サムナーの薫陶を受け、二年半後にはポーターの指導の下で「因果応報説の倫理的基礎」（一八八四年）という博士論文を書き上げている。さらに同年、学内では国債償還問題に関する論文でポーター賞を受け（このポーターは夭逝した化学者の John A. Porter［1822-66］のこと）、「カントの判断力批判」という論文を発表して学界デビューを果たした。二七歳のヴェブレンは順風満帆であるかにみえた。しかしそれも束の間、ヴェブレンは病魔に襲われ、その後三三歳までの七年ちかく、文字どおり厳しい逆境に曝されることになった。

## サムナーの教科書騒動

ジョンズ・ホプキンズが新しい大学を象徴していたとすれば、イェール大学はハーヴァードやプリンストンと並び立つ由緒ある東部の名門大学である。しかし、そこにも時代の変化の波は確実に押し寄せていた。

ヴェブレンが入学する二年前、その変化を印象づける大きな出来事が起きていた。サムナーが一八八〇年春学期の学部講義の教科書としてスペンサーの『社会学研究』（*The Study of Sociology*, 1874——以下、『研究』という）を使おうとしていることが学長ポーターの耳に入った。ポーターも大学院の授業で「スペンサーの別の著作」（R・ホフスタッターによれば、その本は『第一原理』［Hofstadter, 1944: 20, 訳 23］だった）を使っていたが、この『研究』を学部の授業の教科書にすることには反対だった。というのも、それは「檄文調で書かれた」ものであり、質的にも手堅いものとはいえない以上、そんなものを学部の教科書として使うことには承服しかねるというのがポーターの言い分だった[35]。七九年の一二月、ポーターはサムナー宛に「（私は）公式にはこれを教科書として使うことには反対するしかない」と書き送った。しかし、他方では、大学は宗教という点で「セクト的」であってはならないとポーターは考えていた。かれは宗教的な教条主義には反対だった。ポーターはサムナーと会って話し合った結果、八〇年の春学期についてはスペンサーの『研究』を教科書として使うことを認めた[36]。

しかし、八〇年四月になって事態が一変した。ニューヨーク・タイムズ紙が二度にわたって一面トップでこの教科書問題を取り上げたからである。スペンサーは「不可知論の帝王」であり、かれの偶像破壊的な『研究』は「キリスト教をイスラム教徒や南海諸島の人びとが抱く迷信と同一視している」としたうえで、この騒動はイェール大学を真っ二つに分断しているが、どういう決着をみるか、イェール大学が信仰よりも理性によって導かれるべき学問研究の近代的精神を尊重するかどうか、この紛争はその試金石になるだろうと報じた。また翌日の記事では皮肉たっぷりに、「いまの世界では、知的な人物ならば誰一人としてキリスト教のなかに（科学的）真理があるなどとは考えていないが、そのキリスト教はいまも無知な大衆を力強く掌握している」と書いた。

七〇年代の半ばに「改宗」[37]していたサムナーの関心は、スペンサーが宗教についてどう考えているかではなく、もっぱら社会学の教科書のなかで科学的観点から書かれたものでよいものは何かという点にあった。もうひとつ、サムナーにとって我慢ならなかったのは大学の管理者が教科書の選定にまで嘴を突っ込んでくることだった。

他方、七〇歳になったポーターはこの新聞記事が出て二ヵ月ほど経った五月二七日、女子大のウェルズレー・カレッジ（Wellesley College ――ポーターが理事会の議長を務めていた）で「キリスト教のカレッジ」というタイトルの講演を行なっている。その冒頭、かれはこう切り出した――、「キリスト教徒は教育についての『世俗的な』考え方と戦っていることを自覚すべきであり、キリスト教はその敵対者やライバルを大学から排除しなければならない」。「無神論や最近人気の高い不可知論は有神論や教条主義的なキリスト教と同じように、ある種の宗教的信条である。この知的な闘いで中立的立場などありえない。教師についてもしかりだ」と。ポーターの心情（信条）を吐露する激しい言葉だった。

さきのようなニューヨーク・タイムズの記事が出たことで、イェール大学の理事会（Yale Corporation）は態度を硬化させていたが、他方のサムナーも八一年六月、理事会宛に大学を辞める用意があるという強気の通告を行なった。

この騒動の結末について、ドーフマンは「二年間の論争はポーターの勝利に終わった」（Dorfman, 1934: 43, 訳63）と書いているが、これは必ずしも正しくない。強いていえば、痛み分けとでもいうべきだろう。というのも、「大学の重要な財産」とみなされていたサムナーは、「大学を辞めないでほしい」という理事会や同僚の説得を受け入れる一方、スペンサーの『研究』を学部の授業の教科書としては使わないとみずから申し出たからである。しかし、教科書の選定について大学当局が干渉することに関しては頑として譲ろうとしなかった。こうした「干渉」が次第に行なわれなくなっていったことを考えれば、時代の潮流は明らかにサムナーに味方していたということができる（Marsden, 1994: 41-42）。

サムナーはこの教科書の選定といったことにかぎらず、これからの大学のあり方についてもっと基本的で大胆な問題提起を行なった。「国民に向きあう大学」という論文のなかで、かれはこう主張した――、かつて紳士が学ぶに値するものといえば、紋章学であり虚飾にみちた儀礼だった。当時、特権的ギルド社会では高価でしかも役に立たないものをつくることが重視された。それにみあった学問が修道院的な古典学である。しかしこの一〇年、二〇年をみても科学技術の進歩はじつにめざましい。いまこそ大学は、「特権階級となるための関所」（the gate of admission to a cast of people）であるにすぎないカレッジの古いカリキュラムを放棄し、現在のアメリカ人の生活ニーズに適した斬新で有用な研究と教育に傾注していく必要がある。アメリカの大学に古典学にしがみついている暇などない（Sumner, 1884: 129, 138-139）。じっさい、大きな方向としては、アメリカの大学はサムナーが指し示した方向に変わっていった。

サムナーとヴェブレンの親しい関係を考えれば、ヴェブレンはこの論文を読んでいただろう。大学というものが誰のために、そして何のためにあるのかというサムナーの問題提起はヴェブレンの経験とも共鳴し、かれの胸にスッと落ちたにちがいない。その意味で、ヴェブレンから多くを学んだのちのR・リンド風にいえば、「何のための知識なのか」（Lynd, 1939）という知識社会学的視点がヴェブレンの心の奥深くに刻み込まれたようにみえる。かれの大学論はシカゴ大学などでの苦い経験にもとづいて書き上げられたものであるが、その経験のなかにこのサムナー論文を挙げることができるかもしれない。

## スペンサーのアメリカ来訪――ひとつのアメリカ産業社会批判

もっと鮮明な仕方で、この時代の屈折的変化を象徴していたのがスペンサーのアメリカ来訪だった。アメリカ最初の哲学雑誌である『思弁哲学雑誌』創刊号の巻頭言のなかで、編集人のW・ハリス（William T. Harris: 1835-1909

――ヘーゲル主義者）は、イギリスでは初版さえ完売されないのにアメリカではスペンサーは二万冊も売れていると書いたが（Harris, 1867, Preface）、それほどにアメリカではスペンサーの人気は高かった。この巻頭言から一五年が経った時点での訪米だったのだから、スペンサーの評判はさらに高まっていて不思議はなかった。じっさい、スペンサーは多くの東部の実業家や大学人などから大歓迎された。

その『自伝』（Spencer, 1904: Ch. 58）によれば、一八八二年の八月から一一月にかけて、スペンサーは代表的な産業の総帥であり大富豪のA・カーネギー（Andrew Carnegie: 1835-1919）や『月刊通俗科学』（*The Popular Science Monthly*）[38]の発行人E・ヨーマンズ（Edward L. Youmans: 1821-1887）の招きでアメリカを訪れた（正確にはリバプールからニューヨークまでカーネギーに付き添われてアメリカにやってきた）。スペンサーは九月半ば、「世界で最も媒煙がひどい」ピッツバーグに出かけた。あらためてカーネギーに会うためだった。ボルティモアではジョンズ・ホプキンズ大学を訪れ、立派な図書館に感銘を受けた。また郊外のモンテベーロまで出かけていってボルティモア・オハイオ鉄道のJ・ギャレット（J.W. Garett）に会い、かれの邸宅に五日間滞在した。そこからフィラデルフィアに移動、フィラデルフィア鉄道社長のロバーツにも会った。ハーヴァード大学では哲学者で歴史家のJ・フィスク（John Fiske: 1842-1901――三〇歳代にダーウィンやスペンサーの影響を受けたが、自然淘汰という考え方を社会的条件づけによって相対化した人物であり、のちの代表的アメリカ史家のひとり）に、またマサチュセッツ州のコンコードまで出かけて、詩人であり随筆家であり、思想家でもあったエマソン[39]の遺族に会っている（エマソンは半年ほど前の八二年四月二七日に亡くなっていた）。

ニューヨークの有名なレストラン・デルモニコ（Delmonico）で一一月九日、豪華な送別晩餐会が開かれた。カーネギーはこの集まりについて、「この時ほど著名人が集まった会合はない画期的な催しで、スペンサーの功績について各分野の最高の人たちが賛辞を送った」（Carnegie, 1920: 336, 訳 330）と書いている。集まったのは政界や東部財界、学界などの指導的人物あわせて一六六人、司会は前年まで第一九代ヘイズ大統領の国務長官だったW・エバーツ（William M. Evarts: 1818-1901――八五年から九一年までニューヨーク州選出上院議員）が務めた。

ディナーが終わって、いよいよスペンサーのスピーチが始まった。かれはおよそつぎのような話をした。

アメリカにやってきてビックリしたことは、アメリカ人のなかに白髪の人が多いことです。われわれ（イギリス人）よりも一〇歳も年上にみえます。どこでもビジネスのために強い精神的ストレスに曝され、神経を病んでいる人が多い。過労で自殺する人もいれば、長く健康を害したままの人も少なくない。先頃亡くなったエマソンは、紳士の第一条件は『健康な生き物』（good animal）であることだといっています。健康の法則に背くようなことをしていれば、娯楽を愉しむこともできません。人生の目的が唯一ビジネスということになると、人の一生は陰鬱なものにならざるをえません。（私は）ナイアガラ瀑布をみて一週間を過ごしましたが、アメリカ人は一日でいなくなってしまいました。いまここに集まっている人びとのなかにも、相手を打ち倒すまでビジネスに傾注する人が少なくないと聞いています。

もういちど、人生の目的を見直すべきではないでしょうか。過去をみても外国の経験からしても、人生の目的は多様であり、社会的条件によって決まっていくことが知られています。歴史的には産業活動が軍事行動に取って代わりました。しかしこの産業活動という近代的理念が将来も生き続けるのかといえば、私はそうは考えません。他のものごとが継続的に変化していくように、人生の目的もまた変わっていくからです。

近代の理念は地球の征服であり、自然の力を人間の目的に従属させることでした。しかしこの目的がおよそ達成されたいま、新たな理念が登場することになるでしょう。

いまから二〇年ほど前になりますが、私のみならず皆さんの友人でもあるJ・S・ミルがセント・アンドリュース大学の名誉総長（Lord Rectorship）になったときの講演で、人生の目的は学ぶことであり、働くことだといいました。しかし私は人生のために学び、働くのではないかと考えました。金を貯めることに人生唯一の満足感を覚えている人たちは、満足を買うことができるかぎりで金に価値があるにすぎないということを忘れています。これからは、仕事と楽しみとのあいだに適切なバランスをとっていく必要があります。ひとつには、物的な欲求を充たしたあとの余剰のエネルギーは将来の人類のために使うことが進化のプロセスにみあっています。もうひとつ、労働の信条（the gospel of work）は愉楽の信条（the gospel of relaxation）に転轍していくことが大切なのではないでしょうか。（Spencer, 1883: 28-35）

この話は「軍事から産業へ」というスペンサーの歴史図式には収まり切らない意味深長な内容である。アメリカ産業社会の実態にふれたスペンサーはしばしばエゴイズムと結びついた、自己目的化したアメリカ人の働き中毒症（ひいては原初的カルヴィニズム）を批判したのみならず、ポスト産業社会という別種の社会を展望していたようにみえる。

スペンサーにつづいて、サムナーがスピーチに立った。そのなかでかれは、科学技術の目覚ましい進歩が政治や経済、産業や雇用、社会や文化をめぐる旧秩序を破壊し、新秩序を創造してきたが、そのプロセスで多くの混乱が生じていること、古い支配階級が没落し、他の階級が新たに勃興するなかで両者の対立関係や敵対意識が鮮明になっていること、ここで起きていることが地球儀の反対側にいる人びとにも大きな影響を与えるようになっていること、しかし、社会科学の現状はこうした未曾有の急激かつ多面的な社会変化にみあったものにまで発展していないこと、だからこそ、新たな社会問題を解決できる社会科学を構築しなければならないこと、「強力で正しい方法」がみつかれば問題の半分は解けたことになるが、この点で帰納法に基づくスペンサーの社会学は新たな突破口を切り開く画期的なものであるとして、その成果を激賞した。

このサムナーの話のうち、科学技術の進歩を主因とするアメリカ社会の激変という見方は誰でも理解できるものだが、いまは無力な社会科学もスペンサーの社会学によって失地挽回できるはずだというサムナーの展望は、「非対称的な進歩[40]という見方は間違っている」（Sumner, 1883: 38［1919: 404］）というスペンサー的予定調和説から導き出されたものであり、いかにも楽観的なものだった[41]。

ともあれ、一方で旧秩序を支える信仰篤き「優れた思想家」が「堕落した唯物主義者」としてスペンサーを蔑んでいた一八八〇年前後の同じ時代、他方ではカルヴィニストの末裔たる東部の資本家や大学関係者はかれを大歓迎していたという、アイロニーに満ちた転換期の興味深い情景をここにみてとることができる。自然淘汰による適者生存と社会進歩というスペンサーの考え方はダーウィンの『種の起源』に先立つこと九年、すでにかれの最初の著書『社会静学』(Spencer, 1850)のなかで示されていたが、(42)東部の独占的な百万長者たちにとっては、スペンサーほど自己正当化に好都合な思想家はいなかった。この点、「スペンサーの最も有名な弟子」であるカーネギーはその論文「富」(Carnegie, 1889)のなかでつぎのように書いている。

いわく――、不可避な法則を批判しても、それは時間の無駄である。不可避なもののひとつが「競争の法則」である。それは時に個人にとって厳しいものだが、人類(the race)にとっては最善のものである。というのも、その法則が適者生存(the survival of the fittest)を保証しているからである。社会主義やアナーキズムは、かつて富者さえ手にできなかったものをいまの貧者に与えることができる文明の基礎を破壊しようとするものであり、革命でありえても進化ではありえない。同じく不可避なものにちがいない「富の蓄積の法則」がもたらす大きな貧富の格差に対しては富者による慈善行為が最上のものだ、と。

またカーネギーは、その『自伝』のなかで「一挙に光明が差し込んだ。そしてすべてのことがはっきりしたのを覚えている。神学や超自然的なものを脱しただけではなく、進化の真理を見出したのだ。『すべてのものは良き方向にむかって成長していくのだから、すべてのものが良きものである』という考え方が私のモットーとなり、安らぎの真の源泉となった」(Carnegie, 1920: 339)(43)と書いた。

スペンサーがイギリスに帰国する船を待って桟橋にいるとき、カーネギーとヨーマンズが近寄ってその手を握りしめた。それに応えてスペンサーは大きな声で「このお二人こそ私のアメリカの最高の友人です」と周りにいた新聞記者たちにいった(Hofstadter, 1944: 49, 訳 60)。

## 進化は神の摂理――ポーター哲学の素描

ところで、サムナーと論争した学長ポーターは常識哲学の系譜につながるいわば旧勢力に属する人物だった。しかし、現実的な妥協は厭わなかったし、それは避けがたいことだった。じっさい、哲学者としてもその必要性を感じていたようにみえる。

かれは一八三一年にイェール神学校を卒業、それから一五年ほどコネチカット州やマサチュセッツ州で会衆派の牧師を務めたのち、四六年に母校イェール大学の道徳哲学・形而上学の教授になった。牧師であった三五歳のときまで、かれはイェール神学校の先生だったN・テイラー（Nathaniel W. Taylor: 1786-1858）のいわゆるテイラー主義――人間の自由意思を強調してカルヴィニズムの決定論を否定し、原罪や予定調和、キリストによる贖罪についても異を唱えて「ニューヘブン神学」といわれた――に深く傾倒していた。そして四〇歳代のはじめまで、かれはスコットランド常識哲学の影響下にあった。

しかし、イェール大学教授になって七年後の一八五三年の春、ポーターは妻（恩師テーラーの娘）をともなってベルリン大学のF・トレンデレンブルク（注33参照）のところに留学した。滞在中、晩年の哲学者シェリングやフンボルトにも会った。このドイツ留学がポーターの精神生活の大きな画期となった。それから一年ほどのうちに、かれはイギリスやヨーロッパ大陸の各地を旅した。「哲学の本場」ベルリンは垢抜けたコスモポリタン的雰囲気をもった大都市であり、この留学によってポーターは「ニューイングランドの地方主義を抜け出し、知的領域の世界市民になった」。かれの哲学的思索はドイツ滞在を通じて錬磨され、幅を広げ、その奥行きを増した。人格的にも多くの異論に耳を傾けるようになり、より公平で寛大になった。それでも、一方では狭隘な教条主義を排しながら、他方では懐疑主義に対して終生、批判的な姿勢を崩すことはなかった。義父テイラーとは違ってニューイングランド会衆派（正統派）に属する、したがってユニテリアニズムにもエマソンらの超越主義に対しても批判的なポーターではあったが、義父に対する忠誠心は生涯変わることがなかった（Andrews, 1893: 87-102）。

ポーターの主著はベルリン大学の恩師トレンデレンブルクに捧げられた『人間の知性――心理学と精神への序

説』(Porter, 1887)であるが、本文だけでも六五〇ページを超えるこの浩瀚な円熟期の作品と他の数篇の論文(Porter, 1880a, 1880b, 1881)から、ここでの文脈に引きつけてポーターの主張を抽出すれば、つぎのようになる。

第一に、われわれは、神あるいは絶対者(または「限定されないもの[the infinite]」「条件づけられないもの[the unconditioned]」)の存在をある原理から演繹したり、経験的事実から帰納したりすることはできない。しかし、「すべての人が神は存在すると考えざるをえない」ことを知っている。そうでなければ、思想も科学も成り立たない。

第二に、この神あるいは絶対者の存在と自然科学は、一方で生物の進化という見方を受け入れ、他方ではその進化が神の定めた摂理であると理解すれば、矛盾することなく両立させることができる。

第三に、しかし実証主義(positivism)や物質主義(materialism)は支持できない。また不可知論も否定さるべきものである。はじめから絶対者を排除しておいて、科学はその存在を明らかにしえないと推論するスペンサー風のやり方は論理的に支持しがたい。本来、自然科学の方法をそのまま形而上学に適用することなどできない。種(the tribe)と個人の主体的意思や責任とを混同するような「ダーウィンの誤謬」を犯してはならない。

第四に、現象と物自体(Ding an sich)を峻別し、われわれにはその本体(noumenon)を捉えることができないとするカントの見解も支持できない。別な見方をすれば、純粋理性批判と実践理性批判あるいは形而上学は理論的に統一されることが望ましい。

第五に、カントはその語彙の難しさ(定義の曖昧さ、熟れない英語に翻訳というよりも翻案しなければならないことなど)、「批判」という言葉の独特な用法、ア・プリオリに獲得された知識が人間にのみ当てはまるとする超越論的理念主義(ポーターからすれば、求められているのは超越論的実在主義であり、そのためにはカントと違って知識は実在と相関的なものであること、また人間の精神が受動的なものではなく、積極的なものであるという認識が欠かせない。知識と実在が相関的なものである以上、現象と物自体という区別は支持できない)、カント哲学における倫理学の中心的地位(人間の自由な意思、霊魂の不滅、神の存在を主張する)[44]とその倫理学のいくつかの難点[45]など多くの問題を抱えている。

ポーターの哲学的立場がこうしたものであってみれば、さきの教科書騒動におけるサムナーとの確執は抜き差しならないものであった。そしてその勝負、いずれが勝者か判然としないところがある。

### 行方不明の博士論文

ドーフマンによれば、ヴェブレンは学長ポーターの「お気に入り」だったらしい。二人はよく連れ立ってキャンパスを散歩していた。ポーターの講義を理解できた学生はごくわずかしかいなかったが、ドイツ語も含めてヴェブレンの学力は抜きん出ていた（Dorfman, 1934: 46, 訳 68）。

そのポーターの指導を受けて、ヴェブレンは八四年に博士論文を書き上げ、学位を取得した。しかしまことに残念なことに、この博士論文は行方不明で読むことができない。ドーフマンは早い時点でアンドリューにこう尋ねていた――、「かれの学位論文である『因果応報説の倫理的基礎』の複製がどこにあるかご存じないでしょうか。イェール大学にはないのです」（ドーフマンのアンドリュー宛の一九二五年七月［日付不詳］の手紙）。これに対してアンドリューは、「私はかれの博士論文のタイトルを思い出せませんでしたし、見たこともありません。その博士論文がいつどこで公刊されたのかについても知りません」（アンドリューのドーフマン宛の一九二五年七月一八日宛の手紙）。したがって、ドーフマンがこの手紙を書いた一九二五年七月の時点で、すでにイェール大学にヴェブレンの博士論文はなかったことになる。

それでは、のちにドーフマンはどこかでこの博士論文をみたのだろうか。もしみていれば、『ヴェブレン』（一九三四年）で取り上げていたはずである。それでも、つぎの三つの点についてふれている。第一に、「ヴェブレンは『人びとが神を信じなくてすむ理由』を見出そうとして」博士論文を執筆したこと、第二に、「この研究においてヴェブレンはスペンサーとカントを徹底的に検討した」（Dorfman, 1934: 46, 訳 68）こと、第三に、カントとスペンサーのいずれに依拠しながら検討を重ねたのかについて、ドーフマンはスペンサーの『倫理学原理』第一部にあたる『倫理学の基礎』（*The Data of Ethics*, 1879）の内容を紹介したあとで、「ヴェブレンはもっぱらカントと後期カント派に取り組んだ」と書いている。たしかに、ヴェブレンの功利主義に対する批判的姿勢からしても、また一八八四年のデビュー論文（「カントの判断力批判」）から推測しても、これら二点についてのドーフマンの記述はうなずける。しかしドーフマンは、博士論文の執筆動機に関するこれら引用の出所を明記していない。したがって、誰の発言を引いたのか分からない。「もっぱらカントと後期カント派に取り組んだ」という記述の根拠も曖昧である。

そして『ヴェブレン』（一九三四年）から四〇年後の長文の解説論文「ヴェブレンに新しい光を当てる」（"New Light on Veblen" ――以下、「新ヴェブレン論」という）においても、行方不明になったままの博士論文について「いかなる（新たな）痕跡も発見できなかった」（Dorfman, 1973: 269）と書いている。(48)

これらドーフマンの記述以外、ヴェブレンの博士論文の内容について示唆するものはほとんどない。(49) わずかにヴェブレンの教え子だったW・ミッチェルがその浩瀚な講義録『経済理論の諸類型――重商主義から制度学派まで』（Mitchell, 1967-69, 2 Vols.）のなかでヴェブレンの博士論文にふれて、「ヴェブレンにとっていつも面白いことだと映っていたのは、神格に付着した血の臭いのする残忍さだった」と記している。この指摘からは、たとえばキリストの贖罪といった教義に対してヴェブレンが違和感をもっていたらしいことがうかがえる。しかしそれ以上には出ない。また、このミッチェルの講義録を編纂したドーフマンは、いま引いた本文に注をつけて、「私（ミッチェル）はもともとヴェブレンの博士論文はカントに関するものであると考えていた。その論文をみたことはないが、多くの哲学者たちから聞かされていたのは、その博士論文はのちのヴェブレンの経済学的著作がそうであるのと同じ種類の（カントの）知的特異性を明らかにしようとするものだった」というミッチェルの発言を引き、さらに続けて、「現在の哲学者たちもミッチェル教授が聞いた審判に同意している」と書き留めている（Mitchell, 1969: 621）。

いずれにしても、行方不明のヴェブレンの博士論文についていま分かっていることといえば、結局のところ、論文のタイトル、そしてドーフマンの記述に依拠すれば、論文執筆の動機と主たる研究対象（カントとスペンサー）、それにもうひとつ、スペンサーよりもカントに重きをおいた、あるいはカントを対象とした研究であったらしいということである。

もしここから先に進んで博士論文の内容を推論しようとすれば、途方もないことであるが、まず因果応報（説）についてカントとスペンサーがそれぞれどのように考えたのかを明らかにし、そのうえで「われわれはなぜ神を信じる必要がないのか」という結論にたどり着くことができるかを推論していくといった段取りになるだろう。

## ポーター賞を受賞

行方不明といえば、もうひとつ、博士論文に先立って書かれていたポーター賞受賞論文がある。この論文は最優秀賞に選ばれて、ヴェブレンは二五〇ドルを手にすることができた。サムナーはこの論文を高く評価し、その主題で博士論文を書いてはどうかと勧めたほどである。アンドリューはドーフマン宛の一九二五年七月一八日の手紙のなかで、ニューヘブン・イブニング・レジスター紙（一八八四年六月二三日）によれば、その論文タイトルは「歳入余剰の分配」（"The Distribution of Surplus Revenue [in 1837]"）だったと書き送っている。

この懸賞論文の応募要領には、「分配の歴史と理論、州による資金の使途を調査し、（連邦政府から）州への財政資金の分配の政治的・経済的効果について論じなければならない」とあったが、応募者の一人だったE・ボーン（Edward G. Bourne）が翌八五年に『一八三七年の歳入余剰の歴史』（Bourne, 1885）という力作を出版していたことを考えると、ヴェブレン論文の出来映えはそれを上回るものだったことになる。

ニューヨーク・タイムズ紙（一八八四年六月二四日）は、前日に行なわれた表彰式の模様をつぎのように報じている――、「六月二三日、バッテリ・チャペルでイェール大学の表彰式が執り行なわれた。午前一一時に受賞者がオールド・スミス・カレッジ前に整列、ブラスバンドを先頭にしてチャペルまで行進。ポーター学長が祈りを捧げたあと、エドワード・ウェルズが『ピューリタンの牧歌詩』を朗読。そのあと、ヘンリー・M・ウォルフが『実践的であることの要請』と題する式辞を述べた。その内容は、『（ヨーロッパの）旧世界の批評家たちは、アメリカ人が自分たちだけでなく、ヨーロッパ人も貶めているというが、それは間違っている。偉大な文化は物的繁栄のなかにその起源をもっている。実践的であることは衰退の原因ではなく、崇高な目的のための手段である。実践的であることが新たな騎士道精神になりつつある』という主旨の話だった。午後、イェール大学の歴史について講演があり、最後にポーター学長から各賞が授与された。（中略）ジョン・A・ポーター賞の審査委員はミネソタ州ノースフィールドのソースタイン・ヴェブレンの論文『歳入余剰の分配について』を絶賛し、かれに同賞を授与した」とある。

こうしてヴェブレンは、主としてカントを取り上げて「因果応報説の倫理的基礎」と題する哲学論文を書きながら、それと時期を同じくして、連邦政府の歳入余剰をいかに各州に分配するべきかという政治経済学的論文を書いていたことになる。一方は博士号取得論文、もうひとつはポーター賞受賞論文だった。しかし、二七歳のヴェブレンは第三の論文も書いていた。それがかれの学界デビュー論文である。

### デビュー論文「カントの判断力批判」――ヴェブレンの方法序説

これら三つの論文のうち、博士論文とポーター賞受賞論文は行方不明、しかしもうひとつの『思弁哲学雑誌』に載った論文「カントの判断力批判」（Veblen, 1884［1934］）はいまでも読むことができる。

その中身をみるまえに、カントの三批判の英訳についてふれておこう。英訳されたのは『実践理性批判』（原書、一七八八年）が最も早く、T・アボット（Thomas K. Abbot）が翻訳して一八七三年に出版された。ついで『純粋理性批判』（原書、一七八一年）がM・ミューラー（Max Müller）によって一八八一年に英訳された。しかし、ヴェブレンがデビュー論文を発表したとき、まだ『判断力批判』（原書、一七九〇年）は英訳されていなかった。J・バーナード（James H. Bernard）の翻訳が出たのは一八九二年のことである。

では、ヴェブレン論文の内容はいかなるものか。

第一に、『純粋理性批判』が明らかにした自然法則にもとづく決定論と『実践理性批判』によって導き出された道徳的行為の自由はそれぞれ領域を異にしており、互いに矛盾するわけではない。しかし両者を結びつけ、論理的に筋道の通ったものにするためにはどうすればよいか。この問いに答えようとしたのが『判断力批判』である。

第二に、自然秩序のなかで道徳を実現することができなければ、道徳は単なるフィクションに終わってしまう。そうならないためには、こうすればこうなるという因果的知識が必要である。しかし、この意図した行為の結果についての知識は単なる経験からは得られない。経験はデータを提供するだけであり、将来を予想することはできない。道徳を夢想に終わらせることなく、経験を活かすには判断力が必要である。

第三に、一方に普遍的自然法則の根拠である悟性（Understanding［Verstand］）あるいは認知能力（cognition）があり、他方に実践的道徳法則の根拠である理性（Reason［Vernunft］）あるいは意思としての欲求能力（desire）がある。その中間に快楽・苦痛（pleasure and pain）の感情としての判断力があり、その両者を判断力が媒介している。

第四に、判断力は普遍的なもののもとで特殊的なものについて考える能力である。普遍的な法則、原理やルールが与えられていて、それに特定の事象を包摂していく場合、その判断力は規定的（determinative）であり、その推論は演繹的なものになる。逆に、特定のものが与えられていて、判断力によって普遍的なものが抽出されていく場合、その判断力は反省的（reflective）であり、その推論は帰納的なものになる。

第五に、このうちいずれが重要かといえば、後者の反省的判断力である。帰納的に導き出された反省的判断力が理論的知識と道徳的行為を媒介するからである。規定的判断力は理解（悟性）あるいは理性が与えた自然あるいは道徳に関する普遍的法則を特殊経験的なものに適用するだけである。

第六に、反省的判断力の役割は多様性のなかに統一性を見出すこと、あるいは多様性のなかに統一性を与えることである。反省的判断力がめざしているのは特殊経験的なものの総合（synthesis）であり、その簡素化された体系化である。

この判断力が反省的と呼ばれるのは、こうすればこうなるという特殊経験的法則を普遍的法則の手を借りずに自らの努力で、いわば自己志向的に（self-directed）見出さなければならないからである。

第七に、この体系化の帰納的プロセスは反省的判断力の内側から一定の原則によって牽引されなければならない。

それが適応の原理（the principle of adaptation）である。

カントが「自然の合目的性」（Zweckmässigkeit der Natur）という先験的概念によって示唆していたのは、あたかも複雑な対象がいくつかの知的原因から構成されているかのように想定し、複雑な対象、多様な概念を削ぎ落としながら、互いに関連づけ、体系的な知的秩序に組み上げていくという手続きについてだった。

第八に、この適応の原理によって仮説が導き出され、経験によってその仮説の妥当性が検証される。その検証は累積的、蓋然的である。したがって、適応の原理（論理的には帰納的推論の原理）に基づく仮説形成、その仮説の検証と蓋然性の確認、新たな仮説形成とさらなる検証というように、探究のステップは際限なく続いていく。その意味で反省的判断力は探究の方法論といってよい。

第九に、反省的判断力は最終原因（Final Cause, Endursache）についての先入観から演繹されるものではない。世界の最終原因に関する議論は反省的判断力を働かせることによって得られる結果であり、この点をめぐる誤解（最終原因から反省的判断力が導き出されたという誤解——真相はその正反対）が無益なカント批判を招いてきた。世界の知的原因をめぐる目的論的議論は客観的な基盤のうえに立って行ないうるものではなく、あくまで主観的な基盤に立脚して行なわれるものである。

第一〇に、ある事象の目的論的な到達点、ある行為の究極的目的に関する知識は人間の日常生活のみならず、道徳生活の発展にとっても必要不可欠なものとはいえない。究極的な特定の目的や意図についての知識は普段の生活では役に立たないものであり、人間が必要とする知識は最終原因の助けを借りずとも充足することができる。

以上の要約でも一部端折っているが、大方の中身は以上のとおりである。[50] そうなると、このヴェブレン論文とカント『判断力批判』（以下、『批判』という）との関係があらためて気に懸かる。というのも、『批判』は序言と序論のほか、第一部「美学的判断力の批判」、第二部「目的論的判断力の批判」という構成になっている。版によっては、「判断力批判の『第一序論』」が付録として添えられている。いまここでヴェブレン論文と『批判』を比較対照しながら前者の特徴を浮き彫りにすることはしないが、上記の要約のうち、たとえば、第七点から第一〇点（この見解はカントではなく、ヴェブレンの日常生活から帰結したものの見方、考え方である）までの議論は『批判』では暗示的であるか、あるいはほとんど言及されていない。

したがって、端的にいえば、この「カントの判断力批判」論文は『批判』の忠実な要約でも解説でもなく、またその批判でもない。ヴェブレンの関心はどのようにして反省的判断力を手にすることができるかという一点に注がれていた。その意味で、この論文は学界デビューにふさわしく、ヴェブレンの「方法序説」とでもいうべき性格をもっていた。

自然法則と人間の自由を媒介し、双方を活かしていくのが判断力、そしてより重要な役割を果たすのが反省的判断力、その反省的判断力の形成プロセスは適応の原理によって誘導される。この適応の原理という想像力によって複雑な事象の不要な部分は削ぎ落とされ、経験は選別的に濾過され、概念は互いに調整され、体系化されていく。この帰納的プロセスは自己志向的で主体的、想像的で仮説的なもの、探究プロセスそのものだといってよい。それによって解き明かされるのは、自然や道徳の普遍的法則によってはカバーされない特殊経験的な法則であり、こうすればこうなるという因果関係についての有用な知識である。

しかも、興味深いことに、この方法序説はパースの哲学的精神、せまくはその論文「信念の確定」（Peirce, 1877）に通じるところがある。パースの「仮説形成の論理」を念頭においたヴェブレンなりの応答だったのかもしれない。じっさい、パースの「心の習慣」という概念はヴェブレンのいう「思考習慣」（habit of thought）と大きく重なり、それが「制度」の中核的要素であるとされたことを考えれば（Veblen, 1899c: 118［訳214］; 1919e: 239–241）、ヴェブレンの制度論的な経済学の原初的精髄はパースに淵源しているとさえいうことができるかもしれない。

ともあれ、ヴェブレンはカントの肩の上に乗って、『純粋理性批判』と『実践理性批判』によって確立された二元論的な思考様式とそれを架橋する自己志向的な帰納法的推論、それによって解き明かされる日常生活に有用な特殊経験的な法則――、もっとつづめていえば、二元論、帰納法、因果関係、日常生活に役立つ特殊経験的な法則といった要素から構成される方法序説を引っ提げて、ある種のカント主義者(51)として学界デビューを果たしたようにみえる。

しかし、カントと袂を分かつ重大な論点もあった。それが神の存在についてのヴェブレンの不可知論、もっといえば不要論だった。

## 第四節　「失われた七年」をめぐって

おそらく二七歳で博士論文、ポーター賞受賞論文、そして学界デビュー論文を書き上げたヴェブレンは周囲からも煌めいてみえたことだろう。その延長線上でヴェブレンは大学教授への道を歩みはじめようとしていた。しかしその願いは叶わなかった。

### 最初の就職活動――ドーフマンの臆断ともうひとつの仮説

ヴェブレンは大学で教職に就くため、ポーター学長とJ・クラークから「素晴らしい」推薦状をもらった。クラークはカールトン・カレッジ時代のヴェブレンが「きわめて勤勉、有能、かつ成績優秀な生徒」であったこと、そして「とくに哲学と政治経済学の分野で真摯な、かつ大成する研究者となるだろうという期待を抱かせてくれました」と書いた。またポーターは、イェール大学の二年半の学究生活を通じて「ほとんど私が直接に指導した(52)」ヴェブレンは、「政治・社会科学、思弁哲学、倫理学、心理学などの研究に励んだが、私のこれまでの経験のなかでかれほど私を満足させてくれ、またかれほどに早く、かつ申し分ない進歩を示した学生はおりません。かれはまた、ドイツ語やその他の外国語についても素晴らしい学識をもっております。現在よりも高い水準の学問の場で重要な地位を占めるべき十分な学識を備えたきわめて有能な人物として、私は自信をもってかれを推薦することができます」と認めた。しかし「ヴェブレンはどこにも受け入れられなかった」(Dorfman, 1934: 54, 訳 79)。

では、ヴェブレンはどの大学のどのポストに応募したのか。ドーフマンが挙げているのはふたつ、ひとつがイェール大学の政治学のポスト、もうひとつがジョンズ・ホプキンズ大学の心理学・哲学の終身教授のポストである。しかし、ドーフマンによるこれらの指摘には辻褄のあわないところがある。前者のイェール大学の政治学のポストは「一八八三年にアーサー・T・ハドレー（Arthur Twining Hadley: 1856-1930）が講師に任命されたことによって霧散霧消した」[53]。だから、八三年にヴェブレンがこのポストに応募したとは考えられない。まだ博士論文さえ書き上げていなかったからである。

もうひとつのポストについて、「ジョンズ・ホプキンズ大学ですら、その年、心理学・哲学の終身教授として神学部出のG・スタンレー・ホールを選んだ」とドーフマンは書いている。けれども、すでにみたように、ホールはパースやモリスがいたときから、すでにジョンズ・ホプキンズ大学の講師だった。かれは、たしかに伝統的会衆派からみて、モリスと同じく宗教的に「申し分のない」人物だったろうが（Hall, 1885）、そのこととは別にホールの業績そのものに注目しておく必要がある。

ごく簡潔にいえば、ホールは一八四四年、マサチュセッツ州アッシュフィールドの生まれ（したがってヴェブレンより一三歳年上）、典型的な神学教育を受けたのち六八年から三年間ドイツに留学（ボン、ベルリン、ハイデルベルク）、帰国後ハーヴァード大学で英語学を教えた。その時期にW・ジェームスの知遇をえて七八年に同大で心理学の学位を取得、実験心理学者W・ヴントの『生理学的心理学原理』を読んで直ちにライプチッヒに赴き、ヴントの下で二年間研鑽を積む。帰国後、短期間ハーヴァード大学で心理学を教えたが、八一年にジョンズ・ホプキンズ大学の心理学・教育学の講師となり、八三年に教育学の教授（心理学は講師のまま）になった。そしてそれから四年後の八七年には『アメリカ心理学雑誌』（*American Journal of Psychology*）を発刊し、九二年にはアメリカ心理学会を創設してその初代会長となった。八八年にはクラーク大学の初代学長に就任、一九二〇年までその職にあった。その間、一九〇九年にはS・フロイトとC・ユングを招聘し、いずれも特別講義を行なっている。ホールは、W・ジェームスもそうしたように、アメリカで最初の心理学実験室をつくるなど方法論を含めてアメリカにおける実験心理学の開拓者となり、理論的にはダーウィンの進化論やE・ヘッケル（Ernst Haeckel: 1834-1919）の発生反復説

（Rekapitulationstheorie ――個体発生は系統発生を反復するという理論）を視野に入れながら、児童心理学、発達心理学の分野でパイオニア的業績を挙げた。

じっさい、さきの人事に関するドーフマンの推論には大きな欠陥がある。それはホールが教育学の教授に選ばれた時期のことである。さきの引用にある「その年」とはいつのことか。文脈上一八八三年であると理解できる。その真偽のほどを確かめるため、ジョンズ・ホプキンズ大学の『大学回覧』にあたってみると、第二一号（一八八三年二月刊）につぎのような記事が載っている――、「G・スタンレー・ホール教授兼心理学講師、知的訓練の原理と方法に関する八回講義、二月二〇日から三月一〇日まで」（*Johns Hopkins University Circulars*, Vol. 2, No. 21, February, 1883, p.63）とあり、その八回分の講義タイトルが記されている。ということは、ホールはすでに八三年に教授になっていたのだから、教育学の教授ポストが公募されたとしても（その事実は確認できない）ヴェブレンがそれに応募することはなかっただろう。さきのハドレーが講師に任命されたケースと同様、ヴェブレンはまだ博士論文を書き上げていなかったし、いかに未分化の時代とはいえ専門分野も違っていた。

このような輝かしいキャリアと立派な実績をもつ（ことになる）ホールが「終身教授」に選ばれた理由について、かれの業績については一顧だにせず、ホールが敬虔なキリスト教徒であり、他方のヴェブレンは「ノルウェー野郎」（Norskie）であったからヴェブレンはどこの大学にも受け入れられなかった、とドーフマンは書いている。つまり宗教的・人種的理由からヴェブレンはジョンズ・ホプキンズ大学の「心理学・哲学の終身教授」になれなかったのだという。しかし、この理解は事実に照らして不用意な臆断あるいは強弁といわなければならない。なぜなら、これらふたつの事例についていうかぎり、ヴェブレンはいずれの場合もそのポストに応募できる状態にはなかったからである。一八八三年当時、かれは博士論文を執筆中の大学院生だった。ドーフマンの記述は不適切であるといわざるをえない。

もうひとつ、見落とせないことがある。アンドリューはドーフマン宛に、「一八八四年、弟がイェール大学から戻ってきたとき、かれの健康は学生であれ教師であれ、とてもアカデミックな仕事を続けられる状態にはありませんでした」（アンドリューのドーフマン宛の一九二五年三月一九日の手紙）と書いている。もしそのとおりだとすれば、ヴェブレンは猛烈に勉強してさきの三論文を書き上げたが、マラリアに罹ってすっかり体調を崩してしまい、とても大学にとどまって研究を続けられる状態にはなかったということになる。義姉のフローレンス・ヴェブレンも、「ソースタイン・ヴェブレン――兄オルソンの追憶」（一九三一年）のなかで、ヴェブレンの帰郷にふれて「その後かれはイェール大学に行きましたが、そこでひどいマラリア熱に冒され、すっかり健康を損ねてしまいました。そのため、その後の数年間というもの、一切のハードワークから遠ざかるほかなかったのです」（Florence Veblen, 1931: 194）と記している。

これらのことを総合すると、ひとつの仮説が浮上する――、すなわち、ヴェブレンはクラークとポーターから立派な推薦状をもらったが、結局どこにも応募せず（健康状態がそれを許さなかった）、ミネソタの田舎町に帰ったという仮説である。[54] ことがらの真偽のほどはともかくも、マラリア罹患とそれに伴う体調不良、そして無念な帰郷といった出来事が大きな躓きの石となったことは確かである。

## 帰郷後の三度のチャレンジ

ドーフマンによれば、郷里ウィーリングに戻ってから、ヴェブレンは三度大学への就職を試みている。ひとつは八五年から八六年にかけて、「彼（ヴェブレン）はアンドリューとともにアイオワ大学を訪れた。そこで哲学を教える可能性があった」からである。しかし、ここでも「イェール大学の神学部を出た者に取られてしまった」（Dorfman, 1934: 57, 訳 83）。けれども、このケースもヴェブレンがこのポストに応募したのかどうか、ドーフマンの記述からは判然としない。この時期、たしかにヴェブレンはアンドリューの家を訪れているが、それは療養と図書館利用のためであって、アイオワ大学への就職のためではなかった（アンドリューのドーフマン宛の一九二九年一一月九日の手紙）。そうだとすれば、この最初のチャレンジはなかったことになる。

二回目はエレン・ロルフと結婚した翌八九年八月、「アンドリューはアイオワ大学に空席のあることをみつけた」。

政治学の教授が亡くなったためである。「すでにヴェブレンはカールトン・カレッジのストロング学長、イェール大学のポーター学長、さらにJ・B・クラークなどから推薦状をもらっていたが、新たにジョーンズ・ホプキンズ大学のハーバート・アダムス[55]（Herbert Baxter Adams: 1850-1901）、この年にコロンビア大学の学長になるとみられていたサムナーからも推薦状をもらい、さらにポーターからは追加の推薦状をもらった。（中略）ヴェブレンが職を得ることは必定と思われた。だが、就職はうまくいかなかった」（Dorfman, 1934: 77, 訳 112）。

ドーフマンはその理由について、ひとつには「（アイオワ大学の）学長に強い印象を与えなかったうえ、単に健康がすぐれなかったというだけで、長い間無為にすごしてきたことを説明できなかった」ことを挙げ、もうひとつの理由として「ストロング学長が反対したことがあるらしい」と記している。というのも、もともと「ストロングは姪（エレン・ロルフ）の不可知論者（ヴェブレン）との結婚を許すことができなかったからである」。さらに、理解しにくいことであるが（あるいは、推薦状にストロングの「真意」が認められていたせいかもしれない）、「ヴェブレンが任命を拒否されるやいなや、ストロングは直ちにかれの推薦状の返却を求めた」という。そしてこの人事もまた、「神学部の学士という伝統的な優位をもっている者」に決まった。詰まるところ、ドーフマンは、ヴェブレンが不可知論者だったから不採用になったのだと説明しているようにみえる。かれが不可知論者であったがため、ストロングは推薦状を書いておきながら（あるいは書いて）ヴェブレンの人事に反対し、結果的に神学部の出身者が採用されたと述べているからである。

最後は郷里のセント・オラフ・カレッジのケース[56]である。ようやく体力が戻ったヴェブレンは一八九〇年の冬、兄オルソンが新たに理事になったばかりのセント・オラフ・カレッジの自然科学の講師ポストに応募した。それまで担当教授だったF・ミルズ（Frank E. Mills）がインディアナ州のデポー大学（DePauw University）に転出することになったからである。そしてその年の七月、学長のT・モーン（T. N. Mohn）から一通の手紙がヴェブレンのもとに届いた。その全文は以下のとおりである。

一八九〇年七月一八日

T・B・ヴェブレン博士
スタシーヴィル、アイオワ州

拝啓
昨日セント・オラフ・カレッジの理事会が開かれ、教授の空席を埋めるための仕事を執行役員会が行なうことになりました。本日、その会議が開かれ、ミルズ教授の辞職にともなって生じる空席の補充に関連して、小生が貴殿に連絡をとることになりました。
役員会は貴殿に係る推薦状をいただきたいと思っていますが、私どものカレッジは現在統一教会によってコントロールされており、役員会としては応募者の宗教的立場について多少とも知っておく義務があります。しかし、役員会にはその内容を開示しないということで、貴殿が下記のような重要なことがら、すなわち、聖書、イエスの神格、人類の救済、そのほか執行役員会が関心をもつだろうとお考えになることがらについて、貴殿のお考えを明らかにするつもりがあるかどうか、小生が確認するよう要請されました。
役員会がこうした点について関心をもつのは貴殿の応募を念頭においてのことであり、お答えになるかどうかは貴殿のご自由です。もちろん、応募を辞退されるのであれば、私ども役員会が貴殿の信条について云々する必要がないことはいうまでもありません。

敬具
T・N・モーン

このモーン学長からの手紙を受け取って、ヴェブレンは返事を書いた。その手紙は残っていないが、モーンが著名な聖職者であり理事会副議長でもあったJ・オルセン（J. Olsen）宛に書いた手紙がある。そこには、ヴェブレンから返書が届き、「ヴェブレンはつぎのように答えてきました」として、その内容をモーンなりの表現で以下のように要約している。

「聖書に書かれている歴史的内容については偏見をもつことなく、他の史料と同じように学術的批判に曝して吟味する必要があること。社会研究者ほどには誰もそうしたことに関心をもっていないこと。また、イエスの神格については、いわゆるマタイ、マルコ、ルカ福音書のなかでイエスがいったとされる内容そのものについては同意できるとしても、福音書に戻ってその論拠を明確にする必要があること。さらに人類の救済について、ヴェブレンは、イエスの贖罪とか全世界の代理人としてのキリストとかいった理論を認めていないこと。福音書の解釈はもっと自由な仕方で行なうべきこと」などがヴェブレンからの返事の中身だったことを記し、そのうえでボクマン教授(Prof. Bøckmann)と議論してつぎのような結論を達した、とオルセンに書き送っている。

その結論とは、「聖書は中国の古文書を扱うのと同じ仕方で取り扱うべきだ」とヴェブレンはいっており、「かれはイエスの贖罪も真の神としてのイエスも信じていない」。こうしたヴェブレンの考え方はセント・オラフ・カレッジと相容れない。したがって、「ヴェブレンがいかに高名で才能豊かな人物であれ、かれを採用するわけにはいかない」というものだった[57]。

じっさい、このオルセン宛の手紙にあるような形で人事は進められ、八月二七日のモーンからヴェブレンに届いた手紙には、「C・ロールソン氏(Mr. C. Rollefson)が自然科学の教師に選任されました」とだけ書かれてあった。このように、このケースはヴェブレンの宗教的信条がセント・オラフ・カレッジへの就職の妨げになったことを明示している。

ヴェブレンは今回も大学の就職に失敗した。しかしこの顚末を通じて、期せずしてかれのキリスト教についての考え方が明らかになった。それはすでにふれたT・ペインの『理性の時代』(一七九四年)のように赤裸々なものではないにしても、内容的にはその系譜に連なるものであり(といっても、ヴェブレンはペインのような理神論者ではない)、八五年に英訳されて大きな話題となったJ・ヴェルハウゼン『イスラエル史序説』(注10参照)の見方とも共鳴するものだった。

## 「失われた七年」

さて、ここで時計の針を少し戻してみよう。ヴェブレンは健康を害して郷里に戻ったが、その後かれの体力はいつ頃、どの程度に回復したのか、はっきりしたことは分からない。しかしアンドリューによれば、八四年から八八年までヴェブレンの体調は芳しくなかった（アンドリューのドーフマン宛の一九二九年一一月二九日の手紙）。

けれどもこの点、ドーフマンの理解は大分違っている。というのも、ヴェブレンの兄弟の一人（それが誰であるかについての言及がない）[58]の話としてドーフマンが書いているのは――、一方でヴェブレンはマラリアに罹って帰郷したのだと言い張ったこと、兄弟たちはヴェブレンが病気だということに疑問を感じていたこと、家族のなかではかれが「唯一の怠け者」であり、本を読んでは毎日ぶらぶら過ごしていることに辟易していたことなどについてであるが、他方では、ヴェブレンが「例によって積極的でない態度で収入を確保しようとした。雑文を書き、しばらくは東部の新聞や雑誌に執筆したこともあったようで[59]」、さらにヴェブレンは学者の論文といわず、小説、詩、讃美歌集といわず、手に入るものは何でも読んだ。「積み上げた本の山がなくなると、すぐに別の山を築いた。何日にもわたってかれは屋根裏部屋に閉じこもり、かれの姿は窓際に頭の先がみえるだけだった」（Dorfman, 1934: 56, 訳83）とも書いて、その猛烈な勉強ぶりについてふれている。

しかし、これらニュアンスを異にするドーフマンの記述は必ずしも矛盾するものではない。帰郷してしばらくのあいだ（アンドリューによれば四年間）、ヴェブレンはブラブラせざるをえない健康状態にあったが、次第に体調が戻ってくると、雑文を書いて新聞や雑誌に寄稿し、やがて貪るようにして読書と思索に熱中するようになったということなのだろう。

ところで、ヴェブレン二七歳から三三歳までの「失われた七年」については、さらに書き加えておくべきことがある。ひとつは、帰郷して二年目、ヴェブレンは八八年四月一〇日、カールトン・カレッジで知り合ったエレン・

ロルフと結婚し、彼女の郷里アイオワ州スタシーヴィル（Stacyville）に移り住んだ。一時期、オーサージのセダール・ヴァレー神学校（Cedar Valley Seminary in Osage）で教えたこともあったらしい。そしてもうひとつ、猛勉強の傍ら、ヴェブレンは中世アイスランドの史伝物語『ラックサー谷の人びとのサガ』（出版は一九二五年）の翻訳に取り組んだということである。

## エレンとの結婚生活

ヴェブレンとエレン・ロルフとの結婚については、第一節でみたように、周囲には強い反対論があった。父トーマスは「二人の病人が結婚し、そこから何かいいことが生じると思っているんだから」と嘆息を漏らした。ここで「二人の病人」といっているのは、カールトン・カレッジ卒業後、エレンが一時期、学校の先生をしていたが、精神的疾患で仕事を辞めたことを指している。[60]

そうした反対論を押し切って、ふたりはエレンの郷里スタシーヴィルで簡素な式を挙げた。住まいはエレンの父親が夏場だけ使っていた大きな家をふたりに提供した。[61] ヴェブレンに定職はなく、その生活は慎ましいものだったが、エレンは父親からかなりの資産をもらっていた。エレンはその家を「ライラック」と呼んだ。ライラックが白く塗られた家の周りに密生していたからである。結婚して一年半ほどした「ある日、かれは『結婚した頃よりもっと君を愛している』といってくれました」（エレンのサラ・ハーディー・グレゴリー宛の一八九七年四月の手紙）と述懐している。のちにもエレンは当時を振りかえって、「結婚して三年ほどのあいだ、私たちは本当に幸せでした」と語っている。

しかし、やがてエレンの奇行がめだつようになった。ヴェブレンはかれの家族からその訳を尋ねられたとき、「エレンの体はふつうじゃないんだ」（abnormal physically）と答えたという。エレンは甲状腺を患っていたが、それだけではなかった。彼女が一九二六年六月に亡くなったとき、みずから申し出で遺体を科学献体に供したが、[62] 最後の主治医だったM・W・カップは、執行医のスタンフォード大学の医師A・メイヤーからの解剖所見（メイヤーからカップ宛の一九二七年五月二九日の手紙）にもとづいてドーフマンにこう書いた――、「彼女の肉体の外形的特徴からすると、彼女は明らかに性的に未成熟である。子宮も膣も発育不全であり、卵巣は極端に小さく硬化している。したがって月経は不全かつ不定期であり、ごく若いうちに停止したものと推量される」（カップのドーフマン宛の一九三二年二月八日の手紙）。

こうした事実からすれば、「ソースタインは、エレンとのノーマルな性生活は不可能だと悟ったに違いない」（Jorgensen and Jorgensen, 1999: 28）。じっさい、エレン自身もふつうでない夫婦生活に苦しんでいたようだが（Bartley and Bartley, 1999a: 286）、むろんヴェブレンがそのことを他人に漏らすことはなかった。それでも、そうしたことが夫婦関係を難しいものにしていただろうことは想像に難くない[(63)]。

ヴェブレンの体調はまだ完全でなかったが、エレンの家族はヴェブレンに何か仕事をしてほしいと思っていた。叔父のひとり（William Barstow Strong）がサンタ・フェ鉄道の社長をしていたので、そこで「経済学者」としての仕事をしてみてはどうかと打診されたこともあったらしい。しかし、ヴェブレンはその申し出を本気になって考えようとはしなかった[(64)]。かれの気持は大学への復帰に向けられていたからである。八九年九月、同鉄道は大きな借財を抱え、叔父が社長を辞職したことでこの話は反故になった。

ヴェブレンは八九年のはじめには（したがって、結婚後八ヵ月ほどして）真剣に大学の就職口を探しはじめた。すでにふれたアイオワ大学の政治学のポストもそうだが、イースト・ランシンにあるミシガン州立農業・応用科学大学（Michigan State College of Agriculture and Applied Science）にも応募した。しかしいずれも失敗だった。そのため、アンドリューはサウス・ダコタ州ワーナーで高校が開設されることをヴェブレンに知らせたが、ヴェブレンはその話に乗り気でなかった。

こうして八九年のアイオワ大学、九〇年のセント・オラフ・カレッジでの不採用（少なくとも後者についてはヴェブレンの宗教思想が災いした）はソースタインのみならず、父トーマスや兄アンドリューを追い詰めた。ソースタインの今後の身の振り方について、ヴェブレンの親兄弟・姉妹のあいだで話合いがもたれた。結局ソースタインの希望が容れられ、経済学関係の大学院に入り直して教職の道を歩むのが最良だろうということになった。

ヴェブレンは、セント・オラフ・カレッジの学長モーンから別の人物が採用されたという連絡を受け取ってから三ヵ月後の一八九〇年一一月二五日、コーネル大学事務局宛に手紙を書いた——、「冬学期から貴大学院の正式な学生になりたいのですが、何か問題になることがあるかどうか、教えていただきたいと思います。もし問題はないという場合ですが、授業料は年度初めに登録した学生と同じになるのかどうかについても伺いたいと思います。私は歴史学と政治学を専攻したいと思っています。なお、私は以前に（別の）大学院で学んだことがあります」（Viano, 2009: Appendix, Document A）という内容だった。

それにしてもなぜコーネル大学なのか。ドーフマンも抱いたこの問いに対して——というのは、ヴェブレンの先生になったJ・ラフリンは名うての「厳格な個人主義者」であるというのがドーフマンの考えだったから——、「それはソースタイン自身が希望したことです」とアンドリューはそっけなく答えている（アンドリューのドーフマン宛の一九二五年五月三日の手紙）。

しかし、少なくともふたつの立派な理由があった。ひとつはジョンズ・ホプキンズ大学と同様、コーネル大学は学生の宗教的帰属に対して寛大だった。もうひとつ、大学は貧しい学生に対して「キャンパスで仕事を与えて勉学を支援する」という体制をもっていたことである。前者については、初代学長だったアンドリュー・D・ホワイト（Andrew Dickson White: 1832–1918）の明確な考え方と大学創設者E・コーネル（Ezra Cornell: 1807–74）のクエーカー主義に負うところが大きい[65]。科学と宗教が対立関係にあるとみなしたホワイトはその『科学の闘い』（一八七六年）のなかで、「近代史を通じて、宗教的利害関心にもとづいて科学に干渉することは、それがいかに良心的なものであれ、いつでも科学だけでなく宗教にも害悪をもたらすことになった」（White, 1876: 8）と書いていたが、終生その考え方に変化はなかった。そのホワイトのイェール大学での同級生がジョンズ・ホプキンズ大学の初代学長ギルマンだったことも興味深い。ホワイト[66]はギルマンの欧州大学視察に同行し、通訳の役割も果たした。ふたりはともに宗教から科学を解き放つことに強い意欲をもっており、それがカレッジからユニバーシティーへという言い方に込められたひとつの意味でもあった。

## 激動する社会

ところで、ヴェブレンは帰郷後、ゆっくりとしたテンポではあるが体力が戻ってくると、やがて読書に耽るようになった。結婚してからもその思索を深め、サガの翻訳にも取り組んだ。この不透明な時代の知的生活が明らかになれば、ヴェブレンの浪人時代が「失われた七年」であったかどうかもはっきりするだろう。

この時期、いったいヴェブレンはなにを考え、なにを学んだのか。はっきりしているのは、一方でヴェブレンの関心は拡散していったが、他方では、次第に哲学から経済学へ移行していったことである。この後者についていえば、博士論文とデビュー論文を書き終えたことで、かれの哲学的問題にひとまず決着をつけることができたからであるが、世情不安のさなか、抜き差しならない喫緊の経済社会問題が次々と立ち現われ、政治情勢も緊迫していったことが大きい[67]。いくつか代表的な動きを拾い出してみよう。

つぎのような出来事を挙げることができるだろう。一八八四年の恐慌や輸送手段の効率化などによって小麦価格が暴落（ヴェブレンは一八九二年と九三年にこのテーマで二つの論文を書いている）、農民の塗炭の苦しみを尻目に利益を貪る製粉会社や穀物倉庫業者、銀行や鉄道会社に対する激しい怒りが噴出し、農民運動が高揚した。父トーマスもヴェブレンもこの渦中にいた。イェール大学から戻ってきたばかりのヴェブレンは、「経済問題で考えあぐねたときには外に出て仕事をしている父親と話し合った。仕事が終わってからも、トーマス・ヴェブレンは難しいトピックスについて時間をかけて息子と論じあった」（Dorfman, 1934: 57, 訳 84、訳文は改めている）。こうした経験を踏まえて、ヴェブレンは父トーマスのことを「すばらしく頭の切れる父親」「父に匹敵するほどの人物に会ったことがない」とエレンに漏らしていた[68]。

都市社会では、失業者の増大や労働条件の劣化を背景にして労働者のストライキが激発した。八六年三月、二〇万人が参加したグレート・サウスウェスト鉄道ストが起きた。過酷な労働条件の改善を求めたストライキだった。

有名な泥棒貴族[69]として名を馳せたジェイ・グールド（Jay Gould ——かれは中西部を中心に全米鉄道網の一二％を牛耳っていた）が所有する鉄道会社に対するストだったが組合は敗北、それが労働騎士団（Knights of Labor）の崩壊とＡＦＬ（American Federation of Labor）誕生の引き金となった。このスト鎮圧のため、グールドはスト破りのみならずピンカートン団を雇い、さらにミズーリやカンサス州では州兵まで動員した。また同じ八六年五月三日、シカゴのヘイマーケット広場で八時間労働制を要求していた労働者四人が警官に射殺された。それがきっかけになって翌四日、警官隊と労働者が衝突、双方に一〇人を超える死者が出た。このヘイマーケット事件でアナーキスト八人が逮捕され、そのうち四人が死刑になった。

もうひとつ付け加えておけば、九三年の恐慌を契機に九四年五月一一日、プルマン・ストが起きている。プルマン・パレス車両会社の辣腕の「温情主義者」Ｇ・プルマン（George Pullman）が車両受注の急減を理由に二五％の賃金カットを宣告したことがきっかけになった。ユージン・デブス（Eugene V. Debs）率いるアメリカ鉄道組合はプルマンの労働者を支援するため、郵便車も含めて全国的な運転ボイコットに打って出た。会社はそれに関わった労働者を解雇、事態は深刻化した。会社側からの働きかけもあって、七月はじめには連邦裁判所はボイコット差し止め命令を行ない、さらに連邦政府の軍隊がストライキに介入して発砲事件を起こした。労働者七人が亡くなった。デブスらリーダーたちは合衆国憲法の通商条項、州際通商法（一八八七年制定）、シャーマン反トラスト法（一八九〇年制定）違反、法廷侮辱罪などで逮捕され、争議は組合側の完敗に終わった。このプルマン・ストを契機に、シャーマン反トラスト法が当初の制定意図とは違って、企業合同ではなく（この点での効力はほとんどなかった）、労働者の「合同」に対して適用されるようになった。

一八八〇年代以降、企業合同と資本の集中が激しい勢いで進行し、アメリカ資本主義は急速に独占化していった。企業合同の出発点となったのは、Ｊ・ロックフェラー（John D. Rockefeller）が考え出したトラスティー方式（trustee device）による第一次スタンダード石油トラストの締結（一八七九年）だった。この方式によってトラスト傘下に入った企業の経営はその経営者の選任を含めて実質的に受託者（Trustee ——いまの場合でいえば、ロックフェラー）に握られることになった。受託者はトラスト傘下企業の過半数大株主となる場合が多かったから、所有による支配が一企業を超えて巨大な規模に膨張していった。代表的なトラストといえば、たとえばアメリカ精糖会社、アメリカ煙草会社、国際農機具会社、USスティールといったケースを挙げることができるが、いわゆるマネー・トラストの形成によって大金融業者（J・モルガン［John P. Morgan］など）が出現することにもなった。

ともあれ、いま肝心なことは、八〇年代以降、こうした企業トラストの出現に強く反発するポピュリスト運動がアメリカ各地に広がったということであり、その背景にはフロンティア精神に遡る社会的信念や倫理観があったということである。ひとことでいえば、植民地時代から一九世紀の後期まで、アメリカは農民とカントリー・タウンシップ（その主人公は田舎町のアントレプレヌアたち）の国だった。かれらを捉えていたのは、「野心であり移動性向であり、楽天主義であり投機心であり、反権威主義であり平等主義であり、競争心だった」（Hofstadter, 1964: 110）。富は人びとのあいだに広くいきわたり、政治も経済も分権化しているのが自然の秩序とみなされた。これがホフスタッターのいう「競争モデル」（the competitive model）である。しかし、トラストへの熱狂と企業合同ブーム、大量生産・大量流通社会の形成は、この伝統的信条（心情）を踏みにじる「独占モデル」を人びとに突きつけた。反トラスト運動の嵐がとりわけ中西部で激しく吹き荒れたのも、その地域が競争モデルの誕生の地だったからである。

エレンが「時勢についての最善の教師」と形容したヴェブレンであってみれば、こうした社会を揺るがす時代のテーマに無関心でいられるわけもなかった。その成果はシカゴ大学に移ってから発表されたものであるが、ヴェブレンが凝視し熟慮していたのは、激変するアメリカ資本主義社会の実態もさることながら、その深層で生じている歴史的な制度変化であり、それを説明できないでいる旧態依然とした経済理論であり、そして新たに構築されるべき理論の精髄についてであった。

じっさい、さきのホフスタッターは一八九〇年代をアメリカ人に衝撃的な心理的危機をもたらした時代といい、一八九〇年からの四半期をアメリカの社会思想がダーウィン主義的進化理論に適合していった決定的時代とみていた。のちの歴史家H・コッマガー（Henry S. Commager: 1902-1998）は一八九〇年代に「アメリカ史の分水嶺」があるといい、J・ヒッガム（John Higham: 1920-2003）は一八九〇年代を「アメリカ文化の新たな方向づけ」が行なわれた時代と呼んだ（Hofstadter, 1944: Chap. 8; Commager, 1950: 53f.; Higham, 1955: 73f.）。

## 浪人時代の読書と思索

さて、いくつかの初期論文をみるまえに、もうすこし「失われた七年」にこだわってヴェブレンの研鑽ぶりを追っておこう。

ドーフマンによれば、この浪人時代、ヴェブレンは「経済学に関するさまざまな奇妙な取り合わせの本を読んでいた」（Dorfman, 1934: 73, 訳 106）という。そしてJ・S・ミルやスペンサーのほか、たとえばD・ウェルズ（David Ames Wells: 1828–1898）、H・マルティノー（Harriet Martineau: 1802–1876）[70]、F・ラッサール（Ferdinand Lassalle: 1825–1864）、C・レズリー（Thomas Edward Cliffe Leslie: 1827–1882）といった名前を挙げている。たしかに「奇妙な取り合わせ」かもしれないが、多くの点で示唆的でもある。このうち、ウェルズ、レズリー、ラッサール、さらにベラミーを取り上げてみよう。

まず、（A）ウェルズについて。かれは名門ウィリアムズ・カレッジを終えてから、ローレンス科学学校（Lawrence Scientific School at Cambridge）を卒業して技術者になった。一八五〇年から六六年まで『科学的発見年報』（*The Annual of Scientific Discovery*）を編集、みずから繊維工場で機械開発に携わった。『ウェルズの化学の原則と応用』（*Wells's Principles and Applications of Chemistry*, 1858）のほか、『ウェルズの自然哲学』（*Wells's Natural Philosophy*, 1858）といった著作がある。南北戦争でリンカーンの強い支持者となったことから政界に関与、自由貿易論を展開する傍ら、『地方税制』（*Local Taxation*, 1871）を著わして経済問題への関心を深めた。『政府と電信事業の関係』（*The Relation of Government to the Telegraph*, 1873）から『税制の理論と実際』（*The Theory and Practice of Taxation*, 1900）まで一〇冊ほどの実務的な経済関係の本を書いたが、ドーフマンが『ヴェブレン』でふれているのはそのなかの『最近の経済変動』（フルタイトルは *Recent Economic Changes and their Effects on the Production of*

*Wealth and the Well-being of Society*, 1890）であり、いまでもアメリカ経済史の古典的業績のひとつに数えられている。

この本が強調してやまないのは、一九世紀の第四・四半期に生じた「ひとつのほとんど全体革命」（an almost total revolution）といってよいアメリカ社会が経験した歴史的な経済社会変動であり、それに伴う旧秩序の急激な衰退であり、移行期に特有の大きな混乱についてである。

では、その革命的変化の原因はなにか。ウェルズの見解は単純明快であり、大量生産技術の確立、モノとコミュニケーション両面での国境を超えた大量流通システムの出現、それらを可能にしたベッセマー製鋼法、電気や化学技術などの第二次産業革命の進展、それらを担った企業あるいは資本の合同と「産業の総帥」の活躍、官僚制組織の登場、労働の機械化、そして安価で良質な製品・サービスの庶民への大量供給と生活水準の向上などが巨大な社会変化を引き起こした。

こうしたことの結果、手工業システム、個人主義的な独立生産者と経験的な熟練、ローカルな小売業や卸売業などの「仲介人」（middle-man ――第一章でみたように、ヴェブレンもこの言葉を使っている）は衰退し、小さな資本や工場が崩壊していった。さらに、画一的な労働によって働く者の「製作者としての誇り」が奪われ、労働者の不満が噴出し、社会主義的運動も台頭した。

しかし、こうした移行期の混乱はみられるものの、長い目でみれば、この「全体革命」は恣意的なものではない必然的な出来事、つまり社会進化であって、アメリカのみならず文明社会のすべての庶民があまねくその成果に与ることのできるものである――、ウェルズの筆致を圧縮して表現すれば、このようになる。

もうひとつ、この本で興味深いのが第三章の「過剰生産」である。ウェルズがいう過剰生産（overproduction）とは、供給が需要を上回るだけでなく、生産コストを下回る価格になっても（したがって利益が出なくても）モノを作り続けている状態をさす。一般的に、価格が生産コストを下回るようになれば、生産は抑制されるはずである。しかし、大量生産方式を採用する近代的生産システムではそうはならない。というのは、「近代的大企業は価格が下落しても生産量の増加によってそれを補おうとするからである」(Wells, 1890: 74)。

たしかに、そういう行動はある水準までならば理に適っている。しかし価格が生産コストを下回る状態が長期化すれば、モノを作ればつくるほど赤字になる。そうなれば、いつまでも過剰生産などしていられない。実際に起きたこととしてウェルズが書いているのは企業合同であり、業者間での生産規制協定の締結であり、価格下落競争による競争相手の排除といったことである。こうして過剰生産に歯止めがかかる。それだけでなく、長期的にみれば、人口の増加と消費の拡大を見込むこともできるし、国内市場を超えた輸出市場の拡大という展望もある。これらがウェルズの過剰生産に対する処方箋であり、展望だった。

ヴェブレンがウェルズの仕事をどのように評価していたか——のちに過剰生産論(Veblen, 1892b [1934])のなかでウェルズに言及しているが——、正確なことは分からない。それでも、いくつかヴェブレンの考え方に影響あるいは刺激を与えたものがあったようにみえる。第一に、社会進化の主たる原因を技術の発達に求め、それがときに「全体革命」をもたらすという考え方。第二に、手工業に対応する独立自尊の個人主義が大量生産の機械時代には時代遅れの考え方になり、その残存が移行期の混乱を招くという一種の文化的遅滞による混乱という見方。第三に、その文化的混乱のひとつの現われが社会主義運動の台頭だとしても、社会の組織化、官僚制化、機械化は避けがたいという社会認識。第四に、この社会進化は安価で良質な財やサービスを迅速に庶民に提供できる(したがって、やがて混乱は収束する)という「社会の幸福」(Well-being of Society)増大という見方。第五に、この社会進化のプロセスはローカルからナショナルへ、ナショナルから国境を超えたグローバルへという交易や通信の拡大を伴うという展望。第六に、大量生産の機械時代には、価格が下がって生産量が増えるという価格と生産量の逆進的関係が生じ、したがって不況期は価格ベースでみると経済活動は大きく後退するが、物量ベースではあまり(あるいはまったく)衰えないという新たな経験的知見など、いずれもヴェブレンの思索の貴重な糧になった可能性がある。
(B)C・レズリーについて。かれは一五歳でダブリンにあるトリニティ・カレッジに入学して道徳哲学を学び、最優秀の成績で卒業したのち法学を修めた。そして二六歳の若さでベルファーストにあるクイーンズ・カレッジの法学・政治経済学の教授になった。J・S・ミルはレズリーの論文集『土地制度と産業経済』(正確なタイトルは *Systems and Industrial Economy of Ireland, England and Continental Contries*, 1870) を高く評価し、かれを「応用政治経済学では現存する最良の著者のひとり」と称賛した。(71)

アイルランドの経済学者レズリーは、第一に、D・リカードに対する批判者として知られる。第二に、一九世紀後半に展開されたイギリスの経済学方法論をめぐる論争で重要な役割を果たした。レズリーは演繹的理論構築という方法を批判し、帰納法と歴史的アプローチの優位を強調した。第三に、かれはイギリス歴史学派の代表的リーダーのひとりに数えられる。

レズリーの理解では、リカードの経済学はその演繹法的思考(レズリーの言葉でいえば、経済現象に対する「虚構の正確さ」)によって現実と整合しえない幻想的なものになっている。歴史的発展と社会的条件を黙殺した普遍法則の探究はけっして豊かな成果をもたらさない。長い進化プロセスのなかで経済構造とその変化を理解する必要がある。この考え方についてはドイツ歴史学派よりも(一部ロッシャーの影響があるとされる)ヘンリー・メーン(Sir Henry Maine: 1822–1888)から法学を個人教授されたことが大きかった。メーンの方法論は、レズリーが若い頃から足繁くベルギーやフランス、ドイツの農村社会を旅し、かれらの物的・道徳的環境がいかにその社会生活と制度に大きな影響を及ぼしているかを目の当たりにしてきた経験と共鳴するものだった。

リカードに対する批判のひとつは、その理論が生産者主義に傾き、モノやサービスを使う人びとにあまり関心が払われていない点にもむけられた。レズリーはその延長線上で「消費者主権」(consumer sovereignty)という概念を構想し、経済理論はもっと消費者の欲求と行動に注目すべきであると主張した。さらに、その消費者行動について、一方でかれは、非生産的な支出と消費は「すべての生産にとって究極的なインセンティヴであり、大枚の金を不必要なものに支出するという習慣がなければ、一国はたちまち貧窮状態に陥ってしまう」(Leslie, 1879: 223)という醒めた見方をしていたが、他方では、廃物も科学技術の発達や消費者行動の変化によって有用なモノとして再生させることができることに正当な注意を促してもいた。

レズリーは帰納法と歴史的アプローチを重視したが、それは抽象論から発したものではなく、かれ自身の詳細な実証研究に基づいて賃金基金説を批判した「政治経済学と賃金率」(Leslie, 1868)によって鮮明になったものである。その後もその方法論的立場は「アダム・スミスの政治経済学」(一八七〇年)、「ドイツ政治経済学史」(一八七五年)、「政治経済学の哲学的方法について」(一八七六年)、「政治経済学と社会学」(一八七九年)などの一連の方法論論文(いずれも『政治・道徳哲学論集』[Leslie, 1879]に収められている)によって強化された。これらのなかでは特に最初のアダム・スミス論が名高く、かつその影響力も大きかった。

レズリーによれば、『国富論』の方法論的特色は、自然の秩序に関する演繹的推論とモンテスキュー風の歴史と現実に関する帰納的実証とが結びつけられているところにある。前者の演繹的推論にはふたつの思想的源泉がある。ひとつはギリシャ的思弁からローマ法哲学を経て形成されてきた自然の規則(a Code of Nature)に関する哲学(「自然に委ねておけば、そこに有益で調和的な自然の秩序が生み出される」という考え方)であり、もうひとつが「すべての自然の動きを方向づけている偉大で慈悲深い全知全能の存在」、すなわち神の摂理である。このふたつがブレンドされてスミスの自然秩序観が出来上がっている。しかし、その推論も経験的事実によって支持され検証されるのでなければ、空虚な推論として宙を舞う。スミスはモンテスキューの帰納法的な研究手法を学び、みずからもスコットランドやフランスを踏査して演繹的推論の成立根拠を探った。さいわい、スミスが観察した現実(絶対王政の害悪・無秩序・悲惨、自由と財産の保障、自由な交易と勤勉など)は演繹的に推論された経済学の体系と整合するものだった。これらふたつの性格を異にする方法を駆使した点では、マルサスやJ・S・ミルがスミスの方法を継承しているが、リカードはもっぱら「自然」秩序からの演繹的体系化を企てたため、墓穴を掘ることになった——、というのがこの論文の骨子である(Leslie, 1870 [1879])。

こうした方法論的論文を書く傍ら、レズリーはアイルランドやイギリス経済にとって喫緊な土地問題についても健筆をふるった。封建制に起源をもつ土地制度がいかに近代の産業社会に馴染まないものになっているかを明らかにするとともに、その改革案(土地法制の包括的簡素化、無遺言相続の均等取扱い、限嗣相続制の廃止、小作人の土地改良資産に対する法的保全、農民資産の保護拡大など）を提示した。

これらのレズリーの仕事からヴェブレンがなにを学び、どう摂取したのか。この点についてもさきのウェルズ同様、確かなことは分からない。それでも、第一に歴史的アプローチと帰納法的研究方法の重視[72]、第二にその秀逸なアダム・スミス論、第三に消費者主権という新しい概念の提示とその展開、第四にムダが制度化された経済という見方、第五に自営農民に親和的な土地政策論といったものにヴェブレンが好意を抱いたとしても不思議はない。
（C）F・ラッサールについて。ウェルズやレズリーと違って、ラッサールはある種の社会主義（つまりラッサール主義）の運動家であり煽動家であり、理論家だった。マルクスおよびエンゲルスと袂を分かったあと、かれらの『共産党宣言』（一八四八年）に対応するものとして、ラッサールは『労働者綱領』（一八六二年）を書き上げ、ドイツ社会民主主義の先駆者となった。しかし六四年八月三一日、ラッサール三九歳のとき、ヘレーネ・フォン・デニンゲスとの恋愛事件がきっかけとなったヤンコ・ラコヴィッツアとの決闘で命を落とす[73]。
マルクス主義と対比するならば、ヘーゲルから強い影響を受けたラッサールは国家を階級支配の道具とは考えていなかった。国家は権利と正義を体現する道徳的共同体であり、その目的は人間的自由を開発し、教育していくことにあると考えていた。また、ブルジョワジーを全面否定してプロレタリア革命を敢行するといった考え方にも賛成しなかった。かれは私有財産制のみならず、ナショナリズムについても肯定的な理解をしていた。さらに、かれは労働者の協同組合運動に強い期待を寄せていた。

こうしたラッサールにヴェブレンが関心をもっていたことは、一九〇〇年にヴェブレンがラッサールの『学問と労働者』(*Die Wissenschaft und die Arbeiter*, 1863) を英訳して出版したことからも十分うかがい知ることができる。その副題は「無産階級に有産階級に対する憎悪と軽蔑とを煽動したという告訴に対するベルリン刑事裁判所における弁護演説」とある。ここで無産階級とは労働者階級、有産階級とはブルジョワジーをさすが、煽動の嫌疑をかけられたのはさきの『労働者綱領』(*Das Arbeiterprogramm*, 1862) という小冊子だった。ラッサールは一八六二年四月一二日、ベルリン郊外の手工業者組合で「現在の歴史的時代と労働者階級の理念との特殊な関係について」と題する講演を行なっているが、それを本にしたのが『労働者綱領』である。フランス革命で「第三階級」あるいはブルジョワジーが果たした役割を、また一八四八年革命によって普通選挙制が導入され、いわば「第四階級」が社会の表舞台に躍り出たという歴史的現実を踏まえながら、「遅れた」ドイツで――そこでは「中世の支配原理」が「いまなおブルジョワジーをいたるところで妨害している」――労働者階級がいかに崇高な国家目的を達成するべく運命づけられているかを情熱的に説いたものである。

その第四階級が担うべき国家目的にふれて――、「諸君、歴史は自然との闘争であります。あらゆる種類の不自由との闘争であります。この無力の克服の進行、これが歴史の示すところの自由の発展であります。この人類の自由への発展を遂行すべき職分を有するものが国家であります。国家の目的は自由への人類の教化および発展であります。諸君、これが国家の真の道徳的本性であり、その真正のより高き任務であります」というラッサールは、「諸君、われわれは幸いにしてこの最も栄光ある歴史の事業を体験すべく定められたる時代に生まれ、この事業に参加してこれを助成することを許されたることを自ら慶賀しうるものであります」(Lassalle, 1862: 40-42, 訳 54-6)と宣言した。

では、ベルリン刑事裁判所での反論演説でラッサールは何を訴えたのか。その詳細にふれることはしないが、まことに堂々たるその抗弁でかれが強調していたのは、ひとつには「学問を民衆のものにすることこそ、まさに現代の偉大な使命である」ということ、「学問と民衆、学問と労働者の同盟こそ、私が生命あるかぎり、私の全生涯を捧げようと決心せる目標である」ということだった。そしてもうひとつが、憲法第二〇条にある「学問と学説の自由」を守り抜くことだった。その自由こそ「万象の上に君臨すべき唯一のもの」であり、「ゲルマン民族国家の精神的生活の五〇〇年以上の伝統」にふさわしい行為である。いかなる制約にも服してはならず、国家にとって個々の法律よりも重要なものがこの学問の自由であり、学問的認識である。「学説の無制約の自由は、個人の奪うべからざる権利であるのみならず、何よりもまず全体の生存条件であり、国家自体にとって死活の利害ある問題である」。もし「学問的認識の自由がないならば、ただ停頓と沈黙と野蛮あるのみ。学問的認識は人類の事態を完成するために、不断に湧き出る泉」であり、「平和的発展の保障」（Lassalle, 1863: 5–6, 11, 26, 訳 8–9, 19, 34–35）なのだから、というのがラッサールの主張だった。

いまふれておくべきことがあるとすれば、ヴェブレンがこの『学問と労働者』を英訳したのが『有閑階級の理論』の出た翌年、一九〇〇年だったということである。ヴェブレンはラッサールの代表作といってよい『既得権の体系――実定法と法哲学の融合』（*Das System der erworbenen Rechte: Eine Veröhung des positiven Rechts und der Rechtsphilisophie*, 1861）に目を通していただろうが、そのなかにある「学問の第一の義務はもっとも鋭く思索することであるがゆえに、概念規定の鋭さを、学問にふさわしい表現の鋭さと精確さとをもって示す権利を断じて放棄することができない」という文章を「第一巻二三八ページ」と場所まで指定して『学問と労働者』にも引いていたことを考えると（Lassalle, 1863, 15, 訳 21）、なぜヴェブレンが一九〇〇年にラッサールのこの反論演説を英訳したのかについての小さな仮説――すなわち、『有閑階級の理論』の評価に対して予想される批判を先取りしたうえで、学問的真理はなにものにも代え難い貴重なものであり、必ずや人類のため、平和のために役に立つはずだという信念を、ラッサールに託して伝えたかったのかもしれないという仮説――が脳裏に浮かぶ。

（D）E・ベラミーについて。経済学の本ではないが、ベラミーの『顧みれば』についてもみておこう。エレンによると、結婚したばかりのふたりは、その年（一八八八年）に出たE・ベラミー（Edward Bellamy: 1850–98）のユートピア小説『顧みれば――二〇〇〇年から一八八七年』を読んだ。この本は、ストウ夫人の『アンクル・トムの小屋』（一八五二年）、ウォーレスの『ベン・ハー』（一八八〇年）とともに、一九世紀後半のアメリカ小説の三大ベストセラーに数えられるほどの人気を博した。「それは私（エレン）に大きな感銘を与えた」ばかりでなく、「私たちの人生の転機となったと思う」とエレンは述べている（Dorfman, 1934: 68, 訳 99）。どういう意味で「人生の転機になった」のか判然としないが[74]、すでにみたようななにかに激変する騒然とした時代であってみれば、こうした社会主義的なユートピア小説が爆発的ブームを呼んだとしても不思議はない。「泥棒貴族」や産業の総帥に対する貧しい農民や都市労働者たちの憤懣やるかたない怒りが、このユートピア物語の大企業体制でない産業国有化の構想に、また富の平等分配の社会に投影されているようにみえる。

しかし興味深いのは、かつての「競争モデル」（つまり手工業者と独立農民が象徴する個人主義的な文化によって被われた田園主義的な旧秩序）ではなく、機械文明を肯定し、都市生活のもつ利便性を称賛し、見栄のための浪費的競争ではなく効率的な作業に対して報償が与えられるユートピア社会をベラミーが描いていることである。この点に関連して——批判的な書評に答える形でみずからの執筆の意図にふれて——、「『顧みれば』は架空の物語という形をとっているが、人間の産業や社会の発達の——それもとくにわが国（アメリカ）における発達の——つぎの段階を進化の原理にしたがって予測することを真剣に意図したものなのである」[75]とベラミー自身書いていたことが注目される。かれの進化の原理によれば、ユートピア社会でも、大統領を頂点とした「産業軍」という官僚制的組織が経済活動の担い手として想定されている。国家の消滅など思いも寄らない。そういう意味では、「独占モデル」の重要な支柱が継承されている。しかもその実現にはそれほどの時間を要しない。副題の「二〇〇〇年」が示しているように、せいぜい一〇〇年もあれば足りるというのがベラミーの考えだった。

しかし同じ時期、同じユートピア小説といいながらも、その内容においてベラミーとはまことに対照的な「中世主義者」W・モリス（William Morris: 1834-96）の『ユートピア便り』（*News from Nowhere or An Epoch of Rest, Being Some Chapters from a Utopian Romance*, 1891）がロンドンで出版された。この本は、都市的生活様式（urbanism）を否定し、全体社会の官僚制的合理化を厳しく批判するという点においてのみならず、クラフト的技藝と田園主義的生活様式を理想とするという点でも『顧みれば』とはまったく対照的な内容をもっていた。[76]じっさい、『顧みれば』を読んだモリスは、すぐにみずから編集していた社会主義者同盟（Socialist League）の機関誌『コモンウィール』（*Commonweal*, June 1889）誌上でベラミー批判の筆を執った。ベラミーのユートピアとは、階級や貧富の差さらにはムダがなくなったとしても、結局は近代の機械文明を将来に外挿して「中央集権的な国家共産主義（state communism）」を展望しているだけではないかというのがモリスの批判だった。その「逆ユートピア」批判を踏まえて、半年後の一八九〇年一月から一〇ヵ月にわたって同誌に連載されたのがモリスの「ユートピア便り」である。

カールトン・カレッジの時代から、このモリスにヴェブレンは強い関心を抱いていた。それは親近感といってもよいものだった。モリスが中世北欧の史伝的物語に早くから興味をもち、かれの「先生」だったアイスランドの文学者E・マグヌッソン(Eirikr Magnusson: 1833-1913)とともに多くのサガを英訳していたこともヴェブレンの関心を引いた。その最初の英訳書が『強者グレッター物語』(一八六九年)であり、翌年には『フォルスング・サガ』(一八七〇年)が出版されている。(77)

もうひとつ、モリスとの関係についていえば、ヴェブレンはシカゴ大学にいた一八九六年の夏(モリスは同年一〇月三日に亡くなっているから死の直前)、ヨーロッパに行き、モリスに会っている。「ヴェブレンはモリスを一九世紀最大の人物のひとりと考えていたのだが、面会は期待外れであった。モリスはすでにイギリス社会主義の傑出した人物ではなく、効率的な機械が登場する以前の印刷美術の修復に専念していた」(Dorfman, 1934: 133, 訳 193)とドーフマンは書いている。

この筆致からは、ヴェブレンの関心はもっぱら社会主義者モリスにむけられていたようにみえるが(たしかにその当時、ヴェブレンはシカゴ大学で「社会主義」の講義を担当していたし、イギリスでもアメリカでも社会主義をめぐる議論が盛んだった。この点についてはのちのヴェブレンの「社会主義論」参照)、話題がベラミー批判と『ユートピア便り』、さらにアイスランドのサガにも及んだとみるのが自然なことだろう。しかし、このときのヴェブレンのヨーロッパ行についてもモリスと会ったことについても、資料らしきものは残っていない。

のちにヴェブレンがモリスにふれているのは『有閑階級の理論』の第六章「嗜好の金銭的基準」の終わりに近い部分と、O・トリッグス(Oscar Lovell Triggs)の『芸術とクラフト運動史のなかの諸章』(*Chapters in the History of the Arts and Crafts Movement*, 1902)を書評した短い論文「芸術とクラフト」(Veblen, 1902 [1934])においてである。前者では、大量生産の画一化された「機械過程」によって生産されるモノの「完璧さ」に対して手工業時代の「不完全さを礼賛する」理論的指導者としてラスキンとともにモリスを取り上げ、その古典主義(archaism)も——

そこに浪費的で醜い資本主義社会に対する鋭敏な批判精神が息づいているにしても――、結局は「顕示的浪費の原則」から自由ではありえないと論じ、また後者についても、その芸術・クラフト運動が「機械過程」と「民衆文化」に切り結ばないかぎり、ロマン主義の分岐である洗練された古代主義は、「間接的にすでに大きな影響力をもっているが」、詰まるところ経済産業的に大きな限界をもち、文化的にもエキゾティックな「退廃的な審美主義」に傾いていく可能性があるのではないかと論評している。

（E）『ラックサー谷の人びとのサガ』の翻訳について。スタシーヴィルのヴェブレンがその精力を注いだ仕事のひとつにアイスランドの中世史伝サガの翻訳がある。

しかし、その翻訳が出版されたのは一九二五年のことである。したがって、一八九〇年から数えると三五年の歳月が流れていることになる。だから、ドーフマンはアンドリューにつぎのように尋ねた――、「ソースタインの『ラックサー谷の人びとのサガ』（*Laxdaela Saga*）という本を手に入れたのですが、本当に一八八八年から九〇年の間に原稿が作られたのだろうかという疑問が湧いてきました。（もしそうだとしても）三五年の間にかなり原稿の手直しが行なわれたのではないかと思います。それにしても、かれの翻訳は英語の他の翻訳[78]となんと違っていることでしょう。なぜヴェブレンは完成まで三七年もの年月を費やしたのでしょうか」（ドーフマンのアンドリュー宛の一九二五年七月二五日以降、一一月一一日までのあいだの手紙［月日は不詳］）。

これに答えてアンドリューは、「かれがはじめてサガの翻訳をしてその原稿の一部を私のところに送ってきたとき、（訳者）『序文』はありませんでした。三七年前の原稿と（いまの翻訳書が）同じかどうかは分かりませんが、私が記憶しているかぎりでいえば、あの時にみた翻訳が基本的にいま出版されているものだと思います。かれがなぜ出版しなかったかということですが、（その当時）どの出版社も手付金なしでは本を出してくれなかったのですが、かれにはその用意がなかったということでしょう」（アンドリューのドーフマン宛の一九二五年一一月一一日の手紙）と書いている。

この『ラックサー谷の人びとのサガ』の出版はヴェブレン六八歳のときのものであり、これがかれのほとんど最後の仕事になったことも含めて、詳しいことは本書の終章で検討することにしよう。

それでも、つぎの点にはふれておく必要があるかもしれない。第一に、ヴェブレンは『有閑階級の理論』（一八九九年）のなかで二度サガに言及している（もっとも『ラックサー谷の人びとのサガ』と特定しているわけではない）。しかも興味深いのは、かれはサガを民族学的な資料として使っていることである。ひとつは野蛮時代の階級区分にふれて、「サガの時代のアイスランド社会も好例を提供している。そうした社会には階級間や各階級に固有な職業の間にきわめて厳格な区分が存在していた」と書いている（Veblen, 1899c: 2, 訳 12）。もうひとつ、アニミズムというヴェブレンにとってきわめて重要な概念を論じた箇所で、「とくにアイスランドのサガに、そしてまた一般的には初期ゲルマンの民間伝承に大いに真実味を与えているハーミア（hamingia ——守護神）やギプター（gipta ——幸運）の存在に対する広く行き渡った信仰は、この超自然的な力に対する人びとの感性を例証している」（Veblen, 1899c: 280, 訳 307）と書いた。たしかに『ラックサー谷の人びとのサガ』もそうした資料的性格をもっている。第二に、このサガは珍しく女性が主人公の物語である。しかも、彼女は三角関係の渦中にあって夫にかつての婚約者を殺させるという悲劇の主人公として描かれている。第三に、ヴェブレンはこの悲劇を、ノルウェーからアイスランドへ異教徒として植民していった人びとのヴァイキング時代からキリスト教への改宗時代に重ね合わせ、その道徳的あるいは文化的悲劇を描いたものとして読んでいるようにみえる。第四に、父トーマスや兄アンドリューの影響も大きかったにちがいないが、ヴェブレンはその浪人時代、北欧文化への強い自負心をもちながらこのサガの翻訳に取り組み、みずからの文化的アイデンティティを探り求めていたのかもしれない。

以上、ヴェブレンが体を悪くしてイェール大学から郷里に戻り、しばらくしてエレン・ロルフと結婚。いろいろと就職口を探してみたが、いずれも不調。そうなって、あらためてコーネル大学の大学院に入学。そこで経済学者としての道を歩みはじめるまでのあいだ、その長すぎるほど長い浪人生活のなかでヴェブレンの知的生活がいかなるものであったのか——、その一端を垣間みた。

## 七年の空白はムダではなかった

いうまでもなく、「失われた七年」はヴェブレンにとって大きな蹉跌であった。しかし、かれは体調が戻ってくると、激動する時代への鋭敏な感性をいよいよ研ぎすませながら、ふたたび本の虫になり、その視野を広め、その思索を深めていった。先にみた読書リストはその一部にすぎない。

この「失われた七年」をどうみるべきか。まずアンドリューは、この浪人時代のヴェブレンについて、「ダラダラと自堕落な生活を送っていたのではなく、思索と読書に忙しい日々を過ごしていました。あるいは、『研究』していたといったほうがよいかもしれません。じっさい、彼は知的に成熟していきました」と書き、さらに続けて、「かれの成長と精神的成熟は経済的、社会的あるいは知的な環境によって大きく左右されることはなかったと私は信じています」(アンドリューのドーフマン宛の一九二五年七月一八日の手紙)と書いている。

肝心のヴェブレン自身も、入院していたシカゴ大学での教え子であり、いまはウェルズリー・カレッジの教師になっていたサラ・M・ハーディー(Sarah McLean Hardy ――ラフリンの弟子で貨幣数量説を帰納的に批判した論文[Hardy, 1895]で知られる。ヴェブレンが恋愛感情を抱いた女性)に宛てた手紙のなかで、「(私も)かつて数年間、病床に臥せっていたことがありましたが、とくにこれといった目的もなく過ごしたその日々は私にとって至福(the most enjoyable)のときでした。失われたときなどということはありません」(ヴェブレンのハーディー宛の一八九五年一〇月二八日の手紙)と回顧している。ここに示唆されているのは――ハーディーへの気遣いを別にすると――、のちにヴェブレンが使った言葉でいえば、かれの浪人時代とくにその前半の四年間はまさに無垢な好奇心(idle curiosity)によって充たされた日々だったということである。そしてこの好奇心がいかに重要な役割を果たしうるかについて、ヴェブレンはのちにその大学論のなかで検討している(第三章の注70、および第五章第五節参照)。

# 第五節　コーネル大学のヴェブレン

ようやく元気になったヴェブレンは一念発起、単身イサカのコーネル大学にむかった。大学院に入学願書を提出したのは一八九一年一月のこと、そこには思いもかけないめぐり会いと僥倖が待ち構えていた。

## 入学直後の三論文

ヴェブレンはその年の一一月から翌九二年七月にかけて、あたかも堰を切ったかのように、矢継ぎ早に三つの論文を書き上げた。第一に「社会主義の理論で見過ごされている論点」(Veblen, 1891 [1919e] ――以下、「社会主義論」という)、第二に「ベーム＝バヴェルクの資本の定義と賃金の源泉」(Veblen, 1892a [1934] ――以下、「ベーム＝バヴェルク論」という)、第三に「過剰生産の誤謬」(Veblen, 1892b [1934] ――以下、「過剰生産誤謬論」という)である[(79)]。このうち、「社会主義論」が最も早く、九一年一一月発刊の『アメリカ政治・社会科学アカデミー紀要』の第二巻第三号に掲載された。この一一月というのは、ヴェブレンが大学院での主専攻を経済学にしたままで、副専攻を「アメリカ史」と「イギリス憲政史」から「社会主義」と「財政学」に変えたいと申し出て許可されたときだった(Viano, 2009: Appendix, "Communication to The Faculty" ――ヴェブレン直筆の提出書類が複写されている)。また「ベーム＝バヴェルク論」が『経済学四季報』の第六巻に載ったのが九二年一月、そして「過剰生産誤謬論」が同じ『四季報』第六巻第一号に発表されたのが九二年七月のことである。この最後のものは同誌四月号に載ったウリエル・H・クロッカー(Ureil H. Crocker: 1832-1902)の論文「『過剰生産』についての誤謬」(The 'Over-Production' Fallacy)を取り上げてそれを批判したものだから、明らかに九二年の作品である。しかし「ベーム＝バヴェルク論」はその掲載時期からして大学院入学の年、つまり一八九一年に書かれたものである。したがって、ヴェブレンは大学院に入ってまもなく「社会主義論」と「ベーム＝バヴェルク論」というふたつの論文を書き上げたことになる。

## ラフリンとの邂逅

それらの内容をみるまえに、いくつかふれておくべき点がある。ヴェブレンをふたたび学問の世界に導き入れたラフリンは――といっても、かれはヴェブレンより七歳年上であるにすぎない――、よく初めてヴェブレンに会ったときのことを話した。「イサカ（コーネル大学の所在地）の研究室にいたとき、アライグマの皮でできた帽子をかぶり、コール天のズボンをはいた貧血症のような人が入ってきて、ごくごく穏やかな声で『私はソースタイン・ヴェブレンです』と名乗った。そしてラフリンに、自分の学歴、無為に過ごさざるを得なかった事情、そして自分の研究を継続したいと思っていることなどを話した。特別研究員（fellowship）の席はいっぱいだったが、ラフリンはこの人物の資質に大いに心を惹かれたので、学長や他の大学有力者のところへ行って特別の許可をもらった」（Dorfman, 1934: 79-80, 訳 117）。この文章はヴェブレンに初めて会ったときのラフリンの印象を鮮やかに伝えている。

ヴェブレンにとってみれば、「宗教的に異端に属する、貧しい農村出身の学生を支援していこうという、儀礼に囚われない」大学の方針がさいわいしただけでなく、ラフリンに会えたことも大いなる僥倖だった。ラフリンがヴェブレンを「好きになった」のは、ヴェブレンがコーネル大学の学問的雰囲気に適応しようとしているからではなく、ヴェブレンの生い立ち、かれのものの見方、その人柄が他の学生たちとは大いに違っていたからである。ラフリンには、ヴェブレンは自分には出来すぎた「贅沢な」人物(80)だと映ったのかもしれない。かれには「コーネル大学で、のちにはシカゴ大学で作ろうとしていたアカデミックな温室に外来種の植物がやってきた」ようにみえた（Viano, 2009: 41）。

## 経済学者ラフリン、人間ラフリン

ラフリンは一八五〇年四月二日、オハイオ州の小さな田舎町ディアフィールドで生まれた。父親は弁護士、一時期、オハイオ州アライアンスの市長を務めた。かれは六九年にハーヴァード大学に入学して歴史学を専攻、七六年には中世史家のヘンリー・アダムス（Henry Brooks Adams: 1838-1918）の下で『アングロサクソンの法的手続き』という博士論文（Laughlin, 1876）を書き上げた。そして七八年から八三年までハーヴァード大学の政治経済学講師、八三年から八八年まで助教授を務めた。その間、経済理論の研究に精励する傍ら、チャールズ・F・ダンバー

(Charles F. Dunbar: 1830-1900) の下でアメリカの貨幣・銀行史の研究にも手を染めた。

八四年（イリーの「政治経済学の過去と現在」が発表されたのと同じ年）には、冒頭に長文で貴重な「政治経済学史・素描」を配し、多くの脚注や解説、図版などを添え、さらにアメリカの事例も盛り込んで編集したJ・S・ミルの『経済学原理』の簡略本（社会哲学的部分を割愛し、経済理論に純化しようとしたもの）を公刊、翌八五年には『経済学研究――学生と教師のための教本』(*Study of Political Economy: Hints to Students and Teachers*, 1885)、ついで八七年に『経済学要綱』(*Elements of Political Economy with Some Applications to Questions of the Day*, 1887) を矢継ぎ早に出版した。(81) 他方、先生のダンバー、同僚のF・タウシィッグとともに実践的経済問題への関心も深め、その成果として『合衆国における複本位制の歴史』(Laughlin, 1885――複本位制を史実に基づいて批判した作品) を発表した。

また八三年から、かれは有力な経済学者を集めて政治経済学クラブ (Political Economy Club ――以下、経済学クラブという) を主宰し、大学の垣根をこえた経済学者の交流の場を設けた。イギリスでT・トゥーク (Thomas Tooke: 1774-1858) が一八二一年につくった「ロンドン政治経済学クラブ」に倣ったものだった。しかし、その試みは、のちにみるようにアメリカ経済学会（一八八五年創設）をめぐって世代間対立が表面化したこともあり、所期の目的を達成することができなかった。

それでもラフリンはさきの『教本』や『要綱』を通じてディシプリンとしての経済学の確立とその教育に精力的に取り組み、英語圏で最初の経済学専門誌といってよい、いまにつながる『経済学四季報』を創刊した。一八八六年一〇月のことである。

そのラフリンは八八年一月、ハーヴァード大学を辞した。授業のあり方や教育内容をめぐって内部対立が表面化したこともあったが、すっかり健康を損ねていた。療養のため、かれは西インド諸島に向かった。

ハーヴァード大学を去ったラフリンは、同じ八八年、友人の紹介でフェラデルフィアの火災保険会社の理事になり、九〇年には同社の会長まで務めた。その間、八九年から九〇年にかけてコーネル大学で教えたことが機縁となって、九〇年から九二年までE・ベンジャミン・アンドリュース (E. Benjamin Andrews) の後任として政治経済学・財政学の教授を務めた。着任は九〇年五月二〇日のこと、年俸は三〇〇〇ドルだった。したがって、ラフリンがコーネル大学にやってきたのはヴェブレンが大学院に入学するわずか八ヵ月ほど前のことである。ちなみに、かれは一八七五年九月に結婚、五年して長女アガサが生まれたが、八日後に妻を亡くした。三年後に再婚したが、夫婦仲はよくないまま離婚している（Bornemann, 1940: 2）。

それにしても、ヴェブレンに救いの手を差し伸べたともいえるラフリンとヴェブレンの関係については、ドーフマンもアンドリューにそう尋ねたように（ドーフマンのアンドリュー宛の一九二五年七月の手紙［日付不詳］）、たしかに分かりにくいところがある。のちに歴史家チャールズ・A・ベアード（Charles A. Beard: 1874-1948）は、アメリカにレッセ・フェールという考え方を植えつけたかなりの責任がサムナーとラフリンにあると書いた（Bornemann, 1940: 89——ベアードの論文は「放っておいてくれ、という考え方」"The Idea of Let Us Alone", *The Virginia Quarterly Review*, Vol. 15, Autumn, 1939）ほどである。

ラフリンは財の価格はその生産費用によって決まるという古典派経済学の考え方を支持していたから、マーシャルの経済学には批判的であり[82]、ウォーカーやフィッシャーなどを論敵にして貨幣量と価格の関係をめぐる「（貨幣）量の理論」論争でかれらを批判したのも[83]、そうした古典派経済学の自然法則という考え方に依拠してのことだった。しかし、あらためてふれるように、ヴェブレンがその経済学史研究において、古典派経済学をアニミズムとして批判したのはまさにこうしたラフリンの考え方についてだった。

そうであってみれば、ラフリンのもとで仕事をすることは難しくないですかとA・ウィンストン（Ambrose P. Winston: 1867-1959）が尋ねたのも当然のことである[84]。ヴェブレンはこう答えたという——、理論的には「われわれ（ラフリンとヴェブレン）はその周縁においてさえ、互いに触れあうところはなかった」が、「私（ヴェブレン）はラフリンに尊敬の念を抱いていた」と。ラフリンは額に汗し、骨を折って働く者に深い共感を抱いていたという話になると、ヴェブレンは「心底、そう思う」と語った。ふたりの仲については、ラフリンが驚くほど忍耐強く寛大な人物だったこともある、とラフリンの「小伝」を書いたA・ボーンマン（Alfred Bornemann）は記している。

じっさい、一九〇三年にヴェブレンがラフリンの信用理論を批判する論文「現代企業の貸付信託の活用」（Veblen, 1903――このヴェブレン論文のすぐ前にラフリンの巻頭論文「信用」［Laughlin, 1903］が載っている）を書いたとき、折しもヴェブレンの雇用契約更新をどうするかが問題になっていたが、ラフリンは躊躇することなく、ヴェブレンの意向を体して大学当局に契約更新を進言した（Bornemann, 1940: 28）。[85]ラフリンは学派をつくるような人物ではなかった。それどころか、かれは学生や若手研究者に対して、それぞれに自立して思索すること、知的葛藤を自力で克服していくことを厳しく求めた。ヴェブレンのほか、J・デューイ、W・I・タマス、G・H・ミード、H・J・ダベンポート、R・ホクシー、W・ミッチェル、A・ジョンソンなど多くの若手俊英がかれの講筵に連なり、そして飛び立っていった（Mitchell, 1941: 880）。

## ヴェブレンの社会主義論

シカゴ大学に移ってからのラフリンについてもふれるべき点は少なくないが[86]、ここでもういちど、ヴェブレンのコーネル大学での生活に戻ってみよう。

ヴェブレンが大学院入学後、一〇ヵ月ほどして副専攻科目を社会主義と財政学に変更したことについてはふれたが、なぜそうしたかについては、社会主義に関する年来のヴェブレンの関心もあったし、スペンサーとそのエピゴーネンが書いた『自由の弁護』（Mackay ed., 1891）[87]への反発もあった。じっさい、九二年の夏休みが終わってエレンとともにイサカに戻ったころには、ヴェブレンは「アメリカだけでなく、ヨーロッパの社会主義思想についても研究してみよう」と考えていたらしい（Jorgensen and Jorgensen, 1999: 31）。

しかし、入学した一八九一年の夏学期までについていえば、ヴェブレンはM・タイラー（Moses Coit Tyler: 1835–1900）の初期アメリカ史およびアメリカ憲政史の講義、イギリス憲法に関するH・タトル（Herbert Tuttle: 1846–94）の授業に出ており、九一–九二年の大学院カリキュラムには財政学、社会主義論などの名前を冠した講義やセミナーは見当たらない。それでも九二年になって、ラフリンが社会主義についての特別セミナーを開き、そこで特別研究生のヴェブレンと一緒に社会主義についての研究をはじめていたのかもしれない（Viano, 2009: 42）。興味深いことに、ジャーナリストとしてベルリン滞在の経験があり（そこでドイツ大使だったホワイトと知り合った）、『フレデリック大王治下のプロシャ史』（*History of Prussia under Frederick the Great: 1740–1745*, 4 Vols., 1888）をはじめドイツ政治・法制史にも造詣の深かったタトルは「講壇社会主義」（Tuttle, 1883）という論文を書いたことがある。かれの意図は――アメリカの大学での人文・社会研究の中身が急速に「ドイツ化」してきたことに関連して――、功利主義思想に対抗的な社会主義思想がドイツへの留学生を通じてアメリカに伝播してきている現状に警鐘を鳴らすことにあった。

タトルは社会主義思想についてつぎのように述べている――、あらゆる時代、あらゆる社会にみられる原初的かつ今日的な、そして最も普遍的で教訓に満ちたもの、それが「百姓一揆的、社会主義的あるいは共産主義的な熱情」である。それは抑圧された階級の不満、不平等な富の分配に対する怒り、知的・道徳的に秀でた者に対する嫉妬心などによって突き動かされることが多いが、その現われ方はどうであれ、およそ社会主義思想は人種や時代を超えたものであり、絶対的な人間の本能に根ざすものである。社会主義は「組織された社会は個人の運命を改善するべく、また最も貧しい人びとが最も大きな支援を得られるよう努めるべきだという本能的な要求」（Tuttle, 1883: 202）を示している。したがって、一方では社会主義への熱情は相対的価値剝奪（relative deprivation）の心情に根ざすものであり、他方では循環的に出現する人間に本来的な性向を指示しているというのがタトルのいわんとするところだった（Viano, 2009: 49）。こうした考え方はヴェブレンの社会主義理解に小さくない影響を与えたようにみえる。

ところで、肝心のヴェブレンの社会主義論であるが、かれの狙いはさきの『弁護』の劈頭におかれたスペンサーの「序論――自由から束縛へ」を取り上げる形で、そして狭くいえば、スペンサー（個人主義）対フェビアン（社会主義）という形で展開されたイギリスでの社会主義論争を思い浮かべながら、そこで「見過ごされている論点」を明らかにすることにあった。

まず、スペンサーの「自由から束縛へ」であるが、原文三〇ページを超えるこの長い文章は学術論文といったものではなく、ほとんど大衆向けのアジテーションに近いスタイルで書かれている――、「ものごとが改善されればされるほど、かえって事態が悪化しているという非難の声が高くなるのはじつに奇妙なことだ」。というのも、一五世紀このかた、文明化のおかげで人びとの生活条件は著しく進歩した。じっさい、最近六〇年ほどの進歩はめざましい。衣食住すべての面で貧困の改善がみられる。それはヘンリー・メーンの言い方でいえば、「身分から契約へ」という体制変化の成果である。旧秩序の「強制的な協力」体制（the system of compulsory co-operation）から新秩序の「自発的な協力」体制（the system of voluntary co-operation）への転換である。この最も基本的な事実を無視あるいは軽視し、社会主義者たちは自由な競争と利己心を排除して「官僚制の専制政治」（the tyranny of bureaucracy）、役人の寡頭政治を復活させようとしている。「私（スペンサー）が社会主義に反対するのは、社会主義が社会の進歩を妨げ、退歩させようとしているという信念からである」（Spencer, 1891: 30）。およそ社会生活の規律づけによって人間の本性を変えようとする企てはゆっくりとしたものでなければ成功しない。「社会主義が必要とする強制的な協力体制の下では、少なからず利己的な利害関心を充足せざるをえない統制者は自由な労働者たちの抵抗にあうこともなく、かれらの権力は掣肘されずに膨張しつづけ、結果として何者にも妨げられないものになってしまう。それが最終的に辿り着く先は古代ペルーの社会にほかならない」（Spencer, 1891: 32）というのがスペンサーの明快な主張だった。

では、ヴェブレンの社会経済理論構築にとって大きな礎となった「社会主義論」の骨子とはいかなるものか。アメリカでは現われ方が違っているが、政府が産業活動へ関与する傾向が強まっていることは確かだ。それは初等教育や道路の外灯、水道供給など公共財の提供といった側面ばかりでなく、「自然独占」（natural monopolies）の監視といった領域にも及んでいる。こうした傾向の背後には庶民の社会的不満や不安の高まりがある。問題はそれがなぜかということである。スペンサーがいうように、物的な生活水準のめだった進歩については疑う余地がない。この数十年間の産業発展のおかげである。「しかも、はっきりしているのは、より恵まれない人びとの改善のほうが恵まれた人びとよりも相対的に大きい」(Veblen, 1891: 60 [1919e: 391])。

しかし、スペンサーはそうした物的生活のめだった改善にもかかわらず、なぜ社会主義的心情が広く浸透しているのかについて「奇妙なことだ」というだけで説明できないでいる。その点の検討が「見過ごされている」。

ヴェブレンによれば——、第一に、社会的不満や不安の原因は「物的な欠乏」にあるのではなく、「快適さの手段であるべきものが見てくれの良さを保つことにすり替えられ、贅沢さの見せびらかしにさえなっている」ところにある。第二に、「人の評価が気になるようになると、そこに競争心(emulation)が生まれる」。みずからの競争心を充たすことができなければ、そこに不満と不平がわだかまる。その意味で、嫉妬心や羨望の念が社会主義的熱情を培養している側面がある。第三に、近代の経済社会で人が威厳を保ち、自尊心を充たすためには経済的に成功しているかどうかが決定的な尺度になる。「われわれの産業社会で隣人から尊敬されるためには経済的に成功しなければならない」。第四に、個人に経済的利益をもたらさず、重要ともみなされない(産業)効率は尊敬を勝ち取る手段としては軽視される。第五に、私有財産制というものがこうした飽くなき経済競争の究極的な制度的根拠として機能している(Veblen, 1891: 60-62 [1919e: 391-393])。

生活手段としての効用や便益から切り離されて、ひたすら社会的評判と尊敬を勝ち取るための競争が社会を覆い尽くす。「衣服を身につける」(clothing)ことと区別されて、「着飾る」(dressing)ことに人びとの目がむけられる。自由な競争体制がそれを煽る。他の条件が等しいならば、近代文明社会の物的生活条件が改善されればされるほど、人びとの接触の範囲が広くなればなるほど、他の人びととの金銭的比較の機会が増えればふえるほど、競争の手段として経済的成功が優位するようになればなるほど、経済的尊敬を追い求める気持が強くなればなるほど、競争の目的は快適さの絶対水準の向上からかけ離れ、そのゴールが見えなくなっていく。したがって、社会の平均的生活水準の向上は「尊敬獲得闘争」に終止符を打つことができず、鎮めることもできない。

ヴェブレンは、いくども近代社会における生存競争(the struggle for existence)は体面を保つための競争に変わっていることに注意を促している。たしかに、私的所有制がこの競争に拍車をかけているけれども、「私的所有制が破棄されたところで、この人間の本性（human nature）は論理的には他の形の競争、おそらくはより高貴な社会に貢献しうる行為をめぐる競争といったものに具現される」（Veblen, 1891: 67［1919e: 399］）だろう。したがってヴェブレンからすれば、産業の国有化といった社会主義論は二重の意味で限界をもっている。すなわち、仮に産業国有化によって生産効率が高まり、人びとの生活水準がいっそう改善されたとしても、それによって社会主義的熱情が解消されることにはならないだろうからであり、もうひとつ、たとえ私的所有制が破棄されたとても尊敬獲得競争がなくなるわけではないだろうからである。

ヴェブレンをたやすく社会主義者と決めつける者は――晩年の『不在所有制』（一九二三年）での主張とともに――、この若きヴェブレンの社会主義論にくりかえし立ち返るべきだろう。

さらにヴェブレンは――このようにフェビアン社会主義を批判しただけでなく――、返す刃でスペンサーやヘンリー・メーンの二分法的な進化論的図式を批判の俎上にのせている。スペンサーによれば、すべての社会体系は身分的なものか契約的なものかに区分される。したがって、契約的で自由競争的な現行秩序が破壊されれば、古代ペルーの軍事的で身分制的な社会に戻らざるをえないという。しかし、こうした推論は論理的にもまた経験的にも怪しげなものである。というのも、アメリカ社会は自由契約の社会から「自然独占」の社会、立憲的な政治社会に移行しているのが実態である。それを契約社会か身分社会かのいずれかに区分けしようとすれば、現実が見えなくなってしまう。いずれとも異なる社会をどう創造していくかということは、すぐれて「建設的な社会工学の問題」（a problem of constructive social engineering）であるが、二分法にこだわること自体に基本的な無理がある。

このように、ヴェブレンは一方でスペンサーの社会主義論を批判し、他方ではフェビアン社会主義の限界を明らかにした。しかもそれにとどまらず、ヴェブレンはこの論文によってみずからの社会理論の片鱗を露わにしてみせた。そういう意味でも、この「社会主義論」は大いに注目に値する。

いかなる「片鱗」が露わになったのか。第一に、近代社会の生存競争が他者からの評判あるいは尊敬の獲得競争になっていること。第二に、その評判や尊敬の社会的尺度が金銭的成功になっていること。第三に、この他者に劣るまい、他者に秀でたいという競争心が未来永劫つづく人間の本性とみなされていること（だから、のちにヴェブレンはこの人間本性を本能［instinct］という言葉に置き換えたのだろう）。第四に、競争心といい生存競争といい、やがてヴェブレンの思考の枠組みを構成していくダーウィン主義的概念(88)が登場していること。しかも、その生存競争という言葉が見栄えの良さを競うという意味で（物的な生存競争の水準を超えて）特定の歴史文化的あるいは心理学的な色づけを与えられていること。第五に、来るべき社会のありようを推論するのであれば、もはやメーンやスペンサーの二分法的図式にこだわってはいられないことなどを、その「片鱗」の中身として指摘することができる。

## 「ベーム＝バヴェルク論」

ヴェブレンは一八九一年、もうひとつのごく短い論文を書いている。それが「ベーム＝バヴェルクの資本の定義と賃金の起源」である。タイトルにあるように、ヴェブレンはベーム＝バヴェルクの資本の定義を検証し、それに基づいてかれの賃金基金説批判を吟味している。

ヴェブレンの論文執筆のきっかけになったのはベーム＝バヴェルクの『資本の実定理論』（*Positive Theorie des Kapitales*, 1889）の英訳本が一八九一年に出版されたことだった。

この小論でのヴェブレンの主張はつぎのようなものだった。第一に、ベーム＝バヴェルクは、資本を「直ちに消費されたり使役されたりすることのない財貨獲得の手段となる生産財の総量」と定義し、第二に、その資本は「私的あるいは獲得的資本」（private or acquisitive capital）と「社会あるいは生産的資本」（social or productive capital）に区別されるという。しかしすでにこれだけでも、これらの用語法は現在のものとかなり違っている。かれの一連の定義を追ってみると、「社会資本」とは巨視的にみた生産のために使われる生産財の総量のことであり、①ダムや排水施設、フェンスといった（土地そのものではない）生産設備、②工場や商店など生産のための建築物（ただし娯楽や教育、文化活動のための施設などは含まない）、③道具や機械類、④生産活動に使用される家畜類、⑤生産のための原材料、⑥生産者や流通業者がストックしている完成消費財、そして⑦貨幣の七つからなる。他方、「私的資本」にはこうした社会資本に加えて（所有者がみずからの使用に供するものを除いた）交換のためのすべての消費財が含まれる。このように、社会資本は生産手段だけに関係するが、私的資本はある種の消費財までを含む。その意味で私的資本が社会資本の上位概念になっている。

ベーム＝バヴェルクはまた――J・ロードベルトス（Johann Karl Rodbertus: 1805-1875）やA・ワグナー[89]による区別を踏まえて――、社会資本は実定法のいかなる規制からも自由な「純粋に経済的なカテゴリー」だが、私的資本は収入の源泉に関係するから所有者が想定され、したがって「歴史的・法的なカテゴリー」になるという。

ところで、ベーム＝バヴェルクにとっても、ひとつ厄介だったのが「生産労働者の生計費」（the maintenance of productive labourers）が社会資本に入るのかどうかという問題だった。というのも、「じつに驚くべきことだが、初期のイギリスの経済学者からA・ワグナーにいたるまで、この生計費を社会資本とみなしてきたからである」。この生計費が私的資本に入ることは自然なことだが、かれの資本の定義によれば、上記①から⑦までの社会資本のリストのなかに生産労働者の生計費は入っていない。いいかえれば、かれはこの学説を否定している。

ベーム＝バヴェルクはいう――、この生計費を社会資本（つまり財貨獲得のための生産財）に入れるという考え方は、資本の定義が確立していないときに出来上がったものであり、その時代には社会資本と私的資本の区別もろくに行なわれていなかった。生産労働者の生計費を社会資本に算入するというこの伝統的な考え方は、いわゆる賃金基金説[90]によって、また「労働者は生産機械」であり、したがってその賃金は生産コストの一要素であるとみる揺ぎない慣行によって支持されてきた。それは疑問の余地なき公理だった。

さらに、ベーム＝バヴェルクは負債や債権あるいは暖簾（goodwill）といった無形の諸財が社会資本に入るかどうかについても自問し、「これらも有形財ではないので、資本ではない」としている（Böhm-Bawerk, 1889［1891a: 63-72］）。

では、こうしたベーム＝バヴェルクの資本の定義と賃金基金説に対する批判をヴェブレンはどうみていたか。端的にいえば、「ベーム＝バヴェルク教授の議論は本質的な点で賃金基金説を覆すものになっていない」（Veblen,

1892a: 250［1934: 136］）というものだった。ベーム＝バヴェルクの躓きの石は、第一に、社会資本のなかに「生産者や流通業者などがストックしている完成消費財」（社会資本の⑥）を含めてしまったことにある。それは最終消費者の所有に帰すべく移転されるものであるが、いまだ移転されていない。そのアナロジーでいえば――とヴェブレンはいっているようにみえるが――、労働者に対する賃金支払い（使用者からすれば、賃金はかれの私的資本のなかから支出されるもの）は特定の消費財の移転ではなく、労働者がそれを入手することができる権益を提供するにすぎない。したがって、社会資本のなかに「生産者や流通業者などがストックしている完成消費財」が含まれないとすれば、賃金もまた参入されないことになるはずである。けれども、もし⑥が社会資本に入るのであれば、賃金もまた社会資本に加えなければならない。そこにひとつの矛盾がある。第二に、「純粋に経済的なカテゴリー」と「歴史的・法的カテゴリー」の区別という点に絡めていえば、「消費財をめぐる労働者の取り分」あるいは労働者の「稼得」と賃金との区別を明確にする必要があった。この区分にしたがえば、労働者稼得は純粋に経済的なカテゴリー、また賃金は所有権を伴う歴史的・法的なカテゴリーになる。しかし、賃金は雇う者と雇われる者の関係に付随して起きることがらであり、日常的には経済的カテゴリーに入れられ、生産に深い関わりをもっている。それにもかかわらず、賃金は分配の問題として歴史的・法的カテゴリーに入れられている。けれども、消費財の使用という観点からすれば、労働者も消費者であっても「労働者」ではない。このように、どこからみるかによって賃金の位置づけが変わってきてしまうことにヴェブレンは首を傾げている。

そしてヴェブレンはこう結んでいる――、「賃金の源泉をめぐる論争は純粋理論に属することがらであって、現実の事実や得失に直接関わることではない」（Veblen, 1892a: 250［1934: 136］）と。このくだりはあの「カントの判断力批判」での議論、すなわち「究極的な特定の目的や意図についての知識は普段の生活では役に立たないものであり、人間が必要とする知識は最終原因の助けを借りずとも充足することができる」というヴェブレンの議論を彷彿とさせる。また、演繹的な純粋理論は経験的基盤に支えられなければ空理空論となって宙を舞うというレズリーやラフリンの議論を思い起こさせる。そしてさらにいえば、ある言葉が学術用語であると同時に日常用語でもあるとき、両者の用語法の差異をどう理解し、どう関連づけるべきかというアポリアを例解しているようにもみえる。ベーム＝バヴェルク論は短い文章ではあるが、このように意味深長である。

## 過剰生産誤謬論

ヴェブレンは一八九二年にもうひとつ、H・クロッカーの過剰生産論を批判する論文を書いている。クロッカーによれば、不況は過剰生産（あるいは過少消費）のせいである。かれが過剰生産というのは供給能力に対する「適正な需要」（adequate demand）の不足を意味する。その適正な需要とは生産コストに対して「通常の利益」（the ordinary profit）が得られる需要のことである。しかし、ヴェブレンからすれば、通常の利益という概念は曖昧である。利益率は大いに可変的であり、一般的には中期的な長さで考える。特定商品の利益率が通常より下がっても、他の商品の利益率が利益をもたらすかもしれない。通常の利益が小さい値に趨勢的に低下していくこともある。

すでにみたウェルズ(91)が一般的な過剰生産というとき、「割に合う価格」（remunerative prices）での商品需要が減少していくことを意味していた。投下された資本に対して一般的に（しばしば慣行的に）期待される水準の利益が上がっていれば、それが「割に合う」投資ということになり、そうであるかどうかは企業者の判断による。したがって過剰生産とは、生産に投入された資産の現在価値とノーマルなものとみなされる価値とのギャップのことであり、不況期には供給能力が縮減され、生産コストが削減される形で（あるいは産業効率が向上する形で）名目的な資本収益が低下する。しかし、そうした価値の再調整は企業者にとって「心理的な事実」の問題であり、しかも「富の破壊とか産業の総合的生産性の深刻な低下といったことではなく、所有権の移転（債権者と債務者の利害得失）の問題にすぎない」（Veblen, 1892b: 491-492［1934: 112-113］）。

この点に関連してヴェブレンはつぎのように書いている――、「産業の不況といっても、それは基本的に価値の再調整のことである」。価値の再調整とは、技術革新によって既存の生産設備が陳腐化し、「資本の名目価値が現在の収益力によって示される実勢価値を超えてしまう」ことを意味している。のちの経済理論でいえば、これは企業合併や買収に関する「トービンのQ」[92]を示唆する先駆的な議論だといってよい。ヴェブレンは予想収益力（"putative" earning capacity）として資本を捉え、それを工場や機械整備などの価値と比較しようとしていたからである（Medlen, 2003: 969）。

さらに、もっと基本的なこととして、マクロ経済的な顕在需要と供給についていうかぎり、全般的な過剰生産といったことは考えられない。総需要と総供給は一致するからである。たしかに個別商品や特定産業についてならば過剰生産も起こりうるが、それを全体経済に拡大することはできない。クロッカーはその点を理解していない。

このように、ヴェブレンは全般的な過剰生産という見方を批判し、さらに過剰生産について、それは基本的に不況期における資本効率の低下という問題であり、「価値の再調整」あるいは利益のめだった下落によって生じる企業者の「心理的な問題」にすぎないと断定する。ヴェブレンの過剰生産に関するこうした見方はそのまま『営利企業の理論』（一九〇四年）に継承されていく。

もう一言付け加えておけば、クロッカーが「『過剰生産』の誤謬」という論文タイトルで表現しようとしたのは、J・S・ミルをはじめとする名だたる経済学者たちの過剰生産についての理解が誤っているということだったし、ヴェブレンが「過剰生産誤謬論」で指摘したのはそうしたクロッカーの見解が間違っているということだった。両者の論文タイトルの引用符の位置の違いがそのことを示唆している。

## 歴史分析と社会分析——メーンとスペンサーの方法論批判

ヴェブレンは三四歳になっていたが、コーネル大学の大学院生時代、三つ（あるいは五つ——注79参照）の論文を書き上げた。なかでも「社会主義論」はかれの思考の鋳型を枠づけた重要な作品であり、この修業時代の末期にヴェブレンの社会経済理論の輪郭がその形姿を現わしつつあったことをうかがわせる。

ここで、コーネル大学時代のヴェブレンに方法論的な意味でも大きな影響を与えたようにみえる学問的鉱脈について補足しておこう。それはすでにみた「社会主義論」にも一部影響を与えていた。

コーネル大学はその設立当初から、学長ホワイトの考え方にもとづいて歴史研究を社会改良と結びつけるというユニークな学風を形成していた。その一環として、イギリスやドイツあるいはアメリカ各地から著名な歴史家を客員教授（non-resident visiting professor）という形で招聘するという新しい試みに取り組んでいた。その有名な例がいずれもオックスフォード大学の近代史欽定講座の教授を務めたG・スミス（Goldwin Smith: 1823–1910）とE・フリーマン（Edward Augustus Freeman: 1823–1892）の場合である。ヴェブレンがコーネル大学大学院に入ってすぐにその講義を聴いた上記のタイラーやタトルもそうした系譜につながる人物だった。そして先生のラフリン自身、すでにふれたようにかれの博士論文は『アングロ‐サクソンの法的手続き』というものであり、中世史を含めて歴史的知見に富んだ教授だった。ちなみに、タイラーやタトルが担当した憲政史というのは、国家統治形態の法制度的な変遷とその因果的説明を意図する学問であり、その方法論的特徴は、近代の法的・政治的制度の精髄と起源はそれに先立つ中世や古代の制度と精神のなかに見出すことができるというものだった。

こうした考え方はさきのフリーマンの場合に際立っていたが、たとえば、タトルについていえば、イギリスにおける民主制発達の前提としてアングロ‐ノルマン的封建制（Anglo-Norman feudalism）が存在していたこと、その封建制は古サクソン的な自由の観念と初期ゲルマン政体の中央集権的な平等主義とが統合されたものであること、さらにイギリス議会制は国王に対するアングロ‐サクソン的抵抗のなかから進化したものであることなどが史実にもとづいて講義されていた（Viano, 2009: 47–48）。タトルが（歴史的事実にそぐわないという意味で）抽象的な二分法を駆使するスペンサーやメーンに対して批判的だったのは、こうした連続的で累積的な歴史についての見方とみずからの詳細な歴史研究にもとづくものだった。

野蛮と文明、身分と契約、軍事と産業、強制と自由といった歴史を裁断するような二分法的思考様式と、ダーウィン主義的な累積的進化という歴史の見方とのあいだにはいかに大きな隔たりがあることか――すでにみた社会主義論に具現されているかにみえるその陰影とともに――、こうした教授陣はヴェブレンに鮮明な印象を与えていた可能性がある。

## 私生活の翳りと一条の光明

イサカでのヴェブレンの私生活にも一瞥を与えておこう。かれはイサカで暮らしはじめてまもなく「社会主義論」を仕上げ、それがラフリンに評価されて、九一年秋から特別研究生として年間四〇〇ドルのフェローシップを手にすることができた。

しかしそのまえに、アンドリューを介して妻エレンからの手紙が届いた。体調が良くないので帰ってきてほしいという内容だった。ヴェブレンは躊躇したが、スタシーヴィルに戻った。しかし、かれが結婚していることはコーネル大学にきて一年近くのあいだ、誰も知らなかったらしい。ヴェブレンは自分から進んでそのことにふれようとはしなかった。二年目（九二年）の秋になって、学友のA・イストラン（Andrew Estrem）は友達と一緒にヴェブレンの部屋を訪れたとき、ヴェブレンから「妻のエレンです」と紹介されてびっくりしたと語っている（Jorgensen and Jorgensen, 1999: 31）。

ヴェブレンはようやく研究者の道に復帰することができたが、ふたりのイサカでの生活は苦しいものだった。のちに、エレンがサラ・ハーディー（すでにふれたように、ヴェブレンが思いを寄せた女性）に送った手紙には、ヴェブレンの特別研究生としての暮らしがはじまって以来、「私たちは貧乏暮らしで、私（エレン）も働き、すべてのことを我慢しました」と書いている。そのうえ、その頃にはエレンはヴェブレンの健康状態が良くないこと、かれが鈍重でなにごとにも感動しないことを気にするようになっていた。しかも彼女自身、甲状腺機能亢進症を患っていた。

それでも、ようやくにして一条の光明が差し込んだ。ラフリンが新設のシカゴ大学の経済学科の主任教授として招聘され、ヴェブレンも一緒に行かないかと誘ってくれたからである。ヴェブレンは躊躇することなく、経済学者で准教授のA・C・ミラー、スコットランド人の哲学者W・コールドウェル（William Caldwell——ラフリンとミラーが経済学への関心を深めてほしいと期待していた人物）とともに九二年、シカゴに赴いた。

## 第六節　制度化されるディシプリン

シカゴ時代のヴェブレンをみるまえに、ここで簡潔にふれておきたいことがある。それはこの章のはじめでも言及したことであるが、一九世紀の第四・四半期、アメリカの大学制度が急速に整備され、学問の専門分化が進行し、社会研究がそれぞれの専門領域にそってみずからのディシプリンを確立しようとする動きが活発化したことについてである。しかもそうした企ては、アメリカの社会研究が学問的先進国だったイギリスとドイツから自立し、みずからのアイデンティティを確立しようとする動きとパラレルに進行した。その意味で二重の自立（自律）が問われていた。

じっさい、ヴェブレンが「失われた七年」というもどかしい浪人生活を送っていた最中、アメリカの社会研究のあり方は大きな転換期を迎えていた。

### カレッジからユニバーシティーへ

それぞれの学問的ディシプリンの確立に先立って求められていたことがある。それが、科学的真理の探究そのものをあたかも自己目的のごとくに尊重する気風と制度の確立である。アメリカの一九世紀後半についていえば、それは「カレッジからユニバーシティーへ」という歴史的転換を意味していた[93]。

ひとくちでいえば、カレッジは――ヴェブレンが最初に学んだカールトン・カレッジもそのひとつだが――、東部ピューリタニズムの神学校というべきものだった。一般的には、古典学を中心とするリベラル・アーツにくわえ、数学や物理学など一部の自然科学が教えられ、その目的は教会関係者の育成と布教にあった。したがって、無神論や不可知論などもってのほか、懐疑主義的態度も邪悪なものとして退けられた。そうした意味で、ヴェブレンが八一年に入学したジョンズ・ホプキンズ大学の開校（一八七六年）は象徴的な出来事だった。宗教から自由な科学研究のためのアメリカ最初の大学院大学として構想されたからである。初代学長のギルマンはそのために周到な準備を試みた。かれはコーネル大学の初代学長のA・ホワイトとともに欧州の有力大学を歴訪し、新しいアメリカの大学院大学の構想を練った。そのホワイトは六九年にコーネル大学の初代学長に就任していたが、すでにみたように、かれはおよそ科学と宗教は互いに相容れない存在であるとみていた。

「失われた七年」のあと、このコーネル大学の大学院にヴェブレンが進学したのはけっして偶然ではなかった。ギルマンとホワイトが学生時代から深い友人関係によって結ばれていたのと同様に、ジョンズ・ホプキンズ大学およびコーネル大学とヴェブレンとのあいだにも深い縁、内在的な結びつきがあったからである。

カレッジとは異なり、当代のユニバーシティーが理想としたのは宗教や性差、人種や国境などから自由な人文科学、社会科学、自然科学を広く包摂する総合的な学問研究の場を構築することだった。それはヴェブレンの理想でもあった。かれは身をもっていわば個体発生的に、カレッジからユニバーシティーへの時代を生きた。

この歴史的な転轍を促した最も大きな力のひとつが、ダーウィン主義というもうひとつの科学革命だった。ギルマンがジョンズ・ホプキンズ大学の創設記念講演にハックスレーを招いたのにはそれなりの理由があった。

## 初期の風景——アメリカ社会科学協会とその周辺

一八八〇年代から九〇年代にかけて、つぎつぎとそれぞれのディシプリンにそった学会が創られていったが、まずその原風景にふれておこう。

すこし時代を遡ることになるが、南北戦争が終わって八ヵ月ほど経った一八六五年一〇月、ボストンでひとつの団体が誕生した。アメリカ社会科学協会（American Social Science Association）である。しかし、この団体はその名称から想像されるものとは違って、社会研究もさることながら、基本的に社会改良をめざすものだった。そのこともあって自然科学者が数多く参加していた。この協会創設の目的にふれたF・サンボーン（Frank B. Sanborn: 1831-1917）の回状には、「人びとの衛生環境、貧民の救済、雇用そして教育、犯罪防止や刑法改正、刑務所の規律、精神を病んで人びとの矯正、『社会科学』という言葉で一般的に括られている統計的あるいは慈善的事業について議論すること」と書かれていた。

じっさい、象徴的なのは初代事務局長となったこのサンボーンの経歴である。かれは、南北戦争の一因であり、一八五九年一〇月一六日に起きたハーパーズ・フェリ武器庫襲撃事件の首謀者として処刑されたジョン・ブラウン（John Brown: 1800–1859）の奴隷解放活動を資金的に支えた六人委員会のなかの年少のリーダーだった。そのなかにはアメリカ社会科学協会の活動をともに担うことになった、ハーヴァード大学時代の級友S・ハウ（Samuel G. Howe: 1801–1876）やT・ヒッギンソン（Thomas W. Higginson: 1823–1911）もいた。サンボーンは六三年につくられたマサチュセッツ州慈善局（Board of State Charities）の役人だったが、二年後、同局はアメリカ社会科学協会設立の支援に乗り出した。かれはまた、ハーヴァード大学時代にエマソンの知己を得ていたが、五四年にはかれからマサチュセッツ州コンコルドにある学校管理を頼まれ、その後八年にわたってその仕事に携わった。そういう意味では、サンボーンはエマソンの影響を受けたロマン主義的な超越主義者という側面をもっていた。

アメリカ社会科学協会の創設集会に出席した者のなかには、多くの奴隷解放や女性運動の活動家、マサチュセッツ州知事など政治家のほか、当時イェール大学の教授だった上記のギルマン、経済学者のA・ウォーカー（Amasa Walker: 1799–1875——アメリカ経済学会の初代会長となったF・ウォーカーの父親）、これもすでにふれたウェルズ、法学者で政治哲学者だったコロンビア大学のF・リーバー（Francis Lieber: 1800–1872）、それにハーヴァード大学のT・ヒル（Thomas Hill: 1818–1891）学長、イェール大学のT・ウールゼー（Theodore D. Woolsey: 1801–1889）などが含まれていた（Haskell, 1977: 98–99）。

協会の初代会長になったW・ロジャース（William B. Rogers: 1804–1882）は一九世紀前半、地質学、化学、物理学、鉱山学の分野で指導的役割を果たし、一八四〇年にアメリカ地質学者・博物学者協会（Association of American Geologists and Naturalists）を、四七年にはそれを母体にしてアメリカ科学振興協会（American Association for the Advancement of Science）をつくった人物であり、六五年に開校されたマサチュセッツ工科大学の初代学長に就任した。この当代きっての自然科学者のひとりを会長にいただくことはアメリカ社会科学協会の権威づけに大いに役立った。アメリカ科学振興協会の活動に深く関わった自然科学者のなかにはハーヴァード大学の古生物学、地球自然史学、動物学の卓越した研究者だったL・アガシ（Louis Agassiz: 1807–1873）や同じくハーヴァード大学の数学者B・パース（C・パースの父親）もいた。やがてふたりは協会の有力なリーダーになっていった。

ところで、このアメリカ社会科学協会の社会改良運動の背後に息づいていた精神といえば、ひとつは人道主義的な情熱、もうひとつが保守的なパターナリズムだった（Haskell, 1977: 95）。レッセ・フェールという考え方に与することはなかったが、上記の回状にあるような社会問題の解決には、他者に依存せず、みずから立ち直ろうという精神を涵養することが大切だとみなされていた。

この協会の活動はつぎの四部門によって担われていた。第一部門は教育、第二部門が公衆衛生、第三部門が社会経済（経済・通商・財政）、第四部門が法学である。この部門構成はイギリスの社会科学振興協会（British National Association for the Promotion of Social Science ―― 一八五七年の創設、八六年解散）に倣ったものだった。第一の教育部門には公教育制度も含まれていたが、成人教育、文化・スポーツ団体の啓蒙活動、社会教育の拡充、移民のための英語教育などが中心であり、第二の公衆衛生部門は貧困層の衛生と栄養、その住宅問題、伝染病の予防と治療、公園や病院・収容所、公衆浴場や共同墓地、排水施設などの整備を対象とし、第三の社会経済部門は貧困問題の実態、労働時間、女性労働、怠惰と犯罪、飲酒や売春、授産施設といったことがらのほか、国債、関税や税制、商慣行、製造業者の質、市場の管理、独占と食料販売、金の価値などの通貨問題などを取り上げ、第四の法学部門は権利と正義の科学、とくに選挙権、財産、特権、国債、犯罪、貧困などに関する法改正の検討などに取り組むものとされていた（Haskell, 1977: 104–106）。

とはいっても、実際の活動の中心になっていたのは機関誌『社会科学雑誌』（*Journal of Social Science*）の編集と発行だった。

いくつもの意味で寄せ集め的性格をもっていたこの協会は一八七〇年代に入ってまもなく、いくつかの難問に直面した。最大の困難は財政と人材面で表面化した。七〇年九月に二代目の事務局長H・ヴィラード（Henry Villard: 1835-1900――鉄道業者で金融家、ジャーナリストでもあった）が健康上の理由で辞職、七一年と七二年には年次総会も開かれず、七三年一〇月まで協会の常勤事務局長ポストは空席のままだった。さらに財政的逼迫も加わって、組織は存亡の危機に直面した。その大きな背景には、南北戦争直後とは違って、共和党内部での社会改革熱の後退と内部抗争があった。

この大きな危機を救ったのがさきのハーヴァード大学のアガシとパースであり、またサンボーンの事務局長復帰だった。アガシとパースは自然科学研究のみならず、文化面でもアメリカがヨーロッパ先進国に互して発展していくことを強く望んでいた。ふたり（特にアガシ）は信仰心が篤く、神格に疑問を抱くような人物ではなかった。けれども、もっと内在的な困難があった。それは、社会科学協会といいながら、有力なリーダーには自然科学者が多く、アガシの言い方を借りれば、「われわれの行動を方向づけることができる専門的な訓練を受けた社会科学者がいない」(94)ことだった。そうした状態でいくら熱心に社会改良を訴えても、その説得力は弱い。そういう自覚が次第に協会内部で醸成されていった。それに追い打ちをかけたのが、七二年から『月刊通俗科学』を刊行しはじめていたE・ヨーマンズによる内部批判だった。かれも協会の理念には賛成し、そのメンバーにもなっていたが、すでにみたように、かれは生粋のスペンサー主義者であり、社会科学という言葉づかいに対する違和感を募らせていた。厳密な科学的観点からの社会の研究といいながら、協会の実態は慈善事業でしかない。その事業は、「社会科学ではなく社会的技術（social art）である」とかれは非難した。また、社会ダーウィン主義的思想に親近感をもっていたヨーマンズは、人道主義的な慈善事業など行政機関によるものであれ、あるいは民間のものであれ、不毛な行為なのではないかと考えていた（Youmans, 1872: 117; Peel, 1971: 244f.）。

こうして、協会の理想主義的な存立基盤はいわば実証主義的な批判に曝されることになった。しかしそうした批判に応酬する形で、『思弁哲学雑誌』を一八六七年から発刊していたヘーゲル主義者のW・ハリスが反論に立ち上がり、ヨーマンズとのあいだで論争が起きた。この論争は、その顛末にかかわらず、アメリカ社会科学協会の権威を大いに失墜させるものだった。

さらに、抜き差しならない危機が訪れようとしていた。アガシが亡くなったあと、パースが協会存続のために大いに努力し、七五年一月、かれは経済学者のウェルズを会長に押し立てた。そのウェルズはもともと化学者であり、かれのハーヴァード大学での恩師がアガシでありパースだった。そのパースは、ウェルズが病に倒れたため、七八年に会長代行を務めた。しかし、その就任講演（「アメリカにおける社会科学の重要性」）は、まことに古色蒼然としたものだった。神の法に対する深い信仰と恭順、社会の秩序と発展、科学と宗教の調和をその基調にすえたものだった。しかしパースは、この講演タイトルからもうかがえるように、社会的現実の科学的研究の必要を強く感じてはいた。折しも、ギルマンがジョンズ・ホプキンズ大学の初代学長に就任し、研究中心の本格的な大学院構想を実現しつつあった。パースら旧世代の人びとにとって、その目を見張るような大学改革は科学研究の推進という点でいえば、ようやく自分たちの夢を叶えてくれるような果敢な企てと映った。

会長代行になったパースは、ギルマン宛ての一八七八年六月一〇日の手紙で驚くべき提案をした。ひとくちでいえば、アメリカ社会科学協会をジョンズ・ホプキンズ大学に吸収してもらえないかという内容だった。パースは、この手紙のなかで「共和国を組織していく正しい方法を国民に教育していくための唯一希望をもてる方法、それが真の大学というものです」と書いた。

ギルマンは――ジョンズ・ホプキンズ大学発足当初、二一人のフェローのうち、社会科学者はわずか三人だったこともあって――、ジョンズ・ホプキンズ大学では社会科学研究にもっと力をいれなければならないと考えていた。しかし、このパースの提案には慎重な姿勢を崩そうとしなかった。パース提案があった七八年当時、ジョンズ・ホプキンズ大学はようやく四人の若手研究者に博士号を授与したばかりだった。そのひとりがヘンリー・C・アダムスだが、かれはすでにハイデルベルク大学で博士号を取得していた財政学の専門家だった。歴史学や政治学といった社会科学の比較的古い分野でも専任スタッフの採用は容易でなかった。創設当初から歴史学を講じていたのは（ヴェブレンに推薦状を書いてくれた）ハーバート・B・アダムスだったが、八一年まで常勤職に就くことができなかった。また一八八二年一月、G・ホール（ヴェブレンの就職問題に関連してふれた人物）がジョンズ・ホプキンズ大学の心理学の専任担当者に選ばれたが、一八八〇年代に社会科学分野で教授になったのはかれ一人だけだった。

パースのあと、七九年にギルマンがアメリカ社会科学協会の会長になった。かれはその会長就任講演のなかで「協会は社会改良の促進でも慈善のための集まりでもなく、そのめざすところは（社会）科学の促進であり、社会の協同と個性の発揮が可能となるような法則や原理の確立することにあります」と宣言した（Gilman, 1880: 28-29）。これは、それまでのアメリカ社会科学協会の考え方と一線を画するものであり、「社会改良と慈善から社会の科学的研究へ」というのがギルマン会長の掲げた新方針だった。そのためには協会はみずからの社会調査研究を企画立案し、必要な資金提供も行なうべきだとギルマンは考えていた。そうなってはじめて、協会はジョンズ・ホプキンズ大学の良きパートナーになることができるというのがギルマンの基本的な考え方だった（Haskell, 1977: Chap.7）。

しかし、短期間のうちに協会がそうした転換を遂げられるはずもなかった。その延長線上でギルマンが下した結論は、要するにパース提案の拒否ということだった。協会とジョンズ・ホプキンズ大学はそれぞれ「アジテーション」と「研究」という別の機能をもっていると断定したギルマンは、これからの新しい大学では、それぞれのディシプリンにそった専門的な社会科学研究を確立する必要があり、科学の「客観性」（objectivity）と特定の「主義主張の支援」（advocacy）は峻別されなければならないと考えた。

### ディシプリンの制度化――歴史学会と経済学会の誕生

ギルマンは一八八〇年に会長を退くにあたって、理事会にひとつの提案を行なった。ジョンズ・ホプキンズ大学の先例に倣って、アメリカ社会科学協会にも歴史部門を新設してはどうかというものだった。一八八〇年当時、まだ歴史学と政治学あるいは経済学との境界線は曖昧だった（Haskell, 1977: 144）。「社会制度の起源と成長を研究する」社会科学が歴史学である、というのがギルマンの基本的な理解だった。しかしその提案に対する好意的な反応はなかった。

このギルマン構想が現実のものとなったのは八四年のアメリカ歴史学会（American Historical Association）の発足によってである。ジョンズ・ホプキンズ大学のハーバート・アダムスが学会創設のリーダーシップをとった。ギルマンのお膝元から「アメリカの社会科学分野で最初の近代的な学術団体」が誕生した。それは決して偶然の産物ではなかった。この歴史学会の創設については、「偉大な産業の総帥」（アダムスの学生だったのちの第二八代大統領ウッドロー・ウィルソンのアダムス評――Ely, 1902: 46; Hawkins, 1960: 175）と呼ばれたアダムスの努力によるところが少なくなかったが、ギルマンの支援と示唆も大きかった。

じっさい、アダムスは頻繁にギルマンと連絡をとりながら、学会創設の準備を進めた。初代会長にコーネル大学のホワイト学長を擁立してはどうかと進言したのもギルマンだった。ホワイトが歴史学の（ヴェブレンも受講した）タイラー教授にコーネル大学を代表してアメリカ歴史学会の創設に関わってはどうかと打診したとき、タイラーもまた、じつは自分も長くそうした学術団体が必要だと考えていたと語った。そしてそのタイラーは歴史学会設置の呼びかけ人のひとりになった。(95)

その呼びかけ状には、「その創設を提案している団体の目的は、互いに意見を交換すること、面識を広げること、研究方法と論文について議論すること」にあり、アメリカの教師や学生にとってその効果は絶大であると訴えていた。注目されるのは、この呼びかけ状の広報といい呼びかけ人といい、あるいは創設大会の場所提供といい、いずれについてもアメリカ社会科学協会の全面的支援があったということである。

しかし、社会科学協会と歴史学会のメンバーにオーバーラップはほとんどなく、歴史学会は最初からひとつの独立した学術団体として誕生した。けれども、歴史学会の発足時のメンバー一八九人のうち、歴史学者と呼びうる人は三分の一にすぎなかった。(96)それでもその活動は明らかにこれらの人びとの学術的ニーズに見合うものだった。歴史学会は翌八五年からいまにつながる『アメリカ歴史学評論』（*American Historical Review*）をその機関誌として刊行しはじめた。

そういえば、アメリカ歴史学会が生まれたこの一八八四年は、ヴェブレンが博士論文を仕上げ、ポーター賞受賞論文「歳入余剰の分配」を書き、処女論文「カントの判断力批判」を発表した年だった。

翌八五年九月九日、アメリカ社会科学協会がひとつの土台となってもうひとつの学術団体が生まれた。それがニューヨーク州サラトガ・スプリングスで創設されたアメリカ経済学会（American Economic Association）である。(97)もっとも、その設立の経緯はアメリカ歴史学会の場合よりも複雑なものだった。ふたつの相対立する勢力がせめぎあい、経済学会ができてからも多くの妥協と長い調整プロセスを必要としたからである。

ひとつの勢力は、コーネル大学でヴェブレンに救いの手を差し伸べることになる、当時はまだハーヴァード大学にいたラフリンを中心とする経済学クラブに集まる人びとだった。これとは別に、ハレ大学の（G・シュモラーの後任者である）J・コンラッドのもとで博士号を取得したペンシルヴァニア大学の経済学者E・ジェームス（Edmund J. James: 1855-1925）とS・パッテン（Simon N. Patten: 1852-1922）などドイツ留学組の若手経済学者が中心となって、ラフリンが経済学クラブをつくったのと同じ八三年、経済学会の創設に取り組みはじめた。

ドイツ社会政策学会に匹敵する経済学者の学会をアメリカにつくろうというジェームスとパッテンの試みは失敗に終わったが、社会改良をその目的に掲げた経済学会の創設というかれらの意思はR・イリーに引き継がれた。そしてかれの背後にはアメリカ歴史学会の初代事務局長になったハーバート・アダムスがいた。ふたりともギルマンが学長を務めるジョンズ・ホプキンズ大学の数少ない専任スタッフであり、いずれもハイデルベルク大学の博士号取得者だった。

じっさい、イリーが経済学会の「綱領」を構想したとき、その第一項には「レッセ・フェールという教説は政治的に危険なものであり、道徳的に正しくない。それは国家と市民との関係を適切に説明していない」と書き込まれていた。それだけイリーらは、社会改良という、一方ではアメリカ社会科学協会以来の伝統を、他方ではドイツ社会政策学会の精神を継承しようとしていた。しかし、八五年の経済学会創設の呼びかけではこうした排他的な主張はトーンダウンしている。イリーたちにとって、それは必要な譲歩であり、また妥協だった。

その妥協の背景には、当代の経済学者たちがふたつの喫緊の論争的テーマに直面していたという事情がある。ひとつは経済学の理論や方法に関する論争であり、もうひとつが、それとも関連するが、より広いアジェンダである社会問題の解決への貢献と科学的普遍性の追求をいかにして両立させるかというテーマだった。前者は、S・ニューカムの『政治経済学原理』（一八八五年）に対するジェームスの批判に端を発した『科学』誌上での論争[98]によって代表されるが、後者についても同じジョンズ・ホプキンズ大学にいたニューカムとイリーの反目が際立っていた（注27参照）。ニューカムは有力誌『ネーション』に載せたイリーの『アメリカの労働運動』（一八八六年）に関する匿名書評のなかで、この著書を「アナーキストを絶賛し、社会主義者の夢想を語った」ものとして弾劾し、イリーを「大学教授の地位に留まるには不適切な」人物だと決めつけた（Dorfman, 1949: 163）。さらにニューカムは「経済学会を一種の教会にしようとしている」としてイリーを厳しく批判し、ラフリンもまた「サムナー教授を排除することが望ましいと考えるような学会は認めたくない。かれ（サムナー）の明け透けの教条主義は好きになれないが、かれがなにか問題を起こすとは思わない」（一八八六年九月一四日、ラフリンがアマースト・カレッジのベミス［Edward W. Bemis: 1860-1930］に話したこととしてイリーに伝えられたもの——Coats, 1960: 558, n. 6）と語り、レッセ・フェール思想を拒否する経済学会の創設に強く反発した。じっさい、ラフリンが経済学会の会員になったのは学会ができて二〇年も経った一九〇四年のことだった。

イリーらは、アメリカ経済学会が古典派経済学によって席捲されてしまうのではないかという強い懸念を抱いていたが、かといってハーヴァード、プリンストン、イェール大学などの有力な経済学者を学会に巻き込まなければ、学会としての権威を確立することができないと考え、当初の「綱領」に書き込まれた排除の論理を希釈化しなければならなかった。ジョン・B・クラークはヘンリー・アダムスに宛てた八七年五月四日の手紙のなかで、「わたくし（クラーク）は『綱領』について妥協が必要だとイリー博士に伝えたし、ウォーカー会長が『綱領』はすべて削除したいと考えていることも理解している。最終的には『綱領』は不要になるだろうが、破棄するのはいますぐではなく、もう一年待ってみてはどうか」という意見具申をしていた（Coats, 1960: 559）。そして最終的には、八七年一二月の理事会で「綱領」は破棄された。

こうした動きの延長線上で起きたのが（ヴェブレンがラフリンとともにシカゴ大学に移った年である）九二年のイリーの経済学会からの脱会騒動だった。この年、一方でイリーがジョンズ・ホプキンズ大学を辞してウィスコンシン大学に移り、他方でラフリンがシカゴ大学に動いた。そしてこの九二年の大会で、ハーヴァード大学のラフリンの先生にあたるC・ダンバー（学会への入会は八八年）がアメリカ経済学会の第二代会長に選出された。経済学会ができて七年が経っていた。同時にイリーも事務局長から退いた。それは、当初から経済学会がもっていた社会改良へのコミットメントの機運を大いに削ぐことになった。

この頃になると、新旧世代の対立はめだって弱まり、経済学会の運営も学会らしくなっていた。会長の交代、イリー脱会騒動が時代の移り変わりを象徴していた。

では、この九二年の顚末は新旧世代の融和を物語っていたのか、それとも旧世代の勝利を示唆していたのか。少なくとも後者ではない。頑迷固陋な旧世代の経済学者たちによる悪意にみちた陰謀の結果、旧世代の代表者のひとりが会長になり、新世代のリーダーが事務局長を辞めさせせられたのだといった見方はあたらない。したがって、表面的には前者が正鵠を射ているようにみえる。しかし、もうすこし正確にいえば、多くの経済学者は新旧世代の不毛な対立に嫌気がさし、使命感に溢れた政治的党派性から解放されたいと願い、学術的ディシプリンとして新しい経済学を確立したいという強い思いに駆られていた。その滔々とした潮流が新旧世代の対立を押し流したというのが事実に見合っているようにみえる（Coats, 1960: 566）。[99]

要するに、大きく膨らみつつあったのは――さきの「カレッジからユニバーシティーへ」の流れにも似て――専門的ディシプリンの確立への思いであり、進みつつあったのは、ホフスタッター風にいえば、聖職者から大学教授への「身分革命」（status revolution）だった。[100]

しかし、経済学会にかぎってもこれがすべてではない。九二年の出来事によって、「中西部の経済学者の不満」とでも呼ぶべきものに火がついたからである。かれらの不満は九五年に中部諸州政治学会（Political Science Association of Central States）を創設する形で表面化した。常日頃かれらの多くが、東部ニューイングランドの歴史家や経済学者たちはアメリカ中西部が固有に抱えている社会問題について理解がないという――この章のはじめで取り上げた西部カレッジ神学教育振興協会（カレッジ協会）に集まった西部の宗教関係者の東部に対する不満を思い起こさせる――気持をもっていた。ジョンズ・ホプキンズ大学でイリーの薫陶を受けたジョン・R・コモンズ（John Rogers Commons: 1862-1945）は中西部に独立した学会をつくるべきだと考えていた。ラフリンがこうした動きに強く反発していたこともあって、この政治学会はアメリカ歴史学会やアメリカ経済学会との対立を回避しようとした。しかし、対立の火種がなくなったわけではなかった。政治学会の経済学部門の責任者になっていたミシガン大学のヘンリー・アダムスは、アメリカ経済学会の第三代会長クラークに宛ててこう書いている――、「望んでも無理なことかもしれないが、アリゲニー山脈より西の地域でアメリカ経済学会を開催することになれば、学会がアメリカの経済学者を代表している機関だということになるでしょう。政治学会が経済学会のライバルになる必要などないのですが、政治学会の発足に責任がある人たちは経済学会を脱会することになるかもしれません」（アダムスのクラーク宛の一八九五年一月七日の手紙――Coats, 1960: 570）。

クラークはこの忠告を無視することなく、数週間の協議を経てインディアナ州インディアナポリスで経済学会と政治学会の合同大会を開くことにした。しかもこの大会でヘンリー・アダムスが経済学会の第三代会長に選ばれた。そこには、中西部の経済学者がアメリカ経済学会を脱会してしまうことがないように、という配慮が働いていた。というのも、経済学会の会員数をみると、一八九三年が七八一人、九四年が六六一人というように低迷あるいは減少傾向にあったからであり、クラーク会長の政治的判断も道理に叶ったものだった。

この会員数はハドレーが第四代会長になった九八年が六八五人、九九年が七四五人だったから、なお低迷状態が続いていた(101)。会員を増やすべきではないか、それも（数に限りがある）学者ではなく実業家やジャーナリストを増やすべきではないかという意見が経済学会の内部で強まっていた。第五代会長は実業家から選ぶべきではないかという主張さえ聞かれた。しかし予想外のことに、第五代会長に選ばれたのは長く経済学会から遠ざかっていたイリーだった。かれの獅子奮迅の組織化努力のおかげで、会員数は大きく上向きはじめた。一九〇一年一二月には九五〇人に増え、さらに一九〇二年には一〇一一人になった。

そしてついに一九〇四年、旧世代を代表するラフリンがアメリカ経済学会の会員になった(102)。その年、シカゴ大学で開かれた経済学会は歴史学会との合同大会だった。経済学会創設二〇年、ようやく新旧世代の対立を中心とする内部のわだかまりは沈静化の道を歩みだした。

ここで、すこし時間を遡るが、ラフリンの尽力で八三年に発足した経済学クラブについてふれておこう。ニューカムを会長に迎え、ラフリンが事務局長になって発足したこのクラブは、経済問題についての実務家を含めた自由な意見交換を通じて、大学の垣根を越えた経済学者の交流を深め、経済学というディシプリンの自立を計るという目的をもってつくられた。

ラフリンは経済学クラブの創設にあたって、アメリカ統計学会（American Statistical Association）は「専門的にすぎるし」、アメリカ社会科学協会やアメリカ科学振興協会は「あまりにも拡散的で手に負えない」とみていた。ラフリンが経済学クラブをつくろうと考えたのは八二年の春のことだったが、その構想が具体化しはじめたのは八三年になってからのことである。

ボストンの卓越した実業家E・アトキンソンに宛てた八三年一月二九日の手紙のなかでラフリンは、「アメリカ政治経済学会（American Society of Political Economy）のことで頭が一杯です。この提案はごく少数の指導的な経済学者にしてみるのがよいと思っています。この組織は権威ある有用なものとなるためにも威厳に満ちたものでなければなりません。経済学研究を促進するため、フランスのように、何らかの賞を設けることもよいでしょう。しかし、党派的団体とみなされることのないように、よく人を選ぶ必要があると思います」と書いている。さらに続けて、ラフリンは一〇人の指導的経済学者の名前を挙げていた。

ふられた番号の順に、S・ニューカム（アメリカ海軍・数学教授）、チャールズ・F・ダンバー（ハーヴァード大学政治経済学教授）、E・アトキンソン、フランシス・A・ウォーカー（マサチュセッツ工科大学学長）、J・ローレンス・ラフリン、ウィリアム・G・サムナー（イェール大学政治学・社会科学教授）、アーサー・L・ペリー（ウィリアム・カレッジ政治経済学・歴史学教授）、デヴィッド・A・ウェルズ（経済学者・実業家）、カール・シュルツ（政治家・ジャーナリスト・政治哲学者）、アンドリュー・D・ホワイト（コーネル大学学長・前ドイツ大使）の名前が列挙されていた。

このクラブ設立の実質的な推進者はラフリンのほか、実業家のアトキンソン、それにウォーカーの三人であり、このアトキンソン宛の手紙はウォーカーにも回付された。このクラブのメンバーには上記の一〇人のほか、ブラウン大学のE・ベンジャミン・アンドリュー（E. Benjamin Andrews: 1844-1917）、イェール大学のハッドレー、ペンシルヴァニア大学のロバート・E・トンプソン（Robert E. Thompson: 1844-1924）といった大学教授、さらに多くの実業家やジャーナリストなどが含まれていた。それでも、当初の会員構成は「大学教授、実業家、ジャーナリストなどでほぼ均分な構成になっていた」（Bornemann, 1940: 9）。

そして興味深いことに、八四年の末には政治的見解を異にする若手経済学者がクラブに入ってきた。そのなかにドイツ留学組であり、まもなくアメリカ経済学会設立のリーダーとなっていくヘンリー・アダムス、R・イリー、E・ジェームスらがいた。かれらはクラブの中核をなす旧世代の経済学者に対して批判的だった。このように、アメリカ経済学会が誕生するのに先立って、ラフリンやウォーカー、ニューカムなど旧世代がつくった経済学クラブに新世代の若手経済学者が参加することになった。ある意味で、クラブは大きな異質物を抱え込んだことになる。ラフリンにしぼっていえば、その図柄は、かれがシカゴ大学でヴェブレンやその門下のミッチェル、ダベンポート、ホクシーらを同僚として迎え入れた一種独特の寛大さを彷彿とさせる。

ともあれ、新旧世代の違いを強調していえば、旧世代にはイギリスの古典派経済学と東部ニューイングランドの保守主義を、また新世代にはドイツ新歴史学派と中西部の急進主義という好対照をなす思想的構図をみてとることができる。

しかし、もうひとつ別の意味での（世代を超えた）緊張関係がアメリカ経済学会にも、また経済学クラブにもあった。

というのは、このクラブはその目的として経済学研究の支援と促進を前面に掲げていたのだが、多くの実務家を抱えたその会員構成からもうかがえるように、必ずしもそれに尽きるものではなかった。そこにクラブ運営の難しさもあった。じっさい、経済学クラブでいえば――ラフリンやニューカムの意図に反して――、あのクラブは「自由貿易主義者の党派的集まりだ」とみなされるようになった。クラブのメンバーのなかでは、ウェルズとホワイトが強力な自由貿易論者だった。実践的な経済問題への関与と経済学研究の促進のはざまに立って、八四年末には会長のニューカムは年三回の会合のテーマ設定をめぐって大きな困難を感じるようになり、ウェルズ、ホワイト、サムナーへの違和感を募らせていた（ニューカムのラフリン宛の一八八四年一二月一日および一二月三一日の手紙――Coats, 1961: 629-630）。クラブの定期的会合が個人宅で開かれたことは親しい友人関係を培い、寛いだ雰囲気で自由に意見交換できる場を提供したが、遠距離会員の参加を難しいものにし、思想的・心理的距離が大きくなった会員の足を自然遠のかせることになった。

ラフリンがハーヴァード大学を辞め、やがてコーネル大学に移り、まもなくして中西部のシカゴ大学に転じてからは――ヴェブレンも含めて、中西部の大学教授で会員になる者が増えたけれども――、クラブは活気を失っていった。四月、六月、一二月と定期的に開かれてきた例会も滞りがちになり、確認できるかぎりでは、一九〇三年三月の会合が最後の例会になった（Coates, 1961: 636, n.34）。こうして、ラフリンがつくった経済学クラブは発足二〇年にして事実上消滅した。

### 学術誌発刊ブーム・専任スタッフ・博士号取得状況

ここで、ひとつふたつ小さな補足をしておこう。

アメリカ経済学会が機関誌『アメリカ経済学評論』（*The American Economic Review*）を発行したのは一九一一年のこと、学会創設から二五年が経っていた。それまで機関誌はなかった。それに代わるものとして不定期に出版されていたのが「アメリカ経済学会パブリケーションズ」（Publications of the American Economic Association）である。そこにはモノグラフのほか、研究会の年次報告などが掲載された。モノグラフのなかには、E・セリグマンの「累進課税の理論と実際」（Seligman, 1894）やI・フィッシャーの「通貨高騰と利子」（Fisher, 1896）のようによく売れたものもあったが、それによって学会財政が潤ったわけではない（Coats, 1969: 58）。

他方、経済学会にとって大きな脅威になっていたのが、八〇年代から九〇年代にかけて経済学関係の学術誌が次々と刊行されはじめたことである。経済学会ができた翌年（八六年）、会員になることを固辞していたハーヴァード大学のラフリンが『経済学四季報』（*The Quarterly Journal of Economics*）の編集に着手した。英語圏でいえば——イギリス経済学会（のちの王立経済学協会Royal Economic Society）の機関誌『エコノミック・ジャーナル』が刊行されたのは一八九一年だったから——、これが経済学関係最初の学術誌だった。[103] 同年、コロンビア大学を拠点とする政治学会（Academy of Political Science）が『政治学四季報』（*The Political Science Quarterly*）を出版、その誌面の一部を経済学に割いていた。さらに、シカゴ大学に移ったラフリンは、ヴェブレンの手を借りながら九二年から『政治経済学雑誌』（*The Journal of Political Economy*）を刊行しはじめた。経済学関係の論文が掲載する雑誌としては、これらのほかにも九一年から発刊された『アメリカ政治・社会科学アカデミー紀要』（*The Annals of the American Academy of Political and Social Science*）があった。このように、この時期一斉に経済学関係の学術誌が刊行されはじめた。そのなかにあってアメリカ経済学会の劣勢はいかんともしがたいものだった。

こうした専門学会の創設や学術誌の発刊以外にも、経済学の急成長を示すいくつかのデータがある。

第一に、一八八〇年当時、全国主要二八大学のなかで専任の経済学教授といえる者はハーヴァード大学のダンバー（経済学教授として一八七一年に就任、一部法学も担当）、イェール大学のウォーカー（一八七二年就任、正式には経済学・歴史学教授）、そしてカールトン・カレッジのクラーク（一八七五年に就任、経済学・歴史学講師）の三人だけだった。しかし、そのポスト数は九〇年には二〇に増え、一九〇〇年には五一にまで急増した。

第二に、全国二八の主要大学における経済学専修コースの数をみてみると、一八八〇年は三五、九〇年が一三二、そして一九〇〇年が三〇〇以上というように、これもまたウナギ登りに増えている。

第三に、八〇年代になると、経済学を学ぼうとする大学院生や若手研究者に対して、それまでのラテン語やギリシャ語に代わって、ドイツ語やフランス語の履修が課されるようになった。イギリスだけでなく、大陸ヨーロッパの「進んだ」経済学を修得する必要が高まったからである。

第四に、主要二八大学で経済学を教えていた人びとのうち、一八七〇年から一九〇〇年までのあいだに博士号を取得した者のリストをみてみると――、一八七〇年代の博士号取得者は合計八人、取得大学別ではハイデルベルク大学三人、ハレ大学二人、ストラスブルク大学一人、アメリカ国内ではハーヴァード大学とジョンズ・ホプキンズ大学がそれぞれ一人だった。この時期はドイツに留学して博士号を取得する者が多かった。ついで一八八〇年代の学位取得者は全部で一四人、そのうちハレ、ハイデルベルク、ゲッティンゲン大学がそれぞれ一人、ジョンズ・ホプキンズ大学が四人、ミシガンが二人、そのほかハーヴァード、イェール、コロンビア大学が一人ずつとなっている。したがって八〇年代になると、新設のジョンズ・ホプキンズ大学がめだつものの、アメリカ国内で博士号を取得する者が急増した。さらに九〇年代の博士号取得者は合計四〇人、その取得大学の内訳をみると、コロンビア大学が八人、ハレが七人、ジョンズ・ホプキンズが六人、ウィスコンシンが四人、ミシガン、イェール、シカゴが三人ずつ、ハーヴァードが二人、そのほかペンシルヴァニア、コーネル、ゲッティンゲン、ライプチッヒがそれぞれ一人という構成になっている（Parrish, 1967: 9–11, Appendix, Table B）。

一八九〇年代になっても、ハレ大学のJ・コンラッド（Johannes Conrad: 1839–1915）のところで博士号を取ろうと考える若手研究者がいたが、基本的にはアメリカの大学で博士号を取ってアメリカの大学に就職していくというアカデミック・キャリアが確立されつつあった。一方、留学先という点でいえば、ベルリン大学（シュモラーやワグナーがいた）やハレ大学、さらにゲッティンゲン大学（G・コーンがいた）に集中しており、イギリスに赴くものはほとんどいなかった。

ともあれ、これまでふれてきたように、ハーバート・アダムスが一八八二年から「ジョンズ・ホプキンズ歴史学・政治学研究」（The Johns Hopkins Studies in Historical and Political Science）叢書を刊行し、八四年にアメリカ歴史学会を設立、八五年には機関誌『アメリカ歴史学評論』を発行した。また、心理学の分野についていえば、同じジョンズ・ホプキンズ大学のG・S・ホールが『アメリカ心理学雑誌』を八七年から発行、九二年にはアメリカ心理学会を立ち上げた。

こうした新たな動向にくわえて、さらに経済学分野での学会創設や学術誌発刊の動きまで視野に収めるならば、一八八〇年代から九〇年代にかけて、アメリカの社会研究がそれぞれの専門的ディシプリンにそって大学のなかに制度化されていった印象的な光景がクッキリと浮かび上がる。

そのうえで、ヴェブレンについていえば、かれはギルマン学長をいただく「新しい大学」ジョーンズ・ホプキンズでハーバート・アダムスの講義を聴き、ホワイト学長のコーネル大学でラフリンに認められ、それが機縁となって一緒に移ったシカゴ大学で、かれとともに『政治経済学雑誌』の編集に携わった。

そう考えてみると、ヴェブレンは、アメリカの高等教育機関が「カレッジからユニバーシティーへ」大きく転轍していくプロセスをその真っ直中で体験したのみならず、社会研究が専門ディシプリンにそって大学に制度化されていくそのプロセスにも深く関わっていたことがわかる。そういう意味で、ヴェブレンは、一九世紀第四・四半期のアメリカで進行した社会研究における「科学革命」のひとりの生き証人であり、また同時にその推進者でもあった。

ここでいう科学革命とは、第一にカレッジからユニバーシティーへの転換、第二に専門的ディシプリンの大学への制度化、第三にダーウィン主義革命をさしているが、しかし経済学にしぼっていえば、さらに付け加えられるべき第四の要素が残されていた。それが経済学の中身そのものの革新であり、ヴェブレンにとっての第三のフロンティアだった。

# 第三章　社会進化のなかのいま――ふたつの『理論』と経済学批判

ヴェブレンは一八九二年、ラフリンに連れられて新生シカゴ大学に就職、それから一四年あまり（三五歳から四九歳まで）、『有閑階級の理論』（一八九九年）、『営利企業の理論』（一九〇四年）という重要な著作をものする傍ら、一連の経済学説に関する批判的研究（そのほとんどが『近代科学論集』［一九一九年］に収録されている）に傾注し、大部のG・コーン『財政学』の翻訳作業にも取り組んだ。このシカゴ大学時代は、第一次大戦期のもうひとつの多産な時代――『製作者本能』（一九一四年）、『帝政ドイツと産業革命』（一九一五年）、『平和論』（一九一七年）、『アメリカの高等学術』（一九一八年）が公刊された――と双璧をなす、学者ヴェブレンにとって豊穣なときだった。

そのシカゴ大学時代のヴェブレンの仕事のうち、この章では『有閑階級の理論』と『営利企業の理論』、そして経済学説の批判的研究を取り上げる。しかしそれに先立って、いくつかの初期論文にも目を通しておこう。その数篇は『有閑階級の理論』の踏み台となったからである。

## 第一節　初期論文と翻訳

### 新設シカゴ大学と学長ハーパー

はじめに、シカゴ大学について、いくつかふれておきたいことがある。アメリカ・バプティスト教育協会（American Baptist Education Society）と石油王ジョン・D・ロックフェラーの三〇〇万ドルという巨額の寄付によってシカゴ大学が開校されたのは一八九二年一〇月のこと、初代学長になったのは弱冠三六歳の聖書学者でバプティストのウィリアム・R・ハーパー（William Rainey Harper: 1856-1906）だった。かれは大学教育に関する男女修学機会の均等、通年教育制度の導入、通信教育やコミュニティ・カレッジの創設、学術雑誌の刊行や大学出版局の設置など多くの新基軸を打ち出しただけでなく、大学行事の儀礼化と組織の序列化にも大いに努力した。また可及的速やかにアメリカ屈指の大学とするべく、高給処遇を楯に全国から優秀な教授陣を掻き集めた。そのなかには九人の現役学長が含まれており、その一人がコルビー・カレッジ学長をしていた社会学者A・スモールだった。ジョンズ・ホプキンズ大学にいた心理学者ホールが学長を務めていたクラーク大学からスタッフの大半を引き抜いて物議を醸したりもした。

ハーパーはオハイオ州ニューコンコードの生まれ、三歳のときから読書に耽り、周囲の者から神童といわれた。一〇歳で近くのマスキンガム・カレッジ（Muskingum College）に入学、一六歳でイェール大学大学院に入り、一九歳で博士号を取得、すぐにマソニック・カレッジ（Masonic College）でギリシャ語、ラテン語、ヘブライ語を教えはじめた。八三年にはシカゴのモルガン・パーク学院（Morgan Park Academy）でヘブライ語と聖書学を講義、この学院でのサマー・スクール活動や通信教育が宗教関係者の目にふれ、その評判が機縁となって、八六年に母校イェール大学のセム語学の教授に迎えられた。かれはまた、一八七四年に創られたシャトークア協会（Chautauqua Institution ――メソディストの牧師で日曜学校の教師だったJ・ヴィンセントと発明家L・ミラーがその創設者）の活動に参加し、その広範な成人教育プログラム（宗教、芸術、レクリエーション）作成にも関与した。さらに、一八九六年に創設されたブラッドレー・ポリテクニック・インスティテュート（Bradley Polytechnic Institute）の初代学長にもなっている。

しかしヴェブレンからみれば、こうした宗教的で儀礼主義的なハーパー学長はカールトン・カレッジのストロング学長を彷彿とさせるところがあり、馴染みがたい存在だった。のちにみるように、ヴェブレンはハーパーと折り合いを欠き、シカゴ大学を辞することになる。

ところで、このシカゴ大学では経済学科や社会学科が独立の学科に昇格していた。ラフリンとスモールがそれぞれのリーダーだった。ラフリンはヴェブレンのために経済学科で教師の仕事（teaching fellowship）を用意してくれたが、年俸はわずかに五二〇ドル、それでも九三年にリーダー（reader）、九四年からチューター（tutor）、九六年からはインストラクター（instructor）となり、さらに『有閑階級の理論』の「成功」とラフリンの強い推挙があって[1]、一九〇〇年にようやく助教授（assistant professor）に昇進することができた。軍隊組織のごとき長い位階秩序だった。それでも、ヴェブレンの年俸は容易に改善されず、一五〇〇ドルになったのは一八九七年のことだった（Jorgensen and Jorgensen, 1999: 66）。

## 初期論文・翻訳・書評

ラフリンは年俸七〇〇〇ドル、ヴェブレンは当初その一〇分の一以下の薄給だったが、それでも研究面では、かれは水を得た魚のようだった。『有閑階級の理論』に先立って発表された論文などを一覧すると、①「一八六七年以降の小麦価格」と②「ワグナーの新著」（いずれも『政治経済学雑誌』一八九二年一二月号に掲載）について、③「食料供給と小麦価格」（一八九三年）、④「コモンウィールの軍隊」（一八九四年）、⑤「女性のドレスについての経済理論」（一八九四年）、⑥G・コーン『財政学』の翻訳（一八九五年）、⑦「製作者本能と労働の煩わしさ」（一八九八年）、⑧「所有権の起源」（一八九八年）、⑨「なぜ経済学は進化論的科学でないのか」（一八九八年）とつづき、さらに九九年まで括ると、⑩「野蛮時代の女性の地位」（一八九九年）、⑪「経済学の先入観」（一八九九−一九〇〇年——三連作の長篇）を書いている。

これらを分類すると、第一に、『有閑階級の理論』に結実していく論文⑤、⑦、⑧、⑩がひとつの系列になり、第二に、論文②、⑨、⑪のような経済学説の研究がある（その作業は二〇世紀になっても継続された）。第三に、これらのほか、翻訳とは別に、①、③、④といった論文がある（このうち、①と③は姉妹編）。

こうした論文や翻訳以外にも、ヴェブレンは一八九六年から一九〇四年まで『政治経済学雑誌』の編集者だったこともあって（創刊当初はラフリンが編集者、しかし実質的にはヴェブレンがその役割を担っていた——Dorfman, 1973:

259-260）、多くの書評をこの新刊雑誌に載せた。その数はシカゴ大学時代のものだけでも四〇篇にのぼる。[2] 書評に取り上げた書物は、社会主義、経済史、経済理論、景気循環、金融制度、帝国主義、経済心理学など広い分野に及ぶ。K・カウツキー『議会主義、国民立法、社会民主主義』（一八九三年）、E・ルヴァスール『合衆国の農業』（一八九四年）、A・ラブリオラ『唯物史観論』（英訳［一八九六年］）、W・ゾンバルトの『一九世紀の社会主義と社会運動』（一八九六年）と『近代資本主義』（一九〇二年）、E・フェリ『社会主義と実証科学』（一八九七年）、G・シュモラー『社会政策の基本問題と国民経済学』（一八九八年）、G・タルドの『社会法則』（英訳［一八九九年］）と『経済心理学』（一九〇二年）、J・A・ホブソン『帝国主義論』（一九〇二年）、L・ウォード『純粋社会学』（一九〇三年）などのほか、大変興味深いことに、A・R・J・テュルゴー『富の形成と分配に関する省察』（W・アシュレー編の英訳［一八九八年］）、A・スミス『国富論』（キャノン版、一九〇四年）、K・マルクス『哲学の貧困』（ベルンシュタイン＝カウツキー独訳版［一八九二年］）といった古典についても、その英訳本や新版が出た折りに書評の労を取っている。

## 小麦価格の二論文

『有閑階級の理論』に先行する初期論文のうちには、小麦価格の変動を扱った実証的研究がある。上記の①と③がそれである。いずれもヴェブレンがコーネル大学の大学院時代から着手していたものだが、なかでも論文①はアメリカ農業史の重要文献のひとつとみなされただけでなく、「実証的経済分析のモデル」（Dorfman, 1973: 260）とされ、『政治経済学雑誌』の創刊七〇周年にあたってそれまで同誌に掲載された優秀論文二四篇を集めて編まれた書物（Hamilton ed. 1962）の冒頭を飾っている。

この「一八六七年以降の小麦価格」（一八九二年）は原文三五ページを超える長大なものであり、付録などに多くの図表が添えられている。一八六七年とあるのは海外向けの小麦生産がアメリカ農業の重要な特徴のひとつであることが認識されるようになって以降、この一八六七年が年平均の小麦価格でピークに達した年だったからである。

この論文は、それ以降の時期を三つに分け（第一期が一八六七―七三年、第二期が一八七三―八二年、第三期が一八八二―九一年）、それぞれの時期の小麦価格変動とその原因を探求するという内容になっている。詳細は割愛するが、行論にはいくつかの特色がみとめられる。第一に、小麦価格の変動を生産量および作付面積との関係で考えるのは当然としても、とりわけ第二期以降について生産性の向上を意識し、ツイン・バインダー（刈取結束機）の導入など農業技術の発展とそれによる生産コストの削減に強い関心を注いでいる（Veblen, 1892c: 83-87［1973: 349-352］）。第二に、ブームや不況などマクロ経済全体が小麦価格に与える決して一義的ではない影響に注目している。第三に、国際競争による価格形成という意味で、シカゴ市場とニューヨーク市場のみならず、ロンドン市場での小麦価格の値動きおよび大陸ヨーロッパを含む小麦生産量の変動を注視している。第四に、それもあって、シカゴからニューヨークまで、あるいはニューヨークからリバプールまでの搬送運賃あるいは倉庫使用料の変動に関心を寄せている。それに関連して、とくに第二期以降の物流手段の効率化とコスト低減に強い関心を払っている（Veblen, 1892c: 88-95［1973: 353-358］）。第五に、トウモロコシやカラス麦、牛肉や豚肉、バターやラード、砂糖などの主要農業産品だけでなく、ときに粗鋼、原油、羊毛などの価格変動を視野に入れ、小麦価格変動の個性を追尾している。第六に、イリノイ州やインディアナ州、ケンタッキー州などの旧小麦生産地域とカリフォルニア州などの新地域別の作付面積や生産量を比較している。第七に、農業経営という意味で小麦生産が「割に合う」ものかどうか、またそれに伴う農家の作物転換などに着目している。第八に、投機売買の影響を探っている。第九に、そのほか適宜、気候変動、大陸ヨーロッパ各国の関税政策などの要因にも言及しながら、小麦価格の変動がなぜ生じたのかを説明しようとしている。

また、もうひとつの論文「食料供給と小麦価格」（一八九三年）では小麦価格の今後の動向について予測を試みている。小麦価格の下落要因を分析して、向こう一〇年ほどのありうる最高値を推計したものである。パン食人口の増加と国際的な小麦需要、農業技術の改良、作付面積、関税などについていくつかのゆるやかな前提条件を想定したうえで、「これらの前提条件が適切で正しいものだとすれば、今後一〇年のうちに、通常のパン需要の増加がシカゴ市場でのナンバー・ツー銘柄の小麦価格をいまの九一％以上に押し上げる可能性は小さい」（Veblen, 1893: 378［1973: 396］）とヴェブレンは予測した。

ちなみに、実際に小麦価格がどうなったかといえば、一八九八年を除くと、九三年からの一〇年間の年平均小麦価格は九三年比の九三％であり、ヴェブレンの推計がほぼ的中したことになる[(3)]（Dofrman, 1973: 260）。

しかしながら、これら小麦価格に関するふたつの論文は、これまでみてきたヴェブレンとはその研究対象でも方法論でもかなりの差異がある。それでも、技術革新による生産性向上、それに伴う商品価格や物流コストの低下にヴェブレンが強い関心を寄せていたことは興味深い。

## コモンウィールの軍隊

ヴェブレンは『政治経済学雑誌』第二巻第三号に研究ノート「コモンウィールの軍隊」（一八九四年）を発表している。このタイトルについては多少の解説が要る。

すでに第二章でも素描したように、一八八〇年代から九〇年代にかけてアメリカ社会は激しく揺れ動いていた。農民や労働者の不満と怒りが噴出し、都市では生臭い争議が発生し、軍隊が出動して死者が出るほどだった。九二年にはカーネギー製鉄のホームステッド製鉄所やアイダホ州の銀山で大規模なストがあった。都市でも農村社会でもポピュリズムが大きな勢いをえていた。それに追い打ちをかけたのが九三年のパニックとそれに続く不況だった。同年五月四日、ナショナル・コーダッジ（National Cordage Co.）とフィラデルフィア・リーディング鉄道が破産、翌五日にニューヨーク証券取引所の株価が暴落した。これが契機になって全米で数百の銀行が倒産（その当時、政府による債務保証の制度はなかった）、一万五千社以上の会社が潰れた。九三年末の失業率は二〇-二五％に達し、オハイオ州では一時期五〇％を超えた。失業問題がとくに深刻だったのは太平洋岸西部の諸州であり、産業的には建設業、鉄道などだった。

明けて九四年五月一一日、プルマン・ストが起きたが、それに先立つ三月二五日、オハイオ州の企業家でポピュリストだったJ・コクシー（Jacob S. Coxey: 1854-1951）が一〇〇人ほどの「産業軍」[4]あるいは「コモンウィール軍」（the Industrial Army or Commonweal Army）――コクシー軍とも別称され、コクシーはコクシー将軍と呼ばれた――を率いて郷里のオハイオ州マッシロン（Massillon, Ohio）を出発、歩いて首都ワシントンに向かった。連邦政府が複本位制の導入（bimetallism）やグリーンバック紙幣の発行（greenbackism）などを行なって公共事業を興し、失業者に雇用機会を提供すべきだということをクリーブランド大統領や議会筋に直訴するためだった。途中、他の地域からも産業軍が加わり、コクシー軍の発表によれば一万二千人、実際には数百人（四千人という数字もある）が五月一日、首都に到着した。コクシーらリーダーは不当に国会議事堂の芝生に入ったかどで逮捕され、大統領や国会議員に会うこともできなかった。しかし五月九日になって、コクシーの部下が下院第五三議会の第二セッションで請願文（「産業軍を代表したJ・コクシーの抗議文」）を読み上げることができた。

そこにはこう綴られていた――、合衆国憲法は市民の自由な平和的集会、苦情の自由な表明と解決のために請願する自由を保障している。それにもかかわらず、トラストや企業のロビイストたちは議会の委員会に自由に出入りしているのに、額に汗して働く人びとを代表しているわれわれの立ち入りは認められない。われわれが誠実かつ報いられる生産的な労働に就く機会は不当な法律によって奪われている。怠け者や投機家、博打師たちが妨害しているためだ。われわれは、かつてある上院議員が「この四半世紀、豊かな者がますます豊かになり、貧しい者がますます貧しくなった。今世紀（一九世紀）の末には激しく容赦のない生存競争の結果、中産階級が消滅していることだろう」といったことを思い起こしてもらうためにここにやって来たのだ[5]、と。

コクシーらの企てを「悪いジョークだ」という者もいたが、その示唆行動を社会不安の高まり、暴力の蔓延とアナーキズムの台頭と受け止め、強い懸念をもつ人びとも少なくなかった。

この出来事を取り上げたヴェブレンのこの論文はつぎのように論じている――、コモンウィール軍の表立った目的といえば、政府認可の非兌換紙幣（fiat money ――たとえばグリーンバック紙幣）の発行とその資本創出によって雇用を生み出し、多くの人びとの生活基盤を創り出すことにある。だから、そんな「運動」はひとつの妄想にすぎないということもできる。しかし、なぜ社会は誠実でまっとうな人びとに対してその生活の糧を提供する義務を負っているのか。一般的にはそうすべきだからと答えるほかないから、この問いはあるいは愚問かもしれない。しかし、コモンウィール軍は「新しいアメリカ的方法への出立」を主張している。かれらがいう資本とは、古典派経済学者のいう私有財産のことではなく、「マルクスのいう『資本』」である。肝心の問題は社会が正直な人びとに生活の糧を提供すべきだという社会的感情の強さである。その感情を表面的なものにすぎないと見くびってはならない。ヘーゲルがいうように、量の増大はある水準を超えれば質的な転換をもたらす。要するに、新しい「心の習慣」(habit of mind ──あのパースの言葉だったことが思い起こされる)がアメリカ市民のなかにどれほど浸透しているかということなのだが、結論からいえば、その点は「きわめて疑問だ」(Veblen, 1894a: 458-459 [1934: 100])というのがヴェブレンの醒めた見方だった。

もうひとつ興味深いのは、コクシーがいう「社会主義的産業共和国」(the industrial republic of the socialists)がアナーキズム的な自律的コミューンというイメージとは大きくかけ離れていることである。それは階級であれ地域であれ、伝統的な境界線や領域を超克して形成されていく統合的な「単一の産業有機体」である。さしずめ、このプロセスは生物学者がいう「頭化」(cephalisation ──神経・感覚組織が頭部を形成していく進化的プロセス)に相当する。はじめは知的に訓練されていない民衆は現実を理論的に理解することができない。しかし、かれらの突き当っている新たな問題の原因が何であり、その解決の方途がここにあるといった教義に接していると、その主張が事実によって反証されないかぎり、次第にそれがかれらの信念を形成していく(6)。

いまわれわれはそうした「自称絶対に間違っていないといわれる少なくとも三つの教説」(ヴェブレンはそれらをパターナリズム[paternalism ──家父長主義]と総称している)をもっている。第一に、グリーンバック運動や複本位制の導入と保護主義という組合わせ、第二に、「優れた階級」の「劣った階級」に対する、あるいは支配者の従属者に対する、スペンサー風にいえば、身分関係にもとづく聖職者的教説、第三に、国家を神聖視する講壇社会主義あるいは国家社会主義の三つである。いずれが正しいか(あるいはすべてが怪しいか)どうかはともかくも、はっきりしていることは「産業パターナリズム」が台頭し、アメリカ市民の経済問題に対する態度あるいは心の習慣に何か重要な変化が起きていることである。それは産業社会の「累積的で有機体的な変化」――それがどこまで進行しているのか、それがよい変化なのかどうかもわからないが――である可能性がある。コモンウィール軍の行進はこのことを示唆している、とヴェブレンはみていた（Veblen, 1894a: 460-461［1934: 102-103］）。

このように、ヴェブレンはひとつには、生活の糧を失ったまじめな人びとの救済にあたって政府が深く関与することについて、多くのアメリカ市民はまだ賛成していないと理解しつつも、そうした社会主義的感情の高まり、経済問題に関する心の習慣の変化に耳目を立てていた。いまひとつ、実際に進行しているのはコクシーらが構想する「社会主義的産業共和国」とは似て非なる「産業パターナリズム」であり、ヴェブレンはそれを新たな「頭化」を示す累積的な変化だとみていた。「心の習慣」への注目といいパターナリズムという言葉づかいといい、「頭化」といい累積的変化といい、短い研究ノートではあるが、この小論にはヴェブレンらしい思索の跡がみとめられる。

## G・コーン『財政学』の翻訳

ここで、これまでのヴェブレン研究ではほとんど取り上げられたことがなかった仕事にふれておこう。[7] ヴェブレンは一八九五年、妻エレン・ロルフと大学院生サラ・ハーディーの手を借りて当代ドイツの有数の経済学者であり財政学者だったG・コーンの『財政学体系』（*System der Finanzwissenschaft*, 1889――かれの『国民経済学体系』［一八八五-九八年、全三巻］の第二巻にあたる）を英訳し、『財政学』（*The Science of Finance*, 1895）としてシカゴ大学出版局から公刊した。現代ドイツ税制を取り扱った原書の第三部は割愛されているが、それでも英文で八〇〇ページの大冊である。

なぜヴェブレンは相当の時間と労力を割いてこの翻訳に取り組んだのか。また、その作業を通じてヴェブレンはコーンからどのような影響を受けたのだろうか。

この翻訳は九二年の夏から着手され、およそ一年半の時間を費やして彼だけの手で英訳された。一八九二年一二月に創刊された『政治経済学雑誌』の「ノート」には、「近々シカゴ大学経済学研究叢書の一冊としてグスタフ・コーン教授の『財政学』の第一部（実際には第二部、第四部を含んでいる）がソースタイン・ヴェブレン博士の訳で出版される」と広告された。また、その翻訳についてコーンはごく短い「原著者の序文」（一八九四年一月）を寄せ、そのなかでヴェブレンの翻訳（ゲラ）について「素晴らしい出来映え」と太鼓判を押していた（*Journal of Political Economy*, Vol. 1, No. 1, December, 1892, "Note", p.105; G. Cohn, "Author's Preface to the English Translation", 1895）。

この翻訳にヴェブレンが着手した直接的理由にはいくつかのものがあった。さきの叢書刊行に協力して翻訳書を出版することが、ラフリンはじめ経済学科スタッフの期待に応えるひとつの方法だったし、経済学研究の一環として財政学が欠かせないというラフリンの考え方にヴェブレンも賛同していた。イェール大学でのポーター賞受賞論文のテーマ、サムナーの金融史研究に対する高い評価、ラフリンやミラーの金融・税制研究から受けた刺激といったことのほか、すでにみた時論「コモンウィールの軍隊」からもヴェブレンの財政問題への関心の高さをうかがい知ることができる。当時のアメリカ経済学界で高く評価されていたコーン（かれの講筵に連なるべく、ゲッティンゲン大学に留学したアメリカの経済学研究者が少なくない）の重要著作を英訳することに大きな意義があるとヴェブレンも考えていた。

しかし、こうした外面的理由はともかくも、もっと翻訳の中身にそってみたとき、ヴェブレンはコーンからいかなる影響を受けたのか。この点を明らかにするためにも、まずコーンその人について多少ふれておこう。

二一世紀のいま、経済学説史の著作でコーンにふれるものはない。かれは取るに足りない経済学者――、というよりも「忘れられた経済学者」のひとりになっている。しかし時代を遡って一九世紀第四・四半世紀まで戻ってみると、情景は一変する。たとえば、「先進」ドイツの経済学者のなかでその著作（論文を含む）が英訳されていたのは誰か。一八九〇年代半ばまでについていえば、社会政策学会「左派」のブレンターノのものが四点[8]、中道派のシュモラーのものが一点、旧歴史学派ではロッシャーのものが一冊、ヒンデブラントやクニースのものは皆無、オーストリア学派のメンガーのものも一点にすぎない。これに比べて、ヴェブレンの翻訳を除いても、コーンのものはすでに六点も翻訳されていた（Camic, 2010: 684-685）。この翻訳点数は必ずしも正確でないし、翻訳だけに注目するのが適切なこととも思われないが、[9]ひとつの目安にはなるだろう。それればかりではない。ハーヴァード大学のダンバーやタウシッグ、ジョンズ・ホプキンズ大学のイリー、イギリス経済学界ではレズリー、ネヴィル・ケインズ、エッジワースといった人びともまた、経済理論を論じるときには必ずコーンを取り上げていた。アメリカ経済学会も創設当初、そのリーダーたちのほとんどがドイツ留学経験者だったこともあるが、[10]海外名誉会員（一五人）の選出にあたってそのひとりにコーンを指名した。

この時代、なぜコーンはこれほど高く評価されたのか。すぐにもふたつの理由が思い浮かぶ。ひとつはコーンの提唱する「実践的経済学」、つまり鉄道建設であれ通貨発行であれ、あるいは政府の財政・税制問題であれ、喫緊の経済政策的課題に発言できることが経済学（者）の重要な役割であるという考え方に対して、アメリカの多くの経済学者が共感していた。南北戦争前のアメリカでは、連邦あるいは州政府の財政問題の中心には――ヴェブレンのポーター賞受賞論文のテーマが物語っているように――、財政余剰の処理問題があったが、第四・四半期以降になると様相が一変、むしろ財源不足と新しい税制の必要が議論の的になった。一八九四年のウィルソン＝ゴーマン法（Wilson - Gorman Act ――個人でも企業でも年収四〇〇〇ドル以上であれば、二％の法人税あるいは個人所得税を課す）の成立と翌九五年の最高裁での同法違憲判決が契機になって所得の累進課税に大きな社会的関心が集まっていた。

もうひとつは、すでにふれた経済学方法論論争に関するコーンの見解である。一方にイギリス経済学の演繹的理論は「教条主義的」であり、歴史研究でなければ「科学でない」という極端な立場があり、他方には歴史的事実など二義的なものにすぎないとする演繹一辺倒の経済理論があって――象徴的には、シュモラー対メンガーという対立――、両者が激しい論争を繰り広げていた。そのなかで、シュモラーの近くにあってドイツ社会政策学会の創設（一八七三年）にも深く関わったコーンは、しかし方法論的にはシュモラーから距離をおき、いずれの考え方も不適切であって正鵠を射ていない、両者の考え方は互いに補完されねばならないと主張したのであるが（『国民経済学体系』第一巻［一八八五年］で展開された主張）、その中庸をえた立場がこれまた多くの経済学者の共感を呼んでいた。

それでは、この『財政学』内在的にみたとき、コーンとヴェブレンのあいだにいかなる共鳴関係がみとめられるか。さらに進んで、ヴェブレンはコーンからなにを学んだのだろうか。いずれも微妙な問題であるが、これほど大部の翻訳に取り組んだ以上、そのプロセスでヴェブレンがコーンのものの見方、考え方について理解を深め、その一部あるいはかなりの部分について相応の共感を抱いたとしても不思議はない。

そういう眼でみてみると、いくつかのことに気づく。第一に、いまうえでふれた点であるが、コーンは演繹的な経済理論のみならず、歴史学派の史料重視のアプローチに対してもその限界を感じており、両者の相互補完関係の構築が大切であると考えていた。かれの関心は「理論か歴史か」ではなく、「歴史的データと理論的見解を結びつける」(Cohn, 1895: 380) ことにあった。実際にはどのようにしてこれらふたつのものを結びつけるかが問題なのだが——というのも、演繹された経済理論の妥当性を歴史的現実のなかに求めることもあれば、歴史的事実の進化のなかからゆらぎない趨勢を抽出して経験的一般化を行なうといったやり方もある (コーンが行なっているのは基本的にはこの後者である) ——、ヴェブレンもまた、のちにみるように、功利主義的かつ個人主義的な演繹的経済理論に対して最も手厳しく、マルクス主義の経済理論に対しても批判的であり、歴史学派の方法論についてもいくつもの欠陥をみとめていたかぎりでいえば、コーンの方法論的立場にある種の親近感をもっていた可能性[11]がある。

第二に、コーンによれば、ヨーロッパの税制の進化・発展は人間行動の快楽主義的で個人主義的な前提からは演繹できない。一般的には、その進化プロセスは私生活の個人主義的な動機からではなく、「市民権、情報と理解力、自己犠牲、愛国主義」といったものに準拠して説明するべきものであり、しかもそのプロセスは緩慢でゆっくりとしたものである。「発展を支える (心理的要因を含む) 重要な要因は急速に展開することなどできないからである」(Cohn, 1895: 580) というのがコーンの理解だった。

またコーンは近代の累進課税についてこう述べている——、国家機能の増大とともに、税制改革の重要な一環として所得の累進課税という原理に到達したのであるが、そうなったについては、「今世紀 (一九世紀) の偉大な工業生産力の上昇が上流・中流階級の豊かさをもたらす基礎」になったという事実を踏まえつつ、その経済成長の果実を下層階級の人びとにもいきわたらせるべきだという社会的感情（public sentiment）が醸成されねばならない。成長の成果が下層階級まで浸透していくその民主化の趨勢によって「人間生活の漸進的向上における社会的グラデーション」が形成されるが、そのプロセスを促すためには、社会的に優位に立つ個人や集団が自発的に所得の累進課税を受け入れていく必要がある。それが「小さな負担で伝統的影響力を強化する道」であり、同時に経済発展を達成する方途でもある、と。まさに「倫理的」経済学者の面目躍如といったところだが、さらに「肉体的な強健さと美徳、勇気と鋭敏さといったものが仲間のなかでかれを抜きん出た存在にするのだが、こうした優勢の基本は代々血統的に継承されていくものであり、したがってそれは累積的原因（cumulative cause）として機能する」とも書いている（Cohn, 1895: 322-325）。この議論の正否はともかくも、この「累積的原因」という言葉はヴェブレンの進化論的な思考様式の中核をなす累積的な因果関係（cumulative causation）という言葉と大きく重なる。

もうひとつ、コーンが近代税制の基本原則を論じるときの議論の運びをみておこう。「公平課税の原則」（the principle of equitable taxation —— Cohn, 1895: 291f.）がそれであるが、この原則は自然権からの「乾いた演繹的論理」（数学的には鋭敏かつ正確なもの）によって導出されるものではなく、「道徳的な衝動、判断、行為の進化」から導き出されるものである。しかも、歴史的に変化していく公平さがある時代、ある社会構造と思考慣習のなかに具現されたとしても、その将来は「果てしない進歩を遂げていくものであり、定まったものではない」（Cohn, 1895: 292）とコーンは記している。

こうしたコーンの進化論的な見方は『財政学』第一部第一章の冒頭におかれている「国家の進化」や第四部第一章第二節にある「公的信託の進化についての概要」など、この著作の随所にみてとることができる。

このように、社会的感情と思考習慣にみあった制度形成といい、未知の将来に開かれた緩慢な累積的進化プロセスといい、生活水準の（階級的に下方に向かう）社会的グラデーションといい、ここにはコーンとヴェブレンの共鳴関係という以上に、コーンのヴェブレンへの影響といってもよいような、のちのヴェブレンにとって大切な思考の枠組みが示唆されていた。

第三に、いまふれた社会的グラデーションという視点に関連することだが、コーンは所得に関する累進課税に続いて消費税についてつぎのように論じている――、消費税もまた社会的公平の原則にそったものでなければならないが、とくに重要なのは階級間の公平さである。個人の稼得ではなく商品に課税するのだから、生活必需品には低い税率を、また贅沢品には高い税率を課す必要がある。しかも、富の増加にともなって社会的公平観も変わっていく。贅沢品もやがて必需品に組み入れられていく。必需品と贅沢品の税率そのものをどうするかについては、結果として階級間の税負担の公平さの感覚（それをコーンは公正あるいは正義という）に配慮しなければならない、と。

一九世紀第四・四半期に立ち上がったドイツ社会政策論が階級間格差とそれに起因する階級間対立、さらにはマルクス主義など「急進的社会主義」の台頭に神経を尖らせていたのだから、コーンの議論に特段目新しいものはないが、消費税論から派生した階級間の消費者行動の差異という見方はヴェブレンにそれなりの印象を残した可能性がある。

## 順調な研究生活のスタート

ヴェブレンはのちに『アメリカの高等学術』（一九一八年）のなかで種々指摘しているように、シカゴ大学にもシカゴという町にも違和感をもっていた。とりわけハーパー学長の権威主義的で儀礼主義的な大学経営には強く反発していた。じっさい、着任後のヴェブレンの昇進は緩慢なテンポだったし、雇用契約の更新に不安もあった。そのうえ、ヴェブレンの健康状態も必ずしも芳しいものではなかった。それでも、かれの研究活動をみるかぎり、シカゴ大学に移ってヴェブレンは元気を取り戻したようにみえる。

その仕事のひとつが『政治経済学雑誌』の編集だった。ラフリンを先頭にして経済学科のスタッフ全員が新刊雑誌の編集と出版に傾注した。ヴェブレンも創刊号から立てつづけに、二つの小麦価格に関する論文、社会主義を論じた二冊の本とワグナーの新著を取り上げて三篇の書評をこの新刊誌に載せている。

かれが大学で講じたのは社会主義論だった。のちにラフリンはスタンフォード大学のジョーダン学長に宛てた手紙のなかで「ヴェブレンの社会主義についての講義は幅広く奥行きもあり、なかなか評判のよいものです」と書いている（Nilan and Bartholomew, 2007: 16）。ヴェブレン自身、かれの講義を受講する大学院生の数が多いことに満足していた。そしてまもなく、かれの担当科目も増えていった。九六年に同僚のC・クロッソン（Carlos Closson）が大学を辞めたため、急遽ヴェブレンが「政治経済学の領域と方法」を教えることになった。そのとき、ヴェブレンのこの主題に関する考え方はまだ発展途上にあった。それでも、ハーディーへの私信からヴェブレンの近未来の経済学の新しいあり方についての構想力をうかがい知ることができる。[12]

ヴェブレンはそのなかで、経済学は進化論的な科学という線にそって改革していく必要があること、この「リハビリテーション」の出発点あるいは基礎はいま明確な形を現わしつつ現代の人類学と「民衆の心理学」（folk psychology）に求められること、人間の「慣習、適性、性向、思考習慣」（usages, aptitudes, propensities, and habits of thought）から出発することによって「経済制度についての進化の科学」（a science of the evolution of economic institution）が構築されること、そのなかには「実践的経済学」も含まれることなどについて書き記している。

ヴェブレンはさらに続けて、ドイツ歴史学派はこうした「みずからの役割を認識しておらず、虚しい状況に陥っている」。他方、オーストリア学派とその追随者たちは盲目的に依るべき心理学を模索しているが、その心理学は時代遅れのものである。いま大切なのは人類学的知見であり、もしあなたが興味をおもちならば――というのも、「あなたはラベングロー[13]（Lavengro）に対して親切ですから」、私はそう思うのですが――、あなたがカリフォルニアへ発つ前にいくつかの本をお届けする用意があります、とハーディーに書き送っている（ヴェブレンのハーディー宛の一八九六年一月二三日の手紙）。[14]

そしてそれから二週間後の手紙では、そうした人類学の本として、P・トピナール（Paul Topinard: 1830-1911）の『人類学』（英訳、一八九〇年）、G・モルティレ（Louis Laurent Gabriel de Mortillet: 1821-1898）の『前歴史時代』（一八八二年）、A・H・キーン（Augustus Henry Keane: 1833-1912）の『民族学』（一八九六年）などのほか、「『芸術』についての本」（E・グロッセの『芸術の起源』［英訳、一八九七年］をさす）を推薦している。

一八九九年（『有閑階級の理論』が出版された年）になると、かれの講義題目は社会主義論と政治経済学史のほか、文明における経済的要因、アメリカ農業経済論にも及んだ。

これら四つのうち、社会主義論については九二年の論文があるが、政治経済学史についてもヴェブレンは精力的に一連の経済理論の批判的研究に取り組み、あるべき経済理論についての考え方を煮詰めていった。また「文明における経済的要因」という講義はスタンフォード大学、ミズーリ大学でも継承され、最終的には『製作者本能』（一九一四年）として結実する。

一八九〇年代の半ばをすぎる頃になると、アメリカ経済学界におけるヴェブレンの評価はかなり高いものになっていた。ジョンズ・ホプキンズ大学での先生であり、当時ウィスコンシン大学教授になっていたイリーは、九七年の秋から毎週、同僚や大学院生を集めて当代の主要な経済学者の経済理論を俎上にのせる勉強会をはじめていたが、ヴェブレンはその最初の検討素材に取り上げられた（Uselding, 1976: 391）。

ところで、ヴェブレンはコーン『財政学』の翻訳を出版した九五年、およそ一日に一、二時間ほどを割いて『有閑階級の理論』の原稿を書きはじめていた。その進捗状況を伝える四通ほどのハーディー宛の手紙が残っている。まず、一八九五年一一月一〇日の入院中のハーディーに宛てた手紙には、いま全体で一二一一五ページになるはずの小さな序論（第一章）の一部を書いたところだが、そのために社会主義論の講義の準備が疎かにならざるをえないこと、来年（九六年）の雇用契約を結べるかどうかは来月に決まるが、昇給を願い出ている（しかし自分の仕事ぶりからすれば、いまの報酬でも我慢しなければならないかもしれない）と書いている。

また、翌月の一二月一五日の手紙には、『政治経済学雑誌』一二月号の編集が一週間前に終わったので、ふたたび「有閑階級」の執筆に取りかかっている。しかし、この著書のテーマに関わりがあるが、いままで聞いたこともない経済理論の過剰な虚構には大いに当惑させられている。これからも書き直しが必要になるだろう五〇─六〇ページほどの原稿を書いたが、この著作の中核をなす顕示的浪費の原理[15]（the doctrine of conspicuous waste）はまだみえてこない。「あなた（ハーディー）にも話したことがある」三つの章の構成と関連がどうなっていたか、忘れてしまった。いまは三〇ページほどの別の章の概要を書いているところです――、と書き送っている。

さらに、年明けの九六年一月一八日の手紙をみると、本の執筆は必ずしも思うように進んでいない。本当に出版できるのかどうか疑問に思うこともある。しかしいままで、最初の草稿として全体の半分以上を書いた。はじめに考えていたよりも長いものになりそうだ。これから一ヵ月ほどのうちに最初の草稿をすべて仕上げ、それに修正と推敲を加えたものを「あなた（ハーディー）に送りますから、それを批評してくれますか」と尋ねている。けれども、二月六日の手紙には「有閑階級」のほうは六ページほどの原稿をゴミ箱に捨てただけで、一時停止の状態にあります、と書いている。

このように、これらハーディー宛の私信からすると、『有閑階級の理論』は一八九五年の晩秋から書きはじめられ、そこからあまり遠くない時点でかなり体裁の整った最初の原稿が出来上がったようにみえる。ヴェブレンはこの本を「一〇週間で書き上げた」と学生に語ったことがあるらしいが、実際には何度も書き直さなければならなかった（Jorgensen and Jorgensen, 1999: 70）。

ヴェブレンの手許に一八九六年九月のはじめ、マクミラン社のニューヨーク支店長から手紙が届いた。「いまあなたが書いている原稿をみせてほしい」というのがその内容だった。弟子であり友人であり、しかし学問的にはヴェブレンとは違う正統派の経済学者ハーバート・J・ダベンポート（Herbert Joseph Davenport: 1861-1931――ヴェブレンの終生の友だった経済学者であり、ヴェブレンをミズーリ大学に招聘した人物）が密かに推薦してくれていたおかげだった。ヴェブレンはすぐに、「ダベンポート氏がみた原稿にはまだ手を加える必要があります。六週間程度はかかると思いますが、出来上がったら直ちにお送りすることにします。仮のタイトルは『有閑階級の理論――経済制度の進化についての研究』というもので九万ワードぐらいの長さになるかと思います」という返事を出した。

しかし、原稿の修正に要した時間はこの手紙から約八ヵ月間、したがって第二稿が出来上がったのは九七年六月、結果として三万五〇〇〇ワードほど長くなった。出版社から頼まれてその原稿を読んだ評者からは、文章表現をもっと分かりやすくする必要があるというコメントが出てきたため、ヴェブレンはふたたび文章に手を入れ、第一章の序論も短くし、内容的にも加筆した。その第三稿が出来上がったのが九八年九月（したがって執筆開始から約三年）、しかしこれについても、評者から内容は興味深いが売れないかもしれないという懸念が出された。その結果、出版経費の分担をめぐって、ヴェブレンは出版社と交渉しなければならなかった（詳細は、Dorfman, 1973: 8–12参照）。

## 私生活を被う暗雲——失恋と離婚の決心

シカゴ大学時代のヴェブレンの私生活に目を転じてみよう。『有閑階級の理論』が出版されるまでのあいだにも大きな出来事がふたつあった。ひとつは大学院生ハーディーに一目惚れしていたヴェブレンはその思いのほどを本人に伝えたが、その恋心が報いられることはなかった。もうひとつ、このハーディーとのことが直接の引き金になってエレンとの不仲が決定的になり、ヴェブレンはついに離婚を決心する（ヴェブレンのエレン宛の一八九六年三月三一日の手紙）。

すでにみたように、『財政学』の訳者謝辞には口述筆記してくれた妻エレンの名前はなく、代わりにウェルズリー・カレッジに就職することが決まっていた有能な若手研究者ハーディーに対して、「訳文の曖昧で粗雑なところを訂正してくれ、ゲラにも目を通してくれたことに感謝する」と記している。そのことが当然ながらエレンの気持を深く傷つけた。エレンはすぐに列車に飛び乗り、スタシーヴィルに帰っていった。この出来事がきっかけになって夫婦仲は一挙に険悪なものになり、ヴェブレンは離婚という言葉を口にするようになった。

失恋、そして妻との離婚の決心という重大事が起きたのはヴェブレンが三八歳のとき、一八九六年の二月から三月にかけてのことである。

ハーディー宛の手紙をもういちど開いてみよう。九五年一一月一〇日の手紙には、菊の花が咲き終わったこと、多少面倒をみたが、「昨年あなたと一緒に鑑賞したときに比べると、輝きだけでなく優美さという点で見劣りするような気がしています」と書き送っている。一二月一五日の手紙では、ヴェブレンはいくつかの身辺事情にふれて、昨年と部屋は変わったが、同じネリス夫人（Mrs. Nellis）の賄いつきの下宿にいること、「ヴェブレン夫人（という書き方をしている）はアイダホに戻って農場の仕事をしていますが、彼女の体の方は小康状態」であること、ラフリン夫人は一目みただけで、ご主人同様に素晴らしい方だと分かったこと、「私の健康状態はあまり変わりませんが、すこしは良くなっているのではないかと思います」と伝えている。明けて九六年一月一八日の手紙には、「昨日あなたをお見受けしたのにお誘いすることを心ならずも躊躇してしまい、大切な機会を逸してしまったことを返すがえすも残念に思っています」と書き出し、文末には「どうか良い旅でありますように、そしてご無事で戻ってくださるよう祈っています。もし出発前にお手紙でもいただければ、大変幸いです」と結んでいる。

しかし、それから一ヵ月以上経った二月二四日の手紙になると、はじめて大学の図書館で見初めてから、わたくしの生活はあなたのことでいつも一杯でした。しかし、この冬その思いが幻想にすぎなかったことが分かり、「ヒースの風はピタリと止まってしまった」とヴェブレンは書かねばならなかった。

そして翌月の三月三一日のエレン宛の手紙では、ハーディー嬢に恋心を抱いてきたこと、しかし彼女はこの春に結婚すること、「わたくしはいまや実質的にあなたの夫ではなく名前だけのものになっている」こと、いまでもあなたは「世界で最良の友人である」こと、「許してくれなどとはいわないが、もはや私はあなたの夫であり続けることはできない」とエレンに書き送り、離婚の意思を伝えた。

エレン・ロルフはその後もヴェブレンからの度重なる離婚の申し出に応じることはなく（離婚に応じたのはじつに一五年以上経った一九一二年のこと）、次第に報復心を募らせ、膨らませていった。それがヴェブレンにいかに深刻な影響を与えることになったかについては、この章の冒頭に示しておいた三つの作業を終えたあとでふれることにしよう。

ここで、ハーディーについていくつか補足しておこう。彼女がカリフォルニア大学バークレー校を卒業してシカゴ大学にやってきたのは九三年のこと、長いブロンドの髪をした才色兼備の魅力的な女性で、若い研究者や大学院生の憧れの的だったらしい。コーネル大学からヴェブレンと一緒に移ってきたアドルフ・ミラー（Adolpf C.

Miller）は「いまこれほど飛び抜けて優秀な女性はこの大学にはいない。将来が大いに嘱望される」と語っていた。ラフリンも大変気に入り、年俸五二〇ドルの特別研究員のポストを用意したが、ハーディーはその報酬はあまりにも低いといって断わった。

そのハーディーを「野心家」という者もいた。彼女はウェルズリー・カレッジ（Wellesley College）の学長になりたいと考えていたらしい（Jorgensen and Jorgensen, 1999: 39)。そして九五年の秋には、このカレッジの教師になった。しかし原因不明の病に倒れてからは教えることに情熱をなくし、いつカレッジを辞めたらよいかについて思案するようになった。ヴェブレンのハーディー宛のさきの私信はこの頃のものである。

研究者としての彼女の仕事で知られているのは『政治経済学雑誌』第三巻第二号（一八九五年三月号）に載った「貨幣量と価格―一八六〇―一八九一年」（Hardy, 1895）である。ラフリンの主張を支持することになったこのハーディー論文は、貨幣供給量と物価とのあいだに貨幣数量説がいうような正の相関関係は認められない、ということを実証的に論じたものだった。

ハーディーは教師としてのヴェブレンを高く評価していた。多くの大学院生がかれのことを褒めていたし、憧れてもいた。かれの機知や親切さとともに、独創的で偉大な精神の持ち主でもあるヴェブレンには人を惹きつける魅力がある、とハーディーは周囲の人びとに漏らしていた。秋の紅葉、冬の雪、リンゴの花が咲くころ、春雷の時期にもヴェブレンとハーディーがキャンパス内を一緒に散歩する姿がよくみられた。しかし、ハーディーがヴェブレンの熱い想いに応えることはなかった。

## 『有閑階級の理論』の関連四論文

さて、話を『有閑階級の理論』に戻そう。ヴェブレンはこの本の出版とほぼ時期を同じくして、この著作と内在的に深い関わりがある四つの論文を発表している。さきの初期論文のリストでいえば、論文⑤、⑦、⑧、⑩がそれである。ヴェブレンは『有閑階級の理論』の「はじめに」で、この著作の議論は「いくつかの点で、あまり馴染みがない経済理論や民族学的な一般理論にもとづいて行なわれている」こと、本文第一章の「序論」でその中身について述べているが、その詳しい内容は論文⑤を除く三論文（いずれも『アメリカ社会学雑誌』の第四巻に一八九八年から九九年にかけて発表された）で論じておいたと記している。他方、『有閑階級の理論』がもっぱらそうした経済理論や民族学的な一般理論に依拠しているわけではないとも断わっている。

というわけで、経済理論や民族学的な一般理論の位置づけがもうひとつ判然としないが、簡潔にでもこれら四つの論文に目を通しておくのがよいだろう。

（A）まず、発表の時期が最も早い論文「女性のドレスについての経済理論」（一八九四年）について。この論文は「社会主義論」の二年後に書かれたものであり、内容的に連続するところがある。近代社会の競争はもはや生存のための競争ではなく、人びとから羨望のまなざしでみられるかどうかの競争、「贅沢さのみせびらかし」の競争になっている。この競争に勝ち抜くためには、もちろん財力がなければならないというのがヴェブレンの結論のひとつだった。

この「女性のドレスについての経済理論」はつぎのようにいう――、衣服あるいは衣料（clothing）と機能的に区別されるドレスが固有の経済的関心事になるのはそれを身につけることが所有者の財力の尺度になるかぎりにおいてである。家父長制社会では男性が、また近代社会では家族がその社会的ユニットになっているが、女性のドレスはそのユニットの財力を示す尺度になっている。そこには、「女性が財力」という暗示さえ封入されている。近代社会では、高価で非生産的な消費が家族の財力の証とみなされ、女性のドレスがそれを代表する。「顕示的浪費」の狙いは無駄そのものにあるわけではない。目的はその無駄なものを買うことができる財力の顕示にある。

女性のドレスについていえば、第一に高価であること（expensiveness）、第二に目新しいこと（novelty）、第三に不便で非実用的であること（ineptitude）がその必要不可欠な要件になっている。これらが見せびらかしの浪費の構成要素であり、規範にほかならない、とヴェブレンは書いている（Veblen, 1894b: 204–5［1934: 74–6］）。

この論文について特に解説の必要はないが、ひとつには、なぜ女性のドレスなのかという疑問があるかもしれない。近代の社会で「顕示的浪費」が典型的かつ象徴的に現われているのが女性のドレスだから、というのが素直で妥当な回答だろう。もうひとつ、「顕示的浪費」という『有閑階級の理論』で駆使される重要な概念がそれに先立つ五年前のこの論文で登場していたことにも注目しておこう。

では、「あまり馴染みがない経済理論や民族学的な一般理論」にふれた三篇の論文はなにを論じているのか。

（B）発表順にしたがって、はじめに「製作者本能と労働の煩わしさ」（一八九八年）について。この論文の眼目は、古典派経済学が前提にしてきた人間行動についての古い心理学的規準を批判し、それに代わって新たな経済理論の基礎に据えるべき進化論的規準を明らかにすることにあった。「あまり馴染みがない」理論というのはこの後者の新たな規準を指している。

「古い規準」とはなにか。労働とは煩わしいもの、労働せずに財貨を手に入れ、それを思うままに消費できればそれが最高だとする価値基準あるいは尺度のことである。しかし「種の生き残り」（the survival of the species）という観点からすると、こうした人間行動を経済理論の前提におくのはいかにも不自然である。もし種の維持に欠かせない有用な生産労働を煩わしいものとするのであれば、種の維持など覚束ないからである。しかし、それにもかかわらず、労することなく財貨を手に入れること、政治家や軍人の仕事が嫌悪されることは少なく、スポーツマンになると忌み嫌われることがほとんどない。問題は一方での種の生き残りのための生産労働と、他方での労働の嫌悪と忌避という一見矛盾した現象をどのように整合的に説明するかである。

「新たな規準」を導入することによってこの矛盾を解く必要がある。第一に、人間はその際立った知的能力によって環境を活用し、環境に対して選択的に適応していくことのできる能動的主体である。人間は受動的で快楽主義的な反応器ではない。能動的な主体としての人間はなにか有益な目的のために活動し、無駄を排除しようとする本性をもっている。それが有用性と効率を大切にする「製作者本能」（instinct of workmanship）である。第二に、人間は群居する「社会的動物」であり、「習慣と性向」（habits and propensities）によって創られる存在である。慣習的行動が思考習慣（habits of thought）を培い、それが事実や出来事の解釈コードとなる。長い選択淘汰のプロセスを潜り抜けて継承されてきた慣習的行動と思考習慣があるべき行為の規範になる。第三に、製作者本能といまの社会で優勢な労働忌避の性向がいかなる関係にあるかといえば、厳しい自然環境に適応しながら種の生き残りのため、まず製作者本能があり、しかるのちこの製作者本能から労働忌避の性向が派生したと考えることができる。未開時代を支配した製作者本能と産業文化が野蛮時代の好戦的なスポーツマンシップと略奪文化にいかにして席を譲ったかについては、道具の発明と使用、生産力の上昇、人口増加、職業区分の発生、有閑階級と奴隷階級の出現などにそって説明しなければならない。しかし「野蛮時代の生活図式でも平和で産業的な仕事は女性のものだった」。第四に、製作者本能は略奪的で破壊的なものではなく、産業的で平和的な性格をもっている。第五に、製作者本能は利己的なものではなく、集団志向的で社会連帯的な性格をもっている。第六に、労働の煩わしさ、労働の蔑視や忌避は「精神的な事実」にすぎない。戦争の実態は物資の欠乏と野ざらしであり、疲労困憊と不衛生であり、疾病であり忌まわしい死であるが、しかるべき「心の習慣」を与えられれば、それは魅力的な仕事になる（Veblen, 1898b: 187–201［1934: 78–96］）。およそこうしたことが引用文献ひとつなしに語られている。

（C）「所有権の起源」（一八九八年）について。この論文でも、ヴェブレンは古典派経済学または「進化論以前の」経済学が当然視してきた重要な概念のひとつを批判の俎上にのせている。それが所有の自然法理論であり、さらに拡張していえば、「自然権あるいは自然の秩序」（Natural Rights or Order of Nature）という概念である。そしてその批判的吟味を通して所有権の起源が明らかにされる。

所有の自然法理論とはいかなるものか。第一に、この理論がいう「自然な」所有者とはそれを生産した者あるいはそれと等価の生産力を供給したと考えられる者のことである。しかし古典派経済学は、後者の「それと等価な生産力を供給したと考えられる者」の特定化について難問を抱えることになった。第二に、この所有権理論は「孤立した自給自足する個人」（an isolated, self-sufficing individual）を想定して構築されている。しかしいかなる時代にもこうした事実は存在しない。「すべての生産活動は社会のなかで産業共同体（industrial community）の協業によって行なわれてきた」からである。あらゆる生産活動は技術的知識を必要とするが、産業共同体がそれを蓄積してきた。要するに、「孤立した個人は生産主体たりえない」のだ。第三に、古典派経済学はみずからの自然権的先入観にもとづいて未開の部族にも所有権が存在したと臆断しているが、肝心なのは「未開の人びとが思考習慣として事態をどう理解していたか」という民衆の心理学である。結論的にいえば、かれらは所有権を知らなかった。ということは、所有権は過去のどこかの時点で誕生したひとつの文化的事実だということになる。第四に、では、いつからどのようにして所有権が立ち現われたのか。ひとことでいえば、野蛮時代になって所有権が誕生した。この時代になって武勇による所有が支配的になるとともに二つの職業階級、すなわち戦争や政治、スポーツや宗教的儀式に携わる非産業的階級と苦役を担う産業的階級が登場した。しかし所有の自然法理論とは逆に、生産する者は所有できず、非生産的な者が所有した。第五に、この時代には略奪された女性たちが武勇の証として「所有」された。彼女たちは戦利品として略奪者の名誉と虚栄心を満足させただけでなく、産業活動の担い手としても有益な存在だった（Veblen, 1898c: 352–5, 360–1［1934: 32–6, 43–44］）。

（D）もうひとつの「野蛮時代の女性の地位」（一八九九年）について。この論文は「あまり馴染みがない」（経済理論ではなく）民族学的な一般理論を扱っている。ヴェブレンはそこでなにを主張しているのか。

第一に、未開社会には職業や階級、身分の違いといったものはない。第二に、それらが出現するのは、道具の使用によって生産力が高まり、略奪的な野蛮文化が支配するようになってからのことである。野蛮社会では、好戦的な階級と平和維持的な階級のふたつが登場する。前者の支配者は体力の優れた男性、後者の被支配者は女性と虚弱者である。一方で勇敢な行動と規範が尊敬の的となり、他方では女性とその仕事が蔑まれ、各種の儀礼において不浄と邪悪の対象になる。第三に、武勇が称えられる好戦的な家父長制社会では、戦いに敗れた部族の女性は戦利品として勝者の所有と支配に服する。そうした女性の数が多ければ多いほど、それが武勇と高貴な身分の証となる。その帰結が一夫多妻制である。第四に、家父長制と父系家族が発達すればするほど個人所有、女性に対する所有と支配を特徴とする身分制社会になり、早期に略奪文化に移行する。逆に、母系家族では共同所有、非身分制社会、略奪文化への移行の遅滞がみられる。第五に、初期ゲルマン民族、とくにスカンジナヴィア地方ではこの父系家族と母系家族が併存した。それだけ略奪文化という性格が弱かった（Veblen, 1899a: 503-514［1934: 50-64］）。簡潔に表現すれば、このように要約できるこの論文でも文献は一点も掲げられていない。

以上、一八九八年から九九年にかけて発表された「あまり馴染みがない経済理論や民族学的な一般理論」の内容をみた。

これら三つの論文の中身は、その発表時期からして当然のことであるが、基礎概念といい分析の枠組みといい基本的な主張といい、『有閑階級の理論』と大きく重なる。しかしその点は措くとして、第一に、いずれの論文でも、ヴェブレンのいう未開時代から野蛮時代への移行期に照明があてられている。第二に、製作者本能についての論文⑦と所有権に関する論文⑧では、古典派経済学の公理的前提あるいは先入観が批判の俎上にのせられている。第三に、その批判の方法として、典拠こそ明示されていないが、民族学的あるいは人類学的知見が動員され、古典派理論の公理的前提が進化論的に、いわば根こそぎ相対化されているのが印象的である。

しかし、進化プロセスという意味では、これら三論文ではまだ近代はその視界に入っていない。それについては『有閑階級の理論』を待たなければならなかった。

## 第二節　『有閑階級の理論』の解読

ヴェブレンの本のなかで最もよく知られたものといえば、『有閑階級の理論』になるだろう。この作品はその修辞的技法からすれば、文学的才能に溢れた「英文学の博士論文になりうる」ものかもしれないが、しかし耳慣れない言葉遣いといい格式表現の凝った言い回しといい、長めの構文といい多少とも錯綜した議論の組み立てといい、必ずしも読みやすい本ではない。さきの三論文と同じように、この本にも参照した文献の明示がないし索引もない。(16) 慣例に反して（とヴェブレンは自覚していた）文献を挙げていない理由について、この本の冒頭の「はじめに」で、「ある程度の読書家であれば、典拠など容易に判明するに違いない」（以下、『有閑階級の理論』の邦訳は高哲男による。

なお一部改訳する場合がある）と記している。

一般的にいって、こうした文体と様式は不親切という印象を与えるし、分かる人が分かればよいといった不遜な態度のようにもみえる。しかし、この「はじめに」にはこう記されている――、「主張を例証したり補強したりするための資料は、身近にない深遠な典拠よりも、むしろ直接見聞きできたり、誰でもよく知っている日常的な生活から意図的に引き出されている。だからといって、読者の教養や科学的適性が傷つけられたなどと思わないでいただきたい」と。学者世界の慣例などにこだわることなく、主題に興味があれば、誰でもこの本を手に取って読んでほしいという著者の暗黙のメッセージが込められているのかもしれない。

ともあれ、この本の目的は「現代生活における経済的要素としての有閑階級の地位と価値」を明らかにすることにあった。いついかにして有閑階級が歴史の舞台に登場し、いかなる進化プロセスを経て現在に至り、いまいかなる役割を演じているか――、これらのことを明らかにすることがヴェブレンの狙いだった。焦点がどこにあるかといえば、初版の副題[17]にもかかわらず、歴史的進化ではなく現代にある。そして、その歴史的進化そのものについてであれば、長い時間をかけて仕上げられた「唯一の重要な著書」とヴェブレンみずからが呼んだ『製作者本能』（一九一四年）にあたってみなければならない。とはいえ、『有閑階級の理論』にも歴史的進化に関する多くの記述がみいだせる。「進化のなかのいま」をみるのでなければ、現代を理解することなどできないという強い思いがヴェブレンにはあった。

『有閑階級の理論』にはユニークな基礎概念についての説明があり、それにまつわる一般理論があり、事象の経験的一般化があり、進化論的な歴史図式があり、当代アメリカの有閑階級についての叙述があるといった具合で華やかで賑々しい。修辞学的には、これら多彩な要素を縦横無尽に操って議論を組み上げているところにこの作品の価値があるのかもしれない。しかしここでは、見事な彫像をいったんこれらの要素に解体し、しかるのちに再構成するという手続きに訴えざるをえない。

しかしそのまえに、簡潔にでもこの作品の各章のあらましについてふれておくのがよいだろう。

## 各章のスケッチ

（A）第一章「序論」は、有閑階級という制度が最も発展を遂げたのは野蛮文化が高度に発達したヨーロッパや日本の封建時代においてであった、という文章からはじまっている。歴史は原始未開、野蛮、現代の三つに分割され、この章では原始未開時代および野蛮時代の生活図式が描き出されている。

原始未開の社会は小集団で構成された、「自然の吝嗇」（the niggardliness of nature）が支配する貧しい社会だったが、まだ有閑階級や所有権は存在せず、定住的で平和愛好的な（peaceable）文化に被われていた。しかし、つぎの野蛮時代になると、様相は一変する。野蛮時代の前期には「統治、戦闘、宗教的職務およびスポーツ」からなる非産業的職業と「肉体労働、勤労、生活の糧の入手といった日常的仕事」からなる産業的職業が峻別され、上層の非産業的有閑階級と下層の産業的労働階級という差別的区別が生まれ、それとともに職業の性別分業も明確になった。略奪と武勇を最高の名誉とする有閑階級は、産業的労働を「下品で賤しい」「厭わしい」「尊敬に値しない」ものと蔑むようになった。この牢固たる文化図式は現代の産業社会にも大きな影を落としている。

こうした歴史図式を描くため、製作者本能、競争心、産業、アニミズムなどの言葉が動員されている。

（B）第二章「金銭的な競争心」（pecuniary emulation）の冒頭で、有閑階級は所有権の成立とともに登場したことが指摘される。

野蛮時代の前期、所有権は戦闘と略奪の戦利品の占有、つまり略奪的所有からはじまったのだが、その所有の対象は女捕虜や奴隷といった人だけでなく、かれらの生産物にも広がっていった。しかし野蛮時代の後期になると、略奪的文化は金銭的文化にその席を譲り、武勲と戦利品が名誉であるという見方から、富そのものが名声の象徴であるという考え方に変わっていった。ますます「他人に負けまいという競争心」が燃えさかるようになった。

現在でも、人びとを富の蓄積に駆り立てている最大の動機といえば、こうした金銭的な競争心である。その結果、他人に負けまいという競争心が働いて、「社会の富の全般的な増加があっても、またそれがどれほど広く平等に、あるいは『公平に』分配されようと、この欲求（富への欲求）を満足させることができない」という、あの「社会主義論」（一八九二年）で示されたテーゼが再説されている。

（C）第三章「顕示的閑暇」はその冒頭で、この金銭的な競争心が働くと、人びとの生活図式は勤勉と節倹にむかうのかどうかを問うている。下層の労働階級にはその可能性がある。しかし、上層の有閑階級はそうではない。かれらは長期にわたって労働蔑視の文化を身につけてきたのであり、その「古代的な力」はいまも健在である。「ギリシャ哲学者の時代から現代にいたるまで、下品な産業的職業は躊躇することなく忌避されてきた」。そして野蛮時代の後期——つまり、略奪的な文化が半平和愛好的な金銭的文化に移行した時代——、こうした思考習慣はさらに強化され、「完成した形態」の有閑階級という制度が出来上がった。

生産的労働を不名誉とも恥辱ともみなすこの有閑階級を虜にしたのが「顕示的閑暇」（conspicuous leisure）である。その象徴が学術的な雰囲気さえ湛えた上品な礼儀作法や儀礼的慣習だった。立派な教養と行儀作法を身につけるため、膨大な時間が非生産的に消費された。気高い紳士や淑女の堂々たる振舞いはなにが正しく、なにが優雅であるかの大衆的規準となった。

それとともに、生まれ育ちのよい正妻は産業的職業から免除され、使用人も賤しい家事労働から解放された。やがて正妻や使用人は「代行的閑暇」（vicarious leisure ——家長の名誉を高めるための慈善行為やスポーツなど）により多くの時間を費やすようになった。顕示的閑暇といい代行的閑暇といい、それが最も栄えたのは野蛮時代後期のことである。

（D）第四章の主題である「顕示的消費」（conspicuous consumption）の起源は野蛮時代前期にまで遡る。その時代、下層の労働階級にとって贅沢品（アルコールや麻薬を含む）はタブーだったが、有閑階級の男たちは競って顕示的消費のための卓越した眼識と優れたマナーを身につけようとした。高い身分の有閑階級となるためには、贅をきわめた祝祭や宴会、上品な社交儀礼、見事な制服や記章などは欠かせないものだった。しかし野蛮時代の後期になると、そうした儀礼主義にも凋落の兆しがみえはじめる。

社会階級の境界線が曖昧で、階層移動がめだつようになった現代の産業社会では、名声獲得のための生活図式が社会の最下層にまで及んでいる。立派な評判を手にするため、かれらもその財力を増し、それを見せびらかしのための顕示的消費に注ぎ込まなければならない。そうなれば、浪費の対象は時間と努力のみならず、財にも及ぶ。それは「顕示的浪費」と呼ぶにふさわしい。こうした生活図式は個人間の接触が広範で、人口移動が激しい現代アメリカの都市社会の労働者のあいだでも広く流布している。そのため、「都市の住民はお互いに相手に負けまいとする闘争のなかで、みずからの通常の顕示的消費の規準をより高いところに設定しようとする」。中流階級を構成するビジネスマンは――その妻たちはいまも夫や家族の世間体を維持するため、代行的消費の生活図式の虜になっている――、生活の糧を求めて産業的職業に精出するようになった。

したがってここに暗示されているのは、顕示的消費の生活図式が社会に広く浸透したために、それとは対立的な製作者本能が一部再生しているという意味深長な構図である。

（E）第五章「生活様式の金銭的標準」では顕示的浪費の規準がいかなるものであるかが問われている。ひとことでいえば、それは「わずかに手が届かないもの、努力次第で手が届くところにある」理想的な消費水準のことである。その水準は社会階層上の地位をひとつ上がったところにあるものであって、下位の階層やはるか上層の階層の消費水準は比較の準拠枠にならない。それが果たす役割は、習慣化した顕示的浪費からの後退を抑止する点にある。

一般的にいって、ある特定の慣行はそれが習慣化された時間の長さに比例して安定的なものになるが、それと同じ程度に遺伝的な民族的習性（ethnic aptitude）あるいは気質が大きな影響を与える。

興味深いことに、顕示的消費水準が次第に高度化していくと、家庭内での消費は切り詰められ、それを知られまいとして「プライバシーと遠慮という習慣」（the habit of privacy and reserve）が生み出される。さらに、それが出生率の低下を招くこともある。その最もよい例が学者の生活である。かれらはその付き合いの相手がしばしば上級階級であるため、体裁を保とうとして顕示的浪費にかなりの資金を割かざるをえない。

（F）第六章「好みの金銭的規準」では、こうして顕示的浪費の原理（つまり、「他の事情が等しいならば、より浪費的な慣行と方法ほど生き残る可能性が高い」というルール）が現代的な名声や体面維持のための規範として大きな力を発揮するようになると、他の行為規範（たとえば有用性、義務、美意識、信仰や儀礼の正当性、科学的真理の観念）にいかなる影響が生じるかが問われている。

この章では美意識や財の有用性に対する影響が取り上げられているが、前者については、「費用がかかっていない美しい品物は美しいとみなされない」という図式が生み出され、後者については、「安かろう悪かろう」という格言が流布するようになる。そのため、いかに実務的に優れた相対的に安価な機械製品であっても、この原理に照らして、手作業で創られた作品に劣るというレッテルが貼られることになる。前者は「ありふれたもの」(commonness)、後者こそ貴重で高価なものとみなされるからである。折しもラスキンやモリスが物品の「不完全さ」を礼賛し、「手工業と家内工業への回帰」を喧伝し、大きな影響力をもった。

（G）第七章「金銭的文化の表現としての衣装」は初期論文のひとつ「女性のドレスについての経済理論」（一八九八年）と内容的に重なるところが少なくない。

人は生活必需品を節約しても、評判を高め世間体を保つため、浪費的支出を行なうものだが、その例として女性のドレスに勝るものはない。「安かろう悪かろう」というルールはとりわけ女性の衣装についていうことができる。それが顕示的浪費となるためには、第一にそのドレスが高価であること、第二に不便で実用性に欠けること、第三に真新しいものであることが必須要件である。

ファッショナブルな衣装をリードしていくのはいつも有閑階級であり、他の下層階級はその影響下でその象徴体系に染まっていく。

（H）第八章「産業からの免除と保守主義」では、有閑階級の保守主義が取り上げられている。いわく――、「有閑階級は保守的な階級である」。有閑階級は「社会の発展に対して阻害的な役割を果たす」。かれらの務めといえば、進化のプロセスで「進展していくものを妨げ、時代遅れなものを存続させる」ことである。かれらの「保守主義は上流階級の特徴であるがゆえに上品なものであり、逆に革新（innovation）は下層階級の現象であるがゆえに賤しい」ものとみなされる。

しかし、この章では、有閑階級の保守主義にふれながら、「道徳的に無色な」より一般理論的な内容も論じられている。そのいくつかを列挙してみよう。

章の冒頭には、人間の社会生活は「生存のための闘いであり、淘汰的適応のプロセスである。社会構造の進化は制度の自然淘汰のプロセスである」という文章がおかれ、環境と人間主体との選択的淘汰プロセスが環境、強制的適応、思考習慣、制度、民族的類型などという概念を使って素描されている。

その議論のなかでもとくに注目されるのが、「淘汰的適応のプロセスは、いかなるときでも社会がおかれている状況の漸進的な変化に決して追いつくことができない」という命題である。というのも、「制度は過去のプロセスの産物であり、過去の環境に適応したもの」であり、したがって「現在が要求しているものに完全に一致することがない」からである。そして有閑階級の保守主義がこの遅れを後押しする。

別の側面からみると、「人間の思考習慣は、環境がその変化を強制しないかぎり、無限に持続する傾向をもっており」、制度はそれ自体保守的なもの、いわば持続の慣性をもっている。ちなみに、ここで環境あるいは状況というのは、たとえば人口の増加であり、自然の力を活用する人間の知識や技能・技術のことである。

さらに、進化プロセスにおける退行（retrogression）という見方が示されている。退行とは「過去長期にわたって民族が慣れ親しんできた見地への回帰」のことであり、「先祖返り」（reversion）[18]と呼んでもよい。長頭ブロンド（dolichocephalic-blond）族――ヨーロッパには他に短頭ブルネット族、地中海族がある――に属する有閑階級の男たちは、一般的にいって略奪的文化への先祖返りという点でめだった才能を発揮する。その最近の事例は移民や植民史のなかに満ち溢れているし、排外的愛国主義もそのひとつである。

しかし、遅れや退行に力を発揮する有閑階級の保守主義も制度の発展を喰い止めることはできない。有閑階級は「存在するものは、これすべて正義なり」というかもしれないが、人間制度に適用された自然淘汰の法則は「存在するものは、これすべて邪悪なり」と宣言するからである。

では、現代の有閑階級は制度の成長に対していかなる関係にあるか。金銭的制度と産業的制度というふたつの代表的制度はいずれも経済利益に寄与するものだが、競争心にもとづくものが前者、もとづかないものが後者である。有閑階級は金融的制度に関わる形で経済プロセスに大きな役割を果たしている。したがって「資産階級や産業の総帥（captain of industry ――実態からすれば、金銭的な総帥［pecuniary captaincy］）がもっている経済的機能を（この本で）非難する意図など毛頭ない」が、しかしかれらの経済的性格は基本的に「寄生的な」ものである。

有閑階級にとって金銭的制度の直接的目的は「平和で秩序だったその利己的活用」にあるが、その間接的効果はこの直接的目的をはるかに凌いでいる。というのも、「金銭的取引が決まり切った仕事になると」――いつとも知れぬ将来のことであるが――、「産業の総帥は不要なものになってしまうだろうからである。金銭的な制度が改良されていくと、『魂のない』（soulless）株式会社が産業の総帥に取って代わるようになり、所有という有閑階級の偉大な機能を不要にしてしまう」。

（I）第九章「古代的特質の保存」によれば、原始未開時代の闘いは自然環境とのものであり、その生活図式では「正直、平和、善意、利己心の欠如、非競争的で非差別的な関心」が大切にされた。しかし野蛮時代になると、闘いは人間同士のものになり、「勇敢さ、身勝手、氏族的団結、不正直、暴力と策略」が強調され、さらにその後期の金銭的文化の時代には、「将来への配慮、打算、詭弁」といった行為規範が重視されるようになった。

では、現代はどうか。先祖返りによってか、あるいは原始未開の時代に形成された性向が淘汰プロセスを潜り抜けてか、現代の文化は平和愛好的で産業的なものに変わろうとしている。その中心にあるのが「われわれが良心と呼ぶような人種的連帯の本能と、非競争的な製作者本能である」。これとは逆に、「略奪的気質は現代生活のあらゆる目的、とりわけ現代的な産業活動に資するところがない」。というのも、「現代的産業は仕事に対して非人格的に関わるように、競争心にもとづかない関心を抱くように要請している」からである。

もうすこしいえば、現代の「進化の客観的な目的、発展の方向」は金銭的な方向と産業的な方向とがあっていまだ単一化していない。前者は利己的競争心にもとづくもの、後者はそうした競争心にもとづかないものであるが、そのいずれが優勢かといえば、いまは金銭的文化が勝っている。しかし、産業的な進化の方により大きな潜在力がある。いまは「経済人」が幅を利かせているかもしれないが、この経済人は自己中心的であり打算的である。したがって、かれらは「現代的な産業の目的にとって役に立たない」存在なのだ。

このように、この章で強調されているのは――前章での「有閑階級の終焉」という展望にくわえて――、経済人の不要あるいは逆機能ということであり、平和愛好的な産業社会への回帰的転換ということである。

（J）第一〇章「現代における武勇の存続」で論じられているのは、いまふれた産業的文化の復活とは逆に、野蛮時代前期を闊歩した武勇と略奪的文化が現代社会に生き延びている側面についてである。この攻撃的で好戦的な精神は、現代では世襲的な有閑階級と下層の無頼漢階級（the lower-class delinquents）、民族類型でいえば長頭ブロンド族のあいだでめだつ。

たしかにいまの社会でも、「暴力と詐術」からなる野蛮文化は「現代的な戦争、決闘、金銭的な職業、スポーツやゲーム」といった形でみずからの存在を露わにする。これらは基本的に競争心にもとづく英雄的行為であり、「狩猟、釣り、運動競技などは略奪的生活の特徴である競争心にもとづく凶暴さや機敏さを発揮する」もの、「野蛮な自然への回帰」、野蛮人の気質の復興を指示している。

しかし他方では、一般的にいって、現在の文明社会の中間的大衆は好戦的でも攻撃的でもない。現代の大衆にとって、スポーツやゲームでさえ必要不可欠なものというよりも、たまの気晴らしにすぎない。

（K）第一一章「幸運を信じる心」では、野蛮気質の特性のひとつにこの幸運を信じる心というものがあり、じっさいそれは現代生活の随所にその顔をのぞかせているのではあるが、幸運（すなわち、「事物のなかに潜む原因以外の傾向や性向」）を信じ、それに頼ろうとする心理が現代の経済生活、とくに産業的有用性に対していかなる影響を与えるかが問われている。

幸運を信じる心は、アニミズム（つまり、事物の神格化あるいは擬人化）の培養基となり、超自然的な力によってか、あるいは事物の目的論的な理解によってか、事態がよくなることを期待するものである。しかし、現代の産業過程が最高度の有用性を発揮するためには、その仕事に携わる者（指導者であれ労働者であれ）はこうした幸運を信じる心とは対極的な能力――すなわち、数量的に規定された因果関係を理解する高い知性――を身につけなければならない。いいかえれば、幸運を信じる心は現代の産業生活とは相容れないものであり、アニミズム的な思考習慣は現代的産業にとって重要な理解力を低下させるものにほかならない。

そして興味深いことに、「そのアニミズム的感覚は一八世紀的な自然の秩序や自然権をアピールするような希薄化した擬人観のなかに、またその現代的代表である進化プロセスのなかに改良的傾向をみてとる表向きダーウィン以降の感覚のなかにも現われている」。こういった推論は徹底して人間のうちに原因を探ろうとしない「怠惰な理性」（ignava ratio）を例解するものである。

（L）第一二章「信心深い儀式」は前のふたつの章との関連が深い。一般的にいえば、スポーツやゲームは競争的性向を鍛え、アニミズム的感性を磨き、擬人観的な崇拝を形成するのに役立つ。大学の体育競技を含めて、スポーツ好きの人びとは厚い信仰心を抱き、信心深い儀式に耽りやすい。そうした情景は現代生活のいたるところに見受けられる。

しかし、平和愛好的で産業的な現代社会に最もよく適合した心性とは、物理的事実を感情に左右されることなく、機械的で挙証可能な因果関係によって認識しようとする気質であり、したがってアニミズム的な性向や超自然的な見えざる手に依存しようとする性向とは相容れない。

そのうえ、「アメリカのような信心深い社会」でそうした儀式や儀礼に費やされる顕示的消費は膨大なものになるが、その種の消費はアメリカ社会の経済効率を削ぐような性格をもっている。

さらにいえば、一般的にいって、宗教的儀式や儀礼へのこだわりは世襲的な有閑階級で最もめだつものであるが、窮乏階級もそれにとらわれやすい。これに対して「現在の技術者や機械技師のような機械的な仕事」に携わっている人びとあるいは中間階級の成人男性には信仰心の欠如がめだつ。

（M）第一三章「競争心にもとづかない関心の存続」では、競争心によらない、したがって社会的友愛や慈善心にもとづく多くの社会活動――たとえば禁酒や監獄改革、堕落の抑制、教育促進、軍縮による戦争回避など、また組織的には大学のセツルメント運動、青年キリスト者教会、商業クラブの活動、各種の基金設立など――が現代のアメリカ社会でめだつようになり、よく観察してみれば、そこに旧来の有閑階級の金銭的で利己的な競争的生活図式に対する懐疑心をみてとることもできる。また、こうした非営利活動への参加は女性や世俗化した聖職者のあいだでめだつものであり、その一部に製作者精神の復活をみてとることもできる。しかし、この種の文化的活動の経済価値は必ずしも大きなものではない。しかも、こうした競争心とは無縁な活動や事業のなかに、いつのまにか旧態依然とした名声のための顕示的浪費や英雄的行為の慣行が持ち込まれている場合も少なくない。

およそいかなる社会でも、女性の地位と役割をみれば、その社会がそれまでなにを達成し、いまどう変わろうとしているかが分かる。したがって、「現代的な産業社会の女性が、社会的に認知された生活図式と経済状況が要請するものとの乖離を最も敏感に感じとっているのは偶然の出来事ではない」。社会的に認知された生活図式とは、女たる者、日々誠実に男の補助的な「領分」を遂行することをもってその本分となし、したがって女が自己決定し、自己中心的に振る舞うなどということは「女らしくない」行為であり、金銭的な文化の下で形成された家父長制的な思考習慣を脅かすものだという考え方のことである。

しかし、こうした主人や家族への献身という伝統的な代行的行為を疑問視する女性が増えつつある。アメリカの「新しい女性」運動は「解放」と「仕事」を求めているが、彼女たちはもはや身分的な従属関係のなかに閉じ込められることを「自然な」ことだとは考えていない。こうした運動は有閑階級の生活図式の意識的放棄と製作者精神の蘇生あるいは復活を示唆している。

いまや男の理想的な気質も、「自己利益、力、詐術および支配力」から「平和、善意および経済効率に寄与する気質」へと変化しはじめたようにみえる。

（N）第一四章「金銭的文化の表現としての高等教育」は、これまでアメリカの大学がいかなる役割を果たしてきたか、そしていまその古い殻からいかに脱皮しようとしているかについて論じている。

学問的な訓練のなかには、つぎの世代に継承されるべき公認の生活図式が埋め込まれている。その初期からごく最近にいたるまで、有閑階級の代行的閑暇だった学問は聖職者の「副産物あるいは副業」であり続けたのであり、かれらの手によって「人知を超越したもの」(the Unknown)、なにがしか魔術的で神秘的な知識が紡ぎ出されてきた。大学では有閑階級の代行的閑暇にふさわしく、「学帽やガウン、入学式や卒業式といった通過儀礼」のほか、「学位、位階およびある種の学者的な使徒伝承を示唆するような特権」が「科学の儀礼的な付属物」として重視されてきた。

最近、「中西部の寄付されたカレッジ」の多くの大学がそうであるように、その後援者が財力を増すにともなって——「南北戦争後の野蛮主義への先祖返りという周期的なうねり」に呼応しながら——、そうした儀礼主義への先祖返りがみられる。その動きはとくに聖職者や有閑階級の子弟教育に力を注いできた高等教育機関でめだつ。じっさい「非常に多くのアメリカのカレッジや大学はなんらかの宗教上の教派と結びついており」、そこでは洗練された各種の行事が執り行なわれ、「教養」(humanities) のための古典学あるいはそれと抵触しない数学や物理学といったものが重要な教科目となっている。

アメリカの大学を支配するこうした保守主義的環境のなかでは、「人間の知識の範囲を広げるための努力に専念しているような人物は、通常その学問的な同時代人に快く受け入れられない」ことになる(19)。伝統的古典学は、実務的で社会に有用な科学的知識を「低級なもの」「賤しいもの」「下品なもの」と見下し、社会の経済効率を低下させている。

しかし、一八八〇年代を通じて「半略奪的なビジネスの慣行、身分の強調、擬人観および保守主義を好むような一般的感情の盛り上がりがみられた」ものの、「産業の総帥による度肝を抜くような半略奪的な詐術行為はさすがに七〇年代の終わりには衰退しはじめた」。その結果、こうした信心深い儀礼主義の絶頂期はすでに過去のものになろうとしている。

それに代わって、注目すべき新たな変化が生じている。そのひとつがこれまで「学問的ギルドの威厳を深く傷つける」とみなされてきた、女性に対する高等教育機会の開放である。そしてもうひとつが「高等教育への科学の侵入」である。大学の教科目をめぐって最近起きているのは、伝統的な教養科目を「都市住民の効率性や産業的な効率性に貢献するような挙証可能な学問分野に部分的に置き換えていく」という変化である。そのかぎりでそれは、「効率性（究極的には生産の効率性）に貢献するような知識分野が新たに承認され、消費を高度化したり産業効率を低下させたりするのに貢献する学問分野を押しのける」ことを意味する。

アメリカの高等教育に関するこうした新しい動きは、産業的関心が現代の人間生活のなかでますます大きな比重を占めるようになったことの証である。旧来の高等教育が聖職者や有閑階級の副産物であったのに対して、いまや現代科学が産業過程の副産物であることが明確になりつつある。

以上が『有閑階級の理論』の各章のあらましである。こうしてみると、この著作はその内容からして大きく前編と後編に分かれており、前編が第一章から第七章まで、後編が第八章から第一四章までというまとまりをもっているようにみえる。

前編では、野蛮時代を通じていかに有閑階級が立ち現われたか（第一–三章）、その進化プロセスのなかでかれらが「金銭的競争心」にもとづく「顕示的浪費」というみずからの思考習慣と行為規範をいかに確立したかが解き明かされている（第四–七章）。

しかし、後編では、有閑階級の保守主義とその経済機能が現代の産業社会の要請と重大なズレをみせはじめ（第八–九章）、武勇や幸運や信心深い儀式といった先祖返りをくりかえしてその文化的覇権の維持に努めたが、結局は産業社会が求める思考習慣と衝突して次第に後退を余儀なくされはじめた、そのアメリカ社会の現状が描き出されている（第一〇–一四章）。

もちろん、この作品の解読作業がこれで終わったわけではない。いくつかの基礎概念や進化論的な歴史図式など、さらに検討すべき項目が残されている。

## いくつかの基礎概念

ヴェブレンは名うてのフレーズ・メーカーであり（Mitchell, 1936 : Introduction）、製作者本能[20]や顕示的浪費、金銭的競争心など多くの独特な概念を案出した。そしてかれは、それらを駆使して素材のなかから新しい現実を紡ぎ出した。

そこでまず、いくつかの基礎概念を取り上げて、その意味を明らかにすることからはじめよう。

（A）閑暇あるいはレジャーについて。有閑階級というときの有閑と閑暇、さらにレジャーと並べてみると、いまの日本語では有閑と閑暇の語感は近いが、レジャーとなると大分その意味内容が違ってくる。

ヴェブレンが閑暇あるいはレジャーというとき、それは「怠惰や不活発」（indolence or quiescence）を意味しない。ひとつには、「生産的労働」をせずに生活できるだけの金銭的ゆとりがあること、そしてもうひとつ、生産的労働はするに値しないものだというネガティヴな価値意識をさしている。したがって、有閑階級というときも、かれらが怠惰でなにもしないということではなく、むしろ積極的に非生産労働に携わることを意味している。その非生産的労働とは、具体的には「統治、戦闘、宗教的職務およびスポーツ」になる。ポイントは生産と消費の違いではなく、生産的労働か非生産的労働の違いにある（Veblen, 1899c: 43, 訳 56）。

（B）産業について。しかし、そうなると、すぐにも生産的とはなにかが問題になる。ヴェブレンにとって生産は「産業」（industry）とほぼ同義語である。かれは「非人格的な環境を利用して人間生活を高めていく努力」が産業であるという。かれからすれば、自然環境（動物も含む）に働きかけて人間全体の生活を豊かなものにしていく営みが産業あるいは勤勉（industry）[21]であり、「受動的な（「野性的」）素材から一定の目的にかなうように新しいものを創り出していく努力」が産業であり、勤勉である（Veblen, 1899c: 10, 12, 43, 訳 20, 23, 56）。具体的には人間の歴史とともに古い日々の生活の糧を手にするための骨の折れる肉体労働もそうだが、現代の多種多様な技術者の仕事もこの産業に括られる。

この産業は製作者本能が発現したものである。すでに初期論文のひとつ「製作者本能と労働の煩わしさ」（一八九八年）でもふれたように、製作者本能とは、人間が環境に選択的に適応していくとき、社会的有用性と効率性を大切にしていこうとする基本的な性向や習性を意味している。そこには集団志向性のみならず、産業は有徳で平和というメッセージも含意されている。

この産業はことがらの性格上、つねに存在し続けるものであるが、歴史的には原始未開時代の生活の中核をなし、いまあらためて現代社会でめだつようになった。

ちなみに、ヴェブレンは生産的あるいは「産業的」と対抗的な活動として「略奪的」と「金銭的」のふたつを挙げている。いずれも産業的ではない。この三区別[22]は富の生産あるいは蓄積の方法にそって経済行為を分類したものであるが、さらにいえば、ヴェブレンの経済学は富の生産と蓄積、分配、消費の目的と方法を問うというオーソドックスな問題関心にそって構想されたものだったことが銘記されてよい。

もうひとつ、「産業は競争心にもとづくものではない」とヴェブレンはいう。競争心（emulation）という訳語がよくないのかもしれないが、競争心にもとづかないというのは、ある経済行為が主として「他人に負けまい」という動機にもとづくものではないという意味であり、決して競争ひいては市場を否定するということではない。競争心と競争の違いに十分注意する必要があるだろう。

（C）浪費について。顕示的浪費の「浪費」という表現をヴェブレンは「非難の意味を込めて用いているわけではない」。ある種の支出が全体としての「人間生活や人間の福祉に役立たない」という意味で浪費といっているのであり、個々の消費者からみれば、その浪費にもそれなりの効用がある。「個々の消費者の見地に立つかぎり、浪費という問題は固有の経済理論の領域では生じない」。したがって、顕示的浪費に励む個々人を非難しようとして浪費といっているのではない。

他方、ある経済行為が「無条件で承認を得るためには、個人を超えた（impersonal）有用性――人間生活一般からみた有用性をもたなければならない」とヴェブレンはいう。ある消費行動が全体として人間生活の向上に貢献しているということがあってはじめて、その行動は浪費でない、社会的に有用であるということができる。厳密にいえば、ある消費財がまるごと浪費であるというよりも、それにもなんらかの社会的有用性が封入されているのが一般的である。また、最初は浪費的だったものがやがて生活必需品に変わっていくということもある（Veblen, 1899c: 97-101, 訳 113-117）。

このように、ヴェブレンの価値意識と分析視点は、全体として人間の生活と福祉に役立っているかどうかという一点に注がれており、その意味での社会的有用性が問題にされているのだということができる。

そうなると、個人的浪費と社会的有用性というこの対比的構図は、たとえばマンデヴィルの「私悪すなわち公益」といった命題を想起させるかもしれない。また、人間生活の向上に役立つという社会的有用性の規準はゆるぎない操作性をもっているのかという別の問題も生じる。前者のマンデヴィル命題——ヴェブレンもまたミクロ－マクロ・ギャップという視点を明確にもっていた——については、もし私悪が公益というのであれば、いかなる因果関係によってそうなるのか[23]を明らかにする必要がある、とヴェブレンは答えることだろう。また後者の有用性の尺度については、ヴェブレンは「いわゆる生活必需品とか生存必要ミニマム」（the so-called necessities of life or the subsistence minimum）に着目していた（Veblen, 1899c: 107, 訳 123）。生活必需品や必要ミニマムの内容を充実させていくかぎりにおいて、その経済行為は社会的に有用であるというのがヴェブレンの回答だったようにみえる。

## 有閑階級とはなにか

この本の主題に照らして、有閑階級に関するヴェブレンの見解をもういちど整理しておこう。

（A）起源について。有閑階級は所有権の成立とともに歴史の舞台に登場した。野蛮時代の前半、武勇の成果である戦利品がその所有権の端緒となった。所有権の対象は、やがて女性や捕虜からかれらの生産物にまで広がっていった。有閑階級は産業的労働から解放されただけでなく、それを賤しいもの、価値のないものと蔑んだ。家父長制の下で女性が産業的な仕事の担い手となり、性別役割分業が確立した。

有閑階級が最盛期を迎えたのは略奪文化が金銭的文化に移行しはじめた封建時代のことである。

（B）文化について。野蛮時代は前期と後期に分かれる。前期は略奪文化によって、後期は金銭的で半平和愛好的文化によって特色づけられる。両期を含めて「野蛮文化の際立った特徴は階級間や個人間の野放図な競争心と敵愾心」だということができる。前期は武勇が有閑階級の最大の名誉とされ、後期には金銭的所有そのものがその尺度となった。それにともなって、金銭的競争心にもとづく顕示的浪費の慣行が幅を利かすようになる。有閑階級の男性は、みずからの名誉の確立と体面維持のため、顕示的浪費にふさわしい生活図式を磨き上げ、上品な社交儀礼とマナーを身につけることに膨大な時間と労力を割くことになった。

野蛮時代の後期についていえば、産業的労働の蔑視、家父長制的な男尊女卑、代行的閑暇と代行的消費、金銭的競争心、顕示的浪費、そして儀礼主義といった要素をその文化的特色として挙げることができるが、さらに時代を下っても有閑階級の保守主義や近代的なアニミズム（自然法思想や似非ダーウィン主義）から解放されることがなかった。しかし、こうした文化的特徴は現代の産業社会の性格と大きな構造的ズレを生み出している。

（C）役割について。有閑階級の役割といえば、非産業的な職業（政治・軍事・宗教・スポーツなど）の担い手として、略奪的文化や金銭的文化の創造と維持のみならず、その伝播（いまでは「ヴェブレン効果」と呼ばれる下層社会への有閑階級文化の普及）に努めること、利己的競争心を培養すること、そして所有にもとづいて経済的に「寄生」することのほか、社会の革新に対してブレーキをかけ、社会の保守化と退行に大きな役割を果たしてきた。

それにしても、一枚岩とはいえないアメリカ有閑階級の役割についてヴェブレンはなぜかくも否定的なのか、という問題は残るかもしれない。この点、ひとつには封建制度を欠いたアメリカが「生まれながらにして」リベラリズムを手にしたこと（したがって封建制度と闘って自由を勝ち取る必要がなかったこと）、もうひとつはその自由の実態が早くから「投機と共同結託」によって金銭的競争心を赤裸々に体現してきた（とヴェブレンがみていた）ことに深い関連がある。そのかぎりで、ヴェブレンの有閑階級論にはアメリカの歴史的個性が投影されているようにみえる。

（D）終焉について。いまの有閑階級という制度はその思考習慣や精神的態度、それが果たしている経済的機能といった点で「機械過程」(mechanical process. Veblen, 1899c: 331, 訳 360——『有閑階級の理論』では「産業過程」という言い方が多く、「機械過程」という言葉が出てくるのはこの箇所だけである)が象徴する現代の産業社会の必要と重大な齟齬を来しているとみるヴェブレンは、いつとは知れぬ将来、有閑階級という制度は終わりを告げるだろうと見通していた。したがって、ヴェブレンは『有閑階級の理論』を書きながら有閑階級の衰退と終焉を展望していたことになる。

こうした有閑階級についての記述からすれば、ヴェブレンの思索は一九世紀末にはすでに十分な急進性を獲得していたといってよい。

## 進化論的な歴史図式

ヴェブレンを理解するためには、かれの歴史図式を把握することがきわめて重要である。重複を恐れず、まずその太い幹を描いてみよう。

(A) 三つの時代のプロフィールについて。人間の歴史は三つの時代に区分される。原始未開、野蛮、そして現代である。

原始未開(primitive-savage)時代の生活は全体として貧しく、人間の生存そのものが喫緊の日常的課題だった。個人は集団のなかに埋め込まれ、職業や階級も未分化、有閑階級もなければ所有権もない、総じていえば平和愛好的な時代だった。ベンガル湾のアンダマン諸島の部族やインド南西部のニルギリ高原のトダ人、北海道のアイヌなどがその生活様式をいまに伝えている。

しかし野蛮文化の時代になると、様相は一変する。野蛮時代の前期、個人の武勇(prowess)が尊敬の的になり、職業階層は「統治、戦闘、宗教的職務およびスポーツ」あるいは「戦闘、政治、学術および聖職」からなる非産業的職業と「肉体労働、勤勉、生活の糧を入手するという日常的な仕事」からなる産業的職業に分かれ、有閑階級という上流階級と下層労働階級というふたつの階級が現われた。有閑階級は生存のための労働を蔑視し、労働を厭わしいものとした。女性は「奴隷的動産」(chattel)であり、「女が生産したものを消費するのが男の仕事になった」。この野蛮時代の前期、原始未開の平和愛好的文化は後退し、略奪的文化が幅を利かせるようになった。好戦的な思考習慣が支配的となり、略奪的文化が発達した。そして「封建時代のヨーロッパや日本」で有閑階級という制度が最も発達した。

しかし、まもなく変調の季節を迎える。富の蓄積方法が変わり、私有財産が重みを増し、競争心のあり方も変わった。野蛮時代の後期には、略奪的行為とその戦利品に代わって、財力そのものが社会的評価と名誉の尺度となった。「富の所有はそれ自体独立した最終的名声の根拠とされた」。金銭的文化が成熟を遂げた野蛮後期には、略奪的文化は半平和愛好的文化へ移行し、産業的活動の比重がゆっくりとしたテンポで高まっていく。「完成した形の有閑階級」が登場するのは、この金銭的文化の成熟によってである。

この野蛮時代後期のあとに続くのが「現代」である。この現代ついて、ヴェブレンは「複雑で包括的な、本質的に平和愛好的で高度に組織化された現代産業社会」とか、「高度に組織化され、高度に非人格化された現代の産業過程」とか、「現代的な平和愛好的段階の金銭的文化」といった言い方をしている。さらに、先行するふたつの階級(有閑階級と労働階級)に加えて新たに中間階級が登場したこともあって階級区分が曖昧になり、階層間の人の移動がめだつようになった時代ともいっている。このように、ヴェブレンは、「現代」を非人格的で高度に組織化された、平和愛好的な流動的産業社会として描いている。

これまで、ヴェブレンといえば、しばしば現代という時代の偶像破壊的な告発者、ひねくれ者の風刺家といったネガティヴなレッテル貼りが行なわれてきただけに、かれが現代の社会を「高度に組織化された平和愛好的な産業社会」と捉えていた点は大いに注目に値する。

こうしたヴェブレンの個性的な歴史図式を念頭においたうえで、いくつかの理論的な問題について考えてみよう。

(B)時代区分について。ヴェブレンの三時代区分は(野蛮時代がふたつに分けられていることも含めて)その時代に支配的だった文化のあり方にもとづいている。産業的で平和愛好的だった原始未開の時代、略奪的文化が支配した野蛮時代の前期、金銭的で半平和愛好的だった野蛮時代の後期、そしてふたたび産業的で平和愛好的な現代というような特色づけが行なわれている。

なぜ文化に着目した時代区分なのか。ヴェブレン内在的にいえば、制度とは思考習慣であり、思考習慣とは精神的態度であり人生観のことであり、そうした社会心理的な性向や習性が制度にほかならないからである。

もうひとつ、時代を追って、社会階級の数がゼロから二へ、そして二から三へと増えている点が注目される。階級数が三に増えたのは中間階級が登場してきたからである。では、中間階級はいつどのようにして歴史の舞台に登場したのか。一般的には、そのためにブルジョワジーという言葉が用いられるが、『有閑階級の理論』ではこの術語はほとんど使われていないし、中間階級成立の経緯についてもふれられていない。

ところで、この時代の区分をみていると、第一に、なぜ「産業的」が「平和愛好的」と等号に結ばれているのか。第二に、歴史をA→反A→A（あるいは´A）というように、螺旋的な循環あるいは回帰モデルで捉えているが、有閑階級の理論』で示されたヴェブレンの社会進化モデルとはいかなるものか。さらにそれに関連して、文化段階の移行の論理はいかなるものか。第三に、「現代」のあとにはいかなる時代が考えられているのかといった問いが脳裏に浮かぶ。

このうち、第一の問いについては、ヴェブレンが「産業は有徳と平和をもたらす」というインダストリアリズムの考え方に共鳴していたからだと考えられる（注21参照）。しかし、第二と第三の問いについては立ち入った検討が必要である。

（C）社会進化のモデルについて。ヴェブレンの社会進化イメージが『有閑階級の理論』ですべて出尽くしているわけではない。経済理論の批判的研究を検証してみなければならないし、『製作者本能』（一九一四年）に待つべき要素も少なくない。

ここでは、はじめに螺旋的回帰モデルと制度的遅滞の理論を取り上げ、そのあとに文化段階の移行あるいは反転の論理について考えてみよう。

第一の螺旋的回帰モデルというのは、人間の歴史を①産業的・平和愛好的→②野蛮的〈前期は武勇的で略奪的、後期は金銭文化的で半平和愛好的〉→③金銭文化的で産業的・平和愛好的という定式化のことをさす。螺旋的回帰のうちの「回帰」とは、②の野蛮文化のあとで、ふたたび③から①へ回帰していること意味し、また「螺旋的」とは①と③がともに産業的・平和愛好的とはいえ、原始未開時代の自然支配力はいたって低い水準にあり、①と③のあいだにはきわめて大きな隔たりがあること、いいかえれば、その間に、道具や機械あるいは科学技術の長足の進歩がみられたことをさしている。

ともあれ、ヴェブレンの社会進化モデルには、このように回帰という要素が含まれている。この回帰を循環という言葉に置き換えてみると、ヴェブレンには歴史は循環するという部分認識があったようにみえる。

さらに抽象化して、人間の歴史を二次元の論理空間で表現しようとすれば、前後－左右に働く二組の力学を想定することができる。ひとつは、将来にむけて前へ進もうとする進歩あるいは革新の力と、過去に戻ろうとする退歩あるいは退行する力の組合わせであり、もうひとつが右へむかう力と左へむかう力の組合わせである。このうち、進歩は人類の自然環境に対する適応力あるいは支配力の高度化という意味での選択的淘汰プロセスを、また退歩あるいは退行は遺伝学における突然変異や先祖返りを暗示する。制度的には科学技術が前者を、有閑階級の保守主義が後者を促すという関係にある。

また、右への力は略奪的で好戦的な思考習慣と性向を、左への力は産業的で平和愛好的な思考習慣と性向をさしている。さらに、これらのうち、前後の力関係についていえば、基本的には製作者本能に突き動かされた科学技術の進歩が優位する。そうでなければ、人類全体としての生活水準は改善されない。また左右の力関係でいえば、最後は産業的で平和愛好的な力が勝るだろう――、ヴェブレンの社会進化の基本イメージはこうしたものだった。

第二に、もうひとつ大切な要素がある。すでに『有閑階級の理論』の第八章を要約したときにふれたように、「制度は過去のプロセスの産物であり、過去の環境に適応したもの」であって、「現在が要求しているものに完全に一致することはできない」。したがって、そこに制度的遅滞とでもいうべき間隙が生じる。制度はいつでも「遅れた」存在である。この認識をさして制度的遅滞の理論と呼ぶことにする。

具体的にいえば、『有閑階級の理論』によるかぎり、「現在が要求しているもの」とは現代の産業過程あるいは機械過程が要求している、それに適合した思考習慣あるいは性向のことである。しかも、それに適応できないでいるのが有閑階級という制度と文化である。だからこそ、ヴェブレンは、有閑階級はやがて零落していくべき運命にあると推論することができた。

そういう意味でいうと、この制度的遅滞の理論が主張しているのは、要するに科学技術に対する制度と文化の遅れ、つまりのちに一九二〇年代になってW・オグバーン（William F. Ogburn: 1886-1959）が「文化的遅滞」（cultural lag）と呼んだ理論と大きく重なる（Ogburn, 1922）。ヴェブレンの慧眼はそれを先取りしていた。(24)

（D）移行あるいは反転の論理について。文化的時代AからBへ、またBからAあるいは、Aへの変化はいかにして生じるのか。この移行あるいは反転の論理を明らかにするためには、製作者本能という概念に立ち戻ってみなければならない。

いくつかの文章を『有閑階級の理論』から引いてみよう。まず、AからBへという、つまり原始未開時代の産業的で平和愛好的文化から野蛮文化への移行に関係する部分についていえば――、目的論的で合目的的な主体である人間は、「有用性と効率性を高く評価し、不毛性、浪費すなわち無能さを低く評価する」習性あるいは性向をもっている。それが「あらゆる時代に通底する経済的動機」である製作者本能にほかならない。

しかし「生活環境や伝統が能率をめぐって人と人を比較するという習慣をもたらすようなところでは、製作者本能は、結局人と人との競争的な、あるいは妬みを起こさせるような比較を刺激する。こうした比較が習慣的に行なわれる社会になると、目にみえる成功が追求すべき目的になる」。そうなると、「無駄に対する嫌悪はかなりな程度まで競争心と合体して」、金銭的競争心を煽りはじめる（Veblen, 1899c: 15-16, 33, 訳 26-27, 45）。

また別な箇所では、「製作者本能は略奪的な競争にむかう性向よりもずっと根本的なもの」だが、「略奪的な性向は製作者本能が特殊に発展したもの」であり、「比較的新しく、しかも短命な変異であるにすぎない」。さらに、

「略奪的で競争的な心的習慣は、製作者本能という包括的な人間本能の野蛮時代における変異にすぎない」(Veblen, 1899c: 270, 291, 訳 295, 319) とも書いている。

このように、第一には、製作者本能は略奪的あるいは金銭的な競争心よりも強い、より本源的な人間の習性であり性向である。第二に、しかし製作者本能も、その有用性や効率性をめぐって他人と比較秤量されるようになると、次第に「人を妬み」「人に負けまい」とする競争心が頭をもたげてきて、やがてそれに席を譲っていく。その結果、最初は略奪的なつぎには金銭的な競争心が製作者本能を飲み込んでいき、次第に優位に立つ。こうしたプロセスを経て製作者本能は利己的な競争心に変異していく。第三に、したがって、そういう意味で製作者本能はある種の自己破壊性を内蔵しているというのがヴェブレンの見方だった。

では、BからAあるいは A′への移行の論理はいかなるものか。すでに第四章の要約でもふれたように、顕示的浪費の法則が現代の産業社会に広く浸透するようになると、中流階級のビジネスマンは高度化した生活の糧を求めて産業的職業に精出するようになる。その結果、かれらのうちに製作者本能が先祖返りすることになった。また、「金銭的文化あるいは有閑階級の文化は、製作者精神という衝動(the impulse of workmanship)が競争心にもとづいて変異したものとして始まったにもかかわらず、その最近の発展においては効率性、さらには金銭的地位に関わる妬みの感情をおこさせるような比較の習慣を排除してしまうことによって、それ自身の基礎を反故にしはじめる」(Veblen, 1899c: 336, 訳 366) とも書いている。この引用の前半部分は、製作者本能が利己的競争心によって金銭的文化に変異したものであるという、さきにふれたAからBあるいは B′への移行を述べたものである。しかし、後半部分は、B′からAへの移行あるいは反転についてふれている。ポイントは「妬みの感情をおこさせる」というところにある。この引用は第一三章「競争心にもとづかない関心の存続」からのものであり、各種のフィランソロピィー活動や「新しい女性」運動などの形をとって表現される、妬みや嫉みあるいは競争心にもとづかない活動や運動について言及した箇所である。ここでも、ヴェブレンは、金銭的文化が「それ自身の基礎を反故にしはじめる」という言い方をして金銭的文化の自己破壊性を指摘している。

要するに、略奪的あるいは金銭的競争心よりもいっそう本源的なものとして、人間には製作者本能というべき習性や性向がある。しかし競争心の準拠枠が集団から個人へ移るとともに、妬みの感情をおこさせる利己的競争心(the invidious and self-regarding emulation)が芽生え、製作者本能を圧倒していく。けれども、その変異による支配がいつまでも続くわけではない。金銭的文化が浸透した結果、あるいは競争心にもとづかない非営利的な活動や運動が台頭する。その結果、抑圧されてきた製作者本能が息を吹き返す——、移行あるいは反転の論理をごく簡潔に表現すれば、このようになるだろう。いずれの場面でも、それぞれに一種の自己破壊の論理が埋め込まれている。[25][26]

(E)将来展望について。ほとんどすべての歴史図式が抱える内在的困難のひとつは現在と将来との関係づけにある。(a)最も素朴な図式は「いまが永遠」という見方かもしれない。しかし、(b)「いまはこうだが、将来は別のものになる」という予言あるいは予測もある。そしてそれにはいくつかの下位類型がある。たとえば進歩、循環、衰退、終末論などのパースペクティヴによっていくつにも枝分かれしていく。さらに、(c)将来は「未決なものとして開かれている」という考え方もあるだろう。その場合、見通される将来はアドホックな性格を帯びる。(d)将来のことなど「まったく人知の及ぶところではない」という強い不可知論的な見方もあるにちがいない。

ヴェブレンの見方はいずれに近いか。この分類でいえば、(a)でないことは明らかである。(c)もそぐわない。そのアニミズム批判が暗示しているように、ヴェブレンは人間社会の将来を目的論的に捉えようとはしていない。したがって、歴史に終わり(あるいは目的)があるといった見方をしていない。またこれとは逆に、将来は人間の自由な意思によっていかようにも変えられると考えていたわけでもない。しかし、こうした限定づけをしたうえであれば、ヴェブレンは決定論者でないという意味でこの(c)と一部共鳴するところがある。[27]

したがって、(b)がヴェブレンの将来イメージと最も馴染む。しかし、どの下位類型になるのか。かれは単線的な進歩思想にも循環理論にも、また衰退や終末論的な見方にも与していない。そのいずれでもないが、ひとことでいえば、進歩と循環のコンビネーションからなる螺旋的回帰モデルがかれの歴史イメージに近い。

しかし、つぎの点にも留意しておく必要がある。それは、「いつとも知らぬ将来」、現代経済システムを構成する有閑階級の（浪費的で営利的で利己的な）金銭的文化とそれに対抗的な産業過程の確執のすえ、製作者本能の発現である「産業」が優位することになるだろうと見通されていたのであるが、その螺旋的回帰モデルには一種の振り子が内蔵されていた。いいかえれば、人間の将来はこの振り子の両端――つまり製作者本能と競争心、あるいは産業と浪費のあいだ――を往復運動する螺旋的回帰モデルとして展望されている。

さらに、将来展望をめぐって問うべき課題が残されている。ヴェブレンの「社会主義論」（一八九二年）との関係がひとつ。もうひとつが現代の代表的有閑階級といってよい産業の総帥と株式会社との関係である。それは実質的に「いつとも知れぬ将来」を多少とも限定づけることになる。さらにいえば、現代に製作者本能を再生させ発展させていくその担い手は誰かという問いもある。

まず、第一の社会主義論との関係について。現代経済でも他人に負けまいとする競争心が最も強い動機として人びとを富の蓄積に駆り立てている。その競争心は社会全体としての富の増大やより公平な富の分配によっても、また私有財産制を破棄することによっても鎮めることができない――、これがヴェブレンの「社会主義論」の精髄をなす命題である。その考え方は『有閑階級の理論』第四章でも一部反復されている。

もしこの命題がゆるぎないものだとすれば――それにうえの二元性にもとづく螺旋的回帰モデルを重ね合わせればなおさらのこと――、いつとも知れぬ将来、「産業」が有閑階級の金銭的競争心を凌駕するとしても、さらにそのはるか遠い先に何が見通されるだろうか。論理的にいえば、ふたたび産業から浪費へ、製作者本能から利己的競争心へと回帰するほかないのではないか。そういう意味で、歴史は前方に歩みを進めながらも、しかし回帰し循環していくとみるのが理に叶っている。

第二に、「産業の総帥」と株式会社との関係について。現代の有閑階級の経済的機能は資本の提供という「寄生的」なものであるが、その資本の提供はやがて株式会社の成立によって代位され、その意味で有閑階級のレーゾン・デートルは消滅するというのがヴェブレンの見方だった。このとおりだとすれば、産業の総帥の落日は「いつとも知れぬ将来」ではなく、比較的近い将来に見通されているようにもみえる。じじつ、ヴェブレンは一八七〇年代になって産業の総帥による半略奪的な詐術行為は衰退しはじめたと書き、さらにトラスト運動や企業合同によって巨大な株式会社がつぎつぎと登場してきたことは百も承知していたからである。

問題は「魂のない」株式会社がいかなる役割を果たすかであるが、産業の総帥と株式会社との違いがどれほどのものかについては議論の余地がある。しかし、この点については『営利企業の理論』(一九〇四年)を検討してみなければならない。

第三に、新たな産業過程の担い手が誰かについて。『有閑階級の理論』の後半部分では、現代の中間階級は、有閑階級が重視する武勇や好戦的性向、幸運を信じる心、信心深い儀式あるいは儀礼主義といったものから相対的に自由な存在として描かれている。もっと端的にいえば、中間階級に括られる機械産業に携わる技術者や技能労働者が念頭に思い浮かべられているようにみえる。

## いくつかの書評

『有閑階級の理論』が出版されてまもなく、つぎつぎと書評が出始めた。賛否両論の反応だった。そのいくつかを取り上げてみよう。

(A)カミングスの「酷評」について。ヴェブレンが編集者だった『政治経済学雑誌』第七巻四号(一八九九年九月)にハーヴァード大学のJ・カミングス(John Cummings)の三〇ページを超える長文の書評が載った。その内容があまりの「酷評」だったためか、ヴェブレンは次号の同誌第八巻第一号(一八九九年一二月)で反論の筆を執った。

カミングスの批判は、第一にヴェブレンの「浪費の哲学」に対して、第二に有閑階級は保守主義的だという主張に対して、第三に有閑階級は略奪的で寄生的だという認識に対してむけられ、そのうえでヴェブレンを詭弁家と呼んだ。

書評の冒頭で、カミングスは『有閑階級の理論』を「社会学の一般理論に対する貢献として高度に独創的な性格をもっている」と書いた。経済学ではなく、社会学への貢献としている点が注目されるが、何が高度に独創的なのか。他人に妬みの感情を起こさせるような人間の性格が有閑階級の古代的で略奪的な文化に由来するというヴェブレンの主張はまことに独創的だとカミングスはいう。もちろん、非難と揶揄の感情を込めてである。

では、第一のヴェブレンの「浪費の哲学」に対する批判とは何か。すでにみたように、浪費とは「個人を超えた」社会的有用性に欠けるもの、あるいは「人間生活や人間の福祉に役立たない」もののことである。しかし、カミングスからすれば、個人を超えた有用性を判定する浪費テストなどありえない。個人にとっての有用性がすべてである。道徳哲学者ならばいざ知らず、「経済学者は個人の欲求を批判せずに受け入れる」(Cummings, 1899: 429) ものだ。その意味でヴェブレンは経済学者ではない。ポイントは個人を超えた「人間一般に」(generically human) 有用な財やサービスが存在するかどうかである。カミングスはそんなものは存在しないと断言する。

第二に、有閑階級は保守的だとするヴェブレンの主張についても、カミングスは馬鹿げた偏見だとして一蹴している。「現状を維持しようとすれば、より効率的であらざるをえない」(Cummings, 1899: 438) からである。

第三に、有閑階級は巨大なパイを手にするだけでなく、略奪的で寄生的だというヴェブレンをカミングスは激しく批判する。

ひとつには、ヴェブレンが非難する産業の総帥はたしかに所得が高い。「銀行の頭取や金融業者、産業の総帥には年間二万五〇〇〇ドルの収入があり、道路で穴掘りをしている労働者はわずか一日一・五ドルを稼いでいるだけだ」としても、それは非難されるべきことではなく、それぞれに見合った給与を「社会が払っている」結果にほかならない。もうひとつ、「労働者だけが生産するのではない」。産業の総帥の大いなる才覚と知性があってはじめて労働者の効率も高まるというものだ。それにもかかわらず、産業の総帥を泥棒呼ばわりするヴェブレンはマルクス主義者と変わらない。いわんや、いくつもの性向において有閑階級の紳士を恥ずべき無頼漢と一緒にするなど言語道断の所作である (Cummings, 1899: 441, 448-452)。

第四に、カミングスはヴェブレンの用語法を非難する。「妬みの感情を起こす」とか「略奪的」とか、「先祖返り」とか「野蛮」とか、はたまた「寄生的」とか、こういった言葉づかいはまことに不適切である。ヴェブレンは、一方でこうした道徳的に色づけされた形容句を駆使しておきながら、他方では有閑階級を非難する意図など毛頭ないと弁明をしている。これは詭弁以外のなにものでもない。そういうカミングスは、その長い書評を「『有閑階級の理論』の著者は明らかに詭弁的弁証法の達人である」(Cummings, 1899: 455)という文章で結んでいる。

(B)この「酷評」に対するヴェブレンの反論について。カミングスの批判的議論が三つの点——、すなわち第一には浪費の理論、第二に有閑階級の文化変動に対する関係(つまり有閑階級の保守主義)、第三に有閑階級の所得の正当化に注がれていることを指摘したうえで、第一点は言葉づかいが明確さに欠けたために生じた誤解であり、第二点は半ばカミングスの酷評的態度から生じたものであり、第三点は(カミングスが)一五ページものスペースを費やして『有閑階級の理論』で議論していない問題を取り上げている、とヴェブレンは反論している。

このうち、第一の「浪費の理論」についていえば、浪費という言葉で何か新しいことをいおうとしているのではない。われわれは日常生活のなかで浪費という言葉をよく使っており、しかも何が浪費であるかについて社会的に「大きな合意」が成り立っている。浪費という言葉を使うときも、この現実を踏まえてのことである。同じことは、「人間一般にとって有用なもの」という言い方についてもいえる。

しかし、ヴェブレンはつぎのようにもいっている——、妬みの感情を起こさせないとか利己的な競争心を煽らないとかいう意味で「非人間的」(impersonal)という形容詞を使っているのは唐突の感を免れないかもしれない。教会の壮麗な建造物が浪費であるというときも、適度なのか華美なのかといった水準を問題にすべきだったかもしれない。

第二に、有閑階級の保守主義という議論に反対して、いまある状態を大切にしていこうとする試みはすべて有益だとカミングスはいう。しかしこの点は同意できない。他方、カミングスは「なにごとであれ、存在するものは正しくもあり、また間違ってもいる」という。これは自分(ヴェブレン)の立場と共鳴する。けれども、「理論的には、社会進化に唯一の正しいコースがある」というカミングスの発展理論には同意しかねる。

第三に、カミングスは『有閑階級の理論』で扱っていない問題に踏み込んで、産業の総帥の富と所得は正当なものだと主張している。経済学者たる者、あくまでも因果関係を論ずべきであって、産業の総帥が手にする富や所得が正当なものかどうかを論じることは道徳家に委ねるべきである。カミングスは「自然権のドグマ」を信じている。しかし、生産と所有権の関係は道徳的事象であっても、因果関係に係わることがらではない。

カミングスは有閑階級も勤労階級もともに生産的だという。かれは「金銭的」職業と「産業的」職業の違いを理解できないようだ。両者のあいだで思考習慣や必要な知的能力、規律や価値志向がいかに異なっているかが分からないらしい。しかし、その違いは程度の差ではない。近代産業の初期には、所有者が同時にビジネスの経営者であり工場のフォアマンだった。それだけ分業が曖昧だった。けれども、現代産業では事情が一変し、ふたつの職業は明確に分岐するようになった。

「産業的」職業は人間生活の物的手段の獲得に係わるものであり、ふつうの経済学では「生産」に関係することがらとして扱われている。しかし、「金銭的」職業は（必ずしも消費者への財の分配ではないが）富の分配に係わりがあり、経済学的には「分配」の問題として扱われている。もちろん、「金銭的」な仕事が「産業的」なものに大きな影響を与える。また、J・S・ミルがいうように、前者は自然法則によって、後者は社会的慣習によって大きく条件づけられている。

ともあれ、これらふたつの仕事の違いは基本的なものであるが、その違いを理解することは当初想定していたよりも「斬新かつ難解で」あるらしい――、そう受け止めたヴェブレンは、かなりのスペースを割いてかれの主張を再説している。

第四に、カミングスが「略奪的」とか「寄生的」とかいった形容句の使用を非難している点にふれて、ヴェブレンはつぎのように返答している。

いわく――、もし洗練されていない通俗的な概念を自由に駆使することを禁じられるのであれば、長く経済学（者）を苦しめてきた不毛で迫力に欠けるアナロジーあるいは比喩的表現法に訴えるしかない。あるいは、制度の分析で過ちを犯さないため、(それによって制度が形成されている) 人びとの思考習慣を言い表わす概念や言葉をそのまま用いるしかなくなるだろう (Veblen, 1899e: 117 [1934: 31])。

(C) その他の書評について。このカミングスの書評以外にも、ベンジャミン・W・ウェルズ (Benjamin W. Wells: 1856–1923) は『スワニー評論』(*The Sewanee Review*, July, 1899) に寄せた書評のなかで、この『有閑階級の理論』は現代の有閑階級を誇張と興味深い逆説をもって描き出しているが、そのほとんどは「巧みな道化話」であり、「キリスト教の理念に対する悪意にみちた攻撃」であり、痛烈な風刺画ではあっても、読むに値する代物ではないと痛罵している (Dorfman, 1973: 16–7参照)。

他方、地理学者で考古学者、社会学者でもあったL・ウォード (Lester Frank Word: 1841–1913)、作家のウィリアム・D・ハウエルズ (William Dean Howells: 1837–1920)、アイルランドの翻訳家でジャーナリストだったS・マッケナ (Stephen MacKenna: 1872–1934) などの書評は好意的なものだった。

これらのうち、ウォードは『有閑階級の理論』の基本的な主張をかれなりの言い方で再現しながら、この著作には「あまりにも多くの真実が含まれているがゆえに問題なのだ」という。自然科学者がいくら「自然の浪費」を明らかにし、鳥や動物の無益な習性を描写したからといって非難されることはない。しかし、人間社会については違うようだ。有閑階級の行動様式の真髄には、最小の努力で最大の獲得をという、生産的行為とは対立的な「獲得の法則」(the law of acquisition) が働いているとみるヴェブレンの主張も正鵠を射ている。しかしこの作品にひとつだけ無駄があるとすれば、それは「honour」「favour」「colour」といった語彙表記に「u」を残していることではないかと結んでいる (Ward, 1900: 829, 833, 837 [Dorfman ed., 1973: 619, 623, 630])。まことに機知に富んだ書評である。(28)

またハウエルズは、ヴェブレンの方法論が明確であり、その文体はグラフィックで平易、事象の性格づけが素晴らしく正確だと賞賛し、有閑階級に対して感情中立的な態度でその生態を冷静に描いていることに驚きの声をあげている。また、基本的にヨーロッパの貴族とアメリカの有閑階級のあいだに違いはないとしたうえで、アメリカの有閑階級はより上層をめざして地理的にも社会的にも移動していくこと、その到達点がヨーロッパ貴族との婚姻関係を切り結ぶこと、さらにヨーロッパへ移住することではないかと記している。そしてもしヴェブレンによる「われわれの時代の最も劇的な社会的事実」であるアメリカの有閑階級についての描写を小説の世界に翻案することができるならば、その作品は偉大な成功を収めるにちがいないとも述べている（Howells, 1899 [Dorfman ed., 1973: 630-637]）。

それでも、こうした数編の書評に接したヴェブレンは、『有閑階級の理論』の評判について兄アンドリューにつぎのように書き送っている――、「いろいろ書評が出てきていますが、多くの評価はかなり厳しいものです。なかには天才的な仕事だという人もいますが、私がならず者なのか大馬鹿者なのかで意見が分かれているようです。しかし本の売れ行きはまあまあのようです」（ヴェブレンのアンドリュー宛の一八九九年一一月［日付不詳］の手紙）。

海外に目をやると、『有閑階級の理論』に最も早く反応したのはフランスだった。哲学者H・ベルグソンの弟子であり、のちにリーディングな社会学者となったM・アルヴァックス（Maurice Halbwachs: 1877-1945）は、一九一九年というから（当時はストラスブルク大学の社会学教授）、かなり後になってからのことであるが、ヴェブレンに宛てた手紙のなかで――、最近ようやく『製作者本能』（一九一四年）を手に入れたのですが、その内容は『有閑階級の理論』（一八九九年）と同じくきわめて興味深いものでした。私の先生だったベルグソンからあなたの考えていることはなかなか示唆的であると聞かされていましたから、一九〇五年に『形而上学・道徳雑誌』に掲載された私の論文「階級問題の社会学的地位について」（この手紙には"Sur la position sociologique du probléme des classes"とあるが、雑誌 *Revue de métaphysique et de morale* [1905] では「階級の社会学的問題の地位に関する考察」"Remarques sur la position du probléme sociologique des classes"となっている）でも「大いに示唆的[29]」だった『有閑階級の理論』についてふれています。また戦前に出版した（私の）『労働者階級と生活水準』（*La classe ouvriere et les niveaux de vie*, 1913）においても『有閑階級の理論』に言及しています、と書き送っている（アルヴァックスのヴェブレン宛の一九一九年七月一六日の手紙）。

また、このヴェブレン宛の手紙から五年後のW・ヤッフェ（「はじめに」の注15参照）宛の手紙のなかでも、アルヴァックスはヴェブレンの仕事にふれて、「それらは大変に深遠で独創的な洞察力をもったものですが、複雑で抽象的なためでしょうか、理解するのが容易ではありません」（アルヴァックスからヤッフェ宛の一九二四年九月二〇日の手紙[30]――この手紙についてはDorfman, 1973: 33, n. 47）と記している。

じっさい、『有閑階級の理論』の外国語への翻訳[31]が最初に企てられたのもフランスにおいてだった。セントメール大学のR・シャルメル（Raymond Chalmel）によって一九一四年初めに企画され、パリのアルカン社から出版されることになっていたが、第一次大戦の勃発によってセントメール地方がドイツ軍に占領され、その後シャルメル教授との連絡も途絶えたため、このフランス語訳の出版計画は実現せずに終わった。

このように、『有閑階級の理論』の書評は経済学者によるものが少なく、その評価も賛否両論、ヴェブレンからすれば、必ずしも芳しいものではなかった。しかし、一九一二年には五〇セントの廉価版が出されるなど次第に高い評価を得るようになり、大恐慌後の一九三〇年代になると、『有閑階級の理論』の世評はうなぎ登り、アメリカ社会科学のゆるぎない古典のひとつとみなされるようになった[32]（Dorfman, 1973: 18f.）。

## 産業的職業と金銭的職業

『有閑階級の理論』が出た翌年、すでにふれたように、ヴェブレンはラッサールの『学問と労働者』を翻訳して出版する傍ら、論文「産業的職業と金銭的職業」（一九〇一年）を執筆した。

この論文を書くに至った経緯については多少の説明が要るかもしれない。ヴェブレンが『有閑階級の理論』の議論だけでは、ふたつの職業の違いを前面に押し出した議論が「斬新かつ難解」であり、読者の理解を得にくいと考えていたこともあるが、直接的なきっかけはアメリカ経済学会からの要請によるものだった。『有閑階級の理論』を読んだハーヴァード大学のタウシッグは「生産的」と「金銭的」行為という区別はなかなか新鮮であり、一九〇〇年一二月のアメリカ経済学会の年次大会でヴェブレンに報告をしてもらってはどうかと会長のイリーに手紙を書いた。これを受けてイリーは、ジョンズ・ホプキンズ時代の教え子であるヴェブレンに招聘状を書いた。ヴェブレンは招聘に応じると答えたが、同年一一月半ばになって、書き上げた論文が要望よりかなり長くなってしまったこと、学会に出席して報告することはせず、論文参加にとどめたい旨の手紙をイリーに送った。その論文がこの「産業的職業と金銭的職業」である。

ヴェブレンは、この論文を古典派経済学の公理を明らかにし、それを批判することからはじめている。すでに完成していた「経済学の先入観」(一八九九―一九〇〇年)を踏まえてのことだった。

第一に、古典派経済学は神の秩序(the Providential Order)あるいは自然の秩序(the Order of Nature)というものを信じてきた。経済活動についても「自然な」「正常な」秩序があり(33)、人間の物的福祉を改善することがその目的とみなされた。

その自然法的秩序のもとでは、労力やお金あるいは時間を投入すれば、それに等しい見返りがあると考えられていた。したがって、成果物(見返り)はその生産のために投入された物や努力に等しいとみなされた。この「等価の公理」(the theorem of equivalence)が古典派経済学の分配理論の基礎に据えられた。しかし、この公理はひとつの形而上学的理念ではあっても証明されたことのない命題である。それにもかかわらず、この等価の公理から、有用性と交換価値という点でいえば、生産と分配はイコールであるという命題が導き出され、それが古典派経済学のドグマとなった。

もうひとつの公理がある。集合体としての社会は人間の物的福祉の改善をその目的としているが、個々人の利害関心は必ずしもそれと合致しない。しかし個々人は包括的な自然有機体の成員であり、「慈悲深い自然法」のもとにおかれている。その結果、個々人の自由な経済行為も全体としてみれば、社会の「正しい」方向にむけられている。したがって、個々の経済主体はみずからが投入した物力や努力に等しい見返りを手にすることができる。これが「公正の公理」(the theorem of equity)である。

けれども、個々の経済主体あるいは行為のなかには、集合体としての社会の物的福祉の向上に貢献しないものも含まれる。それが「金銭的」職業あるいは行為である。アダム・スミスの時代、こうした仕事や行為は経済理論のなかで背景に追いやられたが、それにはそれなりの理由があった[34]。肝心なことは――大きく事情が変わっているにもかかわらず――、その理論的伝統がいまにそのまま継承されていることである[35]。

第二に、古典派経済学は三つの生産要素あるいは主体を挙げている。土地と労働そして資本である。しかし、新たに第四の要素あるいは主体が登場したのが現代経済である。その第四の主体が投機家（speculator）である。もっとも、かれらとその経済的収益をどう位置づけるかについては理論的に大きな困難がある。というのも、かれらはいかなる「産業」にも関心をもたず、関わりもないからである。

一九世紀半ばまでのアメリカ経済についていえば、工場のフォアマンや機械工とビジネスの経営者との分化は明確でなかった。しかしこの半世紀のうちに、両者の距離は大きく広がった。さらに、そこに投機家が大手を振って立ち現われた。

では、代表的な投機家とは誰か。証券会社の投機家[36]や不動産業者からはじまって、これらの産業に関与するブローカーや弁護士、さらには銀行家、そして産業の総帥までを広くカバーする。かれらが「金銭的」職業を代表する。かれらの関心はもっぱら市場で売買される財やサービスの価格に集中しており、「機械過程」にはむいていない。かれらの目的は富の分配パターンを変えることにある。かれらの行為は――重商主義者のように、他の社会との取引によって富をもたらす場合を除けば――、全体としての社会を豊かにするものではない（Veblen, 1901a: 199-208［1919e: 288-297］）。

それにもかかわらず、かれらの仕事が「産業」を条件づけている。現代社会では、ビジネスマンが「産業」はいかに行動すべきかを決めている。かれらがその所有権にもとづいて「産業」を支配している。かれらは産業プロセスそのものを創造したり改善したりすることはできないが、その枠組みを決定している。「産業」はかれらビジネスマンの富の獲得ニーズ――それは社会全体のニーズや利便性とは別のものである――にしたがって行動しなければならない。いかに社会的に有用な「産業」でも、ビジネスマンのニーズにあわなければ、衰退していくほかない。真の原因が何であれ、ビジネスの失敗は「産業」の失敗を帰結する。

要するに、市場競争の淘汰プロセスで生き残っていくためには、「産業」は社会全体に貢献することよりも、ビジネスの金銭的収益ニーズに合致するように行動しなければならない。

第三に、職業と同じように、資本にも二種類ある。ひとつは「金銭的」（収益のための）資本（'pecuniary' capital）、もうひとつが「産業」のための資本（'industrial' capital）である。しかし、すべての「金銭」資本が社会的な富あるいは資本なのではない。金銭資本は市場価値に、産業資本は機械的効率（mechanical efficiency）に係わることがらであり、互いにその機能が違う。それぞれの資本量は自律的に変化する。パニックや投機行動、暖簾や流行、威信や信用などによって例解されるように、金銭的な資本量の変動は生活習慣によって影響される心理的現象である。他方、産業的な資本量は機械的・化学的な条件によって制約されている。このように、両者は理論的にも峻別すべきものであり、それぞれ別の用語を使うのがよいかもしれない（Veblen, 1901a: 220-224［1919e: 308-312］）。

第四に、「産業」を支える労働者の賃金は、人間生活全体への貢献といった規準からではなく、かれらを雇用するビジネス経営者に対する金銭的貢献度にしたがって支払われる。だから、高い賃金をもらっている労働者が、低い賃金しかもらっていない労働者よりも人間社会全体の福祉に貢献しているという保障はない。そういう意味で、生産性あるいは社会全体の福祉と報酬とのあいだに一義的な関係は存在しない（Veblen, 1901a: 214-215［1919e: 303-304］）。

第五に、組織が大規模化し、仕事が専門分化するとともに、ビジネス（企業）と産業の区別が曖昧だった手工業時代に比べて、産業の担い手たちの思考習慣と生活様式は次第に機械的な因果関係を重視するものに変わり、それだけかれらの金銭的生活に対しても疎くなりやすい。かれらは高度に訓練された技術者であり、また高熟練の機械工なのだが、かれらは偏った思考と生活規律のなかにおかれている。

かれらは、従前の社会に比べて豊かな時代に生きているにもかかわらず、その家族生活は道徳的側面を含めて崩壊の危機に曝され、社会のあり方にも強い不満を抱いている。そうしたことを背景にして、社会主義的な機運が高まっている。しかし、その社会主義的な主張のなかで、偶像破壊的に所有権の廃棄を叫ぶのではなく、富の再分配や所有制度の再編成をめざす議論をあまり耳にすることがない。

このように、この論文は、現代を古典派経済学が登場した手工業の時代とは一線を画す（「機械過程」が大きな影響力をもつ）機械時代として位置づけ、その組織の大規模化と仕事の専門分化が進行するなかで、ひとつは金銭的職業と産業的職業、いまひとつは金銭的資本と産業的資本あるいは社会資本という形で、職業と資本のそれぞれの世界でふたつの互いに異質な関心をもった対抗的原理あるいは規範形成力が働くようになり、その渦中で分配公正の歪みも生じ、社会主義的な機運が高まっていることが描き出されている。

この論文の中身は『営利企業の理論』（一九〇四年）に引き継がれ、拡充されていくことになるが、とくに二種類の資本についての議論がかつての「ベーム＝ヴァベルク論」（一八九二年）を受けてもっと明確な形で登場している点を見落とすことができない。

## 第三節　経済学説の批判的検討――その（一）

『有閑階級の理論』の最終稿が出来上がる直前、ヴェブレンは『経済学四季報』の第七巻（一八九八年七月）に、①「なぜ経済学は進化論的科学でないのか」という論文を載せ、翌九九年から一九〇〇年にかけて、②「経済学の先入観」というフィジオクラットから新古典派までをカバーする三部作からなる長大な批判的考察を発表し、さらに③「グスタフ・シュモラーの経済学」（一九〇一年）まで書き上げている。そののち、ヴェブレンは『営利企業の理論』（一九〇四年）の執筆に専念、それを仕上げたうえで、ふたたび経済理論の批判的研究に立ち戻り、④「カール・マルクスとその後継者たちの社会主義的経済学」（一九〇六-〇七年）、⑤「クラーク教授の経済学」（一九〇八年）、⑥「フィッシャーの資本と所得」（一九〇八年）、⑦「資本の本質について」（一九〇八年）、⑧「フィッシャーの利子率」（一九〇九年）、⑨「限界効用の限界」（一九〇九年）をこれまた一気呵成に書き終えている。

しかもその途上で、これらの議論の解釈コードとしての性格をもっているふたつの論文、⑩「近代文明における科学の地位」（一九〇六年）、⑪「科学的見方の進化」（一九〇八年）を完成させていた。

この節では、これらの経済学説史研究のうち、まず論文①から③までを取り上げ、その主張をみてみよう。そのあと、第四節で『営利企業の理論』について検討したのち、第七節であらためて、④以下の論文を取り上げることにしよう。

## 経済学と進化論的科学

すでにふれたように、ヴェブレンは一八九六年一月二三日のサラ・ハーディー宛の手紙のなかで、再生されるべき経済学は進化論的でなければならないこと、しかしドイツ歴史学派はみずからの果たすべき役割を自覚しておらず、またメンガーなどオーストリア学派の心理学は時代遅れのものになっていると記していた。そのことを頭の片隅におきながら、論文①から③までの論旨を追ってみよう。

はじめに、「なぜ経済学は進化論的科学でないのか」（一八九八年）の骨子を洗い出してみよう。

ヴェブレンからみれば、現代科学とは進化論的科学のことである。経済学もそうならなければならないが、現状はその域に達していない。その汚名を濯ぐべく多くの経済学者が努力を積み重ねてきたが、その成果は覚束ない。J・S・ミルやJ・E・ケアンズ（John Elliot Cairnes: 1823-1875）も経済プロセスの理論化に努めたが、混乱をもたらすばかりだった。

古典派経済学の場合、その知見の究極的体系化は「自然法」によっている。それは「事実の連続的継起を正当な目的にむかう一貫したプロセス」として捉え、それがものごとの「正常な」発展であり、その動きを妨げるものを「攪乱要因」とみなす。この「古代的な」思考様式は原初的アニミズムからはじまって、神の支配、自然の秩序、自然法、自然権に共通している。しかし、こうした目的論的な思考様式から脱却しないかぎり、経済学は進化論的科学になることができない。そうなるためには、アニミズムから「非人格的で物質主義的な方法」（impersonal and materialistic method）への転換を遂げなければならない（Veblen, 1898a: 378f., 396［1919e: 61f., 81］）。

そうはいっても、前進化論的科学から進化論的科学への移行は突然に起きるものではない。道徳科学や社会科学といった分野では、この脱却と移行は緩慢にしか進まない。それでも、フィジオクラットの自然秩序と自然法からスミスの「見えざる手」へ、さらにミルの「(価値の)法則があるのみ」というように、経済学はゆっくりとしたテンポで進化論的科学の方向に歩みをすすめてきた。

しかし、ケアンズもドイツ歴史学派もオーストリア学派も基本的には「前-ダーウィン主義的」であり、分類学的水準にとどまっている。かれらの致命的欠陥は人間を快楽主義的で受動的な孤立した存在とみなしている点にある(Veblen, 1898a: 388-390, 394［1919e: 72-74, 78］)。

普遍的な快楽主義に依拠しているかぎり、人びとの経済的関心と経済制度の発展を思考習慣の累積的成長として捉えることはできない。

いま大切なことは、この進化論的科学への移行プロセスを促進することである。そのためには、どうすればよいか。ひとことでいえば、現代生物学が例証しているように、分類学的研究から累積的継起プロセスの因果的説明へ転換していく必要がある。ポイントは動態的プロセスの累積的因果関係を明らかにすることである。

個人の経済的ライフ・ヒストリーは目的にかなった手段選択の累積的プロセスをさしている。きょうの生活様式は昨日までの生活習慣および環境の精髄を引き継いだものである。個人からなる集団についても同じことがいえる。いまも経済生活の発展プロセスの理論的定式化について多くの領域が残されている。進化論的経済学は「経済的関心によって規定された文化的成長プロセスの理論」であり、そのプロセスによって記述される「経済制度の累積的継起の理論」でなければならない(Veblen, 1898a: 393［1919e: 77］)。

現代技術の強い要請をうけて、人びとの日常的な思考習慣も自然科学がそうであるような進化論的なものへ変わっていき、やがて古代的な自然法的思考習慣は無意味なものとして退けられていくことだろう。

このように、「なぜ経済学は進化論的科学でないのか」という論文では、第一に、「正常」や「目的」を内在化させた自然法的秩序観、もっと一般的にはアニミズムからの脱却が必要であり、第二に、快楽主義的で受動的な孤立した個人という人間観を放棄しなければならず、そして第三に、分類学から累積的継起プロセスの因果関係の解明へという方法意識が強調されている。

このうち、第一と第二の点は、古典派経済学やオーストリア学派の経済理論が前提にしている秩序観と人間観を明らかにする形で、その理論的インフラストラクチャーの性格と限界を明らかにしたものであり、「なぜ」についてのヴェブレンの回答を示している。他方、第三点は、進化論的経済学を構築するために必要な思考様式を指摘したものであり、ヴェブレンがコーネル大学でその講筵に連なったH・タトルによるメーン卿やスペンサー批判を彷彿とさせる。

**フィジオクラットと事実立証主義――経済学の「先入観Ⅰ」**

この「なぜ経済学は進化論的科学でないのか」という論文を踏まえて、ヴェブレンはフィジオクラット、古典派経済学さらには新古典派経済学までも視野に入れて、その「先入観」つまり理論的インフラストラクチャーに関するより立ち入った批判的検討に着手した。その成果がさきの論文②の三部作である。

この長編論文はその論理的構造において「なぜ経済学は進化論的科学でないのか」と似通った性格をもっている。両者の大きな違いといえば――ヒュームについて興味深い言及がある点は見落とせないが――、その中身を丁寧に説明していること、そして視界を新古典派まで広げている点にある。

この三部作をそれぞれ、「先入観Ⅰ」(一八九九年)、「先入観Ⅱ」(一八九九年)、「先入観Ⅲ」(一九〇〇年)と記すことにするが、「先入観Ⅰ」ではフィジオクラットが、「先入観Ⅱ」ではスミスと功利主義が、「先入観Ⅲ」ではケアンズとマーシャルが取り上げられている。最初に、「先入観Ⅰ」の主旨をたどってみよう。

その冒頭でヴェブレンはつぎのようにいう――、物理学のジャーゴンである「静学」(statics)という表現を社会研究で用いることは適切でない。というのも、「プロセスの理論は静学に属さない」からである。ケネーの経済表、スミスの『国富論』の第二部(「貯えの性質と蓄積と用途について」)と第三部(「さまざまな国民における富裕の進歩のちがいについて」)、リカードの作品のかなりの部分、いまの世代でいえば、マーシャルの『経済学原理』、スマート(William Smart: 1853-1915)の『経済学研究』(*Studies in Economics*, 1895)、オーストリア学派、後期歴史学派の仕事からこの「静学」という文字を除去すべきである。[37]

フィジオクラットの先入観をひとことでいえば、自然法的あるいは自然権的な秩序観ということになる。かれらの法則とは、物体の落下の法則と同じように、観察と経験にもとづくものではあっても、経験的一般化(empirical generalization)ではなく、争う余地のない不変の法則を意味している。しかも、自然の法則は富の蓄積による人間の物質生活の改善という目的をもっている。その意味で、かれらのいう自然の法則は目的論的なものであり、実質的にはアニミズム的なものである。

フィジオクラットの経済理論は、「自然の秩序」がいかにして人間の物的生活を改善し、人間福祉を最高度に発展させるものであるか、そのためには人間にいかなる条件が求められているかを明らかにするものである。かれらフィジオクラットにとって、真に生産的なのは農民の労働であって、自然の形式を変えるにすぎない職人の労働ではない。かれらの図式によれば、自然の秩序の背後に創造主がおり、「神のみが生産者である」(Dieu seul est le producteur.)と考えられていた。洗練された啓蒙的形式をとっているが、そこにひとつのアニミズム的思考様式が表現されている。

フィジオクラットがいかにしてこうした考え方をもつに至ったのかについては立ち入らないが、[38]その思考の原型は中世を超えて遠く古代の哲学者にまで遡ることができる。それはいわば集団継承(group inheritance)の結果として一八世紀のフランス形而上学に引き継がれ、当時のフランス社会ではごく自然で常識的なものの見方だった。

フィジオクラットの経済理論がイギリスにいかなる影響を及ぼしたかを理解するためには、ヒュームの役割にふれておく必要がある。

ヒュームは第一義的には経済学者でなかったにもかかわらず、一八世紀のイギリス経済思想に大きな影響を与えた。「演技者的」懐疑論者としてのヒュームは同世代の「集団継承」を容易に受け入れるような人物ではなかった。

かれはまた、経験的に一般化された事象の連鎖を目的論的に説明しようという試みに対して懐疑的だった。かれは時宜にかなっていようといまいと、事象の継起を因果的に明らかにすることに執着した。かれは一歩ずつ足を進めることをせず、一足飛びに知識を定式化しようとする企てに対してはいつも懐疑のまなざしをむけた。

そしてこのあとに、本書の「はじめに」で引用したつぎのような文章がつづく――、「要するに、ヒュームはあまりに現代的だったがために、かれの同時代人から十分に理解されることはなかった。かれは当代のイギリス人のなかでは一頭地を抜く存在だった。ものごとの完璧な説明を求めて、かれは足が痛くなるほど長い探究の旅を重ねたが、同世代の人びとから安らぎを与えられたり、暖かく迎え入れられたりすることはなかった。かれは流行の先入観にナイーヴに共鳴するような人物ではなかった」（Veblen, 1899b: 134-6［1919e: 96-97］）。

ヒュームの方法と観点を特色づけるため、「批判的な態度」「帰納法的な方法」「物質主義的あるいは機械論的な方法」「歴史的な方法」などといわれるが、その個性は「立証可能な事実」を大切にするという意味で事実立証主義（an insistence on matter of fact）ということができる。

ヒュームは大陸ヨーロッパ、とくにフランスとイギリスの思考様式の差異について敏感だった。事実立証主義という観点からすると、当代のヨーロッパ大陸とりわけフランスの経済思想あるいは経済学はイギリスに比べて大いに見劣りする。

また、アダム・スミスの経済学についていえば、フィジオクラットのアニミズム的形而上学とこの事実立証主義が（ブレンドではないが）「幸福な形で結びついていた」。しかし全体としてみれば、スミスにおいてもアニミズム的な思考様式が優位している。

スミスの場合、演繹法と帰納法が結びつけられていたが、帰納法が重視されていたという点でフランスの経済学と異なる。その違いは人種などの遺伝情報による側面もあるが、最終的には物的条件や環境の差異に負っている。

これらふたつの対抗的な先入観（アニミズムと事実立証主義）は必ずしも経済学にかぎったことではなく、思考習慣したがって制度一般についてもいうことができる。堅牢な身分体制（a régime of status）が成立しているところでは、アニミズム的思考習慣が優位しやすい。その反映がフィジオクラットであり、もっと一般的にいえば、「自然神学であり自然権であり、道徳哲学であり自然法である」。

しかし、西洋世界とりわけ北海周辺社会における近代産業と科学の台頭、その著しい進歩はやがてアニミズムの足場を切り崩し、感情に左右されない非人格的な事実立証主義の成長を促すことになった。

以上のようなヴェブレンの主張のうち、つぎの四点が注目される。第一に、一八世紀の経済学にはアニミズム的な先入観と事実立証主義というもうひとつの先入観があったこと、第二に、イギリスの経済学ではフランス、ここではフィジオクラットに比べて事実立証主義がめだつこと、第三に、そのイギリでも理論的な総合化ということになると、アニミズム的先入観が事実立証主義に優位したこと、第四に、その後の展開はアニミズムが次第に後退し、事実立証主義がより大きな影響力をもつようになったというのがヴェブレンの見方である。それにしても、ヴェブレンの好意的で共感的といってよいほどのヒューム評にはあらためて目を見張るものがある。

## スミスと功利主義的経済学——経済学の「先入観Ⅱ」

この「先入観Ⅱ」の前半ではスミスを、また後半では功利主義の経済学を取り上げ、それぞれの先入観を解き明かしている。

まず、この論文は、「アダム・スミスのアニミズム的性癖はその理論の細部においてよりもその主張の一般的傾向や目的のなかにより効果的かつ明確な形で現われている」という文章ではじまっている。

一方において、スミスは事象の因果的継起を明らかにしようとしている。しかし他方では、『道徳感情論』（一七五九年）と『国富論』（一七七六年）にも登場する「見えざる手」[39]の働きによって、私利私欲にもっぱらな個人が調和のとれた文明社会を形成していくという楽観主義的図式をスミスは「自然の秩序」と考えていた。もうすこしいえば、一方では、ものごとの「自然な」「正しい」道筋とそれから逸れた事象が観察される。他方、その道筋から逸れた事象も自然のなりゆきに余計な干渉を加えなければ、ふたたび「正しい」軌道に戻っていく復元力をもっているとみなされている[40]。そうみるスミスにとって、「自然な」(natural) ものは「真正な」(real) なものであり、それと対立するのが「実際的な」(actual) ものだった[41]。

しかし、スミスには分かりにくい議論[42]もある。たとえば、『国富論』第三篇のごく短い第一章「富裕の自然的進歩について」には、「自然のなりゆき」「自然的性向」「自然の順序」という言い回しが頻繁に出てくる。そこでは資本が農業、製造業、小売業、卸売業のどこにふりむけられるかが論じられている。スミスは「ものごとの自然のなりゆきによれば、あらゆる発展しつつある国の資本の大半は、まず農業に、のちに製造業に、そしてすべての最後に外国貿易にむけられる」はずだという。しかし、そのすぐあとで、スミスは「ヨーロッパのすべての近代国家では、多くの点で完全に転倒されてきた」と書き、その「不自然な逆行的な順序」になった理由にふれて、国家統治の性質と残存した風習や慣行のためだと述べている。したがって、この統治と古い風習や慣行という「攪乱要因」がなかったならば、事象は「自然のなりゆき」にそって推移したはずだとスミスはいいたかったのだろう。けれども、いずれの経済分野に資本を投入するかは資本所有者の「私的な利潤についての配慮が唯一の動機である」(Smith, 1776, 317, 324, 訳・第二巻180, 189) 以上、個別の私利追求が経済社会の「自然のなりゆき」「自然の順序」「自然的進歩」をもたらすためには、ふたたび「見えざる手」によらざるをえない。厄介なのは、スミス自身書いているように、「実際の」事実が目的論的規範図式と違っていることである[43]。スミスの議論には、どこかトートロジーの臭いがする。

こうした難点は理論だけでなく「データの正常化」(normalisation of data) という形でもみてとることができる。「臆断された歴史」(conjectural history) がそのひとつである。この臆断された歴史という言葉はジェームス・スチュアート[44]が用いたものだが、それは史料が欠けているような場合――すぐにも神の配慮に訴えるのではなく――、普遍的な人間性(自然)の理解にもとづいて、合理的あるいは自然主義的に歴史を説明しようとする方法論のことをさしている。しかし、実際には「神が与え給えし人生の目的」に叶うような形で歴史を合理的に説明するということになりがちだった (Veblen, 1899d: 404 [1919e: 123])。その例としてヴェブレンの挙げているのが『国富論』第一巻第六章の冒頭に出てくるつぎのような議論である――、「進んだ状態の社会では、格段のつらさや格段の熟練にたいするこの種の配慮は、労働の賃金についてなされるのが通例であり、ごく初期未開の社会でもおそらくなにかこれと同種のことが行なわれていたにちがいない」と推測するスミスは、さらに続けて、「ものごとのこの（初期未開）状態にあっては、労働の全生産物は労働者のものとなる」と書いている（Smith, 1776: 50-51, 訳・第一巻92）。しかしヴェブレンからすれば、こうした「臆断された歴史」はひとつの「作り話」（figment）にすぎない(45)。

フィジオクラットの「自然こそ生産性」という先入観は、その経済生活が農地所有者に負っていた社会の思考習慣を投影している。他方、スミスの「労働こそ生産性」という先入観は手工業時代の成熟だけでなく、近代社会が農業の時代から商業の時代に移行しつつあったことと深い関連がある。

ところで、スミスのあと、「敬神の念に欠ける」功利主義の倫理が古典派経済学を制覇するようになると、古典派経済学の関心は社会の物的福祉に貢献する産業から生活の金銭的側面である交換価値へと移行していった。人間福祉全体の向上に役立つ産業への関心は後退し、代わって分配、所有権、獲得、投資、交換などが功利主義的経済学のキーワードになった。快楽主義的で利己的な金銭的動機づけが経済理論の基礎に据えられた。社会は個々人の代数的総計であるにすぎず、したがって社会の利益は個々人の利益の総計であるとみなされるようになった。こうして、新たな先入観が古い先入観に取って代わった。

象徴的なことに、管理監督職（superintendence）の賃金をとってみると、それは機械過程の管理者あるいは工場のフォアマンであることに対する報酬ではなく、金銭的管理に対する報酬とみなされるようになった。かれらの役割は機械過程から切り離され、ビジネスの世界の住人に繰り込まれた。ヴェブレンはその格好の例として、珍しくページ数まで明記して、オックスフォード大学の最初の政治経済学教授N・シーニアの『政治経済学概要』（一八三六年――ヴェブレンは『政治経済学』と略記している）から、「そこでは管理監督者の賃金は、やや躊躇しながらも、利益の項目に分類されている」という文章を引用し、同書の八八と八九ページ、一三〇から一三五ページまでを参照するようにと記している。快楽主義的な経済学においては、個々の経済主体はみずからの金銭的利益を追求する

ために は、自律的な「市場と『ビジネスの世界』に適応していくほかない」。その市場世界では、投機資本と産業資本の区別もなくなってしまう。

完全競争市場において最小費用で最大便益を追求する経済人という仮構モデルが出来上がってみると、いかに非現実的なものであれ、それが経済学者の思考習慣となり、いつしか「人間の自然状態」(the natural state of man ── Senior, *Introduction to the Science of Political Economy*, 1836, p. 87) とみなされるようになった。

この「自然な金銭的体制」のもとでは、人間自然も制度も金銭的刺激に対する反応器としていわば定数化され、経済生活の因果的理解はもっぱら快楽主義的図式によって行なわれるようになった。

しかし、そうした仮構的図式にもとづく因果関係の理解はいわば空中楼閣であり、物的にも精神的にも現実の因果関係とは「無関係な」空虚で「儀礼的な」推論でしかない。そうした方法によって獲得された知識は「分類学的な」ものであるほかない (Veblen, 1899d: 424-425 [1919e: 145-146])。

このように、フィジオクラットとアダム・スミスの場合にはアニミズム的な思考習慣によって、また功利主義的経済学の場合には人間自然も社会制度も快楽主義的な反応器と仮構し、推論の単純化と簡素化を極端に進めることによって、古典派経済学は演繹的な「陰鬱な科学」になることができた──、というのがヴェブレンの基本的理解である。

以上のようなフィジオクラットとスミス、功利主義的な経済学についてのヴェブレンの議論を比較対照してみると、ひとつには、功利主義的経済学に対する評価が最も厳しいものであり、逆にスミスの経済学に対する見方が相対的に高いものであることがわかる。功利主義的な経済学が人間性(人間自然)を受動的な快楽主義的反応器と仮構して「非現実化」し、あまつさえ「産業」を希釈化して経済活動をことごとく金銭的関係に解消したことに対して、ヴェブレンは強い違和感をもっていた。

もうひとつ、そうした評価の理由にも関係するが──フィジオクラットが「自然こそ生産性」と考えたのは農業の時代に対応するものであり、スミスの経済学が「労働(もっと広くは分業 division of labour)こそ生産性」と考えていたのも農業の時代から商業の時代への移行に深い関わりがあるとヴェブレンがみていた点に引きつけていえば――、功利主義的な経済学は『有閑階級の理論』でいう金銭的文化が横溢する金銭時代に見事に適合するものだったとみることができる。もっといえば、その功利主義的で快楽主義的な経済学は金銭的文化の一翼を担っていたといってもよいだろう。

それにしても、リカードからJ・S・ミルまでを包括しながら、功利主義的な経済学を空中に浮遊する空理空論として一蹴し、仮構の儀礼的な分類学的推論にすぎないと一刀両断したヴェブレンはいまや抜き差しならない立場にみずからを追い込むことになった。

## ケアンズと新古典派経済学――経済学の「先入観Ⅲ」

こうした欠陥多き功利主義的な経済学はそののち、いかに修正され改良されたのか、これが「先入観Ⅲ」におけるヴェブレンの関心だった。

この点を検証するため、かれはふたつの尺度を設けている。ひとつは「快楽主義的で観念連合的な心理学」、もうひとつが個々人の意図がどうであれ、社会が良くなっていくという無批判な信念、つまり「発展的改良の公理」(axiom of ameliorative development trend) である。この公理には社会を有機体とみる見方だけでなく、その社会あるいは国家が成長と衰退の循環から自由であるという見方も含まれている。

まず、前者の快楽主義的な心理学についていえば、すでに一九世紀半ばには、ベンサムやジェームス・ミルのような素朴なものではなく、J・S・ミルやA・ベイン (Alexander Bain: 1818-1903) のように、行動の動機となる快楽にも個人や集団によって違いがあると考えるようになった。一義的ではないその差異は穏やかな形ではあるが、人間の主体性を示唆している。その結果として、金銭的動機づけ以外の要素が経済行為の快楽主義的説明図式のなかに導入された。この新しい考え方を踏まえて、ケアンズは価値の生産コスト説の妥当性を相対化し、「互酬的需要の公式」(a formula of reciprocal demand) という考え方を提示した。

ようやく経済行動の心理学的理解は快楽主義的な見方から解放され、より生物学的で主体的なものに変わりはじめた。その結果、パーソナリティという概念が脚光を浴びるようになった。こうして快楽主義的行動についての理解が修正されるようになると、たちまち自然法的な先入観も色褪せはじめた。刺激に対する一義的で機械的な反応という見方が正されるようになると、レッセ・フェールによる社会悪の解決という政策も疑問視されるようになった。

もうひとつの「発展的改良の公理」のほうはどうか。ケアンズはF・バスティア（Frédéric Bastiat: 1801–1850）のレッセ・フェールと利益調和のドグマを破棄したが、古典派経済学の破壊者となって自然の秩序という思想まで放棄してしまったわけではない。

ケアンズは、一方でいかなる条件が充足されれば、ものごとの自然の継起のなかにある秩序（the orderliness of the natural sequence）が現実のものになるのかというように推論した。他方、科学の法則は正常なケースに関する法則であると考えた。したがって、その正常なケースが自然の秩序ということになる。しかし、ケアンズによれば、正常なケースが現実の世界に出現することはない。そういう意味で、その法則は「仮説的」（hypothetical）な真理なのだという。いいかえれば、具体的な現実はこの自然でノーマルな秩序からの近似によって論じられることになる。これでは――ヴェブレンにいわせれば――、詰まるところ、ケアンズの経済学も分類学的なものになってしまう。科学的真理の検証は実際の出来事との整合性ではなく、仮説的法則そのものになってしまう（したがって、仮説は検証されない）。初期の目的論的な形而上学が正常性（normality）の形而上学に姿を変えただけであり、動学なき静学という基本的性格も変わっていない。それでも、ケアンズがレッセ・フェールと利益の予定調和という考え方を捨てただけでなく、目的論的な形而上学を排除したという意味で「発展的改良の公理」から遠ざかったこともたしかである。

さらに、ヴェブレンは新古典派経済学にまで吟味の触手を伸ばしている。というのも、最近の経済学の展開のなかに――歴史学派とマルクス主義経済学については別途検討することにして（本節の冒頭に挙げた論文リストの③と

④がそれにあたる）――、J・S・ミルともケアンズとも異なる新たな動きがみてとれるからである。

この「先入観Ⅲ」で、ヴェブレンはその一部を構成する古典派経済学を現代化した「新古典派」[46]の経済学に一瞥を与えている。具体的にはネヴィル・ケインズとA・マーシャルを取り上げている。

まず、ケインズについていえば――「純粋経済学」をめざしたケアンズとは好対照をなすが――、現代経済制度の起源や発展について強い関心を示している。それは、かれがドイツ経済学（歴史学派）から受けた「衝撃」の大きさを物語っている。しかし、かれは「規範的な」古典派経済学との結びつきを断ち切ろうとはしていない。

ヴェブレンは、このケインズと似通った姿勢を「偉大な」（とヴェブレンは形容した）マーシャルのなかにもみてとっているが、しかしこうも書いている――、かれの理論が明らかにしようとしたものは累積的な制度的適応のプロセスではなく、自己制御する均衡メカニズムであり、結局のところ、分類学的なものだった、と（Veblen, 1900: 263-264［1919e: 173］）。

そうはいっても、いくつか補足しておくべき点がある。第一に、ヴェブレンは、マーシャルを植物学者のA・グレイ（Asa Gray: 1810-1888）に喩えている。ハーヴァード大学の自然史教授だったグレイはアメリカ大陸のみならず、アジアまで視野を広げて「体系的植物学」の確立に貢献したが、「その実質は分類学的分析を超え出ていた」。それには生涯の友人だったC・ダーウィンとの交遊が大きかった。グレイは「事象の科学的解明は目的論的な推論と馴染まない」と考えていた。

じっさい、マーシャルは経済生活をひとつの発展として捉えようとした。かれの『経済学原理』（一八九〇年）の中扉には、ラテン語で「自然は飛躍せず」（Natura non facit saltum）と書かれているが、ヴェブレンからみれば、それは発展の持続性を強調したものに映った[47]。第二に、ヴェブレンは、新古典派の仕事はダーウィン主義者の第一世代の仕事と似ているかもしれないといい、マーシャルにかぎらず、一般的にいって現代の経済学者たちは進化論的な性格をもっているとみていた。第三に、しかしかれらは進化論的なものの見方を正確に理解していない。そのなによりの特色は、ヴェブレンからすれば、発展プロセスを「累積的因果の継起」（a cumulative casual sequence）

として把握するところにある。この点の理解に欠けるという意味では、新古典派の代表者マーシャルも例外ではない。かれの経済理論は、経済制度の発展的変異を分析した結果ではなく、「得られた定理を過去に適用したもの」になっている。発展的な継起ではなく、変異の範囲を限定づけただけにすぎない。したがって、継起の秩序あるいは特定の経済的慣行が別のものに変わっていくプロセスを因果的に分析したものになっていない。結論としてヴェブレンは、新古典派経済学は「準 - 進化論的」（quasi-evolutionary）なものにとどまっている、と判断していた（Veblen, 1900: 265-8 [1919e: 175-178]）。

こうした批判にマーシャルはどう答えるだろうか。かれがこの一九〇〇年のこのヴェブレン論文を読んでいたかどうかは明らかでない。仮に一九〇〇年以降にしぼってみると、この点に関わるマーシャルの文章として、たとえば『経済学原理』「第五版への序文」（一九〇七年八月）や「第八版への序文」（一九二〇年一〇月）がある。

いずれの序文にも出てくるものだが、第一に、「経済学者がめざすべきメッカは経済動学ではなく経済生物学（economic biology）である」という有名な記述がある。ダーウィン（主義）の洗礼を受けてのことである。その経済生物学とは、社会をひとつの有機的生命体とみなし、「経済学における生物学的類推」という方法意識にもとづいて経済社会の総合的解剖を行なうものである。第二に、静学と動学との関係についていえば、「本巻が現代の産業生活の主として正常な状態を扱っているので、この巻（本）の中核的観念は『動態的』であるよりもむしろ『静態的』ものだという印象を与えるかもしれない。しかし、その印象は的確なものではない」。『経済学原理』のような「原理論では、力学的推論に比較的多く頼らざるをえない」。したがって、「他の条件が等しいならば」（ceteris paribus）という形で「他のすべての力が働かない」ように事態を単純化し、事象のなりゆきを論理的に推論することが有益であり、また必要なことでもある。これは、いわば経済秩序が「仮眠状態」にあることを想定した推論である。しかし、『産業と商業』（一九一九年）の一年後に書かれた「第八版への序文」になると、「経済学の主要な関心は、良きにつけ悪しきにつけ、変化し進歩していく人間にある。断片的で静学的な仮説は動学的（というよりも生物学的）思考に対する一時的な補助手段として有用である」にすぎないと言い切っている。第三に、均衡という概念についてマーシャルは別の論文でこう書いている――、やがて古典派経済学の機械論的推論は生物学的推論に取って代わられることだろう。人間には肉体的にも精神的にも最盛期というものがある。ラケッツのような肉体競技の選手であれば、その絶頂期は二五歳かもしれないが、政治家のような精神的仕事の場合にはもっとずっと後にその絶頂期がやってくる。それでも、そのあとには必ず衰退期が訪れる。その類推でいえば、そこでの「均衡」とは振り子運動の中心的通過点ではなく、盛り上がる力と衰える力とのバランスという理解になる（Marshall, 1898: 43, 51）。したがって、生物学的推論が優位するという意味でいえば、均衡のイメージは盛衰を促す力のバランスということになる。(48)

ヴェブレンにとって、マーシャルの経済学は、古典派経済学に比べれば、はるかに親しみを覚えるものだった。心の琴線に触れるところがあったといってもよい。しかし、ふたりのあいだには埋めがたい径庭が残されたことも事実である。共鳴と反発のこのバランスを見失ってはならない。

## シュモラーの経済学

マーシャルの後輩になるネヴィル・ケインズは、マーシャルよりもドイツ後期歴史学派から大きな影響を受けていた。ヴェブレンはその中心的人物として（ワグナーではなく）G・シュモラーを取り上げ、三連作の「先入観」論文に続いて、「グスタフ・シュモラーの経済学」（一九〇一年）を書いた。

ヴェブレンはシュモラーの「第一級の」経済学的研究である『一般国民経済学概要』（*Grundriss der allegemeinen Volkswirtschaftslehre*, Erster Teil, Leipzig, 1900――以下、『概要』という）を検討の俎上にのせているが、この時点ではまだ第二巻（一九〇四年）は出ていなかった。それでも、シュモラー経済学の理論的立場、その視野と方法を理解するには十分であるとみていた。その論旨はつぎのようなものだった。

ドイツ歴史学派についていうかぎり、前期であれ後期であれ、その「歴史的方法」によって得られた膨大な成果にもとづいて経済理論を樹立しようという試みはほとんど行なわれてこなかった。シュモラーは若い頃から経済理論への関心をもちながらも、一方では旧歴史学派を、他方では古典派経済学を批判したため、しばしば経済理論の偶像破壊者とみなされた。

シュモラーの理論的あるいは方法論的立場を理解するためには、旧歴史学派と比較してみるのがよい。その中心人物であるW・ロッシャー[49]はいくつか注目すべき方法論的な特色あるいは先入観をもっていた。

かれはみずからの方法を「歴史‐心理的」方法と呼び、「哲学的」「観念論的」方法と対峙させている。ロッシャーは哲学者ではないが、しかし明確な哲学的志向をもっていた。ひとことでいえば、ロッシャーはヘーゲル右派のロマン主義者だった。歴史は生命体に喩えられるべきものであり、そのプロセスは本質的に行動的で自己実現（開示）的であり、内的な必然性によって展開していく。そこには不変の法則が働いている。生命の発生、成長、成熟、没落という循環的自然法則である。国民経済的プロセスについても同じことがいえる。すべての国民経済がこの循環的自然法則のもとにある。その法則は普遍的であるかぎり、将来にも投影される。環境条件によって小さな逸脱が起こったとしても、この自然法則はみずからを貫徹する。

しかし——とヴェブレンはいう——、この成果は格言的知識をもたらすことができるかしれないが、科学的には「まことにバカげた」（fatuous）ものである。

では、新歴史学派の代表者シュモラーはどうか。かれもまた、ロマン主義やヘーゲル主義から完全に自由であったわけではない。とくにその傾向はトライチュケ（Heinrich Gotthard von Treitschke: 1834–1896）との論争[50]においてめだつ。そしてその痕跡は『概要』にもみてとることができる。しかし、歴史学派のなかではそうした思考様式が希薄なところにシュモラーの重要な特長がある。若い頃からシュモラーは微に入り細を穿った事象の記述にもとづく経験的一般化に取り組んできた。そうした一般化を積み重ねたのはそれ自体に意味があるというよりも、因果法則の定式化の手懸かりを得るためだった。その作業はロッシャーのような不変の「歴史的斉一性」についての知見を獲得するためではなく、まさに歴史的事象の因果関係を明らかにするためだった。

シュモラーはそのために国際比較に手を染めた。気象学的、地理学的、地質学的な条件のみならず、民族学的あるいは心理学的属性が国民経済やその文化的性格にいかなる影響を与えるかについて考察した。こうした方法はもはやヘーゲル的なものではなく、ダーウィン的なものだった。要するに、シュモラーの方法をひとことでいえば、「制度の起源、成長、持続、変異のダーウィン的説明をめざすもの」だった。このポスト・ダーウィン的な理論探究という方向づけはシュモラーだけのものではないが、かれが重要な先鞭をつけたことは明らかである（Veblen, 1901c: 81［1919e: 265］）。

ということになると、『概要』の第一巻でこの方法意識がどこまで活かされ、いかなる成果を挙げたかが問われるだろう。

この第一巻の序論では、第一に経済学の概念について、第二に経済生活あるいは文化の精神的、エスニックな（あるいは慣習的）、法的な基礎について、第三に経済学の文献と方法についてふれたのち、第一篇では、経済生活の集合的現象としての土地、人口、産業技術（industrial arts）が取り上げられている。さらに第二篇では、経済社会の基本的組織の進化が分析されている。具体的には家族、都市と農村、支配や管理の統治単位、社会階級や集団の機能分化、所有権と分布、社会階級と結社、企業と産業組織などが検討の対象になっている。

このうち、序論についていえば、経済生活の文化的基礎が心理学的、民族学的資料にもとづいて分析され、また人口に関してもその数といったことよりも、経済制度の成長と人種的資質との関係やその多様性が検討されている。経済制度の物的基盤についても、土地の肥沃さといったことよりも、気候や地理的・地質的条件の多様性に大きな関心が払われている。肝心なことは、用いられた素材や資料の斬新さではなく、それらが経済理論のために動員されているという点である。経験的一般化という水準を超えて、人間性と環境要因との相互作用である経済制度の変化プロセスを「累積的な発展プロセス」として捉えることが経済学者の重要な役割である、とシュモラーはいっている。

第二篇について一般的にいえることは、シュモラーの社会制度に関するポスト・ダーウィン的分析も現代に近づいてくると、その筆致が次第に科学的分析の域を出て、警告や道徳的あるいは宗教的色彩さえ帯びてくるということとである。こうした性格はドイツ歴史学派に大なり小なり共通したものであるが、シュモラーが科学の本質から逸れて説教や社会改革論に陥ってしまったことは、『概要』が高い価値をもつ優れた作品であるだけに大いに惜しまれる。

シュモラーは、近代化された家族は伝統的な家父長制的家族に比べて優れたものであり望ましいものだという。しかし、その近代家族がいかなる因果プロセスを経て現在に至ったのか、またそれが経済制度といかなる関係にあるのかについて立ち入った分析をしていない。労働者階級のあいだでこれまでの家族生活のスタイルに対して違和感が高まっているとシュモラーは書いているが、「女性問題」の顕在化も含めてその理由について考えてみる必要がある。

また、シュモラーは機械産業のもつ文化的意義にふれている。機械体制の到来によって訓練された熟練労働者が大量に出現するようになったと書いているが、それがかれらの精神生活にいかなる影響を与え、また富や人口の再配分をどのように変え、経済の構造や機能をどのような方向で再編成しようとしているかについては一切触れず、機械体制に対する道徳的批判やあるべき姿についての理想を語るばかりである。これでは、伝統的な歴史主義（Historismus）の退屈で無益な説教への逆戻りである。

さらに、シュモラーは第二篇の最後の部分で企業を取り上げている。企業行動の動機は利己的な利益追求にあるが、シュモラーはそれをいかに規制すれば社会に貢献できる存在に変えることができるかについて論じている。ここでも企業行動の累積的な因果プロセスの理解が疎かにされ、議論はあるべき姿に傾斜してしまっている（Veblen, 1901c: 91–93［1919e: 276–278］）。

このようにして、結局のところ、シュモラーはその方法意識においてポスト・ダーウィン的地平に到達していたにもかかわらず、とくに現代の社会制度についての議論になると、たちまち社会政策論的な規範論に逆戻りし、折角の貴重な知見と方法論を反故にしてしまっているというのがヴェブレンの最終的なシュモラー評だった。

以上、ここまでのヴェブレンの経済理論史に関する批判的研究をみるかぎり、累積的因果プロセスの解明を現代科学ひいては経済学の最も重要な要件（課題）とみていたヴェブレンからすれば、新古典派のマーシャルは準‐進化論的で道半ば、新歴史学派のシュモラーはポスト・ダーウィン的境地に達していたが、「倫理的」経済学の規範意識に災いされてしかるべき成果を挙げられないでいる。マーシャルであれシュモラーであれ、かれらの先達たちに比べれば、いずれもヴェブレンにとって親しい存在にみえたが、これがイギリスとドイツというふたつの経済学先進国のその先端的担い手に関するヴェブレンの評価だった。

## 第四節　『営利企業の理論』の吟味

ヴェブレンは、一方で現代経済学のあり方を刷新するべく、いまその一部についてふれた経済学説史の批判的検討を進める傍ら、他方では『有閑階級の理論』の延長線上で大きな課題に取り組む必要を感じていた。というのも、この本の後半において、ヴェブレンはアメリカ経済社会に焦点をしぼり、製作者本能にもとづく産業（機械）過程が利己的で浪費的な金銭的文化の足場を切り崩しはじめたことにふれ、いつとは知れず、「魂のない」株式会社が「寄生的な」産業の総帥を不要な存在にするとして、有閑階級の衰退と没落を予告していたのであるが、その行動様式をより精密に分析してこの仮説の成立根拠を詰めてみる必要を感じていたからである。『有閑階級の理論』だけでは、あるいは現代経済のポスト・ダーウィン的分析を欠いたままでは、のちのマーシャルの言葉でいえば、「経済的有機体を遠い過去に遡って行なう研究だけが『動学的』と呼ばれるべきではない」（『経済学原理』第五版［一九〇七年］への序文）といった批判に答えることができないと考えていたようにみえる。

ヴェブレンが『営利企業の理論』を書く直接のきっかけになったのは、さきにふれた論文「産業的職業と金銭的職業」（一九〇一年）だった。ドーフマンは、「この論文がヴェブレンの第二の著作（『営利企業の理論』）のバックボーンを準備した」（Dorfman, 1973: 62）と記している。というのも、アメリカ経済学会の年次大会から半年ほどした一九〇一年七月一〇日、ヴェブレンは「この論文を拡張して、三・六万字から三・七万字ほどの『産業の総帥とその仕事』（Captain of Industry and His Work）というタイトルの本を書いてみたい」と出版社に手紙を送り、同時に本の装丁や一ページ当たりの字数、活字の大きさなどについても自分の希望を伝えていたからである。しかしこの話は成就せず、その二年後に、『有閑階級の理論』のときにはダベンポートがとってくれた仲介の労をこんどは先生のラフリンが果たしてくれたおかげで、ヴェブレンは一九〇三年の三月、スクリブナーズ・サンズ社とのあいだで出版計画を具体化することができた。

その年の夏には、ヴェブレンは原稿を書き上げたが、そのときの本のタイトルは『現代企業の理論』（Theory of Modern Business）だった。ヴェブレンはその初稿の最終章を削るなどの推敲をくわえ、一九〇四年二月に最終稿を完成させた。本のタイトルも『営利企業の理論』と改めた。その後もさきの『有閑階級の理論』の場合と同じく、ヴェブレンは出版費用（組版代）の一部負担や装丁、紙型や一ページの字数など細かな点について出版社と交渉を重ねた（Dofrman, 1973: 63f.）。

この『営利企業の理論』には、『有閑階級の理論』とは違って多くの注が挿入され、文献もあげられている。まず、（A）「はじめに」でこの本の性格にふれてこう書かれている（以下、訳文は一部改めている）——、営利企業や営利原則がもたらす影響や帰結を詳しく検討することは実際の役に立つばかりでなく、興味深い（学問的）成果をもたら可能性がある。いくつかの点で現在の経済学を革新（現代化）することに役立つかもしれないし、この本の後半で営利企業の文化的意味を問うているが——それは専門的な経済学者の仕事ではなく、経済学の範囲を逸脱するものだとみなされるだろうが——、それはもともと経済状況と密接に関連するものであり、経済学がそれを蔑ろにすることは許されない、と。

（B）第一章の短い「序論」によれば、一方で「現代は機械過程（mechanical process）の時代である」。他方、「現代は営利企業の時代でもある」。主婦の仕事とか農場や手工業の多くを除けば、現在の産業活動は利潤追求のための投資というルールによって動いている。したがって、営利企業の支配者である大企業家（the large business man）が投資と市場メカニズムを通じて工場や作業プロセス全体のあり方を決めている。このように、現在から将来へと累積的に移りゆく文明生活のなかで、企業家とその仕事ほど興味をそそられるものはない。「現代の経済状況に関する理論は、企業経営の動機と目的、方法と結果についての企業活動の理論でなければならない」(Veblen, 1904b: 4, 訳7)。

(C) 第二章「機械過程」では、現代経済体制の一方の柱である機械過程が取り上げられ、その技術的性格が明らかにされる。機械過程というとき、そのイメージの中核にあるのは機械装置であるが、それ以上の内容が含まれている。機械過程の精髄には、手先の器用さや経験的ルールといったものに取って代わって「体系だった知識にもとづく合理的手続き」がある。それは個々バラバラな過程ではなく、交響楽のようにひとつに調和され、結びあわされた無限の連続的系列を意味している。

そうしたプロセスが機能するためには、原料や部品の規格化、道具や計測単位の標準化が欠かせない。それが生産効率を高め、大きな労働節約をもたらす。生産財のみならず、消費財も規格化され、標準化されなければならない。さらに、この「機械的生産は財貨ばかりでなく、サービスも標準化する」。したがって道路や鉄道、電話や電信なども標準化される。娯楽や気晴らし、日常生活のアメニティについても同じことがいえる。「こうして、日常生活の細部までが大なり小なり標準化され、機械的調整がいきわたる」ようになると、人間の欲求さえもある程度標準化されていく。全体システムが画一化されるためには——そうしなければ、節約と効率を維持できない——、そのサブ・システムも機械化されなくてはならない。全体システムが「機械過程」と呼ばれる所以である。

しかも肝心なことは、この全体システムの調整が営利的取引、したがって営利企業の営利原則というものにもとづいて行なわれているという点である。

(D) 第三章「営利企業」では、機械時代の株式会社の行動様式が議論されているが、それに先立って、「初期の機械時代」——『製作者本能』(一九一四年)では「手工業の時代」として固有の位置を与えられているが——についてつぎのように書いている。その時代は企業家が産業設備の所有者であっただけでなく、かれら自身が機械過程を直接監視し、「生産効率が企業の成否を左右する第一の要素だった」(としてヴェブレンはスミス、ビュッヒャー、ゾンバルトからしかるべき文章を引用している）。つまり初期の機械時代には、まだ資本と経営は分離しておらず、企業家は直接生産プロセスに関与し、その生産効率が小さな企業（共同出資や個人企業がほとんどだった）の盛衰を決めていた。また、この時代の「企業は手工業でも商業でも、投資の利潤のためよりも、生活の糧を手に入れるために経営された」のであり、「前 - 資本主義的」（pre-capitalistic）な性格をもっていた、とヴェブレンはいう。そのうえで、こうした「手工業や近隣産業の体制のもとでは、『正直は最善の商略なり』という格言がおおかた受容され、成り立っていたようにみえる」。いいかえれば、本格的な機械時代になると、もはやこの格言は成り立たなくなったということである。

このくだりは、翌年（一九〇五年）、アメリカ旅行[51]から帰ったウェーバーが一気呵成に「プロテスタンティズムの倫理と資本主義の『精神』」の第二章を書きあげたとき、その脚注のなかで、「シカゴ大学のヴェブレンは、こうした標語が『初期資本主義的』（frühkapitalisch）なものにすぎないとの見解を、かれの興味深い著書（Veblen, *The Theory of Business Enterprise*, 1904）のなかで述べている。しかし、今日の captain of industry（大産業指導者）のように、善悪の彼岸に立つ経済的『超人』はいつの時代にも存在したのであって、それよりも下の幅広い層に属する企業家たちについていえば、現在でもそうした命題が妥当する」（Weber, 1905: 71, 大塚訳 283; 梶山訳 289-290）と記した、いわばいわくつきのくだりである。しかし、いずれの理解が正しいか議論の余地がある。[52]

ともあれ、本格的な機械時代を迎えると、事情は一変する。「産業」（あるいは社会全体の経済的福祉）と「企業」の利害が対立するようになり、経済体制に亀裂が走る。しかも、この体制を支配しているのは企業家である。「産業は企業のために営まれるのであり、その逆ではない」。しばしば産業が攪乱させられ、それによって企業家は巨大な利鞘を手にする。一九世紀後半の大規模な産業合同や企業結合が（その阻止行動も含めて）格好の例であるが、「その究極の目的は産業的効率ではなく、所有権の拡大にある」。

たしかに「現在の経済理論」が主張するように、産業の総帥も製作者本能をもっており、産業効率を促すことがある。しかし、それを阻害することも少なくない。いずれであるかは企業家の判断、それも金銭的利益の見通しによる。この企業家の仕事は社会全体が標準化され、企業間取引が面接集団を超えた非人格的なものになればなるほど怜悧に行なうことができる。

ヴェブレンはこうした理解の根拠として、この章にかぎらず、たびたび一八九八年にアメリカ議会に設けられた産業委員会の報告書『合衆国産業委員会報告』（*U. S. Industrial Commission Reports*, 1899-1902, 19 Vols.）にある実務家の証言に注目している。

ところで、法制によるか立地や自然資源の支配によるか、あるいは慣習や名声によるかのちがいはあっても、現代の営利企業は独占志向的な性格をもつ。このうち、「慣習や名声の独占」という点で注目されるのが大企業の広告活動である。暖簾や商標、銘柄に対する消費者大衆の確信を組織的につくりだすため、そうした活動に携わる者がひとつの職業階層を構成するようになっている。そしてひとたび出来上がった大衆の確信を意図して覆すことは容易でない。

広告そのものは生産される財の総量を増やすものではなく、ある商品を他のものに代替させることにその基本的な狙いがある。その意味で、広告の社会全体に対する貢献度は低い。広告によって財の有用性が高まることもない。「セールスマン、バイヤー、会計士など競争的販売の仕事に携わっている人びと」についても基本的に同じことがいえる。かれらの賃金は販売高を増やすために支払われるのであって、最終消費者の生活様式を改善するために支払われるのではない。

現代企業の独占志向は企業結合の噴出のなかにも現われている。企業結合は企業間競争によってつくりだされる産業体制の隙間から金銭的要素を排除し、システムの効率化を図る。「産業の総帥の英雄的な役割は過剰な企業管理からの解放にある」。企業結合によって競争システムに内在的な取引コストを削減することができる。

たしかに、「社会一般に対して無益なあるいは有害な企業でも、その企業家や雇用されている労働者には収益をもたらす」。しかし、「そうした寄生的な企業や仕事の成長には限界がある」。というのは、大部分の広告業、競争的販売に関わる仕事、軍事支出や顕示的消費のための企業など「寄生的」な仕事や企業が不釣り合いに増殖するようなことになれば、社会の進歩する機会を削ぎ、社会の存続を危うくするほどに社会の活力を低下させてしまうことになるからである。

（E）第四章「営利原則」では、「現代企業の物的基礎が機械過程である」のに対して、「その精神的基礎は所有権にある」としたうえで、その私的所有権が近代社会のなかでいかに形成されてきたかを明らかにしている。

所有権の究極的根拠を神の創造に求める中世的な思考習慣は、ジョン・ロックを経て、一八世紀には神の意思を必要としない自然法、自然権思想に結晶化した。この現代につながる所有権の理論はイギリスで発達した。大陸ヨーロッパとはちがって、手工業や国際貿易の経済的要因がこの所有権思想の発展を促した。具体的にいえば、手工業の時代、「所有権の形而上学的な基礎」は製作者の力、創意工夫、器用さ（the workman's force, ingenuity and dexterity）にあるとみなされた。そしてロックの時代になると、こうした理解はゆるぎない思考習慣となった。「自由な労働が富の原初的源泉であり、所有権の基礎である」というこのイギリス生まれの考え方は「自然な」ものとして受け入れられ、やがて大陸ヨーロッパに広がっていった[53]。大切なのは、こうした所有権の概念が手工業時代の産物だったということである。それは「手工業体制にピッタリした」考え方だった。一八世紀の経済状況に調和した行動、知識、観念の規準は機械時代の物的な因果関係といったものではなく、製作者の効率という規準だったからである。

所有権にもとづく一九世紀の企業経営は、しばしばその仮定の間違いが事実によって証明されてきたにもかかわらず、「貨幣単位の安定性」（the assumed stability of money unit）という公理のうえに成り立っていた。この公理的仮定もまた、手工業時代までの「貨幣経済」に妥当するものであり、したがって「過去の遺物」として機械時代の「信用経済」のなかに漠然と継承されているにすぎない。

現代の企業経営では、当然のこととして投資された資産の安定的な増殖が見込まれている。しかし、機械時代に先立つ経済体制では、投資に対する正常かつ適正な収益という観念はほとんどなかった。投資に対する利潤は「偶発的な」ことと考えられていたからである。利子の支払いでさえ、「手工業時代の比較的安定した商業関係が出来上がってはじめて、十分適法なものとして受け入れられるようになった」にすぎない。しかも、その場合でも、商業取引以外の領域では、利潤は投資によるものというよりも、生産労働の成果とみなされていた。

投資に対する利潤率や収益率は、いまや「貨幣経済」の古き時代の偶発性を脱し、経済体制の中心的で支配的テーマとしての地位を獲得した。しかも、企業家の関心は現在の資産総額や生産高よりも、今後の収益力に注がれるようになった。

（F）第五章「貸付信用の利用」は、すでにみたように、『シカゴ大学創設一〇周年記念論文集』第一巻第四号（一九〇三年）のために書いたものだった。

企業の信用取引のうち、この章の対象は紙幣、預金、証券、コールローン（金融機関相互の短期資金貸付）などによる「貸付と債務」にあるとしたうえで、ゾンバルト、マーシャル、ラフリン、クニース、さきの『合衆国産業委員会報告』などを引きながら、企業の貸付信用について一〇項目にわたる理論的な検討結果を記している。信用経済がきわめて大きな比重を占めるようになった機械時代にあって、資本収益率に最大の関心を払う企業家からすれば、多くの場合「過大」になりやすいものの、貸付信用の拡大は避けがたい。しかし、そうした信用の利用は、生産的な産業設備や物的な生産物全体を増やすものではない。そのため、生産物の物的基礎に比べて信用が過大に評価され、それに気づいた債権者はやがて信用の縮減に乗り出す。そうなると、膨張した価格ベースでの産業能率の向上、利子率の変化、破産といった二次的効果を別にすれば、「その主な最終結果は財産権の再分配であり、それによって資金の所有者や請求権をもつ債権者階級が利益を享受することになる」。

現代の信用取引の形態として、旧式の貸付、株式会社に投下される信用証券にくわえて、新たに各種の社債や優先株式など「第三の形態」が出現した。それによって、資本と信用の区分が取り除かれるようになった。現在の信用拡大は主として信用機関からの融資か社債の発行によっている。

産業の総帥が手がけている企業合同などの企業戦略は、金融的支援、特権付き株式の売買や賃貸、株式や債券の発行や譲渡などによって行なわれるため、発起人の企業家あるいは融資者はきわめて大きな金融的信用をもっていなければならない。問題になるのは信用の量である。

かれらの仕事は産業にきわめて大きな影響を与えるが、その中身は産業的なものでも商業的あるいは銀行的なものでもない。その仕事は株式投機に似ているが、最も近いのが不動産業者である。

(G)第六章「現代の企業資本」によれば、資本についての伝統的理論(産業設備や原材料など「物的手段の蓄積」が資本であるという考え方)はまだ株式会社や信用が「第一級の重要事」となっていなかった手工業あるいは「貨幣経済」の時代にみあったものだった。その時代の企業は一八世紀の自然法・自然権の秩序と調和するものであり、功利主義に立脚しつつも、社会全体の物的福祉という観点をもっていた。

しかし機械時代の現在、企業がおかれている状況もその目的も、スミスの時代とはすっかり変わってしまった。いまや「企業取引の支配的目的はアダム・スミスの社会哲学の最後の言葉にあるような(社会の)一般的福祉を含むものではない」。そのことは――クニース、ロードベルトス、ベーム＝バヴェルク、クラークなどがそれぞれの用語で区別しているが――、私的資本と社会資本、あるいは企業資本と産業資本といった区別からも示唆される。

企業の目的だけでなく、市場の性格も変わった。手工業時代までの「貨幣経済」では商品市場が中心にあるが、機械時代の「信用経済」になると、商品市場以上に資本市場が企業や産業活動にとって重要な地位を占めるようになった。

実効的な資本金額は、会社の収益力を基礎とする有形・無形資産に関するその時々の評価によって決まる。しかし、その中心にあるのは多種多様な無形資産としての暖簾である。そのなかには、「確立した慣習的な業務関係、公正な取引についての評判、フランチャイズや特権、商標、銘柄、特許権、版権、そのほか法律で保護された排他的使用権(鉄道、電信、市街電車、水道会社などの場合)、特定の自然資源などに関する排他的利用(石油や石炭、鉄鋼、天然ガス、木材会社などの場合)といったことがらが広く含まれる。しかし、それらはその所有者を利するものではあっても社会全体の利益に役立つものではない」。これらの富は個人のものではあっても国民の富ではない。

普通株がこうした非物的な財産を代表し、企業家はその支配力を主として普通株に立脚している。他方、優先株は社債と類似しており、有形資産を代表する。優先株は配当率こそ高いが、経営に対する発言権をもたない。いいかえれば、会社の支配権は無形資産を代表する証券に託される。こうして所有と経営が分離していく（Veblen, 1904b: 148, 訳 118）。

じっさい、株式市場を通じて――具体的には、投資家の思惑、経営者の経営戦術や信条、気候の予測、政治家集団の戦術、大衆の感情や評価、はたまた戦争と平和の機会といったものによって――、会社の実質資本金額は大きく変動する。

資本量の価値はその収益力によって決まる。その収益力とは将来の予想収益力のことである。その予想収益力は現実の収益力と異なる。そのため、経営者は――会社の将来の繁栄とか、生産高の増大とかに関心をもつよりも――、この格差を利用してその資本を売買し、利鞘を得ようとする。つまり、現代の経営者の関心は、ゴーイング・コンサーンとしての株式会社の永続的利害とも社会全体の利害とも合致しない。ひとことでいえば、「経営者あるいはその時々の所有者の関心は、その企業をできるだけ手っ取り早く、またできるだけ有利に買い占めたり、あるいは売り払ったりすることにある」（Veblen, 1904b: 157, 訳 125）。

しかも、かれらの恣意的な支配力は、単純に無形資産の保有高に比例するものではなく、その保有高がある水準を超えると一挙に高まる。

一般的にいって、市場操作を行なう者はみずからが生み出すリスクの性質、影響の大きさを予見しやすいため、投機的な資本取引のリスクは生産的企業に課されやすい。個人的な富の蓄積という点でこうした市場操作ほど効果的なものはない。

（H）第七章「現代的福祉の理論」はこの本で最も長い章であり、機械時代の景気変動と企業経営、社会への影響について検討している。

好況（繁栄）であれ不況であれ、旧秩序の手工業時代と新秩序の機械時代ではその意味に大きな違いがある。旧秩序下での繁栄とは社会の産業的ニーズと衣食の充足を意味したが、新秩序下での繁栄はもっぱら企業の繁栄をさす。逆に、旧秩序における不況とは生活手段が十分でないことを意味し、新秩序のもとでは企業の利潤が十分でないことをさしている。

経済危機とか不況期、好況期とか繁栄期とかいった理解はすべて営利企業にとっての現象であり、二次的な現象として産業過程や人びとの暮らしへの影響が生じるにすぎない。

経済危機は、貨幣価値の観点からみると、清算や信用の取り消し、物価の下落や投げ売りを生み出し、産業を収縮させる。しかし必ずしも大きな財産の破壊、大きな物的生活手段の損失ではない。経済危機に伴う収縮とは金銭的なものであって、同じ程度の物質的な縮小を意味するわけではない。「不況期の困難は一義的には企業家の持続的な精神的困難である」。そのあとに労働者の失業や賃金低下がつづく。しかし、不況で物価も下がるから賃金の低下は大したダメージにはならない。かれらの困難もまた、企業家と同じように、ある程度まで精神的あるいは感情的なことがらである。企業家や労働者以外の比較的収入が安定している人びとにとって不況期は「下手に偽装された祝福」(a thinly disguised blessing) とでもいうべき性格をもっている。

これとは反対に、繁栄期は需要の増加と物価の騰貴、企業の予想収益率の上昇をもたらす。その高い収益率への期待が生産的資産の資本増加を促し、担保物件の価値を上昇させ、資産価値を水増しする。

この繁栄期には労働者も多少の恩恵に浴する。しかしプラスの影響は雇用機会の拡大が中心であり、必ずしも賃上げではない。繁栄期といっても賃金はゆっくりとしか上がらない。賃上げが物価騰貴に追いつくまでその差益は企業の懐に転がり込む。

景気の後退がはじまると、繁栄期に結ばれた契約や貸付信用は過大なものではないかという懸念が生じる。一般的にいって、それらの信用は繁栄の原因となった事態(たとえば、一八九七年から一九〇二年までの繁栄期は米西戦争による特需だったとヴェブレンは書いている)が過ぎ去ってもしばらくのあいだ持続する。しかしやがて過度の資本化の実態が公然となり、その収縮がはじまり、最後は清算にいたりつく。

その清算の衝撃は債権者の寛大な措置や政府の賢明な信用保証などによって緩和されるが、清算が生産物価格を切り下げ、企業の利潤を引き下げ、しばしば債務不履行といった事態を招き、資本の縮小的再調整を加速する。

過剰生産あるいは過少消費もまた、機械的で物的なことがらではなく、金銭的事象である。社会あるいは消費者の観点からみれば、過剰生産が起きるのは好況期、過少生産は不況期に起きる。不況期には工場は半日しか動かない、あるいはまったく動かないからである。

産業の不況は価値の再調整を促す。その再調整とは「資本の名目価値が実際の収益力によって示される実勢価格を超える」ことを意味する。この議論は一〇年以上も前に書かれた論文「過剰生産誤謬論」（一八九二年）を彷彿とさせる。そこでもふれたが、その主張はのちの経済理論に絡めていえば、企業の合併や買収に関する「トービンのQ」を実質的に先取りするものだった。

アメリカの一九世紀第四・四半期までは（正確には一八一六年から七三年までとヴェブレンは記している）、こうした景気循環とそれに伴う物価変動、利潤率や資本化の増減などがみられた。しかしそれ以降、短期の好況期を除けば、慢性的不況が一般化した。

機械過程が本格的に発展したこの時代は、めざましい技術進歩の時代でもあった。しかし興味深いことに、不況と技術進歩のあいだには一定の関係がある。技術進歩によって効率的な生産に拍車がかかる。共謀による生産高や価格の統制でもないかぎり、絶えざる技術革新は古い生産設備や機械過程の資本収益率を押し下げ、産業設備の相対的過剰によって利潤を引き下げてしまう。したがって、「機械産業が十分に発達した時代は、企業にとって慢性的不況がノーマルな状態になる」ときでもある。

そうした傾向に歯止めをかける物価騰貴という力が働かないわけではない。物価水準は貴金属の供給増や戦争特需などの投機的インフレーションによって上昇する。貴金属の急激な増加が物価を吊り上げ、それだけ不況を先送りする。しかし「本質的でない」こうした物価騰貴によって慢性化する不況を克服することはできない。

企業家が適正な利潤を確保しようとすれば、結局のところ、（a）財やサービスの非生産的消費の拡大か、（b）「喉笛の切れる」競争の排除に訴えるかのいずれかになる。前者の例が戦争や植民地支配といったものであり、後者の例がトラストなどの企業合同運動である。

しかし、（a）の非生産的消費についていえば、「民間のイニシャティヴに頼っていたのでは、営利企業が必要とするだけの財やサービスの浪費的支出を引き出すことはできない。そのために何かをしなければならないが、それが文明国の政府による効果的な浪費である。軍備、公共的な建造物、宮廷や外交に関わる施設といったものがそれである」。しかし「これらの公共的な浪費は最近になってめざましい水準に達しているが、機械産業の余剰生産力を埋め合わせるのにはまったく不十分である」（Veblen, 1904b: 255-256, 訳 203）。そうなると、不況を回避するためには、（b）の方法しか残らない。つまり、企業合同による寡占あるいは独占の形成である。いずれの場合も、企業家に適正な利潤を保証する生産高や価格の規制が行なわれる。要するに「長期不況を逃れる唯一の方法といえば、それは徹底的な企業結合ということになる」。

こうした推論から導き出されるのは、企業合同による寡占あるいは独占形成なくしては機械過程の発展も持続的な経済成長もありえないということである。

別な言い方をすれば、機械過程の発展と経済成長は競争的企業経営と馴染まない、ということになる。ヴェブレンはこの現実を捉えて、「要するに、自由契約や所有の自然権に発する権能の行使は現代の機械技術と両立することができない」と断定している。

（I）第八章「法と政治における営利原則」では、企業の営利原則が法や政治の領域にいかなる影響を与えているかについて考察している。

英語圏では、いまでも「立法や法的決定は自然権的な自由という教義にもとづいて行なわれている」。この自然権の体系は一八世紀にピークに達した手工業世界の産業的または生活的規律に適合したものだった。因習的規制といったものを除けば、そこには所有権を前提にした平等な関係と自由な競争が仮構されていた。経済分野でいえば、「自然権的な自由の体系は金銭契約の自由の体系」を意味する。

アメリカほど、「この自然の（金銭的）自由の原則が十全に受容され、法的精神に体現された社会はない。アメリカほど、金銭的義務の神聖さが社会の常識として深く浸透している社会はない」[54]。アメリカほど「芸術家、俳優、牧師、作家、科学者、官吏などがそうだが、その仕事に対する報酬が多ければ多いほど社会的尊敬の対象になる」といった社会はない。財産権、契約の自由などの自然権的自由は憲法に書き込まれ、不動のものとなっている。

こうした自然権的な自由の体系とその思考習慣はやがて事実上、陳腐化しはじめた。機械時代の到来によってである。

機械時代になると、生活重視と利潤追求の比重が逆転し、多くの労働者が（法律上ではなく）事実上、自由な契約の仮構から外されはじめた。この自由をめぐる労資間の係争に対して裁判所は所有権や自由契約を優先させ、しかも上級審ほど経営者や所有者に有利な判決を下している。下級審の陪審員は「現在の状況を反映した」大衆の怒りに同情的だが、上級審の「過去の所産である」法と秩序体系を重視した判決は確固たるものである。経済領域における法秩序の基礎には、疑問の余地なく金銭的契約の自由とその不可侵性が据えられているからである。

しかし、旧秩序の自然権的自由の体系が機械時代の新しい日常的現実と乖離していることが次第に明らかになってきた。その日常的現実の累積のなかから、伝統的な自然権的自由とは異なる新たな日常生活の規律が生まれつつある。その新たな規律のなかには、自然権的な自由の形而上学に対する違和感、不信や否定的ニュアンスが封入されているが、そうした感情や考え方は富裕階級や専門的職業階層あるいは農村社会の人びとではなく、工業都市の労働者のあいだでめだつ。

国際政治であれ国内政治であれ、「現代の政治は企業の政治である」。政府の政策が企業利益を促進するという点では一六、一七世紀の重商主義と似ている。しかし、現代の重商主義は国王のためではなく、営利企業の利益のために奉仕する。

現代のアメリカ政府は企業家の利益のための政策を展開しているのであるが、そうである背景には、アメリカ市民が素朴にもみずからの物的利害を企業の金銭的利害と重ねているという多少とも心理的事情がある。そうした情緒的気分の根拠になっているもののひとつが愛国心、もうひとつが私有財産あるいは企業と一般市民の金銭的連帯感である。このうち愛国心は初期の野蛮時代にまで遡ることのできるものであるが、私的所有権は近代的な手工業時代に確立した観念である。

この愛国心と金銭的連帯感のいずれが優位するかについては、国によって多少違いがある。愛国心は大陸ヨーロッパ諸国で、金銭的連帯感は英語国民のあいだでより顕著である。

現代の企業間競争は国際的な広がりをもっている。その企業の営利活動を支援しようとするかぎり、政府の政策も国際的なものになる。「その効果的な外交政策を裏づけているのは実力行使の用意であり示唆である。したがって、国際競争の最後の手（ultima ratio）はいつでも軍事力」ということになる。

軍備をめぐる一九世紀第四・四半期の英米およびヨーロッパ諸国の経験は、明らかに軍事費や戦争気分の累積的増大を示している。その軍拡競争の肥大化は企業の営利目的の支援という水準を超えて、とくに大陸ヨーロッパの場合、「王朝的な」（dynastic）権勢と宮廷の栄誉を重視する古い政治体制を復活させた。論理的にいえば、その行き着く先にあるのは、一六―一七世紀のヨーロッパ大陸における「戦争と政治の謝肉祭」を思い起こさせる産業の崩壊であり、国家の破綻である[55]。

このように、ヴェブレンが最終的に見通していたのは、帝国（あるいは王朝）同士の名誉をかけた軍事衝突という事態だった。

（J）第九章「機械過程の文化的意義」では、第二章での機械過程の技術的性格に関する議論を踏まえて、機械過程が文化的規律にいかなる変化をもたらすかについて検討している。

発展した時代こそ違っているが、機械過程は自然権の形而上学と同じように、イギリスの所産である[56]。このふたつがヨーロッパ諸国の「古い大陸的制度の最終的崩壊」をもたらした。

この機械過程の規律は機械技術に発するものであり、非人格的な物的因果関係に関する法則的知識をその基本とし、たとえ権威あるものであれ、因習的に継承されてきた準則には拘泥せず、擬人観的な知見にも否定的である。

そこで重視されているのは因果法則、累積的因果性といったものであり、こうした思考習慣を最もよく体得しているのが先進工業国で機械産業に携わっている技術者や管理監督者あるいは高級機械工である。

機械時代になると、手工業の時代には相互に重複していたものだが、金銭的あるいは企業的業務と産業的あるいは機械的業務とのあいだで、その職業の性格の違いにもとづく思考習慣、生活規律の違いがめだつようになる。

企業家階級のものの見方、考え方の究極的根拠は、所有権制度の遵守を含む因習的で擬人観的なものであるが、産業的職業階級のそれは、そうした因習性を真っ向から否定する物的な因果関係を準拠枠とするものである。前者の精神的態度は――軍人や政治家、僧侶、上級階級ほどではないが（かれらはしばしば反動的だ）――、基本的に保守的なものである。

一般的にいって、現代の産業的職業階級に属する人びとは節約心に欠けている。かれらが金銭的訓練に劣ること、かれらも顕示的浪費の原理から逃れられないこと、原材料や半製品と同じように標準化された互換性の規律に曝されていることなどによって、次第に財産の獲得あるいは「個人的所有権の本能を失いつつある」。

この自然権的精神の衰弱は、ひとつには機械産業を中心とした労働組合運動の成長という形で現われている。というのも、労働組合の運動と思想は、論理的に純化していえば、労働者に対しては個々人の自由な契約を、また雇い主に対してはみずからの所有権と意思にもとづく自由な経営をそれぞれ拒否しているからである。(57) ここに労働組合運動の文化的意義がある。

しかし、労働組合運動が財産や自由契約といった自然権思想の完全な否定というところまで行き着くならば、それはもはや労働組合の運動ではなく、社会主義の運動になる。

とはいっても、イギリスで実際に起きているのはタフ・ヴェール判決（一九〇一年――争議にともなう民事免責を否定する判決）のような反‐組合的で反動的な出来事であって、それが暗示しているのは一九世紀第四・四半期以降のイギリスにおける帝国（王朝）主義的な関心の高まりであり、それとパラレルに進む「イギリス社会における産業的意欲、技術的効率、科学的精神の足場の喪失でないまでも、衰弱であるようにみえる」とヴェブレンは書いている。(58)

下層階級の民主主義的社会主義（国家社会主義やキリスト教社会主義ではない）は自然権的秩序を否定する「異端の精神」をもっている。それは財産の再配分ではなく、財産権の消滅をめざす。「社会主義的な不平分子の有力な核をなすのは高度に組織化され専門化された産業で働く労働者のうち、比較的知的な人びとである」。しかし将来の計画について、社会主義者のあいだにほとんど意見の一致はみられない。それは社会の再建を要求するが、いかなる線にそって行なわれるべきかについて提案できていない。

ちなみに、ヴェブレンはマルクス主義について、「一九世紀第三・四半期に流布したマルクスやエンゲルスの『科学的社会主義』は自然権（労働の全生産物への要求という主張は自然法理論を示す）の概念と混合されたヘーゲル主義の所産である。その社会主義はドイツ以外の労働者階級のなかにはあまり浸透しなかった。そのドイツでも、いまではマルクス主義は信仰の形式的告白以上のものではなくなった」（Veblen, 1904b: 340, n. 1, 訳 269-270）と記している。

裕福な階級の社会主義的理想への共感は、富のより公正な分配という人道主義的な希望の表明に終わることが多い。しかし、社会主義は富の分配公正が問題なのではなく、その核心にあるのは所有権の否定である。

では、社会主義者がしばしば喧伝するように、零落した小企業家でいまは管理者的立場で雇用されている者、会計士や事務従事者、公務員といった人びとは社会主義的な不平不満に共鳴しているのか。かれらは社会的セツルメントや善隣ギルド活動、禁酒運動、政治浄化、制度派教会や「キリスト教科学」、新思想運動など「ある種の文化的素人手品のようなお伽話の脇道」に逸れることはあっても、基本的に僧侶や法律家と同じように保守的であり、社会主義者が期待するような人びとではない。

その当時、ダーウィン主義的な形質人類学の影響を受けていたヴェブレンは――いまからみると奇妙な推論であるが――、社会主義的な思考習慣と人種属性とのあいだに一定の関係があるとみていた。人種的に長頭ブロンド族（dolicho-blond）の要素が強いほど社会主義的な思考習慣が形成される[59]。この点、ヴェブレンによれば、かれらは農村ではなく都市に住んで機械産業に従事し、因習に囚われない生活習慣をもっている。しかも、都市にはプロテスタンティズムの影響が強いからである。

社会主義は急進的デモクラシーへの傾きをもち、いかなる王朝的なものも認めず、最後は国家に対して死刑宣告を行なう。かれらは、政治制度がないとき、社会は最も円滑に機能すると考えているかにみえる。

こうした社会主義的な機運とパラレルに、社会主義的不平分子のあいだだけでなく、「多くの階級を通じて、明らかに家族的紐帯が弛緩し、家庭生活の因習が解体しつつある」。直接的な強制力から金銭的な決定権に代わったとはいえ、いまも支配的な家父長制家族とそのなかでの男性優位の思考習慣は、社会主義社会への転換にともなって危機に曝される可能性がある。こうした伝統的家族に対する違和感もまた、社会主義的な見方に傾いた産業的階級のあいだでめだつ。

しかし、こうした社会主義的な見方は自然権思想や国家、家父長制的家族を否定したあと、いかなる新しい社会制度を建設するのかについてほとんどなにも語らない。

現行社会制度の精神的基礎は近代的な産業都市において最もめだった形で崩れてきている。およそ「機械というものは、ものごとを平準化し、世俗化するものであり、その目的は人間の交わりや理念における尊敬すべきもの、高貴なもの、品格のあるものすべてを根絶するところにある」(Veblen, 1904b: 358, 訳 285)。

機械時代には宗教は世俗化され、人間の原罪意識など日常的な思考習慣とは無縁なものになっている。神についていえば、「自然権、自然的自由、自然宗教という文化の時代には、神は『偉大な造物主』(Great Artificer) という地位に引き下げられたが、さらにその神は機械技術によってささやかな仕事、それも手工業者が手を引いてしまった産業分野の外縁に左遷されてしまった」(Veblen, 1904b: 360, 訳 286)。

機械時代に大きく飛躍した近代科学運動はイタリア・ルネッサンスにその端緒があるが、中央ヨーロッパは啓蒙運動によってその発達を促した。しかし、その後の「戦争と政治と宗教」がふたたびヨーロッパを支配するようになると、近代科学運動はたちまち枯渇した。それが再生したのはイギリスにおいてである。イギリスは比較的遅れて野蛮文化から脱却したが、地政学的にも「戦争や政治」から守られていたため、南ヨーロッパの科学的洞察力を継承し、発展させることができた。

この方面での最近の決定的飛躍はダーウィンによってもたらされたが、そのダーウィンについてヴェブレンはつぎのように書いている――、かれは、種の進化に対する造物主の大いなる貢献を否定しなかったが、「単純素朴に、その造物主を（理論）体系の外に追いやった」。ダーウィンはまた、人間はどこから、なにゆえにやってきたのか、最後にいかなる運命が人間を待ち構えているのかといった問いには関わろうとせず、生物学的事象の累積的変化のプロセスにその関心を集中させた。

そういう意味で、現代科学は「第一原因」、自然の設計、究極の結末、終末論的な帰結といったことには一切関与しない。こうしてこの機械時代の文化は、懐疑的で感情中立的、唯物論的で非道徳的、非愛国主義的で不敬神的、そして偶像破壊的な性格を帯びるようになった。

（K）第一〇章「営利企業の自然衰退」と銘打った最終章では、そのタイトルどおり、営利企業の衰退が「自然な」ものであると主張されている。

まず冒頭で、「企業成長の物的基礎は機械技術にある。機械過程なしに営利企業はやっていけない。しかし、機械過程の規律は営利企業の精神的、制度的基礎を切り崩す。長い目でみれば、機械過程は営利企業と両立することができない。結局、機械過程の文化的影響との闘いにおいて営利企業は勝利することができない。というのも、機械体系の破壊力あるいは抑止力が営利企業を守勢に立たせるからである。機械体系の自由な発展によって営利原則はやがて機能しなくなる」（Veblen, 1904b: 375, 訳 296–297）とヴェブレンは書いている。

営利企業の精神的、制度的基礎である「自然権は平和な産業の副産物」であり、したがって好戦的な習慣や圧政によって復活させることはできない。では、平和と自由によって自然権を取り戻すことができるか。それも否である。平和と自由の時代は機械過程の発展を促し、大企業の支配を推進するからである。

機械の規律がもたらす不愉快な効果を中和しようとする社会的セツルメントや教会活動、慈善事業の類はしかし営利企業には外在的なものであり、機械規律の浸透を喰い止めることはできない。かといって、企業内在的な金銭的規律が機械規律に勝ることもない。間断のない強い力で新しい思考習慣を植えつけていくという点で機械過程の力量に及ばないからである。また、復古的で芸術的な産業方法に立ち戻ることによって新たな展望が切り開かれるといったこともない。

そうはいっても、営利原則の影響力を侮ってはならない。大学を含む学校（とくに寄付に依存している場合）、新聞や雑誌、文学などのマス・メディアも営利原則にそって運営され、管理されている。

営利原則を支える文化規律の成長という点で最も大きな役割を担っているのが国家政策である。企業家がその政策づくりにリーダーシップを発揮する。そうした政策は一般的にいって愛国主義的であり王朝政治的であり、好戦的である。軍隊的訓練の機会は市民を保守化させ、市民権の蚕食を容認させる。そうした傾向は最近のドイツやイギリスにみてとることができる。

こうした好戦的で愛国主義的な態度は「服従や慣例的な権威」を復活させ、現代の機械過程がもたらした世俗化傾向を反転させ、野蛮時代の身分的で古色蒼然とした品位や名誉感情を蘇生させようとする力をもった「最も強力な規範的要因」である。

こうした好戦的な文化は、自然権の体制に先立つ絶対王政、王朝政治、権利や名誉の世襲制、教会の権威、民衆の服従と卑屈といったものに時代を後戻りさせようとする。この好戦的な文化は「自然権を復位させるのではなく、神の恵みを復活させる」。

そういう意味で、かりに野蛮時代の好戦的文化と神格、手工業時代の自然権思想と自然宗教、機械時代の科学思想と世俗宗教といった言い方をするとすれば、「自然権の体制はまさに中間点（halfway house）に位置している」。好戦的文化が体現する「古代の美徳はいまも生き続けている」。その心臓が企業の世界的商業拡大とともに脈打つようになると、やがて企業的関心は王朝的関心へと移行する。そのことは、最近のドイツやイギリスの帝国主義的行動が例証している。

ヴェブレンはJ・A・ホブソン（John A. Hobson: 1858-1940）[60]の『帝国主義論』（Hobson, 1902a）を引きながら、

こうした国家的野心や好戦的な目標と規律が、強権的な監視をともなって、社会生活のなかに大きな地歩を占めるようになると、機械規律の浸透は大いに妨げられ、自然権の時代よりも前の威厳と神聖さが墓場から呼び戻されることになること、しかもそれは機械過程や近代科学と対立するのみならず、企業的な関心を超え出てしまうことについてふれている。

この章の最後でヴェブレンはつぎのように書いている――、(a)近い将来についていえば、王朝的な国際的行動つまり帝国主義な強権行動か、あるいは怜悧な機械過程のいずれかが勝利することになるだろう。しかし、どちらが勝者となるか予断を許さない。(b)いまそのようにみえている「営利企業の完全な支配は過渡的なもの」であり、長い目でみれば、営利企業は敗北の運命にある。なぜならば、営利企業はいずれの文化的興隆とも両立しがたいからである、と。

以上が『営利企業の理論』の各章のあらましである。[61] ここでもヴェブレンの論旨を確認しながら、いくつかの論点についてふれておこう。

## いかなる企業なのか――手工業時代と機械時代の企業

まず、ヴェブレンはなぜ現代の営利企業[62]に注目したのだろうか。かれの答はつぎのように整理できる。

第一に、現代経済システムは機械過程と営利企業というふたつの原理によって動いている。したがって、現代経済を理解しようとするのであれば、機械過程とともに営利企業の行動様式を正確に把握する必要がある。それなくしては画竜点睛を欠く。

第二に、その営利企業の物的基礎は機械過程であり、精神的基礎は(自然権のひとつとされる)所有権である。厄介なことは機械過程と所有権が互いに対抗的であり、相補的ではないことだ。したがって、そこから現代企業に固有の不安定さが生まれる。

第三に、現代企業を理解するためには、手工業時代の企業と比べてみるのがよい。手工業時代の企業は資本(所有）と経営が分離しておらず、企業家が機械過程に直接関与していた。家族経営の小さな企業がほとんどだった。当時の企業は利益追求よりも生活の糧を得ることに第一義的な関心があった。その意味で、企業の繁栄は社会全体の経済福祉の向上に直結するものだった。資本と経営が分離していなかったことによって、企業活動と経済社会の福祉のあいだに亀裂が走ることはなかった。手工業時代、こうしてミクロ－マクロ・ギャップは埋められていた。ここに、神の「見えざる手」についてのヴェブレンの理解が示唆されている。

ヴェブレンは手工業時代の企業の性格を「前－資本主義的」とまで言い切っていたことが思い起こされる。

## フォーディズムとしての機械過程――飽くなき規格化と標準化

現代経済のもうひとつの支柱である機械過程の精髄は規格化、標準化にある。原材料といわず完成品といわず、生産財といわず消費財といわず、財といわずサービスといわず、日常生活の隅々までが規格化され、標準化されていく。全体システムがひとつの機械過程として構成されていくのが現代社会の大きな特徴のひとつである、とヴェブレンはみていた。そうしなければ、システム全体の効率を高めることができないからである。したがって、かれを先駆的なフォーディズムの理論家といって差し支えない。

もっとも、現代経済はこうした性格をもちながら、全体システムが営利企業の営利原則によって制御されているところにもうひとつの重要な特徴がある。そこに、機械過程の浸透にもかかわらず、浪費やムダが制度化されていく契機がある。

## 「資本と経営」の分離から「企業と社会」の分離へ

ヴェブレンによれば、第一に、現代の営利企業では資本（所有）と経営が分離しており、企業家の関心は赤裸々な営利追求に一点集中している。

第二に、ヴェブレンが資本と経営の分離というとき、その意味は必ずしもバーリ＝ミーンズ的な内容をさしているわけではない（Berle and Means, 1932――バーリ＝ミーンズは「所有と支配の分離」という）。株主と経営者が分離し、専門経営者が株主の利益をどこまで体現するかといったことが問題になるのは、もうすこし後のことである。[63]ここでいう資本（所有）と経営の分離とは、生産設備などの所有（社債や優先株の所有を含む）と無形資産（普通株）の所有あるいは管理運営が分離し、後者を担う企業家が前者の所有者を支配することをさしている。企業家のその支配力は無形資産たる普通株に依存している。したがって、これを資本と経営の「第一次分離」といってもよいかもしれない。高哲男の表現でいえば、企業家類型が「古典的『企業者』から現代的企業者へ」転換していったことを意味している（高、1991: 168-179）。

第三に、しかし、この分離の含意はまことに大きい。現代企業の優先的関心が営利追求に注がれることによって社会全体の経済福祉への関心は衰弱し、その結果として、手工業時代とは違って、営利企業と社会のあいだに大きな亀裂が生じ、しばしば対立的関係に陥ることになった。深刻なミクロ－マクロ・ギャップの発生である。企業の繁栄は必ずしも国富の増大ではない。ヴェブレンはこうした対立的事態を企業（business）と産業（industry）というふたつの言葉を使って表現し、分析した。

いまや手工業時代の貨幣経済は機械時代の信用経済に取って代わられた。無形資産の所有が圧倒的な重みをもつことになったからである。

したがってまた、この機械時代の営利企業の支配的形態は持ち株会社を含む株式会社だといってよい。しかも産業の総帥（じっさいには金融の総帥）がその株式会社の支配者である。そういう意味では、「貪欲な」産業の総帥と「魂のない」株式会社は重なる。

第四に、これら株式会社の企業家あるいは経営者の利害は、社会の一般的経済福祉のみならず、会社の永続的発展とも合致しない。かれらは利益になるということが分かれば、いつでも会社を売ったり買ったりする。そういう形で信用経済が幅を利かす。

この事象をさして、会社の繁栄と経営者あるいは所有者の利害がしばしば対立的関係に陥るというように表現するのであれば、そこには二〇世紀第四・四半期以降に顕在化したコーポレート・ガバナンス問題がすでにその顔をのぞかせていた。

### 景気変動・技術革新・長期不況——脱出のためのふたつの道

一九世紀のアメリカ経済は第四・四半期以降、それまでの周期的景気循環のパターンから長期不況パターンに移行した。

第一に、好不況の景気変動はなによりも金銭的な事象であり、同じ程度に実物経済の問題であるわけではない。それはまず、企業家や所有者が一喜一憂するという精神的、心理的な問題である。もっといえば、ある集団や人びとにとっては、「不況は下手に偽装された祝福」という性格をもっている。ヴェブレンの透徹した観察眼である。

第二に、不況になると、好況期に膨らんだ信用が過大になり、経済の縮減と価値の再調整がはじまる。利潤は下がり、最後は企業の清算にいたりつく。

それだけでなく、技術革新は古い生産設備を急速に陳腐化させ、生産設備の相対的過剰をもたらす。その結果、全体としての資本収益率は低下する。

第三に、企業家が適正な利潤を保とうとするかぎり、財やサービスの非生産的消費を膨張させるか、あるいは企業間競争を抑えて独占状態をつくりだすしかない。

前者の方法には、戦争や植民地支配など国家による有効需要の創出があり、また後者には多用な企業結合の方法がある。いいかえれば、機械過程と経済成長は企業の（独占ではない）完全競争とは馴染まない。

要するに、現代の機械時代にあって、株式会社が適正な利潤を確保しようとするのであれば、市場の独占化か国家の有効需要創出か、いずれかの道しかないというのがヴェブレンの基本的な理解であり、判断だった。

### 機械時代の法と政治

機械時代の営利企業は、経済を超えて法と政治にいかなる影響を与えるか。

第一に、機械時代になると、手工業時代に出来上がった自然権としての神聖不可侵な自由な契約や所有権という考え方が現実にそぐわないものになる。じっさい、企業経営においても雇用契約においても、法律上（de jure）と事実上（de fact）の不整合がめだつようになった。法律上のタテマエと実態との乖離である。

第二に、営利企業は――いまみたように、市場の独占化か国家による有効需要の創出かを必要とする以上、さらに市場競争が国際化すればなおいっそうのこと――、国家政策に強い関心を寄せ、それを主導しようとする。「現代の政治は企業の政治である」。しかも、こうした「国際競争の最後の手はいつでも軍事力である」。

第三に、この先祖返りした王朝政治の重商主義的政策は愛国主義的な信条を呼び覚ます。その要素がある水準を超えれば、営利企業も一般市民もその下僕となる。

## ふたつの運動――労働組合と社会主義

それでは、長期不況は働く人びとにいかなる影響を与えるのか。第一に、自然権的な思想（個人の自由な契約と取引、ゆるぎない所有権）を否定するような性格をもった労働組合運動に生命力を与え、さらに所有権を否定する社会主義運動まで誘発する。前者は所得の再分配にとどまる運動だが、後者の運動は財産権そのものを否定しようとする。

第二に、いずれの運動も、その基本的担い手は機械産業で働く技術者や生産管理者あるいは高度機械工などの人びとである。しかし、かれらは現秩序のあとにいかなる社会主義的制度を構築すべきかについて明確な考えをもっていない。

第三に、一九世紀第三・四半期、ドイツを中心にして流布したマルクス主義は基本的に自然権思想とヘーゲル主義のハイブリッドであり、したがってマルクス主義の影響力は限定的なものであり、いずれかといえば、過去の社会主義思想であるとヴェブレンはみていた。

第四に、社会主義的機運の高まりとパラレルに、自然権的な財産制度のみならず、家父長制的な家族制度に対する批判意識も生まれた。こうした時代の胎動は、デュルケム風にいえば、まさに典型的なアノミー状態ということができる。

機械規律によって「尊敬すべきもの、高貴なるもの、品格あるもの」が放擲され、宗教がヨーロッパ世界に倣って世俗化し、総じていえば、旧秩序の支配の正当性が崩れ、それと平行して社会不安や社会主義的気分が噴出するようになり、社会全体の経済福祉には無頓着な巨大な営利企業がその金銭的貪欲さを露わにするといった事態が一九世紀末のアメリカに出現していた。

## いずれが勝者か――ふたつの基本的な問い

こうした切迫した時代状況のなかで、ヴェブレンの脳裏には短期、長期のふたつの問いが浮かんでいた。

第一に、現代経済システムのふたつの支柱である営利企業と機械過程は互いに排他的な性格をもっており、いつまでも両立できるわけではない。

しかし、いま支配力をもっているのは営利企業である。そのため――有閑階級の顕示的浪費の原理とは別の理由で――、機械過程は歪められ、そこに浪費やムダが生じている。それにもまして、営利企業の関心は短期的な利潤追求に注がれるため、社会全体の経済福祉には目が向かない。

第二に、その営利企業の精神的基礎は所有権にあるが、その物的基礎は機械過程にある。営利企業と所有権のあいだに基本的齟齬はないが、機械過程との関係はそうではない。ということは、営利企業は互いに排他的な機械過程なしには成り立たないという矛盾した性格をもっているということである。みずからの物的基礎を機械過程に求めざるをえないということは、いまはいかに優位しているようにみえても、結局のところ、営利企業は機械過程に従属せざるをえない運命にある。

じじつ、機械過程の文化あるいは機械規律は、制度的遅滞をなくすべく、営利企業の文化を着実に蚕食しつつある。この事態を放置しておけば、長期的にみて営利企業は機械過程の軍門に下るというのがヴェブレンの見通しだった。

第三に、もちろん、営利企業はこの事態を座視してみずからの自然死を迎えようとしているわけではなかった。営利企業は、競争秩序を独占的なものに変えて利潤を確保しようとしただけでなく、国家政策を動員していまの支配力と優勢を維持しつづけようと画策する。

長い不況期と市場競争の国際化という環境変化のなかで、その国家政策は次第にかつての王朝的重商主義という復古的性格をもつようになった。その復活は愛国主義を高揚させ、営利企業と一般市民を勢力下におくようになる。論理的に推論すれば、その先に待ち構えているのは王朝あるいは帝国同士の戦争状態である。じっさい、ドイツやイギリスでは、誰の耳にも軍靴の足音が聞こえはじめていた。

このように現状を理解し、将来を展望していたヴェブレンの『営利企業の理論』が出版されてから一〇年後、王朝同士の雌雄を決する第一次世界大戦がはじまった。

## いくつかの補足とコメント

最後に、ひとつふたつのことについて補足しておこう。

第一に、この『営利企業の理論』の全篇を通じて手工業時代と機械時代の違いが強調されている。この点は歴史の俯瞰にかなりのスペースを割いていた『有閑階級の理論』とはかなり違う。企業経営といい資本所有といい、生産技術といい市場といい、文化的規範といいミクロ－マクロ・ギャップといい、どの側面をとってもふたつの時代のあいだには鮮やかな対照性がみとめられる。これら諸要素が制度的に補完しあいながら、それぞれにひとつの反物を織り上げている。そういう意味で、ここでヴェブレンが明らかにしているのは――かつての「カントの判断力批判」（一八八四年）での議論に絡めていえば――、反省的判断力と帰納法的推論にもとづく特殊経験的事象のもつ法則性とでもいうべきものである。のちの社会学者K・マンハイム（Karl Mannheim: 1893-1947）の言葉でいえば、それはひとつの「媒介原理」（principia media）である（Mannheim, 1940）。

第二に、それとともにヴェブレンは、手工業時代がいかにして機械時代に進化し、そのプロセスで手工業時代の何が継承され、何が廃棄されて機械時代に至ったのかという累積的な因果的進化のプロセスにも関心を注いでいる。この累積的因果連鎖という経験的事実に支えられないでは、理論は空虚な分類学になってしまうからである。

第三に、専門的ディシプリンが大学に制度化されていく時代にあって、ヴェブレンの経済理論がもつ視野の広さにあらためて強い印象を受ける。

機械時代の営利企業がひとり経営や経済のみならず、一方では文化や生活規範にいかなる影響を与え、またそれによっていかに規定されたか。他方では、法や政治にしたがって国家政策にいかなる影響を及ぼし、逆にそれによっていかに規制されたかについてヴェブレンは強い内在的関心をもっていた。かれは経済を経済として論じるのではなく、政治や技術、社会や文化などに関連づけながらみずからの経済理論を構想した。その成果がこの『営利企業の理論』である[64]。

というのも、手工業時代の経済学とは違って、企業の利害関心が社会一般の経済的福祉と乖離してしまったのであれば、機械時代の経済学は意図してその触手を経済の外延に伸ばす必要がある。そうしなければ、その経済学は経済さえ捉えることができない、とヴェブレンは考えていた。

第四に、『営利企業の理論』の結論は「企業の自然死」とでも呼ぶべきものだった。なぜ自然死なのかについてのヴェブレンの推論はすでにふれたが、その論理は必ずしも説得的でなく、議論の運びに乱れと混濁がみられる。もういちど、ヴェブレンの議論を追ってみよう。まず、現代経済体制を構成しているふたつの柱は営利企業と機械過程だった。その営利企業の精神的基礎が所有権、物的基礎が機械過程という組み立てになっている。したがって、マクロ（経済体制）にもミクロ（企業組織）にも、同じ「機械過程」がそれぞれその支柱に据えられている。この論理構造それ自体――ヴェブレンは事実の問題だというだろうが――、奇妙なものであり、小さな違和感を誘う。

ともあれ、営利企業のふたつの柱、つまり精神的基礎と物的基礎のいずれが優位しているのか。もし物的基礎が優勢ならば、営利企業は成り立たない。営利原則が否定されてしまうからである。しかし、現代マクロ経済体制の一方の柱が営利企業でありうるのは――機械過程に親和的な「非人格的な」文化規律が着実に浸透してきているにもかかわらず――、精神的基礎が優位しているからである。

では、その精神的基礎の優位がいかにして崩れていくのか。ふたつの理由あるいはプロセスが考えられていた。ひとつは、機械過程に適合的な文化的規律（そのなかには社会主義的な不平不満も含まれる）の台頭であり、その着実な文化的浸透である。それによって所有権は次第に機械文化に蚕食され、やがてはその足場を失っていく。これがヴェブレンの長期展望だった。

しかしヴェブレンは、短期見通しとして、もうひとつのストーリーを描いていた。営利企業の精神的基礎である所有権がいわば自己破壊していくシナリオである。機械時代の営利企業は利潤率低下を回避するため、競争秩序を独占的なものに変え、国家の手を借りて財とサービスの「非生産的な拡大」を図る。市場競争が国際化していく機械時代にあって、国家の財とサービスの非生産的な拡大行動は、最後には王朝統治と大衆動員の愛国主義を呼び覚まし、それを復位させてしまう。それは野蛮時代前期の武勇的略奪文化への先祖返りといってよい。そうなると、営利企業のみならず、機械過程もそのなかに併呑されてしまう。[65] この推論ならば、論理的に筋が通っている。営利企業（所有権と営利原則）はみずからの生き残りをかけた幾多の試みをくりかえした挙句、結局は自己を否定してしまうような事態（野蛮略奪文化の蘇生）を招くという――『有閑階級の理論』を吟味したときの言葉でいえば――「金銭的文化の自己破壊」というシナリオである。

これが『営利企業の理論』の最終結論であったはずだが、ヴェブレンは長期展望とこの短期見通しを混同したためか、「営利企業の自然死」回避行動が呼び覚ます（営利原則でも機械過程でもない）愛国主義的心情に裏打ちされた略奪的な王朝政治の復活が近未来の姿だ、という断定を下さなかった。

しかし、かれの螺旋的回帰モデルに埋め込まれたこの先祖返りのシナリオが『営利企業の理論』の結論であると、

もう一歩踏み込んでいれば、この本は一〇年後の第一次世界大戦を予示していたという大きな名誉に浴したことだろう。(66)

第五に、ヴェブレン理論は、ここでいえば営利企業（原則）対 機械過程というように、その二分法で知られる。しかし、その側面ばかりに目を奪われてはならない。

というのは、ヴェブレンの螺旋的回帰という理論モデルには、いまふれたように先祖返り（回帰）という契機が封入されているからである。営利企業の金銭的文化、機械過程の冷徹で「非人格的な」因果関係の規律のほかに、少なくとも所有権が発生して以降の時代であれば（つまり野蛮時代以降であれば）、もうひとつ、武勇的略奪文化というものが存在した。事情によっては、現代経済体制の真っ直中にそのふたつの基柱（営利企業と機械過程）ではなく、両者に先立つ粗放な略奪文化がたやすく蘇生し、復活する。

したがって、螺旋的進化プロセスにそってみれば、営利企業と機械過程のいずれが優位するかという問いになるが、逆進的な回帰プロセスを念頭におけば、ふたつではなく三つの道がみえてくる。その意味で、二分法にもとづく展望という構造そのものが崩れてしまう。

第六に、現代における武勇的略奪文化の復活、王朝的な国際的侵略政治の蘇生というこの短期見通しは、ヴェブレンの現代社会の理解に重大な疑問符を点滅させる。というのは、『有閑階級の理論』では、かれは現代の機械時代を基本的には平和愛好的な時代として捉えていたからである。

しかし、その平和愛好的であるはずの現代社会は、期せずして略奪的な王朝相互の闘争つまり帝国主義戦争を招き寄せてしまうというのが『営利企業の理論』の結論のひとつだった。そうなると、機械過程にもとづく平和愛好的な産業社会の出現というヴェブレンの基本的命題がその根本から崩れてしまう。そしてそのかぎりでいえば、この命題を明示した『有閑階級の理論』とその崩壊を見通した『営利企業の理論』とは互いに矛盾することにもなる。

第七に、『有閑階級の理論』では、有閑階級のもつ資本提供機能は「魂のない」株式会社に取って代わられるた重大な疑問符が点滅するというのはこのことである。

め、産業の総帥という「寄生的な」有閑階級は衰退していくだろうと展望されていた。しかし『営利企業の理論』では、産業の総帥と持ち株会社を含む株式会社を支配する企業家のあいだにそれほど明確な一線は引かれていない。しばしば同一視されてもいる。

そのうえで、一方では、分散化した小口の資本提供者による株式会社経営への発言力が衰えること（そのかぎりでの資本あるいは所有と経営の分離――しかし、経営を担う企業家自身が巨大な資産をもつ産業の総帥だった）、他方では、長い目でみれば、営利企業も機械過程によって切り崩されていくというのがヴェブレンの見方だった。

## ゆっくりとした波紋の広がり

『営利企業の理論』が出版されたのは一九〇四年九月一一日のこと、出版社はこの本がビジネスマンにも読まれるのではないかと期待していたが、ヴェブレンは大学人しか読まないはずだと考えていた。それより気にかかっていたのは、肝心の経済学者がこの本を黙殺してしまうのではないかということだった（社会学者であり経済学者でもあったE・A・ロス宛のヴェブレンの一九〇四年一〇月二〇日の手紙――Dorfman, 1973: 65, n. 87）。そういう懸念があったからこそ、ヴェブレンは『社会科学・社会政策雑誌』（*Archiv für Sozialwissenschaft und Sozialpolitik*）をはじめ、一五のヨーロッパ大陸の有力学術誌に書評用に本書を送ってほしいと出版社に依頼した。しかし出版社は前例がないことであり、それで出版部数が伸びるとも思われないといってこの申し出を断わった。ヴェブレンが期待していたイギリスでの売行きもよくなかった。出版社が一九一七年末にヴェブレンに報告しているところによれば、同年の一五三部がそれまでの年間売上高の最高記録だった。初版から三〇年後の一九三四年五月二八日現在の総売上部数は四八四〇部、パーパーバック版が出されたのは第二次大戦後の一九五八年のことだった。

ドーフマンは『ヴェブレン』のなかでこの本に関する一〇の書評にふれている（Dorfman, 1934: 235-238, 訳331-336）。ダートマス大学の経済学者F・ディクソン（Frank Haig Dixon）、シカゴ大学の哲学者J・タフツ（James Hayden Tufts）、ワイオミング大学の歴史学者A・ワーゲランド（Agnes M. Wergeland）、ハーヴァード大学の経済学者T・カーヴァー（Thomas Nixon Carver）、プリンストン大学の経済学者W・ダニエルズ（Winthrop Daniels）などのものである。しかし、経済学者の書評はいずれもネガティヴなものだった。『ザ・ネーション』誌の匿名書評は「本書にある理論はセンセーショナルな雑誌の読者には大いに受けるかもしれないが、経済学を茶化したものであり、われわれの企業道徳に対する不公平な誹謗でしかない」という調子で酷評した。

宇沢によれば、この本は「学界に大きな波紋を投げかけ、その反響は大きかった。しかし、ヴェブレンの理論を真に理解できた経済学者は数えるほどしかいなかった」（宇沢、2000a: 73）と書いている。そうだったのかもしれない。

それでも、イギリスの経済学者J・A・ホブソンはこの本を高く評価し、大幅な加筆を施した『現代資本主義の進化――機械生産の研究』の改訂版（一九〇六年、初版は一九〇二年）では、『営利企業の理論』からいくつもの引用をしている。とくにホブソンが注目していたのは、現代企業における所有と経営の分離であり、相対的に少ない無形資産の所有にもとづく経営の支配であり、その経営における信用経済の大きさであり、それが与える物的な生産財に対する影響といったことについてだった（Hobson, 1906: 236, 246, 253-254）。この大幅な加筆はその章構成の修正からみても、ホブソンが『営利企業の理論』の第五章と第六章で展開された信用経済の理論から受けた衝撃の大きさを物語っている。

また、ハーヴァード大学のF・タウシッグは、本書が書かれるにいたった経緯からして大いにありうることではあるが、前著『有閑階級の理論』と同様、『営利企業の理論』に強い関心を寄せていた。W・ミッチェルは一九〇九年にハーヴァード大学で教えていたとき、タウシッグから、「経済学2」の授業でヴェブレンの『営利企業の理論』を取り上げてくれないかと頼まれた。ミッチェルはJ・S・ミルやマーシャル、ベーム＝バヴェルク、クラークに親しんでいる優秀な学生たちがどう反応するか心配だったが、結局このタウシッグの提案は取り下げられた（ミッチェルのグレゴリー夫人［サラ・ハーディーのこと］宛の一九〇九年三月二四日の手紙――Dorfman, 1973: 72, n. 97）。

さらに、『営利企業の理論』がミッチェルに与えた影響はより直接的なものだった。かれは『景気循環論』（一九一三年）の第一章で景気循環に関する先行研究を取り上げたさい、『営利企業の理論』の「予想収益力と現行資本との格差」の理論に注目し、予想収益力が高まって資本が増加するのだが、しかしそれとともにコストが上昇し、予想収益率を下回るようになる。けれども、すぐには過剰資本を撤収することができないために不況に陥るというヴェブレンの推論を紹介している。さらにミッチェルは、コロンビア大学のセリグマンが一九〇七－〇八年の同大での講義（「現下の問題と金融の現状」The Current Problem and the Present Financial Situation: 1907-1908）のなかで、ヴェブレンの用語を使いながらかれと似た議論をしていたことを『景気循環論』の脚注でふれている（Mitchell, 1913: 15, n. 15）。ミッチェルはその後も、ヴェブレンの金融理論に多くを負っていることを度々表明しているが、そのミッチェルは、ヴェブレンの論敵の一人だったI・フィッシャーが『ブームと不況』（一九三二年）を書いたとき、フィッシャーに対して『営利企業の理論』での議論を注目するように促している。それに応えてフィッシャーは、ヴェブレンの考えは自分に近いものですとミッチェルに返答し、その指摘に感謝している（Dorfman, 1973: 74, n. 98）。

こうした細々としたことを書き連ねれば切りがないが、要するに、当初『営利企業の理論』の評判は必ずしも良くなかったが、本書で示された金融理論や景気循環論はやがて多くの経済学者の関心を引くようになっていったということである。[67]

『営利企業の理論』はイギリスの都市計画家で生物学者、社会学者でもあったP・ゲッデス（Patrick Geddes: 1854-1932）にも『有閑階級の理論』のときと同様、強い印象を与えた。一九〇〇年のはじめ、ゲッデスのアメリカ講演旅行のさい、ふたりはシカゴ大学で会っているが、たちまち意気投合した。そのときのことを、のちにゲッデスは「ヴェブレンに会えたことはサハラ砂漠のオアシスに辿り着いたように思えた」と回想している。一九〇二年にヴェブレンはスコットランドに出かけているが、そのときにはゲッデス家に逗留した。[68] 同じようなことは、このゲッデスの親友であり実業家でもあったV・ブラッドフォードについてもいうことができる。そのブラッドフォードとゲッデスは一九〇三年に社会学協会（The Sociological Society ——この協会にはH・G・ウェルズやL・マンフォードも参加していた）を創設、機関誌として一九〇四年から『社会学論文集』（*The Sociological Papers*, 一九〇八年から『社会学雑誌』*The Sociological Review* と改名）を発刊した人物である。かれもまた『営利企業の理論』を含めてヴェブレンの著作に強くひかれていた（Dorfman, 1973: 89f.）。

## 第五節　近代文明と科学――ひとつの間奏曲

『営利企業の理論』（一九〇四年）の出版から一年半ほどして、ヴェブレンはハーヴァード大学でマルクス主義経済学に関する連続講義を行ない、同年八月、その前編を『経済学四季報』（第二〇巻第三号）に載せた。しかしこの講演の直前、一九〇六年三月にヴェブレンは「近代文明における科学の地位」を『アメリカ社会学雑誌』（第一一巻第五号）に発表している。これが『営利企業の理論』以降、最初の論文である。その執筆動機が何だったのか判然としないが、経済学者の書評が芳しいものでなかったことを踏まえ、現代科学の基本的性格について明確な像を提示しておく必要があると感じていたのかもしれない。

そしてそれから約二年後の一九〇八年五月、ヴェブレンは「科学的見方の進化」という講演をミッチェルが主宰していたカリフォルニア大学のコスモス・クラブ（the Kosmos Club）で行なっている。

この節では、これらふたつの論文を取り上げてその主張をみてみよう。とくに後者の論文は経済学説の批判的検討に欠かせないものであり、ヴェブレンの理論的橋頭堡とでもいうべきものだった。

### 神話・プラグマティズム・近代科学

「近代文明における科学の地位」（一九〇六年）という論文は、のちにヴェブレンが同じタイトルの論文集を一九一九年に編んだとき、その巻頭に収められたものである。それだけヴェブレンにとって愛着の強い論文だった。内容的には『有閑階級の理論』（一八九九年）と『製作者本能』（一九一四年）を中継するような性格をもっているが、その骨子を摘記すれば、つぎのようになる。

この論文でも、『有閑階級の理論』と構造的に変わることなく、未開文化、野蛮文化との対比で近代文化の特徴が描き出されている。

近代の西洋キリスト教文化がすべての点で他の時代あるいは他の地域の文化に勝っているわけではない。古代ギリシャといい中国といい、あるいは中世東洋といい極東といい、他の文化にはより優れたもの、より秀でた領域がいくらもある。工芸、神話や民間伝承、宗教的教義、詩や文学、形而上学や弁論術など挙げはじめれば、切りがない。しかし、西洋近代はある知的領域（つまり近代科学）において卓越しており、それがその生存競争を優位な立場に導いた。

近代文明の特徴はその即物性にある。「近代文明人の際立った特徴は、物的な事実に対する非人格的で非感情的な洞察力にある」。それを体現したものが機械産業の創造的技術だが、それは他の文化圏にも波及し浸透していった。その結果、科学の優位はいよいよゆるぎないものになった。

最終的なもの、究極的なものの根拠は古来、高貴で美しいもののなかにあるとされてきたが、近代の常識では、それは科学者が提示する回答のなかにある。そういう意味で、「近代文明における科学の地位」は「天国の生命の樹、神の館の栄光の灯火」（Quasi lignum vitae in paradise Dei, et quasi lucerne fulgoris in domo Domini ―― 一二五五年、ローマ教皇アレクサンドル四世がパリ大学での即位演説で使った言葉）にも等しい。[69]

ところで、最新の心理学によれば、すべての学習は「プラグマティック」なものであり、すべての知識は「機能的」なものとみなされている。人の抱く「観念は本質的に積極的なもの」だという格言は、すべての真理を含んでいるわけではないが、認識論的問題の核心にふれている。たしかに、知識は人びとの関心にそって目的論的に形成される。しかしその目的論的な素質または能力は目的論的ではない自然淘汰の産物である。

原初的な生命体ではなく、人間が刺激に反応するとき、この知識の目的論的性格が生まれる。けれども知識は目的とは無関係な好奇心つまり「無垢な好奇心」[70]（idle curiosity）に根ざしている。その無垢な好奇心は遊びの素質あるいは才能に深い関わりがある。

まず、未開文化の場合、この無垢な好奇心によって導かれた事実の解釈は擬人観的あるいはアニミズム的説明という形をとる。ひとことでいえば、事実の解釈はドラマ化され、特定のプラグマティックな価値をもたない神話や民間伝承となる。そうした神話や伝承は日々の仕事にとって有用な知識とは関係がない。一方はドラマとしての一貫性が問われ、他方は事物の有用性が問題にされる。この後者のプラグマティックな知識に求められるのは節倹、用心深さ、平静さ、抜け目のない管理に対する実利的貢献である。

未開社会でも時代が下がり知識が増すにしたがって、ドラマ化された物語は擬人観的な性格を弱め、より包括的な一般化が行なわれ、宇宙の起源に関わるような図式が誕生した。自然現象がドラマ化され、生殖、誕生、成長、衰退といった循環的図式が描き出された。こうした古代的な宇宙論的図式はギリシャでもインドでも、日本でも中国でも、あるいはポリネシアでもアメリカでも、さらにいえば旧約聖書のエロヒストについても似たところがある。

つぎの略奪的な野蛮文化の時代になると、上下秩序、個人的な主従関係、特権や名誉の位階的序列が明確になり、権力や物力と欺しあいの慣習的関係としての制度がめだつようになり、知識もそれらに見合ったものに変化していった。高度野蛮時代（中世）の文化ではプラグマティズムが強調された。

無垢な好奇心を導く規範は階層づけられた地位や信頼秩序、上下の依存関係といったものに変わり、宇宙論も封建制的階層秩序に相応しいものに変化した。

こうした精神的環境の下で成長した「科学」といえば、錬金術や占星術だったし、中世スコラ哲学は強いプラグマティックな性格を帯びていた。学者の仕事もまた事象についての概念もその実用的な便宜性、個人的な権力関係、規範的な権威秩序に見合ったものになった。あとにもさきにも、この高度野蛮時代ほど、「すべての知識はプラグマティックなものである」という考え方が強調され、浸透した時代はない。

近代になると、ふたたび新たな変化が生じた。ひとことでいえば、科学的精神が強調されるようになった。それは産業や経済組織の転換に見合ったものだった。中世的なプラグマティズムは色褪せ、衰退していった。新たな文化変動を牽引したのは製作者精神（workmanship）だった。科学者の概念は職人（workman）のイメージから引き出され、外的現象のドラマ化もその製作者精神にもとづいて行なわれた。近代前期の風景である。職人の製作者精神がこれほど重視された時代もない。

この近代前期と後期の分水嶺は一八世紀にあるが、その時代になると、「自然法」は超自然的な権威者が定めた法というよりも、継起的な因果関係を特定化したものになり、その原因は半ば非人格的なものとみなされるようになった。

さらに、一九世紀になって機械技術が長足の進歩を遂げるようになると、科学の定式化はより非人格化され、いっそう即物的なものになった。科学研究者は職人と製作者精神ではなく、機械過程のなかに因果関係のモデルを求めるようになり、自然現象の解釈も擬人観的性格を払拭するほどになった。

この近代後期あるいは現代になると、科学的知識は工学や医学に、公衆衛生や経済改革に応用されるようになったが、それは科学のなせる技ではなく、技術の成果である。「有用な目的は科学者の関心の外にあり」、「科学者の探究は（アメリカ先住民族）プエブロ族の神話の作り手と同じく実利的な有用性に対して『無欲』（idle）である」というヴェブレンは――W・ジェームズやL・ウォードを引きながら――、「プラグマティズムから無垢な好奇心にもとづく科学的探究へ」という大きな時代潮流のなかで、「プラグマティズムは便宜的行為の格率を、また科学は理論を創造する（のみ）」と断言した（Veblen, 1906a: 597–8［1919e: 16–7］）。

しかし、文化の現代的図式が科学とその知見だけでなく、プラグマティックな伝承といってよい世俗的知恵から成り立っているのも事実である。とくに法学や政治学など「信条の分類学」といった領域、広くは社会科学の分野ではいまでもプラグマティズムが幅を利かせている。

これら三つの時代とその文化を比較してみると、つぎのようになるだろう。

第一に、人類史上最も長い未開文化の時代は相対的に平和な時代であり、包括的で大きな階級格差といったものはなかった。未開文化では知識や信条が高度に一般化されていたため、プラグマティズムから相対的に自由であり、理論的創造は無垢な好奇心にもとづく神話、民間伝承といったものに結晶していった。それはひとつの精神的解釈であり、事象のドラマ化だった。そういう意味で、未開文化は基本的にロマン主義的あるいはヘーゲル主義的な性格をもっていた。

第二に、中世ヨーロッパの野蛮文化の時代はかなり短いものであり、その文化的特徴であるプラグマティズムの支配も深く浸透することはなかった。それでも、錬金術や占星術がその時代の「科学」を代表し、スコラ哲学という知的体系も階層的現存秩序に対して強いプラグマティックな性格をもった。

第三に、近代文化には科学偏愛という側面がある。科学(的)という言葉が「キリスト教科学」とか「科学的な」占星術といったように、どこでも使われた。その近代文化の形成力は機械過程に求めることができる。しかし近代の科学的探究は、その概念や規準こそ違っているが、未開文化の神話や民間伝承と同じく無欲な好奇心にもとづいている。そのため、「最も進んだ社会の近代科学に精通した人びとのあいだでさえ、非人格的で非感情的な科学的営みに対して、また即物的知識にもとづく無味乾燥な技術的構造物に対してくりかえし嫌悪と反発が生じた。現象に対する精神的解釈(ドラマ化)が物質主義的な思考習慣の外皮を突き破って表出するといった事態が頻繁に起きた」(Veblen, 1906a: 605［1919e: 26］)。

以上、「近代文明における科学の地位」という論文は、未開文化や野蛮文化における知識のあり方と対比しながら、近代文化における科学の占める地位について論じている。つぎのような点が興味深い。

第一に、知識の性格と体系に照準をあわせて、三つの時代の違いを浮き彫りにするための比較の準拠枠をヴェブレンはなにに求めているか。「無垢な好奇心」と「プラグマティックな知識」という対概念がそれである。したがって、大胆に図式化していえば、未開文化の中軸的知識は事象のドラマ化といってよい神話と民間伝承にある。擬人観とアニミズムが大きな意味をもっていた。しかし、野蛮文化になると、プラグマティックな知識がめだって強調されるようになった。現存の階層的秩序の維持あるいはその正当化に役立つという目的にとって実利的な便宜性をもつ知識が重視された。錬金術や占星術が「科学的」知識とみなされたのも、それらがいかに擬似的にせよ、実利的な便宜性をもつとみなされたからである。スコラ哲学の支配的影響力もそのプラグマティズムによっている。

近代文化の特徴は即物性にある。知識という点では、非人格的で非感情的な因果関係を重視する近代科学がそれを代表する。それは無垢な好奇心の所産である。他方、プラグマティックな知識を代表するのが高度に発達した技術である。さらに、事情を複雑にしているのは、こうした科学や技術のもつ非人格性に反発して、同じ無垢な好奇心の所産である未開文化の神話ドラマトゥルギーが現代文化の真っ直中に先祖返りし、蘇生してくることである。

第二に、というわけで、現代文化は「ドラマとしての神話」「プラグマティズム」「非目的論的な科学」という三つの文化時代の中軸原理がすべて出揃うことになり、神話と技術と科学の並立というよりも、これらが三つ巴の戦いを繰り広げることになる。

知識の歴史的進化の基本線は「神話→プラグマティズム→科学」という流れである。しかし、仮にプラグマティズムという変数に技術と営利原則という言葉を、また神話という変数に愛国心という語彙を重ねてみると、『営利企業の理論』と共鳴する論旨が浮かび上がってくる。基本的には科学が技術に優位する。しかし科学の非人格性・非感情性はかえって「血滾《たぎ》り、肉躍る」愛国心という神話と民間伝承を呼び覚まし、技術のみならず科学も飲み込んでしまうという構図である。神話ドラマトゥルギーへの先祖返りである。

第三に、それでも、近代文化の精髄は科学の即物性にある。科学はあくまでも非人格的に累積的な因果関係を解き明かそうとする。それ以上の内在的目的をもたない。それは無垢な好奇心が生み出すものである。しかしいままでも、社会科学の多くの分野はこの近代科学の基本属性を十分理解できずにいる。その点は、つとにヴェブレンがその経済理論の批判的研究を通じて強調してきたところである。

## 科学的見方の進化とその精髄

もうひとつの論文「科学的見方の進化」（一九〇八年）では、ヴェブレンはさらに立ち入って近代科学の基本属性について論じている。後半の中身はいまみた「近代文明における科学の地位」論文と重複するところが少なくないが、まず前半をみてみよう。

近代科学にはひとつの形而上学的な前提がある。事象が連続的に変化していく（consecutive change）という仮定である。この連続的変化はプロセスであり、そこには因果関係が想定される。連続して変わっていくのは量や力である。

科学的探究に終わりはない。連続的に果てしなく変化していくものがその研究対象だからである。しかしつい五〇年前でさえ、科学の探究がこうした性格をもっているとは理解されていなかった。

大きな画期は、ダーウィン個人の業績ではないが、一九世紀中葉のダーウィン主義の登場によってもたらされた。この分水嶺を表現しようとすれば、前ダーウィン主義的とポスト・ダーウィン主義的という言い方になる。

前ダーウィン主義的な見方は分類学的である。言葉の定義と分類（definition and classification）がその中心にあり、しかも科学的探究には終点（a final term ――目的）があると考えられていた。仮構の最終的な静的均衡がそれである。前ダーウィン主義的な分類学においては、この静的均衡を含めて自然法が事象の因果関係を規制すると考えられていた。残念なことに、こうした前ダーウィン主義的な研究がいまも社会科学の多くの分野を支配している。

ところで、一般的にいって、なにが科学であり科学的見方であるかはその時代に支配的な生活習慣や思考習慣によって規定される。もっといえば、「ある社会の文化図式はその社会に優勢な生活習慣と思考習慣の複合体である」（Veblen, 1908d［1919e: 39］）。ここまでが前半、以下が論文の後半になる。

原初的な知識体系はアニミズムによって彩られ、事象のドラマ化が図られた。しかしもうひとつ、それとは対極的な事象の一般化図式がある。それが即物的な一般化（the matter - of - fact generalisation）である。ふたたび一般的にいえば、科学的見方の進化とは、これらふたつの知識の体系化の一方から他方への、つまり事象のドラマトゥルギー的な一般化から即物的で非人格的な一般化への進化をさす。

中世的制度の図式は強権的、権威主義的なものであり、位階秩序と名誉規範にもとづく支配と従属というものだった。宇宙論的図式、自然哲学も神の栄誉とその目的にみあう聖なる厳命としての性格をもっていた。スコラ哲学的伝承における「現実」は精神的で準人格的なもの、威厳秩序に融和的なものであり、即物的事実とはかけ離れていた。

しかし近代になると、法秩序の規範と技術規範との距離は縮まりはじめ、法制度はより非人格的で非強権的なものに変わった。階級間の威厳秩序と差別はしだいに曖昧になり、産業が生活習慣のなかで大きな地位を占め、人びとの思考習慣にも大きな影響を及ぼすようになった。

近代前期の手工業時代には、製作者精神の技術的先入観が理論的探究を凌駕し、「技術的一般化」(technological generalization)とでも呼ぶべき事態が出現した。自然法がこの時代の社会思想を代表する。一九世紀前半までにこの技術的一般化が先進社会を席捲し、産業革命に象徴されるようにイギリスの覇権が確立した。

近代後期あるいは現代になって、技術的には機械過程が手工業的技術に取って代わったが、科学的な見方が近代科学の即物的一般化に移行することはなく、手工業時代の思考習慣が影響力を発揮しつづけている。いまでも特に社会研究の領域では自然法的思考習慣が支配している。それはひとつの制度的遅滞といってよいが、「そこには連続的変化の流れを超える精神的真実がある」以上、果たしていついかにして機械過程に見合った科学的見方が優位に立ち、その覇権を確立することになるか、予断を許さない(Veblen, 1908d [1919e: 53-55])。

このように、この論文はさきの「近代文明における科学の地位」(一九〇六年)と一部内容的に重複している。いくつかコメントしておこう。

第一に、事象経験の知的一般化に関する三類型は「科学の地位」論文と大きく重なる。その三つとは、神話ドラマトゥルギー的な一般化、プラグマティックなあるいは技術的な一般化、そして科学的あるいは即物的で非人格的な一般化である。

第二に、科学的見方という点に引きつけたことの結果であるが、近代の前期と後期、いいかえれば手工業時代と機械時代の差異が強調されている。それをヴェブレンは、ダーウィン革命の前と後という形で区別し、前ダーウィン主義的とポスト・ダーウィン主義的という言い方をしている。

ダーウィン主義的な見方からすれば、事象は果てしのない累積的因果連鎖のプロセスであって、事象に内在する終点や目的などありえない。この見方に対比されるのが——ここではイギリスの知的系譜に関心が集中していて、ヘーゲル主義は後景に退いているが——手工業時代の知的遺産である静的均衡を仮構した自然法的推論である。もちろん、ヴェブレンの経済学批判の理論的拠点はこのポスト・ダーウィン主義にある。

第三に、なぜ社会研究の科学的見方はポスト・ダーウィン主義に移行しないのか。このこと自体、ひとつの制度的遅滞を例証しているが、その理由をめぐってヴェブレンが示唆しているのは、即物的で非人格的な「正しい」事象経験の一般化に対するある意味で内在的な反発力、つまり無機的な乾いた論理に対する神話的で精神的なあるいは人格的な力、もっと一般化していえば、実証主義あるいは自然主義に対するロマン主義への渇望であるようにみえる。

## 第六節　スキャンダルと大学辞職——シカゴからスタンフォードへ

経済学説史に関するヴェブレンの批判的研究は第三節での議論で終わったわけではない。しかし、マルクス、クラーク、フィッシャーなどの経済理論についての論文はヴェブレンがシカゴ大学を辞めてスタンフォード大学に移ってから、『経済学四季報』『政治経済学雑誌』『政治学四季報』誌上に発表されたものである（第七節参照）。そこでまず、ヴェブレンはいかなる事情があってシカゴ大学から同じく新設まもないスタンフォード大学に移ったのかについてふれておこう。

シカゴ大学には新進気鋭の錚々たる学者たち、たとえば哲学のデューイ、社会学のW・タマスやG・H・ミード、生理学・物理学のJ・レーブ、人類学のF・ボアズなどが集まっていた。ヴェブレンは、授業には（どこでも）あまり気が乗らなかっし、処遇についても年来の不満はあった。しかし、研究の成果は着々と積み上がっていった。したがって――スタンフォード大学のジョーダン学長が『有閑階級の理論』を高く評価してくれていたことがヴェブレンの頭の片隅にあったかもしれないが――、すぐにシカゴ大学を辞めたいと思うほど切迫した事情はなかった。ところが、『営利企業の理論』を発表した一九〇四年、ヴェブレンの身の上に私的にも公的にも大きな困難が降りかかった。

すでにみたように、かれは八年前（一八九六年）に妻エレンに離婚話をもちだしていた。ふたりは事実上の別居状態にあった。この不仲がひとつのきっかけにもなって、最後は一四年間務めたシカゴ大学を辞めることになった。一九〇六年六月のことである。その経緯を辿ってみよう。

## トリッグス夫妻と解雇騒動

ヴェブレンは『営利企業の理論』を同僚の夫人に献呈していた。その同僚とは英文学者であり文明批評家でもあったオスカー・L・トリッグス（Oscar Lovell Triggs: 1865–1930）であり、その夫人がのちにW・ウィルソン大統領の財務長官を務めたW・マッカドー（William G. McAdoo: 1863–1941）の妹ローラ・マッカドー（Laura McAdoo: 1870–1911）だった。夫のオスカーは多芸多才な人物であり、イギリスの詩人・ブローニング夫妻（Robert Browning: 1812–1889; Elizabetu Browning: 1809–1861）や『草の葉』のアメリカ詩人W・ホイットマン（Walter Whitman: 1819–1892）に傾倒し、ヴェブレンも会ったことのあるW・モリスにも強い関心を示していた。かれはシカゴ大学を辞めてからはみずから出版社を興し、『トリッグス・マガジン』を発刊した。機械文明には大いに批判的で、東洋文化への志向（Orientalism）をもっていた（Triggs, 1905: 279–300）。またオスカーは急進的な社会主義者であり、シカゴ工芸連盟（Industrial Arts League in Chicago）の事務局長も務めた。ヴェブレンは社会主義者ではなく、すでにみたようにラスキンやモリスの「古典主義」運動にも批判的だったが[71]、それでもトリッグスのことを「自分の友人」と呼んでいた。

オスカーはヴェブレンと同じく、シカゴ大学の設立当初から教鞭をとっていたが、ハーパー学長からは好ましからざる教授の一人として、「狙い撃ちされていた」[72] (Nilan and Bartholomew, 2007: 15)。

オスカーは学生に大変人気のある教師だった。かれ自身は自分のことを「もの静かで思慮深い人間」であると考えていたらしいが、周りの者は「風変わりな教授」だとみていた。学生から「正統な人間にW・ホイットマンは読めますか」と尋ねられると、かれは「もちろん、読めます」と即答し、「いったい、このクラスに異端の考え方をもたない人がいるのですか。正統な人たちを教育するのならば、文学の研究など役に立たないでしょう。異端でない詩などありませんから」と畳みかけたという新聞記事が残っている (*The New York Times*, July 18, 1901)。

かれはまた伝統的なカレッジ教育に批判的だった。時間がゆったり流れている静的な時代ならばともかく、いまは動的な時代であり、新しい文化が求められている。そのかぎりでは、技術教育を重視すべきだという企業家の要望は正しいといって憚るところがなかった (University of Minnesota, *The Minnesota Daily*, October 8, 1902)。

ところで、オスカーがローラと結婚したのは一八九九年一月六日のこと、ローラを見初めたのはその二年前、テネシー州ノックスヴィルでのホイットマンについての講演会のときだった。ローラは才色兼備の地元でも評判の魅力的な女性だった。エレンの友人 (Lucia K. Tower) がのちにドーフマンに書き送った手紙には、「彼女 (ローラ) は男たちの争いごとの種になるような女性だった」(Jorgensen and Jorgensen, 1999: 82) とある。彼女がその後に歩んだ人生の足跡を考えてみると、責任が誰にあるであれ、この発言は暗示的だった。

南北戦争以前、マッカドー家はプランテーションを所有する裕福な南部貴族の一家だった。ローラの父は、非常勤だったがテネシー大学で歴史や英文学などを教えていた。彼女の母も小説や詩をものする知識人だった。彼女はその父からフランス語を習い、フランス文学のサークルに入った。そのローラをヴェブレンが知ったのは、オスカーとローラが結婚してまもなくのころだった。ローラはヴェブレンの講義にも出ていた。だから、『営利企業の理論』を献呈したのだろう。[73]

ところが、ドーフマンは『ヴェブレン』のなかで、「一九〇四年、かれ (ヴェブレン) がかれを賞賛する女性の一人と一緒にいるのが見かけられたヨーロッパ旅行から戻ったとき、かれは別の仕事を探した方がよいと思った」(Dorfman, 1934: 253-254, 訳 360)と書いている。この「かれを賞賛する女性の一人」というのがローラである。このくだりを読むと、あたかもヴェブレンがローラとふたりでヨーロッパ旅行に出かけ、それを誰かにみつかったので大学を逃げ出そうとしたかのような印象を与える。

しかし、事実はまったく違っている。一九〇四年夏、ヴェブレンはトリッグス一家(夫妻と三歳の息子――すでにオスカーは大学を辞めていた)と一緒にヨーロッパへ研究旅行に出かけた。[74] その経緯について、ヴェブレンは半年ほどして友人のレーブ宛につぎのように書いている――、アメリカを発って直後のことらしいが、私はある女性と、そしておそらく男性や子供も一緒に[ヨーロッパへ]逃げ出したというレポートが大学内で回覧された、と帰国後に聞かされた。慌てふためいた大学当局は大学の名誉を傷つけたということで私を解雇しようとした。しかし、帰国後もそれらしい動きはなく、その画策は失敗に終わった。新聞社が大学から渡された書類にもとづいて記事を書くことを拒否したからである。この話を捏造した通報者はいざ知らず、新聞社は名誉毀損の罪にでも問われたら大変だと判断したのだろう。あとには、学長と私とのあいだのいっそう気まずくなった関係だけが残った。大学が私の評判を貶めようとしてこうした挙に出るのであれば、私のほうから喜んで大学を辞めるつもりだ、といった内容の手紙だった(ヴェブレンのレーブ宛の一九〇五年二月一〇日の手紙――Jorgensen and Jorgensen, 1999: 83)。

それにしても、ヴェブレン不在中の「レポート」の出所はどこか。かれは学長あるいはその周辺とみていたが、最近のジョルゲンセン夫妻の研究によると、それはエレンの友人ルシア・K・タワーだったらしい。それにしても、ルシアから聞いた話を、ヴェブレンたちがヨーロッパに出かけているあいだに、ハーパー学長に手紙であるいは直接会って伝え、何らかの処分があってしかるべきではないかと示唆していたのは、離婚を迫られていたエレンその人だった。「エレンは、シカゴ大学の学長に少なくとも二通の手紙を書き、実際にも会ってヴェブレンを破滅の道に追いやろうとした」(Nilan and Bartholomew, 2007: 15)。彼女自身、心底から湧き上がる怨嗟の情を抑えることができなかったのだろう。

このトリッグス・スキャンダルが捏造されたものだというヴェブレンの見方をオスカーも認めていた。かれが編集長を務めていた『トゥモロー』（一九〇五年二月号）誌上でかれはヴェブレンの『有閑階級の理論』と『営利企業の理論』を取り上げ、その至上の文体といい風格にみちた議論の運びといい、両著が現代アメリカ社会の経済分析としていかに画期的なものであるかについて絶賛していた（Jorgensen and Jorgensen, 1999: 232）。

しかし、ここでふれておく必要があるのは、こうした一九〇四年の出来事のまえに、すでにハーパー学長はオスカーを大学から「追放」していたということである。それは一九〇三年のことだった。英文科の主任教授だったJ・H・マンレー（J. H. Manley）に契約更新の推薦をさせなかったからである。直接のきっかけは、辛辣な語調と文体でロックフェラーやプルマンをシェクスピアに関連づけてひどく揶揄した（と受け取られた）ことだった。大学を辞めたオスカーは出版社を興して雑誌を発行したり、編集長の仕事を引き受けたりして売文業に精を出さなければならなかった。みずから出版した雑誌が『トリッグス・マガジン』、編集を頼まれたのが『トゥモロー』誌だった。一九〇五年に後者の編集長になったオスカーは、妻ローラにも原稿の一部を書いて欲しいと思っていた。しかしその頃になると、ふたりのあいだには無視しがたい心の隙間が生じ、冷たい風が吹きはじめていた。ローラはオスカーの煽動家的な暴露趣味に嫌気がさしていた。そしてその年、ついにローラは息子を連れてパリに逃げた。

その逃走劇はふたりの離婚を意味していた。ローラはパリで人工呼吸器の開発で有名になった医者ピエール・ギャギー（Pierre Julian Gagey）と再婚した。しかしオスカーのときと同じように、その結婚生活はまもなく破綻した。ピエールに愛人ができたからである。人工呼吸器の開発も金銭的に割のあわないものに終わった。

ローラが作家のアナトール・フランスに会ったのはそれから数年後のことである。ふたりは恋に落ち、ローラはフランスの愛人になった。フランスとの恋が成就するものと思っていたローラだが、六七歳のフランスにはどこか漁色的なところがあり、ローラのほかにも幾人もの女性たちと同時に関係をもっていた。一九一一年の秋には、フランスのローラへの想いはすっかり冷めていた。その悲劇的な結末が一〇歳の息子を残したローラの自殺だった（Bartley, 1996: 9; Jorgensen and Jorgensen, 1999: 86–87）。一九一一年一二月一七日のことである。

ドーフマンは「新ヴェブレン伝」のなかでローラとフランスの関係について、「一九一一年、彼女はヴェブレンと共通するところの多いヨーロッパの最高の作家の一人であるアナトール・フランスの成長（development）に重要な役割を果たした。最新の伝記によれば、彼女との［恋愛］関係はフランスにとって真剣なものだった。彼女には文学的才能があったから、そのいくつかの論文を手助けした。彼女もまた『神々は渇く』（Les dieux ont soif.）のよき支持者だった」（Dorfman, 1973: 97）と書いている。しかし、いかなる意味でヴェブレンとフランスのあいだに「共通するところが多い」のか。また、いかにして一九一一年の出来事（したがってローラの自殺）が六〇代半ばをすぎていた「フランスの成長に重要な役割を果たした」のか、ドーフマンはなにもふれていない（Bartley, 1996: 9; Bartley and Bartley, 1997: 138–139）。

## 新たな就職活動とその失敗

ヴェブレンはトリッグス・スキャンダルがあって、ハーパー学長とその周辺に対する不信感を募らせていた。さきのレーブ宛の手紙にもあるように、ヴェブレンはこの出来事の直後から新たな就職先を探しはじめた。

一九〇四年一〇月、国会図書館文書部長のポストが空席になったので、ヴェブレンはそれに応募した。かれの人物証明をしてくれるだろう人物として、ヴェブレンはラフリンやクラーク、ダベンポートなどの名前を、また業績評価という点ではラフリンとタウシッグ、ウォード、ミッチェルといった人びとの名前を挙げていた。

タウシッグはその推薦状に、ヴェブレンの大学転出やかれの管理者能力はさておき、ヴェブレンが優秀な学者であり、すぐれた思想家であることに疑問の余地はないと書いた。また、ウォードへの依頼状のなかでヴェブレンは、「数年前にあなたが（オスカー）トリッグス博士に出された手紙を、じつは博士からみせていただいたのですが、そのなかであなたが予言されていたように、私（ヴェブレン）はこの大学を離れる時期が訪れています」としたため、推薦状を書いてほしいと綴った。そのウォードは、「かれの『有閑階級の理論』をこの国の最も輝かしい作品のひとつと思っていますし、先般かれの『営利企業の理論』が上梓され、著作家および思想家としてかれは高い評価を得つづけています。他の事情が等しいならば、国はその国民のなかのエリートを国の仕事に招き入れることにともなって偉大な国となっていくと思います」と書いた。さらにダベンポートは、「大学院の仕事については、かれは私の知る限り最良の人物である。経済思想、経済制度の歴史、そして社会主義の文献や歴史などの分野でかれに匹敵する人物はこの国にいないと思う」と書き送った。ミッチェルは「存命の経済学者のなかで、かれは独創性、判断の健全さ、その学識がもっとも見事に組み合わさった人物であると思う。経済問題をあれほど確実に思想的に把握し、それをきわめて科学的な観点から処理できる人物を私はほかに知らない。いまから五〇年後には、かれはこの世代の経済学者のなかで最も重要な人物とみされていることになると思う」としたため、ヴェブレンの並外れた語学力と該博な文献目録的知識にもふれていた（Dorfman, 1934: 255-256, 訳 361-364）。

しかし、ヴェブレンに朗報が届くことはなかった。この結果について、ジョルゲンセン夫妻は——職務適性という問題もあったにちがいないが——「ヴェブレンは甚だしく過剰資格だった」と書いている（Jorgensen and Jorgensen, 1999: 89）。なるほど、そうだったかもしれない。

それにしても、上記の推薦状のなかでもとくにミッチェルのものは、ヴェブレンに対するかれの包括的な最終評価といった性格をもっており、記憶されてよいものだろう。

## アン・ベヴァンズと恋に落ちて

ヴェブレン四七歳の一九〇四年、女性をめぐる出来事はトリッグス・スキャンダルで終わったわけではなかった。ヴェブレンはかれの講義に出ていた女性と恋に落ちた。相手はアン・ブラッドレー・ベヴァンズ（Ann Fessenden Bradley Bevans: 1877-1920）、のちにヴェブレンが再婚した女性である。ふたりが最初に会ったのはアンの義父ホーマー・ベヴァンズ（Homer Bevans）の家だった。ホーマーはウェルズ出身の六フィート七インチの大男、厳格な家父長的な人物であり、シカゴのいくつかの高校の校長を務めていた。学校教育によって不道徳で汚れた貧しいシカゴの町を蘇らせるのがかれの教育者としての願いだった。このとき、彼女はヴェブレンより二〇歳年下の二七歳、すでに二児の母だった。夫のトムは同じく背の高いハンサムな青年だった。しかし、かれはアンの家事の苦労に手を貸そうとはしなかった。その点は父親そっくりで、家事も育児も女の仕事、男が手を出してはならないと考えていた。

一方、アンの父親アレキサンダー・ブラッドレー（Alexander Stuart Bradley）はイリノイ・セントラル鉄道訴訟で活躍した有能な弁護士だったが、猩紅熱を患って聴力を失い、若くして引退を余儀なくされた。そのため、母のハリエット・トール（Harriet Ayer Tolle）はシカゴ大学の外国人留学生のために下宿屋を営んでいた。アンは他の兄弟姉妹と同じように独立心が強く、父親のお気に入りだった。姉のマリーは学校の教師、つぎの姉ハリエットはシカゴ大学の自然地理学者だったW・アトウッドと結婚した。

アンの夫のトムは建築士だったが、先輩にいわれて方々の建築現場を回って管理監督の仕事をしていた。しかし、必ずしも仕事熱心な人物ではなかった。暇なときには女性にお気に入りの衣装を着せ、その写真を撮ったりしていた。アンの女友達とよく悪ふざけをしてはアンの気持を逆撫でした。早すぎた結婚生活に悩んでいたアンはやがて社会主義思想に関心をもつようになり、婦人参政権論者になっていく。しかし、トムはそんなアンを冷笑していた。アンは結婚してからもよくショパンのノックターンを弾いたが、夜中に働いて帰ってくる近所の人から苦情が出てからは、ほかの人が大変な思いをして働いているときにピアノを弾くなんてよくないことではないか、と思い悩むようになった。さきのトリッグス夫妻に関連してふれたイギリスの詩人エリザベス・ブローニングの詩を娘たちに朗読して聞かせるようになったのも、そんな経験があったからである。

アンがヴェブレンに会ったころには、トムとの結婚生活は破綻しかけていた。トムと暮らしたフラットを出ていくとなれば、それはもうただごとではない。しかしアンの気持は決まっていた。アンがふたりの娘と新しく住むことになったのはイリノイ・セントラル鉄道の操車場の近くにあった芸術家村の一角にあるアパートだった。長女のベッキー（Becky Veblen Meyers: 1901-1994）はのちにその頃のことを、よく家の外で妹のアン（Ann Bevans: 1903-1986——「はじめに」でもふれたように、宇沢弘文がスタンフォード大学時代に下宿していた家の女主人）と石蹴りをして遊んだが、いつも石炭カスで目が痛くなったと述懐している。

ベッキーの記憶といえば、そのころ（一九〇四年）アンの新居にときどき「背の高い、無口の男の人が本を抱えてやってきた」らしい。それがヴェブレンだった。かれが最初に立ち寄ったときのことをベッキーはよく覚えている――、「ちょうど姉妹ケンカの真っ最中、ふたりは泣き叫んでいた。すると、その人（ヴェブレン）は『ああ、ちょうど欲しいと思っていたんだよ。ほら、ここに小さい壺があるだろ。このなかに君たちの涙の粒を落としてくれないかい』といった。私と妹はすぐに泣き止んだ」(Becky Veblen Meyers, 1979-: 18)[75]。その頃から、母のアンはドイツ語でドイツ社会主義運動について勉強しはじめ、ますます婦人参政権への関心を強めていった。

アンは大きな青い目をした、髪の色は黒っぽい中肉中背の「マドンナのような」美人だったといわれる。ヴェブレンはアンのアパートを「優柔不断の隠れ家」(the corner of indecision) と呼んでいた。ふたりはこれからどうすべきかについて悩んでいたからだろう。それでも一九〇五年夏には、大学の多くの同僚がふたりの噂を耳にするようになった。友人のドイツ文学科のM・シュッツ (Martin Shütze: 1866-1950) は大いに心配して、かれらの露骨な礼節に反するような行為について忠告した。しかし、ヴェブレンは耳を貸そうとしなかった。

ヴェブレン、アン・ベヴァンズ、そして娘のベッキーとアンは一九〇五年の夏もまた翌年の夏もミシガン湖畔にあるワシントン・アイランド (Washington Island) に出掛けた。エレンの手の届かない場所に行きたいという気持もあったが、かつてアイスランド移民によって開拓された場所に行ってアイスランド語を学びたいという思いがヴェブレンにはあった。ワシントン・アイランドは南北戦争が終わった一八六五年頃から、アイスランドやスカンジナヴィア諸国からやってきた移民によってつくられた町だった。

### シカゴ大学を辞める

ヴェブレンもアンも、それぞれ事実上の離婚状態にあったが、ふたりの同棲生活は当時の保守的な人びとからすれば、到底容認できるものではなかった。この事実を知ったエレンはふたたびハーパー学長に詰め寄った。

ヴェブレンがトリッグス・スキャンダルを契機に、シカゴ大学を辞めることになるだろうという予感と意思をもっていたことはすでにみたが、そのことにふれたレーブ宛の一九〇五年二月一〇日の手紙の書き出しにはこうある――、「どこか働く場所がみつかれば、シカゴを去ろうと思っています。もしあなたにお願いできるのであれば、ジョーダン氏（スタンフォード大学のジョーダン学長）に私のことを話してもらえないだろうか。アメリカの大学で行ってみたいと思うのはスタンフォードだけです。ジョーダン氏はかつて私に好意をもってくれていました。いまのスタンフォード大学の財政事情を考えると私を採用するのは大変かもしれないが、そうしてくれるかもしれない」と。『有閑階級の理論』が出たとき、出版社はコメントの依頼状を添えてジョーダンに本を送っていた。そしてジョーダンはヴェブレンの仕事を高く評価していた。

結果的には、すぐあとにふれるように、A・ヤングの強い推薦もあって、ヴェブレンはスタンフォード大学に採用されることになった。一九〇六年五月のことである。それは、一九〇六年六月二〇日のシカゴ・レコード・ヘラルド紙（*The Chicago Record Herald*）が「教授辞任――半分のミステリー：一日で五人が大学を去る」という見出しで、ヴェブレンを含む五人のシカゴ大学教授の辞職騒動について報じる一ヵ月前のことだった。

**1909-10年頃のアイダホ州ノーフェアでのアン・ブラッドレー・ベヴァンズ**（カールトン・カレッジ蔵）

教授たちは大学が給与を払えないからだと聞かされた。しかし、大学当局はその新聞報道に対して、五人が同時に辞めたのは「まったくの偶然」であり、「大学が財政的に逼迫しているなどということはない」と反論した。同紙は五人のうち「ひとりは『解雇』を言い渡されたが、大学はその理由を明らかにしていない。そのひとりとは政治経済学について『有閑階級の理論』にあるような急進的見解をもつヴェブレン教授らしいが、教授はそれ（解雇）を否定している」とも報じた（Bartley and Bartley, 1997: 141）。

要するに、ハーパー学長と大学理事会はヴェブレンを解雇したつもりだったかもしれないが、ヴェブレンからすれば、長年冷遇され、スキャンダルまででっち上げる大学にすっかり嫌気がさし、みずからの意思で大学を辞め、再就職先も自分で探したということである。この点、セックス・スキャンダルの責任をとって大学を解雇されたのだというドーフマン（Dorfman, 1934, 1973）をはじめ、それを踏襲したリースマン（Riesman, 1953）、それに尾鰭をつけたディッギンス（Diggins, 1978）やハイルブローナー（Heilbroner, 1953）の記述は事実に反している。

### スタンフォード大学へ移る――ヤングとの出会い

『有閑階級の理論』が出版されたころ、スタンフォード大学の経済学科にはE・A・ロス（Edward A. Ross: 1866–1951）やF・フェッター（Frank A. Fetter: 1863–1949）がいた。かれらはいずれもヴェブレンを高く評価していた。しかし、そのロスはいわゆるロス事件[76]によって一九〇〇年一一月、大学から解雇された。この騒動でロスに同調してフェッターもすぐに大学を辞め、コーネル大学に移った。さらに、政治史家で社会学者でもあったG・ハワード（George E. Howard: 1849–1928）も一九〇一年に解雇された。その当時、アメリカ経済学会の会長になっていたイリーはこのロス事件に関する調査委員会を立ち上げ、セリグマンが委員長になった。その報告書はロスの解雇は公正な判断にもとづくものではなく、ジョーダン学長は間違っていると結論づけたが、スタンフォード大学の下した結論が覆ることはなかった。アメリカ歴史学会も同年夏の大会でこの問題を取り上げ、批判的議論が噴出した。学生に人気のあった社会学者M・スミス（Mary Roberts Smith: 1860–1945）も健康上の理由で一九〇三年、スタンフォードを去った。

その後、ジョーダン学長は一九〇二年にコロンビア大学で博士号を取ったばかりのA・ウィタカー（Albert C. Whitaker）やシカゴ大学で博士号を取得したH・ミリス（Harry A. Millis）といった若い経済学者を採用したが、いかにも劣勢だった。ジョーダンが学科の主任教授として目星をつけていたのはウィスコンシン大学のA・ヤング

(Allyn Abbot Young: 1876-1929)だった。かれはヴェブレンよりも二〇歳近くも若い少壮気鋭の経済学者だった。

ジョーダン学長は一九〇六年一月二二日、ヤングに招聘状を書き送った。経済学・社会学科の主任教授になってほしい、処遇は准教授(associate professor)で年俸二五〇〇ドルという内容だった。ヤングは、ウィスコンシン大学では終身雇用が保証されており、年俸三〇〇〇ドル以下では移るつもりはないと返事した。ロス事件をめぐるジョーダン学長の行動にも違和感をもっていた。その後、いくどかジョーダンとヤングのあいだでやりとりがあったが、最終的には、近い将来、終身雇用の教授になってもらうこと、年俸も三〇〇〇ドルとするということで、一九〇六年三月八日、ヤングはジョーダン学長の申し出を受け入れた。(77)

ジョーダンは、すぐにもうひとりの教授として、ヴェブレンを招聘することの是非についてヤングの意見を求めた。ヤングに躊躇はなかった。「スタンフォード大学の大学院を充実させたいというのであれば、アメリカの経済学者のなかでその学識の広さ、分析の精巧さといった点でかれの右に出る者はいない。ヴェブレンの条件と折りあえるのであれば、かれを招聘するよう強く勧めます」(ヤングのジョーダン学長宛の一九〇六年四月一四日の手紙——Blitch, 1995: 22)という内容の返事が戻ってきた。

ジョーダンはヴェブレンに連絡をとった。そしてヴェブレンからは年俸三〇〇〇ドルの教授でお願いしたいという返事が届いた。節倹を旨とするスタンフォード大学理事会にとってそれは想定外の要望だった。何回かの交渉のすえ、五年契約の准教授、初年度は年俸二五〇〇ドル、翌年から三〇〇〇ドルということでヴェブレンの招聘が決まった。ただし、ひとつだけ条件がついた。さきのウィタカーやミリスはシカゴ大学の事情にも通じていたから、ヴェブレンをめぐるスキャンダルと「解雇」騒動のことをかれらも耳にしていた。その条件とは妻のエレンをともなって赴任するということだった。ヴェブレンもまたエレンも——カミックとホジソンは「一九〇六-〇七年の和解」という言い方をしているが(Camic and Hodgson ed., 2011: 7)——いったいどういう思いでその条件を受け入れたのか定かでない。(78)ヴェブレンがオレゴン州に住んでいたエレンとともにカリフォルニアにやってきたのは一九〇六年秋口のことだった。ヴェブレンの担当講義は「政治経済学史」「社会主義論」、そして「文明における経済的要因」の三つだった。

このようにして、ようやくスタンフォード大学の経済学・社会学科の新たな教授陣が整った。経済学は三人の准教授（ヤング、ヴェブレン、ウィタカー）のほか、二人の助教授と助手が一人という陣容だった。

## 「彷徨学派」の経済学者ヤング――その英才と夭逝

ここで、すこし脇道に逸れるが、ヤングについてふれておこう。

かれは一八七六年九月一九日、オハイオ州ケントンの中産階級の家に生まれた。ラフリンとは別の仕方でヴェブレンを支えたヤングは、一九二九年三月七日、ロンドンで流行性インフルエンザに罹り、肺炎で急逝した。まだ五二歳の若さだった。多くの経済学者がその夭逝を惜しんだ。三月一一日の葬儀には多くの関係者が出席し、ヒュートン駐英大使やベヴァリッジ卿が弔辞を述べた。

かれはハイラム・カレッジ（Hiram College）を史上最年少の一六歳で卒業、印刷業に関わったのち、九八年にウィスコンシン大学の大学院に入学、経済学者イリーや歴史学者ターナーの薫陶を受けた。一九〇〇年に一年だけ、ワシントンの国勢調査局で働いたが、そこでミッチェルや統計学者W・ウィルコックス（Walter F. Willcox: 1861–1964）などの知己を得た。翌一九〇一年、ウィスコンシン大学に戻って学位を取得した。

しかし、そこから多くの大学を転々とするヤングの彷徨的キャリアがはじまった。ウェスタン・リザーブ大学（一九〇二–〇四年）、ダートマス・カレッジ（一九〇四–〇五年）、ウィスコンシン大学（一九〇五–〇六年）、スタンフォード大学（一九〇六–一〇年）、ハーヴァード大学（一九一〇–一一年）、ワシントン大学（一九一一–一三年）、コーネル大学（一九一三–二〇年）と次々と転職を重ね、その間一九一七年には戦時通商局（Board of War Trade）を支援するため統計調査局に在籍、翌一八年には、のちにあらためてふれるが、パリ講和会議のための「調査」チーム（ウィルソン大統領の外交顧問だったE・M・ハウス［Edward M. House: 1858–1938］がそのリーダー）に関与した。

戦後はふたたびハーヴァード大学で教鞭をとり（一九二〇–二七年）、その後W・ベヴァリッジの依頼を受けて三年間という約束でロンドン経済政治学院（LSE）の教授に就任した。一九二八年一二月、シカゴ大学から経済学部長になってほしいという要請を受け、それが難しいことの説明にシカゴに赴いた。しかし、ロンドンに戻った直後にヤングは亡くなった。ヴェブレンよりも五ヵ月早い死だった。

この間、ヤングは一九一七年にはアメリカ統計学会、また二五年にはアメリカ経済学会の会長を歴任、それぞれ興味深い会長就任講演を行なっている(79)。

ヤングは——ロンドン経済政治学院の同僚だったT・グレゴリー（Theodor E. Gregory: 1890-1970）によれば——、経済学の真理はひとつの学派によって独占できるものではない。だからこそ、多くの見方に広く通暁する必要があると考えていた。かれはみずからを「彷徨する経済学者という学派」（school of peripatetic economists）に属していると語り、友人のA・ジョンソンはかれのことを「アカデミックな放浪者」と呼んだ。こうした姿勢はかれの謙虚な人柄と相まって透徹した示唆に富む多くの論文を生み出したが、体系の完成を妨げた憾みがある。それでもヤングは亡くなる直前、みずからの経済理論とくにその貨幣理論の体系化に取り組みはじめていた（Gregory, 1929: 298-299. ——なお、没後七〇年に編まれたヤングの遺稿集が Young［1999］である）。

ヤングは経済学者としてのみならず、教師としても優れた能力をもっていた。シュンペーターは「ヤング論」のなかで、「かれは最初にして最後の創造的な教師だった。創造的思想に影響を与えたのはその著作よりも教えることを通じてだった」（Schumpeter, 1937: 514-515）と書いている。いくつか、そうした例を挙げてみよう。

一九七七年にノーベル経済学賞を受けたスウェーデンの経済学者B・オリーン（Bertil Ohlin: 1899-1979——「ヘクシャー＝オリーン・モデル」のオリーン）が一九二二年から二三年にかけてハーヴァード大学に留学していたとき、ヤングの学識のほどを試してみようとして、当時はスカンジナヴィア諸国以外ではほとんど知られていなかった「ヴィクセル効果」について質問した。ヤングは学生たちを前にしてわずか五分間でその精髄について見事な説明をした。かれはヤングの深い学識に驚き、これほど経済学に通じている人物はいないと思ったと述懐している（オリーンの『アリン・ヤング』の著者C・ブリッチ宛の一九七八年一二月二一日の手紙—— Blitch, 1995: 116, 201）。

ヤングの有名な弟子には、このオリーンのほか、コーネル大学時代のF・ナイト（Frank H. Knight: 1885–1972）やハーヴァード大学時代のE・チェンバレン（Edward H. Chamberlin: 1899–1967）、LSE時代のN・カルドア（Nicholas Kaldor: 1908–1986）などがいる。ナイトはかれの懸賞論文（「企業利益の理論」）を書き直して博士論文に仕上げようとしたとき、ヤングから数多くのアドバイスをもらった。かれは一九二〇年一一月から翌年一月までの三ヵ月間、細心の注意を払ってナイトの論文に目を通した。その論文が完成したとき、ヤングは「この論文は私がこれまで審査した博士論文のなかでもズバ抜けて優れたものです。賞賛の念を抱きながら楽しく読ませてもらいました。そして大きな知的刺激を受けました」（ヤングのナイト宛の一九二一年一月五日の手紙）と書いた。その博士論文が『危機、不確実性および利潤』（一九二一年）である。ナイトはヤングに宛てて、「この本についての先生の寛大な言葉に感謝いたします。この本になにかメリットがあるとすれば、そのほとんどは先生に負っています。先生からいただいた示唆を十分活かすことができたならば、もっと良いものになったと思っています。しかし、先生の示唆がムダになることは決してありません。これからの私の仕事のなかにその影響をご覧になることができるでしょう」（ナイトのヤング宛ての一九二一年一〇月一七日の手紙）。じっさいその後も、ナイトは自分の書いた論文や本を真っ先にヤングに送り、コメントを求めた（Blitch, 1995: 121）。

ヤングはチェンバレンにも大きな影響を与えた。チェンバレンはヤングの指導下で一九二七年に「独占的競争の理論」という博士論文を書き上げた。一九三三年には、それをもとにして同名の著作を出版した。当初から、この論文にはヤングの考え方がかなり入っているのではないかという見方があった。ヤングは「現代経済思想の諸学派」という講義のなかでチェンバレンの理論と同じ内容に立ち入っていたし、また先生だったイリーらとの共著『経済学概要』（*Outlines of Economics*, 1908［1916］――この一九〇八年の第二版以降の大幅改訂はヤングが中心になって行なったもの）のなかに、すでにチェンバレンのいう「生産物の差別化」（product differentiation）と酷似した議論を展開していたからである（たとえば Ely, Adams, Lorenz and Young, 1908［1916: 195, n.1］参照）。

ヤングは一九二七年にLSEへ赴き、経済学原理や経済理論などの講義を担当した。その深い学識と人柄によって多くの同僚や学生を魅了した。そして翌二八年には、ヤングはイギリス科学振興協会(British Association for the Advancement of Science)のセクションF(経済学・統計学)の会長に選ばれた。もちろん、この重職に就いたアメリカの経済学者はヤングがはじめてだった。二八年夏、かれはグラスゴー大学で行なわれる会長就任講演の準備に余念がなかった。その講演が「利益拡大と経済進歩」(Young, 1928b)である。そこでヤングは、静的均衡モデルを乗り越えるべく、のちに「内生的成長理論」(endogenous growth theory)と呼ばれるものに先鞭をつけた。

その前年の一九二七年一〇月一一日、ヤングはLSEで「イギリス政治経済学」(English Political Economy)という印象的な教授就任講演を行なっている。そのなかでヤングは、視野狭窄の経済理論研究に警鐘を鳴らし、実践的な経済問題や政策課題から乖離した経済学は枯渇すると宣告する一方、広く一般的なものの見方、考え方をもたない短期的な見解はミスリーディングなものに終わると断言した。そして「今後、経済理論に対する最大の貢献は、これまでもそうだったように、『専門的理論家』ではなく経済生活に関わる社会問題を解決するためにより良い知識を手に入れようとして努力する人びとによってもたらされるだろう」と語った(Young, 1928a [Young, 1999: 19-20])。ケインズの『貨幣論』や『一般理論』の出現を予言するような結論だった。

ヤングはまた、経済学者に求められる資質能力についてマーシャルの観察、すなわち経済学者には精巧な分析手法もさることながら、明敏な生来の才知、バランス感覚、広い人生経験が大切だという観察に賛同したうえで、さらに知恵と歴史的知見を付け加えたいと述べた。詩を愛し、ピアノを奏でたヤングがこの歴史という言葉に託していたのは、科学的手続きよりも美的感性の錬磨だった。

ロンドンでのヤングとその一家の生活は楽しく、充実したものだった。ラスキやベヴァリッジ、ウェッブとは家族ぐるみの付き合いだった。よく劇場や映画館、コンサートに出掛けたし、足繁く大英博物館の図書室にも通った。けれども、ヤングはお金の管理ができる人ではなかった。預金も生命保険もわずかで、遺された家族の窮状には目に余るものがあった。ハーヴァード大学の同僚、アメリカ経済学会とアメリカ統計学会の友人たちが立ち上がって記念基金を創設した。未亡人の生活を支えること、その後は経済学研究のために基金を運用するという趣旨で寄付が募られた。大恐慌の最中にもかかわらず、一九二九年から三〇年にかけて三万ドルものお金が集まった。未亡人には、彼女が一九六〇年一一月に亡くなるまで毎年一二〇〇ドルが送られた。そして翌六一年にはいまにつながるアリン・ヤング賞が設けられた（Blitch, 1995: 186-187）。

さて、ここで場面を一九〇六年のカリフォルニアに戻してみよう。スタンフォードにきたヴェブレンは同僚のヤングやバークレーにいたミッチェルと交遊を深め、サンフランシスコのレストランで定期的に会って夕食を楽しんだ。しかし、大学での他の教授たちや学生たちとの付き合いはあまり好まなかった。ヴェブレンは大学の諸々の社交的クラブや学部のイベントにも関わろうとはしなかった。

一九〇六年の晩秋、セドロに引っ越したヴェブレン夫妻であったが、エレンは一九〇七年のはじめにはメンロ・パークのサンド・ヒル・ロードに移り、さらに数ヵ月後には別の場所に動いて、そこで一人暮らしをはじめた。案の定、ふたりは別居生活へ逆戻りしてしまった。

厄介なことに、その年（一九〇七年）ついにアン・ベヴァンズがヴェブレンを追ってカリフォルニアにやってきた。アンはシカゴを発つまえに、エレンに手紙を送っていた。そこには、セドロから出ていってほしい、ヴェブレンと離婚してほしいといったことが書かれてあった。

こうした不穏な出来事が最終的には、一九〇九年一二月のヴェブレンの大学辞職という事態を招くのであるが、それについてふれるまえに、スタンフォード大学にいた三年ほどのうちにヴェブレンが矢継ぎ早に発表した経済理論に関する批判的検討についてふれておこう。その作業はフィジオクラット、スミス、功利主義的経済学、シュモラー、マーシャルなどについての批判的分析の一環をなすものだった。

## 第七節　経済学説の批判的検討――その（二）

ここで取り上げたいと思うのは、第三節の冒頭に挙げておいた合計一一篇の論文のうち、④から⑨までである。具体的にはマルクスとその継承者たち、カールトン・カレッジで教えてもらったクラーク、そしてフィッシャーなどの学説研究である。

**マルクス主義経済学**

ヴェブレンは一九〇六年四月、したがって厳密にいえば、シカゴ大学時代の末期、二週間にわたってハーヴァード大学で連続講義を行なった。その内容に多少の修正を加えて発表したのが論文④「カール・マルクスとその後継者たちの社会主義的経済学」（一九〇六―〇七年）である。

すでにヴェブレンは、『営利企業の理論』のなかで、一九世紀第三・四半期にドイツを中心に流布したマルクス主義あるいは科学的社会主義についてふれ、ひとことでいえば、それは自然権思想とヘーゲル主義のハイブリッドであり、もはや信仰告白以上のものではなくなっていると断じていた。この長い論文はその主張を詳しく展開したものである。前篇が「カール・マルクスの諸理論」、後編が「その後のマルクス主義」となっている。まず、前編の論旨からみてみよう。

マルクスの理論体系の特徴はその大胆な概念と論理的一貫性にあるのであって、個々の要素にとくに新味があるわけではない。じっさい、これほど優れた体系性をもった経済理論は滅多にない。しかし、この点を除けば、マルクスの体系は分かりやすいものではないし、支持できるものでもない。

マルクスの優れた体系性を理解するためには、かれのふたつの理論的前提、すなわち唯物論的なヘーゲル主義とイギリスの自然権体系に注目する必要がある。かれはその推論方法をヘーゲルの弁証法に負っていたが、ヘーゲルから発展という考え方を継承しているにもかかわらず、自然権体系の根底にあるものの見方を否定することはなかった。

マルクス経済学の中心にあるのは労働価値の理論である。ひとつは「すべての生産物は労働者に帰すべきである」という見方であり、もうひとつが資本による労働の搾取という教義である。マルクスの見解は一九世紀前半のアイルランドの政治哲学者W・トンプソン（William Thompson: 1775-1833）などの自然権的理論に酷似しており、マルクスに独創性はみとめられないと主張するものもいるが[80]、それは正確ではない。かれの経済理論はリカードに負うところが少なくなく、したがって功利主義的な性格をもっているが、理論体系全体としては新ヘーゲル主義的なものである。

マルクス主義の社会理論は唯物史観、すなわち歴史の唯物論的な解釈図式によって構成されている。ヘーゲル左派的な唯物論的（materialistic）な歴史解釈ということになると、それとダーウィン主義あるいはポスト・ダーウィン主義的な進化との関係が問題になる。

ヘーゲル主義的な図式によれば、社会事象は理念の闘いを通じて発展し進化していくものである。しかしヘーゲル左派の唯物論的な見方では、理念の闘争に代わって、物的な条件の闘争が社会事象の進化発展を促す。それでも、対立と闘争による自己実現（進化発展）という見方に変わりはない。マルクス主義でいえば、この闘争が階級闘争であり、この階級闘争によって社会秩序が形成され、展開していく。

しかし、非目的論的なダーウィン主義の進化と違うのは、マルクス主義には「意識的な階級闘争」（a conscious class struggle）という要素が入っていることである。しかもその「意識」にはヘーゲル主義的な自己実現という含みがある。階級闘争の最終目的は階級なき社会主義社会の実現である。こうして社会の動態プロセスに目的論的な性格が付与される。マルクス主義は主体的な弁証法あるいは目的論的なプロセスが働く場として歴史を解釈する[81]。したがって、マルクス主義における発展は非目的論的なダーウィン主義における進化ではない（Veblen, 1906b: 579-582 [1919e: 414-417]）。

もうひとつ、マルクス主義の階級闘争という概念はダーウィン主義と異なるだけでなく、ヘーゲル主義とも違っている。そこにはベンサム風の功利主義的な快楽主義が含意されている。

資本制的経済では、労働力の価値である賃金は生産された財の価値ではなく、生活過程の費用によって決まる。

労働の剰余価値は労働者の手に渡らず、資本の利潤となり、資本蓄積の源泉になる。労働力の価値（賃金）と生産物の価値のこのギャップがもたらす最大の帰結が不払い労働（剰余価値）の蓄積であり、その蓄積が労働力人口に与える影響（産業予備軍つまり失業者の創出）である。

この資本蓄積の法則が資本制的経済のシステム崩壊を招くのだとマルクスは説く。技術革新によって「固定」資本は増加するが、それに見合った形で「可変」資本が増えることはない。その結果、産業予備軍あるいは失業者群が生み出される。資本蓄積が進むのとパラレルに失業者が相対的に増加する。その帰結が過剰生産であり不況であり、経済恐慌である。

しかしながら、マルクスによれば、この資本制的経済の危機的状況から社会主義体制への転換は意識的な革命的階級闘争によらなければならない。資本蓄積がかぎりなく進行し、労働者は生存ミニマム賃金（subsistence minimum wage）を下回るような悲惨な困窮状態に追い込まれる。そうなって社会革命のスイッチが入るというのがマルクスの思い描いたシナリオだった。

ヴェブレンはこのように要約したうえで——そのさい、『資本論』については第一巻だけで十分だとしている(82)——、「このマルクスの理論が支持しうるかどうかについて多くを語る必要はない」といい（おおかた支持しがたいものだから）、さらにつぎのようにコメントしている。

第一に、のちの社会主義的著作家はマルクス理論の多くに対して否定的である。たとえば、窮乏化の進行とかヘーゲル主義哲学についてそうである。かれらの思考習慣という点では、ダーウィン主義がヘーゲル主義に取って代わった。

第二に、社会成長の理論として考えるとき、最も危ういのは産業予備軍についての議論から示唆されるマルクスの人口理論である。貧困が人口増加を妨げないことは経験的に裏付けられているが、労働力人口が生活手段の増加と独立に増えるという議論は支持できない。ダーウィン以降、生活手段によって条件づけられない人口増加などありえないからである。

第三に、マルクスは基本的にはヘーゲル主義者、つまり「ロマン主義的な哲学者」だった。したがって、どうしても議論が楽観主義に流れる。人生における悪はアンチテーゼ、しかしそれは弁証法に欠かせない。アンチテーゼがあってはじめてジンテーゼ（総合）に到達することができるからである（Veblen, 1906b: 593-595［1919e: 429-430］）。

では、「その後のマルクス主義」はどうなったのか。この後編の論旨はおよそつぎのようなものだった。

一九世紀後半の社会主義思想のなかではマルクス主義がめだって大きな存在だった。しかし、マルクス主義が依拠するヘーゲル主義の哲学は一九世紀の第三・四半期以降、急速にその影響力を低下させた。ダーウィン主義の台頭によるところが大きい。その影響はマルクス主義に致命的な影響を与えた。社会主義者のあいだでも、ヘーゲル主義のロマン主義的で目的論的な自己実現の弁証法的論理にコミットする者は減り、ダーウィン主義の怜悧で「非人格的な」因果関係の解明への関心が高まった。じっさい、晩年のエンゲルスにはダーウィンの影響を認めることができる。

このヘーゲル主義からダーウィン主義への転換は最近の修正主義（revisionism）論争によく現われている。その修正主義者にもふたつのグループがあった。ひとつは、ドイツのE・ベルンシュタイン（Eduard Bernstein: 1850-1932）やC・シュミット（Conrad Schmidt: 1863-1932）、ロシアのM・ツガン＝バラノフスキー（Mikhail Tugan-Barnovsky: 1865-1919）、イタリアのA・ラブリオラ（Antonio Labriola: 1843-1904）やE・フェリ（Enrico Ferri: 1856-1929）など、ヘーゲル主義を捨てダーウィン主義に依拠することになったグループがある。もうひとつは、マルクス主義の現代化に腐心している一般には社会主義者とはみなされないゾンバルトのような人物である。

このうち、ラブリオラ、フェリ、ゾンバルトについてはそれぞれ関連する書評を書いているが、ヴェブレンの眼差しはベルンシュタインに注がれていた(83)。

修正主義論争では、マルクス主義の主要テーマの経験的妥当性が問題にされた。第一に、マルクス主義の正統派理論では、資本制社会の階級闘争は次第にその激しさを増し、最終的にはプロレタリア革命によって階級なき社会主義を実現し、終束するものと考えられている。しかし、この図式は「因果関係に基づくものではない」し、実際の歴史の示すところでもない。ダーウィン主義的に考えれば、労働者階級の階級利害がかれらをして有産階級の打倒に向かわしめるといったア・プリオリな主張にはなんの保証もない。「ドイツやイギリスあるいはアメリカの労働者階級が、これまでの忠誠心の習慣やスポーツマン的性向によって情熱的に王朝の政治ゲームに巻き込まれていく可能性がある」(Veblen, 1907: 309［1919e: 442］)。(84)

ということは、先進社会の労働者階級がプロレタリア革命の戦士になるという正統派の楽観主義的見通しは根拠薄弱であり、むしろ労働者階級も愛国主義の広大な砂浜に埋もれていくというのが現実的な展望ではないか、とヴェブレンはみていた。

資本制社会の進展とともに、労働者階級はますます貧しくなり、塗炭の苦しみに喘ぐようになるといった図式は、ベルンシュタインもいうように、因果関係に基づく推論ではない。そして歴史の教えるところによれば、窮乏化の進行はしばしば卑屈な隷従を生み出す。窮乏化にもとづく階級闘争の激化という図式に保証はない。

窮乏化理論か改良理論か(Verelendungstheorie oder Meliorationstheorie)ということになれば、現実には、ドイツでも労働組合運動が台頭し、雇用や賃金をめぐる交渉を通じて労働者階級の生活水準は改良されてきた。そうなると、マルクス主義は必ずしも社会主義的とはいえない労働組合運動を肯定的に受け止めざるをえない。こうして、労働者階級の生活水準の改良を前提にした社会主義理論の再構築という課題が浮かび上がる。その現われがラッサールを嚆矢とするドイツ社会民主主義の台頭にほかならない。

しかし、その社会民主主義は一九世紀後半の略奪的な王朝政治の復活にともなって愛国主義の台頭という大きな事象に直面した。かれらのインターナショナリズム(国際的社会主義運動)は愛国主義的な政治的信条(心情)によって蚕食され、ドイツ社会民主主義でいえば、「まず愛国主義者たれ、しかるのちに社会主義者たれ」ということになり、現存秩序の維持せいぜいその改良という考え方に大きく傾斜した。「ドイツ社会民主党はもはや革命政党ではなく、改革の政党となった」。かれらは新ヘーゲル主義的マルクス主義を放棄したのである(Veblen, 1907: 320-321［1919e: 454］)。

さらに、このドイツ社会民主主義の愛国主義はその実質においてF・ナウマン風の「帝国主義的デモクラシー」「帝国主義的リベラリズム」（つまり国内的には社会改良的デモクラシーあるいはリベラリズム、国際的には愛国主義的な帝国主義）としての性格さえ帯びるようになった。他国の社会主義運動がこのドイツ社会民主主義と同じ「思想的不毛化」の道を辿ることになるのかどうか、いまはまだ誰も知らない。

以上が「マルクスとその後継者たちの社会主義的経済学」の内容である。ヴェブレンの論旨はきわめて明快であり、とくに贅言を要しない。

強いていえば、第一に、ヴェブレンのマルクスとその継承者たちに対する見方はまことに厳しい。ヴェブレンは、わずかにマルクス理論の体系性とベルンシュタインらの修正主義者に好意的な眼差しを向けているだけである。マルクス主義正統派が瓦解した最大の根拠は、一九世紀の第三・四半期以降、マルクス主義が依拠したヘーゲル主義左派という容器がダーウィン主義的な考え方（経験事象ついての非目的論的で累積的な因果関係の解明）によって完膚なきまでに破損され、さらにそれに盛られていた自然権思想が流れ出してしまったためである。これがヴェブレンの見方だった。

第二に、修正主義論争を通じて、マルクス主義正統派の諸教義（窮乏化や革命的階級闘争の先鋭化など）の経験的妥当性が問われた。結果は正統派にとって惨憺たるものだった。ヴェブレンはその引用の仕方からすると、ベルンシュタインの苦闘に共感し、その慧眼を称えているかにみえる。

第三に、しかし、その修正派の社会民主主義も、略奪的王朝政治が復活するなかで愛国主義という国民主義的熱情によって足下をすくわれ、思想的に不毛化し、「帝国主義的デモクラシー」への道に迷い込んでしまったのかもしれない。そしてその先に待ち構えている事態といえば、『営利企業の理論』での短期的見通しと同じもの、すなわち蘇生した武勇的な略奪文化にもとづく異質な王朝間の生存競争という、ヴェブレン自身の平和愛好的な現代産業社会の到来という『有閑階級の理論』で示したみずからの見方を否定してしまうような暗澹たる展望だった。

## クラークの経済学

一九〇八年になってヴェブレンは、さきの論文リストでいうと、⑤「クラーク教授の経済学」を『経済学四季報』（一九〇八年二月）に、⑥「フィッシャーの資本と所得」を『政治学四季報』（一九〇八年三月）に、そして⑦「資本の本質について」を『経済学四季報』（一九〇八年八月、一一月）に掲載し、さらに一九〇九年に入って、⑧「フィッシャーの利子率」を『政治学四季報』（一九〇九年六月）、⑨「限界効用の限界」を『政治経済学雑誌』（一九〇九年一一月）を載せた。これら一連の論文の中身を発表順に追ってみよう。

まず、「クラーク教授の経済学」だが、この論文は、上記のふたつのフィッシャー論と同じように、刊行されて間がないクラークの著作を取り上げてそれを徹底的に読み込んで批評するという体裁をとっている。

このクラーク論では、ヴェブレンは前著の『富の分配』（一八九九年）を踏まえて「経済静学」（Economic Statics）を体系化した『経済理論要綱――産業と公共政策の諸問題への応用』（一九〇七年、以下『要綱』と記す）を検討の俎上にのせている。この『要綱』は全三〇章からなり、クラークはその序文で貨幣、価値、資本、独占についての議論は既発表の論文にもとづくものであると記している。

ヴェブレンはこの論文冒頭で、アメリカ経済学におけるクラークの高い評価と名声を考えれば、経済学者は誰でもこの『要綱』を避けて通ることはできないという。しかし、批判的吟味も必要だとして、およそ以下のように論じている。

ヴェブレンはクラークの経済学を総括的に捉えてこう記している――、「クラーク氏の仕事は初期の古典派経済学とも後期の（ジェヴォンズ-オーストリア派の）限界効用学派とも調和するものである」（Veblen, 1908a: 149–150 [1919e: 182] カッコ内はヴェブレン）。しかしクラークは、限界効用学派の人びとよりも古典派経済学との連続性を強く自覚している。かれは自分の理論が旧世代の経済学者たちから「連続的に発展してきた」ものであることを強調する。たしかに、クラークの快楽主義的な仮構といい、「正常な」「自然な」状態への静的均衡という考え方といい、「臆断された歴史」への傾向といい、古典派経済学との親和性、連続性というクラークの自覚は正鵠を射ている。

クラークの『要綱』は――生産を価値（価格）の観点からだけ分析しており、その価値が分配概念である以上――、その真髄から「快楽主義的な分配理論の要綱」という性格をもっている。その意味でクラーク経済学の視野は狭い。その理論的精髄が分配問題にあるというのが快楽主義的経済学の重要な特徴である。

『要綱』第一章のはじめの箇所で、クラークは近代的経済制度を理解するために、未開社会の生活について言及している。しかし、その中身は「無邪気な誤解」ではあっても、経済制度の累積的進化プロセスを明らかにしたものではない。

クラークは、近代的経済制度を自由競争の「自然な」システム、「簡単明瞭で自然な自由の体系」といっている。それは定義と分類からなる仮構的な完全競争システムであり、N・シーニアの「人間の自然状態」とその基本的性格を同じくするものである。したがって、クラークの経済学は自然法と正常状態に基礎づけられた「前‐進化論的な」ものであり、その理論的性格は「自然の秩序」を構成する諸カテゴリー（言葉とその定義）からなる合理主義的な快楽主義図式のなかにデータを組み込むための分類学にほかならない（Veblen, 1908a: 158–159［1919e: 190–191］）。

クラークにおいては、過去からの発展と現在はなんら理論的に関連づけられていない。現在ばかりでなく、「自然な」状態とも関連づけられていない。現在にせよ将来の発展にせよ、それは仮構的な「正常」状態からの逸脱として捉えられ、しかもその逸脱や乖離それ自体についての理論的説明はない。

かれは経済動学（Economic Dynamics）に先立って経済静学を確立する必要があるというが、その動学にあたる『要綱』の第二一章から二二章までを読むかぎり、かれの動学は諸変数間の均衡回復についての抽象的な推論以上のものではない。要するに、クラークの経済動学は静学的なものでしかない。

したがって、クラークの経済動学は累積的な進化を明らかにするものではないし、それを解明するだけの用具をもちあわせていない。かれの経済学は事象の発生、成長、変容、過程を解明しようとする現代科学としての性格に欠けている。

クラークの資本理論の骨子は『要綱』第二章に記されているが、その理解はクラークの経済学体系に重大な影響を与えている。

かれが資本というのは有形資本だけであって——いま経済界で資本というとき、無形資本を含まないことなど考えられないし、クラークの場合にも独占と持株会社について言及している——、無形資本は含まれていない。奇妙なことに、かれの資本の理論からは無形の資産や非物的な富が排除されている。

かれは資本と資本財（capital-goods）を区別している。それぞれ産業設備と金銭的資本を意味する。資本とは永続的な実体（abiding entity）である生産財のファンド（a fund of productive goods）だという。しかも、かれによれば、ある産業から他の産業への資本移転は資本財の移動を伴わない。しかし、一方で「資本は資本財から成り立っている」としていながら、他方で資本の移動を伴わない資本財の移動というのは明らかな矛盾である。もしクラークが、現状に照らして資本は金銭的事象であり、物的なことがらではないとしていたら議論は明快になったはずだ。しかしそうなると、資本に無形資本（ヴェブレンがいう現代企業の支配基盤）が含まれることになり、それでは、「クラーク氏の議論がはじめからめざしていた資本と労働の『自然な』報酬の法則がひっくり返ってしまう」だけでなく、（ヴェブレンの推論にそっていえば）「営利企業の正常な所産として独占という『不自然な』現象が帰結することになる」（Veblen, 1908a［1919e］: 196-7, 200）。そうなれば、クラークの経済学体系はその根本から崩れてしまう。ともあれ、クラークの資本さらに企業の理解はヴェブレンと大きくかけ離れたものであり、(85) ヴェブレンにとっては理解しがたいものだった。

クラーク経済学の中心にある「自然な」分配法則（the law of "natural" distribution）によれば、すべての生産主体は「自然に」みずから生産した取り分を手に入れる。理想的な競争状態の下では、生産要素を構成する各経済主体はみずからが創出した実質生産物（virtual product）に見合っただけの分配に与る。この法則は「（社会）進化のすべての段階を通じて経済生活を支配する普遍的原理のひとつ」であって、最終生産性（final productivity）という

『富の分配』（一八九九年）で示された教義にもとづいている。その意味で――賃金であれ地代であれ、あるいは利子であれ――、報酬は生産性に見合ったものになる。もちろん、競争状態が崩れれば、その程度に応じて報酬は生産性に見合ったものでなくなる。

快楽主義の理論によれば、生産とは効用の生産であり、効用とは消費者にとっての効用である。財の効用は、消費者がその効用を手に入れるために費やす非効用（コスト）によって計測される。[86] しかし、労働者と消費者を別個の存在と考えると――競争を前提として、自発的に受容するのでないかぎり――、財をつくるための労働者にとっての非効用（苦痛）とその財を使う消費者の効用（快楽）とはバランスしない。また一般的にいって、労働者の賃金（すなわち労働者にとっての財の効用）は労働者が経験する非効用（苦痛）ともバランスしない。もちろん、すべて現実とは著しく対照的な（したがって、経験的事実によってなんら担保されていない）自由な競争秩序を前提にした場合の話である。

快楽主義的には、物的生産性の上昇はある水準を超えれば、全体効用（total effective utility）を低めてしまう。逆に、全体効用は財の産出を抑えることによって高めることができる。快楽主義的には生産性が最も高まったポイントで完全独占の企業経営ならば、その財の供給を停止するだろう。また、快楽主義的にみて報酬（賃金や利子）が最も多くなるポイントで、そうした経営は完全に自由で競争的な労働や資本の供給を停止するだろう。こうした独占状態においては、労働者がその生産量に見合って賃金を受け取ることもなければ、また完全雇用されることもない。それでも、かれらは生活の糧を手に入れるため、いまある労働条件を進んで受け入れる。しかしクラークも含めて、経済学者にはこうした独占状態について熟考する思考習慣が身についていない。

実質的な意味において、クラークの経済理論は政策提言に役立たない。副題にある「産業と公共政策の諸問題」に応用されるのは空虚な先入観に裏打ちされた形而上学である。その提言はいう――、最終目的が事象の推移をことごとく支配するのであり、やがて社会はそこに到達するだろう、と。[87]

こうして、累積的変化がもたらす溢れんばかりの不安定さ（exuberant uncertainties）に思い悩むことのない前ダーウィン主義的な政策提言がただ虚しく宙に舞う。経済生活は激変し、多くの苦難が押し寄せてきているというのに、なぜか「正しい」処方箋は変わることがない（Veblen, 1908a: 195［1919e: 230］）。

以上がヴェブレンの論文「クラーク教授の経済学」の骨子である。クラーク経済学の古典派的な自然法的形而上学といいその経済動学といい、快楽主義的な仮定といい資本理論といい、はたまた「自然な」分配法則といい、ヴェブレンの鋭利な批判の矛先はクラーク経済学の中核に達していた。(88)

このように、ヴェブレンのクラーク経済学の評価は厳しく徹底したものだったが、それは『富の分配』や『要綱』のクラークであって、『富の哲学』（一八八六年）までのいわゆる前期クラークに対してではない（ヴェブレンは前期クラークについてはなにも書き残していない）。前期クラークの一端については第二章の第一節でふれておいたが、その人間理解といい道徳力による過剰な企業間競争の抑制といい、「合理的な富」のための「道徳最高裁判所」といい、競争原理と対抗しうる協調原理の確立といい、進化していく有機体としての社会といい、後期クラークとのあいだに基本的な考え方で大きな隔たりがある。(89) 富の「哲学」と「分配（経済学）」という焦点の差異や力点の移行には到底解消できない質的変化が生じていたようにみえる（邦文では田中、2006, 簡潔には田中、2007参照）。

## フィッシャーの金融理論――論評二題

ヴェブレンはまた、I・フィッシャーの『資本と所得の本質』（一九〇六年）を取り上げて詳細な論評を加えている。それが「フィッシャーの資本と所得」（Veblen, 1908b）である。

フィッシャーのこの本は熟慮の産物であり、入念かつ明快な作品であるとしたうえで、しかしヴェブレンからみれば、古典派やオーストリア学派の理論的成果と同じく「生活の息づかい」に欠けている。

フィッシャーの仕事もまた分類学的というほかない。言葉の定義や分類学が不要だというのではないが、「分類学のための分類学、定義のための定義」になっている。「近代科学のニーズに合致するためには、『資本』とか『所得』とかいった現代的概念は論理的な推論ではなく（経験的事実の）観察によって定義づけられなければならない」(Veblen, 1908b: 113–114［1934: 150］)。「観察によって定義づける」というのは、資本という概念はビジネスマンの思考習慣、かれらがビジネスの世界で実際に合意している用語法と密接に関連づけられる必要があるという意味である。

半世紀前の資本という言い方は現在の用語法と違っているが、それでもその時代にはビジネスマンのあいだでそれなりに共有された意味があった。その差異や言葉遣いの累積的変化(その説明が重要なのだが)を無視して、みずからの先入観に見合うように概念を定式化し、規範化してしまうのは怠惰の誹りを免れない。そうした概念構成の方法は一種の詭弁術ではないか(The mountain will not come to Mahomet ——山、モハメッドに来たらず)とヴェブレンはみている。

フィッシャーは資本を定義するとき——「喜びの感情」(pleasant feeling)を与えることのできる人間を含む物的存在に注目する結果——、一方では非物的な富を排除し、他方では所得を生み出す人間を含めることになる。しかし、そうした定義はビジネスマンの実際の用例とはまったく異なる。そのため、この種の経済学は実態を理解したり、あるいはその変化を把握したりすることができない。もし無形資産を排除すれば、はじめから債権者の正当な要求は債務者の支払い能力を超えてしまうことになる。それは信用の破綻でしかない。信用経済が成り立たない現代の企業経営など考えようがない。

とはいえ、フィッシャーには実質的に快楽主義的立場から多少とも離反することによって金銭的概念として資本に近づいているという側面がある。一方では生産財を資本としての富(capital wealth)と呼び、他方では金銭的資本としての資本価値(capital value)という言い方をしている。しかし折角そうしていながら、資本価値を生産財と等値することで、結局のところ資本概念から無形資産を排除してしまう。

所得という概念についても基本的に同じことがいえる。快楽主義的な分類学にとっては好都合かもしれないが、それでは現実から遊離してしまう。観察された事実にもとづいていないからである。ビジネス世界における所得はどこまでも金銭的な事象であるにもかかわらず、フィッシャーはそれを「心的所得」(psychic income)に帰属させている。しかし、いうまでもなく両者は別のものである。また「貯蓄を所得とみなすことは本質的に資本の増加を所得とみなす」ことである。じっさい、所得と資本の増加は互いに排他的ではない。それを排他的であるかのように論じるのは理論的仮構のためであり、分類のための分類になっている結果である。「現代社会における経済生活の論理は快楽の大小ではなく、金銭勘定にもとづいて行なわれている」（Veblen, 1908b: 121［1934: 160］）ことを銘記しなければならない。

快楽主義的な生活図式によるかぎり、現状（たとえば資本主義的なビジネス）が正常なものとみなされるかぎり、そこには一切ムダや役に立たないモノはないことになる。なんと楽観主義的な図式であることか。

ところでヴェブレンは、翌年にもうひとつ、フィッシャーの新著『利子率――その本質と決定、経済現象との関係』（一九〇八年）を取り上げて同じような論評を加えている。「フィッシャーの利子率」（Veblen, 1909a）がそれである。

ヴェブレンはこの批評を、フィッシャーの前著『資本と所得の本質』に比べれば、この作品は限界効用の理論にそったものであり、新味に乏しいとしたうえでつぎのように書いている。

フィッシャーの利子論は「迂回プロセス」（roundabout process）にもとづく「割引」（agio）理論と呼ばれる。しかし、限界効用の理論における利子率は心理学的問題だが、迂回プロセスそのものは技術的問題である。迂回プロセスによって生産性が高まるというのは特定産業の機械的効率性を経験的に一般化したものである。迂回プロセスは利子率に関係するが、基本的な定理は「将来よりも現在の所得を優先する」というものである。

しかし、快楽主義的な限界効用の理論体系は第一義的に分配に関する図式であり、産業プロセスとりわけ技術的効率性に関するものではない。現代経済における分配は金銭的な事象であり、企業間取引によって生じる。「利子率はビジネスの世界において、企業のニーズに誘導されて決まる」。したがって、利子や利子率を非金銭的要因によって説明しようとするフィッシャーらの試みは論理的に倒錯している。

フィッシャーは、「人間は将来よりも現在の消費を優先させる」ものだという。しかし「それは経済学的（限界効用理論の）知見の出発点であると同時に、限界効用という知見の終焉を意味するものである」（Veblen, 1909a: 298［1934: 141］）。

その「現在」優先の考え方をとるからといって、そこから利子率が導き出されるわけではない。利子率が企業経営の大きな関心事として意識されるようになったのは現代の「信用経済」の時代になってからのことである。経済においても、他の生活領域と同じく、行為と関係の習慣的様式があり、それによって制度が形成される。

利子率もまた、企業間取引に埋め込まれたひとつの現象であり、その理論的説明は企業と金銭的取引の制度的慣行を踏まえたものである必要がある。「利子率も含めて現代ビジネスに関係する現象を非金銭的な形で理解できないのは、人間の生理をナメクジウオによって解明できないのと同じである」。要するに、両者の違いは「いまの現実を説明しようとするのか、それを言い繕おうとするかの違いである」（Veblen, 1909a: 301［1934: 144］）。この違いが理解できないため、フィッシャーの利子率の理論は大きな困難に直面しているというのがヴェブレンの基本的な見方だった(90)。

## 「資本の本質について」

この長い論文の第一節は「資本財の生産性」、第二節は「投資、無形資産、金銭王」となっている。まず、第一節からみてみよう。一般的にいって、資本財とは産業設備や機械装置のことをさすが、その資本財の効率性あるいは生産性は何によって決まるのか。これがここでの問題である。この点、ヴェブレンが強調しているのは、一方では社会的共通資本の重要性についてであり、他方では熟達した労働者の存在についてである。

この問いを考える場合、人間の生活は、快楽主義的な経済学の仮構（孤立した個人）とは異なって、集団的連帯性と文化的持続性によって成り立ってきたし、また成り立っているという人類史のゆるぎない真相に注目する必要がある。

その集団的連帯性と文化的持続性が「社会の共有された無形財産あるいは非物的な知識」にほかならない。新技術の進歩、移植や浸透についても同じことがいえる。社会の共有財産は特定の個人や集団の先駆的な試行錯誤によって牽引され、新たな知見がその共有財産を豊かなものにしていく。そしてそれがまた、新たな知見創造のための培養基となるといった累積的因果プロセスをみとめることができる。

したがって、社会の豊かな共有財産があってはじめて、個人は創意工夫を凝らし、そのイニシャティヴを発揮することができる（Veblen, 1908c: 518–521［1919e: 325–328］）。

歴史的にいえば、この物的装置（material contrivances）や資本財には道具、容器、原材料、建物、水路などのほか、もちろん土地も入る。さらにグレートプレーンズ・インディアンにとってのバッファロー、北西海岸インディアンにとっての鮭、アンダマン諸島の人びとにとっての野生植物など、各種の動植物や魚、鉱物資源も有形財産に含まれる。しかも、そこにはこれら資産を有効活用するための先人たちの知識や技能が蓄積されており、埋め込まれている。

未開社会では、こうした知識や技能など非物的な社会的共通資本が圧倒的な比重を占め、個人や家族集団による物的占有は制限されていた。バッファローを飼うための柵、鮭の梁なども社会的に管理されていた。

累積された技術進歩は人口増加をもたらす。それにともなって物的装置の規模も拡大する。やがて有力者が物的装置の用益権（usufruct）を囲いはじめ、排他的所有権を主張するようになる。物的装置に戦利品としての奴隷が加わって、知識や技能の占有が進む。私的財産権、排他的所有権の確立である。そうなると、それまで社会的に活用されてきた非物的な共有財産も、物的な私的所有権あるいは用益権がなければ利用できないことになる。

中世あるいは近代初期までの土地所有制――その時代には、「いまの理解とは違って、その土地制度や奴隷制も人間の運命を改善し、人間文化を発展させるものと受け止められていた」（Veblen, 1908c: 528［1919e: 335］）――におけるレントには格差があった。穀物を栽培する、あるいは動物を飼育するといったことを抜きにして土地の優劣、したがってレントの格差を論じることはできない。

交通手段の発達にともなって、イギリスやヨーロッパの大半で農地価格が下落した。それは、土地が痩せてしまったからではなく、新たな方法で同じものをより効率的に手に入れることができるようになったためである。単税や「労せずして得た増収」（unearned increment）に対する課税についての議論は周知のものだが、その隠された含意はあまり理解されていない。見逃されているのは、すべての土地とその生産性は――土壌のもつ恒久的な力を含めて――、その社会全体の産業技術に依存しているという事実である。同じことが他の資本財についてもいえる。

中世から近代への転換期には、手工業（技術）に適合的な資本財、所有関係、企業の規模や性格、自然法的な秩序観念が形成された。

しかし「産業革命後の時代になると、もはや法の前の平等は機会の平等を意味しなくなった」。というのも、「新たな技術にみあった産業設備のユニットは、個人が社会に広く普及した技法を自由に使って成し遂げられる事業規模をはるかに超えてしまった（からである）。小さな企業は危うい存在となり、脇に追いやられた」（Veblen, 1908c: 533［1919e: 340–341］）。手工業時代の終焉である。

社会は新しい機械時代になっているにもかかわらず、経済学の原理や思考習慣はいまも手工業時代のままである。その結果、経済学はすっかり陳腐化してしまった。

いまの社会では、物的設備の「所有者（経営者）」はそれを作るのに必要な非物的な知識や技能をもっていない。かれらの知識と訓練は産業や技術についてのものではなく、ビジネスに関するものになっている。

他方、産業的知識や技能を体得しているのは労働者である。機械設備などの資本財を使いこなす労働者がいなければ、それはただのモノにすぎない。有能な監督者がいなければ、生産性は上がらない。かれら労働者がどこまで熟達しているかが物的設備である資本財の生産性を決める。

大切な点は、有形資産の価値と生産性は無形の産業的技法（industrial expedients）に負っているということであり、しかも、その産業的技法は働く人びとのうちに埋め込まれた「社会の産物あるいは社会の経験が濾過されて残った非物的知識の精髄」（a product of the community, or the immaterial residue of the community's experience）だということである。

では、つづく第二節ではなにが論じられているか。この節のテーマは投資の金銭的効果についてである。投資された富（すなわち資本）の狙いは金銭的利得にある。そのため、有形資本財に投資することによって得る金銭的利益と、その資本財が社会にもたらす貢献とのあいだにはギャップが生まれる。

物的設備の所有権は社会の非物的知識の用益権を与えるが、同時にそれを誤用したり遅らせたり、禁じたりする権利も付与する。非物的な社会的共有資本の使用を禁じることによって所有者は利益を手にすることができる。資本所有者の金銭的便宜に反すれば、たとえ社会的に有益なものでもその用益権は行使されない。その意味で、所有者の金銭的利害関係は社会的に望ましい産業効率や浪費の削減と矛盾する。

かれらの最も一般的な行動様式が供給制限による価格の吊上げと利益拡大である。資本財の所有者（経営者）からみて利益になるかどうかで、社会生活のあり方が大きく変わってくる。モノの買い占め、保護主義といったものも社会の犠牲による所有者の利潤追求であり、浪費、贋作、幻想や巧妙な虚偽といったことで利益を上げるようなビジネスもまた、資本財や技術的知識の倒錯的使用の例である。

要するに、第一に、技術的知識は中立的なものであって、善用もされれば悪用もされる。第二に、資本財の所有者はその使用にあたって社会への貢献ではなく、みずからの利潤追求を最優先する。第三に、価格体系（the price system）あるいは金銭的管理のもとでは、企業家による産業プロセスの誘導はミスリーディングなものになる。

また、資産は有形か無形か、所有者の利潤追求か社会への貢献かによって区別できる。現代の関係について整理すれば、第一に、有形であれ無形であれ、ある資産の価値はその所有者に収益をもたらす可能性で決まる。第二に、有形資産は全体としてあるいは平均的にみて社会に貢献しうるが、その所有者にとって資本としての価値が乏しければ、社会には役立てられない。第三に、無形資産は全体としてあるいは平均的にみて社会に役立たない。しかし個別に役立つかどうかは別の問題であり、一義的には決めることはできない。

現在の企業経営では無形資産のなかでも暖簾が大きな役割を果たしている。かつてはベンジャミン・フランクリンの「正直は最善の商略なり」という格言に示されるように、暖簾は顧客からの信頼感情や評判を意味する言葉だったが、いまではフランチャイズや特許権など法的に保護されるものを別にすれば、財やサービスの供給独占や買い占めに役立つものすべてが含まれるようになった。

企業は宣伝広告によって暖簾を創造し、押し広げる。無形資産の拡大である。その目的は販売品の増加であり利益の拡大であり、最終的には有形資産の増大につながる。つまり無形資産の拡大による有形資産の増加である。西部諸州で人口が急増したカントリー・タウンでは、暖簾の創出によって不動産価格が高騰し、不動産業者は暴利を貪った。カリフォルニア州では投機的思惑によって地価が二倍以上に跳ね上がった。

暖簾だけでなく、特許権や独占といった無形資産についても同じことがいえる。もちろん、それら無形資産が有形資産に変身する(transubstantiation)ためには、それが産業プロセスに結びつけられ、あるいは財の供給を効果的に分断することができなければならない。

産業の総帥あるいは金銭王(the pecuniary magnate)は投資に対して通常以上の利益を手にする。その源泉は資産や株式の保有高だけでなく、経済界におけるかれの自由裁量あるいは支配力に負っている。しかし、その利益結合は個人的な才覚や習熟よりも支配可能な資産の大きさによっている。USスティールの発足に関わるカーネギーの行動がその格好の例である。

産業の総帥あるいは金融王の行動には、フィッシャーがいうように、特定の「時間の型」(time-shape)がない。かれらの意思決定は産業や技術環境にみられる累積的プロセスから切り離されているためである。かれらにとって「ビジネスの取引それ自体は時間の問題ではない。時間がことがらの本質ではない」(Veblen, 1908e: 130 [1919e: 379])。かれらは企業を手っ取り早く売買することによって膨大な利益を手に入れているからである。それが「売り買いに適した資本の売買」(traffic of vendible capital)であるが、そうした経済行為は最近の現象であり、過去にはみれらなかったものだ。それはあたかも通常の営利企業に課税したようなものであり、産業の総帥はその暴利をほしいままにしている。

かれら金融王が社会の金銭的イニシャティヴを握るようになると、これまでの「資本家（経営者）」は金融王からのその利益の一部を分け与えられるだけの存在になっていく。

以上が長編「資本の本質について」の骨子である。その論旨をくりかえす必要はないが、いくつか整理しておくべき点がある。

第一に、いまタテ軸に社会的－個人的資産（あるいは公的－私的財産）、ヨコ軸に有形－無形資産を区別してクロスさせると、そこに四つの象限ができる。社会的な無形資産は社会的共通資本であり、それはたとえば熟達した労働者によって継承発展されていく。他方、同じ無形資産でも個人的あるいは私的な無形資産は、現代経済でいえば、暖簾や普通株などによって代表される。他方、有形資産には、社会的か個人的かの違いにかかわらず、道具や設備、土地、動植物、鉱物資源、機械装置などが含まれる。

第二に、この論文でヴェブレンは「資本の本質について」を問うているが、クラークやフィッシャーとは異なり、無形資産のほうに注目している。何よりもまず、この点を見落としてはならない。

第三に、そのうえで、ヴェブレンはいつの時代にあっても、人間生活の精髄はその集団的連帯性と文化的持続性にあるといい、社会的共有財産あるいは共通資本の重要性に注意を喚起している。当代の経済学者の主張とは違って、「資本の本質」は無形資産のほうにあり、さらにいえば、社会的な無形資産、したがって社会的共通資本にあるとヴェブレンは主張する。

いつでも、豊かな社会的共通資本があってはじめて、個人の創意工夫やイニシャティヴが発揮され、それによって社会的共通資本がいっそう豊穣なものになっていく――、そういう意味で、そこに社会か個人かという排他的関係ではなく、両者の良循環的で相互補完的な関係が成り立つのだ、という点をヴェブレンは強調してやまない。たしかに、現代にも通じる重要な指摘であるにちがいない。

第四に、しかし歴史的にみれば、そうではない。社会的共通資本は私的所有権が立ち上がるとともに次第に大きな制約を被るようになった。いまでは、社会的な無形資産の用益権が私的所有権にもとづいて大きく制限され、羽交い締めにされている。そういう意味で、そこに「社会的共有財産から個人的無形資産へ」という長期趨勢をみてとることができる。

第五に、現代経済では私的な無形資産がますます大きな影響力を発揮している。その手段が独占であり企業結合であるが、その源泉となっているのが株式の占有である。産業の総帥あるいは金融王は絶大な力を誇示する資本家（かつ経営者）としてその権勢をほしいままにし、短期主義的に企業を売買して莫大な利鞘を得ている。

このように、この論文「資本の本質について」（一九〇八―〇九年）は一部内容的に『営利企業の理論』（一九〇四年）と重なるが、いまみたように、資本の本質が無形資産、もっといえば、社会的な無形資産あるいは社会的共通資本にあることを鮮明にした点で大いに注目に値する。

## 限界効用理論の限界

ヴェブレンの一連の経済学説批判の最後に書かれたのが「限界効用の限界」（一九〇九年）である。ヴェブレンの見解はつぎのように明快なものだった。

まずヴェブレンは、冒頭こう書き出している――、「限界効用の経済学の限界は明確であり、個性的なものである。その理論全体が分配の理論であり、その分配も金銭的分配とりわけ所有者の観点からみた分配の理論であり、それ以外の経済現象への関心は二義的なものでしかない」（Veblen, 1909b: 620［1919e: 231］）。

クラークはこの限界効用という考え方を生産の問題に応用して独創的な成果を挙げている。しかし、その議論も結局は分配の問題に舞い戻ってしまう。

限界効用の理論は基本的に静学的なものであり、「経済生活の起源、成長、変動、プロセスの理論として評価できるものはない」。というのも、限界効用の理論はポスト・ダーウィン主義的な意味で因果論的なものになっていないからである。

この点で、限界効用の理論は古典派経済学と軌を一にする。両者の違いは、限界効用論のほうがより視野狭窄で、より目的論的な性格を帯びている点にある。

現代の経済学者にとって、「経済の成長やその変動は最もめざましい重大な現象である」。しかし、限界効用の理論はこの二世紀のあいだに生じた最も刮目すべき経済生活上の変動といってよい技術進歩というものを説明できない。その変化と内在的な関連をもっていない。企業の新たな成長もその行動原理の変化も説明することができない。制度的事実については、ときに当然視しときに否定し、ときに正当化するだけである。

じっさい、限界効用の理論的仮定には重大な欠陥があり、その前提から目的論的あるいは演繹的な一般化を行なっている。限界効用の理論は一九世紀のイギリス古典派経済学のひとつの変種あるいは派生体である。その理論は一九世紀の伝統的心理学である快楽主義に依拠している。この心理学によれば、人間は環境変動あるいは刺激に対して、予期された快楽 - 苦痛にもとづいて合理的に行為する存在であり、感覚的な得失について明断な判断力をもった存在と仮定されている。したがって、この理論が説明できるのは、人間行動が快楽計算において合理的であるかぎりにおいてである。しかも、人間行動に影響を与える制度的あるいは文化的要素としては、自然権と私的所有権、そして自由契約といったものが先験的に仮構されているだけである。したがって、先験的な仮構であるため、かれらはその存在を説明する必要を感じない。いつどのようにそうした制度が立ち上がり、どのように変化していくのかについて思い煩うことがない。それらは不変（普遍）の制度的あるいは文化的要素と仮定されているからである。

快楽主義的な経済理論は先験的かつ演繹的であり、また目的論的である。したがって現在は将来の結果によって条件づけられるという論理になる。その論理は知識の現代的形態が因果論的であるのとは好対照をなす。快楽主義的な経済理論は所与の制度的条件下における個人の決疑論（casuistry）を扱うほかないが、制度の因果論的観点に立つことができれば、人類社会の経済史を視野に入れながら、物質文明の進化を人びとの思考習慣や制度的規範の起源と累積的変化にそって理論的に定式化することができる。

たしかに、制度的構造物は集団に属する諸個人の行為の積み重ねによって出来上がっているのだが、その諸個人は習慣化された集団生活を営み、その生活システムが慣行的行為の規準を指し示す。しかし快楽主義的な経済学は、諸個人がこうした習慣的な行為準則や集団的理念によって条件づけられ、振る舞っているという現実的な見方に立っていない。

現代の経済はビジネスの経済である。財産権、所有権の要求にそってすべてが金銭的に処理される。生産効率といい分配所得といい、ビジネスの関心は価格体系に集中している。「現代の文明化した生活図式における経済制度は価格体系の制度である」。したがって、価格体系がその外にある芸術、科学と学問世界、宗教といった文化を掣肘する。嗜好とことの善悪の評価が「商業化」(commercialisation) していく。

しかし、こうした金銭的なテストといい規準といい、それらを快楽や苦痛といった感覚に帰属させることはできない。敬意を払われ、丁重に遇される豊かな隣人の金銭的優越は快楽ではなく、むしろ苦痛を与える。

融資や手形割引、資本化などビジネスの金銭的事象は、快楽主義的図式では躊躇することなく非金銭的なもの、つまり快楽主義的効用に還元されてしまう。快楽主義的な立場からすれば、金銭やその慣習的取引、したがって投資といい信用拡大といい、各種の貸付といい、それらが現代経済に果たす重要な機能の一切は無視され、もっぱら消費財を手に入れ、それを心地よく消費するための手段に還元されてしまう。その結果、貨幣経済の現実は「洗練された交換システム」という不毛なメタファーのなかに没してしまう。

このように、快楽主義的図式は現代経済の解釈として不適切でミスリーディングだというだけではない。その図式で経済現象が解釈されると、現象そのものが理論から消去されてしまう。

以上のように、ヴェブレンからみれば、限界効用理論はつぎのような意味で限界をもっていた。第一に、全体として分配の理論に終始している。第二に、基本的に静学的である。第三に、目的論的で先験的な演繹体系になっており、因果論的でない。第四に、快楽主義的心理学に依拠している。第五に、したがって、こうしたことの総合的結果として、現代の経済現象の構造も因果関係も意味も捉えることができない。

要するに、限界効用の理論は「限界効用の限界」といった水準を超えて、ほとんど致命的な欠陥をもっている

――、これがヴェブレンのゆるぎない見方だった。

## 第八節　辞職と離婚、そして再婚へ――スタンフォードからミズーリへ

ヴェブレンがスタンフォード大学にいたのはわずか三年あまりにすぎない。かれが大学を辞めることになった発端については、すでに第三章第六節でふれた。すなわち、事実上それぞれ離婚状態にあったヴェブレンとアン・ベヴァンズは恋に落ち、一九〇五年には同棲生活をはじめた。そのことを知ったシカゴ大学の同僚たちは強い懸念を覚え、ヴェブレンに忠告したが、かれは耳を貸そうとしなかった。このいきさつを知ったエレンは、アンから別れてほしいという手紙まで受け取って激高し、ソースタインを決して許さない、破滅させてやるという強い思いに駆られた。

そういう風評もあって、スタンフォード大学への赴任には妻エレンを同伴することという条件がつけられた。ヴェブレンがどのようにエレンを説得し、「和解」したのか分からない。しかし一九〇六年の秋、ふたりはカリフォルニアにやってきた。そしてふたりはまもなくセドロに落ち着いた。ここでの話はそれからのことである。

### ふたたび、エレンと別居

ヴェブレンの同僚や学生たちとの付き合いはシカゴ大学時代もそうだったように、知的なものに限られがちだった。ディベートに関する学生表彰委員会に関わることはあったが、大学のクラブや社交的イベント、野球チームにも関心を示さなかった。かれをよく知っていた工学部のマークス教授（Guilo Marx）は、ヴェブレンのことを、患者に対して一切の個人的な感情を抱くこともなく、患者の病んだ神経組織にメスを振るう冷静な外科医のような人物であると評した（Nilan and Bartholomew, 2007: 20）。

しかし、一九〇七年のはじめにはエレンはセドロ・コテージを出て、サンド・ヒル・ロードに移り住んだ。さら

にその数ヵ月後の夏にはキャメルにコテージを買い求め、そこで一人暮らしをはじめた。周囲の人に「他人の助けを借りず、貧しい生活に耐えている」のだという印象を与えようとしたらしい。

こうしたエレンの行動に対しても、ヴェブレンは「特に取り乱すことなく、セドロ・コテージで質素で節倹な生活を送った」。あるときヴェブレンは下宿生を募った。やってきたのはほとんど居候同然のデュファス兄弟とその父親、それに社会主義者の賄い婦とその親類の女性だった。ひとはこうした様子をみて「非常識な館」と呼んだ。

ヴェブレンはセドロでの生活に満足していた。そこで、大学理事会に一年レンタルではなく、一〇年契約でもっと安く貸してほしいと申し出たが、認められなかった。一九〇八年にはそこを出て、もっと安価なアルバラード・ロード二一番地の大学宿舎に移った。ドイツ語の教授（George Danton）一家との共同生活だった。さらに、その翌年にはすぐ隣の宿舎に移った。その隣家には航空工学の教授（Everett P. Lesley）が住んでいた。なぜか、めまぐるしい借家替えの連続だった。

一九〇七年から翌年にかけて、セドロ・コテージに居候していたロバート・デュファス[91]（Robert Duffus: 1888-1972）はいくどかエレンに会う機会があった。エレンの印象は、一風変わったパーソナリティの持ち主であり、「どこか子供じみていて、わがまま放題の振舞いが彼女に対する共感の大きな妨げになっている」ようだった。そしてそのとき、デュファスはヴェブレンの結婚生活の悲劇的性格を知った。

## アンがバークレーにやってきた

悲劇の引き金がひかれようとしていた。一九〇七年、アン・ベヴァンズがヴェブレンの後を追ってバークレーにやってきた。そして大学院に入学した。それを知った周囲の人たち（そのなかには、ヴェブレンがかつて恋心を抱いたサラ・ハーディ・グレゴリー夫人やミッチェルもいた）は大きな不安と強い懸念を抱いた。

アンはシカゴを発つとき、エレンに手紙を書き送った。早くセドロから出ていってほしい、そして離婚に応じてほしいという内容だった。アンは一九〇八年春には、ヴェブレンが建てたラ・ホンダ・ロードのキャビンで暮らすようになり、幾度かセドロにも行った。そのとき、「私はソースタインの姪です」と名乗ってウィリアム・デュファス（ロバートの兄）を驚かせた。それでも、一九〇九年の春、アンが自分の離婚話でシカゴに戻ったころまでは、ヴェブレンとアン・ベヴァンズのことは周囲の者を大いに心配させていたが、私的な出来事に留まっていた。

## 悲劇のはじまり

一九〇九年四月、シカゴ大学の教え子であり、良き友人でもあり、当時ミズーリ大学の経済学部長をしていたハーバート・ダベンポート[92]は、ヴェブレンに一通の手紙を送った。ミズーリ大学に来てもらえないだろうか、という招聘だった。ヴェブレンは、「用意してくれているポストは私の好みにあったものです」とだけ返事をした。というのも、ヴェブレンにはひとつの研究計画があったからである。一年間のサヴァティカルをもらって、「文明における経済的要因」（Economic Factors in Civilization）に関する資料収集とそれにもとづく著書（のちの『製作者本能』一九一四年）の原稿執筆のため、スカンジナヴィアと地中海地方での調査研究を行なうというものだった。同僚のヤングもジョーダン学長も、その申し出を好意的に受け止めていた。

しかしその矢先、悲劇の引き金がひかれた。一九〇九年五月一〇日、エレンはヴェブレンの学者生涯に破壊的影響を与える手紙をジョーダンに書き送った。その手紙のなかでエレンは、ヴェブレンが経済的支援をしていないこ[93]とのほか、シカゴ大学での不祥事についてもふれていた。これに対してジョーダンはきわめて冷静に、「そうしたことについて、私どもはシカゴやパロ・アルト（スタンフォード大学の所在地）から届く噂のようなもの以外なにも知りません」という返事を出した。それでも両者のあいだの手紙のやりとりは次第に増えていった。やがてジョーダンはヴェブレン夫妻の個人的問題に深入りすることになった。

ヴェブレンは自分の私生活についてジョーダンに話すことを拒んだ。他方、エレンは南カリフォルニアのエル・レポソ（El Reposo）のサナトリウムから、自分は健康を害していること、お金に困っていることなどをジョーダン[94]に執拗に訴えつづけた。さらにエレンは、アン・ベヴァンズがバークレーに来ていることもジョーダンに伝えた。

ここまでくると、ヴェブレンの赴任は夫人同伴のことといった手前もあって、さすがのジョーダンも正確な事情を調べないわけにはいかなくなった。シカゴ大学のラフリン教授とハリー・ジャドソン（Harry Pratt Judson）学長にも連絡をとった。事情が分かるにつれて、ジョーダンはヴェブレンに対する懸念を強めていった。

ジョーダン学長は大学理事会に対してエレンの手紙を開示して事情説明を行なったうえで、学長室にヴェブレンを呼んだ。一九〇九年一〇月六日のことである。そのときのことにふれて、同日のジャドソン学長宛の手紙のなかでジョーダンはこう綴っている――、「ヴェブレンは一言の弁明も言い訳もせず、ましてや心情告白といったことはありませんでした。そして自分が辞職すべきかどうか、その判断は私に委ねると申しました」と。ヴェブレンが本当はジョーダンにどうしてほしいと思っていたのかは分からない。しかし、のちにダベンポートに対して、「ジョーダンは（私の件について）かれに支持者はいなかった」と語っている。この発言の真意がなにか、憶測の域を出ないけれども、あるいはジョーダンその人はヴェブレンの辞職まで考えていなかったのかもしれない。

一一月のはじめ、おそらくジョーダンから依頼されてのことだろうが、スタンフォードの学生がエレンのいるサナトリウムを訪ねた。その報告を受けたジョーダンは、厳しい調子の手紙をヴェブレンに送った――、「あなたが奥さんのために何をしようとしていたのか私は知らない。しかし、あなたが自らの研究者生活の破綻について彼女を責めることはできないと思う。遅かれ早かれ、事情が判明するだろう。その結果、この件についてはもっぱらあなたに責任があるということになると思う」という内容だった。

この手紙に対するヴェブレンのジョーダン宛の返事はつぎのようなものだった――、「いま彼女がお金に困っているとか、彼女のために私が何をしようとしているかについて彼女に伝えていないなどということはありません。ひとつだけ申しますと、お手許に届いた報告はあなたには信じがたいことかもしれませんが、これまでいつも同じことだったということです。ともあれ、妻のために色々とお心を砕いていただきまして感謝申し上げます。しかし、これからは先日ご示唆いただいた疑念のことであなたにご迷惑をおかけすることはないだろうと思います」（ヴェブレンのジョーダン宛の一九〇九年一一月一二日の手紙）。辞職の意思をジョーダンに伝える手紙だった。そして一二月一九日、ヴェブレンはスタンフォード大学を退いた。

これもまた、ジョーダンの配慮によるものだろうが、大学理事会はヴェブレンに対して翌年（一九一〇年）の春までの報酬のうち、残り二〇〇〇ドルを支払うことになった。

ヴェブレンの辞職は関係者を大きな不安に陥れた。ヤングは一九一〇年、予定通りサヴァティカルをとってハーヴァード大学に滞在した。そして二度とスタンフォード大学に戻ることはなかった。

## なぜ弁明しなかったのか

ヴェブレンはジョーダンと学長室で会ったとき、なにも弁明していない。なぜなのかについていくつかの見方がある。

第一に、情緒不安定なエレンだったから、常軌を逸した行為に対してもヴェブレンは無力であり、どうすることもできないと観念していたのだという諦観説（Jorgenson and Jorgenson, 1999: 129）。第二に、医学的に大きな欠陥を抱え、ホルモンの異常分泌に悩み、強い防衛反応に駆られているエレンに深く同情し、自分に対する攻撃的態度にも耐えなくてはならないと考えていたのだという同情説（Bartley and Bartley, 1999b: 372-373）。第三に、ヴェブレンの騎士道的な自己抑制という見方もある（Hughey, 1999: 350）。

このうち、いずれかといえば、第一の諦観説と第二の同情説により説得力があるようにみえるが、この点に関連して、学長室での会見後五日して、ヴェブレンはジョーダンにこう書いていた——、「お考えになっているよりももっと複雑な事情があるのですが、あなたがいわれるように、彼女は可哀想な人なのです。ただ、その見通しについて私はあなたが思われるよりも悲観的なのです」。そしてさらにこう続けていた——、「彼女はかつてこう公言したことがありました。私（エレン）は粘り強く、あらゆる手段を使ってあなた（ヴェブレン）を破滅に追いやるつもりだ、と。ですから今度のことは彼女に特にやましい気持などなく、その挙に出たのだろうと思います」（ヴェブレンのジョーダン宛の一九〇九年一〇月一一日の手紙）。

## Nowhere へ――死線を彷徨ったヴェブレン

一九〇九年一二月一九日、スタンフォード大学を辞職したヴェブレンはアイダホ州グランジヴィル近郊のノーフェアに向かった。何日もかかる旅だったが、そこにはアン・ベヴァンズと彼女のふたりの娘（まだ八歳のベッキーと六歳のアン）が住んでいた。それにしても、「ノーフェア」とは文字通りどこにもない場所、だからまたユートピアという意味もある。そのノーフェアに向かったヴェブレン――、かれの生涯を理解しようとするとき、なんと象徴的な語感をもった言葉だろうか、という感慨に襲われる。

ヴェブレンは最寄り駅からアンのログハウスまでは真冬の不案内な道程を馬で行かなければならなかった。あいにく猛烈な嵐に見舞われた。危うく一命を落とすところだった。クリスマスの朝、ヴェブレンはログハウスの玄関に倒れ込んだ。肺炎に罹っていた。症状は重篤だった。それでもアンの懸命な看護の甲斐あって、ヴェブレンは一命を取りとめた。しかし、そのとき投与された有毒な塩化第二水銀のため、その後長くヴェブレンは健康を損ねることになった。

一九一〇年の春、ようやくヴェブレンは元気を取り戻し、パロ・アルトに戻った。そして新しい仕事を探しはじめた。

## 学長ジョーダンの支援

その就職活動については、ジョーダン学長と同僚だったヤングのほか、ハーヴァード大学のタウシッグ、シカゴ大学のラフリン、さらにダベンポートなどが助けてくれた。そのひとつはカーネギー研究所の欧州三年留学プログラムへの応募であり、(95) もうひとつは一年ほど前にもあったミズーリ大学への就職の話だった。

もし前者のスカラーシップを手にすることができれば、スタンフォード大学時代にヴェブレンが計画していたサヴァティカルよりも恵まれた研究生活が保障される。ジョーダンはカーネギー研究所のロバート・ウッドワード教授（Robert S. Woodward）宛にヴェブレンがヨーロッパに三年留学できるよう、強く推薦する旨の手紙を書いてくれた。ジョーダンはつぎのようにしたためた――、「ヴェブレンは未開人の文化的起源とその後の経済進化に関する理論だけでなく、経済理論の分野においても存命の最高権威者のひとりといってよいでしょう。かれは先頃、私ども（スタンフォード大学）の教授職を辞していますが、必要であれば、その詳しい事情[96]についてもご説明したいと思います。かれはひたすら教育の負担なしに自分の研究に没頭したいと願っています。（中略）かれの理解力はその鋭利さと精妙さにおいて、この国では右に出る者がいないといってもよいほどの知性の持ち主です。貴研究所の留学プログラムによってかれがいま計画している仕事を完遂できれば、その成果はヴェブレンのみならず、必ずやカーネギー研究所の名声を高めることになるでしょう」（ジョーダンのウッドワード宛の一九一〇年五月一八日の手紙）。

このように、ジョーダン学長のヴェブレンに対する見方は、シカゴ大学のハーパーとは違って、かなり好意的なものだった。ヤングの推薦状には、「いくつかの学界での経験からして、ヴェブレンは私の知るかぎり、最も才能ある人物であると断言できると思います。かれの学識は、その範囲の広さと徹底さにおいて並外れております」と記されていた。さらにタウシッグは、「ヴェブレン教授は異才を放つ多才な学者であると断言できます。ヴェブレンはこの国のどの経済学者よりも非凡な才能をもっているという意見がありますが、私はその見方は正鵠を射ていると思うようになりました」と書いた。

しかし、カーネギー研究所から届いた手紙には「ご期待に添えず、残念です」とだけ記されていた。そのほかにも、アメリカ考古学研究所の話も取り沙汰されたが、結局具体化することはなかった。

### 離婚と再婚

ヴェブレンは、ちょうどスタンフォード大学を辞めて一年が経った一九一〇年一二月、ダベンポートからの招聘を受け入れ、准教授としてミズーリ大学に就職した。ヴェブレンの着任でミズーリ大学の経済学科は一躍アメリカ有数の経済学科として知られるようになった。しかし、ヴェブレンの身分はミズーリ大学にいた七年間を通じて講師（lecturer）であり、年俸も一九一三年が一九二〇ドル、一九一七年でも二四〇〇ドルだった。

それでも、「ミズーリ大学での七年間（一九一一年から一八年まで）はヴェブレンにとって最も幸せで生産的な時代だった」（Nilan and Bartholomew, 2007: 27）という見方がある。ヴェブレンの学生だったW・キャンプもレオン・アーズルーニ（Leon Ardzrooni ――ヴェブレンの没後に『秩序論集』［一九三四年］を編集）もスタンフォード大学からミズーリ大学に移ってきた。

「最も幸せで生産的な時代」というのは、ヴェブレンの多産な研究活動もさることながら、一九一一年はじめ、ついにエレン・ロルフとの離婚が成立、さらに一九一四年半ば、晴れてアン・ベヴァンズと再婚することができたからである。

エレンは一九一一年一月、サン・マテオ郡の裁判所に古い絹のウェディング・ドレスを着て現われた。裁判所はヴェブレンのエレンに対する虐待行為を証拠立てるものはないと判断して、ヴェブレンからの離婚申し立てを承認した(97)。

こうしてヴェブレンは、一九一四年六月一七日、ようやくアンとの再婚に漕ぎつけた。新婚旅行の行き先はノルウェーだった。しかし、小さな不幸の種が芽吹いていた。というのは、すでにふれたように、アンの姉と結婚していた義兄の保守主義者ウォーラス・アトウッド（Wallace W. Atwood: 1872-1949――優れた自然地理学者であり、のちにクラーク大学の学長を務めた）がヴェブレンとアンの結婚に強く反対していたからだった。あるとき、激高したアトウッドはアンの頭をライフル銃の銃底で殴打した。このことがアンにどれほど大きな精神的ショックを与えたか知れない。一三歳になっていたベッキーは、のちに「それが母の寿命を縮めることになった」と述べている（"Becky's Biography" ――作成年次不詳。ベッキーの娘E・バランが口述筆記したもの）。しかし、ヴェブレンはこの殴打事件のことを知らなかった。

アンの悲劇は、再婚二年目（一九一五年）に七ヵ月で男の子を流産したことからはじまった。「偉大な人の子供の母になりたい」と願っていたアンにとって、この流産は精神的に深い傷を残すことになった。彼女は次第にこのことで悩むようになり、やがて幻覚症状に襲われるようになった。ついに一九一九年五月一三日、マサチュセッツ州ウェーバリー（Waverly）にある精神病院に入院、そして翌二〇年、アンは肺膿腫のため亡くなった。享年四二歳という若さだった。

## 副学長の保守主義者ブランナー

ヴェブレンがスタンフォード大学を辞職したことについては、ひとつだけ補足しておくべき点がある。ジョーダン学長がヴェブレンを高く評価していたことについてはすでにみたが、「急進主義者」ヴェブレンに強く反発し、隙あらば、かれを大学から追い出したいと狙っていた人物がいた。当時の副学長であり、ジョーダンのあと、第二代学長になったJ・ブランナー（John C. Branner: 1850-1922――地質学者でブラジル地質学の権威、フーバー大統領は教え子のひとり）である。

ジョーダンは、第三代学長のR・ウィルバー（Ray Lyman Wilbur: 1875-1949――のちのフーバー大統領の学友で医師。第三一代国務大臣を務めた）によれば、「正直な人物であれば、数人の急進的な教授がいても、それはむしろ大学にとって望ましいことではないか」と考えていた。しかし、副学長だったブランナーは一九〇一年、すでにみたロス騒動をめぐって授業中に大学を批判したJ・ハワードを解雇した張本人だった。ブランナーはスタンフォード大学から不満分子を一掃したいと考えていた。かれは南部出身の保守主義者で、スキャンダルや忠誠心に欠ける教師には我慢ならなかった。ヴェブレンが「洗練された育ちのよい貴婦人に対して無神経な非紳士的な振舞いをしたことについて、またヴェブレンが『自由恋愛』に関わっているらしいという噂を聞きつけたとき、容赦しない」と決めていた。

かれはヴェブレン「追放」に重要な役割を果たしただけでない。のち（一九一八年）のことであるが、すでに一九一六年にコーネル大学に移籍していたダベンポートは、ヴェブレンとともに仕事をしたいと考え、それをJ・シャーマン（Jacob Schurman）学長に伝えたことがあった。シャーマンと法学部長E・ウッドロフ（Edwin H. Woodruff）

はヴェブレンのことでブランナーに照会した。かれからの返事には、「ヴェブレンはたしかに有名人かもしれないが、女性であれ学生であれ、およそ上品な人たちと付き合えるような人物ではない。他方、エレン・ロルフという女性は素晴らしい性格の持ち主であり、育ちのよい貴婦人です。（中略）ヴェブレンの変わることなき正体は文化の破壊者、野蛮人だということです」（ブランナーのウッドロフ宛の一九一八年三月二八日の手紙）とあった。この手紙を受け取ったウッドロフと学長シャーマンは「お手紙に深謝いたします。いただいた情報はしかるべき機関に回付いたしますが、これで（ダベンポートの）提案は却下されることになるでしょう」（ウッドロフのブランナー宛の一九一八年四月四日の手紙）とブランナーに書き送った。結局、理事会決定は破棄された。

一九一八年にミズーリ大学を辞めたヴェブレンは、半年弱のあいだ、ワシントンの連邦食料管理局に特別調査官として勤めたのち、ニューヨークの新学院の創設に関わり、そこで教鞭をとることになった。また、ジャーナリストとして『ダイヤル』誌の編集にも関わった。しかしそれらについては、学者ヴェブレンが「もうひとつの豊穣のとき」を迎えて達成したいくつもの成果をみてから取り上げることにしよう。

## 大学教師としてのヴェブレン

最後に、教師としてのヴェブレンについて一言だけふれておこう。

シカゴ大学でもそうだったが、若手研究者の訓練という点を別にすれば[98]、教師としてのヴェブレンは、多くの一般学生には風采の上がらない人物にみえた。

この点について、ドーフマンがヴェブレンの講義を聴いた学生たちの印象を数多く集めている。それらも踏まえて、かれは教師としてのヴェブレンについて以下のように書いている。

スタンフォード大学でのヴェブレンについてだが、「講座を受けている学生数という点では、教師として成功したとはいえなかった。かれの教室は最初の数日はたくさんの学生が集まったものの、まもなく一握りの学生しかこなくなった。『文明における経済的要因』の講座には、いちばん多いときで登録学生は一二人だったし、最後の年

（一九〇九年）には三人になっていた。『政治経済学の歴史』の講座は三人から多いときで一二人、そして最後の年に行なった五時間の『卒業論文』に関する授業には、ヴェブレンを信奉する大学院生ウィリアム・R・キャンプ（注91参照）ただ一人しかこなかった」（Dorfman, 1934：273-274, 訳 388）とある。

ごくふつうの学生にしてみれば、あの有名なヴェブレン先生なのだからと期待して最初の授業に出てはみたが、さっぱり講義の中身が理解できない——、それが受講生の少なかったことのもっとも基本的な理由だった。

ミズーリ大学でのヴェブレンの授業内容に対する学生たちの見方を「うまく表現している」として、ドーフマンはひとりの女子学生の意見を引いている——、「広大な大陸の地形線や海岸線の上空を旋回する、すぐれた地理学者が操縦する飛行機のなかで、初心者は失神してしまうかのようだった。この地理学者はあまり強硬な意見をいわなかったが、また乗客に対してかれらが見つけたがっていることについて適切な地図も与えてくれない」（Dorfman, 1934: 316, 訳 447）。

しかし、受講生が少なかったことについては別の理由もあった。それは、受講希望者に対して、「この授業を受ける学生は、哲学、政治学、社会学、経済学その他を十分に勉強し、予科の科目のほとんどで平均以上の成績をとっており、学科長からの推薦状をもってくること」とか、「読むべき本として、たいていは二巻ものといった大冊」を挙げていたからである。

そのほかにも、ヴェブレンの講義が不人気だった理由がある。ミズーリ大学の多くの学生が受けた一般的な印象は、着古しの服を身にまとい、動作は緩慢、眠たそうで、何となくだらしのない、不健康な病人のようみえる、もじゃもじゃした口髭の奥からゆっくりと発する単調な声は近くにいなければ、とても聞き取れない、そんな話し方をする教師だったからだ。

そのうえ、「ヴェブレンはどの授業でもきちんとした試験を行なわなかった。そして学生全員に平均点を与えた。試験の直前にヴェブレンはいつも、『このクラスの試験は明日行なう予定になっている。私は予定された時間には教室へ来るつもりだ。諸君のうちに試験を受けにくる者がいれば、試験は非常に難しいものになるだろうから、合格することはないだろう。しかし、誰も来なければ全員に平均点のMを与えようと思う』というのだが、たいてい試験は行なっても全員の成績は同じだった」(Dorfman, 1934: 307-308, 訳 435)。

ミズーリ大学では、「学生の出席率が大いに重視された。そして一定時間以上欠席した者は自動的に成績を下げられた。試験の監督も厳しく行なわれた」にもかかわらず、ヴェブレンの試験と成績評価はいまみたようなものだったから、当然かれは「大学側の悪評を買う」ことになった。

こうした学生の成績評価をめぐって、ドーフマンはヴェブレンの茶目っ気たっぷりな振舞いにもふれている。ライトという名前の学生の卒業認定に際して、ヴェブレンは学生部長に、「ライト君の私の授業の二学期の点数を〝中〟(medium)と報告したが、それは間違いで〝上〟(superior)に訂正します」というメモをもたせた。しかし、それでも卒業に必要な成績に達しないことが分かったライトは、もういちどヴェブレンのところに行き、事情を話した。するとヴェブレンは、再度「ライト君の成績を〝優秀〟(excellent)に訂正します」というメモを書いてもたせた。わずか一〇分ほどのあいだの出来事だったので学生部長は大いに訝しんだが、どうしようもなかった。こうしてライトは無事卒業することができた。ヴェブレンはこの顛末をダベンポートに話した。

そして卒業式の当日、商学部の代表として式典に臨んだダベンポートとヴェブレンはライトの脇を並んで通りすぎた。そのとき、ヴェブレンは「ライトをみて、ニヤッと笑った」。ダベンポートはライトにウインクした。

「ヴェブレン先生」にはこうした逸話がいくつもある。「あるとき、ある学生がクラスをみせに妹を連れてきてもいいかと尋ねたところ、ヴェブレンは、それは規則に反するが、私は視力が悪いのでね」と答えた。

以上、この章では、シカゴ大学での一四年(一八九二年から一九〇六年)、それに続くスタンフォード大学(一九〇六年から一九〇九年)での三年、合わせて一七年間を中心にヴェブレンの私生活の顛末と大学生活、そして学者としての研究成果について一覧した。

この時期の主要な研究成果には、『有閑階級の理論』(一八九九年)と『営利企業の理論』(一九〇四年)、そして一連の経済学説に関する批判的研究がある。いまから一世紀前の仕事ではあるが、どれをとってもそれぞれに意味深長な作品であり、今日的意義を失っていないようにみえる。

ドーフマンはこの一七年間をさして、「ヴェブレンの人生のひとつのサイクルの終焉であり、別のいっそう成熟した人生の始まりであった」（Dorfman, 1934: 300, 訳 424）と書いた。たしかに、そういえるかもしれない。

# 第四章　理論的進化のわだち――人類文明史と栄枯盛衰の鳥瞰図

『営利企業の理論』（一九〇四年）の最も基本的な結論のひとつは、営利企業がみずからの生き残りを賭けたいくつもの企ての挙句、思わざる結果として野蛮略奪文化を蘇生させ、最終的には「金銭的文化の自己破壊」として王朝（帝国）間の戦争を誘発する可能性があるというものだった。この短期見通しは第一次世界大戦を予示していた。

ヴェブレンは「自分の唯一の重要な著書」と称した『製作者本能』（一九一四年）を書き上げてから『帝政ドイツと産業革命』（一九一五年）に取りかかった。第一次世界大戦が勃発したため、ヴェブレンはその筆を早め、一年足らずで書き上げた。その年、かれは論文「日本の機会」を発表、筆先をアジアに伸ばした。そしてその二年後には『平和論』（一九一七年）を上梓、翌年には『アメリカの高等学術』（一九一八年）を公刊、さらに『近代科学論集』（一九一九年）を編み、『既得権と庶民』（一九一九年）を出版した。

ヴェブレンは一九一八年にミズーリ大学を辞してのち、半年ほどワシントンに留まり、その後ニューヨークに転居、新学院の創設に関わり、『ダイヤル』誌の編集にも携わった。この一九一〇年代、かれの生活基盤は依然として不安定なものだったが、学者としてはもうひとつの豊穣の時期を迎えていた。

この時期のヴェブレンの仕事は、その素材と問題関心に照らして大きくふたつに分けることができる。ひとつは『製作者本能』と『帝政ドイツと産業革命』によって代表されるものであり、そこに経済社会理論の成熟と新たな展開をみることができる。このうち前者は一九一三年二月に脱稿していたし、後者も第一次大戦前に構想され、その論旨は戦争によって影響されることがほとんどなかった。そういう意味で、いずれも第一次大戦前の仕事といってよい。

もうひとつは『平和論』を皮切りにして、上記のような一九一〇年代の諸著作、さらには『技術者と価格体系』（一九二一年――実質的には一九一九年の執筆）を経て『不在所有制』（一九二三年）に至る議論の流れがある。

この章では最初の仕事の系譜に焦点をしぼって、ヴェブレン理論の進化と発展について考えてみることにしよう。

## 第一節　『製作者本能』の関連三論文

ヴェブレンがスタンフォード大学を辞めたのは一九〇九年一二月のことだが、その前にひとつの興味深い論文を書き上げている。それが「キリスト教的道徳と競争システム」（一九一〇年）である。

この論文は一九一三年に発表された他のふたつの論文――すなわち「突然変異の理論とブロンド族」および「ブロンド族とアーリア文化」――とともに（とりわけ後者の二論文は）『製作者本能』や『帝政ドイツと産業革命』と内在的な結びつきをもっている。そこで、これら三つの論文に目を通したうえで、『製作者本能』を繙いてみることにしよう。

### キリスト教的道徳と営利原則

まず、「キリスト教的道徳と競争システム」の論旨をたどってみよう。

西欧文明はキリスト教的であり、また金銭競争的である。そこから、つぎのふたつの問いが生まれる。第一に、もしキリスト教的道徳か金銭競争的道徳のいずれかが失われれば、西欧文明は消滅してしまうのか。第二に、キリスト教的道徳と金銭競争的道徳はいかなる関係にあるか。互いに排他的なのか補完的なのか。

一般理論的にいえば、複雑な文化状況では生活の必要も経験的規律も多様化する。したがってそうした局面では、制度の成長には複数の可能性が開かれ、両立しがたい行為習慣にも等しく機会が与えられる。では、キリスト教的道徳と金銭競争的道徳とは同一のあるいは類似した習慣化の帰結といえるか。答えは否である。

というのも、まずキリスト教的道徳についていえば、キリスト教の多種な教義の盛衰と代替を超えて、原始キリスト教から現在にいたるまで、一貫して継承されてきたキリスト教的道徳がある。それが無抵抗主義と兄弟愛である。このふたつがキリスト教的精神に内在的なものであり、いずれを欠いても一神教、原罪、贖罪、終末論的な因果応報などからなるキリスト教的精神を失ってしまう（Veblen, 1910a: 172［1934: 204］）。このふたつ以外のものをキリスト教的道徳に加えようとすれば、相当な論争が巻き起こるにちがいない。

もっとも、兄弟愛は他の非キリスト教宗派にもみられる徳目であり、また平和愛好的な原始未開社会では、特別の訓練とか天恵なしに、ある程度まで一般化していた。そういう意味ではキリスト教に固有な道徳とはいえないし、キリスト教的道徳としての兄弟愛には未開社会への先祖返りという側面がある。

これに対して、無抵抗主義はより文明化した社会のなかで登場した。しかし、それはユダヤ教から継承したものではないし、ギリシャ・ローマの古典文化から引き継がれたものでもない。

ひとことでいえば、ローマ帝国時代の後期、その支配下で初期キリスト教が虐げられた民衆のなかに浸透していくなかで無抵抗主義が形成された。数世紀にわたるその時代、民衆はローマの容赦ない圧制に打ちのめされた。シーザーが統治するローマ帝国のなかで、これら民衆は異邦人（aliens）であり、事実上のアウトローだった。その過酷な環境のなかで無抵抗主義がかれらの最たる徳目となった。かれら虐げられた被支配民族は「カエサルのものはカエサルへ」「神のものは神へ」という教訓を学んだ。そして大切なことは、原始キリスト教の時代から、兄弟愛の精神が無抵抗主義的な権利放棄（renunciation）と一体化していたことである。

無抵抗主義と兄弟愛的な相互扶助の原理は下層階級のキリスト教徒のなかに浸透していった。しかし、上層階級の道徳規範はユダヤ教やイスラム教とそれほど違うものではなかった。同じキリスト教的道徳といっても、上層階級の場合には無抵抗主義も兄弟愛という要素も希薄だった。

無抵抗主義はローマによる破壊と虐待のなかで被支配階級に浸透していったものだが、そのプロセスで内部の階層的障壁も特権も次第に消え失せた。そういう意味で、かれらは等しく虐げられた被支配的異邦人となり、それまでのかれらの制度的慣行や構造物を失うことになった。こうして、慣行的重圧の甲羅が取り払われたとき、未開原初的な人間の遺伝的本性が露わになった（Veblen, 1910a: 176–177［1934: 209］）。このようにして生まれたキリスト教的道徳は、その後その外部環境が変わっても存続し、世代を超えて継承されていくことになった。

他方、金銭的競争という行為準則は自然権的原則であり、したがって一八世紀以降に形成されたものである。中世にはそうした行為準則は存在しなかった。したがって、金銭的競争という思考習慣は比較的最近のものだといってよい。

この行為準則の一般化は、時期的にみて、エゴイズムや自己利益の哲学あるいは「個人主義」の浸透と軌を一にしていた。それは近代的な生活条件にみあった習慣化の帰結だった。その近代的生活条件とは、手工業と小商業（handicraft and petty trade）の成長であり、産業都市や市場の拡大であり、企業や人に対する金銭的観点からの評価といったものである。個々の職人や商人の力量が効率性の中核をなし、かれらの力、勤勉さ、自由裁量といったものがかれらの殖財と社会貢献の基礎となった。集団的連帯性の紐帯も金銭的なものになっていき、個人の自由裁量の余地が高まるにしたがって、多かれ少なかれ、その連帯性も弛緩した。近代の個人主義は産業効率の向上とともに成長し、金銭的個人主義の様相を呈するようになった。自然権と自然的自由のエゴイズム的原理の確立である（Veblen, 1910a: 180［1934: 213］）。

金銭的文化が認める自然権的な黄金律であり、この連帯的で相互扶助の原則に対応するものといえば、それはフェアプレーの精神になる。しかし、洗練された金銭的エゴイズム（an enlightened pecuniary egoism）もまた、ひとつの歴史的な社会進化の所産であり、機械過程と信用経済、大規模経営の時代になると、企業の営利原則がその玉座についた。

このようにふたつの行為準則、すなわちキリスト教的道徳と営利原則はまったく異なった文化状況から生み出されたものである。したがって、互いに齟齬する可能性が高い。

現状についていえば、第一に、古代キリスト教の無抵抗主義、厳格な自己抑制と権利放棄という原理は、いまではキリスト教の道徳的図式から抜け落ちてしまった。第二に、キリスト教的道徳のもうひとつの要素である兄弟愛、相互扶助という原理もいまではその力を大いに失った。それでもこの精神は絶えることなく、質素な慈善的行為や製作者本能の発現という形で生き延び、あるいは一部蘇生している。第三に、金銭的競争という道徳的図式は所有権や金銭的善悪についての自然権的体系として形成されたものであるが、もはや現在の事情とは十分に整合しない。というのも、それは手工業の技術体制に合致したものであり、その当時であれば、所有権は平等のためのものであり、古代の兄弟愛や相互扶助にも適合したものだった。かれらの創造的行為はかれら個々人に金銭的富裕をもたらしただけでなく、社会への貢献ともなりえたからである。その時代にあっては、富の獲得は主として製作者精神の水準に依存し、フェアプレーの精神が社会的意味をもち、「正直は最善の商略なり」という格言も意味をもった。しかし、いまではそれも時代遅れのものになってしまった。

要するに、これらふたつの原理あるいは思考習慣はいずれもいま分解プロセスにある。現代の技術的、金銭的条件と整合しなくなってしまったからである。

いまや富の獲得と社会への貢献をふたつながら達成することなど叶わぬ時代になってしまった。企業がもっぱら利潤追求のために投資する、非人格的で感情をもたない存在になったからである。もしこれから古代キリスト教の兄弟愛的原理が蘇生し、存続していくとすれば、それは金銭的企業道徳の犠牲をおいてほかにない（Veblen, 1910a: 184-185［1934: 218］）。

**ブロンド族と突然変異**

ヴェブレンはこの「キリスト教的道徳と競争システム」以外に、『製作者本能』の執筆と並行して、(1) ブロンド族という言葉が論文タイトルにあるふたつの論文を書いていた。ヴェブレンはその当時、「郷里」北欧に多かった長頭ブロンド族の人類学的および文化的起源に対して強い関心を抱いていた。

まず、「突然変異の理論とブロンド族」（一九一三年）であるが、その要点はつぎのようなものだった。

メンデルの法則が人種の起源や系譜、移動や分散などの問題に応用されるようになって人類学的議論は大きな様変わりをした。メンデル理論の基本仮説である人種の形質類型（つまり身長、頭長幅指数、毛髪、目の色など）の安定性という見方は人類学の発達に大いに寄与した。こうした見方がなければ、民族学的研究はとりとめのない空論に終始していたかもしれない。他方、多くの民族学者がメンデルの法則とは両立しがたい選択的淘汰にもとづく人類の累積的で漸進的な変化というダーウィン主義的な考え方も受容した。しかし、類型の安定性という仮説を重視するのであれば、可変的な要素は突然変異によって生じるというメンデル主義的な見方に立つことになる。

多くの人類学者や民俗学者の関心を集めてきたテーマに、アーリア語族に属するブロンド族の起源や派生をどう理解したらよいかという問題がある。ひとつには、ブロンド族という人種類型の起源をどのように説明するか。もうひとつはアーリア文化の起源をどうみるかである。この論文が取り扱っているのは前者についてである。

もうすこし砕いていえば、ブロンド族は単一か複数か。またいつ出現したのか。ブロンド族はヨーロッパ以外の地域からやってきたのか。そしてブロンド族は混血か。ブロンド族のみから成り立っていた社会があったのかなどを明らかにする必要がある。

一般的にいえば、人種類型が多様化していく原因はなにかが問題である。オランダの植物学者であり遺伝学者でもあったド・フリース（Hugo Marie de Vries: 1848-1935）の考え方によれば、突然変異が生じるのは例外的な環境変化が動植物に生理学的に強いストレスを与えたことによってである。急激で大きな気象変動によって食物連鎖を含めて生活条件あるいは産業技術が大きく変化し、それが突然変異をもたらす。そうした新たな未曾有の環境変動が人種類型の安定性を損ね、突然変異的な変化をもたらすというのがド・フリースの推論である。

このド・フリースの理論とこれまでの人類学的研究の成果によれば、つぎのような一群の見方が浮かび上がる。

ヨーロッパの代表的な人種類型のひとつである地中海族（the Mediterranean）は第四紀の後期、したがって最後の温暖な間氷期（つまりヨーロッパ大陸、アフリカ大陸、ジブラルタル海峡、シシリー島、クレタ島がまだ地続きだった時代であり、大氷原が後退していった時代）にアフリカからヨーロッパにやってきた。かれらはヨーロッパ各地に拡散し、新石器文化を創造した。

しかし、かれらは新石器時代の特徴である家畜や穀物栽培の生活習慣をもたないまま、旧石器時代の残存者たちと遭遇した。この残存者たちはいくつかの人種類型から構成されていたが、旧石器時代の末期、ヨーロッパにいたこの人種は気候の激変によって絶滅の危機に瀕した。絶滅といい生き残りといい、それを決めたのは激しい気候変動およびそれに伴う生活図式や産業技術の大変動であり、それに対する人種の適応力だった。

間氷期が過ぎて氷河期になると、コーカサス、アルメニア高原が凍結したため、アジアとの交流も断ち切られた。氷河期に地中海族も大きな試練に曝されたが、地中海族から突然変異した長頭ブロンド族は寒冷なヨーロッパで生き延びることができた。というのも、かれらは旧石器時代末期のマドレーヌ人種（the Magdalenian）や地中海族よりも気象の激変に対する耐性をもっていたからである。

この氷河期に、地中海族からの突然変異として長頭ブロンド族が誕生しただけでなく、ヨーロッパ大陸でこうした突然変異がいくども繰り返された。その厳しい適応プロセスのなかから幾種類ものブルネット族が出現した。そして各地でブロンド族とブルネット族の混血が起きた。人数の点では後者のほうが優勢だった。さらに氷河期が終わると、ブルネット族と地中海族の混血によって短頭ブルネット族（アルペン族）が生まれた。

純血種のブロンド族の生き残りが目立ったのはバルチック海あるいは北海周辺の地域、もっといえばスカジナヴィア地方であり、そこが長頭ブロンド族の郷里である。長頭ブロンド族は高い緯度の低い海抜地域で、海岸が近く湿気があり、涼しい地域で生きてきた（Veblen, 1913a: 501-504［1919e: 469-472］）。

ヨーロッパ人は基本的に混血であり、国民的あるいは地方的に大きな人種的、気質的な多様性を示している。そのなかで、長頭ブロンド族が突然変異の起きた太古の時代からの唯一の生き残りであり、他のブロンド族はそれとの混血によって生まれたものである。

## アーリア文化とブロンド族

もうひとつの論文「ブロンド族とアーリア文化」（一九一三年）はいまみた「突然変異とブロンド族」と姉妹編をなすが、およそつぎのように書かれている。

ブロンド族は最後の氷河期に地中海族からの突然変異として生まれた。新石器時代の技術はこの地中海族とともにヨーロッパにやってきた。大きな気候変動と選択淘汰に耐え抜いたブロンド族は、新石器時代になってその気象条件と産業条件によく適応することができた。しかしその初期には、まだかれらは家畜や穀物栽培の文化や技術をもっていなかった。

長頭ブロンド族はスカンジナヴィア地方に定住するようになるが、その物質文明とくに家畜飼育技術はトルキスタンから、また穀物栽培の方法はメソポタミアやペルシャからもたらされた。この飼育技術と穀物栽培法によってヨーロッパの新石器文化は大きく変化した。いずれかといえば、家畜飼育の技術よりも穀物栽培法のほうが早く導入されたが、その穀物栽培法の移植については地中海族の貢献があった。しかし、トルキスタンの家畜飼育文化はほとんど移植されることがなかった。

この家畜飼育と穀物栽培の文化やその技術の移植は多くの社会制度に抜本的といってよい変化をもたらした。新しい社会制度が移植され、多くの旧来の制度が消滅した。しかし、気候上の理由もあって、ブロンド族が中央アジアの高原に定住し、アーリア語やその社会制度を継承して牧畜的生活様式に馴染むということはなかった。第四紀後期の突然変異で登場した長頭ブロンド族が、北欧にあってアーリア語やその文化を創造したとも考えられない。地中海族についても基本的に同じことがいえる。地中海族はもともとアーリア語ではなく、ハム語の文化圏に属していた。

それでも、先史時代にカスピ海東岸のトルキスタン西域に定住した地中海族の一部がアーリア語文化や社会制度に馴染んでアジア人と混血し、その混血族が発達した家父長制とともにアーリア語文化をヨーロッパにもたらしたという可能性はある。

アーリア文化は遊牧文化であり、所有権制度をもち、部族的であり家父長制的であり、専制君主的であり軍事略奪的であり、奴隷文化的であり、一神教的性格をもっていた（Veblen, 1913b: 486-7［1919e: 485-6］）。

こうした牧畜文化的な社会制度は短頭ブルネット族が多かった中央ヨーロッパに移植され、そこで成長した。しかし、地中海族の部族制度は家父長制的ではなく、野蛮文化の農村社会によくみられた母系制的なものだった。

ケルト族は発達した家父長制的部族制度をもっていた。このブロンド系ケルト族は長頭ブロンド族とアルペン短頭ブルネット族の混血として生まれたが、かれらのケルト族文化はハルシュタット文化（紀元前九－五世紀の中部ヨーロッパで栄えた初期鉄器文化であり、ドナウ河とその支流域が中心地）やそれに続くラ・テーヌ文化と密接な関係をもっていた。ケルト文化にはアーリア文化的要素も含まれていたが、先史時代を通じてその文化圏は中央ヨーロッパを横切って西方に拡散した。

アルペン文化圏から遠く離れた北方スカンジナヴィアの長頭ブロンド族の社会にはアーリア文化的な部族制度はなかった。のちのゲルマン－スカンジナヴィア文化が長頭ブロンド族の社会制度をよく示している。アイスランド植民地（そこでは牧畜的生活様式が中心だった）を別にすれば、その文化には家父長制的要素が希薄であり、女性を奴隷扱いしたり、家長が専制的に振る舞ったりすることはほとんどなかった。それでも、ゲルマン的社会制度のなかに部族的要素を探そうとすれば、「親族関係」がある。しかし、これは部族や氏族とは違う。

初期ヨーロッパ全体についていえば、ヨーロッパの社会制度にはアーリア文化的要素は少なく、ヨーロッパが十分アーリア化することはなかった。特にスカンジナヴィア地方の長頭ブロンド文化はアーリア人のヨーロッパ侵入によって影響されるところが最も少なかった。

それでも、アーリア化したヨーロッパ人の宗教制度をみると、多神教は次第に階層的に秩序づけられ、最後は専制的一神教に到達した。しかし、初期ヨーロッパの無宗教的な世界にはそうした階層秩序はみられず、ゲルマン的無宗教はゆるやかな多神教的性格を示していた。いいかえれば、宗教制度がアーリア化すれば、専制的な一神教へ傾くということである。

初期ヨーロッパの諸言語がアーリア系であったことは、他の社会制度の場合はそうではないので奇異な印象を与えるかもしれない。しかし、人種の大移動や広域交易圏の展開などを考えれば不思議なことではない。ハルシュタットやラ・テーヌ文化圏にいたケルト族はドナウ河北岸から西方に移住するとともに、その広大な交易活動を通じて地中海やエーゲ海のみならず、北海沿岸にもその文化を伝播させた。その交易活動によるジャーゴンを含む言語の普及浸透によって土着言語と融合しながら、かれらの言語圏をめだって拡大していった。アーリア諸言語のいくつかの形式はプロトｰアーリア言語に遡ることができるが、かれらの交易ジャーゴンが大きな力をもったことで土着語と混じり合い、それぞれの個性を獲得した。

初期の長頭ブロンド族の北欧社会では、バルチック海からアドリア海、エーゲ海にいたる各地との交易が長期にわたって続き、そのプロセスで短頭ブルネット文化との交流も活発化し、言語学的にも大きな変化を被った（Veblen, 1913b: 493-496［1919e: 494-496］）。

ところで、これまでもヴェブレンは、折に触れてヨーロッパ人種を代表するものとして長頭ブロンド族、地中海族、短頭ブルネット族に言及していた。たとえば、長頭ブロンド族に属する有閑階級の男たちは略奪文化への先祖返りにおいてめだった才能を発揮するとか、あるいは（それとは逆のニュアンスであるが）長頭ブロンド族の要素が強いほど社会主義的な思考習慣を形成しやすいなどと述べていた。

ここで取り上げたふたつの論文では、長頭ブロンド族に関心を寄せながら、ヴェブレンは先史時代におけるヨーロッパ人種とその文化的起源について論じている。ひとつふたつの印象を記しておこう。

まず、ヴェブレンは人種の起源あるいは人種の多様化を推論するさい、その根拠をド・フリースの突然変異の理論に求めている。

大規模で急激な気候変動によって生活環境と産業技術が激変し、それが突然変異を引き起こす。その環境変動が人種類型の安定性を損ね、大きな構造的変化をもたらすというのがド・フリース理論の骨子である。

注目されるのは、先史時代の人種の起源や多様化について考えるとき、ヴェブレンはダーウィン主義的な漸進的で累積的変化という見方ではなく、メンデル主義的な類型の安定性と突然変異という見方に立っていることである。この点は、これまでみてきた未開時代以降、現在にいたる社会進化についてのダーウィン主義的見方とは違っている。天文学的な時間のスケールで生じた事象の説明には、ダーウィン主義的な見方には無理があるというのがヴェブレンの考え方だったようにみえる。

ヴェブレンはド・フリースの理論と人類学者や民族学者の研究成果を踏まえて、いくつかのことを推論していた。最後の氷河期、北欧がその主たる生息地となった長頭ブロンド族は、間氷期にアフリカからやってきた地中海族からの突然変異として生まれた。氷河期を通じてこうした突然変異がいくども繰り返され、短頭ブルネット族も誕生した。さらに、この短頭ブルネット族と長頭ブロンド族が混血してケルト族が生まれた。

こうした突然変異のプロセスで問われていたのが激変する環境に対する産業技術を含む人種の適応能力だったという意味では、そこにダーウィン主義的な見方も動員されている。そして、人種の多様化に貢献したもうひとつの要素が混血だった。

アーリア文化はもともと牧畜文化であり、所有権制度をもち、家父長制的であり、軍事略奪的であり、一神教的性格をもっていた。そのアーリア文化は短頭ブルネット族が多かった中央ヨーロッパに移植され、家父長制的だったケルト族の民族移動やかれらの広範な交易活動を通じてさらに西漸した。他方、地中海族の部族制度は母系制的なものだったし、長頭ブロンド文化もアーリア文化から遠い存在だった。

興味深いことに、民族移動や混血もさることながら、ヴェブレンはケルト族による広範な交易活動に注目し、その取引を通じて必要なジャーゴンを含む言語が他の社会に浸透していったことについてふれている。こうして、ヨーロッパの文化は人種がそうであるように、そこに大きな多様性を含みながら次第にアーリア化していったというのがヴェブレンの見方だった。

## 第二節　『製作者本能』を読む

ミズーリ大学に移ってからのヴェブレンは、いまみたふたつの論文を書いたほかは、ほとんどの時間を『製作者本能』（一九一四年）の執筆に費やした。この作品はシカゴ大学、スタンフォード大学、ミズーリ大学でかれが継続的に担当してきた講義「文明における経済的要因」を書物にしたものである。それは『有閑階級の理論』（一八九九年）に深く関連する四論文、すなわち「女性のドレスについての経済理論」（一八九四年）、「製作者本能と労働の煩わしさ」（一八九八年）、「所有権の起源」（一八九八年）、「野蛮時代の女性の地位」（一八九九年）からはじまって『有閑階級の理論』に到達し、一九〇六年と一九〇八年の「近代科学」に関する二論文、さらには一九一三年のブロンド族に関する二論文を経て書き上げられたものであり、いくどかふれたように、ヴェブレンみずから「自分の唯一の重要な著書」と呼んでいた。

### この本の構成と内容

この『製作者本能』のフルタイトルは「製作者本能と産業技術の状態」（The Instinct of Workmanship and the State of the Industrial Arts）となっている。その原文で二ページにもみたない短い「はしがき」の冒頭、ヴェブレンはこの本の中身と方法意識にふれてこう書いている――、技術的慣行（technological use and wont）というものがそれ以外の文明の範囲と方法を決めるうえで根本的かつ決定的要因なのだが、逆にその文明の慣習が技術を規定していくことを排除するものではない、と。

この本の構成をみてみると、第一章の「序論」につづく第二章は「原始的技術における本能の汚染」、第三章「産業技術の未開状態」、第四章「略奪的文化の技術」、第五章「所有権と競争システム」、第六章「手工業の時代」、第七章「機械産業」となっており、人間の文明史の鳥瞰するためには産業技術的慣行に着目する必要があるという観点に立って時代区分が行なわれていることがわかる。印象的なことに、『有閑階級の理論』ではほとんど意識されず、しかし『企業の理論』でその自覚が高まったものであるが、この本にいたって、近代は産業革命を前後して手工業時代と機械時代に明確な形で二分されている。各章の中身を摘記すれば、およそつぎのようになる。

（A）第一章の序論では、この本のタイトルである「製作者本能」を中心に、本能あるいは本能的行為が真正面から論じられている。

たしかに、最近では（二〇世紀初頭）、生物学者は本能とか本能的とかいう言葉をあまり使わなくなった。動物行動学者も「賢明なことに」この表現を避けるようになった。かれらはこの言葉が学術用語に不可欠な厳密性に欠けているとみている。

しかし、社会制度の成長やその原因に関する発生論的考察のためには、「他の分野では時代遅れとされる『本能』という述語ほど役に立つものはない」（Veblen, 1914: 3, 訳 4――以下、邦訳は松尾博の初訳によるが、一部改訳している）。

この本の目的からすれば、人間性のこれ以上に還元できない要素が本能なのであり、本能はそれぞれ客観的な目的をもっている。しかし、その目的を達成するための方法については知性の力に頼らなければならない。一方で本能は知性の範囲と方法を決めるという意味で「絶対的」だが、他方では知性の水準が高くなれば、手段あるいは方法の論理は複雑化し、本能の発現形態は相対化され、多様化する。

この手段の論理は「過去の世代の経験を通じて蓄積されてきた思考習慣の遺産」である。したがって、人間生活の本能的目的を達成する方法はこの思考習慣によって規制される。こうして人びとの行為原則と努力目標が習慣づけられる。しかもその方法つまり思考習慣は絶えず変化していく。

では、本能はいくつあるのか。この点、心理学者や生理学者の見方は一致していない。複数の本能は個々バラバラのものではないが、連続したものでもない。また本能的感覚と向性的感覚（tropistic sensibilities ――つまり、動植物が刺激に対してその方向へあるいは逆の方向に成長しようとする性質あるいは感覚）のあいだには同じあるいは類似した生理学的な基礎がある。そのために複数の本能は互いに接合したり、汚染したりする。

本能は遺伝的特性をもっているが、それはメンデル的意味での「単位属性」（unit character）ではなく、二次的特質とみることができる。そして本能的性格の全体が人間の「精神的本質」あるいは人間性を形成する。個人の人間性は文明化した社会ほど多様化する。また、ヨーロッパの諸民族はすべて混血種であるが、純血種よりも混血種のほうがその人間性は多様に分岐する。

人類の物質的福祉に直接貢献する本能が製作者本能である。それと並ぶものとして、親性性向（parental bent）を挙げることができる。両者は互いに助長しあうため、その弁別が容易でない。

親性性向つまり「親らしい心遣い」とはいっても、その目的と対象は決して「自分の子供の幸福」といった狭隘なものではなく、人類社会したがって次世代以降も視野に収めながら、人びとの社会生活全般の安定と福祉を高めようとする。それは「公益のための節約と効率」を強化し、公益への奉仕と浪費の排除を促す。この親性性向が典型的に機能するのは動植物の飼育や栽培といった領域においてであるが、親性性向は支配的な経済理論とは違って、「現在財よりも将来財を選好する」[2]。

製作者本能は実際的な工夫、熟練、浪費の排除、創造的な仕事への志向を意味しているが、働くことへの刺激が弱くなれば、それだけ衰弱する。しかしその本能が消え去ることはない。それは未開社会にあって人類が生き延びるための基本的な条件だった。この製作者本能があってはじめて人類の生活は獣性的なものから人間らしいものに進化できたのであり、その後も浮沈をくりかえしながら人間社会に浸透していった（Veblen, 1914: 37, 訳 30-31）。

（B）第二章の「原始的技術における本能の汚染」では、第一章での議論を踏まえ、製作者本能と親性性向が他の本能と混合し「汚染」されていく可能性について論じている。

一般的にいって、「すべての本能的行為は習慣による修正を受けやすい」。しかもその習慣は累積的性格をもっている。本能が発現する方法と手段の慣習的体系は自然や事象に関する新しい知識や情報に出会うたびに、それらを取り込み、消化していく。しかし、人間のいくつかの本能はそのすべての働きにおいて相互に影響を与えあい、互いに「汚染」していくような性格をもっている。

製作者本能の発現を妨害するもののひとつが、未開時代後期から野蛮時代初期にかけて成長を遂げた長老政治（gerontocracy）である。その厳しい階級的差別、威圧的で略奪的な統治、特権と権威と服従の制度的慣習、革新をタブー視する保守主義といったものによって、社会全般にわたる創意工夫や技術革新が大きく停滞するようになる。もうひとつ、製作者本能と親性性向に立ちはだかる大きな障害がある。それが製作者本能の「自己汚染」（self-contamination）である。ここで自己汚染というのは、観察された事象に対する擬人観的な見方あるいはアニミズム的な考え方をさしている(3)。

事象の理解には、一方に「事実に即した」見方と、観察を超えたものに「帰属させる」見方がある。前者は技術的効率に結びついたものだが、後者は擬人観的でありアニミズム的である。古くは、そうした擬人観やアニミズムは精緻な神話体系や一神教的創造主を生み出して大きな力を発揮した。しかし、近代社会になってもそうした見方、考え方がなくなったわけではない。とくに動物の擬人観的な解釈はきわめて尤もらしいものであり、練達の懐疑主義者の猜疑心さえ拭い去ってしまうほどである。

これら製作者本能や親性性向のほかにも、事象の理解に貢献する別の本能がある。それが「無垢な好奇心」（idle curiosity）である。この本能は生命維持の基本的機能が充足されたのち活性化されやすい。その力は必ずしも強くないが、持続性と耐久性に富んでおり、妨害物がなくなれば、いつでも蘇生する。無垢な好奇心は製作者本能と同じように、緊急な関心事によって脇に追いやられがちであるが、人間文化の発展に対して長期にわたって影響を与える（Veblen, 1914: 84-85, 訳 69-70）。

もっとも、この無垢な好奇心は、第三章第五節でもみたように、神話ドラマトゥルギーや民間伝承を生み出すこともある。そうした場合、それはかえって製作者本能の発現を妨げる。

未開時代には動植物の世話、「言葉をもたない」「口をきかない」生物の面倒は基本的に女性が担っていた。もっといえば、未開時代の産業活動の担い手は女性だった。そのため、そうした社会はしばしば母系家族制をとり、母系による所有権の継承が一般化した。そればかりでなく、多少とも魔術的で原始的儀式を司ったのも女性であり、豊穣と肥沃の神は女神だった。女神は初期の農業文明に見合っていたし、その背景には女性によって担われた動植物の飼育や栽培という産業技術的基盤があった。その意味では、親性性向よりも製作者本能との結びつきが強かった。こうした平穏な母系社会と母なる女神の地位が零落していったのは、略奪と強制が支配する戦闘的社会と好戦的文化の到来によってである。

（C）第三章の「産業技術の未開状態」では、ヨーロッパを中心に長い未開時代の産業技術の性格が論じられている。

いつの時代にあっても、産業技術とそれを支える熟練は基本的に社会的共通資本であり、集団的に培養され継承されていく。いかに特定の個人や集団によって開発されているようにみえても、それは根本的なところで公共的性格をもっている。

未開社会では特にそうだが、産業技術の状態はその社会の大きさによって規定される。一般的にいって、ある社会が疲弊して人口が減少するような場合あるいは狭い範囲で孤立しているような場合、その技術水準は衰退する。逆に、石器や木製道具が発達するとともに人口が増え、耕地は拡大した。青銅器時代になると人口密度はいっそう高まり、産業技術も高度化した。製作者精神の発揚がめだった時代である。青銅器時代初期には地中海沿岸との交易ルートも確立した。

未開時代について考えると、ヨーロッパの三つの人種（地中海族、長頭ブロンド族、短頭ブルネット族）の場合もかれらが登場する以前にきわめて長い時間が経っていたから、かれらは「生まれながらにして道具を活用することができ、かなり進歩した技術に習熟することができた」。この未開時代には親性性向と製作者本能が優位し、人びとは平和で勤勉な生活を送っていた。それでもブロンド族は他のふたつのヨーロッパ人種に比べれば、多少とも略奪的だった。

ところで、未開社会の「自然状態」は戦争と略奪によって特色づけられるという古臭い先入観がある。しかし、ヨーロッパの新石器時代の初期についていえば、北欧であれエーゲ海周辺であれ、そうした見方は経験的に支持されない。遺跡からの出土品には道具が多く、武器は少ない。また、恐怖心によって魔術的儀式が日常化していたと推論するだけの材料に乏しい。未開時代のヨーロッパ人の生活は基本的に平和なものであり、ブロンド族やその混血は宗教的統制に対して従順ではなかった。

一般的にいって、ある技術を模倣し、自らの文化圏に移植する場合、その技術に付着していた精神的文化を削ぎ落とすことができる。とくに文化の境界が言語の境界と重なっている場合にはそうである。技術から象徴体系を分離し、技術のみを移植することができる。たとえば、バルチック海や北海周辺に導入された家畜の飼育は「借用された技術」であるが、その技術を生み出した社会の迷信的行事まで持ち込まれることはなかった（Veblen, 1914: 136-137, 訳 111）。

（D）第四章の「略奪的文化の技術」では、未開時代に続く、おおまかにいえば中世までをカバーする野蛮時代の技術体系の性格が論じられている。

ある文化の技術的知識や熟練の図式は集団生活の産物であり、公共資本であることがくりかえし強調される。そうした未開社会においては、実質的意味での個人的あるいは私的利益といったものはなく、「公認の義務」が成員に課されても、実質的には交換も雇用もまた財産も所有権も存在せず、もちろん価格もなかった。みるべき富の蓄積はなく、それへの刺激もほとんどなかった。

「個人もまた、遺伝的素質と後天的に獲得した性格の双方において集団生活の産物である」。

環境的あるいは制度的条件のため、「阻止された発展」（arrested development）を経験した例としてアメリカ大陸の両端に棲息したエスキモーやパタゴニアの人びとを挙げることができる。ブッシュマンやアイヌ人も外部からの干渉がなければ、類似した経験をした可能性が高い。

未開時代は新石器時代になってもしばらく続いたが、北欧では新石器時代の前半には産業技術や活動に対する金銭的統制がはじまった。その背景には産業技術の累積的進歩があり、その物的手段を所有することが価値をもつようになったからである。その所有権は産業技術の排他的用益権を意味していた。

社会の産業効率が高まってくると、そうした所有権や財産権が制度化されるだけでなく、聖職者階級の役割が高まり、富と権力が聖職者に集中するようになった。さらに、こうした富の階級的格差を伴う主人と奴隷の関係や独占的所有権の確立、金銭的評価と殖財への関心の高まりとともに、略奪や侵犯への誘因が社会的に組み込まれていった。そうした誘因が現実のものとなれば、戦士階級と武勇崇拝が生み出される。やがて利己的感情と私益追求が公益貢献への関心に取って代わった。まさに略奪的野蛮時代の出現である。「闘う愛国者が公共的精神をもつ市民の典型であり、模範とされた」(Veblen, 1914: 160-161, 訳 133-134)。

こうした状況下では、あの親性性向も全体としての社会生活の充実ではなく、闘将やその王朝への忠誠心を下支えるものに変わってしまう。

一般的に略奪的文化は遊牧民族とその生活に見合っている。そうした社会は家父長制的であり、ふつう富や地位の大きな格差を伴う。強力な戦闘組織をもち、専制政治が幅を利かせ、強力な一神教が成立する。

そうした文化は略奪的か金銭的な事業に適しており、住民は攻撃と防御のために組織され、闘いに必要な訓練を受け、過酷な課税を含めて服従することに慣らされる。かれらは国家としての強さと団結力に長け、一神教がそれを強化する。アッシリア、バビロニア、ペルシャ、イスラエル、フェニキア、モンゴル、タタール、アラブの民の文化がそうしたものを代表する。

かれらは定住を踏まえた家畜の飼育には不慣れであり、その支配と服従は個人的性格を帯びた。かれらは異彩を放つ大宮殿を建造したが、浪費的で寄生的だった。かれらは格別に略奪的であり、利己的な卑屈と尊大さ、宗教的迷信と超自然的なものへの恐怖心が生活全体を被っていた。

西欧諸民族もこうした略奪的文化をもったが、東洋的専制政治の水準に到達することなく、略奪的文化の時代を通過することができた。近代西欧文化は中世までの略奪的段階ではなく、金銭的文化の平和的段階に属している。

この平和な金銭的文化においても利己的衝動が公共心に優位した。しかし、財産の獲得にあたって権力行使や詐欺といった手段は禁じられた。その意味で略奪的文化の時代とは異なっている。

いずれの社会でも、所有権が確立すると、労働の成果への要求が高まる。その直接的な帰結は勤勉の精神の高まりである。しかし、勤勉（industry）は財産獲得のためのひとつの方法にすぎない。別のもっと手っ取り早い方法があれば、生産的労働つまり本来の意味での製作者精神は二義的な存在に貶められる。その結果、富の所有者たちは次第に労働から免除されるようになり、やがて「労働への没入は劣る者の印であり、したがって不名誉なことだとされる」ようになった。さらに、かれらは自らの金銭的優位を社会的に証明するため、顕在的浪費に明け暮れるようになっていく。

このようにして、金銭的文化の隆盛は労働の軽視をもたらし、「労働からの免除」（otium cum dignitate）は名誉とみなされ、顕在的浪費と相まって産業効率を損ない、製作者精神は傷つけられた。

この金銭的文化が平和な商業的段階に移行することができず、略奪的段階に留まった社会では産業技術は停滞し、衰微した。しかし、金銭的文化が商業化した西欧社会では、やがて技術的効率や事実にもとづく科学的洞察力がゆっくりとしたペースで復活していった。そのプロセスは宗教的恐怖心の衰弱と軌を一にしていた。

金銭的文化が商業化された近代西欧社会では、支配－被支配の階級構造は中産階級を中間に挟んだ階級構造へ転換した。主要な階級はふたつから三つになった。その社会では、大雑把にいえば、上流階級は労働にも取引にもよらない貴族階級、中産階級は商業的あるいは企業的取引によって富を手にするブルジョワジーあるいはビジネスマン、下層階級は製作者精神によって生計を立てる労働者から構成される。象徴的な言い方をすれば、これら三つの階級は「略奪」「企業」「産業」という言葉で表現することができる（Veblen, 1914: 184, 訳 152）。かれら中産階級が登場した文化的意義はきわめて大きい。というのも、かれらとともに製作者本能が蘇生し、産業技術が効率化し、企業取引による富の蓄積が進み、競争体制が強制的方法に取って代わり、真面目な勤労への自発的精励が日常化していったからである。

（E）第五章の「所有権と競争体制」の前半では平和な所有権について、また後半では競争体制について論じている。

金銭的文化が商業的段階に移行しえた社会の所有権は「平和な所有権」といってよい。その社会ではふたつの階級が産業に関わった。ひとつは「職人、労働者、職工、技術者」であり、かれらの仕事に必要な訓練は物的事象についての技術的理解を深め高めていくことだった。もうひとつは「所有者、投資家、親方、雇用主、企業家、実業家」と呼ばれる人びとであり、かれらに必要な訓練は金銭的な操作や洞察力、金銭的収益、価格、価格対費用、価格対利潤、価格対損失といったことがらだった。

しかし手工業の時代には、これらふたつの階級への分化はそれほど鮮明ではなかった。むしろ、大なり小なり重なっていた。それが職業の専門化が進み、分業が発達していくにともなってふたつの階級が分化していった。

近代的技術は長頭ブロンド族が多かった北欧から他の地域に拡散していったが、この地域は即物的な新石器時代文化の中心地でもあった。この照応関係は近代技術を形成した民族的資質が新石器時代のそれと重なっていることを示唆している。

かれら北欧民族は家父長制的なものからほど遠く、地方自治的な小さな社会を形成し、宗教的懐疑心と不服従の精神に長け、海洋的自然の非人間的な事象を辛抱強く観察する能力を身につけていた。それだけ擬人観的なものの見方からも自由であった。また、かれらは工芸に秀で、その工芸は近代的技術と連続していた。じっさい、「キリスト教のブロンド系混血族はセム族の家父長制的神話を最後に受け入れた民族だったし、そこからいち早く離脱した民族でもあった」(Veblen, 1914: 200–201, 訳 167–168)。

一般的にいって、近代的な機械技術、自然科学、宗教的懐疑心、そして自由な制度の実質をなす不服従の精神とのあいだには不思議なほど深くいきわたった共存関係が存在する。(4)「近代科学者の標語は懐疑と慎重さである」。

たしかに、一方で金銭的文化は製作者精神にとって有害なものだが、他方では、ともかくも商業化した金銭的文化は平和な文化であり、製作者本能はその平和な社会で次第に古来の力を取り戻していった。

ブロンド系の混血が多かった北欧あるいは西欧では、封建時代の略奪的文化が「正常な」(つまり、東洋のセム族系侵略者たちが建設した王朝的文明が典型的に示しているような）成熟にまで達することはなかった。

このセム族的な略奪文化の先に開けていたのは、アジア的専制政治への道か、あるいは準平和的段階に移行してやがて商業化していく道かのいずれかであった。ヨーロッパは後者の道を辿り、「武勇にもとづく成長から平和な所有権にもとづく成長へ」と転換することができた。それが起きたのは王朝的な財政権益に反対して「コモンウィール」（民主的な政体）が立ち上がったときであり、下層の産業的階級（industrial classes）がその担い手となった。製作者精神が花開き、手工業と小商業が大きく成長していった。

この経緯は一般的に「野蛮から文明へ」の移行と呼ばれるが、そこには未開の精神への「洗練された」先祖返りあるいは回帰という要素が含まれている。というのも、未開文化では製作者精神が武勇に優位し、平和的志向が強かったからである。

そして、本章後半の「競争体制」では、手工業時代と機械時代の初期、そして機械時代の現在とを対比する形で、産業技術の状態、企業の規模と経営、生産性の源泉などの違いが明らかにされている。

近代社会は手工業の興隆とともにはじまった。製作者本能が略奪文化に特徴的な武勇と服従と利己主義を凌駕するようになった。手工業の担い手は製作者精神をもった職人層であるが、かれらはその製品の価格や販路の確保という関心から、大なり小なり商人的でもあった。手工業は小商業を必要とした。手工業体制は製作者精神と営業精神（salesmanship）によって組織化されていた。

しかし、個人的な金銭的利益追求への関心が高まり、新たな技術変化が生まれ、交通手段が改善され、市場がめだって拡大していくとともに、手工業経済の基盤は蚕食され、製作者精神と金銭的原理あるいは営業精神の対立がめだつようになった。その延長線上で後者が前者に優位するようになると、ギルドの構成員から有力な商人たちが離れていった。

その先に広がっていたのは、「産業」と「企業」あるいは産業的職業と企業的職業の専門分化であり、両者の対立関係の顕在化であり制度化だった。これが産業革命のはじまった一八世紀第四・四半期、つまり機械時代初期の光景だった。

一九世紀になると、手工業と小商業の経済世界に取って代わって、ひとつの競争体制が確立した。効率も成果も価格によって評価され、製品も生産プロセスも消費行動も標準化され、企業組織は大規模化し、多くの労働者が雇われ、大きな生産設備が私的所有の対象となった。その結果、必要な技術的知識や熟練は本来の公共性にもかかわらず、その用益権は一般的熟練であれ特殊的熟練であれ、その有形資産の所有者である産業の総帥に帰属することになった。けれども、これら企業家は製品や産業プロセスに関する技術的知識をもたず、その役割を能率エンジニア（efficiency engineers）に託さざるをえなくなった。そうなって、産業の総帥は金銭の総帥（pecuniary captains）に変身した。

この能率エンジニアの仕事ぶりはもっぱら価格と利潤という観点からのみ評価されているが、もしかれらが社会全体にとっての有用性という観点に立って仕事をすることができれば、その浪費排除の効果は計り知れないものになるだろう(5)。現状は「多くの企業がその産出高の一〇〇％以上の浪費を行なっており」（Veblen, 1914: 224, 訳 185）、それだけ、現在の経済社会はムダと浪費を深く広く制度化していることになる。

そうはいっても、いまの実業社会には不在地主制とは違って、「厳密な意味での有閑階級など存在しない。すべての人がこれまでのどの社会よりも自分の仕事に傾注している」からである。しかし、過去半世紀のうちに、詳しくは『営利企業の理論』（一九〇四年）で明らかにされているように、一九世紀に確立した競争体制に重大な変化が生じた。

（F）第六章の「手工業の時代」では、『営利企業の理論』においてよりもいっそう明確な形で手工業体制の技術的、文化的、政治的意義が明らかにされている。

手工業体制が立ち上がる前提としてくりかえし強調されているのは、ヨーロッパでは西アジアほど遊牧的略奪文化が発達しなかったということである。最も専制主義的だったローマ帝国も、ヨーロッパ的というよりはレバント的（ギリシャからエジプトにいたる地中海東岸地方）だった。

キリスト教民族は中世末期までに武勇的略奪文化から脱出し、手工業、巡回商業、産業都市の発達などの成長に支えられて封建体制を克服し、準平和的な状態に移行することができた。手工業体制の成立である。この手工業時代は中世末期から一八世紀まで五、六世紀も続いた。

この体制の中心にいたのは職人層だが、かれらは独立自営の腕に覚えのある下層階級に属する諸個人（あるいは地主層の恣意的な権力から逃げ出した「親方なき人びと」）であり、みずからの努力と勤勉によって高い熟練を身につけていた。かれらには家柄も相続財産も特権もなかった。かれらの鍛錬と熟練は製作者本能と密接な結びつきをもっており、これら職人層が効率と社会的有用性を体現した。かれらの思考習慣は機械論的なものであり、機械器具は手の労働を容易にしたり、省いたりするためのものだった。産業技術も組織もそうした労働（節約）の見地から評価された。そのため、労働節約というものの考え方は産業革命後の一九世紀になっても尾を引き、経済思想を支配した(6)。

手工業体制が進んでいくと、社会生活はますます市場を媒介にして成り立つようになり、価格体制が社会の前面にクローズアップされ、感情抜きの非人格的な簿記や会計が重要な地位を占めるようになった。

やがて産業技術や設備の所有者が技術的熟練の用益権を手に入れ、職人層の生産能力の所有者になっていった。そして手工業時代の後期には、機械産業の拡大とともに物質科学が大きな成長を遂げた。観察された事象を量的で客観的な指標に還元して理解するという点で、この物質科学が果たした役割は計り知れない。

それは商業的なイタリア共和国で成長したが、やがて威圧的で好戦的な政治と宗教的反動によって科学と産業、さらに商業まで萎縮してしまった。そのあとにヨーロッパの産業的中心地となったベネルックス地方や南ドイツにおいても、同じような繁栄と衰退のサイクルがくりかえされた。すなわち、「国家形成に関わる王侯同士の小競り合いによって産業社会の資源が使い果たされ、その世代の産業の総帥の信用を台無しにしてしまった。フッガー家の時代は破産と産業崩壊のうちに終焉した」（Veblen, 1914: 247, 訳 202-203）。

つづめていえば、科学と産業・商業の勃興と繁栄、そのあとにつづく王朝戦争と宗教的狂信による産業の瓦解と社会の衰退という循環的な図式が描かれている。

しかし、こうした循環的盛衰のあとに登場したイギリスの経験は違っていた。より立ち入った議論は『帝政ドイツと産業革命』（一九一五年）の第四章で展開されているが、それに先立ってヴェブレンはこの『製作者本能』で以下のように記している。

大陸諸国と比べて、イギリスが自然資源あるいは人種的・文化的系譜といった点で特に有利あるいは不利だったわけではない。違いといえば、イギリスが孤立した島国だったことである。それが幸いして「全体として、イギリス社会は手工業時代が成熟を遂げ、まもなく終わろうとしていた時代を通じて、基本的には大陸諸国でみられたような君主間の利害抗争の外部にあった」。

その時代、イギリスは精力的、継続的に大陸諸国から先進技術を借用し自国に移植した。それが可能であったのは、手工業時代を通じて（一時の内乱期を別にすれば）、イギリスは長期にわたって国際紛争に関与することがなかったからである。その結果、イギリスの手工業時代は政治的疲弊と宗教的反動によってではなく、産業革命によって終焉した。いいかえれば、産業技術は手工業から機械へと発展的に（実態からすれば、飛躍的に）継承されていったということである。その飛躍台が産業革命にほかならない。こうしてイギリスは競争者たちに追いつき、最後は主導権を握ることができた[(7)]（Veblen, 1914: 248–250, 訳 204–205）。

近代科学は手工業時代の生活習慣と見合うものだったが、中世のキリスト教信仰はきわめて権威的で強制的な性格をもっていた。それはヨーロッパの封建体制の思考習慣となっていた遊牧的略奪文化とよく馴染むものだった。

手工業時代の成熟は科学的研究の発達と相まって、古い中世的思索を蚕食していった。この時代の「摂理の秩序」（Providential Order）は人間の利益を望まれる慈悲深い創造主による秩序であり、「人文主義」と呼ばれた。そして手工業時代が終焉を迎えた時期には、この秩序は「自然の秩序」（Order of Nature）、個人主義的な自然権と「自然的自由」の体系として完成された。

この自然の秩序は最終的に人間に至上の幸福をもたらすものと理解されたのであるが、それは健全な精神をもつ熟達した職人が生み出す見事な成果物というイメージと相通じるところがあった。この一八世紀的な自然観念[8]においては、もはや人間は神を畏怖し免罪を請い願う罪人ではなかった。「自然は決して間違えない」「決して飛躍しない」「決して無駄をしない」「完全な仕事以外にはなにもしない」存在とみなされた。

じっさい、「自然権の体系は手工業体制下における職人精神の制度的副産物」であり、「その自然的自由の原理、個人的自助の主張とともに、手工業と小商業の要件にうまく適合し、その精神を感嘆すべき誠実さで反映している」。

近代科学の発展は事象をめぐる因果関係の仮説に依存している。この因果関係という概念は手工業の職人精神と密接な関係をもっており、その特別な現われだといってもよい。しかし、そのほかにも手工業技術に適した思考習慣と共鳴する文化的変化が生じていた。それが「産業技術の状態とキリスト教信仰とのあいだの奇妙な共存関係」にほかならない。ヴェブレンはこう書いている――、「じっさい、現在でも近代産業が流布した中心地が宗教的にはプロテスタンティズムと異端が流布した中心地でもあったというまことに驚くべき一致[9]がみられるのであり、このことは大いに注目に値する」(Veblen, 1914: 267, 訳 218)。

経済史的に手工業時代と呼ばれるこの時代は、政治史的には国家形成の時代にあたる。手工業の成長は大きな国家をつくるうえで貢献し、大規模な軍事行動の物質的手段を供給した。しかし、「戦争は産業社会の富を食い尽くすことになった」。

一方で専制君主たちは手工業の技術的発展の成果を駆使し、他方で繁栄する産業と商業分野からその限界を超えて強制取立金を搾りとり、「意図せざる結果」(unintended result)[10]として墓穴を掘ることになった。じっさい、その負の効果には計り知れないものがあり、破産した君主の国庫は当代の産業の総帥、債権者に致命的な影響を与えた。やがて略奪的文化に近似した感情や生活様式への習慣づけが手工業精神を圧倒しはじめ、その強靱な独立独歩の精神さえ切り崩していった。

そこには、さらに手工業社会が醸成することになった個人的自己過信の精神をみてとることもできる。というのも、ギルド組織による統制の外では、職人や商人たちは金銭的便宜以外のことで協力することなどなかったからである。

こうした一連の負の連鎖から相対的に自由だったのが、すでにみたようにイギリス社会である。イギリスで手工業時代が終焉を迎えた一八世紀後半になると、「自然的自由」（つまり権威や特権によって妨げられることなく、腕一本で自らの幸福を追求できる自由）の体系が大きな綻びをみせていた。機械時代の産業は資本主義的に管理されるようになり、生産手段をもたない職人層はその自然的自由を剝奪されるほかなかったからである。

（G）最終章の第七章「機械産業」は言葉の説明からはじまっている。機械時代を表現する言葉として、ほかにも大規模な工場制度、資本主義、自由競争、信用経済などの言い方がある。しかし技術体制という点からみれば、機械過程、機械技術の時代、つづめて機械時代と呼ぶのがふさわしい。

イギリスについていえば、機械時代は手工業の発展を基礎として一八世紀第三・四半期以降にはじまった。この機械技術は科学と密接な関係をもっていた。機械技術の場合、他の産業技術よりも観察された事象を即事的に理解することが求められる。事実に即した論理（the matter - of - fact logic）が大切であり、その技術プロセスに人格的あるいは目的論的要素が入り込む余地はない。機械過程は予測可能なあるいは測定可能なものであって、そこに摂理的な曖昧さ、神秘的な要素は一切含まれていない。

この機械過程の理想的な姿が自動機械（automatic machine）である。したがって手工業とは正反対に、「機械過程が労働者を利用する」。そして労働者に求められる知的水準は飛躍的に高まる。読み書き算術をはるかに超える学校教育なしには、誰も機械過程に通暁することができない。象徴的な言い方をすれば、「児童労働はもはや最高の産業的効率とは両立しないものとなった」（Veblen, 1914: 306–309, 訳 249–254, 287）。

機械時代になると、人びとの日常生活は手工業時代にも増して機械過程の影響を受けるようになる。「現代の生活は時計仕掛けで進行していく」。機械化と標準化のネットワークが生活の隅々にまで張りめぐらされる。

その現代社会においては「発明が必要の母である」[11]。仕事を容易にし、価値を高めるような創意工夫や革新（つまり発明）が競争的な利益や競争的な消費に役立つ場合はなおさらのこと、社会的に広く利用されるようになる。逆に、新しい工夫に消極的な者は苦痛と損害を与えられる。この四半世紀に急成長した広告産業がその趨勢を煽り立てる。

機械過程の発達と成熟にともなって、科学的研究における因果系列の理解について重要な変化が生じた。「孤立して完結した」因果関係から累積的な因果関係プロセスへ関心が移行した。ダーウィンの大きな貢献であるが、機械論的で非目的論的な進化プロセスに関する科学的解明への関心がめだって高まり、進化論的分析が「いまや自然科学、社会科学の別を問わず、すべての現代科学理論の根底」に据えられるようになった。

機械過程の非人格的で非感情的な性格は労働者に対して最も強く作用するが、同時にそれに対する反発、したがって神秘的な洞察力や信仰、「自然に帰れ」といった運動を呼び覚ますことにもなった。そうした心情は機械産業が発達した社会で、機械時代が進展するとともに強くなる。休暇への強い要求が出てくるのも、こうした社会的心情の高まりと関係がある。そこに示唆されているのは、「機械時代は人類の一般的な生来の性質に適応していない」ということである。その意味で、機械過程は肉体的にも精神的にも人間を蝕むような性格をもっている。

機械過程によって課された生活様式も、またその非人格的論理への習慣づけによって内面化された思考習慣も、人間精神の自由な運動と相容れない側面がある。そのため、「ある意味で人間に生来のものともいえるが、魔術、オカルト的科学、テレパシー、精神主義、生命主義[12]、プラグマティズムといったものが再燃した」（Veblen, 1914: 334. 訳 272)。

機械過程を実際に制御しているのは職人精神による効率性ではなく、営業精神にもとづく金銭的利潤あるいは営利原則である。そのため、職人精神は大いに汚染され、社会全体の福祉への貢献は二義的、偶発的なことになり、小さな実業家は特権的実業家の自由裁量によって従属的地位に甘んじることを余儀なくされる。

これら大実業家の実像は、アダム・スミスの時代とは大きく違って、産業技術に疎い、金銭的関心しかない金融の総帥にほかならない。

## いくつかの形式的特徴

この『製作者本能』のスコープは歴史的に長大であり、空間的にも広大である。時間は石器時代から現代に及び、空間は西アジアやレバントから北欧にまで広がっている。そのためでもあるが、ディシプリン横断的に議論が組み立てられている。ここでは一々その典拠にふれていないが、とくに『製作者本能』の第一章や第二章では心理学、考古学、人類学、民族学など当代の主要文献が数多く参照されている。

また、この『製作者本能』には本能論のような一般理論もあれば、マートンがいう中範囲の理論[13]も含まれる。もちろん、「文明における経済的要因」に関する経験的一般化が本書の骨格をなしており、その周りに個別の歴史的あるいは現状分析が肉づけされている。そういう体裁をもっているから、これは経済学の書物なのかという疑問の声が沸き立つようにあがり、この本を無視してかかる経済学者も少なくなかった。専門的ディシプリンが大学内部に急速に制度化されていく時代であったから、ヴェブレンの意図（経済学は進化論的でなければならない）とは別に、この本をひとつの「反時代的考察」と受け止める者がいても不思議はなかった[14]。

『有閑階級の理論』や『営利企業の理論』と比べたとき、いまふれたような体裁上の特徴のほか、この本にはいくつか重要な性格がある。第一に、ヴェブレンはこの本ではじめて本能について本格的に論じている。第二に、前二作とは違って、『製作者本能』（第一章と第二章）では未開時代に先立つ時代のヨーロッパ人種の出現にまで検討の視界を広げ、それに関連して、人種的起源の解明にあたってはダーウィン主義的な漸進的進化図式ではなく、メンデル主義的な突然変異図式を援用している。第三に、この作品では手工業時代に強いフットライトがあてられている。その経済史的・文化史的意義はきわめて大きいというのがヴェブレンの判断だった。第四に、文化的遅滞の理論と一対をなす技術移転の理論が積極的に取り上げられている。第五に、その点にも関連するが、手工業体制および機械体制への移行あるいは転轍というふたつの経済史的あるいは産業技術的な画期をめぐって、興味深い因果図式が提出されている。それぞれについて、多少の解説とコメントをしておくのがよいだろう。

## 本能論の本格的展開

ヴェブレンは『製作者本能』にいたるまで、本格的に本能について論じることがなかった。その本能という言葉は、専門家のあいだではすでに「時代遅れ」の概念だとされ、あまり使われなくなっていた。かれはわざわざその点に注意を喚起したうえで、しかし物質的環境と人間の生来の性向によって規定される生活習慣の累積的な文化的成長プロセスを明らかにしようとする「制度の発生史的研究」であるこの本の観点からすれば、「本能という概念ほど役に立つものはない」とヴェブレンはいう。したがって、この本能という言葉に拘泥し、たとえばW・ジェームズやW・マグドゥーガルの本能概念との異同について詮索するといった試みはあまり生産的であるとは思われない(15)。

本能にはそれぞれ客観的な目的が備わっている。しかし、その発現の仕方は知性や習慣といった方法によって媒介される。したがって、人間生来の性向が現われ出るといっても、そのあり方はこの文化的プリズムによって多様化し、乱反射する。それは光(本能)がプリズム(習慣)を通過して拡散していく姿に似ている。しかもその拡散する程度は社会が文明化するほど大きくなる。じっさい、「すべての本能は習慣による修正を受けやすい」。

では、本能はいくつあるのか。この本が明らかにしているのは製作者本能、親性性向、無垢な好奇心の三つである。いつでもそうだというわけではないが、これら三つの本能は相互促進的な性格をもっている。しかし無垢な好奇心が神話ドラマトゥルギーやアニミズムに結びつくと、製作者本能は歪められ、その働きは阻害される。親らしい心遣いといってよい親性性向の場合も、そのあり方によって製作者本能を傷つけることがある。

これら三つの本能をA群、それに反する生来の性向をB群としてみよう。はたして闘争への性向、利己主義的感情や自己顕示欲、神秘的なものや美的なものへの憧憬といったものがこのB群に括られるのか、それともA群の本能を媒介する習慣的なものにすぎないのか――、ヴェブレンの議論は曖昧で判然としない。

それでも、「飢餓、怒り、性的刺激」といったものを捉えて「半ば向性的、半ば本能的な衝動」という言い方をしている。また、製作者本能の発現を妨害する長老政治がよって立つ原理あるいは思考習慣は「闘争嗜好、自己顕示、そして恐怖心（pugnacity, self-aggrandisement and fear）の産物である」とも書いている（Veblen, 1914: 29, 43, 訳27-28, 37-38）。したがって、長老政治はひとつの制度にちがいないが、ヴェブレンはその背後に闘争や自己顕示といった本能的なものを想定しているようにみえる。そうだとしてもなお、B群に括られる本能がいくつあるのかは明らかでない。

この本では本能の「自己汚染」という言い方になっているが、本能同士は互いに影響しあう。本能であるかぎり、なくなってしまうことはない。しかし、いずれがどの時期にどのように優勢であるかは時代によって大いに異なる。その場合、ヴェブレンはこの本のタイトルそのものでもあるが、とりわけ製作者本能の優劣あるいは盛衰に深い関心を注いでいる。それがある社会の産業技術のあり方を規定するだけでなく、その優位が人びとに勤勉と創意工夫を促し、無駄と浪費をなくし、社会を平和なものにしていく可能性が高いからである。そういう意味で、ヴェブレンはゆるぎなきインダストリアリスト（産業主義者）だったといってよい。

### 先史時代とメンデル主義的図式

ヨーロッパにおける未開時代は新石器時代の初期に遡ることができる。しかしそれに先立って旧石器時代があった。この『製作者本能』では、他の一九一三年発表の二論文（すでにみた「突然変異の理論とブロンド族」と「ブロンド族とアーリア文化」）のような詳細な記述はないが、ヨーロッパ人種の起源を求めて、旧石器時代にまで視野を広げている。

間氷期にアフリカからヨーロッパに渡ってきた地中海族、そして氷河期になってかれらの突然変異として登場した短頭ブルネット族と「最も新しい」長頭ブロンド族、さらにはかれらの多様な混血といった経緯を理解するためには、ダーウィン主義的図式（累積的進化）よりもメンデル主義的図式（型の安定性と突然変異）による必要があるとヴェブレンは考えていた。しかし、それとは逆に、未開時代から野蛮時代へ、さらに平和な金銭的文化の時代への移行といったことを説明するためにはダーウィン主義的図式が馴染むとみていた。

このように、ヴェブレンの視線は旧石器時代まで広がっていたが、本書の対象は『有閑階級の理論』の場合と同じく、未開時代以降に絞られている。

### 手工業体制の歴史的意義

ヴェブレンは『営利企業の理論』を書いたとき、すでに手工業時代あるいは手工業体制のもつ大きな経済史的・文化史的意義について明確な自覚をもっていた。

この『製作者本能』では、それを踏まえてその歴史的意味をいっそう鮮明なものにするとともに、封建体制から手工業体制への移行を可能にした要因がいかなるものであったかについても検討している。

ヨーロッパについていえば、手工業体制は中世末期から一八世紀半ばまでの五、六世紀に及ぶ。したがって、決して短い時代ではない。

そして近代は手工業とともに始まったといってよい。それは法的には「平和な所有権」と自然権体系あるいは「自然的自由」によって特徴づけられる。所有権は野蛮時代に遡及できるが、その平和裡な活用は金銭的文化が商業的段階に移行した手工業体制の確立を待たねばならなかった。この所有権は市井の人びと（つまり自由な意思にもとづいて額に汗して働く職人や商人など独立自営の人びと）が自らの労働の成果を手にすることができるという強力な動機づけを与えることによって、それまで長く忌避と卑下の対象とされてきた労働への意欲が喚起され、勤勉の精神が蘇生した。

職人はある程度まで商人でもあり、その分業が明らかな場合でも、かれらはともにギルドの成員だった。市場取引のネットワークが張りめぐらされ、人びとの金銭感覚は研ぎ澄まされて簿記と会計が発達した。「正直は最善の商略なり」という格言が現実味を帯びていた時代だった。そしてこの手工業体制の初期には、製作者精神あるいは勤労精神と営業精神が同居していた。

こうした商工自営の人びとが固有の社会的影響力を発揮するようになると、やがて中産階級あるいは「第三階級」を形成するようになった。歴史的に俯瞰すると、それまでの支配－被支配の二階級モデルが三階級モデルに転換した。その歴史的意義はきわめて大きい。

というのも、すくなくともイギリスにフォーカスするかぎり、かれらがインダストリー（つまり産業と勤勉）を再興し、かれらの影響力の増大が専制君主の武勇的好戦精神（warlike spirit）を切り崩し、平和な社会秩序の構築に大きく貢献することになったからである。アダム・スミスが『国富論』を書き上げて重商主義的な絶対王制に鉄槌を下し、自由な市場と交易体制を提唱したのは、まさにこうした時代背景を踏まえてのことだった。したがって、手工業体制を担った手工業と小商業の興隆が示唆していたのは自由で溌剌とした個性の発揮であり、それとパラレルに進展する豊かで平和な社会を形成していく人びとの連帯であり、そういう稀有な機会の到来だったからこそ、スミスはそれを「見えざる手」の仕業といったのだろう。

冷徹なヴェブレンではあったが、こうした個性をもった手工業体制にある種の思い入れをしていたようにみえる。「インダストリーは人びとを有徳にし、社会に効率と有用性と平和をもたらす」と考えていたからである。そういう意味で、ヴェブレンはインダストリアリスト（産業主義者）だった。

しかし、手工業体制が成熟していくと、やがて少なくともふたつの暗雲が立ちのぼった。ひとつは内在的、もうひとつは外在的な障害である。

内在的困難というのは、次第に営業精神が勤労精神を圧倒するようになり、財産の所有者はふたたび労働を疎み、卑下しはじめたからである。かれらの関心は生産的労働から離れ、ますます利己主義的な金銭的殖財と顕示的浪費の方向に傾いていった。

もうひとつの外在的困難が政治の領域からやってきた。手工業時代は国家形成の時代でもあった。その王朝的で絶対主義的な専制国家は戦争に明け暮れ、国家財政を破綻に追い込んでいった。武勇略奪文化が息を吹き返し、手工業の勤労精神は踏みにじられた。

こうした営業精神と顕示的浪費の蔓延、王朝的国際紛争と政治的疲弊、さらにそれに宗教的反動がくわわればなおさらのこと、手工業体制は瓦解の淵に立たされた。そうした腐敗現象はかつて手工業体制の初期、その産業技術の発達がイギリスを上回っていたヨーロッパ大陸、とりわけベネルックス諸国や南ドイツでめだった。

## ふたつの転轍点——手工業体制の前後

経済史的あるいは産業技術史的にみて、近代は大きく手工業体制と機械体制のふたつの時代に区別することができる。

しかも、まことに興味深いことに、手工業体制への移行はイギリスが先頭を切ったわけではなかったが、機械体制への転換はイギリスが最も早かった。この事実をどう説明したらよいか。

野蛮な封建体制から近代の手工業体制への移行が最初に起きたのはヨーロッパにおいてである。この理由に関連して、ヴェブレンがいくども強調しているのは、ヨーロッパの封建制度は東洋的専制政治の水準に達していなかったということである。別な言い方をすれば、ヨーロッパ民族の場合、西アジアやレバント地方ほど野蛮略奪文化は発展しなかった。その思わざる結果として手工業体制に移行することができた。逆に、野蛮略奪文化が高度に発展した社会あるいは文化圏では、産業技術は停滞し、衰微したというのがヴェブレンの基本的見方である。

しかし、首尾よく手工業体制に移行した場合でも、威圧的で好戦的政治が再燃するとか宗教的反動が生じれば、同じように、産業社会の資源は浪費され、産業技術は疲弊する。それを例解しているのがイタリア共和国の盛衰であり、またベネルックス諸国や南ドイツの経済的あるいは産業技術的隆盛とその低迷だった。

こうした「阻止された発展」から自由だったのがイギリスである。イギリスは先進ヨーロッパ大陸に遅れて手工業体制を確立したが、島国という地政学的理由によって長く深刻な国際紛争に関わらずに済んだ。そのため、ベネルックス諸国とは異なって、イギリスの手工業時代は政治的疲弊と宗教的反動によってではなく（機械体制をもたらすことになる）産業革命によってその終焉を迎えた。

このように、封建体制から近代手工業体制への転轍といい、また手工業体制の盛衰といい、その決め手になったとヴェブレンが考えていたのは、専制王朝間の絶え間ない紛争と強権的な宗教的狂信の有無である。それらは製作者本能を抑圧し、革新と創意工夫の精神を削ぎ、産業技術の停滞を招くことになるからである。

けれども、イギリスが他国に先んじて産業革命を達成し、機械体制に移行することができたもうひとつの理由がある。それが先進ヨーロッパからの技術移転の取り組みだった。

### 機械時代の人間と自己破壊性

すでにみたように、機械過程には感情を噛み殺したような非人格的な性格があるというのがヴェブレンの見方である。労働者は機械過程から最も強い影響を受ける。しかし同時に、その無機的な非人格性に反発し、神秘的な洞察力や信仰に内在的な関心を深めていく。そういう意味で機械過程は自己破壊性を秘めている。じっさい、「機械時代は人類の一般的な生来の性質に適応していない」。つまり、機械過程によって課された生活様式、したがってその非人格性への習慣づけによって内面化された思考習慣は人間精神の自由な運動と相容れないところがある。だからこそ、「ある意味で人間に生来のものともいえる」魔術や精神主義、生命主義やプラグマティズムが再燃することになるのだとヴェブレンはみていた。

この推論は『営利企業の理論』で示唆された短期見通し――、すなわち営利企業は意図せずして武勇略奪文化を蘇らせ、王朝間の戦争への道を切り開いていくという展望と共鳴する。しかし、その理由づけは大きく異なる。機械過程のもつ非人格性が「人間に生来の」自由な精神の働きと相容れないからだ、とヴェブレンはいっているからである。そうだとすると、機械過程が現代の人間文化を制覇し、そうすることで平和な時代が訪れるという長期展望にも大きな陰りが生じることになる。

### 技術移転の論理

ともあれ、うえでふれた先進技術の移転プロセスとはいかなるものか。
まず、技術と文化とはいったん切り離すことができる。そうでなければ、すでにふれた文化的遅滞といった現象は起こらない。手工業体制のなかで誕生した、それによく馴染む象徴体系（自然権思想や自然的自由といった諸観念）が機械時代になっても継承されているというのもひとつの文化的遅滞である。そこに見出せるのは、同一の時代に必ずしも適合的とはいえない技術と文化が同居している姿である。

両者の組合わせには、親和的から排他的までの幅あるいはパターンがある。親和的とは手工業技術の発展と自然権体系の確立といったケースであり、排他的とは家父長制的な略奪文化が産業技術の発展を阻害するといったケースである。

しかし、技術移転のプロセスはもうすこし複雑である。いまふたつの文化圏AとBを想定し、産業技術においてAが優れているとする。文化と技術は分離可能だから、先進技術だけを切り離して文化圏Bに移植することができる。

では、新たに移植された技術はどうなるか。新しい文化的土壌のなかで大きく生長していくか、あるいは根づかずに枯れてしまうかのいずかである。すでにふれたイギリスのケースは――つぎの『帝政ドイツと産業革命』で詳しく論じられているように――、このうち前者にあたる。そうでありえた理由は、すでにみたように、イギリスが国際紛争からも宗教的反動からも自由だったからである。

このイギリスの事例に着目していえば、こうしたプロセスを辿って後進イギリスが先進ベネルックスを追い抜いたということである。のちに経済史家A・ガーシェンクロンや社会学者R・ドーア[16]が用いた言葉でいえば、このイギリスのケースはひとつの「後発性の優位」あるいは「後発効果」といってよい。

さらにいえば、このプロセスは産業技術の最先端地域、したがって経済の中心地が文化圏AからBへ移動していくことでもある。

## 『製作者本能』の評判

ところで、ドーフマンは『ヴェブレン』（一九三四年）のなかで、ヴェブレンが『製作者本能』を「自分の唯一の重要な著書」と述べていたことにふれていながら（Dorfman, 1934: 324, 訳 458）、なぜか本の中身についてはほとんど立ち入っていない。初期の論文「製作者本能と労働の煩わしさ」（一八九八年）にはじまった連作に終止符を打ったものだとか、「なぜ経済学は進化論的科学でないのか」（一八九八年）にはじまった方法論に関する論文の締めくくりとなったものだとか記しているが——あるいは、そのためかもしれないが——、内容に関する言及は本能論を中心とするごくあっさりしたものになっている。

また、書評についても「どれもヴェブレンの能力を認めるものばかりで、さらに突っ込んだものはなかった」と書き、のちに新学院でヴェブレンの同僚となったジョンソン（学長）の書評[17]を手短に紹介し、それに続けてタウシィッグのやや批判的なコメントを引いているばかりである（Dorfman, 1934: 328-329, 訳 463-464）。

それでも、のちの「新ヴェブレン論」（Dorfman, 1973）になると、もうすこし詳しい記述がみられる。たとえば、タウシィッグ[18]はハーヴァードにヴェブレンを招き、製作者本能について三回連続の講義をしてもらい、それを文章化して『経済学四季報』に載せたいと考えていたこと（しかしこの講義は実現しなかった）、そのためミッチェルに手紙を送り、ヴェブレンの製作者本能に関する研究の進捗状況について尋ねていたこと、そのときタウシィッグはヴェブレンが直面していた困難（スタンフォードを辞め、新しい就職先を探していたこと）についてハーヴァードに滞在中だったヤングから事情を聞いていたこと[19]（タウシィッグのミッチェル宛の一九一〇年一一月一六日の手紙）などにふれている。

さらにドーフマンは、ダベンポートの奮闘のおかげでミズーリ大学に就職できたヴェブレンは着任後、『製作者本能』の執筆に全精力を注ぎ、一九一三年一月にはほぼ原稿を完成させていたこと（ヴェブレンのJ・レーブ宛の一九一三年一月二〇日の手紙）、ヴェブレンは「『製作者本能』というタイトルを好きではないが、他によい案がない」とミッチェルに漏らしていたこと（ヴェブレンのミッチェル宛の一九一三年一月二〇日の手紙）などにふれているが、そのあとにドーフマンが記しているのは、「製作者本能」とか「訓練された無能力」とかいった概念がのちの研究者（たとえばガーシェンクロン、言語学者のR・ハル、アルヴァックス、シュンペーターなど）に対して誤用を含めていかなる影響を与えたかについてだった（Dorfman, 1973: 103-115）。しかし、いまここでそれらに立ち入る必要はないだろう。

## 第三節　『帝政ドイツと産業革命』と日本論——追い越しの論理と後れの論理

ヴェブレンは一九一四年、再婚したアンと一緒にノルウェーを旅行した。ふたりのハネムーンだった。しかし、一九一四年六月二八日、オーストリア＝ハンガリー帝国のフランツ・フェルディナンド大公夫妻がボスニアの首都サラエボで暗殺され、それが契機になって第一次世界大戦がはじまった。そのとき、ヴェブレンはまだヨーロッパにいた。かれはアメリカへの帰路、スコットランドに立ち寄り、ゲッデスとの旧交を温めた。

ところで、この『帝政ドイツと産業革命』（一九一五年）はその序文にもあるように、すでに大戦前に企画されており、開戦によって力点にわずかの変化が生じたものの、その狙いは、国際紛争のメリット・ディメリットとか、交戦国の軍事力の比較優位といったことにはなく、もっぱらイギリスとドイツを取り上げ、近代文化のふたつの発展パターンについて論じ、両者を比較してその理論的示唆を明らかにすることにあった。

もうすこしいえば、イギリスと比較しながらドイツの急速な工業化の構造的特質を明らかにし、同時にその危うさを抉り出すこと、また『製作者本能』で示唆しておいた技術移転論に磨きをかけ、「先なる者の不利益」（the penalty of taking the lead）と後れてきた者の優位について理解を深めることにその狙いがあった。

### 『帝政ドイツと産業革命』の構成

この本は一九一五年三月という序文の日付からもうかがえるように、比較的短期間のうちに書き上げられた。ドーフマンは「ほんの数ヵ月」と推論している（Dorfman, 1934: 330, 訳468）。のちのインディアナ大学のH・ウォーラスの書評も、この本は一九一四年八月以前に企図され、同年の後半には執筆にとりかかり、翌一五年の一月か二月には脱稿していた（Wallace, 1940: 435）と記している。そのため、この本の体裁は読者にやや奇異な感じを与え、重複した議論もめだつといった欠陥を抱えることになった。

この本は短い序文のほか、第一章（「序論――人種と国民」）が原文で一〇ページほどのもの（Transaction Publishers 版）、第二章が「旧秩序」、第三章が「王朝国家」、第四章が「イギリスのケース」、第五章が「帝政ドイツ」、第六章が「ドイツの産業革命」、第七章が「帝政国家の経済政策」、第八章が「純益」という構成になっている。

そうしてそのあとに、全体ではかなり長い五項目の注（とくに古代北欧の社会と文化に関する長い注三）がつけられている。その四番目の注が第一章第三節でふれたアメリカのカントリー・タウンについてのものである。

## 各章のプロフィール

ここでも、この作品の各章の論旨を明らかにすることからはじめよう。

（A）序論はつぎのように論じている。集団としての人間行動を理解するためには、一方で人種の安定的で持続的な遺伝的性格、他方では言語など特定社会の制度的図式を区別したうえで、その双方からアプローチする必要がある。

新石器時代に形成された遺伝的資質という点で、ドイツは近隣社会とめだった差異があるわけではない。しかし、後者の思考習慣や慣習ではいくつかの個性をもっている。したがって、ドイツ語圏の帝国（臣民）をドイツ民族（das deutsche Volk）と同一視することも、またドイツ国民が「ひとつの独自の民族である」ということも適切でない。ドイツ人もまた近隣諸国と同じく、人種的には混血民族である（としてヴェブレンは長い注をつけている）。じっさい、「人種という点でイギリス人、オランダ人、ドイツ人、大ロシアのスラブ人のあいだにさしたる違いはない」(Veblen, 1915a: 8)。すべて長頭ブロンド族として一括することができるからである。いいかえれば、どこにも「純粋な」ドイツ民族など存在しない。

同じドイツ人でも北部と南部ではだいぶ違うといわれるが、それは人種的差異ではなく、習慣的に獲得された制度的な違いである。しかもそうした違いは、メンデルの法則によれば、純粋種よりも混血種である場合ほど顕著であり、それだけ多様化する傾向にある。同じことはドイツ人ばかりでなく、すべてのヨーロッパ人についていうことができる。

(B)第二章の「旧秩序」は三つの節から構成されている。第一節にタイトルはないが、第二節は「借用のメリットについて」、第三節は「異教的アナーキー」となっている。

まず、第一節ではつぎのように記されている。旧石器時代と新石器時代は文化的にも人種的にも断絶している。新石器文化は第四紀の後半、地中海族のヨーロッパ侵入によってもたらされた。北欧の文明や産業技術は新石器時代の初期に形成された。北欧についていえることが、アフリカから到来した地中海族やアジアからやってきたアルペン族(短頭ブルネット族)についても当て嵌まるかどうか定かでない。数千年にもわたる適者生存の試練は、これらヨーロッパ人種に個々バラバラにではなく、その混血種のうえに降りかかった。

初期のバルチック文化がのちの北欧文化の基礎となった。一般的にいって、バルチックの石器時代は耕作的な混合農業を基礎とした相対的に進歩した未開文明であり、部分的には野蛮文明初期の様相を呈していた。しかし、かれらが大集落を形成して生活していたようにはみえない。出土品に武器は少なく、かれらの生活は新石器時代から青銅器時代を通じて全体として平和なものだった。

つづく第二節では、先進技術の外部からの借用あるいは導入が問題にされている。はじめに、未開社会におけるひとつの技術移転の事例が取り上げられている。バルチック文化は終始熱心に他の地域から先進的産業技術を取り入れた。貝塚から発掘されたものをみるかぎり、穀物栽培も家畜飼育に関する技術も外部から導入されたことがわかる。たとえば、火打ち石のようなものは主として南欧から学んだ。青銅器時代以降、鉄器時代になっても外部からの技術導入が活発に行なわれた。

こうした技術導入や移転は産業技術の分野を超えて芸術的領域にも及んだ。異教時代が終わるころには、スカンジナヴィアの芸術はアイルランドやスコットランド文化に多くを負うようになっていたし、神話や宗教的観念さえ外部から摂取した。

こうした外部からの技術や文化の導入を「怠惰な借用」(idle borrowing) と呼んではならない。移転された技術や文化は移植先の社会的ニーズに見合ってまことに巧みにかつ貪欲に消化されたのであり、そうした性格は北欧の古代社会のひとつの特徴といってもよい。そのことはかれらが混血人種であったことと関わりがある。[20]

ところで、この技術移転をめぐってひとつの興味深い現象がある。それは、ある技術が誕生した社会でよりも、移転された社会でのほうがその技術がより発達するという事実である。その事例は未開時代から現代の機械時代にまで及ぶ。未開社会における穀物栽培や家畜の飼育からはじまって金属の使用、手工業技術、さらに産業革命から最新の機械産業にいたるまで、移転された技術は移転先で大きく花開くというゆるぎない事実がある。

では、この事実をどう説明したらよいか。いくつかの注目すべき関連事象がある。文化水準の低い社会では、その産業技術に魔術的あるいは宗教的要素が付着している。一般的にいって、そうした要素は産業技術の発達に対して抑制的な働きをする。

他方、新たに導入された技術はその社会に大なり小なり混乱をもたらすが、やがて技術革新によって新しい思考習慣が生み出され、それが新しい技術・製品や交易関係をもたらし、さらに新たな職業分化や階級構造、消費行動を創造していく。けれども、この新たな「標準化と慣習化」は過去からの習慣的沈殿物を容易に払拭することができない。「過去の重圧」原則 (principle of 'dead hand') が働くからである。そのため、新技術への適応行動に遅滞、屈折、失敗が生まれる。それを制度的適応の遅滞効果 (the effect of retardation) と呼ぶ。それが産業システムの効率を押し下げ、経済発展のテンポを遅らせる (Veblen, 1915a: 29-30)。魔術や宗教的観念に代わって「過去の重圧」原則が働くようになるのは文明化が進んだ社会においてである。

この原則と同じ効果が意図的に生み出される場合がある。商業的配慮あるいは企業家・投資家の利害関心が産業を圧倒するようなとき、価格維持のために生産量を抑えたり、陳腐化した機械設備を使ったりすることで技術効率が損なわれる。また、産業的エネルギーを非生産的なモノづくりに費消してしまうこともある。その場合、企業家の金銭的収益によって産業効率が決まる。しかも金銭的収益の関心を牽引しているのは「顕示的浪費」をめぐる競争である。その浪費は生産高全体の少なくとも半分以上あるいは七五％に達するかもしれない（Veblen, 1915a: 35）。

しかし、一般的にいって、産業技術の状態と魔術的、宗教的、金銭的習慣図式のあいだには一対一の機械的な照応関係がみられるわけではない。ということは、「産業技術をある社会から別の社会に移すからといって、精神的補完物まで移動させる必要はない。特に技術の借用が明確な文化的境界を越えて行なわれる場合はそうである」。そのとき、借用する社会や文化集団は、宗教であれ礼儀作法であれ、すでに自らのものをもっている。したがって、移植された新たな技術は新たな文化的土壌で別の方法によって育まれることになる。その生育土壌が問題である。

その場合──文脈上重要な点であるが──、「借用された産業効率に付着していた慣習的抑制物やムダが洗い落とされ、その結果、その技術を借用した社会はその潜在能力を自由に発揮させ、それに新たな改善を加えたり、新たなモノを作り出したりすることができるようになる」（Veblen, 1915a: 38）。そうなれば、元来その技術に備わっていた力量を存分に発揮させることによって「借用者の優位」を確立することができる。北欧の古代バルチック文化がその一例である。

こうした技術移転の二次的効果として、導入された技術が在来の文化的図式に取り込まれていく過程で多少の混乱が生じる。その新たな習慣化プロセスで既存の観念や信条は修正され、文化的断層が生じることもある。

バルチック文化についていえば、その異教的文化がキリスト教に席捲されていったケースがそうだが、先進技術の移転はなく、非物質的な制度的要素だけが浸透していくこともある。一般的にいって、そうした場合には、王朝的権力や聖職者計略といったものが優位し、製作者精神あるいは職人精神は抑圧される。

最後の第三節は「異教的アナーキー」という名づけられている。まず、イギリスやドイツの人びとがもった諸性向を理解するため、先史時代のバルチック社会とその文化に関心が注がれる。イギリスやドイツの人びとは北欧混血ブロンド族から派生したものであるとしたうえで、ヴェブレンはつぎのように書いている。

バルチック社会では、土地持ちの自由な農民から構成される議会（popular assemble）にあらゆる法的権限が集中していた。女性もそこから完全に排除されていたわけではない。野蛮な略奪的社会の参政権が武装した勇者たちに限定されていたのとは対照的である。この自由な農民たちの審議機関は法にもとづいてその権力を行使した。警察権力は小さなもので、「王の秩序」といった例外はなかった。インフォーマルで濃密な近隣コミュニティの自律性（neighborhood autonomy）が大切にされた。その市民的で民主的な統治システムは半ば「アナーキー」つまり無政府的な社会秩序といった性格をもっていた。それがここでいう「旧秩序」にほかならない。

しかし、やがて産業技術の累積的発展は均質的な近隣コミュニティとその民主的な統治システムに馴染まないものになっていった。人びとは遠く離れたコミュニティを犠牲にして自らのコミュニティが潤うことを厭わないようになり、近隣コミュニティの内部でも技術だけでなく資産格差もめだつようになった。さらに、富の獲得競争が人びとの譲りがたい権利となり、奨励されるようにもなった。

その延長線上に待ち構えていたのは領土を拡張して周辺地域に対して物的支配を及ぼすこと、つまり王朝的な自己拡大だった。支配者は自らのコミュニティへの忠誠心を利用して他のコミュニティからしかるべき物財を強制的に取り立てるようになり、コミュニティの内部では、アナーキーな不服従の反抗心に取って代わって、自己犠牲の精神が新秩序の最高の徳目とされるようになった（Veblen, 1915a: 45-51）。

（C）第三章の「王朝国家」では、一九世紀半ば以降のドイツのめざましい経済発展の分析に先立って、その王朝国家的性格が取り上げられている。

ここでも、まず新石器時代にバルチック沿岸地方に住み着いた長頭ブロンド族が混血であったこと、その人種的基本属性はいまも変わらないこと、かれらは産業技術に限らず、何か見知らぬもの、新しいものに強い関心を示し、それを取り込もうとする性向をもっていたことなどにふれている。

新しい宗教的信条でも、とくにそれが為政者にとって好都合な場合、「万人の信じることを信ずべし」（Quid ab omnibus, quid ubique creditor, credendum est）という考え方にしたがって新しい観念体系が取りこまれた。その結果、知識や信念体系は可塑的で移ろいやすいものになっていった。

近代社会になっても好戦的な傾向は随所に存在した。しかし、人びとが他のことがらに気を取られ、好戦的な性向から自由になっているかぎり、人間関係のみならず国際関係も平和裡に推移した。けれども、その逆も大いにありうる。気まぐれな権力者が階級的利害関心に取り憑かれ、国家的な激しい憎悪に火がつくような場合である。愛国主義、海賊行為が大きな勢いをえて、攻撃的な誇大妄想が一挙に膨張し、国民は好戦的心情の虜になる。そうした傾向は王朝的伝統をもち、強制と忠誠心が支配してきた体制でめだつ。

ところで、ドイツが顕著な経済成長を遂げたのは一九世紀半ば以降のことであるが、それを理解するためには、それに先立つ時代とその体制の把握が欠かせない。歴史的な転機になったのは一八七〇年の普仏戦争の勝利であり、これが契機となってドイツ帝国が誕生した。統計的には、一九世紀半ばから四半世紀のうちに産業効率は高まり、人口も軍事力もめだって増えた。じっさい、産業効率の上昇には目覚ましいものがあった。こうした急激な発展には政府、ドイツ風にいえば「国家」の巧みで明敏な政策が与って力があった。小さい領邦がドイツ帝国としてひとつに統合されることでドイツの産業技術と経済は大いに発展した。その礎となったのが一八三四年のドイツ関税同盟の発足であり、域内関税の撤廃だった。

もっとも、ドイツが他の周辺国たとえばオランダやベルギー、イギリスに比べてとくに天然資源に恵まれていたわけではない。遺伝的資質という点でも差異はない。かれらは同じ混血人種として先進技術を外部から摂取し、製作者精神を発揮して勤勉と節倹に努めた。

それでもイギリスとの違いは明白だった。ドイツの産業技術はイギリスに大きく後れていたし、イギリス人からみれば、帝政ドイツも時代後れの存在だった。ドイツは基本的には手工業時代に属しており、イギリスより二世紀半も後れ、政治制度も古色蒼然としたものだった。そこでは、個人的な従属と忠誠が最高の美徳とされ、不服従は最たる悪徳とみなされた。

これまでのところ、こうしたドイツ人の忠誠と従順という中世の封建的精神はドイツ国家の強さの源泉のひとつになっている。しかし、イギリス人からすれば、そうした精神的態度は自由な人間の尊厳にもとるものであり、帝国臣民の徳目ではあっても市民の道徳ではない（Veblen, 1915a: 61-67）。

ドイツの旧秩序に基本的変化が起きたのは一九世紀半ば以降のことである。ひとつは新たに導入された産業技術によって、もうひとつはそれに適応するべく生じた思考習慣の変化によってである。その胎動はすでに一世紀も前からはじまっていたが、一九世紀のドイツ再活性化の立役者となったプロシャでも大きな力をもつことはなかった。それまでの手工業的な産業技術は旧体制、したがって王朝的支配者と特権階級の伝統的利害関心や理念に見合ったものだった。

そうしたドイツの旧秩序下で発達したもののひとつに印刷技術があるが、その役割には注目すべきものがある。その技術は手工業的なものだったが、出来上がった印刷物は人びとの狭い生活圏を超えて、識字階級に限られがちだったとはいえ、さまざまなものの見方、考え方の自由な交流の機会を提供し、思考習慣の標準化にも役立った。じっさい、ドイツの高い識字率は産業効率の向上に大いに貢献した。(21)

近代化されたドイツ国家と近代技術の関係についていえば、プロシャのフリードリヒ大王（在位一七四〇-八六年）からはじまってドイツ帝国のヴィルヘルム二世（在位一八八八-一九一八年）にいたるまで、かれらはその支配を強化し、国家の統治能力を高めるため、入手可能な技術を駆使してその改良に努めた。それは産業振興だけでなく、統治効率の向上、軍事力の強化にもつながった。さらに、王朝国家の競争力を養い、生存競争に勝ち抜くためには、小さな領邦国家の個別主義（particularism）を克服しなければならなかった。国家の官僚機構はめだって効率的なものに改良され、それに見合った経済政策が展開された。(22)

ドイツの人びとは平和なときも戦時にあっても、権力と命令に対しては従順であり、王朝に対する忠誠心に溢れた愛国的臣民たらんとした。その義務に殉じることを誇りにさえ感じていた。

「王朝国家」（dynastic State）という言葉は、「世襲国家」という言い方がひどく嫌われたために使われるようになったものだが、その中身に違いはなく、実態的には立憲的絶対主義（constitutionally mitigated absolutism）と呼んでよいものだった（Veblen, 1915a: 78-83）。

しかし、この領邦主義から王朝国家への転換はイギリスの名誉革命に匹敵するような革命的なものではなかった。「民主的憲法への移行という課題は将来に残されたままである」。ドイツ帝国の成立以降、領邦は漸進的に「プロイセン化」していったが、それは民主的自治とは異なるものだった。経済政策も重商主義的（cameralistic）な性格を色濃く残していた。

ところで、帝政ドイツの産業技術のめざましい発展は自力で達成したものではなく、主としてイギリスから借用したものだった。しかし、かれらはイギリスの制度や慣習まで移植したわけではない。したがって、その結果として、産業技術はイギリス製、制度や思考様式はドイツ製ということになった。ドイツからすれば、王朝的な制度や慣習はそのままにしておいてレディーメードの先進技術だけを借用したことになる。

といっても、こうした現象はヨーロッパ諸国やそれ以外に地域でもみられたことであり、ドイツだけが特殊なわけではない。じっさい、ドイツに酷似しているのが日本である（Veblen, 1915a: 86, n.1）。それでも、ドイツは旧制度の温存と新技術の借用的発展の典型的なケースといってよい。

（D）第四章の「イギリスのケース」では、ドイツとの差異を念頭におきながら、先進イギリスにおける産業技術と制度あるいは思考様式の関係が論じられている。

イギリスとドイツとのあいだには、人種的属性、古代から異端時代までの文化的伝統、中世の経験といった点で大きな違いはみられない。たしかに、アングロ‐サクソン時代のイギリスは、中世を通じてドイツが経験した多くの戦争や強奪、抑圧と隷従に比べれば、相対的に平穏な社会だった。しかし大局的にみれば、その違いは小さなものであり、両者の差異がめだつようになったのは近代になってからのことである。イギリスの産業技術はドイツの水準を大きく上回り、他の文化的側面でも両者の差異が大きくなった。

そのイギリスも中世末期から近代初頭にかけて、産業的にも文化的にも、西部あるいは南部ドイツを含めてヨーロッパに後れをとっていた。しかし一七世紀になるころには、イギリスと大陸ヨーロッパの差はほとんどなくなった。イギリスが進歩し、ヨーロッパが停滞したからである。この時代、ヨーロッパ諸国に比べれば、イギリスは政治的、軍事的、そして宗教的にも紛争や混乱から相対的に自由だった。その平和がイギリスの産業技術の発展に大きく寄与した。

ところで、産業技術の観点からすると、近代イギリスは一六世紀のはじめから一七世紀初期までの時代（前期）と、一七世紀後半から現在までの時代（後期）というように大きく二分することができる。前期イギリスはエリザベス一世（在位一五五八－一六〇三年）の時代と大きく重なり、後期のイギリスは産業革命によって最高潮に達した。前期のイギリスは、のちの帝政ドイツがそうだったように、大陸ヨーロッパから先進技術を借用し、摂取した。他方、後期イギリスは現代の機械産業を生み出した創造的な時代だった。

前期イギリスのチューダー王朝時代、イギリスは先進技術をヨーロッパから積極的に導入した。しかし進んだ技術は借用したが、それにまつわる制度や慣習をすべて移入したわけではない。借用した技術とはたとえばオランダの造船技術や航海法であり、移植した制度とは手工業体制のギルド的規制であり、小商業的規制や慣習だった。制度の手枷、足枷を緩めていった結果、移植された技術は新たな機会を与えられて大きな発展を遂げた。

これとは逆に、大陸ヨーロッパは王朝的野望と宗教的狂信の渦に巻き込まれ、多くの戦禍によってその産業技術は低迷した。後れていたイギリスは進み、先進ヨーロッパのキリスト教国は後れた。こうして、一六世紀を通じて後進イギリスは先進ヨーロッパをキャッチアップすることができた。この時代、イギリスは地政治学的に大陸の戦禍から切り離され、相対的に平和な時代だった。それがその産業技術の発展に大いに貢献した（Veblen, 1915a: 95-101）。

イギリスが大陸ヨーロッパから借用したものは手工業体制といってよいものだが、その文化的側面すべてが破棄されたわけではない。というのは、手工業体制の精神的土壌は自助と平等な機会であり、それは名誉革命の経験を踏まえて成熟を遂げ、自然権の形而上学にもとづくコモン・ローの図式に発展していったからである。もちろん、そうした観念図式が容易に完成することはなく、強制的に構築できるものでもない。それには長い時間を必要だった。その累積的プロセスでイギリスの個性も生じた。

またこの時代、宗教は衰弱し、それに入れ替わって登場したイギリスの近代哲学は一般的にいって懐疑主義的なものだった。自己利益と人間存在に対する貢献という基本的観点をもっており、したがって忠誠心といっても、「いざという時には頼りにならない忠誠心」(fair-weather loyalty) といったものでしかなく、自己犠牲と権利放棄といった性格をもつ帝政ドイツのロマン主義的な哲学とは違っていた。

近代イギリス文化の特徴であり、そこがドイツと違うところといえば、それは物質的リアリティについての執着である。英語でリアリティというとき、それは有形の物質性あるいは事実性を意味する。それは手工業体制の職人気質 (craftsmanlike workmanship) と深く関係している。この物質主義的なバイアスは技術と深い関係があり、ものごとの機械論的理解を促す。しかし、この傾向は近代初期の南ドイツを別にすれば、ドイツにはみられないものだった。かれらの文化は理想主義的で精神的なもの、超越論的なものだったからである。

一般的にいえば、近代文化のあり方はイギリスとドイツによって代表される。イギリス文化が無神論的で非人格的、物質主義的な因果性に傾いているとすれば、ドイツ文化は汎神論的で形而上学的な論理的合理主義をその特徴とする。そのドイツ文化が変わりはじめたのは、一九世紀になってイギリスの機械文明の影響を受け、それを移植しはじめたころからである。それ以降、産業技術の性格に見合った物的な因果関係を第一義とする文化がドイツにも浸透し、両者は次第に機械文化に適合的な思考習慣を共有するようになっていった (Veblen, 1915a: 105-115)。

イギリスで「職人精神から工学へ」(from workmanship to engineering) の変化が起きたのは一八世紀第三・四半期以降のことである。のちに、その画期は産業革命と呼ばれるようになった。手工業的技能が簡素化され、「労働節約的工夫」が施されるようになった。専門的熟練ではなく機械的要因がモノづくりの生産効率の決め手になった。といっても、一朝一夕にそうした変化が起きたわけではない。機械工学の時代になっても、相変わらず手工業時代の慣習や慣行、既得権、儀式のルールが幅を利かせていた。しかし競争原則と顕示的浪費、そして企業家の金銭的関心のうち、やがて最後の要因が前二者の要因に勝って大きな力を発揮するようになった。その結果が、企業家の金銭的関心にもとづく産業の支配であり産業効率の抑制であり、技術革新の遅滞であり社会の物的福祉の引き下げだった。

じっさい、再生毛織のような粗悪品や不純品が横行し、偽薬や紛いものの飲料が出回り、危険で非衛生的な建物、鉄道や馬車、機械器具などが作られ販売された。それればかりでなく、企業家の怠業によって機械設備は遊休化し、労働者はその煽りを食らって働く機会を失った。企業家と労働者、全体社会の利害が互いに対立するようになっていった。こうした産業技術の「誤用」によって産業革命から一世紀近くものあいだ（一九世紀第三・四半期まで）多くの労働者が貧しい生活を強いられた。

いまや営業精神が手工業時代に優位していた製作者精神を凌駕するようになった。広告宣伝費を含む営業コストが製品価格の半分以上に達した。しかし、社会全体の物的福祉水準の向上という観点からすれば、そうした営業コストほどムダなものはない。意図した旧式化による減価償却（depreciation by obsolescence）という会計手法は費用計上できる企業家には好都合かもしれないが、社会全体からみれば意味がない。同じような光景は機械体制のいたるところに見出すことができる。

しかし、こうしたイギリス産業体制の欠陥はありうる（改善されうる）事態を想定してのことである。それは新たな時代を切り拓き、「先鞭をつけた者が支払うべき代償」だったのかもしれない。

機械産業の規律は非人格的な因果関係であり、その浸透は個人主義的傾向を強め、権威主義を否定する。しかし、企業家の金銭的関心が機械過程を牽制し、営業精神が優位するようになると、ふたたび所有権にもとづく個人的裁量が強制力を発揮し、労働者はそれに従わなければならなくなった。そこから所有者と労働者の軋轢が高まっていった。

他方、近代社会を通じてイギリス人の一般的生活水準が大陸ヨーロッパ諸国に比べて着実に高まったことも事実である。しかも下層階級の消費パターンを牽引し、庶民がその行動を模倣したのも上流階級、つまり「完璧な」紳士・淑女階級の顕示的浪費のための消費行動であり、かれらの嗜好だった。そのなかには紳士階級のスポーツも含まれる。狩猟や競馬、ポロや登山などがそれである。それらは下層階級によって模倣され、ゆっくりとしたテンポでかれらの生活のなかに浸透していった。庶民のあいだでも「礼儀作法を心得、体面を保つ」ことが大切なことだと受け止められるようになった。その一例ともいえるのが、女性の役割についてイギリスとドイツのあいだには違いがある。イギリスでは女性が屋外の仕事をすることは望ましくないとされ、それが労働力供給を抑え、産業効率性を押し下げた。

（E）第五章の「帝政ドイツ」では、近代イギリスとの対比で帝政ドイツの基本的性格が明らかにされている。まず、帝政ドイツの起点をどこに求めるべきか。最も早ければ、関税同盟（一八三四年）の成立、遅ければヴィルヘルム一世の即位（一八七一年）になる。帝政ドイツの中心に位置していたのはプロシャであり、その性格は政治的なものだった。一八六二年に宰相となったオットー・ビスマルクがそれを象徴する。そこにはプロシャ社会のユンカー的な政治的伝統が投影されていた。

プロシャ文化はバルト海沿岸のドイツ語圏からドイツ騎士団が席捲した地方にまで及んだ。一三世紀にドイツ騎士団がリトアニア、エストニアなどを征服し、キリスト教に改宗させたが、その後は容赦ない搾取と暴力、秩序紊乱と報復行為、被征服民の奴隷状態などが長く続き、人びとは強要された秩序と恣意的支配に馴染んでいかざるをえなかった。

近代のプロシャは、エリザベス一世のイギリスとは大いに異なっていた。その中央集権的王朝は封建的農業制度にその経済的基礎をおき、中世的軍事主義をその中核にすえ、周辺領邦とのあいだで権謀術数と略奪の日々をくりかえしていた。その時代、すでにみたように、イギリスがそれとは対極的な相対的に平和な時代にあった。それがイギリスの追い越しを可能にした。

ホーエンツォレルン家は戦争と外交戦略によってその領地を拡大し、より強大な権力を手にして王朝国家としての色彩を濃くしていった。しかし、スチュアート家が治めるイギリスは民主的な共和国（commonweal）としての性格を強めた。臣民と市民としての思考習慣がそれぞれの仕方で浮き彫りにされた。臣民は自発的に権利放棄して国家に奉仕しようとしたが、市民は自助と自己利益の追求を譲ろうとはしなかった。プロシャでは、軍事力の強化があらゆる資源をそこに収斂させるべき目的とみなされたが、イギリスでは平和を維持していくための手段のひとつにすぎなかった。

こうしたドイツとイギリスの違いにもかかわらず、時代が下るとともに、封建的な野蛮主義の名残である王朝国家の権力者に対する個人的絶対服従は次第に姿を消していった。

イギリス人にとって個人の自由とは権力者の命令から免れることだったが、ドイツ人にとっては自発的に命令に従う自由を意味した。そういう大きな違いはあったが、個人の自由が重要だという点では一致していた。

（F）第六章の「ドイツの産業革命」はそのタイトルからも窺えるように、つぎの第七章とともに本書の中核をなす。

ドイツの新たな産業時代は一九世紀半ばにはじまった。その当時、部分的な変化は生じていたものの、その経済政策は基本的に重商主義的なものだった(23)。その政策は社会の物的福祉水準の向上を超え、より究極的な「国家の成功」そのものをめざしていた。

近代技術は非人格的なものであって国境はない。一般的にいって、その発達は交易圏の拡大を伴う。小さな領邦を超えた関税同盟が結ばれ、その延長線上にドイツ帝国が立ち上がった。多くの障壁が取り払われ、技術と産業の効率は高まり、物的繁栄がもたらされた。しかし、産業効率の自由な進展と王朝国家としての自足的産業社会の形成のあいだには大きな距離があった。プロシャの国家官僚がめざしたのは後者の道であり、そのために対外的には保護関税が導入され、国内的には軍事目的にみあった鉄道や水路網の整備が進められた。

ドイツが周辺国に比べて天然資源に恵まれていたわけではない。せいぜい苛性カリぐらいのものだ。肉や酪農品の生産は需要に追いつかなかったから、アメリカ大陸を含めて外国からの輸入に頼っていた。鉄鉱石や石炭も似たような状態にあった。したがって、ドイツ経済の発展は自由な国際交易に大きく依存していた。しかし、それにもかかわらず、ビスマルクが宰相の座を去ってからの帝政ドイツは帝国主義的政策に深く傾斜し、植民地を含む自足的帝国への道を歩みはじめた。

ドイツはその産業的成功に先立っていくつかの困難に直面していた。なによりも、経済発展のために投資されるべき資本が不足していた。産業投資の制度や慣行が確立していなかった。

しかし、いくつか恵まれた事情、有利な条件もあった。ひとつは、一九世紀の半ば以降、ドイツがイギリスから産業革命後の産業技術を移植しようとしたとき、かつてエリザベス朝時代にイギリスが大陸ヨーロッパから手工業技術を借用したときと違っていたことがある。後者の場合、手工業技術は熟達した職人の技量によって体現されていたから、その移植には熟練職人とその訓練制度も導入する必要があった。しかし、機械技術の場合は違っていた。熟練労働者ではなく、技術的知識だけを借用し移植すればよかった。その意味で技術移転の方法とプロセスはより簡素なものだった。イギリスの慣習的文化まで移植する必要はなく、形式的で合理的な知識を導入することが中心だった。

もちろん、その体得に多くの試行錯誤が求められ、経験知の吸収も大切だったが、肝心の焦点は機械技術の論理にあった。この点、ドイツ人とりわけ教育ある人びとは機械技術の知識を移植するだけの十分な力量をもっていた。じっさい、ドイツには重要な人的資源があった。ドイツ人は健康で知的、しかも勤勉だった。

また、ドイツの企業家たちは手工業時代の伝統を継承していたから、新たな機械産業というベンチャー・ビジネスから得られる利益は当然低いものと考え、大きな金銭的報酬など期待していなかった。さらに、有能な労働者たちの賃金も相対的に低廉なものだった。もうひとつ、イギリスとは違って、陳腐化した設備を温存して産業効率を意図的に遅滞させるという制限的慣行はなかった。

なかでも注目されるのがドイツ企業家の思考習慣と行動様式である。かれらはアメリカのカントリー・タウンでのように、「ビジネスマンとしての適者生存試験」に合格するため、投機的不動産業や政治的不正行為に関わる必要はなかった（第一章第三節）。かれらは最高の産業効率を達成することに懸命だった。かれらの基本的関心は金銭的利殖ではなく産業効率に、つまり「企業」ではなく「産業」に向けられていた。かれらは産業の総帥であって金融の総帥ではなかった。かれらが同僚あるいはスタッフに選んだのは、高い学歴をもち、新たな産業に内在的関心をもつ若者たちだった。

新興産業国家ドイツが人的資源に恵まれていたのは、ひとり企業家層だけではなかった。労働者についても同じことがいえる。ドイツの有能な若者たちが大学を出てからこうした新たな産業分野に数多く流入し、技術的専門家として育っていった。これら身体的にも精神的にも知的にもよく訓練された若年労働力の供給は量的に豊富であり、しかもかれらは質素な生活様式を身につけていた。この時代のドイツにおける「安価で有能かつ豊富な」労働力供給は、移植された機械技術とその新たな開発にとってきわめて有利な条件となった。豊富な労働力の供給というとき、そのなかには次第に変わりはじめていたが、機械産業への女性労働力の進出も含まれる。

これらドイツの若年労働者はスポーツ、政治的な権謀術数やキャンペーン、煽情的な新聞報道、飲酒、宗教的意見対立といったことに巻き込まれることが少なかった。それだけ、かれら労働者もまた顕示的浪費という思考習慣と行動から自由だったということである（Veblen, 1915a: 192–197）。

他方、イギリスでは、産業革命のかなり以前からこうした一九世紀半ば以降のドイツ的情景とは異質な生活様式が浸透していた。それが産業効率を高めていくうえで災いとなった。

しかしそのドイツも、いつまでもこうした条件に恵まれていたわけではない。ドイツ機械産業の生産や販売コストのみならず、金融コストも上昇していった。国内需要は相対的に伸び悩み、外国市場の拡大は生産能力の向上に追いつけない状態が生まれていた。原材料の供給は不足がちであり、それが生産コストを高めていた。ドイツ国内での労働者の生活（消費）水準の向上もコスト引上げのひとつの要因になっていた。ドイツの上級階級の生活水準は、伝統的な節倹意識のおかげでイギリス紳士階級の数分の一の水準に留まっていたが、急速な高まりをみせていた。顕示的消費の慣行が広がりはじめ、それが労働者階級にも及びつつあった。

こうしたことを背景にして、一八八〇年代後半になると、ドイツ帝国は植民地政策の強化に乗りだした。
（G）第七章の「帝政国家の経済政策」では、ドイツ帝国の経済政策がドイツ文化との関連で吟味されている。プロシャの政策が帝政ドイツの王朝政策の骨格を形成していた。ドイツ統一がプロシャの目的であり、その王朝政策の究極的狙いは近隣諸国に対する武力的優位にあった。それは「プロシャ的精神」と呼ばれた。その経済的影響は大きかった。鉄道といい道路といい海運といい、その建設は戦争目的を優先して設計された。関税政策は戦時を想定し、ドイツ帝国が自給的社会となることを考慮して展開された。その配慮のなかには、戦争になれば、その支援が欠かせないユンカー層の利益を重視するといったことも含まれていたし、特定政党を有利するための選挙区の区割りなどもあった。
この王朝政策にはアメとムチという異質な要素が混在していた。一方で、帝国主義や強制に抵抗するような勢力に対しては断固とした態度で警察あるいは司法権力を行使した。学校教育やジャーナリズムに対しては「ドイツ主義」の称揚を促し、補助金による誘導を行ないながら、ときには強権を発動してその活動に干渉した。しかし他方では、障害者や高齢者に対して国際的にみて先駆的な年金制度など社会保障政策の充実を図り、労働者階級を懐柔した。こうした帝政ドイツの権力意思を露わにした政策に対して開明的な教養階層から強い批判と反発があった。

植民地政策についていえば、現地社会に重税が課され、私生活への干渉もめだった。しかし役人やビジネスマンを別にすれば、ドイツから植民地に移り住む者は少なかった。むしろ、ドイツ帝国を脱出してアメリカなど英語圏の国々に移住していく者が多かった。かれらドイツ移民はやがて英語など現地語に馴染んでいったが、とくに移民第一世代は現地の法制が理解できなかったため、多くの苦労や災禍に見舞われた。(24)

ドイツ国民は他のヨーロッパ諸国に比べて愛国心に富んでいた。ふつうのドイツ人にとって、利害打算を超え、己を虚しくして帝政ドイツとドイツ文化のために貢献することがきわめて重要なことだった。

文化とは究極的に思考習慣の体系を意味するが――トルコやスペインあるいはロシアでは宗教的行事がかれらの文化を象徴しているとすれば――、ドイツではドイツ語がそれにあたる。しかし、技術や精密科学はドイツ文化に特有なものではなく、近代西欧文化に共通するものだった。したがって、科学的あるいは技術的知識の追求という点で、イギリスやフランスが理論的に創造的であるのに対して、ドイツは知識の精緻化を得意とするといった違いはあったが、そうした特徴づけも過渡的なものにすぎない。いまではドイツが多くの画期的で創造的な科学的知識を生み出している。

けれども、哲学の領域ではドイツの特徴が鮮明に浮かび上がる。その哲学的土壌は近代科学技術の受容に先立ってドイツの歴史的環境と経験によって育まれたものだが、ドイツ哲学の基本的形姿は一八世紀に現われ、一九世紀になって頂点に達した。それはロマン主義的精神の哲学的表現といってよい。ドイツ哲学は観念論あるいは理念主義という基本的性格をもっており、高度の美学的達成ということができる。

ということは、ドイツ哲学と近代科学の関係は必ずしも親和的なものでないことを示唆している。一方は理性による理論的構成物であり、他方は事実の因果関係を解明するものだからである。ドイツ哲学も近代の科学技術の影響を受けて変わっていくにせよ、ロマン主義的な精髄は容易に変わらない。じっさい、科学技術の冷徹な論理が浸透していくにともなって、生命論や新カント主義、あるいは「ゲーテに帰れ」といった形である種の先祖返りがみられた。

ドイツの統治制度の特徴も見落とせない。ひとことでいえば、それは中世的専制国家と民衆自治の妥協の産物だった。プロシャ帝政の行政官僚制は帝国臣民にふさわしいものであり、大いに効率的な制度だった。しかし、いつまでも同じ状態が続くわけがない。機械時代の思考習慣がドイツ国民にも影響を及ぼすようになり、それに対応して官僚制の効率も変わっていかざるをえない。そのため、ドイツ文化の際立った性格も次第に希釈されていくことになった。

文化的共同体としてのドイツはいま過渡期にあり、国民は一方で、陳腐化していくドイツ文化に拘泥していられないと感じはじめている。しかし他方では、機械文化の生活習慣にいまだに馴染めないでいる。かれらは新たな思考習慣を身につけなければならないと考えているが、伝統に対する執着心を捨て去ることもできない「新参者」なのである。

（H）最後の第八章「純益」（Net Gain）では、これまでの議論を確かめながら、後半では第一次世界大戦についてもいくつか注目すべき発言をしている。

現在のドイツ文化には、一方にロマン主義的形而上学と封建的忠誠心、他方に機械産業と機械論的科学があって互いに異質な要素が混在しているため、固有の不安定さをもっている。それにもかかわらず、もし本来のプロシャ的文化を浸透させようとするのであれば、ホーエンツォレルン王朝の宗主国たるプロシャは国民の愛国心とスポーツマン的熱情に訴える必要がある。

ドイツの産業的成功はその環境要因に負っていたが、同時に帝政国家の政策にも依存していた。その政策目標は軍事力の強化にあり、ビスマルク時代のあと、ドイツ帝国の対外的膨張がその明確な政策指針となった。

そのためには自給的な産業社会を構築する必要がある。したがって、国境を超えた技術や原材料、人の自由な移動は制限しなければならない。しかし、そんなことをすれば、産業技術の自由な発達は大いに妨げられ、帝政ドイツの産業効率も押し下げられる。保護関税がその手段のひとつだが、それで自給経済が出来上がるわけもない。こうした政策はドイツ帝国の産業効率を引き下げただけでなく、周辺国への激しい憎悪を生み出すことになった。

産業革命後のイギリスでは、顕示的浪費の生活習慣が広がったが、ドイツではそうした生活様式はあまり浸透しなかった。イギリスに比べれば、ドイツの上流階級の紳士たちが熱中できるようなスポーツはなかった。その代わり、ドイツでは軍事的浪費に莫大な金が注ぎ込まれた。方法こそ違っていたが、社会の物的福祉水準の向上にとってマイナスの働きをするという点では同じだった。

徴兵制は思考習慣という点でドイツ国民に大きな影響を与えた。命令的秩序への絶対服従と自己犠牲の精神が養われた。その代償が先駆的な医療や年金制度の導入だった。しかし、貧しい労働者は団体交渉と労働争議に訴えるといった集合行動（collective action）の方法をもっていなかった。

一九世紀後半に形成されたドイツ帝国は近隣諸国から先進的産業技術を積極的に移植した。しかもレディーメードの新技術だけを借用し、それに付着していた制度的あるいは文化的障害物、つまり顕示的浪費の生活慣習や階級対立、所有権にもとづく金銭的利益優先の企業行動などは削ぎ取った形で移入した。この方法はこれまで例をみないほどの短期間のうちにめざましい成果をもたらした。

イギリスなどの英語社会は、帝政ドイツとは対照的に、国家というよりも民主的な共和国というべき性格をもっていた。しかし法制的にはともかくも、実質的には大きな富の格差がみられた。したがって、大富豪が支配する産業革命後のイギリス社会において、貧しい労働者たちの生活水準がどれほど改善されたか、疑問がある。しかし、自由な制度と不服従からなる民主的な共和国という理念まで――その一部は機械論的な思考習慣によって、また一部は（強制と忠誠心を押しつける）厳格な宗教的規制なしに長く生活してきた無政府的ともいえる性向によって形成されたものだが――、批判の対象になることはなかった。

プロシャの王朝的精神構造はドイツ帝国になってからも長くドイツ人を支配してきた。ロマン主義的忠誠心と軍事的愛国心は新たに達成された経済効率と相まってその封建的精神を支えた。かれらの武勇的連帯感情には根強いものがあり、機械技術や産業組織にふさわしい機械論的論理と民衆の自立性にはしかるべき抑制が加えられた。また、帝政ドイツの大学を含む効率的な学校制度は武勇的な愛国主義教育に大いに貢献した。そして、移植されドイツで開発された近代技術は武器製造やその関連設備の建設に大々的に利用された。鉄道網や商業海運や港湾施設の整備にあたっては、いつでも軍事目的への転用ということが考慮された。「武装された」ヨーロッパにあって、帝政ドイツは最近の四半世紀、周到かつ入念にその軍備体制を整えてきた。近隣諸国からみれば、ドイツは自らの経済的成功に酔い痴れ、その成果を羨望と怒りの敵意に代えようとしているかにみえた。

大陸ヨーロッパでは、機械技術の発展という意味でドイツが先頭に立っている。しかしフランス、イタリア、そしてロシアといった国々でも機械技術の進歩はめざましい。とくに人口規模と天然資源という点で侮れないのがロシアである。ロシアの近代産業の発達に胸騒ぎを覚える者がいても不思議はない。今後、ドイツとこれら他のヨーロッパ諸国との相対距離は縮まっていく可能性が高いだろう。

ドイツ経済界は高い産業効率を手にしたが、次第に陰りが生じはじめた。上級階級の顕示的浪費行動の台頭もそれに一役買っている。他方、社会主義勢力への部分的抑圧と懐柔にもかかわらず、無産階級の不満は昂じている。帝政ドイツは第一次世界大戦を望んでいたわけではないといわれるが、長期的展望という意味では必ずしもそうではなかった。キリスト教世界にとって望ましからざる影響を与える未曽有の今次大戦についていえば、諸々の状況が重なり、ドイツは開戦を避けがたいことと判断した。列強のなかにあって帝政ドイツの「優勢な地位を確保する」ことが重視された。王朝的国家たるもの、支配をその本性とする。戦争と王朝政治は相手に負けまいとする、その意味で相対的なものである。一方が戦力を増強すれば、他方もそれに応じて戦力を増やさざるをえない。じっさい、そういう事態が生じていた。

この大戦の持続的影響は非物質的なものであるにちがいない。それは人びとの精神や知的世界に大きな影響を与え、現行制度の見直しにつながっていく。

そういう意味で銘記されてよいのは、西欧の近代文明によって達成された顕著な成果が――暗黒の中世に比べれば――、平和と産業だったということである。それは大いなる前進であり、進歩だとみなされている。

その近代体制にはある種の体系性あるいは哲学があって、その体系性に欠けると、その体制は不安定となり、過渡的な性格を帯びる。近代の思考習慣で最も特徴的なものが機械論的なものの見方、考え方であるが、その具体的な姿が機械技術であり、知的世界では即物的な精密科学である。この機械論的な思考様式は強制、個人的支配、自己犠牲、服従、忠誠心、二枚舌、悪意といったものとは馴染まない。これらのものは機械論的なものの見方、考え方を妨げ、その浸透を遅延させる。そういう意味でいうと、帝政ドイツの好戦的で王朝的な文化は必ずしも短命ではないとしても、過渡的な性格をもっている。じっさい長い目でみれば、帝政ドイツは近代科学技術のみならず、近代的で自由な民主的制度に敵対することはできない。

いまは帝政ドイツの好戦的支配と統制は近代の機械論的科学と技術のうえに成り立っている。しかし、この機械論的な科学技術の体系はやがて必ずや帝政ドイツの制度的基礎を切り崩していくことになるだろう（Veblen, 1915a:

270-271）。

この大戦がもたらす物理的コストや経済的帰結も大きなものである。たしかに生命と財産の浪費、参戦国の疲弊は計り知れない。とはいえ、慎重な著者たちが注意を促しているように、戦争による物的損失は驚くほど短期間のうちに回復するし、また思考習慣や制度など非物的なものの破壊は軽微で済むのが一般的である。しかしこの価格で表わせない（したがって経済学者には理解しにくい）非物的な知識技能が生産のあり方に大きな影響を与える。

戦後の不況期には、しばらくのあいだ「非生産的な」奢侈品の消費は抑制される。その結果、社会的にみれば、物的生産水準は思いのほか早く、平和な時代のレベルに回復する。また戦時財政も注目される。戦費はイギリスだけでも一日当たり七五〇万ドル、交戦国すべてだと、その数字は三倍になる。いまの戦費調達は課税もあるが、軍事公債などの信用によっている。それによって富や所有権の再分配が生じている。

戦場での死者についていえば、ドイツでもイギリスでも士官は紳士階級によって占められているが、経済的観点からみるかぎり、かれらは産業的価値に欠けており、非生産的な消費者といってよい。したがって、そのかぎりで、かれらの損失は社会にとっての経済的損失と同義ではない。じっさい、戦争での人命損失に関してよく「最良」の人材が失われたといわれるが、それは戦争に最適な人物という意味であって、他の目的からみれば、必ずしもそうではない。メンデルの法則にしたがえば、たとえ「発育不全な」者から生まれても二世代、三世代経てば、「最良の」者から生まれた場合と変わらないことになる。

こうした人命の喪失や損傷もさることながら、兵役によって体験した殺戮、窃盗、放火など十戒を犯すような行為によって道徳心が苛まれ、平時の職業生活に復帰できないといった精神的打撃も決して小さなものではない。

長くなったが、以上が『帝政ドイツと産業革命』の骨子である。まず、いくつかのコメントを書き留めておこう。

この本は第一次大戦の勃発まもない時期に出版されている。ヴェブレンは早くからヨーロッパに高鳴る軍靴の足音を聞き取っていた。しかし、この大戦について言及しているのは最後の第八章の末尾においてである。大戦論あるいは平和論という意味では、すぐあとに検討する『平和論』や「日本の機会」などに目を通す必要がある。

ところで、この本の序論でヴェブレンは、ドイツ人が「ひとつの独自の純粋な民族」であるという危うい俗説に注意を促している。その見方は間違っているからである。人種的にいえば、ドイツ人も他のヨーロッパ諸国の人びとと同じように混血種であり、それゆえに先進技術の移植導入に対してかれらも積極的だったというのがヴェブレンの見方である。このヴェブレンの注意喚起は、のちの「第三帝国」を覆い尽くしたあの狂気に満ちた言説を先取りして批判していたようにみえる。

すでにみたように、この本の基本的関心のひとつは——一六世紀と産業革命後のイギリスおよび一九世紀後半のドイツの経済発展を比較対照しながら——、先進技術の借用と発展という事象に注目して後発効果について考え、さらに「先なる者の後れ」について検討することにあった。

**後れてきた者の「追い越しの論理」**

ヴェブレンはこの本のなかで、先進技術の移植導入に積極的だった後進社会がやがて先進社会に追いつき追い越していった事例を三つ挙げている。第一に古代バルチック社会、第二に一七世紀のイギリス、第三に一九世紀後半のドイツである。

古代バルチック社会における外来文化の導入は技術のみならず、神話や宗教などにも及んだ。ヴェブレンの記述で興味深いのは、そのバルチック社会では「土地持ちの自由な農民」による議会が設けられ、警察権力は小さく、インフォーマルな近隣コミュニティの自立性が重視され、のちの言い方をすれば、市民的で民主的な「アナーキー的」統治システムが形成されていたことである。その近隣コミュニティでの生活は基本的に平和なものだった。

エリザベス一世治下のイギリスでも似通った光景がみられた。後れていたイギリスは先進の大陸ヨーロッパ（オランダや南ドイツなど）から進んだ産業技術を借用した。当時の手工業技術は熟達した職人によって担われていたから、技術の借用と移植には一部それに関わる制度の移植も必要だった。しかし大切なことは、借用された先進技術は自助と機会均等、自然権的形而上学とコモン・ロー的精神によく馴染むものだったということであり、イギリス近代哲学の基本的性格ともいえる懐疑主義や物質性あるいは事実性重視の思考習慣や制度とよく共鳴することによって、その飛躍的発展がもたらされたという点である。

一九世紀はじめには、ドイツの産業技術はイギリスに比べて二世紀半の後れをとっていた。しかしその後半、帝政ドイツの産業技術はめざましい発展を遂げた。軍事力強化という狙いに沿うものだった。その発展は先進イギリスの産業技術を借用することによって達成された。その借用にあたっては、産業技術はイギリス製、思考習慣と制度はドイツ製という方法がとられた。かつてイギリスがヨーロッパの産業技術を移植したときよりも、借用された産業技術の性格そのもの（手工業的技術ではなく科学的知識を移植すればよいという性格）がドイツ製の思考習慣や制度を温存させることができた。つまり、レディーメードの産業革命後の新技術だけをイギリスから移植し、その生育土壌は帝政ドイツの文化風土のままだった。

もちろん、移植された産業技術がドイツで大きく花開いたのはその新たな生育土壌に利点があったからである。とりわけ、大きな役割を果たしたのは人的資源である。ひとつには当時のドイツの企業家は文字どおりの産業の総帥であって、けっして金融の総帥ではなかった。かれらの関心は産業効率の高度化に向けられていた。その背景には帝政ドイツ体制の強化という問題意識と狙いがあったものの、その視線は社会的な広がりをもっていた。かれらには個人的な金銭的増殖や栄達への関心が希薄だった。イギリスの企業家のように顕示的浪費に深く傾斜することもほとんどなかった。

帝政ドイツはもうひとつの人的資源である労働者にも恵まれていた。健康で勤勉かつ節倹、高い知的能力をもち、産業効率の向上に関心を抱く多くの若者がいた。

こうした企業家や労働者に加えて、帝政ドイツには優秀で効率的な行政官僚制があり、高等教育制度も充実していた。ドイツ帝国の成立によって狭隘な小領邦主義が克服され、国内市場がめだって拡張された。

さて、これらの事例を踏まえて、後れてきた者の「追い越しの論理」をどのように定式化すればよいか。

一般的にいって――すでに『製作者本能』でもみたように――、産業技術そのものはそれを育んだ土壌である文化あるいは制度と切り離すことができる。したがって、産業技術を成長発展させる移植先の苗床はそのままにして、先進的産業技術だけをそこに移植することができる。そこに示唆されているのは、急速な産業化を成功に導くある種の和魂洋才の論理だといってよい。

では、いかなる苗床であれば、移植した産業技術を成長させることができるか。ふたつの条件がある。ひとつは移植先の制度あるいは文化が製作者本能の発現に親和的であること、つまり勤勉と節倹の精神がその社会の支配的価値規範となっており、それにみあった行動が広く習慣化されていることである。もうひとつは、そのうえに当該の産業技術の発展にふさわしい思考習慣と制度が形成されている必要がある。たとえば、手工業的な産業技術でいえば、自助と機会均等にもとづく切磋琢磨を重視するような思考習慣や制度であり、また機械産業であれば、大きな資本投資の必要、科学的知識の発展と学習を大切にするような思考習慣や制度慣行が一般化していることである。

これらの条件は渾然一体となっていることが多いが、他の条件を一定として、こうした思考習慣や制度が移植先の苗床の基本的性格となっていれば、借用し移植された産業技術は純粋培養され、大きく成長発展していく可能性がある。

## 先なる者の「後れの論理」

それでは、その逆に、ある時期、先進的な産業技術を生み出した社会はなぜ後れをとることになるのか。

古代バルチック社会でいえば、産業技術の累積的発展が近隣コミュニティ内外に技術や資産格差を生み出し、所有権を踏まえた富の獲得競争が奨励され、やがて王朝的な略奪的自己拡張が一般化し、そうしたことの結果、産業技術の成長を支えてきた思考習慣や制度（たとえば、アナーキー的不服従の精神と近隣コミュニティとの宥和）という苗床を自ら切り崩していくことになった。

また、一六世紀はじめにはイギリスより先進的だった大陸ヨーロッパ諸国は――イギリスの経済発展と相対的な平和状態とは対照的に――、王朝間戦争と宗教的狂信に苛まれ、多くの戦禍によって産業技術の発展に自らブレーキをかけることになった。

さらに、一九世紀のイギリスについていえば、手工業体制を支えてきた旧来の慣行と既得権の体系、自己顕示的浪費、そして企業家の金銭的利殖行動とある種の怠業が産業効率と技術革新への意欲と行動に歯止めをかけるようになっていた。

もうひとつ、一九世紀第四・四半期以降の帝政ドイツは、王朝の軍事力強化という水準を超えて帝国主義的関心を強め、その対外的侵略性を露わにした。

このように、「過去の重圧」原則が働いた結果であるかどうかはともかくも、社会の物的福祉水準を改善していくための産業（勤勉）の精神、つまり製作者本能と産業効率を抑制するような力――すなわち軍事政治的な略奪性や教条墨守的な宗教的狂信、自己顕示的な金銭的優位――が働いたとき、かつての先なる者は「後れの論理」の虜になっていく。

ちなみに、この「後れの論理」について付記しておくことがあるとすれば、「過去の重圧」原則が働いた（したがって自らの過去を引きずっている）ためか、あるいは自己破壊的に別のものに変異したためであるかのいずれであれ、後れてきた者の「追い越しの論理」によってひとたび先頭に躍り出た者もつぎの局面では先なる者の「後れの論理」によってその地位を後れてきた者に譲り渡していくのであり、したがって、ヴェブレンの『帝政ドイツと産業革命』はある社会あるいは国家の栄枯盛衰を経験的に一般化したものであり、いまもその先見の明は異彩を放っている。(25)

## いくつかの書評

ドーフマンによれば、この本はヴェブレンの他のどの本よりも売行きが思わしくなく、厳しい運命を辿ることになったという（Dorfman, 1939, Introduction）。じっさい、この本が一九一八年から一九三〇年二月までのあいだに売れたのはわずかに四五〇冊、年平均で四〇冊ほどにすぎない。たしかに、ヴェブレンの他の著書に比べてもめだって少ない（Dorfman, 1973: 313）。

『偉大な社会』（一九一四年）の著者として知られ、ヴェブレンの同時代人でもあったロンドン経済政治学院のG・ウォーラス（Graham Wallas: 1858-1932）は本書について長い書評を書いている。

冒頭ウォーラスは、最近の「社会学の書物」でこれほど興味をそそられ、刺激を受けた本はない。ヴェブレンの予期しがたい精神の働きといい、考古学的知見を新鮮な形で経済学に提供したことといい、鋭利なアイロニーといい、ヴェブレンはまことに天才的人物であると記したうえで、この本の論旨を辿っている。

しかし、ウォーラスはつぎのようにコメントしている――、第一に、ヴェブレンは新石器時代に形成された北欧人の遺伝資質と性向にこだわりすぎではないか。第二に、ヴェブレンの本能論は必ずしも説得的でなく、同じように人間の複数の基本的性向とその確執を論じるとしても別の考え方もあるだろう（として、『偉大な社会』で展開したウォーラス自身の考え方を解説している）。第三に、機械時代の社会心理はもっと複雑なプロセスを経て形成され、変化していくものではないか。第四に、ヴェブレンのこの作品には繰り返しが多いこと、本の構成についても、急いで書かれたためだろうか、改善の余地が少なくない。そして「ヴェブレン教授には新しい本を書いてほしいが、そのときには自己防衛的な教師がそうするようなアイロニーは削ぎ落とし、もっと能弁に語ってほしい」という注文をつけている。最後に、ヴェブレンは自らを発明家ではなく批評家と考え、したがっていかに社会を再構築していったらよいかについて確信をもっていない。しかし、人類の将来について思いめぐらすことは価値あることであるにちがいない、というウォーラス自身の信条を吐露している（Wallas, 1915: 183-187）。

このほかにも、いずれも短評であるが、たとえばシカゴ大学のR・フリーマン（Freeman, 1915）、ウィリアム・ジュウェル・カレッジのE・サザーランド（Sutherland, 1916）、スミス・カレッジのS・フェイ（Fay, 1916）、E・ボガート（Bogart, 1916）、コロンビア大学のR・マッケルウィー（MacElwee, 1917）、匿名氏による書評（*The Journal of Race Development*, Vol. 6, No. 2, October, 1915, pp. 231-234）などがある。

フリーマンはこの本がヴェブレンの技術史観を近代ドイツに応用したものであり、借用した先進技術が移植後にいっそう発展していくこと、その技術移植をめぐってイギリスとドイツの生育土壌には類似点とともに違いがあったこと、しかし最後は技術が文化を染め上げていくことなどについてふれたのち、読者がヴェブレンの「分かりにくい冗長な文章に馴染むことができれば、『帝政ドイツと産業革命』はあらゆる点で素晴らしい作品になるだろう」(Freeman, 1915: 854) と書いている。

また、サザーランドは、ヴェブレンがイギリスとドイツを対比しながら、後進国の追い越し現象をハイブリッド主義 (hybridism) と産業技術の借用というふたつの原理から解明しようとしたと述べている。この作品は多くの点で第一級の重要さをもっており、優生学的あるいは倫理的な判断を下そうとしているものでもないのだが、強いていえば——あるいは、ウォーラスの書評に目を通していたためかもしれないが——、本書の編成は不十分であり、議論に重複が多く、記述方法も分かりにくいとウォーラスと同じようなコメントを書き添えている (Sutherland, 1916: 557)。

さらに、フェイによれば、本書の主題はイギリスとドイツの産業革命を比較しながら、帝政ドイツの政策がその経済発展にいかなる影響を与えたかを考察することにあった。イギリスもドイツも同じ混血種のバルチック民族の末裔であり、それだけに外来技術の移植に対して貪欲だったこと、また技術は文化と切り離して移植可能であり、移植先で大きな実を結びうること、イギリスの経済発展は紳士階級の自己顕示的浪費によって失速したが、ドイツはそうした消費慣行から自由だったために急速な経済発展を達成したこと、しかし結局は産業技術が文化のあり方を決めていくことになるというヴェブレンの見方にふれている。フェイのこの書評は内容紹介に終始しており、コメントはほとんどない。それでも、ヴェブレンのこの本は「新たな事実を提供するものではないが、多くの興味深い仮説を展開している」と結んでいる (Fay, 1916: 354)。

もうひとつのボガートの短い書評もそのほとんどを内容紹介に費やしている。後れていたドイツが一方では先進的な産業技術をイギリスから借用し、他方ではプロシャ的思考習慣と制度を温存したまま両者を結合することによってめざましい経済発展を達成したこと、しかし、イギリスでは顕示的浪費が一般化し、産業効率の向上を阻害したこと、ドイツの急速な産業発展は平均的ドイツ人よりも帝政ドイツを支配する名家・名門にとって益することが多かったことなどにふれたのち、「本書はそのタイトルより広い内容をもっている。ドイツ帝国主義の経済学的解釈はユニークで時宜を得たものである」(Bogart, 1916: 230) と評している。

最後に、マッケルウィーによれば、この本はタイトルから推論されるよりもはるかに示唆に富んだものであり、その冗長な文章に耐えるだけの価値は十分あるという。かれがとくに注目しているのは、北西ヨーロッパとブリテン島の住人がともに起源を同じくする混血種であること、それゆえにかれらは先進技術の吸収に熱心だったが、その方法は産業技術のみを借用するというものだったことである。しかしヴェブレンは、工場制度が手工業に取って代わるためには、アダム・スミスがいうように、しかるべき大きな市場が必要だったこと、また工場制度がもたらす悪弊を除去するため、ドイツでは社会保険制度、職業教育、衛生的住宅、科学的課税法、地方自治制度などが導入されたことについてもっと強調する必要があったと書いている。さらに、この本には個別的事実の認識に多くの誤りが含まれるが、この本が普遍的な理論を追求するものである以上、それは問題にならないとも記している。

これらの書評をみていると、内容はともかくも、ヴェブレンの文章が冗長で繰り返しが多く、分かりにくいという見方が少なくない。おおかたはヴェブレンに内在することがらであるが（上記の要約もそれを反映しているかもしれない）、一部はこの本が短期間のうちに書き上げられ、十分推敲されることなく出版されたためであるようにみえる。

もっと時代を下ることになるが、ドーフマンの序文（一九三九年）とF・ルーズベルトの下で第三三代アメリカ副大統領となったH・ウォーラスの書評（一九四〇年）についてもふれておこう。

この『帝政ドイツと産業革命』が一九三九年にヴァイキング・プレス社から再刊されたとき、ドーフマンはそれに序文を寄せている。その冒頭でドーフマンは、アメリカで「最も創造的な」社会科学者は誰かと聞かれたら、賛否は分かれようが、多くの人がヴェブレンと答えるだろうと記している。

そのうえで、こう書いている——、ヴェブレンの本は『有閑階級の理論』を別にすれば、あまり知られていない。しかし大恐慌後、かれの著作の多くが再刊され、ヴェブレンの評価は一挙に高まった。そのなかで数奇な運命を辿ったのが『帝政ドイツと産業革命』である。いまでこそ二〇年以上もまえに第三帝国の本質を見抜いていた著作として大いにもてはやされているが、出版当初はろくに売れもせず、読まれもしなかった。一九一七年にアメリカが第一次大戦に参戦したとき、政府の公報当局（Committee of Public Information）はこの本の一部をドイツ攻撃に使った。しかし、郵政長官だったA・バールソン（Albert S. Burleson）はこの本に割引料金を適用しなかった。たしかに、ヴェブレンの評価は時代に翻弄され、激しく乱高下する（Spindler, 2002: Chap.4参照）。その典型がこの『帝政ドイツと産業革命』である、と。

さらにつづけて、この本でヴェブレンは、帝政ドイツと（表向きは）民主主義的なイギリスとを比較する形で議論を展開しているが、一方のドイツはその経済発展のパターンや文化的性格、統治制度などで日本と酷似しており、他方のイギリスはアメリカと似ている。しかし、民衆の福祉という点からみれば、「ドイツのユンカー、イギリスの紳士、アメリカのビジネスマン」のあいだにさしたる違いはない。

帝政ドイツの急速な経済発展とイギリスの追い越しをどのように説明するかが本書の中心的問題だった。それを解く鍵は営利企業の論理にある。機械技術はイギリスからはじまったが、私的所有権を背景とする「紳士の投資家」の名目価値重視（したがって機械技術の実質価値軽視）の思考習慣によってその発展は大いに妨げられた。他方帝政ドイツでは、こうした「先なる者の不利益」あるいは「過去の重圧」原則から相対的に自由だったため、借用された機械技術はめざましい発展を遂げ、イギリスを追い抜くことができた。しかしそのドイツでも、「成熟したイギリスやアメリカと似た状態になり、軍事力の比較優位がなくなっていくのは時間の問題である」（Dorfman, 1939: Introduction）とドーフマンはコメントしている。

もうひとつ、政治家ウォーラスの書評はかなり長い。かれはこう書いている——、あらためて読み直してみると、「現代のドイツに関するこれほど鋭い分析はみたことがない」。たとえば、「数世代のうちに」ドイツでもイギリスの後を追って金融の総帥が立ち現われ、労働者も顕示的浪費の習慣を身につけていくことになるだろうという展望といい、また「帝国主義的な王朝国家が生き長らえられるのも、国民がロマン主義的な哲学に浸っているかぎりでのことである」という指摘といい、いかなる国であれ、高い教育を身につけた国民が科学技術を駆使して自らの生活水準を向上させようとするならば、遅かれ早かれ、専制君主的で王朝的な制度を拒否することになるだろうという見方といい、いずれも有意義なものであるにちがいない。

また、「いまもそうだが、一九一四年の時点ではほとんどのドイツ人は、自由な制度に対するイギリス人、アメリカ人、フランス人の考え方をまったく愚かなものだとみていた」。しかし、ヴェブレンはプロシャ帝政の崩壊を確信していた。この本を書いたころ、ヴェブレンはロシアを過大評価していたが、日本については正鵠を射ていた。「日本の官吏の方がその厚顔無恥な国政の執行にあたって、いっそう明敏かつ無情、用心深いかもしれないが」、多くの点で帝政日本は帝政ドイツに似ていたからである。

ヴェブレンはまた、この本の長い脚注のなかでアメリカの企業家を手厳しく批判していた。かれらは典型的な土地転がしであり、策士であり、金儲けしか頭にない連中なのだ。だから、かれらを産業の総帥などと呼んではならない。その実態は「荒稼ぎを横取りするだけのいんちきな株屋」にすぎない、とかれはいった。しかし、こうした理解はその後のアメリカの企業家の行動についていうかぎり、辛口にすぎる。

ともあれ、ヴェブレンは類い稀な優れた分析家であり、最近「二五年間の経験」を踏まえていえば、ヴェブレンのドイツ論に致命的欠陥は見当たらない。「まことに、ヴェブレンは現代の（大予言者）イザヤである。しかし、この地アメリカでもヴェブレンはそれに値するしかるべき評価を受けていない」（Wallace, 1940: 445）と結論づけていた。

### 「日本の機会」

『帝政ドイツと産業革命』には日本についての言及が二ヵ所ある。ひとつは『古事記』の記述にふれ、日本人も混血種であり、その意味で外来技術や文化を摂取することに意欲的だったというくだり。もうひとつは先進的産業技術の借用とその培養発展という点で日本はドイツと酷似しているという議論である。

ヴェブレンは『帝政ドイツと産業革命』が出た翌月、「日本の機会」(一九一五年)という論文を発表している。正確にはドイツに倣って「帝政日本の機会」というべきであるが、その論旨はつぎのようなものだった。

日本もヨーロッパと同じく人種的には混血種である。混血種の特色(hybridism)は身体的のみならず、知的にも精神的にも個人差が大きいという点にある。それがものの見方、考え方に多様性をもたらし、外来の技術や文化への関心をかき立てる。

では、日本の強さはどこにあるか。ひとことでいえば、封建的忠誠や武士道的名誉と近代科学技術とが巧みに結合されている点にある。とりわけ天皇制的支配体制というものが注目される。いまのヨーロッパでも、中世的な連帯精神と近代技術を結合させている国は少なくない。しかしその絶妙な結合という点で日本に劣る。それでも、ドイツは日本によく似ている。だから明治維新後、日本はその行政官僚制のモデルをドイツに求めた。

その日本も、しかし長い目でみれば、必ずや産業技術の浸透にともなってそれに適合した文化へと変容し、旧来の「古い日本精神」は融解していくだろう。機械技術と科学的知識の普及による伝統的文化の風化という趨勢からいずれの国も自由ではありえない。けれども、日本の中世主義は長く続いてきたから、その文化変容もそう簡単には起きないだろう。それまでが「日本の機会」である。

正確にいえば、「世界の王朝政治のなかにあって、恐るべき力をもつ帝政日本の機会とは、日本がその産業技術において西洋的水準に達するまでの期間と、その産業技術の影響を受けていやおうなく物資主義的で商業的なカネ遣いの荒い生活を身につけていく期間の歴史的間隙がどれほどのものであるかに懸かっている」(Veblen, 1915b: 29 [1934: 255])。

帝政日本が先進的な産業技術をヨーロッパから移植してきたその企ての「意図せざる結果」として、すでに着実に進行していることだが、産業技術の効率化にともなって伝統的な「古い日本精神」という衣を脱ぎ捨てていくことになる。じっさい、識字率の高い日本では、即物的な知識情報や機械論的なものの見方が浸透してきており、それが（国家宗教や天皇家の聖なる血統とその神秘的価値を生み出してきた）喜悲劇的な神話的信念を着実に蚕食しつつある。

それだけではなく、もうひとつ「古い日本精神」を腐食させていく力が働きはじめている。営利を目的とする私企業が立ち上がり、消費生活の「高度化」が進み、顕示的浪費の芽が成長していくことによる変化である。帝政日本の現状は、私企業の営利欲によって社会的な産業効率が意図的に抑制されるといった「怠業的」水準には達していない。しかし長い目でみれば、それも時間の問題である。

このように、「古い日本精神」の蚕食は、一方では産業技術の発達に伴う機械論的で物質主義的なものの見方、考え方が浸透することによって、他方では営利企業の巨大化によって日本にも紳士階級あるいは有閑階級が出現し、消費生活の「高度化」が進行していくことによって生じる。(26)

それにしても、何の機会なのか。まずは欧米から移植された産業技術の発展にもとづく経済的繁栄の機会が考えられる。いまのところ、「古い日本精神」の威信低下による精神的損失よりも近代的産業技術による物的福祉と効率性の向上のほうが勝っている。しかし、両者は近い将来肩を並べるようになるだろう。そこまでが「日本の機会」であり、均衡した地点がその頂点である。

けれども、ヴェブレンは「（低廉な）生産コストと（強大な）軍事力のあいだに例外的に大きな格差があり、それが西欧列強に脅威を与えている」（Veblen, 1915b: 37［1934: 265］）とも書いている。この点からすると、国際的に展開する帝国主義的王朝政治の真っ直中にあって、日本の軍事力が帝国主義的侵略という方向に大きく傾斜していく可能性あるいは機会が考えられる。

このように、「日本の機会」はひとつではない。第一に、いましばらくは和魂洋才による経済成長の機会（しかし、そのプロセスで科学技術の浸透によって「古い日本精神」が空洞化していく）、第二に、帝政日本の軍事力が帝国主義的に発動されるという機会あるいは短期展望、そして第三に、その先に見通される営利企業の確立による産業効率の抑制という長期展望などのイメージが交錯する。

ちなみに、その帝政日本は、第一次大戦がはじまって間もない一九一四年八月一五日、日英同盟に基づいてドイツに宣戦布告した。一九一七年のはじめ、日本は駆逐艦隊を地中海に派遣し、連合国の船団護衛に大きな役割を果たすことになった。その動きを捉えてヴェブレンは同年六月末、ごく短い「日本がドイツを見限る」(Veblen, 1917b［1934: 245-247］)という文章を書いている。

そこでかれは、帝政ドイツが旧態に復することはなく、アメリカの参戦はゆるぎないものだと判断した帝政日本の指導者を形容して、「最も辣腕で無情、そして用心深い」連中だと書いた(27)。

このように、ヴェブレンには帝政ドイツは帝政日本と大きく重なってみえた。その意味で、日本の機会はドイツの機会でもある。しかし、ふたたび何の機会なのか。機械過程が武勇的略奪文化のみならず、金銭的営利原則も蚕食していく機会なのか。それとも、愛国心に煽られた王朝政治に火がつく機会なのか。事態は明白だった。ヨーロッパ大陸に燎原の火のごとく、近代的殺戮線が広がっていったからである。

# 第五章　戦争と平和――その原因と条件、そして新秩序構想

ヴェブレンの「もうひとつの豊穣のとき」の後半の主題はなにか。それは「戦争と平和」という大きすぎるほど大きなテーマだった。

かれは『帝政ドイツと産業革命』の第八章末尾でいくらか戦争について言及していたが、本格的議論は『平和論』（フルタイトルは『平和とその恒久化の条件に関する考察』〔*An Inquiry into the Nature of Peace and the Terms of its Perpetuation*, 1917〕――以下も『平和論』という）を待たねばならなかった。

この章では、まずこの『平和論』を繙きながら、ヴェブレンが戦争の原因と恒久平和の条件についてどのように考えていたのかを明らかにする。そのうえで、かれが大戦後に構築されるべき新たな社会秩序のあり方をめぐっていかなる構想を抱いていたのかについて検討する。そのためにパリ講和会議、ロシア革命（ボルシェビキ革命）、高等学術という三つのテーマを取り上げ、ヴェブレンの思索の跡を追ってみよう。いずれも戦後の新秩序に深く関わることがらだった。

## 第一節　戦争の原因と恒久平和の条件――『平和論』の射程

『平和論』のフルタイトルをみた人はカントの『永遠平和のために』（一七九五年）を思い起こすにちがいない。じっさい、『平和論』序文（一九一七年二月）の劈頭、ヴェブレンはカント晩年のこの大きな影響力をもった珠玉の短編を取り上げている。かれからみれば、一八世紀末のカントの時代とは多くの事象が大きく変わっている。し

たがって、恒久平和の議論の組み立て方も内容も変わらざるをえない。ヴェブレンはカントから多くの示唆をえていたし、恒久平和の探究がいまも人間の内在的義務のひとつであることに同意していた。しかし、ひとことでいえば、「諸物の巧みな造り手である自然」(natura daedala rerum)が恒久平和を保証するというカントの考え方(『永遠平和のために』「第一補説――永遠平和の保証について」)には与していない。

ということは、あらためて現代世界における恒久平和の条件とはなにか、そうした条件がいまどれほど存在しているのかについて問う必要があった。しかも、求められていたのは望ましい結論にむけた規範論ではなく、人間行動の経験的事実にもとづく分析である。

『平和論』は七つの章からなっている。しかし、ヴェブレンの他の著作とは違って、この本では各章の標題の下にその具体的論旨が小見出しとページ数をつけて書き込まれている。たとえば、第一章序論でいえば、「平和を破るのは政府あるいは国家の行為――三ページ」「愛国心は戦争を推進するうえで必要不可欠――四ページ」「すべてのキリスト教国の国民は十分に愛国主義的である――六ページ」といった具合にである。多くの読者を得るための出版社の工夫だったのかもしれない。

この『平和論』の初版は一九一七年二月に出版されたが、一九一九年に新版が出ている。しかし、各章の論旨は初版とはなにも変わっていない。

(A)第一章の「序論――国家および戦争と平和に対するその関係」はつぎのように書き出されている――、近代の戦争行為は国家が大衆を動員してはじめて遂行できる。ひとつのポイントは戦争の主体が国家であること、いまひとつは国民大衆の動員なき戦争行為はありえないということである。したがって、戦争には好戦的愛国心の高揚が欠かせない。それに欠ければ(大衆が非愛国的な場合)、中国せまくは満州がそうであるように、外国勢力の「格好の餌食」になる。しかし、「中国を唯一の例外として」他の文明諸国の大衆はどこでもある水準以上の愛国心をもっている。

つぎに、国家が打ち立てる平和は「必ずや一種の休戦という性格をもつ」。いいかえれば、そうした平和は恒久的なものではなく、まさに一時的休戦にすぎない。(1) その政策は(戦争)「待機の政策」であり、いつでも「正義の戦争」に訴える可能性をもっている。したがって、「国家または政府はせいぜいのところ、平和を作り出すための道具であって平和を恒久化するための道具ではない」(Veblen, 1917a: 7, 訳 246——以下、基本的に陸井三郎訳によるが、その翻訳は原書の第一章、第三章および第五章の一部抄訳であり、全七章のうち、他の章は訳されていない)。

近代的政府あるいは国家の性格は中世の封建政治に由来するものだが、それには略奪的性格を色濃く残している「王朝国家」とその性格が弱い「(外見上)市民平等の民主的共和国」のふたつがある。(2)

このうち後者は一八世紀から一九世紀前半にかけて、とりわけ英語国民とフランス国民のあいだで先鋭化し、自由主義や個人主義などと共鳴しながら「警察国家」「夜警国家」という理念を生み出した。しかし、「国家主義の衰弱は一時的なものにすぎない」。

というのも、一九世紀を通した運輸通信手段や軍事的産業技術の巨大な進歩は国際政治における地理的隔絶を無意味なものにし、侵略的王朝国家を優位に立たせることになったからである。帝国主義的な気分が醸成され、「すべての政治家は国防こそ主要な関心であると公言するようになった」。自衛のための軍備拡張は急速かつ未曾有の規模に達した。その先に待ち構えていたのは比類なき残忍な戦争だった。これが「過去半世紀の政治の要約」にほかならない。そしてその先頭に立っていたのが帝政ドイツである。その背景には国内的な財政的困窮、国際的な孤立と不信感という事情があった。

キリスト教国の国民大衆が戦争に動員される場合、一般的にいって、社会の物的利害の保持または促進、国家的名誉の擁護、国民文化の永続化といった背景がある。このうち、物的利害の増進という理由づけは好戦的政治家の王朝的野心や一部の企業家の経済的利益に見合ってはいても、「一般的には空想的なもの」である。したがって、多くの場合、国民一般が膨大な費用をかけ、保護関税や特恵条例という手段を用いて一部の企業家に利益を差し出していることになる。

また、こうした一部の企業家の商業的利益が外国で侵害されるような場合、それは国家的名誉の問題に変身する。

しかし「国家の名誉というものは、当然のことながら実態のない、実質的価値をもたないことがらである。それは体面の問題すなわち競技者的な概念にほかならない」(Veblen, 1917a: 27, 訳 259)。けれどもそれは、一般的にいって、戦争といった場面ではしばしば物的利害よりも大きな役割を果たす。それは形而上学的事象であり、魔術的領域で機能するきわめて価値あるものとみなされる。

(B)第二章の「愛国心の性格と効用」では、まず、愛国心あるいは愛国主義とは「名誉威信にかかわる熱狂的な連帯感」のことだと定義される。理性の観点からすれば、愛国的献身ほど無意味なものはない。愛国的精神とは他国に負けまいとする連帯的精神である。愛国心は製作者精神ではなく、スポーツマンシップの部類に属しており、競争相手を打ち負かし、屈辱を与えることをめざしている。そして、それが十全に発揮されるのは戦争行為においてである。したがって、その最終目的は敵対する者の負傷であり死であり、不快であり破壊である。

愛国心は敵対する集団や国家に対する敵意や憎悪の感情であり、物的にも文化的にも双方の国民にとって有益であるような相互交流や交易を妨げ、双方に大きなダメージを与える。

愛国主義者は真正な人道主義者かもしれないし、敬虔な宗教者かもしれない。あるいは芸術家や科学者かもしれないし、強欲な紳士、略奪的な企業家かもしれない。肝心なことは、いざ国家の名誉威信の問題となると、その職業的利害など捨て去って完全な愛国主義者に変貌するということである。近代の科学や学問研究の精神はコスモポリタンなものである。しかし、愛国主義な興奮状態のなかでは学者も科学者も本末転倒しかねない。

近代的産業技術もまた、コスモポリタンなものである。しかし戦争になれば、当事者間の国際交易や科学技術移転は激減する。双方の産業効率の低下は計り知れない。「近代の技術的文化的システムのもとでは、愛国主義的精神は目に入ったゴミ、ベアリングに入った砂のようなものだ」(Veblen, 1917a: 40)。その効果たるや、近代的なものへの不信であり遅滞である。その意味で、愛国心は近代的生活あるいは近代性と齟齬するものであり、互いに相容れない。

その道徳的卓越性や技術的価値はどうであれ、経済的あるいは文化的影響という点でいえば、愛国主義は人間の好ましい性格とはいえない。けれども、大衆の愛国主義的熱情を高度に発揚させるため、為政者はしばしば国際的な大義名分に訴える。中国の「解放」とか「航海の自由」とか、弱勢な隣国の支援とか国際的優位の確保とかいったスローガンがそれである。しかし第三者の立場からすれば、そうした大義名分が正義に叶っている保証はない。

それでも、こうした愛国主義的性向は人間性の永続的性格をもっており、メンデルの人種類型の安定性からすれば、初期の新石器時代以来の遺伝的資質ということになり、反省や教育、経験やしつけといったものによって簡単に変わるものではない。しかも、全体としてみれば、現在のヨーロッパ諸国における愛国主義的熱情の水準は過去の事例に勝るとも劣らない。たしかに愛国的心情の個人差は大きいが、それは偶発的な違いにすぎない。職業や社会的地位、財産といったものによってその個人差を説明できるわけではない。愛国主義的熱情という点でヨーロッパのキリスト教徒のあいだに基本的違いはない。

では、愛国心はどのようにして形成されたのか。未開時代から野蛮時代になって所有権が出現した。人びとの関心は集団的連帯から個人的栄達と権勢へ移行した。しかし、近代社会になって「再集団化」の動きが生じた。貧富と権威・服従関係あるいは所有権や占有的威信というふたつの原則にそった再集団化である。けれども、その体制維持のためには大きなコストがかかる。しかも、その再集団化によってすぐに愛国主義的コミュニティが形成されたわけではない。

そこに近代国家という政治的コミュニティが登場し、他国とその優位を競うとともに、王朝国家型であれ民主的共和国型であれ、大衆の利害と関心を国家レベルに集約していった。人口や都市の大きさ、天然資源の豊富さ、一人当たりの国富、商業海運や国際交易の規模などの点で他国に優位しているかどうかに人びとの関心が集まるようになった。この政治的コミュニティが存続していくためには、政府は外部からの攻撃に対する防衛と社会の物的利益の増大というふたつの条件を充たさなければならない。

国の威信と名誉を重んじる王朝的政治家や軍人にとって、この国防は喫緊な課題となり、最終的には他国に対する敵意を培養した。もちろん、かれらにとっても国の物的福祉水準の向上は大切なことだったが、それはあくまで王朝の威信と名誉を維持し高揚していくための手段だった。

ところで、王朝的政治家たちが執着する経済政策の目標は自給自足できる国民経済の確立であるが、近代社会ではそれは無謀な企てといってよい。無理にそうしようとすれば、産業技術の効率は著しく低下してしまう。したがって、かれらは妥協せざるをえない。それがたとえば保護関税であり、補助金制度の拡充である。しかしそうした試みは一部の産業や企業家を益することはあっても、国民大衆の利益を増進するものではない。

それにもかかわらず、大衆はその愛国主義的心情からそれらの施策を受け入れがちなものである。というのも、全体としてみれば、こうした政策が競争相手あるいは敵国を経済的に弱体化させ、自国の権勢と威信を高めることになるはずだと信じているからである。けれども、その種の政策はますます国際的不和を助長し、国際平和を妨害するのが実際である。

（C）第三章の「恒久平和の条件」では、くりかえし、「愛国心がなければ、近代諸国民のあいだの平和が破られることはない」ことが強調される。じっさい、「愛国心は平和を破るためには役立つが、平和を維持するためには役立たない」（Veblen, 1917a: 77-78, 訳 262）。

いま世界の強国といえば、「進んで攻勢をとる」好戦的な強国と「挑発を受ければ戦う」という強国のふたつがある。前者の典型が「冒険国家」ドイツと日本であり、後者にはイギリスとフランス、さらにアメリカをあげることができる。ドイツや日本はみずからの帝国建設に必要となれば、直ちに平和を破ることを厭わない。いずれも王朝国家として「現存する最上の実例」である。「これらふたつの大帝国が存在するかぎり、いかなる平和協定もあきらかに不安定な状況におかれることになる」。というのも、「領土を求めるのは王朝国家に本質的なことであり、これこそが王朝国家の本質そのものだからである」（Veblen, 1917a: 83, 103, 訳 267, 281）。

日本では王朝支配をよりゆるぎないものとするため、臣民とその官吏に無条件の献身と服従が求められ、その天皇制的支配構造によって神と世俗的支配者との癒着はドイツよりも完全なものに仕上げられている。

では、世界平和を維持するため、この好戦的な二大強国にいかに対応すべきか。選択肢はふたつ。両国の支配に屈するか、あるいは二大強国を抹殺するかである。ドイツや日本を含む包括的な平和条約を結ぼうという見地に立っている人びとは、実質的には二大大国に屈する道を選ぼうとしているようにみえる。しかし、ドイツと戦火を交えている国々が考慮に値する道として固執しているのは、帝政ドイツを抹殺するほうである。じっさい、「窮地に立つドイツ帝国は（いまや）講和と寛大さを求めている」（Veblen, 1917a: 84, 訳 267）。

これら好戦的王朝国家と交渉して平和条約を締結し、それにもとづいて世界の恒久平和を樹立しようという議論はつぎのような前提に立っている。すなわち、これら大帝国の土台になっている国民大衆がもし関連する諸事実を知ることになれば、かれらは王朝的企図が無益であり得策でもないと判断し、その結果、王朝的為政者もその野望を放棄せざるをえなくなるだろうという前提である。

たしかに、人種的属性という点でドイツとイギリスやフランスのあいだに違いはない。しかし、ドイツには一朝一夕に出来上がったのではない根深い国民感情がある。祖国の運命に対するひたむきな献身、敵に対する執拗な憎悪、愛国主義的な自己犠牲の熱情といったものである。これらのものはゲルマン人による侵攻以来のものであり、きわめて長期にわたって培われてきた思考習慣と制度的累積の帰結であり、決して「一時的エピソード」ではない。したがって、王朝国家の臣民が「情報と説得と反省」によって翻意するのではないかなどと憶測するのは明らかに楽観的にすぎるし、非現実的な見通しである。基本的な事情は日本についても同じである。

もっとも、ドイツとイギリスやフランスの差異は類型の違いというよりも程度の違いあるいは文化的成熟度の違いといったほうがよいかもしれない。その成熟プロセスとは「王朝国家から国民国家へ」の移行のことである。しかし、ドイツはいまも王朝国家にとどまっている。

そのドイツには三つの階層あるいは集団がある。官吏を含む支配階級と被支配階級の一般大衆、それに「知識人」である。この知識人層は支配階級に近い。その数はわずかだが、その機能とりわけドイツ的文化様式の継承と発展にとって大きな役割を果たしている。かれらの知識と知性は十分コスモポリタン的性格をもっているが、それらの知見をドイツに移植しようとすれば、ドイツ的文脈にそって行なわざるをえない。ドイツ的な法と秩序の体系を無視して、イギリスやフランスで形成された民主的共和国の諸原理をそのまま持ち込むことなどできはしない。知識人にしてそうであるから、いわんや、ドイツであれイギリスであれ、一般国民大衆が互いにイギリス的あるいはドイツ的な思考習慣を理解することは至難の業である。

要するに、「王朝国家ドイツがなんらかの協定にもとづいて世界と平和裡に共存していける可能性とは、ドイツ国民が王朝に対する習慣的服従と忠誠心を忘れ去ることの可能性ということになる」。ひとことでいえば、その可能性が現実のものとなるためには、つまりドイツ国民が自らの王朝的精神構造を払拭するためには「きわめて長期にわたる習慣化」が必要である。

したがって、中立的平和同盟が成功するための条件は近未来には存在しない。ということは、現状のもとで世界平和を樹立しようとするのであれば、ドイツ帝国の事実上の廃絶以外に道はない。同じことは基本的に日本にも当て嵌まる（Veblen, 1917a: 116–117, 訳 290–291）。

（D）第四章の「名誉なき平和」では、さきのふたつの選択肢（すなわち、帝政ドイツへの屈服かあるいはその破壊か）のうち、前者が魅力的であるわけもないが、その中身について検討を加えている。というのは、侵略的王朝を破壊するための費用は計り知れず、別の選択肢のメリットについて考えてみるのも意味があるだろうからである。

ドイツの知識人は「保護と服従」による平和体制にも大きなメリットがあるという。かれらの言わんとすることを理解するためには――ふたつの事例のあいだには重要な違いもあるが――、アメリカ政府がフィリピンの人びとになにをしてきたかを思い起こしてみるのがよいかもしれない。

帝政ドイツは、シレジアやポーランド、シュレースヴッヒ・ホルシュタイン、アルザス＝ロレーヌあるいはアフリカやオセアニアといった植民地の隷属民に対して（とても鵜呑みにすることはできないが――とヴェブレンは書いている）「人道的見地」を掲げ、最小の費用と時間で最大のサービスを提供してきたと公言している。しかし、その支配体制は帝政ドイツに大きな経済的・軍事的利益をもたらすものであり、一般的にいって、その企てが失敗に帰したのはその支配体制の貪欲さによるものである。

同じことは――ドイツと日本とでは、人口問題による新たな領土獲得の必要性という点で大きな違いはあるが――、日本の朝鮮、満州、中国に対する「慈悲深い同化」政策についてもいうことができる。

この「名誉なき平和」体制にはトルコ的なものとロシア的なものがある。ドイツによる統治はロシアに近い。トルコ的な支配体制は非効率的・浪費的で不寛容であるが、ドイツ的なものは効率的である。

中国人は「名誉なき平和」に長く馴染んできた。とはいえ、中国人の服従は心底からのものではなく、つねにサボタージュ的要素が混入しており、そうすることで侵略者による法と秩序の構築を妨害してきた。中国人は産業や芸術分野で多くのことを達成してきたが、「外国の侵略者がかれらにもたらしたものといえば、悪政と浪費、腐敗と堕落でしかなかった」(Veblen, 1917a: 130)。

中国人がそうした名誉なき平和体制を受容しえたひとつの理由は、かれらの愛国心が希薄だったからである。しかし、ヨーロッパ人は外部勢力による平和秩序の強要に対して強い違和感をもっている。中国人とは反対に、自由と自治への執着もまた愛国心も強いし、強かった。もしヨーロッパ人が外部の帝政権力による強要された平和体制を受け入れるとしても、それは一時的なことにすぎない。

侵略的支配者のなかでも身分の高い育ちの良い人びとは自らの威厳、卓越、崇高さを示すため、法外な顕示的浪費を行なう。しかし、その負担は最終的には被支配者の肩に降りかかってくる。

一般国民の経済生活について、自然権的な法と秩序(財産権、自由な契約と競争など)のもとにある場合と外来の支配者による強要された平和秩序のもとにある場合とでいずれが経済的に安定しているか、一義的には決まらない。しかし、いつでも「一文無しの旅人は泥棒の前で歌うだろう」(Cantabit vacuus coram latrone viator. 貧乏人は失うものがなくて気楽だの喩え)というわけではない。

企業家や資本家など裕福な人びとの金銭的利害関係が公共政策を誘導する。戦時には軍事的必要が営利原則に優位するといわれるが、それは表面的なことかもしれない。戦時においても、大なり小なり、ビッグ・ビジネスの利害が優先される。その意味では平時と同じように、ビッグ・ビジネスと国民大衆あるいは社会の利害関心は乖離している。

(E) 第五章の「平和と中立」では、全体として恒久平和にとって精神的あるいは経済的「中立化」がいかに大切であるかが論じられている。

まことに「人はパンのみにて生くるものにあらず」、非物的目的を実現するために生きているのだとしたうえで、国家目的や国威発揚と市民的自由の区別がつかないような場合、イギリスやフランスのような国でも、国家目的や国威に対する毀損や損害は国民に耐え難い苦痛を与える。他方、ドイツや日本のような国では、もともと帝政やその権力者への忠誠心がその文化の精髄をなしている。

イギリス人やフランス人が代表する「近代文明人」たるもの、最小限の自発性や自己決定を侵そうとするいかなる取り決めにも同意することはないし、崇高な人間的大義のためならば、死も惜しまないようにみえる。

他方、ドイツや日本のような王朝国家では、これまでくりかえし述べてきたように、中世的な古色蒼然とした精神構造が現代的産業技術と結合したところにかれらの経済的な大躍進があったのだが、同時にそこに戦争への危険なバネも内蔵されている。

それでも、かれらの帝国においても社会制度に近代的装いを施さざるをえないのが実情である。そして、そうした制度装置が王朝的統治の正当性に疑問符を点滅させることになる。

というのも、現代の職業、技術、経験科学は原理的に国家主義的秩序と相容れないものであり、いわんや王朝国家的秩序となれば、なおさらのことである。営利企業についても同じことがいえる。総じて、これらのものは機械論的性格をもっており、部分的あるいは一時的に両立しえたとしても、最終的には国家主義や王朝的野心といった価値観、規準、真実性、信念を意図せずして体系的に減殺していく。

しかし、問題はかれらの(それ自体は避けがたい)王朝的精神構造の融解あるいは「中立化」にどれほどの時間がかかるかということである。ドイツのような識字率が高く、現代産業に多くの人びとが携わっている社会でも、その融解にはかなりの時間を要するだろう。しかも厄介なことに、戦争によってその融解プロセスに歯止めがかかるということである。

そうなると、恒久平和の条件(第三章)の箇所で書いたように、最終的にはふたつの選択肢を問題にせざるをえない。中間に選択肢はない。要するに、無条件降伏と服従による平和か、あるいは帝政ドイツと帝政日本の破壊かである。

恒久平和のための戦略は単純明快なものである。攻撃性と悩みの種を取り除き、精神構造と利害関係を中立化することである。「国際貿易の中立化あるいはすべての差別的通商規制の撤廃こそ、恒久平和のための第一歩である。こうした政策のなによりの効能は、国際貿易の進展によって国境を超えた相互依存関係が深まり、産業の専門化が進み、それによって互いの好戦的態度が和らいでいくことである」(Veblen: 1917a: 207)。そして市民権の「中立化」もまた、社会が近代化していくうえでの制度的趨勢といってよい。

ちなみに、アメリカのモンロー主義的防衛政策についていえば、それは現代の産業技術の進歩に見合わない過去の考え方である。アメリカの世論もいまではアメリカがその利害を等しくする民主主義諸国との共同行動を重視し、恒久平和のための条件を考えるという方向に傾きつつある。

今次大戦後の平和な時代を、好戦的な大国がその国力、軍事力を回復させる期間にさせてはならない。大戦後に締結される中立同盟にもとづいて国家利益やその自己主張を中立化させ、可及的速やかに共同行動を保障するような集団的管理に移行しなければならないが、その場合でも、その中立同盟によって日本を中立化させられるかどうかという問題は残る。

(F)第六章の「不適応なものの排除」では、交戦国を戦争国家と平和国家に二分したうえで、戦後の平和同盟のあり方について検討を加えている。

ここでいう戦争国家というのはドイツと日本のほか、ロシアも視野に入っている。他方、平和国家にはフランスとイギリスのほか、オランダやベルギー、スカンジナヴィア諸国などが含まれる。平和同盟へのアメリカの加盟は欠かせないが、当面はイギリスのリーダーシップが重要な役割を果たすだろう。

平和同盟ができても、好戦的な帝政国家体制を解体しないかぎり、その成果はせいぜい休戦でしかない。しかし、その解体が敗戦国の民衆に対する抑圧と苦難の深化であってはならない。かれらは征服された敵ではなく、悪質な指導者に翻弄された不運な仲間として取り扱われることが望ましい。

今次大戦はもはやかつてのような「紳士の闘い」などではなく、「技術開発の戦争」になっている。開戦当初の数ヵ月、勇敢な紳士やノブレス・オブリージの精神をもった士官たちが数多く亡くなった。しかしかれらは時代遅れの存在であり、近代戦には役に立たない。というのも、近代戦では機械過程に関する透徹した知識が求められるのであり、紳士になるための鍛錬など戦場ではほとんど役に立たないからである。一般大衆は今度の大戦を通じて紳士の無用さを理解するようになり、既得権で身を固めた「紳士による、紳士のための、紳士の統治」体制に疑問を抱くようになった。したがって、終戦後の秩序と体制が完全な形で旧態に復することはないだろう。その意味で、不適格者のひとつはこれら紳士階級であるにちがいない。

平和同盟にむけた第一歩といえば、それはドイツの無条件降伏である。講和条約に盛られる項目には、たとえば専制的帝政体制の解体、軍備撤収、公債の無効化、戦争遂行のための産業設備の没収、平和同盟による債務引受け、一般市民に対する損害賠償などがある（Veblen, 1917a: 271-272）。

戦後処理の問題として、敗戦国に対する処罰という意味だけでなく、かれらの国力回復を遅らせるために、かれらを国際通商のネットワークの外におくべきだという議論がある。しかし、それは不毛な主張であり、かえってかれらの嫉妬心と反発と復讐的愛国心を煽り立てるだけであって、新たな戦争の引き金になる可能性を秘めた愚策である。

平和同盟の可能性は侵略的王朝国家を中立化させられるかどうかに懸かっている。その第一歩はドイツに対する、またドイツによる国際通商の差別的取扱いの包括的な放棄である。肝心かなめなことは、ドイツの国際関係および王朝的統治体制の「徹底的な中立化」（the out-and-out neutralization）である。そのためには、予想以上に長い時間がかかるかもしれない。そしてこの中立化戦略を遂行するためには、交戦国双方の愛国心を和らげ沈静化させる必要がある。戦争行為の最後の拠り所は愛国的精神にあるからだ。そのためには国家の主張や要求を中立化させていく必要があり、最後には市民権の無条件の中立化をめざさなければならない。

ところで、「神が与え給うた避難所」である立憲君主制は王朝的ルールが緩和されたものであり、その統治の実態は紳士階級による儀礼的な階級政治にほかならない。

かれらの物的基礎は投資された富と既得権にある。その保全はしばしば国家の主張や要求に変身して国際紛争の火種になり、一般国民にとって益するところがない。したがって、中立国による平和同盟にとって立憲君主制は潜在的脅威であり、それが除去できるのであれば、それに越したことはない。

他方、「アメリカ共和国」（という言い方をヴェブレンはしている）の特徴はビジネスのためのビジネスマンによる統治にある。国際通商ルールの中立化がなければ、恒久平和の実現は難しいが、この点、アメリカのビジネスマンが保護関税やその他の差別的ルールに拘っているのは厄介な問題である。アメリカ共和国はキリスト教世界の平和国家として、その天然資源と人口、産業技術力といった点で最大の国家であり、その国民精神も平和愛好的である。その意味でアメリカが平和同盟に参加するかどうかの影響はきわめて大きい。アメリカの国民も孤立して自己防衛できる時代ではないことを薄々感じるようになっている。たしかに、ビジネスマンは短期的利益をもっぱらとしており、下院のかれらの利益代表者たちも軍備拡張とそのための国庫支出を伴わないような平和条約の締結には反対するだろう。しかし、それでも最終的には、アメリカは平和同盟に参加し、そこで積極的な役割を演じることになるだろうと予想される。

ともあれ、戦後の平和体制の確立にとって大切なことは王朝的国家体制の破棄であり、国家の主張と要求そして市民権の中立化であり、平和国家に脱皮した敗戦国を包括する中立的な国際通商ルールの確立である（Veblen, 1917a: 297–298）。

（G）第七章の「平和と価格体系」では、王朝国家とは別のもうひとつの戦争の契機に関心が注がれている。

手工業時代は自然権としての所有権と自由な契約、競争システムが市井の人びとの利益に大いに貢献した時代だった。アダム・スミスが巧みに表現したように、「個々の職人の熟練、器用さ、判断」がモノづくりのあり方を決めた。いまだ工場は二義的な存在でしかなかった。そこにも象徴されているが、この時代あるいは王朝政治の時代にあって戦闘の決め手となったのは勇敢さといった個人的資質だった。

しかし、機械時代になると様相は一変する。機械産業の成長には膨大な資本投資、大規模工場、工場間の連携システム、熟練工ではなく機械技術の水準が産業のあり方を決める。生産に関わる自由裁量やイニシャティヴは熟達した職人ではなく、大工場の所有者が握っている。ふつうの労働者からすれば、所有権はもはや個人の自由を保障しない。

そして近代戦を闘うためには、産業技術の機械論的性格を理解できる国民一般が必要であり、そのための高い教育水準が欠かせない。その結果、高度な機械産業に支えられた近代戦を闘う王朝国家は深刻なディレンマに直面する。両者は基本的なところでその思考習慣を異にしているからである。一九世紀後半になって急速に工業化した帝政ドイツや帝政日本がこのディレンマをいつ経験することになるか分からない。日本については朝鮮、中国、満州への侵略行為が続いており、しばらくはこのディレンマに直面することなく、国際平和の妨害者となりつづけるだろう。

機械時代の企業家はその産業技術の発達に貢献することがない。かれらの目的は産業技術を支配することによって利鞘を手にすることである。かれらはみずからの利益のためにその発展を阻害する。必要ならば、かれらは産業技術を独占し、その進歩を抑え、生産を停止する。かれらは「サボタージュの総帥」(the captains of sabotage)といってよい。

さて、今次大戦が終結したのち、いかなる社会秩序が生み出されるか。ただ戦前の旧態に復するだけという議論がある。愛国的精神はそのままで、手工業時代の産物にちがいない自然権的で一九世紀的な法と秩序の図式も温存されたままになるという見方である。

たしかに、その基本枠組みを保持したまま、価格体系のルールである市場はいっそう包括的な影響力を発揮するようになり、労働市場や金融市場まで含めてそのあり方はますますビッグ・ビジネスの裁量によって決まっていく可能性がある。投下資本の結託あるいは企業結合によって「資本家的サボタージュ」はより巧妙なものになり、一国の富はますます少数者の手に集中していく。そうなれば、ごくわずかの大所有者と大多数の相対的窮乏者という階層分化に拍車がかかる。それは「民主的社会を危険に曝すことになる」だろう。

ヴィクトリア時代の紳士階級にみられるような機械時代の支配的な上層階級は社会的に無益な金銭的浪費をもっぱらとし、模倣によってその生活習慣と文化を下層階級に伝播させていく。そのため、文化水準の維持向上に貢献できる人材はわずかな数の紳士階級に限定され、人類文化の発展に貢献できる人材の九割はその貧しさゆえにその有益な仕事から閉め出されてしまう。そのひとつの結果として保守主義が幅を利かすことになる。こうした光景はアメリカの大学にもカントリー・タウンにもみられる。

現代の産業技術の発展と近代的所有権に裏打ちされた「投資とサボタージュの図式」は互いに相容れないものである。それはひとつの文化的遅滞だといってよい。

その結果、最後はふたつの選択肢に直面する。価格体系と営利原則を破棄するか、あるいは平和国家が軍事力を背景として所有権を保護し、戦時体制に舞い戻るという代償を払ってでも法と秩序に関する現行の金銭的図式を維持していくか——、そのいずれかの道を選ばなければならない（Veblen, 1917a: 366-367）。

後者の道であれば、今後とも不安定な国家体制と戦争への準備が持続あるいは進行し、平和の達成は覚束ない。国家間の憎悪は深まり、一般国民の福祉も蔑ろにされることになる。他方、前者の選択肢は恒久平和への道につながっているが、そのためには現行の法と秩序の図式を放棄しなければならない。しかし、それができないとすれば、国家間の憎悪や妬みを伴う不安定的な均衡が残るばかりである。それがいつ戦争の引き金となるか分からない。

## いくつかの要点

『平和論』の骨子は以上のようなものであるが、もういちどヴェブレンの見解を整理してみよう。

第一に、愛国心について。好戦的国民大衆の大量動員なき近代戦はありえない。国民の愛国心は戦争行為の最後の拠り所である。その愛国心は平和を破るために役立つが、平和を維持するためには役に立たない。

愛国心を沈静化できれば、平和が訪れる。その逆もまた真である。愛国心を希釈するとは愛国心を中和することである。市民権を中立化・中性化することができれば、それが恒久平和の重要な手懸かりになる。

第二に、国家について。国家が約束する平和は一時的平和にすぎない。とくに「冒険国家」である王朝国家は領土拡大の侵略行為をその本性としている。民主的な平和国家も、たとえ受け身の形であれ、軍備拡張に走ることは一九世紀後半の国際政治史が明らかにしているとおりである。夜警国家の構想など一時的有効性をもったにすぎない。したがって恒久平和のためには、国家の要求や主張を中立化していく必要がある。まず国際通商ルールについて保護関税や補助金交付など差別的規制を撤廃しなければならない。

第三に、近代科学と機械技術の性格について。近代科学や産業技術はその本質において機械論的なものであり、本来コスモポリタンな性格をもっている。その基本的思考習慣は愛国心や王朝的精神構造はいうまでもなく、営利原則とも相容れない。

戦争中でも営利原則は働いており、そのうえ戦争によって国際貿易や科学技術の移転は激減するから、産業効率は著しく損なわれることになる。

第四に、ふたつの選択肢について。帝政国家とその国民（臣民）がその王朝的精神構造を払拭するためには長い時間がかかる。その精神構造の融解は戦争によって先延ばしされるだろう。

そうなると、平和を樹立するためにはふたつの選択肢、すなわち王朝国家への屈服かあるいはその破壊か、いずれかの道しかない(3)。莫大な費用を要するが、帝政ドイツあるいは帝政日本を破壊する以外、世界平和の道は開けない。さいわい、民主的平和国家の世論はこの破壊戦略に傾きつつある。

第五に、王朝国家の破壊とふたつの中立化について。この王朝国家体制の破壊を前提として、戦後平和のための中立同盟を構想することができる。すでにみたように、恒久平和には国家（国民）間の精神的および経済的な中立化が欠かせない。

戦後の国際平和体制の樹立にとって大切なことは、王朝的国家体制の破壊であり、国家の主張と要求および市民権の中立化であり、平和国家となった敗戦国を含めた中立的国際通商ルールの確立である。

第六に、もうひとつの原因あるいは条件について。しかし、恒久平和の確立には別の種類のもうひとつ構造的障壁がある。それが自然権的な法と秩序の図式によって支えられた営利原則であり、それにもとづくビッグ・ビジネスの企業行動である。

その意味での選択肢は、価格体系と営利原則を放棄するか、それとも軍事力によって所有権を保護し、国家間の一時的休戦に甘んじ、現行の法と秩序の体制を維持していくかのいずれかということになる。

第七に、予想を超えた長期大戦と帝国の崩壊について。第一次世界大戦の性格はそれまでの戦争とはかなり異質なものである。「紳士の闘い」は過去のものとなり、科学技術力の闘いになっている。この点、一般国民も「役立たず」の紳士階級という思いを募らせていくだろう。じっさい、この世界大戦ではじめて機関銃、戦車、飛行機、毒ガス兵器などが使われた。

この大戦の開戦当初（オーストリアのセルビアへの宣戦布告は一九一四年七月二八日、ドイツのロシアおよびフランスへの宣戦布告は八月はじめ）、多くの人びとはせいぜい数ヵ月、年末のクリスマスまでには決着がつくものと考えていた。しかし、実際に終戦を迎えたのは一九一八年一一月一一日、したがって戦闘行為は当初の予想をはるかに上回って四年三ヵ月以上に及んだ。戦闘員の戦死者は九〇〇万人、非戦闘員の死者は一〇〇〇万人にのぼった。

それればかりでなく、この大戦の最中あるいは終結後、ドイツ帝国、オーストリア＝ハンガリー帝国、オスマン帝国、ロシア帝国が崩壊し、中世以来の権力を保持してきたホーエンツォレルン家、ハプスブルク家、オスマン家、ロマノフ家がつぎつぎと没落していった。まさに「帝国の崩壊」と呼ぶにふさわしい激震が走った。

第八に、ロシア革命について。ロシア革命の勃発もこの大戦が重要なきっかけになった。一九一七年の三月のメンシェビキ革命が一一月のボルシェビキ革命の導火線となった。しかし、両者のあいだには大きな隔たりがある。図式的にいえば、前者は営利原則を容認するブルジョワ革命、後者はそれを否定するプロレタリア革命だからである。

## カント「永遠平和論」の影響

すでにみたように、『平和論』の序文でヴェブレンはカントの『永遠平和のために』にふれていた。じじつ、カントの平和論はヴェブレンに大きな影響を与えた。少なくとも、つぎの五点を挙げることができる。

まず、カントの『永遠平和のために』の第一章の第三条項（「常備軍は時とともに全廃されなければならない」）に劣らず有名なその第一条項において、カントは「将来の戦争の種を密かに保留して締結された平和条約は決して平和条約とみなされてはならない」と述べている。なぜならば、すでに引いたように、「それは実はたんなる休戦であり、敵対行為の延期であって、平和ではないからである。平和とは一切の敵意が終わること」を意味している（傍点はカント）。ヴェブレンはこのカントの考え方を継承し、休戦ではなく恒久平和の条件について思いをめぐらせた。その意味で、ヴェブレンの平和論もラディカルなものたらざるをえない。

つぎに、カントは第二章「永遠平和のための第一確定条項」において「各国家における市民的体制は共和的でなければならない」と記していた。この考え方もヴェブレンは受け継いだ。

さらに、カントの国際法を超えた世界市民法という発想も、ヴェブレンのコスモポリタン的視点からの平和論に継承されている。

カントはまた、「第一補説」の最後の部分で「互いの利己心を通じて諸民族を結合するもの」としての商業精神にふれ、「商業精神は戦争とは両立できないが、遅かれ早かれ、あらゆる民族を支配するようになるのはこの商業精神である」（Kant, 1795: 65-66, 訳 70-71）と書いた。ヴェブレンはその展望についてもカントと共有していた。敗戦国を含めた国益中立的な通商ルールの確立という主張がそれである。

そして最後に、軍事力の均衡、パワーバランスによる国際平和の確立という考え方をカントは否定している。ヴェブレンも同じだった。

## ヴェブレンの困難

戦争の原因を突き止め、それを除去するのでなければ、平和はもたらされない。ヴェブレンの恒久平和論もこのしごく当然な論理に立脚していた。

では、かれは戦争の原因をなんだと考えていたのか。ひとつは愛国心である。それは製作者本能ではなく、スポーツマンシップに属するものであり、「愛国心は平和を破るためには役立つが、平和を維持するためには役立たない」というのがヴェブレンの基本認識だった。

しかし、厄介なことに、第一次世界大戦の交戦国を大きく王朝国家と民主的共和国に分類すると、王朝国家の国民は好戦的愛国心に富んでおり、民主的共和国の国民もまた挑発されれば受けて立つほどの愛国心はもっている。逆に、愛国心に欠ける中国人の場合、かれらは王朝国家であれ民主的共和国であれ、そうした他国の支配に屈しなければならなかった。

ということは、一方で愛国心は平和を維持するために役立たないが、他方、愛国心なき国民は他国の支配に甘んじなければならない。それは「名誉なき平和」にすぎず、真の平和とはいえない。そうなると、恒久平和という観点からすれば、愛国心は災いの元からもしれないが、愛国心を捨てれば、それで平和が保障されるというわけでもないということになる。さらにいえば、ヴェブレンは、その愛国主義的信条は人間にとって新石器時代の初期にまで遡るような永続的性格をもったものであり、容易に払拭できるものではないと考えていた。

したがって、ヴェブレンが愛国心の中和化あるいは中性化といっているのは愛国心の完全放棄ではなく、そのめだった希釈化であるようにみえる。

もうひとつ、第一次世界大戦の直接的原因は王朝的な国家体制にあるとヴェブレンは考えていた。王朝国家はその本性からして好戦的侵略性をもっているからである。帝政ドイツと帝政日本という急速な工業化を遂げた強力な王朝国家が国際平和の大きな障害になっている。

では、それにいかに対処すべきか。方法はふたつにひとつ。王朝的国家体制を破壊するか、その支配下で「名誉なき平和」に甘んじるかである。民主的共和国の国民が長く不名誉な平和体制に忍従することができないとすれば、前者の道、すなわち王朝国家体制の破壊という選択肢しかない。

その延長線上で問題になるのが戦後の平和同盟である。肝心な点はふたつ。ひとつは帝政ドイツという王朝国家体制の破棄、もうひとつは民主化された王朝国家つまり敗戦国を包摂した国家中立的な平和同盟の創設である。けれども、たとえ制度上、王朝的国家体制を破棄することができても、国民のなかには封建的忠誠心といった王朝的精神構造が残っていたのでは王朝的国家体制を破壊したことにならない。しかし、その精神の払拭には長い時間がかかる。

それに関連して求められることであり、また戦後の実効性ある中立的平和同盟を実現するためにも必要とされるのが、これまたふたつ。ひとつは保護貿易や補助金交付などを廃止した国家中立的な国際通商システムの構築であり、もうひとつが国家中立的な市民権の保障である。そうしなければ、敗戦国の国民はみずからの愛国心を復讐と報復心に変え、ふたたびつぎの戦争のトリガーを引くかもしれない。

ところで、民主的共和国の側に戦争の原因となるような要素はないか。この点、ヴェブレンは所有権、自由な契約、競争システムからなる自然権的な法と秩序によって基礎づけられた営利原則と価格体系を取り上げ、その原理と体系が国際的に発動していくその延長線上で軍事力を背景とする国家の主張や要求が肥大化し、ついには戦争へと突入していく可能性を展望していた。

どのようにして戦争に突き進んでいくのかについて、この『平和論』では海外植民地などにおける本国投資家の不在所有制（absentee ownership）といった示唆はあるものの、『営利企業の理論』でみられたような立ち入った説明はない。その点の物足りなさは残るが、営利原則と価格体系のなかに戦争への内在的契機が埋め込まれているとみていたことは明らかである。

この営利原則に関連してもうひとつふれておくべき点がある。『営利企業の理論』の言い方でいえば、この営利原則と対立関係にあった機械過程についてである。ヴェブレンは、この『平和論』においても、近代科学と産業技術が王朝的精神構造のみならず営利原則と相容れないこと、そして機械論的でコスモポリタンな性格をもっていることを強調していた。したがって、ヴェブレンは明言していないが、戦争の芽を摘み取り、恒久平和の道を切り拓くためには、その営利原則を蚕食する機械過程の機能を十全に発揮させる必要があると考えていたといってよい(のちの「高等学術」論参照)。

しかし、そこでの議論は、まことに厄介なことに、営利原則がただ単純に機械過程によって蚕食され分解していくということにはならず、窮地に立たされた営利原則が意図せずして古代的で武勇的な略奪精神を蘇生させ、帝国同士の戦争というパンドラの箱を開けてしまう可能性があるというものだった。つまり、ヴェブレンの議論はここで堂々巡りをはじめてしまう。きつい言い方をすれば、そこにヴェブレンのひとつのアキレス腱がある。

というのも、愛国心を沈静化させ、国民の好戦的精神構造まで含めて王朝的国家体制を破壊することができ、さらに国家中立的な平和同盟を構築することができたとしても、恒久平和という観点からすれば、戦争への最後の弾み車である営利原則と価格体系が残るからである。しかし、それを切除しようとすれば、その行為そのものがかえって戦争を誘発することになりかねない――、これが『営利企業の理論』の重要な結論であり、またこの『平和論』の主張でもあった。ここに、ヴェブレン恒久平和論の大きな困難がある。

このように考えると、ヴェブレンが蓋然性の高いシナリオとして想定していたのは、軍事力によって自然権的所有権が保護され、営利原則と価格体系が大手を振って闊歩し、国家間の戦争状態は一時的休戦という仮構的平和に留まり、現行の法と秩序の体制が戦後世界においても維持されていくという見通しだったようにみえる。そして、恒久平和のためのラディカルなシナリオはこの現実的シナリオをその問題点を含めて浮き彫りにするための用具だったのかもしれない。

## 数篇の書評

ここで、『平和論』に関する書評のいくつかに目を通しておこう。

ひとつは、シカゴ大学の社会心理学者ジョージ・H・ミード（George H. Mead: 1863-1931）のものであり、原文一一ページという長いものである。

ミードは愛国心が戦争の原因になっているというヴェブレンの見解を取り上げ、その理解が適切ではないという。「定義上、もし愛国心が敵対意識に限られるというのであれば、ヴェブレンの主張は正しい。しかしそうではなく、互いの主張をめぐって、ある社会の成員が他の社会の成員に対して協力する、調整するあるいは満足することもあり、また闘争ではなく別の仕方で互いの対抗心や競争心を発揮することもあるのだから、（愛国心を）『名誉威信にかかわる連帯意識』とだけ定義づけるのは適切でない」（Mead, 1918: 760-761）。いいかえれば、愛国心は闘争と敵対意識ばかりを意味するのではなく、そこには国民が互いに協力しあうこと、あるいは闘争以外の形で関わりあうことも含まれるはずだ、というのがミードの理解だった。

敵対的態度も互いを承認しあう協調的組織に発展していく可能性がある。コミュニティ意識がお互いの国家あるいは国民性を認めたうえで、国際社会に広がっていくことも十分考えられる。それにもかかわらず、ヴェブレンはある発展プロセスで生じた状態を固定的に捉えてしまっている。「なにもヘーゲル主義者になる必要はないが、すべての運動には社会状況に起因する矛盾が含まれている。しかし、それらを調和させながらひとつの統合へと導いていく」プロセスと力にもっと強い関心を注ぐべきだ、とミードはいう。かれはそれを「社会成長の包括的原理」（a comprehensive principle of social growth）と呼ぶ。この原理は国内だけでなく国際的にも働いている。しかし、ヴェブレンはこの原理を黙殺する。かれの定式化は「単純にすぎるし、抽象的だ」。社会的な富が社会によって社会のために使われる可能性をヴェブレンは無視しているともミードは述べている。

自然という「偉大な技巧家」の手になる、相互の葛藤や闘争を媒介にした高度協調システムの構築という「理性の奸計」的展望はカント永遠平和論のものだったが、ミードの基本的推論はそれに酷似している。他方、ヴェブレンはこうしたアニミズム的発想を廃したうえで、当面は好戦的愛国心の中立化と王朝国家の破棄、そして国家中立的な平和同盟と通商ルールの構築を、長期的には価格体系と営利原則の放棄という恒久平和のラディカルなシナリオを描いてみせた。

二番目に、コーネル大学の有力な哲学者であり、第二章第二節の末尾でもふれたJ・クレイトンは、『哲学評論』第二七巻第三号（一九一八年）に『平和論』の書評を寄せている。それによれば、ヴェブレンはこの本で多くの真実について語っている。しかし、この作品は人間の生活経験に対して抽象的かつ外在的な見方をしている。ヴェブレンの議論は、私有財産こそ人間が努力するに値する持続的で合理的な唯一の目標だというドグマ的な人間理解に立脚している。そのため、ヴェブレンは経済的階級闘争といったことに目が行ってしまい、愛国心という非合理的感情を理解することができない。ヴェブレンはそういう「抽象的な思想家」であり、人間の意図と計画を重視する「一八世紀的合理主義者」になっている。しかし、「抽象的計画を志向する知性の限界」は明らかであると批判する（Creighton, 1918: 320-321）。

つぎに、『アメリカ政治・社会科学アカデミー紀要』に掲載された略名（L.S.R.）氏の書評はごく短いものであり、内容紹介に近い。それによれば、ヴェブレンの本はどれもそうだが、いつでも新しい見方が提示されており、ひどく陳腐な問題も新しい素材にみえてくるとしたうえで、国家は一時的平和のための手段にはなりえても恒久平和の役には立たないこと、国家間のパワーバランスによって国際平和を維持するという考え方は過去の遺物にすぎないこと、機械技術の新たな発達によって一般国民の平和志向が強化されていることなどについて言及し、最後に現行の金銭に関わる法と秩序の体系が完全に変わるまでは恒久平和は成り立たないというのがこの本の最も重要な結論だとしている（L.S.R., "The Nature of Peace" by Thorstein Veblen", *Annals*, Vol. 78, July, 1918, p. 220）。

もうひとつ、保守系の雑誌『北米評論』（*The North American Review*, Vol. 206, No. 743, October, 1917, pp. 633-635）

に載った匿名氏による書評にもふれておこう。

ヴェブレンの知恵は深く、その分析は正確かつ透徹したものであるとしたうえで、いくつかのヴェブレンの主張を紹介している。たとえば、戦争の原因とされる好戦的愛国心を取り上げ、特定の富裕層を除く一般国民にとって、それは物的にも精神的にも益するところがないこと、また王朝的統治システムを破壊するだけではなく、民主国家も通商行為のみならず市民権についてもそれを中立化する必要があること、さらに、価格体系と営利原則の破棄が恒久平和の条件であるというヴェブレンの考え方にふれている。そのうえで、ヴェブレンの診断は明晰な植物生理学者の分析のようにみえるし、たしかに時宜を得たものかもしれない、しかし決して元気が出るものでもないし、人を激励してくれるようなものでもない。そして、われわれアメリカ人の愛国心にはヴェブレンが懸念する愛国的心情とは違った新たな生命の芽が宿っているのではないかと結んでいる。

さて、ヴェブレンの平和論は、すぐあとにもみるように、この『平和論』で尽くされているわけではない。それでも、『平和論』におけるヴェブレンの戦争と平和に関する発言にふれた当時の多くの書評や書物はかれの主張、とりわけ愛国心および営利原則に関する否定的見解に対して不快感を示した（Capozzala, 1999: 259）。

それは決して不思議なことではない。というのも、『平和論』が出たのは一九一七年二月のこと、したがってアメリカの第一次世界大戦への参戦（一九一七年四月六日）まであと二ヵ月足らず、またロシア革命（まったく性格の異なる、グレゴリオ暦でいうところの三月革命と一一月革命）のうち、三月革命であれば『平和論』の出版直後、またボルシェビキ革命でも九ヵ月後という微妙な時期だった。

要するに、『平和論』が出版されたとき、一方でアメリカ世論は参戦に大きく傾き、愛国心をたぎらせていたし、他方ではロシア革命を大きな脅威と受け止める世論が盛り上がりをみせていた。その真っ直中で、ヴェブレンは戦争の原因が好戦的愛国心と営利原則にあると断定する『平和論』を出版したのだから、それこそ世論をひどく逆撫でることになった。ヴェブレンを「非国民」（anti - patriot）、アメリカの国是に弓を引く社会主義者だという非難が巷に溢れかえった。

## 第二節　平和論の進化

ヴェブレンの平和論はなにもこの『平和論』に限らない。とりわけ恒久平和の条件となると、その間口は広く、奥行きも深い。それがどのようなものであるかについては、本節以降でも検討する。

そのまえに、ここでヴェブレンがパリ講和会議に出ていたかもしれないというひとつの興味深いエピソードにふれておこう。

### 講和会議のための調査チーム

大戦後の講和会議におけるアメリカの政策を検討するため、ウィルソン大統領の命を受けて極秘裏に「調査」(The Inquiry)チームが設けられた。一九一七年秋のことである。ヴェブレンをスタンフォード大学に呼んでくれたA・ヤングはその年の暮れにヴェブレンに手紙を送り、チームに参加してほしいと伝えた。ヴェブレンはその要請を諒としただけでなく、ふたつの覚書(下記の「提言」と「アウトライン」)まで提出している。

この調査チームのリーダーだったハウス大佐はのちにパリ講和会議のアメリカ全権大使となり、調査チームの主要メンバーはこぞってパリに赴いた。そう考えると、もしヴェブレンのチームへの参加が認められていたら、かれもパリ講和会議のアメリカ代表団の一員になっていたかもしれない。

妄想の類に属するかもしれないが――、この講和会議にはイギリスから若き大蔵官僚ケインズが、ドイツからはウェーバーが講和代表団の一員として参加し、ケインズは『平和の経済的帰結』(一九一九年――以下、『帰結』という)とその続編『条約の改正』(一九二二年)を、また意気消沈したウェーバーは講和会議について幾篇かの文章を書き残している。もしアメリカからこの会議に最年長のヴェブレンが参加していたら、そしてもしかれらに語らう機会があったとしたら、いかなる鼎談が成り立ちえたのかという強い思いに駆られる。これらふたつの「もし」が実現することはなかったが、のちにみるように、ヴェブレンはケインズの『帰結』を書評している。

さて、この調査チームが作られたいきさつについてふれておこう。かつて一緒に The Houghton Mifflin Co. の経済顧問を務めたコロンビア大学の歴史学者J・ショットウェル（James Shotwell: 1874-1965――カナダ生まれのアメリカの歴史学者。ＩＬＯ創設に貢献、また国連憲章の策定にも重要な役割を果たした。ヴェルサイユ講和会議にもウィルソン大統領の平和交渉委員会［Commission to Negotiate Peace］の一員として出席）から一九一七年一一月のはじめ、ヤングに短い手紙が届いた。「いま戦後の講和会議に関わる経済問題について検討しようとしているのですが、貴兄の力をお借りしたいと思っています。これは極秘事項であり、貴兄とお話しできる機会が得られれば、大変有り難いと思います」というものだった。ヤングはすぐに快諾する旨の返事を送り、いつでもお目にかかる用意がありますと書き添えた。こうしてヤングは経済専門家としてこの調査チームに加わることになった。

そのチームはウィルソン大統領が全幅の信頼を寄せる上記ハウス大佐（Colonel Edward M. House）の指揮下に編成され、S・ミーゼス（Sidney E. Mezes――ニューヨーク市立大学学長でハウスの義兄弟）をチームリーダーとする合計一一名からなる専門家集団[4]であり、そのほとんどが大学教授だった。ウィルソン大統領がハウス大佐に調査チームの設置を要請したのは一九一七年秋のことだったから、ウィルソンはアメリカ参戦の半年後、戦後の講和会議についての検討をはじめていたことになる。

しかし、この調査チームはたちまち大きな問題に直面した。検討事項が多岐にわたる複雑な問題だったうえ、これまでアメリカは国際講和会議に参加した経験がなく、新たな世界秩序のあるべき姿についての世界観にも欠けていた。またチームの組織運営という点でも、作業分野の確定やその段取り、専門家の追加調達、資金確保など多くの問題を抱えていた。さらに厄介だったのはリーダーだったミーゼス、ボウマン、リップマンという三人の折合いが必ずしもよくなかったことである。

経済班は当初から深刻な問題に直面した。この調査チームのメンバー構成は国や地域によって区分されていたが、経済問題は国境を超える包括的なことがらだった。そこに大きな齟齬があった。経済班は部品を全体に組み立てる術がないという困難に突き当たった。国境横断的にテーマにそって調査し、報告書を作成する必要があった。来るべき平和会議で経済問題が占める大きさを考えれば、調査チームの再編成が求められているとヤングは感じていた。かれは新たに経済専門家を調達したいと考えた。白羽の矢が立ったのはまずヴェブレン、つぎにミッチェルだった。「ヴェブレンその人も調査チームに入りたいと考えたからであろうが、ヤングに『予想される平和条件に関する調査を進めるための提案』（"Suggestions Touching the Working Progress of an Inquiry into the Prospective Terms of Peace"——以下、「提案」という）と題するメモを書き送った」（Blitch, 1995: 67）。その返事と「提案」を手にしたヤングは、すぐにヴェブレンにニューヨークに行ってミーゼスとリップマンに会ってほしいと書き、同時にそのふたりにヴェブレンからの「提案」を送り、さきのミーゼスにはヴェブレンを調査チームの一員にするよう強く促した（ヤングのミーゼス宛の一九一八年一月一六日の手紙——Blitch, 1995: 67, 197, n. 82）。「しかし資金不足のため、ヴェブレンは採用されなかった」。

いくつかの紆余曲折を経て、一九一八年八月にはボウマン、ハスキンズ、ヤングの三人からなる調査委員会が作られ、それが実質上の調査チームの中核となった。ヤングがチーフ・エコノミストを務めると同時に、チーム全体の管理運営を任された。当初からの資金不足はヤングにとって頭の痛い問題だった。講和会議に先立って合計七〇〇点ほどの報告書が作成されたが、そのうち経済班（ヤングのほか五人の助手がいた）の手になるものは四五点、全体のわずか六％にすぎなかった。ろくな報酬もなしに外部委託した調査報告書の出来映えはその観点や品質、有用性といった点で大きなバラつきがあった。

同じ八月、ヤングは当時戦時産業局（War Industrial Board）にいたミッチェルに対して「報酬はひどく少ないけれども（exceedingly small）」、是非とも調査チームに加わってほしいと伝えた。ミッチェルは受ける意向はあるが、調査研究にあたってヤングはフリーハンドなのかどうか、そしてもうひとつ、報酬が少ないというのは「大変少ない」（very small）という意味なのかと問い質した。ヤングはフリーハンドだということ、そして報酬は月三〇〇ドルだと返事した（ヤングのミッチェル宛の一九一八年八月一七日の手紙）。しかし最終的には、ミッチェルもまた調査チームに参加することはなかった。

ちなみに、一九一八年一〇月にはドイツ帝国など中央（中欧）同盟国が降伏、翌一一月一一日には休戦協定が締結された。同じ一一月、ドイツ皇帝ヴィルヘルム二世はオランダに亡命、ドイツ共和国が誕生した。

一一月八日、ミーゼスはランシング国務長官に電報を送り、パリ講和会議に出席予定の調査チームの名前を伝えた。最終的に講和会議に出席したチームのメンバーは合計一二名だったが、そのうちの四人がアメリカ平和交渉代表団の専門アドバイザーに指名された。そのなかにヤングの名前もあった。ヤングがパリ講和会議に出席して大いに活躍したことで国際的にも多くの知己を得て、かれの評判は一挙に高まった(5)。

### 特別調査官を辞して、狂騒のニューヨークへ

ところで、一九一七年の末、ヴェブレンはミズーリ大学で深い孤立のなかにあった。というのも、一九一六年夏、かれをミズーリ大学に招いてくれたダベンポートがコーネル大学へ移り、スチュアートもアマースト・カレッジの教授となり、アーズルーニもコロンビア大学へ動いていた。さらに、こうした同僚の相次ぐ転出がはじまってまもなくヴェブレンが将来を嘱望していた愛弟子のR・ホクシーが自殺した。いまやヴェブレンの助手はI・ルビンだけになっていた。そのルビンも一九一八年一月にはミズーリ大学を去ってワシントンの食料管理局に移った。これがヴェブレンにとって最後の一撃になった。

当時の教え子S・アプデグラッフ（Stuart Updegraff）によれば、こうした同僚や教え子たちの脱出劇を目の当りにしたヴェブレンは、かれらに「見捨てられ、絶望の淵に立っていた」（Jorgensen and Jorgensen, 1999: 154）という。

ヴェブレンは一九一七年の冬、「ウィルソン大統領によって設けられたアドホック委員会（さきの調査チーム）による平和交渉のための提案づくりに貢献しようと、ニューヨークやワシントンに赴いた」。しかし、ルビンによれば、「そのグループはヴェブレンと関係をもとうとしなかった」。その表向きの理由は資金難だったかもしれないが、

報酬について折合いがつかなかったとは考えにくい。というのも、ヤングからヴェブレンに話があってから八ヵ月後の一九一八年の八月、ヤングがミッチェルに対して同じ提案をしたとき、その「ひどく少ない」報酬は月額三〇〇ドルだった。ヴェブレンに対してもそれと同じ金額が示されたとすれば、ヴェブレンが年俸三六〇〇ドルの仕事を蹴ったとは思えない。ミズーリ大学での報酬は一九一七年になっても二四〇〇ドルだったからである。

となると、ヴェブレンが調査チームに採用されなかったのはもっと別の理由、出版されて間がない『平和論』や上記の「提案」メモ、さらにはヴェブレンの履歴などが災いした可能性が高いとみるべきだろう。

ともあれ、ヴェブレンはいったんミズーリ大学のあるコロンビアに戻ったが、一八年二月、ルビンに会うため、ふたたびワシントンに出掛けた。かれも食料管理局で仕事ができないかどうかを打診するためだった。

しかし、ちょうどその時期、コーネル大学に移ったダベンポートがヴェブレンをコーネル大学に招聘するべく尽力していた。コーネル大学の理事会議事録によれば、一九一八年三月九日、理事会はヴェブレンを当面一九一八年から一年間、「経済制度」の教授として年俸三五〇〇ドルで採用する決定を下していた。けれども、この決定はすでに第三章の末尾でふれたように、スタンフォード大学の第二代学長となった人物で、ヴェブレンがいた当時は副学長だったブランナーの妨害にあって覆されてしまった。

こうしてヴェブレンは連邦食料管理局の特別調査官になり、これまた第一章末尾に記したように、五ヵ月ほどのあいだに少なくとも三篇のメモあるいは論文を書き上げた。しかし、現地調査を行なってルビンと一緒にまとめた長編「戦時期の農業労働」の提言がH・フーバー（Herbert C. Hoover: 1874-1964. 当時の食料管理局長、のちの第三一代大統領）によって一蹴されると、ヴェブレンはワシントンを離れた。

そして一九一八年六月、ヴェブレンはニューヨークに移った。そこで前衛的な政治雑誌『ダイヤル』の編集を担当することになったからである。弟子のアーズルーニからの紹介だった。オフィスはグリニッチ・ビレッジにあった。同誌の編集スタッフだったL・マンフォード（Lewis Mumford: 1895-1990――都市や技術の文明批評家）の自叙伝によると、巨大帝国の崩壊とロシア革命の成功のなかで、その当時のビレッジには「社会主義、共産主義、サンジカリズム、無政府主義、イプセン主義、ニーチェ主義、ショー主義、新共和主義、漸進主義、リベラリズム、フェミニズム、菜食主義、自由恋愛主義、裸体主義など、考えられるありとあらゆる単眼的なユートピア主義」が渦巻いていた（Mumford, 1982: 217）。

また、ジャーナリストのH・メンケン（Henry L. Mencken: 1880-1956）によれば、一九一八年当時、「いたるところにヴェブレンが溢れていた。目利きの誰もがヴェブレンの本を買って読み漁った。プラグマティストのW・ジェームズに代わってヴェブレンが新たな権威者となっていた。ヴェブレン主義者が現われ、あちこちにヴェブレン・クラブができ、ヴェブレン・ガールまで登場した。悲惨な世界に対するヴェブレンの処方箋が関心の的になった」（Jorgensen and Jorgensen, 1999: 157）という。束の間の出来事だったが、すべての急進主義者が歓迎されているかにみえた。

こうした一種異様な雰囲気のなかで、『ダイヤル』誌は戦後の社会再建論議の中心的雑誌となった。当時の編集長はデューイ（名目上の編集長）、編集陣にはヴェブレン、H・マロット（Helen Marot ——『大衆』誌の編集者で女性の権利拡大と組合運動を支援）、R・ラベット（R.M. Lovett: 1870-1956）、それに上記のマンフォードがいた。

のちにダニエル・ベルは『平和論』の成功についてふれているが（Bell, 1963: 9 [1980: 74], 訳 182）、成功と失敗は裏表の関係にある。その『平和論』でいえば、帝政ドイツの破壊とその民主化を強力に訴え、戦後の平和交渉において最たる民主主義国家アメリカが重要な役割を担うべきだとするヴェブレンに着目するかぎり、多くの人びとはかれとその著作に拍手喝采する。しかし愛国心と営利原則の放棄が恒久平和の条件であるというヴェブレンになると、一転してこんどは「非国民」「危険な思想家」というレッテルを貼る。

そうなれば、もはやヴェブレンを英雄視する急進主義的熱狂が長続きするわけもなかった。そうした騒擾の急激な冷却ぶりはニューヨーク州議会によって設けられたラスク委員会（the Lusk Committee）と連邦司法省による「パルマーの急襲」（Palmer Raids）によって象徴される。(6) じっさい、一九一九年の夏には「グリニッチ・ビレッジはもちろん、全米のリベラリズムや左翼主義のほとんどが突然姿を消してしまった」。マンフォードによれば、「ダイヤル誌の同僚はラスク委員会に呼び出され、宣誓させられたうえで、書いたものの急進性について取り調べられた」。ニューヨーク州の上院議員ラスク（Clayton R. Lusk）をリーダーとするこの委員会は一九一九年三月二六日に設置されたが、州警察などと連携して頻繁に急進主義、特にロシア革命に共感する左翼人やその団体の手入れを行なった。

同じ時期、戦時中から無政府主義的言動に神経を尖らせていたウィルソン大統領は一九一九年になってA・パルマー（Alexander M. Palmer）を司法長官に任命した。同年二月にシアトルで起きたゼネストがひとつのきっかけだった。四月以降、無政府主義者による爆破事件が相次いだ。同年八月、パルマーは弱冠二四歳のJ・フーバー（J. Edgar Hoover）を司法省に新たに調査局（FBIの前身）を設けてそのトップに任命した。それ以後、激しい「赤狩り」が始まった。一九一九年一一月七日というロシア革命二周年の日にあたって共産主義者あるいは無政府主義者に対する一斉手入れが行なわれ、全米で一万人もの容疑者が逮捕された。さらに翌二〇年一月二日にも同じような手入れが行なわれ、六〇〇〇人が逮捕された。「ロシアの手先たちがアメリカで革命を起こしてアメリカ政府を転覆しようとしている」というパルマーらの主張が裏づけられることはなかったが、世界産業労働組合（IWW）のメンバーなどが大きな被害を受けた。

もちろん、パルマー司法長官らによる「赤の脅威」プロパガンダがいつまでも続くわけもなかった。まもなくパルマーらが市民の基本的権利を蹂躙しているという批判の声が挙がったからである。それでも、この赤狩りの影響は深く、長く尾を引くことになった。ヴェルサイユで講和条約が締結され、「新しい社会」への期待が吹き飛んでしまったことも急進主義的な沸騰に冷水を浴びせた。

これらすべてが第一次大戦の末期から一年半ほどの短時日のうちに生じた、文化の振り子が激しく左右に揺れ動いた狂騒的出来事だった。

この時期、ヴェブレンの身の上にもいくつか重要な変化が起きていた。すでにみたように、ヤングから話があった調査チームへの参加はならず、一九一八年に入ってミズーリ大学を辞めた。二月にはワシントンの連邦食糧管理局の特別調査官になったが、そこも五ヵ月ほどで辞職。コーネル大学の教授人事も不調に終わった。そのあとヴェブレンはニューヨークに移動、再婚した妻とその娘ふたりを呼び寄せた。かれは『ダイヤル』誌の編集者となることでようやく生計を立てていたが、この急進的な政治雑誌には当局が厳しい監視の目を光らせていた。

同誌もまた、激流に翻弄されていた。一九一六年にはブラウン家がM・ジョンソンに『ダイヤル』誌を売却、一九一八年には発行拠点をシカゴからニューヨークに移したが、折からの左翼弾圧旋風のなかで同誌の資金繰りは悪化、編集方針をめぐる内部の思想対立もあって最終的にジョンソンは一九一九年に同誌をS・サイヤー（Scofield Thayer）とその友人S・ワトソン（Sibley Watson）に譲渡した。そして一九二〇年、同誌は文芸誌として面目を一新、一躍モダニズム文学の旗手となった。エリオット、ロレンス、トーマス・マン、サンタヤーナ、イェーツ、ツヴァイク、ウナムーノ、ヴァレリーなどが寄稿した。まことに豪華な顔ぶれというほかない。

ともあれ、いま肝心なことは、『ダイヤル』誌はヴェブレンが活躍する舞台でなくなったということである。ちなみに、同誌にかれの文章がはじめて載ったのは、E・メイヤーの著書『英国』についての書評（*The Dial*, April 19, 1917, pp. 344-345）であるが、ヴェブレンの論文が集中的に掲載されたのは一九一八年四月以降、翌一九年一一月までの一年半ほどのことだった(7)。

ヴェブレンはすっかり様変わりしてしまった『ダイヤル』誌の編集から手を引き、一九一九年秋にニューヨークに創設された新学院に関わり、そこでしばらく教鞭をとることになった。「はじめに」でもふれたように、この新学院づくりにはヴェブレンのほか、ベアード、デューイ、ミッチェル、ジョンソン、ロビンソン、それにヴェブレンの教え子だったアーズルーニなどが関わった。いずれ劣らぬ平和主義者だった(8)。ヴェブレンは一九一九年と翌二〇年、年俸六〇〇〇ドルを支給されたが、合計一万二〇〇〇ドルのうち、少なくとも四五〇〇ドルはミッチェルなど教え子たちから寄付されたものだった（Jorgensen and Jorgensen, 1999: 164）。

このように身辺慌ただしいヴェブレンを大きな不幸が襲った。すでに第三章末尾でふれたように、妻のアンが一九二〇年一〇月七日、一年三ヵ月あまりの入院生活の末、マサチューセッツ州のマクリーン病院で亡くなった。アンの最期を看取った八二歳の父親は日記にこう記している――、「(アン) 一八七七年一二月二七日生まれ。一九二〇年一〇月七日、木曜日に逝く。最期の言葉は『グッバイ』だった」。父親は大のお気に入りのアンがヴェブレンと結婚しようとしたとき、彼女を激しく罵った。そのことをいつまでも深く悔いていた。わずか六年間の短い結婚生活だったが、アンはヴェブレンの子供を産みたいと願い (流産だった)、体力に欠けるヴェブレンの健康をいつも気づかっていた。後ろ髪を引かれる早すぎる死だった。

## オスロ大学からの招聘

身辺慌ただしいといえば、もうひとつ、ヴェブレンはこの一九一九年の夏、オスロ大学の教授になってはどうかという誘いを受けた。

ある日突然、ノース・ダコタ大学のC・ホーグランド (Charles E. Haugelamd) という人物からヴェブレンの許に手紙が届いた。そこにはこう書かれていた――、「ヴェブレン先生のことは著書でしか存じ上げません。日頃から、先生はじめ何人かの方をお呼びしてこのノース・ダコタ大学を経済社会研究の一大センターにしたいと考えてきた者です。といっても、それはすぐに実現できることではありません。(中略) 近著の『既得権』の一五〇ページで (北欧三国の) 生活条件にふれて、デンマークやスウェーデンよりもノルウェーのほうがましだと書かれていますが、私はそうは思いません。デンマークが一番だと思っています。

この本の他の箇所を読んでいて思い出したのですが、ノルウェーの大学 (正確には王立フレデリック大学 [現オスロ大学]) でこの数年学長をしてきたブレド・モルゲンスティルン (Bredo Henrik von Munthe af Morgenstierne: 1851-1930) が引退したのです。かれのポストは経済学と政治学のふたつの教授ポストになるはずです。こう申し上げたからといって無礼な奴だとお思いにならないでいただきたいのですが、公募ということになったら、先生は応募なさるでしょうか。毎週の講義は六回以下、年俸一万二〇〇〇クローネ以上、国の年金つきですし、終身ポストです。先生がノルウェー語を話されるかどうか存じませんが、最初の年は英語の授業でも結構です」といった内容の手紙だった（ホーグランドのヴェブレン宛の一九一九年八月一六日の手紙）。

さらに、同年一〇月三一日のホーグランドからの手紙にはこう認められていた――、「私の友人であるノルウェー（オスロ）大学のコート教授(9)から同封のような手紙が届きました。あなたにノルウェー大学の経済学教授の候補者になっていただけるように私があなたを説得していることに対する返事です。

このコート教授からの返事には興味をもっていただけると思います。あなたが教授になってくだされば、ノルウェーにとって素晴らしいことです。いろいろな条件は合衆国よりもよいものだと信じています。それはあなたの将来にとって有益なことであるにちがいないと思います。あなたが選ばれることにさしたる困難はないと私は信じていますし、年俸も一万四〇〇〇クローネを下らないでしょう。ノーベル研究所や議会の審議会関係の仕事もあるでしょうから、それらを合わせれば少なくとも二万クローネは下らないはずです」と書き、ノルウェーの閣僚経験者であり、いまも閣僚であるヨハン・カーストバーグ（Johan Castberg: 1862-1926）がワシントンの会議に来ているのでお会いいただけないでしょうか、とも添えてあった。

では、コートからホーグランドに届いた手紙にはどのようなことが書かれていたのか。「議会の承認が必要ですが、法学部に政治経済学の講座を創設することを検討しています。法学の他の教授職もそうですが、候補者はノルウェー人に限らないということになっています。ヴェブレンのような方が応募されれば、それは軽視できないでしょう。（中略）私は個人的にもヴェブレンを知っています。一〇年ほど前にアメリカを旅行したとき、スタンフォード大学でかれに会っています。そして政治経済学の分野でかれが傑出した人物であるという評判を知っています。かれのような革新的人物ならば、きっと学部全体の水準を高めてくれるでしょうし、わたくしたちはかれのような人物を必要としています」（コートのホーグランド宛の一九一九年一〇月一一日の手紙）というものだった。

ミッチェルの一九一九年一一月一一日の日記によれば、「ヴェブレンはノルウェーの教授職の申し出を受けた」とある（Dorfman, 1973: 185）。

それから九ヵ月ほどして、コートは直接ヴェブレンにつぎのような手紙を書き送った――、「大学は昨年、政治経済学教授というポストを新設することを決め、政府もそれを支持しました。しかし議会は但し書きを付けたうえでこの提案を拒否しました。その但し書きというのは、卓越した外国人を招聘するということであれば、議会は異なった判断を下すことになるだろうというものです。卓越した外国人というのはあなた（ヴェブレン）を念頭においてのことだと思います。ですから、あなたが来てくださるというのであれば、議会も承諾するでしょう。ということで、わたくしどもの大学に来ていただけますかどうか、それを教えていただきたいと思います」（コートのヴェブレン宛の一九二〇年七月一日の手紙）という内容だった。ヴェブレンの心が動いて不思議はなかった。かれは終生、教授職に就くことはなかったが、このオスロ大学からの招聘のケースは違っていた。

しかし、最終的にはヴェブレンがノルウェーに行くことはなかった。その理由についてドーフマンは、「一時はスカンジナヴィアの一流大学の教授となる話があったが、条件が決まったと思うと為替レートが変わり、その都度、新しい要求を出すといったことが繰り返され、結局、話はご破算になってしまった」（Dorfman, 1934: 462-463, 訳643）とだけ記して、それ以上の立ち入った説明をしていない。

このドーフマンの説明は、年俸が折り合わなかったか、あるいはくりかえされる年俸などの新提案にヴェブレンがうんざりして招聘を断わったということになる。真相は藪の中、しかしドーフマンの理由づけはいかにも軽いあるいは弱いといった印象を免れない。

## ヴェブレンの著作活動

ここで、ヴェブレンの平和論の広がりを理解するためにも、『平和論』以降のヴェブレンの著作活動についてふれておこう（ただし、たとえば『ダイヤル』誌に載った一ページだけの短文は除く）(10)。

一九一七年の暮れあるいは一八年一月はじめに、ヤングから調査チームへの誘いがあったことはすでにみた。乗り気だったヴェブレンはその意思を伝えるため、①「予想される平和条約に関する調査を進めるための提案」にくわえて、②「外国投資あるいは後進国への『経済的浸透』統制政策のアウトライン」（Outline of a Policy for the

Control of the ‘Economic Penetration’ of Backward Countries and of Foreign Investment. 以下「アウトライン」という）を書き上げた[11]。しかしヴェブレンの期待は叶えられなかった。そののち、かれは五ヵ月ほど連邦食料管理局の特別調査官となり、そのあいだにいずれもヴェブレンの没後に公表された三つの論文、③「農業労働とＩＷＷ」（Farm Labor and the I.W.W.）、④「主要食料品価格一覧表についてのメモ」（A Memorandum on a Schedule of Prices for the Staple Foodstuffs）、⑤「戦時期の農業労働」（Farm Labor for the Period of War）を書いた（第一章第三節）。そして一九一八年になると、⑥「再建政策の一般原則」（On the General Principles of a Policy of Reconstruction）、⑦「再建政策」（A Policy of Reconstruction）、⑧「国境を超えて」（The Passing of National Frontiers）、⑨「戦時期の召使い」（Menial Servants during the War）、⑩「戦争と高等学術」（War and Higher Learning）、⑪「近代的観点と新秩序」（The Modern Point of View and the New Order ── 一九一八年一〇月一九日号から一九年一月まで連載）を次々と執筆、一九一九年に入ると、⑫「ボルシェビズムは誰にとって脅威なのか」（Bolshevism is a Menace: to Whom?）、⑬数回の「『ダイヤル』誌の編集者から」（Editorials from “The Dial”）という社説、⑭「近代ヨーロッパにおけるユダヤ人の知的卓越」（The Intellectual Pre-eminence of Jews in Modern Europe）、⑮「平和」（Peace）、⑯『技術者と価格体系』（一九二一年）にまとまる数篇の『ダイヤル』誌掲載論文（すべて一九一九年の執筆）を精力的に書き上げた。そして一九二〇年の『政治学四季報』（第三五巻第三号）に、⑰ケインズの『平和の経済的帰結』についての書評（Review of Economic Consequences of the Peace by John Maynard Keynes）を寄せている。

　一九二〇年一〇月にアンを失って以降では、一九二一年に⑱「ボルシェビズムと戦争のはざまで」（Between Bolshevism and War）、翌二二年に⑲「早発性痴呆」（Dementia Praecox）、一九二三年に『不在所有制』（一九二三年）の一部を構成する⑳幾篇かの小論を『フリーマン』誌に発表した。そして『不在所有制』の出版後、一九二五年に「予想される将来における経済理論」（Economic Theory in the Calculable Future）を『アメリカ経済学評論』（*American Economic Review*）に載せ、同年長く筐底に埋めていた翻訳『ラックサー谷の人びとのサガ』（一九二五年）に短い訳者序文を認めて公刊、さらに一九二七年には最後の論文「優生学の実験」（An Experiment in Eugenics

――没後一九三四年に『秩序論集』に収められた）を書いた。

著書についていえば、この時期、ヴェブレンは『平和論』（一九一七年）に続いて『アメリカの高等学術』（一九一八年――シカゴ大学の経験をまとめていた旧稿に加筆したもの）、『既得権と庶民』（一九一九年――上記⑪に加筆したもの）、『近代科学論集』（一九一九年――第三章でみた経済学批判を中心とする論文集）と矢継ぎ早に出版し、さらに『技術者と価格体系』（一九二一年――一九一九年四月から一一月にかけて『ダイヤル』誌に連載した小論を集めたもの）をまとめ、その二年後には最後の単行本『不在所有制』（一九二三年）を公刊している。このように列挙してみると、一九二〇年代のヴェブレンの筆力は『不在所有制』以降、めだって衰えはじめたようにみえる。

## 「提案」と「アウトライン」

ところで、ドーフマンによれば、ヴェブレンは一九一八年はじめ、ヤングに上記の①「提言」と②「アウトライン」を書き送った。いずれもヴェブレンの平和論の一角を構成するものであり、掻い摘んでその内容をみておこう。はじめに、「提案」（[1917c] 1932 [1934]）であるが、この短いメモは四つの部分から構成されている。ヴェブレンはこう書いている。

平和条約の締結交渉が外交的妥協によるものか、あるいは平和国家の連盟によるものかによってアメリカの果たすべき役割が大きく変わってくる。前者であれば、ヨーロッパ列強が中心的役割を担うことになり、アメリカはアウトサイダーにすぎない。しかし後者であれば、アメリカは決定的に重要な地位を占める。そのいずれであるかによって調査チームの仕事の中身も大きく変わってくる。前者であれば、調査の焦点は国内政策と海運通商にしぼれるが、後者であれば、たとえテーマは限定的であっても、対象国はすべての交戦国を包括する「中立的」なものとなるだろう。

この後者の場合、実質的争点について国民的合意が求められる。その争点における目標、達成するための方法や手続きについて広く世論を喚起し、その動向を注視しなければならない。とくに調査チームあるいは国務省による広報活動が重要になる。国民との自由な意見交換の場を確保し、署名入りの文章で広報する必要がある。

調査チームに最終的に求められている判断は、現行の既得権の体系をそのまま受け入れるか、それとも私的または公的な既得権を部分的に再編成するコストを払ってでも実り豊かでより恒久的な国際平和のための基盤づくりに貢献するかである（Veblen,［1917c］1932: 186–189; 1934: 355–360）。

この「提案」の中身は——国民的合意形成のための広報活動と開かれた意見交換といったこと以外——、ヴェブレンの『平和論』の延長線上にある議論として理解することができる。では、もうひとつの「アウトライン」（Veblen,［1917d］1932［1934］）はどうか。

国際平和（とくに恒久平和）と国家利益とあいだには相容れない事項や領域がある。戦後構築されるべき平和同盟は交戦諸国の特殊利益を超えた国際的公共善によって互いに結ばれる必要がある。その平和同盟の主眼は営利企業や国家利益を促進するものではなく、国際平和の確立とその維持にある。したがって、平和同盟は企業や国家の利害関心を抑制しうるだけの大きな権能をもち、しかるべき監視機能をもたなければならない。

国際通商上の問題については、国家間の敵意や不信を減らすように国家の自由裁量を縮減していくことが大切であり、最終的には「国境の廃止」が大きな目標になる。その意味で、差別なき国家中立的な自由な通商関係の構築が望ましい。

また、植民地における覇権国政府あるいは営利企業による乱開発は平和同盟が監視することによってそれを抑えなければならない。平和同盟が監視し、植民地国がその天然資源（金属、森林、牧草地など）を外部から乱開発されないようにする必要がある。その種の開発に手を染めるのは市場を占有し、私腹を肥やそうとする営利企業や金融業者である。

先進国あるいは覇権国の大企業が植民地あるいは後進国で天然資源を乱開発できるようになれば——その意味で「経済浸透」することになれば——、その天然資源は浪費され、無駄づかいされてしまう。森林破壊が起き、耕地は荒れ、土地は痩せ、収穫は減り、単位当たりの生産コストは高まる。また土地投機が生じ、鉄道など交通手段や水利、鉱山などが独占され、営利企業は労せずして膨大なあぶく銭を手にすることになる。

これまでの植民地開発の歴史が物語っているのは、「迅速な開発」が現地人の継続的福祉向上にとって役立たないということである。平和同盟はその点を十分理解し、開発を監視する必要がある。およそ後進国の近代化政策はゆっくりとした抑制的なものであり、「よき助言を踏まえた粘り強いもの」(a well-advised and tenacious policy of modernization)でなければならない(Veblen [1917d] 1932: 196; 1934: 372)。

バルカン、ロシア、アルメニアの多様な少数民族(minor nationalities)、あるいはまた英語諸国におけるユダヤ人などの文化的連帯が法的に妨げられるようなことがあってはならない。別の観点からすれば、その意味での「民族自決の原理」を重視し、最終的には恒久平和のため、国家中立的な市民権の中立化が求められている。

以上のように、この「アウトライン」には『平和論』ではほとんど触れられていない議論がその顔をのぞかせている。

ひとつは、先進国企業や金融業者の植民地あるいは後進国への「経済浸透」にあり方についてヴェブレンは注目すべき意見を開陳している。経験則として、かれらの手になる乱開発は投資国のエコロジーを破壊し、長期的にみれば、植民地や後進国の経済社会や生活環境を疲弊させる。したがって、後進国の近代化はゆっくりとした速度で、「よき助言を踏まえた粘り強いもの」でなければならない。とりわけ植民地や後進国の天然資源は貪欲な先進国企業の大好物であり、格好の餌食にされやすい。平和同盟は巨大な外部不経済が生じることのないように監視を怠ってはならない。

もうひとつ、そのためにも少数民族の自立、さらに民族自決の原則が確立され、平和同盟がそれを担保できることが望ましいというのがヴェブレンの考えだった。

このように、ヴェブレンの平和同盟への思い入れは強く、その連盟は企業の営利原則と国家の利害関心を制御できるだけの権能をもつべきものと考えられていた。

## 戦時労働力の調達

さきの論文リストには、戦時期の労働力調達を取り扱った論文がある。時間の順序という意味で、まずアメリカ参戦一年後に書かれた⑨「戦時期の召使い」（Veblen, 1918e［1934］）をみてみよう。

この論文はヴェブレンが食料管理局の特別調査官時代に書いた⑤「戦時期の農業労働」と一部その問題意識が重なっている。「第一次世界大戦は結局アメリカの戦争になっていく」こと、戦時物資の調達のみならず兵力の供給という点でもアメリカが決定的役割を果たすことになると想定したうえで、その労働力調達について論じているからである。

戦争の最中でも既得権と顕示的浪費が闊歩している。そのため、労働力が大いに無駄づかいされている。そのなかには無駄な消費のために働いている、たとえば家事使用人や付添人といった「召使い」が含まれる。しかし、ふつうのアメリカ人の家庭であれば、そんな人はいないし必要もない。そうした召使いを雇っているのは金持ち階級であり、それがかれらの「威信的価値」「心理的所得」になっている。しかし、かれら金持ちも高唱する戦争の遂行にとってそんなものは価値がない。

戦争の命運は、産業の生産力であれ兵力であれ、アメリカの人的資源にかかっている。物的資源が不足しているのではない。しかし人的資源は不足しつつある。したがって、焦眉の問題はこれらの遊休労働力をいかにして生産的労働に就かせることができるかである。徴兵制による調達もあるが、事態がよほど切迫しないかぎり、その方法は支持されないだろう。しかし、そうなってからでは遅い。徴兵制を動かすとなれば、行政官僚制の機能が欠かせないから、ひどく費用が嵩むだろう。

そこで、考えられるのが召使いを雇う富裕階級に対する時限的な累進的人頭税の導入である。複数人の乳幼児がいるケースとか障害者については例外条項があってよいし、召使いの報酬による税率の違いも考慮されてよいだろう（Veblen, 1918e［1934: 271-272］）。

これは召使い労働力の調達の一例であって、ホテル、クラブ、劇場、鉄道の駅など召使いと似通った遊休労働者に対する類似の税制が構想されてよい。こうした提案には多くの反論が予想されるが、最も厄介なのは立法者たちの躊躇と反対かもしれない。

**戦後再建と既得権改革**

ヴェブレンの平和論には、和平交渉を踏まえて戦後に構築されるべき新秩序について論じたものが少なくない。一九一八年四月に発表された⑥「再建政策の一般原理」(Veblen, 1918b [1973])、⑦「再建政策」(Veblen, 1918c [1934]) もそうである。ここで「再建」(reconstruction) というのは第一次大戦後に行なわれるべき既得権の見直しのことである。この点、「是が非でも避けなければならないのは旧態に復する」ことだった。

では、その既得権とはなにか。たとえば、所有者あるいは使用者が利潤機会の増減にみあって自由に労働者を雇いあるいは解雇すること、逆に労働者の既得権とはみずからの自由意思に基づいて離職し、また争議に訴えることをさしている。しかし、社会の観点からすれば、いずれも私的利益を優先させる行為であり、それぞれ一種のサボタージュと呼ぶことができる (Veblen, 1918c [1934: 392])。というのも、どちらの既得権も社会が享受しうる最も効率的な産業技術の達成を不当に抑制することになるからである。こうした既得権の見直しが「再建」にほかならない。

しかも見落とせないのは、使用者と労働者双方の既得権が互いに相容れないことである。しかし、いずれの既得権も許容範囲を超えている。

その既得権の影響を被る産業プロセスはいかに管理されるべきか。企業の金銭的利害から自由な観点に立って行なわれる必要があり、それに役立つのが会計学的知見である。所有権にもとづく自由裁量を抑え、企業を公益性重視という方向に誘発していく必要がある。こういう改革は法と秩序に対する破壊的行為であり、不正かつ実行不可能なことであり、社会主義的な見解だといわれるかもしれない。しかし、公益に見合った方向に既得権の現行システムを改革しようとする以上、それは必要なことであり、そこに社会主義的な偶像破壊といった要素はもちろんのこと、道徳的判断も一切含まれていない。ことがらは「単純な物的な利害得失」の問題である。

この再建は、「庶民にとって問題がないように行なわれるべきである」。いまロシアで起きていることは、「既得権と（庶民の）生活水準が許容範囲を超えて乖離してしまう状態を放置しておくことがいかに大きな誤りであるか」をよく示している（Veblen, 1918c［1934: 397-398］）。

もうひとつ、同じ一九一八年四月に発表された論文⑧「国境を超えて」も戦後の新秩序形成に深い関わりをもっている。

キリスト教世界はいま革命的状況にある。必ずしも法と秩序の抜本改革が望ましいということではないが、何もしなければ厳しい反動が起きるだろう。これまで正しいこととあるいは良いこととされてきたことが現在あるいは明日の環境にあわなくなっている。問題は変えるどうかではなく、どう変えるかである。一般的にいって、旧来の思考習慣と新しい環境とのあいだにはズレがあり、前者が遅れている。今次の戦争経験によってこの隔たりが明らかになった。ここで環境変化というのは産業技術の変化のことである。

現代産業システムは国境を超えた国際的なもの、コスモポリタン的性格をもっている。産業技術に国境はない。それを国内に狭く閉じ込めようとしても、それは一時的かつ部分的なことにすぎない。しかも、制限的行為は営利企業にプラスになっても社会の物的水準の向上には役立たず、かえってそのテンポを遅らせる。「産業プロセスは競争的なものではなく、協同的なものである」。しかし、営利企業は互いに競争的な存在であり、ライバル企業を非効率的なものにすることによって利益を得る。それは経済学にとっては当たり前かもしれないが、「資本主義的サボタージュ」とでも呼ぶべきものである。一般的に国境があることによって国際通商に関わる差別的障壁が設けられ、国内外の産業効率を低めている。つまり「国境が資本主義的サボタージュの手段になっている」。

外国との輸出入の比重が小さかった手工業時代には、こうしたことはあまり問題にならなかった。しかし、その比重がめだって高まった産業革命後の現代経済は違う。国境を閉ざしていては、したがって「国境を超えたギブ・アンド・テイクのネットワーク」を欠いては国内経済さえ十分機能しない。このことはこの世界大戦でよく分かったはずだ。「産業の単位として国境は時代遅れの存在である」。戦後の新秩序はこの事実から出発しなければならない（Veblen: 1918d［1934: 385, 387］）。

しかし厄介なことに、営利企業はみずからの利益追求のため、国境というものに強く執着している。営利企業は国家の軍事力を駆使してでも外国に展開するみずからの既得権益を保全したいと考えている。かれらからみれば、国境はかけがえのない存在であるが、社会の観点からすれば、それは産業技術の発展を遅らせ、既得権を保持するものでしかない。新秩序の中身はどこまでその既得権にメスを振るえるかによって決まる。

## 『既得権と庶民』の出版

これらの論文を書き上げたあとも、ヴェブレンは一九一八年を通じて戦後の新秩序について考察を重ねた。かれは同年五月に教え子だったスチュアートの依頼に応じて、名門アマースト・カレッジで連続講演を行なった。それを下敷きにして『ダイヤル』誌上で四ヵ月にわたって「近代的観点と新秩序」と銘打つ論文を連載した。それに加筆してまとめたのが『既得権と庶民――近代的観点と新秩序』[12]（一九一九年）である。その骨子は以下のようなものだった。

（A）第一章の「知識と信念の不安定性」では、ものの見方、考え方は習慣の所産であり、時代と環境が変われば、それも変化する。そして中世から近代への移行はものの見方、考え方の大転換を伴うものだった。

長い目でみれば、知識と信念の原理、つまりなにが真実であり、なにが信頼に値するかが法律や道徳ルールの形成規準となる。その知識や信念の原理に大きな影響を与えるのが日常生活の物的条件、すなわち産業技術である。したがって、三者の因果図式は「産業技術↓知識と信念の体系↓法と道徳の体系」となる。

それでも、現代の科学技術に特有な機械論的なものの見方、考え方が旧来の知識と信念の体系に大きな影響を与えるようになったのは「最近数十年のポスト・モダン」と呼ばれる時代になってからのことである。しかし古い法と道徳の体系はいまも健在であり、それを覆すまでには至っていない。

今次大戦のような惨禍をくりかえさないためには、古い法律や慣習を改革していく必要がある。現代的なものの見方、考え方に適合するように旧来の法や道徳の体系を改革していかなければならない。

問題はこの大戦によって庶民の精神的枠組み（frame of mind）がどこまで変わったかである。というのも、長老政治家が固執している一八世紀的な近代的観点にもかかわらず、最終的には庶民の精神構造が近代社会の基礎を形成していくからである（Veblen, 1919a: 16, 訳 19——訳文は油本豊吉によるが、一部改訳している）。

（B）第二章の「法律と慣習の安定性」では、いまも大きな影響力をもつ一八世紀に確立した近代的観点、つまり近代的なものの見方、考え方が取り上げられている。

この近代的観点あるいは見地はアメリカの独立宣言や憲法、フランスの人権宣言など憲法的条文に書き込まれ、それによって長い生命力を獲得し、不易不変の根本的原理とみなされている。

この「明快にして単純な自然秩序」（自助と機会均等、自由契約と競争）は一時的に攪乱され正常状態から逸脱することがあっても、必ずや自然な秩序、自然な状態に復するものとみられている。この自然権の体系は個人権の体系であり、その最上位にあるのが所有権である。そしてそれが個人の自由と平等を保障する。

機械時代のいま、この体系は時代遅れのものとなった。しかしその歴史的役割を忘れることはできない。というのも、「一八世紀におけるこれらの原理の受容と安定は西欧文明の輝かしい功績を意味し、それらは深く人類生得の知恵に根ざしたものだった。それらは（自己主張するだけでなく）他者の異なる意見や行動も受け入れるというルールにもとづく黄金律の西洋版といってよいものだったからである」（Veblen, 1919a: 22, 訳 23）。

アダム・スミスほど深い含蓄と明快さをもって、この手工業時代の形成された近代的観点を雄弁に伝えている人物はいない。しかし、結局のところ、かれは産業革命に先立つ時代の子であり、かれの経済学体系は産業革命以前の時代に適合するものだった。かれの念頭にあった産業技術は手工業のものであり、機械工学のそれではない。

その時代、資本はみずからの勤労によって蓄積されたものであり、商業は小取引にとどまった。親方も職人も最も多くの生産物を最も効率的に製作する人たちとみなされ、利潤は生産的労働に対する報酬あるいは正当な財産を労働節約的に用いたことに対する見返りと考えられた。価格は商品の労働費用に基づいて競争的に決まるものとされた。すべての市場のなれ合い行為は不自然で忌むべきものとして退けられた。かれの時代、現代では一般的な法人の所有結合や信用による強制や不労利得（coercion and unearned gain by a combination of corporate ownership）など存在しなかった。

しかし、こうした一八世紀的自然権の体系が完成の域に達しつつあったとき、その足下では産業技術の新秩序が生まれつつあった。知識と信念の新秩序が明白な形で現われたのは機械的な産業技術と物質科学によってである。事物についての機械論的な観念がロマンティックな観念に取って代わった。一八世紀には想像できなかったビッグ・ビジネスや独占が最近数一〇年のうちに出現し、旧来の自然権的な観念は時代遅れのもの、邪教や迷信の類とみなされるようになり、その法や道徳の体系も「代替と不使用による減価」を余儀なくされた。それでも、その変化のプロセスは不承不承のものであり、緩慢なものだった。

（C）第三章の「産業技術の状態」は機械時代の産業技術の性格とその波及効果についてふれている。

機械時代の産業技術の特徴は手工業時代の職人熟練ではなく、規格化された大規模な機械設備と連携された生産プロセスにある。労働者や原材料は副次的な生産要素にすぎない。

その大規模な規格化は工場のなかだけでなく、社会全体のあらゆる階級の日常生活に広がっていった。機械論的見方が社会全域に浸透していった結果、その影響下にある人びとの精神構造は次第に「唯物主義」に傾いていった。

機械時代になると、所有権の本質的機能も変化する。所有権は個人の自由裁量の範囲から大きく抜け出し、法人資本の不在所有権となった。その結果、「所有者の大部分は（法人に対する）発言権をもてなくなった」（Veblen, 1919a: 45, 訳 38）。いまや資本の所有権は「法人の収益に対する請求権」のことであり、かれは「匿名の債権者」、かれの企業に対する関係は投資に対する収益だけになっている。

機械時代の生産システムが機能するためには、諸部分が互いに緊密に連携しあい、全体として産業コミュニティ（industrial community as a whole）を形成しなければならない。しかも、その産業コミュニティは国境を超える。

現代産業の生産性は科学技術と教育水準に依存し、その技術的知識は社会の共有財産である。生産費用を上回る生産物余剰は利用できる技術的知識の水準および労働力人口がどこまで使いこなせるかにかかっている。ところが、社会的共有財産である技術的知識は法人企業が所有する機械装置によって体現され、その機械装置をどれほど稼働させるかは企業家の判断に委ねられている。したがって、社会的共有財産の用益権は法人企業家によって握られ、そうすることでかれらは社会的共有財産を「奪取し、占有する」（Veblen, 1919a: 59, 訳 47）。

（D）第四章の「自由所得」（Free Income）では、こうして法人企業家が手にする利潤の性格に焦点をあてられている。

新しい産業秩序は驚くほど高い生産力を秘めている。それは生産費用をはるかに上回る生産物余剰を生み出すことができる。だからこそ、企業家は過剰生産に陥ることがないように、資本と人的資源を遊休状態においておかなければならない。

いまでは有形資産と無形資産の境界線は曖昧になっている。有形資産の収益力は機械設備の生産力（機械設備によって生産される財の市場価格）を意味するが、無形資産の収益力は「生産よりも販売」「産業よりも商取引」によって生み出されるものであり、特定の生産要因に帰属させることはできない。

その無形資産の代表が暖簾であり、たとえば取引上の機密、登録商標、特許権、排他的販売権などが含まれる。企業はみずからの繁栄のため、これら無形資産による「入念な能率抑制」（conscientious withdrawal of efficiency）あるいは「熟慮された無能力」（incapacity by advisement）を発揮して膨大な利潤を獲得する。しかし、そうした生産抑制あるいは「営利的サボタージュ」はそれだけ全体社会に大きな損失をもたらす。

では、その社会的損失はどれほどのものか。大戦による実験、つまり営利的サボタージュではなく、非営利的な形で生産効率を高めるという実験が行なわれた結果からすれば、普段の生産能力（the normal productive capacity）の五〇％以上が犠牲に供されている。

しかも、その通常の生産能力は営利的サボタージュという性格をもっているのだから、専門家の知見によれば、そのサボタージュ分が半分あると推論される。したがって、一般的にいって、営利企業は通常、産業社会がもっている生産能力の四分の一で稼働していることになる（Veblen, 1919a: 79-81, 訳 60-62）。いまあらためて、半世紀前にジョン・S・ミルがいった言葉——「これまでのあらゆる機械的発明も果たして人びとの日々の労役を軽減してきたのかどうか疑わしい」という言葉が思い出される。

この「熟慮された無能力」から抜け出せる見通しがあるかといえば、それは難しい。というのも、結局これら営利企業は「信頼に足る健全な仕方で、堅実かつ合法的にゲームのルールの範囲内で営まれている」からである。

（E）第五章の「既得権」では、さらに踏み込んだ議論が展開され、既得権とはなにかが取り上げられている。ひとことでいえば、既得権とは「無から有を生み出す（タダで収益をあげる）市場で売買される権利」のことである。たとえば、有価証券や社債がそれにあたる。

既得権はつぎのような三つの経営行動、①供給の制限（limitation of supply）、②取引の妨害（obstruction of traffic）、③見かけ倒しの広告（meretricious publicity）によって生み出される（Veblen, 1919a: 100, 訳 74-75）。いずれも有用な商品生産を増やさないという意味で社会的な浪費である。

その既得権の主たる目的は不労所得（unearned income）、つまり「（既得権という）無形資産に資本化される自由所得」の獲得にある。利子や配当という不労所得は企業の固定的間接費として計上されるが、こうした不労所得の無形資産こそ企業資本の事実上の中核をなしている。

最近四半世紀のアメリカの経験にもとづいていえば——その時代、例外的に豊富な天然資源、持続的な人口増加などによって大きな経済発展を遂げたが——、それら無形資産の既得権は鉄鋼業や石油精製業などで典型的にみられたように、トラストと企業統合、独占と供給制限、さらに大量失業をもたらした。

ところで、大戦後の新秩序のもとで産業組織は誰によって管理されるべきか。端的にいえば、この産業組織の管理運営は金融の総帥（captains of finance）ではなく、科学技術に精通した産業技術者（industrial engineer）によって行なわれるのが適切だろう。「社会の物的福祉水準は産業システムが専門的な知識や洞察力、利害関係から自由な仕方で管理されるかどうかに懸かっている」（Veblen, 1919a: 89, 訳 67）。金融の総帥によって支配されればされるほど、社会の公益に反する状況が生み出される。たしかに企業家の関心はカネ儲けであり、機械過程による財貨の生産ではない。

（F）第六章の「国家神権」（The Divine Right of Nations）では既得権と国家との関係が論じられている。今次大戦は国家的野望の紛糾から発生した。この歴史上最大かつ最も残虐な戦争は、ほかならぬ科学技術の優越と産業資源の闘いだった（『ダイヤル』誌の一九一八年一二月二八日にこの章の原文が発表されたとき、すでに戦争は終わっていた）。戦争の「勝敗は産業技術のいかんによって決まった」。

この国家的野心と敵意は新産業秩序に属するものではないし、いわんや科学技術の新秩序に属するものでもない。それは一八世紀の自助などの原理に内在的かつ密接な結びつきをもっている。というのも、これらの原理は国内的には全体社会の犠牲と既得権階級の利権保全を、また国外的には国家の「自己決定」（self-determination）による国家的暴力と不正手段の行使を正当化するべく機能したからである。

ここでいう国家神権は国家形成時代にピークを迎えた王権神授権から進化したものである。王権神授権は一種の既得権であり、王侯や王朝が利用した無産資産である。

その王朝国家に取って代わった「紳士的」国民国家の関心は一貫して所有と投資の権利の維持にあった。民主主義的な国においてもその国家政策は旧態依然とした方法で行なわれており、各国は仇同士としてみずからの国家利権を主張しあっている。領土の拡大、所有権的な治外法権、植民地の再分割（たとえば中国への「開放政策」要求）とその経営に奔走している。

こうした所業は「盗人にも仁義」（the Honor among Thieves）があるといわんばかりのものであり、これを担う外交ブローカーの政治が「現実政治」（Realpolitik）と呼ばれている。そして経済活動の国際化、国際的な相互依存関係の拡大とともに、貿易業者や投資家の外国利権は拡大し、国家の対外政策はそれとパラレルに侵略的性格を強めていき、帝国主義と呼ばれる性格を帯びるようになった。

営利的サボタージュがなければ、社会の生産能力はきわめて短期間に上昇し、価格は暴落し、証券などの固定費は支払えなくなり、企業体制は崩壊してしまうかもしれない。

国家はそうした事態に立ち至ることがないように、営利的サボタージュの体制のみならず、軍事力を後ろ盾として企業家の対外投資やその利権を保護する。しかし、その費用（軍事費だけでなく、サボタージュによって発生する諸費用）を払っているのは一般庶民である。

「国家の自己決定という至上権を手つかずの状態においておくことが計画中の平和国家連盟の明確な目的である。しかし、それは国家の連盟であって国民の連盟ではない」（Veblen, 1919a: 119, 訳 88）。それは天罰を回避しようとする無益な予防策であり、一時しのぎの避難所にすぎない。

大戦は休戦状態になり、いま進行中の平和交渉では旧態に復すべき大きな力が働いている。いつものような失業、労働や資本の無駄づかい、生産高の制限、虚偽の宣伝、扶養階級による贅沢品の浪費、庶民の窮乏状態への回帰といったことが生じている。変わり目があるとしても、「強欲非道な大規模な帝国主義から、これまでと同じように企業あるいは特権的既得権に貢献する小規模の二流帝国主義へ」の変化にすぎない。

（G）第七章の「自己主張と他者の尊重」（Live and Let Live）では、くりかえしつぎのことが述べられている。王権神授も国家神権も国内外の一般庶民を犠牲にするものであり、下層社会に何ら実質的便益をもたらさない。利益は扶養階級または既得権階級のものとなり、その費用は庶民が負うことになる。

産業の新秩序は国家的差別や国家的野望とは相容れない。しかし、現代の大企業はそれらを必要としている。そこに大きな矛盾がある。

新産業秩序の進展のために、国家的野心やその背後にある既得権を放棄するなどといった改造計画は、「経済秩序の打倒、国富の破壊、産業の解体、貧窮と流血そして悪疫への道として」非難されるだろう。旧秩序への回帰が大々的に唱道されている。旧秩序を懸命になって復興させようとしている者からすれば、「ボルシェビズムは脅威だろう」が、アルメニアからやってきた旅行者は「誰にとっての脅威なのか」と尋ねるだろう。

（H）第八章の「既得権と庶民」では機械時代の社会階層の分化が論じられている。

いまの経済体制の基礎にあるのは、自由な契約と私有財産の保全を中心とする機会均等、自助の権利など近代的観点あるいは見地といわれるものである。それが「自己主張と他者尊重」のルールである。

しかしいまや、その実態は大きく変化し、現行体制は「巨万の富の所有者の意のままになっている」。一八世紀的な近代的観点を構想した識者たちは、こうした現在の姿を想像さえしなかっただろう。

いまの新秩序は「法人財務、大資本主義、世界市場をもたらした」。ここでは、法人企業が産業を支配する。その結果、社会は基本的に扶養階級と下層階級あるいは庶民に分化してしまう。その自覚を妨げているのは一八世紀的原理という根強い思考習慣である。たとえば農民や農業労働者、職工や鉱夫、木材切出人、小売商などは既得権階級の埒外におかれていることを理解できないでいる。要するに、一般庶民の感情は「古き良き」一八世紀的原理からいまだに解放されていない。

くりかえしいうように、「既得権とはタダで何ものかを取得することができる合法的な権利」（A vested interest is a legitimate right to get something for nothing）を意味している（Veblen, 1919a: 161, 169, 訳 115, 120）。その既得権をもつ上流階級に含まれるのが地主や紳士階級、牧師（clergy）、武官などであり、副次的あるいは従属的な既得権階級には牧師（clergy――こちらにも「牧師」という表現がある）、軍人、裁判官、警察官、弁護士などが含まれる。そして、「自発的に庶民を代弁するようなふりをしている」準既得権者としてＡＦＬの組合幹部[13]がいる。

農民は庶民的存在だが、精神的あるいは感情的には既得権階級に近い伝統派に属している。独立農民もカントリー・タウンの小売業者も伝統に執着しているが、かれらの生活実態[14]は庶民と変わらない。一般的にいって、農業には無形資産はない。

いまでも既得権階級は一八世紀的原理に執着しているが、庶民のほうは機械過程の影響に曝され、その旧来の原理から次第に離れ、着実に機械論的なものの見方、考え方に馴染みはじめたようにみえる。

## いくつかの確認

以上が『既得権と庶民』の骨子である。この作品あるいは連載論文「近代的観点と新秩序」の内容は、『営利企業の理論』（一九〇四年）以降に発表された多くの著書や論文で主張されてきたことと部分的に重なる。いくつかのことを確認しておこう。

第一に、機械時代のいま、一八世紀的な近代的観点の中核をなす所有権は往時の「輝かしい功績」「人類生得の知恵」としての性格を失い、法人企業の「不労所得の所有権」に変身してしまった。その精髄にあるのは暖簾など無形資産にもとづく科学的知識という社会的共通資本の私的「奪取」であり、「入念な能率抑制」「熟慮された無能力」であり、「営業的サボタージュ」である。

第二に、どれほどの規模のサボタージュなのか。戦争の経験から示唆されるのは少なくとも五〇％、最大では七五％にのぼるかもしれない。

第三に、戦争は国家的野心によるものだが、不労所得を手にする既得権階級は国家神権をテコにして、外国も含めてその利権の保全と拡張に躍起となっている。国家政策も強制や不正な手段の行使を厭わない。その意味で国家はこの既得権階級の利権擁護の手段となっている。この国家的野心は科学的知識や機械産業技術に起因するものではない。両者は互いに馴染まない存在である。

第四に、その産業技術の生産力を抑制することで利鞘を得ている既得権階級に機械産業の管理を任せている現状は、戦後の平和秩序形成にあたって再検討しなければならない重要課題のひとつである。いったい、誰に管理させるべきか。金融の総帥ではなく、機械プロセスに通暁した技術者に任せるのがよいというのがヴェブレンの考えだった。

しかし、そうした新たな展望が容易に開けるわけではない。すべてを旧態に引き戻そうとする強い力が働いているからである。せいぜい、強欲非道な帝国主義を小規模な「二流帝国主義」に変えられるだけかもしれない。じじつ、戦勝国の長老政治家たちは「国家の自己決定という至上権を手つかずの状態においておくこと」をめざしているようにみえる。

　こうしたことが大戦終結時におけるヴェブレンの醒めた現状認識であり、現実的展望だった。ひとことでいえば、かれの戦後秩序への期待は微々たるものだった。旧態に復するのか、あるいは一八世紀的な近代的観点の理想主義的改革なのかという『平和論』で示された選択肢でいえば、ヴェブレンの見通しは明らかに前者、つまり旧態に復する戦後秩序というものだった。

　第五に、この『既得権と庶民』では、『有閑階級の理論』（一八九九年）とは違って、現代社会の階級構造は二項対立的に捉えられている。旧中産階級の没落という点に目が行っているためか、組織労働者の一部が既得権階級に準じる存在になっていると見ているせいか、あるいは庶民のなかに機械論的思考習慣あるいは科学的知識があまり浸透していないという現状理解のためかもしれない。

　ところで、ヴェブレンは戦後の平和的秩序のあり方についていかなる展望を描いていたか。すでに『既得権と庶民』のなかでも一部素描されていたが、戦争の原因あるいは恒久平和の条件づけという観点からみて、大きく分けて三つの問題群があった。

　まず、パリ講和会議の性格づけとその評価がひとつ。つぎに、それに関連してロシア革命（以下、ボルシェビキ革命をさす）あるいはボルシェビズムに対するヴェブレンの見方とかれへの影響を、『技術者と価格体系』にふれながら検討してみる必要がある。さらにもうひとつ、かれの高等学術に関する議論を取り上げよう。営利原則がアメリカの大学経営に浸透することによって無垢な好奇心と製作者本能にもとづく科学的知識の探究が疎かにされ、恒久平和の条件づくりが劣化しているというのがヴェブレンの見方だったからである。

## 第三節　パリ講和会議の性格と評価

講和会議はその構成主体という意味でいうと、連合国側だけの予備会談と中央（中欧）同盟側を加えた講和会議という二段構えの構造になっていた。それまでの国際慣例とは異なり、まず戦勝国だけが集まって講和条件を決め、それをドイツなどに通告するという手続きがとられた。

戦勝国の代表が集まって第一回総会がフランス外務省で開かれたのは一九一九年一月一八日だった。その日が選ばれたのは、かつて普仏戦争に勝利したプロイセン王のヴィルヘルム一世がヴェルサイユ宮殿で盛大な戴冠式を行なってドイツ皇帝に即位したのが一八七一年一月一八日だったからである。すでにそのことのなかに、フランスの長老政治家と国民の復讐心を伴う熱い思いをうかがい知ることができる。

この講和会議を理解するためには、一方で休戦交渉の経緯を知る必要がある。そのなかに事実上講和のための条件が含まれており、したがって休戦協定にいたるプロセスが和平交渉そのものだったからである。他方、第一回総会から半年ほど経った六月二八日、ヴェルサイユ宮殿で講和条約が調印された。しかし、さらにそれから半年以上にわたって講和会議は継続された。いくつもの検討事項が残されていたからである。

## 休戦協定から講和会議へ

ごく簡潔に、休戦協定締結にいたる経緯についてみておこう。連合国側との休戦協定が結ばれたのはブルガリア（一九一八年九月二九日）が最も早く、ついでトルコ（一〇月三〇日）、オーストリア＝ハンガリー（一一月三日）、そしてドイツ（一一月一一日）という順序だった。

このうち、ドイツおよびオーストリアとの休戦交渉は、ウィルソン大統領が一九一八年一月八日、すでにみた調査チームによる検討結果を踏まえて上下両院議員総会で行なった年頭一般教書「和平のための一四箇条の原則」（以下、「一四箇条」という）という演説が重要な契機となった。[15] イギリス、フランス、イタリアはこの「一四箇条」の提案に対して歓迎の意を表わしたが、ドイツやオーストリアの反応は必ずしも芳しいものではなかった（守川、1983: 84-88）。しかし、その「一四箇条」がその後の休戦交渉の重要な足がかりとなった。

この「一四箇条」を列挙したあと、とくにドイツを念頭に浮かべながら、ウィルソンはつぎのように語りかけた

——、

「吾人は毫も独逸の大を嫉視し、之を陥害せんとする者に非ず。吾人は独逸の歴史を光明ならしめ、瞻仰の焦点とならしめたる燦然たる学術、及盛名、若くは平和的計画を、独逸に承認するに吝ならず。若し独逸が正義の条約を締結し法律を制定し、公平なる処置を行ひ、吾人及世界の、他の平和を愛好する人民と共に和衷協同を欲するならば、吾人は武器を以ても又敵対的商業協定を以ても、独逸と戦はん事を希望せず。吾人が独逸に希望するは、吾人の現下棲息せる新世界諸国民の間に於て、支配者の地位に立つに非ずして、平等の地位を得ん事是れ也。吾人は腹蔵なく言はざる可らず。独逸の代表者が、吾人に対し主張する時に当りては、彼等は何者を代表するか、帝国議会の多数党を代表するか、軍閥を代表するか、帝国主義的領土蚕食主義を信条とする人々を代表するか、吾人は独逸の正当なる処分を為す予備として、之を知らざる可らず。

以上吾人の陳べたる戦争の目的は、頗る具体的にして、強いて疑問を挾む余地なしと信ず。予の描出せる全計画を通じて、明瞭なる原則一貫せり。即ちそは総ての人民及民族に対する、正義の基礎並に平等と自由と安全を以て、生活する原則にして夫等人民及民族が、強大なるか、劣弱なるとを問わざる也。此原則が同計画の基礎とせらるるに非ざれば、国際的正義の組織は、如何なる部分と雖も、存立する能はず。彼等は此原則を擁護せんが為めに、彼等の生命、名誉及其所有する一切を挙げんとしつつあり。人間の自由を擁護せんとする、最極最後の戦争の道徳上より見たる頂点は来たれり。今や、彼等の力、彼等自身の最高の目的、誠心及熱情は、此試験に供せられつつある也」と（中川、1920: 131-133. 中川竹三[16]の訳文による。ただし、旧漢字は新漢字に改めている）。

ところで、ブルガリアとトルコが連合国側と休戦協定を結び、中央（中欧）同盟のゆくえが明確になった一九一八年一〇月四日（したがって、キール軍港での水兵反乱の一ヵ月前）、ドイツ政府はスウェーデンを介してウィルソン大統領に書簡を送り、和平交渉に入る用意があると伝えた。その文面には、「独逸政府はウィルソン氏の本年一月八日、国会に対する教書及び最近の陳述、特に九月二七日の演説を講和交渉の基礎として、右計画（和平交渉のこと）に着手すべき事を承認す。独逸政府は此後に於ける流血の惨事を避ける為め、此手段を執れり」（中川、1920:

54-55）とあった。

これが出発点となり、ウィルソンとの何回かのやりとりを経てほぼ一ヵ月後の一一月一一日、連合国側とドイツとの休戦協定が締結された。その協定には、第一に西部戦線に関する条項（全一一項）、第二にドイツ東方国境に関する条項（全五項）、第三に東部アフリカに関する条項（全一項）、第四に一般的条項（全二項）、第五に海上に関する条項（全一六項）、第六に休戦期間（三〇日）、第七に回答期限（七二時間以内）が書き込まれた。いずれも停戦、撤退、武器や軍事物資の破棄や引き渡し、俘虜や非戦闘員の帰還などに関することがらだった。


しかし、ウィルソンのリーダーシップが発揮されたのはこれら休戦交渉だけではなかった。かれは「憲法上の慣例を破り、議会の反対を斥けて」、大統領みずから講和会議に出席するため渡欧した。

パリでの講和会議に先立って、ウィルソンはパリ（一九一八年一二月一四日）に入り、ついでロンドンに向かった（二六日到着）。パリでは大統領ポアンカレ、首相クレマンソーはもちろんのこと、パリ市民からも大歓迎された。ロンドンでもジョージ五世以下、同じような歓待ぶりだった。しかしフランスとは違って、首相ロイド・ジョージ、外相バルフォアらとウィルソンは長時間の会議をもった。一二月一七日のことである。協議の結果、国際連盟の創設についてイギリスの支持を取りつける代わりに、「一四箇条」の第二条にある「海洋自由主義」を削ることになった。

このロンドン協議からも示唆されるように、講和会議に望む連合国の各国政府は同床異夢とはいえないまでも、それぞれの狙いと思惑があった。イギリスの関心は海上と運河の支配、地理的には中近東にむけられていた。フランスは連合国のなかでもロシア革命への反発が強く、ボルシェビズムの勢力拡大を深く憂慮していた。そしてなによりも、ドイツに対する徹底した報復的制裁を当然視していた。そのなかにはアルザス＝ロレーヌ両州の返還、巨額の賠償請求などが含まれていた。イタリアの最大の関心はイタリアの民族的統一を達成することにあり、日本の最大の要求は山東半島の利権獲得にあった。

これらに比べれば、戦争で巨額の債権国となったアメリカの最大の関心は植民地の再分割や賠償問題にはなく、強いていえば、「一四箇条」にもある国際的機関（国際連盟）の創設にむけられていた。

## 講和会議点描——国際連盟・ロシア革命・賠償問題

すでにふれたように、一九一九年一月一八日、パリ講和会議がはじまった。ポアンカレ大統領の開会宣言のあと、クレマンソー首相が議長に選ばれ、予備的会合の合意にもとづいて一五項目からなる議事進行の手続きが承認された。

しかし全体としてみると、パリ講和会議とはまことに不可思議な会議だった。一九一九年六月二八日、ヴェルサイユ宮殿でドイツとの平和条約（ヴェルサイユ条約と呼ばれる）が締結されると、ウィルソン大統領もロイド・ジョージ首相もオルランド首相もこぞって帰国してしまった。第一次大戦にも似て、この会議は当初は数週間（大戦の場合はせいぜい数ヵ月）で終わると思われていたが、五ヵ月以上もかかってようやくドイツとの平和協定の締結に漕ぎつけるという緩慢な進展ぶりだった。ウィルソンもロイド・ジョージも国内政治を優先させなければならない事情があったし、最優先課題についてそれぞれ見通しがついたという安堵感があったのかもしれない。しかし、実際には懸案事項が多く、一九二〇年一月二〇日（ヴェルサイユ条約発効および国際連盟発足の一〇日後）まで講和会議は継続された。それでも賠償問題ひとつ「解決」することができなかった。[17]

そこで以下、多くのテーマのなかから国際連盟、ロシア革命、賠償問題という三つの素材にしぼって、この講和会議の模様を垣間みておくことにしよう。

## 国際連盟と恒久平和

ウィルソン大統領のリーダーシップについてはすでに言及したが、かれの国際連盟構想はその理想主義にもかかわらず（あるいはそれゆえに）、イギリス側の老獪な政治手腕によって換骨奪胎されただけでなく、アメリカ国内の強い批判にも曝され、モンロー主義的条項を書き込まざるをえなかった。アメリカはみずから生み落とした国際連盟に加盟しなかったばかりか、議会の反対にあってヴェルサイユ条約を批准することさえできなかった。[18]

この国際連盟の創設については第一回総会での決議を踏まえて、一九一九年一月二五日の第二回総会でその草案が審議された。その際、ウィルソンは「ここにわれわれが集ったのは永遠に維持すべき平和を保障するため」であり、「その恒久平和のためには国際連盟の設立こそが必要不可欠であり、喫緊の課題である」と宣言し、さらにアメリカ合衆国が今次大戦に加わったのは、「ヨーロッパの政治に介入しようとか、アジアあるいは他の地域の政治に干渉しようとするためではなく、(中略)人類の正義と自由のためである」と高らかにその理念を謳い上げた。そしていくつかの紆余曲折のすえ、ヴェルサイユ条約の第一章に国際連盟憲法条項が書き込まれることになった。

しかし、ここでふれておく必要があるのは、ヴェブレンも大いにこだわった恒久平和という言葉についてである。というのは、アメリカの優れたジャーナリストであり、ウィルソン大統領に同行、パリ講和会議でも取材したL・ステファンズ(Lincoln Steffens: 1866–1936)がその『自伝』(一九三一年)のなかでつぎのようなエピソードにふれているからである。その輪郭を摘記すると、つぎのようになる。

一九一九年一月一八日の第一回総会以後、日本を除く四首脳(ウィルソン、クレマンソー、ロイド・ジョージ、オルランド)による非公式会談が何回かもたれたが、その三日目(一月二一日)の午後、クリロン・ホテルにあるアメリカのプレスルームにふたりのフランス人記者が飛び込んできた。

かれらは確かめたいことがあると切り出した。「クレマンソー首相がウィルソン大統領の恒久平和論に噛みついたというが、なにか知っているか」といった。私もそこにいた他のアメリカ人記者も「いや知らない。どういうことだ」と聞き返した。

フランス人記者のひとりがクレマンソーの口真似をしながらこう語った――、「諸君、もっと突っ込んだ話をするまえに、ひとつハッキリさせておきたい非常に重要なことがあります。私のみならず、すべてのフランス人が永久に戦争をなくしたいと願っています。しかし私もすべてのフランス人も、いったい恒久平和とは何かについて知りたいと思っているのです」。その場にいたすべての首脳がうなずいた。

クレマンソーはさらにつぎのように続けた――、「本当に恒久平和なのですね。結構でしょう。われわれは恒久平和を実現することができます。（しかし）いつだってあなた方もわれわれの隣国も戦ってきたのです。フランスがその戦場になり、その都度フランス人も軍人の数も減ったのです。いつになっても戦争が終わらないとすれば、いつかきっとフランス人はいなくなってしまうでしょう。真の平和を一番求めているのは、大統領閣下、遠く離れたアメリカでも、またロイド・ジョージ首相、島国で安全なイギリスでもなく、このフランスなのです。しかしわれわれフランス人は、あなた方やわれわれの友人、あるいは近隣諸国が本当に恒久平和を願っているのか、大統領閣下、信じられないのですよ」。

こう切り込んだクレマンソーに対して、ウィルソン大統領もロイド・ジョージ首相も、またオルランド首相も口々に恒久平和を強く願っていると答えた。そこでクレマンソーは憮然とした表情でこう問い質した――、「そうですか。では、恒久平和のためのコストがどれほどのものになるか、みなさんは計算しておられるのですね」。首脳たちは一瞬躊躇して、「コストかね」といった。クレマンソーはさらに続けて――、「もしわれわれが二度と戦争はしない、戦争を放棄するというのであれば、われわれは帝国としてのすべての希望を捨てなければなりません。ロイド・ジョージ首相、イギリスはたとえばインドから、われわれフランスは北アフリカから、そして大統領閣下、アメリカはフィリピン、プエルトリコ、キューバ、メキシコから出て行かなければなりません。そうなれば、その地に足を踏み入れるのは旅行者や商人としてということになります。もはやそれらの地を支配したり開発したりすることはできませんし、交易ルートの拠点も占有地もなくなります。関税障壁は全廃され、世界に開かれた自由貿易と自由通行ということになります。恒久平和の実現にはこうしたコストがかかるのです。その費用は膨大なものになるでしょう。それでも、フランス人は恒久平和のためのコストを払う用意があります。しかし、みなさんはいかがですか」と。

大統領や首相たちはこぞって、「いや、そこまでいうつもりはないし、そんな必要はないだろう」と答えた。すると、クレマンソーはすっくと立ち上がり、机を拳で一叩きしてから、「そうですか、みなさんが望んでいるのは平和ではなく、戦争なのです。それでは、フランスも戦争の準備をすることにします。われわれは隣国のひとつ（ドイツ）を打ち倒しましたが、息の根を止めなければなりません。つぎの戦争の用意をすることにしましょう」と言い放った[19]——、というのが、そのフランス人記者から聞かされた話だった、とステファンズは書いている（Steffens, 1931: 780-782）。

ステファンズは、聞かされた話の真偽のほどは分からないとしたうえで、クレマンソー周辺の誰かが意図してアメリカ人記者にこうしたゴシップを流し[20]、なにが起きるかをみていたのではないかと推論している。

ともあれ、このゴシップが広がることで恒久平和についての連合国首脳の考え方が浮き彫りになったことは否めない。とりわけウィルソンとクレマンソーの「違い」が鮮明になった。このエピソードは「ヨーロッパの救世主」とまでいわれたウィルソン大統領の「典型的な失敗[21]」を示唆していた。

ここに出てくるクレマンソーの「それでは、つぎの戦争の用意をすることにしましょう」というくだりは、のちにみるパリ講和会議とヴェルサイユ条約に関するヴェブレンの見方と共鳴するものであり、まことに興味深い。

### ボルシェビズムの脅威

講和会議の実質的な討議は一月二〇日以降、いわゆる一〇人委員会（五大国から首脳級の各二名の委員で構成）ではじまった。

象徴的なことに、そこで最初に取り上げられたのはロシア革命であり、ボルシェビズムについての現状認識だった。それに数日が費やされた。フランス駐ロシア大使、デンマーク駐ロシア公使などからの報告を踏まえた討議が行なわれ、その結果、ロシア革命に関わるすべての党派代表を一堂に集めてそれぞれの意見を聴取し、何らかの協定を結ぶというウィルソン大統領の提案（いわゆる「プリンキポ島会議」の開催）が採択された。しかしボルシェビキ以外からは不参加の回答が寄せられ、会議は実現しなかった。その後も折に触れて、ロシア問題が一〇人委員会での議論の俎上にのぼった。二月一五日の会議では、ボルシェビズムの影響がドイツに及ぶとの懸念が表明され、レーニンらを敵視する発言が相次いだ。ウィルソン大統領の代理として出席したハウス大佐もボルシェビキに対する軍事行動の必要を説いた。

「一四箇条」で示された「甘い」認識はすっかり色褪せ、イギリス、フランスなど連合国側のボルシェビズムに対する敵対意識と警戒心が強まった。一九一九年三月、アメリカは秘密裏にレーニンと接触し、レーニンの「和平」提案まで引き出したが、連合国内の対ボルシェビキ強硬派あるいは武闘派によってその提案は握りつぶされた（守川、1983: 255–259）。

しかし、三月二一日、モスクワ帰りのベラ・クンによるハンガリー革命が成功し、社会主義政権が樹立されたことはパリの連合国首脳に大きな衝撃を与えた。その後、同年八月四日にはルーマニア軍がブダペストを占領し、ベラ・クン政権は崩壊したが、それでボルシェビズムの脅威が解消したわけではなかった。

講和会議を首尾よく進行させるためにもドイツ政権の「安定」が必要だった。しかし、一九一八年一一月のドイツ革命によって政権の座についた社会民主党党首F・エーベルトらの存立基盤は脆弱だった。K・リープクネヒトやR・ルクセンブルクが率いる「ボルシェビズムを鼓舞しようとしている」スパルタクス団が各地で大きな勢力をもっていた。こうしたなかで、エーベルトは右顧左眄しながら、一方で「一四箇条」に賛意を表し、他方でフランスの厚顔無恥で不当な振舞いを批判し、ワイマル共和国にとってのボルシェビズムの脅威を示唆しつづけた。

じっさい、ドイツ国内におけるボルシェビズムの影響は無視できないものになっていた。さきのスパルタクス団のほかにも、戦争中から「革命的指導者」（オップロイテと呼ばれる）といわれる一派がロシアと連携してドイツ革命の機会を探っていたし、ドイツ革命の引き金となったキール軍港での水兵反乱事件の直後には、水兵と労働者が合流して「労兵評議会」（ロシアではソヴィエト、ドイツではレーテ［Röte］という。ただし、ソヴィエトを労兵評議会と訳したのではその含意が見失われてしまうかもしれない）を組織、それが契機になって瞬く間にドイツの主要都市でレーテ[22]が結成された。

ともあれ、中川竹三によれば、パリの講和会議においてロシア革命あるいはボルシェビズムの影が消え去ることはなかった。かれはつぎのように記している――、「世界は独逸のミリタリズムを仆して、新に露国のボリシビズ《ママ》ムを迎えた。今や列強は此勢力を無視して国家を維持する事の極めて困難なるを覚り、如何にして之と調和し得るかに腐心せねばならぬ時代となった。（中略）講和会議の全局は彼等に依って支配されたのである。随って露国問題の解決せざる間は、講和会議は未だ其過程に在るものと観なければならぬ」（中川、1920: 5-6）と。この点、ヴェブレンがどうみていたかについてはすぐあとにふれよう。

## 賠償問題とケインズの『帰結』

フランスやイギリスにとって賠償問題は決して蔑ろにできない重大事案だった。ベルギーもフランス同様、ドイツやオーストリア軍に蹂躙され、国土は大いに荒廃していた。他方、アメリカは参戦から休戦までのあいだに、イギリス、フランス、イタリアなどを中心に総額八一億七二〇〇万ドルにものぼる借款を行なっていた。(23)このこともあってアメリカの賠償問題への関心は薄く、賠償は一般戦費に対してではなく、国際法違反行為に関するものに限定すべきだという「無賠償主義」の立場をとっていた。

ヴェルサイユ条約第八章が謳っていたのは、損害賠償の金額は賠償委員会がその調査結果（ドイツ政府に弁明の機会を与える）を踏まえて決定し、その支払いは一九二一年五月一日からの三〇年間とすること。賠償委員会はドイツ政府の支払い能力と原資について考慮すること（第二三三条）。しかしそれとは別に、連合国側諸国における経済・産業基盤の速やかな復興のため、一九一九年、一九二〇年、一九二一年（前半四ヵ月）に分けて総額二〇〇億金マルクを支払うこととし、その物資（金、船舶、有価証券など）と方法は賠償委員会が決定する（第二三五条）ことなどであった。

けれども、賠償金額の決定までには想像をはるかに超える長い時間を要した。一九二〇年四月から翌年四月までの一二回の賠償委員会、二〇年六月のブローニュ会議、翌月のスパー会議、二一年の二回にわたるロンドン会議を経て、ようやく二一年五月五日、総額一三二〇億金マルク、三〇年間の分割払い、そして外貨建て払いなどが決定

されたからである。(24)

しかし、これで賠償問題が片づいたわけではない。戦後の激しいインフレがドイツを襲い、政治情勢も不安定なものとなったことなどを背景にして、一九二四年四月にはドーズ案、一九二九年六月にはヤング案が提示され、賠償金総額は一〇九六億金マルク、五九年分割払いなどとなった。ドイツ国内ではこのヤング案をめぐって国論が二分され、批准までは漕ぎつけたものの、その直後の大恐慌の発生、ナチスの台頭（直接的契機のひとつがヤング案）によって事態は混乱を極め、三三年七月にはドイツ政府は支払いの一時停止を宣言した。そして第二次大戦後の一九五三年になって、西ドイツ政府はロンドン債務協定を結んで戦前の債務支払いを約束したが、それが実行されたのはドイツ再統一後の一九九〇年一〇月のことだった。二〇一〇年一〇月現在、債務の約九割が支払われたが、残る債務がどうなるか、未だ決まっていない。というように、第一次大戦のドイツに対する賠償問題は現在まで尾を引いており、まもなく一世紀を迎えようとしている。

ところで、この賠償問題については、ケインズの『帰結』と『条約の改正』（一九二二年）での議論がよく知られており、ケインズ自身書いているように、とくに『帰結』はイギリスのみならず、国際的にも大きな影響を与えた。ヴェブレンが『帰結』を書評していることもあり、ここでその内容に一瞥を与えておこう。

ケインズは『条約の改正』で『帰結』の要点にふれて、「（1）連合国が期待しているドイツへの請求額は支払不可能なものであること、（2）ヨーロッパの経済的連帯性はきわめて緊密であるから、このような請求額を強行しようとする試みはすべての人を破滅させるであろうということ、（3）フランスやベルギーにおいて敵国によって加えられた損害の貨幣額には誇張があるということ、（4）われわれの請求額の中に恩給と諸手当とを含めることは信義に反するということ、（5）ドイツに対するわれわれの正当な請求額は、ドイツの支払能力の範囲内にあるものであるということ」（Keynes, 1919: 69, 訳 78）の五つを挙げ、これが『帰結』の主要な論点だったと記している。

このように、ヴェルサイユ条約にもとづいて賠償委員会が算出した賠償額は、ドイツに対する不当かつ過大な請求であり、単に支払不能であるばかりか、ヨーロッパ経済を深く傷つけるものでもあり、「二〇億ポンドというのがドイツの支払能力の安全な最大限の数字」（Keynes, 1919: 126, 訳 157）であるというのが『帰結』の結論だった。

しかし、賠償問題もさることながら、『帰結』で注目したいのは第六章「条約後のヨーロッパ」の冒頭にあるつぎのような認識と判断である。

ケインズはヴェルサイユ条約が抱える基本的問題についてつぎのように書いている。すなわち、「平和条約はヨーロッパの経済的復興のための条項を何一つとして含んでいない――敗れた中央ヨーロッパの諸帝国を良き隣人とするための条項を何一つ含んでいないし、ヨーロッパの新興諸国家を安定させる条項も何一つ含んでいないし、ロシアを済度するための条項も何一つ含んでいない。またそれは連合国自体のあいだの経済的一体性の盟約をいささかも促進するものではない。パリでは、フランスとイタリアの混乱した財政金融を再建するための何の協定も成立しなかったし、また旧世界の体制と新世界の体制とを調整するための何の協定も成立しなかった」。つまり、ケインズからみれば、戦後ヨーロッパの経済再建問題はパリに集った四巨頭（クレマンソー、ロイド・ジョージ、ウィルソン、オルランド）の関心の外に置かれたままである。しかし、いまわれわれは「あらゆる資力と勇気と理想主義」をもって防がなければならない危機に直面している。ヨーロッパ諸国の人びとの生活水準が低下し、「一部の人びとにとっては実際の飢餓を意味する点（ロシアがすでに到達し、またオーストリアでもほぼ到達しかかっている点）にまで急激に低下」しているという生活の危機がある。こうした厳しい状態[25]が続けば、無気力と狂気の絶望感が蔓延し、ついには「文明それ自体をも埋没させてしまうかもしれない」（Keynes 1919: 143-144, 訳 178-180）。

したがって、ケインズからすれば、いますぐにでも取り組むべき四つの課題がある。第一にヴェルサイユ「条約の改正」、第二に連合国相互間の債務の清算（棒引き）、第三に国際借款と通貨改革、第四に中央ヨーロッパとロシアの関係（修復）の四つである。そしてかれは、そのそれぞれについて具体的な提案を行なっている。

ここでは、ごく手短に最後のロシア問題に絞ってふれておこう。ケインズからみれば、ロシア情勢の詳細について「信頼すべきことをほとんどなにも知らない」。しかし、ヨーロッパの経済復興との関連でいくつか注目すべき点がある。

パリに集まった首脳たちはひとつのディレンマに直面していた。かれらは、一方でボルシェビズムの成功がドイツに波及してくることを恐れている。それを食い止めるためには、ドイツの反動勢力に依存するしかない。しかし、かれらの復活は「ヨーロッパの安全保障への脅威であり、勝利の果実と平和の基礎を危険にさらすもの」である。その意味でドイツ反動勢力を頼りにすることはできない。

しかし、ケインズからみれば、そうした政治情勢と判断がどうであれ、ひとつの抜き差しならない問題がある。ヨーロッパおよびアメリカの小麦など穀物生産の見通しからすると、ヨーロッパにおける穀物供給が大いに不足する可能性がある。それに伴う混乱を回避するためには、一方でロシアからの穀物輸入のルートを確保すること、他方ではドイツの経験と知識を動員してロシアの農業生産力を回復させることが重要である。じっさい、ドイツにはこれまでロシアの農民を支援してきた大きな実績がある。

そうした観点からすれば、連合国のロシア封鎖（一九二〇年一月一六日に解除）は「愚かな近視眼的措置」だった。問題は後者のドイツに期待する役割である。ケインズはいま連合国がとるべきロシア政策として、ひとつはドイツの対ロシア不干渉政策を積極的に受け止め、それを継承すること、したがってロシア封鎖といった愚挙に出てはならないこと、これがひとつ。もうひとつはドイツを鼓舞して、「ドイツをふたたびヨーロッパにおけるその東方および南方の隣接諸国のための富の創造者、組織者の地位につかせようではないか」（Keynes, 1919: 187, 訳 230）とケインズは訴えている。

要するに、賠償請求額の妥当性や返済可能性といった見方だけでなく、ヨーロッパ経済の再興という観点からもドイツ賠償問題を考えていく必要がある、というのがケインズの主張だった。

## 講和会議と平和条約についてのヴェブレンの理解

では、ヴェブレンはパリ講和会議やヴェルサイユ条約をどうみていたか。

さきの論文リストでいえば、⑮「平和」（Veblen, 1919f［1934］）が直截に平和条約に対するヴェブレンの見方を伝えている。その骨子はつぎのとおりである。

いまヴェルサイユ条約に対する批判が喧しい。しかしそのほとんどは饒舌で不毛なものである。他方、条約を締結した側にも熱情的確信などなく、どこか疑心暗鬼で心許ない。それでも、三大陸の列強が政治的英知を結集して五ヵ月を費やして戦争回避の方法を探った最良の成果がヴェルサイユ条約である。

とはいえ、この最良の文書には大きな欠陥がある。「平和条約は一九世紀の帝国主義のイメージで作られた政治的文書であり、現実政治（Realpolitik）の道具である」（Veblen, 1919f［1934: 415］）。それは徹頭徹尾、政治的な文書である。

この条約の欠陥はポイントを外しているところにある。ポイントはあらゆる手段を駆使して戦争を回避することだが、その戦争は政治的現状から不可避的に生じるものなのだ。ところが、条約は新たな政治的装置によってその現状を再構築しようとしている。その現状は「商業化された国家主義」（commercialized nationalism）ということができる。長老政治家たちのあいだでは、それを超えた政治的目的や方法など考えられない。条約は一九世紀の政治的伝統の最良かつ最高の達成である。そこに充満しているのは中欧の帝国主義的精神ではなく、中期ヴィクトリアのリベラリズムの精神である。その精神を代表しているのがアメリカであり、アメリカ大統領である。したがって、現状の再構築とは精神的には旧秩序の復活ということになる。

けれども、現代の産業システムとこの旧秩序とは馴染まない。そのシステムは国境を超えて密接に編み上げられたひとつの機械システムをなしている。それを分断すれば、全体の産業効率が大きく損なわれる。しかし、ヴェルサイユ条約は「国家の自己決定」（self - determination of nations）という考え方に立脚している。そればかりでなく、商業的あるいは金融的既得権を重視することによって生産を支配し抑制しようとしている。条約は既得権を弱めようとしていない。つまり商業化された国家主義を擁護し、それを再建しようとしている。

中期ヴィクトリア的な政治的伝統から自由な立場にたってみれば、恒久平和のためには既得権を停止あるいは弱化する必要があり、産業管理は産業システムのニーズを熟知した生産技術者や熟練フォアマンに委ねる必要がある。

しかし、秘密会議を重ねて条約を作成しているお歴々のなかにこうした人びとは含まれていない。(26)

このように、ヴェルサイユ条約は商業的国家主義にそった現状墨守をもっぱらとしており、戦争の誘因を取り去ろうとしていないという意味でポイントを外している、というのがヴェブレンの見方だった。

もうひとつ、ヴェブレンの講和会議についての見方にふれておこう。ヴェブレンが『ダイヤル』誌の編集者を辞めたのはドイツとの休戦協定から一年ほどしたときだった。その頃、かれは同誌の第六七巻第三号（一九一九年一一月一五号――したがって前衛的な政治雑誌としては最後から二番目の号）に興味深い社説を書いている（Veblen, 1919j [1934: 459-461]）。その骨子はつぎのようなものだった。

この一年間の平和は休戦後の特別な性格をもっていた。落ち着きがなく、信用などできない、薄明かりの平和にすぎないものだった。この一年は警告や非難、陰謀や敵意に満ち、戦火や飢饉、疫病から身を守ろうとする、だからまだまだ軍事行動や残虐行為のために多額の資金が投入された特異な時期だった。紛争と軍備、国際法違反、倒産といったことが増え続けた一年でもあった。

平和交渉にあたった長老政治家たちはなにがどのように話し合われているのかを明らかにしなかった。その性急で未熟な交渉はドイツなど中央（中欧）同盟側と妥協を重ね、ドイツの軍事組織の崩壊を回避するのに懸命だった。かつて「ランズダウンの手記」（Lansdowne Letter）(27)によって最初に公言されたように、外形は民主的体裁（ワイマル共和制）を施すとしても、実質的にはドイツの軍事体制を温存すること、それだけでなく旧態に復して所有の既得権と階級支配を存続させ、共通の敵に対すること、これこそ長老政治家たちの願いであり、また目的だった。

もちろん、かれらがいう共通の敵とはボルシェビズムのことであり、帝政ドイツを土塁にしてボルシェビズムの西欧世界への侵入を防ぐこと、ドイツの軍事力によってソヴィエト・ロシア内外に広がるボルシェビズムを殲滅することが当面の課題である。したがって、こうしたかれらの思惑が現実のものなるかどうかは別の問題としても、中央（中欧）同盟の破壊は喫緊の目的にはならない。

このように、ヴェブレンの講和会議についての見方は鮮明なものであり、パリ講和会議の帰趨が曖昧なのはこうした長老政治家の思惑によるものだと考えていた。

要するに、ボルシェビキ革命の影響を見失っては講和会議の経緯も本質も捉えることができないというのがヴェブレンのゆるぎない見解だった。

## ケインズ『帰結』の書評

このようなパリ講和会議やヴェルサイユ条約についてのヴェブレンの見方を念頭におきながら、かれのケインズ『帰結』についての書評を読んでみよう。ヴェブレンの論旨はつぎのようなものだった。

この『帰結』はいまの状況ではなく、一年前の時点での（したがって、この数ヵ月の出来事によって追い越されてしまった）将来見通しを記述した部分が多い。しかし、外交と金融政策に通暁した著者（ケインズ）は冷静かつ公正な態度で分かりやすい議論を展開している。

けれども、ケインズのように明敏で絶好の立場にいた者が、ヴェルサイユ条約をこれからも交渉が続いていく将来にむけた戦略的議論の出発点としてではなく、最終的結論と受け止めているのは不思議なことだ。

ひとことでいえば、「平和条約は互いに国際的警戒心を保持したまま、旧態を再構築しようとするものである」(Veblen, 1920a: 468 [1934: 463])。ヴェルサイユ条約にせよ国際連盟にせよ、その外交的言辞に込められていたのは列強の長老政治家たちの政治的策略であり、帝国主義的拡張への意欲だった。そのことは一年前のケインズにもよく分かっていたはずだ。しかし、かれはその事実を直視せず、思慮深い市民の一般的態度に甘んじている。そのため、かれの議論は条約文に関する誠実かつ高度に知的なコメントに終始している。

この数ヵ月のうちに明らかになったことは、国際連盟もそうだが、平和条約の列強結束的な中心条項といえば、それは明記されていないが、ソヴィエト・ロシアの抑圧ということだ。この肝心な点についてケインズは一言もふれていない。しかし、なによりもロシア・ボルシェビズムを押さえ込むことが最優先だという長老政治家たちの強い思いがあって、この平和条約が結ばれたことは明らかである。それがかれらの唯一の共通課題だった。ケインズからすれば、ボルシェビズムの抑止という課題は当然のことだったのかもしれないが、かれはその点を見過ごしている。その意味で、かれの平和条約についての見方は表面的であるようにみえる。

ボルシェビズムは不在所有制に対する脅威である。現在の政治経済秩序はその不在所有制に依存している。アメリカを含めて、列強の帝国主義的政策は不在所有制の維持と拡大に奔走している。

ヴィクトリア的リベラリズムの精神に依拠したウィルソンの「一四箇条」が提示されたとき、まだボルシェビズムは具体的脅威になっていなかった。しかし講和会議がはじまったころには、ソヴィエト・ロシアがパリの長老政治家たちを惑わせる最も厄介な事実になっていた。それが不在所有制のみならず、ヴィクトリア的リベラリズムとも両立しないことは明らかだった。「財産権の民主主義」(the democracy of property rights) を守るためには、あらゆる手段を講じてボルシェビズムの拡張を封印する必要があった。

ケインズの平和条約に対する表面的な理解がドイツ賠償問題についてのかれの見方を過度に悲観的なものにしている。

あらかじめ予想されたように、ドイツ賠償問題に関する条約は暫定的なものとして規定され、ボルシェビズムの防波堤とするべく、ドイツの反動的体制を復活させる必要があった。ふたつのことが考慮された。ひとつはロシアおよび他の地域におけるボルシェビズムの粛清、もうひとつはドイツにおける不在所有制の保全である。そうした配慮があったからこそ、不在所有制を擁護するドイツ特権階級の自由所得に打撃を与えるような没収を含む賠償金の厳しい取立ては行なわれなかったのであり、またドイツの国や地方の債務支払い拒否を容認した。これらはすべて帝政ドイツの旧態 (the German-Imperial status quo ante) を維持するためだった。ケインズにはそういうことがみえていない。

この書評にケインズが目を通していたかどうか分からない。ともあれ、その延長線上でふれておくべきことがふたつある。ひとつはヴェブレンのロシア革命観であり、もうひとつはかれの技術者ソヴィエト論である。

## 第四節　ロシア革命論と『技術者と価格体系』

ヴェブレンは帝政的王朝国家を葬り去るだけでなく、最終的には「営利原則」「既得権」「価格体系」「不在所有制」（これらの言葉がときに互換的に用いられた）を克服しなければ、恒久平和は訪れないと考えていた。というのも、それらは一方において社会全体の産業効率をめだって低下させ、他方では国家を商業化し、最後は一般大衆を戦争に駆り立てていく可能性をもっているからである。

そうであれば、ヴェブレンがその既得権を破棄し、営利原則を超克しようとする革命的企てに強い関心を払わないわけがない。

### ボルシェビズムの脅威と戦争の準備――ロシア革命の見方

すでにみたように、一九一九年一月からはじまったパリ講和会議に大きな陰影を落としていたのはロシア革命、正確には一九一七年一一月のボルシェビキ革命だった。ヴェブレンはこの点をケインズの『帰結』についての書評でもくりかえし強調していた。そしてさきの論文⑦「再建政策」では、既得権と生活困窮の乖離がロシア革命をもたらしたこと、また『既得権と庶民』の第七章末尾ではボルシェビズムは誰にとって脅威なのかという論点にふれていた。

そこで、はじめにボルシェビズムを取り上げた論文⑫「ボルシェビズムは誰にとって脅威なのか」（Veblen, 1919b［1934］）をみてみよう。その論旨はつぎのようになる。

メンシェビキは少数派をさすが、ボルシェビズムは多数派による支配あるいは統治を意味している。もともと、ボルシェビキは一九〇三年のロシア社会民主党大会で多数派を占めた社会主義者の一派だった。

その「ボルシェビズムは革命的である」。だから、それは既存秩序あるいはそれに密接な関係をもっている人びとにとって大きな脅威となる。じっさい、ボルシェビズムは私有財産、ビジネス、産業、国家、教会、法と道徳、世界平和、文明、人類への脅威であると非難されている。現行の法と秩序の信奉者たちは、一般庶民がボルシェビキ病に感染しないかどうかについて深く憂慮している。

ボルシェビズムには混乱、紛争、欠乏、流血といった負のイメージがつきまとっている。じっさい、革命運動であるボルシェビズムは頑強な反撃にあい、しばしば不幸な結果をもたらした。しかし、その「破壊分子的」企てはみずからの抵抗勢力を排除することによってしか存続できない。

ところで、ボルシェビキ革命は経済革命であり、政治革命的要素は付随的、副次的なものだった。その経済革命は帝政ロシアとその政府のみならず、所有権と営利企業も否定する。そこから、ボルシェビキが誰にとって脅威なのかが分かる。ボルシェビズムが脅威となるのは既得権と特権階級にとってである。穏健なリベラル派のケレンスキー政権も専制政治的特権に対しては否定的だったが、所有に関する既得権まで否定することはなかった。

ボルシェビズムの浸透はその極めて簡潔かつ否定的な観念体系によっている。庶民は新たなことを学ぶ必要はないし、古い観念体系を勉強する必要もない。ただ、古臭い観念をかなぐり捨てれば、それで済む。「庶民は機械産業によってだけでなく、機械的に組織化された生活経験を通じて所有権や階級的特権、自由所得といったことが支持しえないことを訓練されている」(Veblen, 1919b [1934: 405])。ものごとの新秩序を経験するなかで、庶民はビジネスのあり方とみずからの思考習慣を形成している産業的職業のあいだに亀裂が走っていることを実感している。為政者はその亀裂の拡大を恐れているが、両者のあいだに妥協点はない。

既得権階級とボルシェビキの妥協なき闘いの帰結といえば、無秩序、欠乏、流血であり、交通や食糧供給を含むロシアの産業システム全体の崩壊だといわれる。しかし注目すべきは、内外からの激しい抵抗にあっているにもかかわらず、ボルシェビズムの統治が少なくとも一年以上続いていることである。ＡＰ(Associated Press)通信によれば、ボルシェビキの軍事力は国内的に調達されており、その点からもロシア機械産業の全面的崩壊という話は信じがたい。しかも、その産業効率は私益追求のこれまでの経営よりも高いといわれる。ボルシェビキによる鉄道運行についても同じことがいえる。そのうえ、一九一八年の穀物生産も例外的な豊作だった。

ロシア革命によって都市人口が減少した。国外に逃げた者が多数いたからである。他方、都市に残った者には小売業者が多かった。かれらは生産的産業に携わることがなく、その意味で無用な存在である。それはアメリカのカントリー・タウンの商人たち（その一〇分の九は不要な存在）と変わらない。両者の違いといえば、ボルシェビキのロシアでは、そうした商売が成り立たなくなったのに対して、アメリカではかれらの商売が保護されていることである。したがって、「ボルシェビズムは小売業とその業者にとっても脅威である」（Veblen, 1919b［1934: 408-411］）。さらに、ボルシェビキ革命による困難は庶民ではなく、ブルジョワジー、中産階級、実業界、扶養階級のうえにも降り注いだ。ボルシェビズムは内外の既得権階級にとって、たとえば地主、銀行、製造業、小売業など既得権をもつ者にとって脅威となる。しかし、最大の被害者は特権階級ではなく、小売業者なのかもしれない。

そしてロシアの天然資源や企業に投資している外国の企業家や輸出入業者にも累が及ぶ。ロシアの保険業に投資していた者（フランス市民に多いロシア帝国債の所有者）、したがって外国の一般庶民にとってもボルシェビズムは脅威になるかもしれない。その脅威が現実のものとなれば、当該国の政府はかれらの庶民の権益を守るために行動するだろう。

このように、庶民はなにも既得権をもっていないかといえば、そうではない。国内経済に問題が生じれば、最後にそのコストを負担するのはいつでも庶民である。それが歴史の教訓にちがいない。

ヴェブレンはこの論文を発表してから二年後の一九二一年五月、もうひとつの論文⑱「ボルシェビズムと戦争のはざまで」を書いている。そこでのヴェブレンの主張はつぎのようなものだった。

ボルシェビズムは不在所有制にとって脅威である。それは現行の経済秩序と両立しない。ボルシェビズムは現存する法と秩序という「聖霊」に対して罪を犯すものであり、不在所有制を否定する。それだけではなく、ボルシェビズムは「ソヴィエト方式」（the Soviet form）という新しい組織運営のあり方を意味している。ソヴィエトという言葉はニューイングランド時代のタウンミーティングにも似て、「協議」（counsel）あるいは「協議会」（council）

を意味する。(28)

ボルシェビズムをアナーキズムや正統派社会主義あるいは共産主義と同じものだという見方があるが、それは間違っている。いまでは、「社会主義はつまらない古臭い話題」でしかない。「(いまの文明国の)裕福な市民(the substantial citizen)は多くの資産をもつ不在所有者」であり、民主主義的政府はその裕福な市民による裕福な市民のための政治を行なっている。しかしこれに対して、ボルシェビズムは貧しい市民による貧しい市民のための政治をめざしている(Veblen, 1921b [1934: 442-444])。

ところで、文明国の政府は公然とは認めていないが、ボルシェビズムの脅威をなくすためには、つぎの戦争のための準備をすること、戦争への機運を高めていくことが唯一の方法だと考えている。かれらはボルシェビズムという突飛な思想の蔓延を抑えるためには、愛国主義的敵意に訴えることが最善の策だと考えている。そのコストは大きいが、メリットはそれを上回る。

休戦という一時的平和が意味しているのは、軍事力の増大と国家間憎悪の高まり、不断の国家主義的プロパガンダの進行である。不在所有制とそれを支える法と秩序の体制を維持するためには、旧来の思考習慣を回復させ強化していく必要がある。しかし支配層は最後には「戦争と戦争の噂」に訴える。(29)

大戦が終わって二年半、いますべての文明国が最も効率的な機械設備、最も豊かな天然資源、最も知的で熟達した労働力を必要としている。けれども、それを可能にする制度システムがいかなるものか判然としない。いつか不在所有制に終止符が打たれる日がくるかもしれない。しかしアメリカについていえば、それはずっと遠い先のことだろう(Veblen, 1921b [1934: 446-448])。

このように、「ボルシェビズムと戦争のはざまで」という論文になると、ヴェブレンのボルシェビズムと不在所有制の将来に対する見方は一段と鮮明になっている。

すなわち、ボルシェビズムはふたつのこと、一方では不在所有制の放棄、他方では直接民主主義的な協議システムである「ソヴィエト方式」を意味している。そのボルシェビズムは、「富裕でない市民」による「富裕でない市民」のための新たな経済政治システムの構築をめざしている。

不在所有制についていえば、「文明国の裕福な市民は不在所有者」である。「裕福な市民」が誰までをさすのか明らかでないが、これまでよりもその範囲が広がった。

不在所有制は深刻な困難に突き当たっているが、それに取って代わる制度が明確になっていない。アメリカでは旧秩序の信奉者が多く、何らかの代替システムに移行するとしても、それはずっと遠い先のことだろう。ボルシェビズムの脅威を覆い隠し、不在所有制の崩壊を食い止めるためには「つぎの戦争」を準備し、その噂を吹聴するに勝る術はない――、文明国の政治家はこぞってそう考えている。かれらは不在所有制の廃止と民主的協議システムからなるボルシェビズムに対する庶民の関心を削ぐため、庶民の敵対的愛国心に火をつけ、いざとなれば戦争に訴えるのが最善の策だと考えている――、これがヴェブレンの見方だった。

たしかに、現行秩序を否定したのちにいかなる制度システムが立ち現われるのか、いまは分からない。しかし、ヴェブレンは『技術者と価格体系』のなかでそれについて示唆的な議論をしている。

## 『技術者と価格体系』の主張

その「はしがき」にもあるように、この本は休戦直後の「アメリカの産業状況の困難」を論じたものであり、『ダイヤル』誌に一九一九年を通じて連載された四つの論文を一書にまとめたものである。すなわち、第一章「サボタージュの性格と効用」は『ダイヤル』誌の一九一九年四月五日号に、第二章「産業体制と産業の総帥」は五月三一日号に、第三章「金融の総帥と技術者」は六月一四日号にそれぞれ掲載されたものであり、つづく第四章「革命的転覆の危険について」、第五章「変化を促す環境について」、第六章「実行可能な技術者ソヴィエトに関するメモ」の三つの章は同誌の一〇月四日号、一〇月一八日号、一一月一日号に載った「ボルシェビズムとアメリカにおける既得権」と題する単一論文のサブタイトルをとって独立の章としたものである。各章の内容をみてみよう。

(A) 第一章は、サボタージュという言葉の解説からはじまっている。いまでは労働者の行為であれ資本家の振舞いであれ、したがってストライキであれロックアウトであれ、既得権を維持するため、意図して生産の「制限や遅延、撤収や妨害」を行なうことをさしてサボタージュと呼ぶ。それらの行為は法的に咎め立てされたり、道徳的に非難されたりするものではなく、「正常な」産業活動の一部であるとみなされている。

肝心な点は、こうしたサボタージュによる「健全な」制限なしでは財やサービスの価格を長期にわたって適切な水準に保つことができないということである。とくに現在の機械産業の生産力はきわめて高く、なんらかの仕方で生産を制限しないかぎり、過剰生産に陥り、価格と利潤を維持することができない。したがって、アメリカの繁栄は産業活動を支配している企業家たちによる「入念な能率抑制」のおかげかもしれない。この事態は生産設備や労働力の不完全な使用を意味している。

ところで、休戦後のいま、多くの文明社会の庶民は困窮状態にあり、不健全な窮乏生活を強いられている。産業は停滞し、旧設備が増え、効率は落ち込んだままである。労働者は解雇され、失業者が増えている。この事態から抜け出そうとしても、そこに立ちはだかる者がいる。意図して効率を落とさざるをえない企業家である。かれらが倒産を免れようとするかぎり、そして不労所得を担保しようとするかぎり（つまり株主への利益配分を重視するかぎり）、そうするほか術がない。かれらの立場は「憐れむべき」ものである。かれらは岐路に立っている。すなわち特権階級の不労所得を保証するか、あるいは労働者の不満の爆発を待つか。しかし多くの企業家は前者を選択せざるをえない。

文明国の政府も、ひとりの重商主義者としてしばしばサボタージュという手段に訴える。かれらは保護関税や補助金給付などによって「過剰な」競争や「不健全な」取引を監視し、処罰する。その避けがたい結果が効率の低下であり、資源の浪費であり、国際的反感の増幅である。戦時期の政府はサボタージュの領域を広げ、その方法を著しく増やした。生産分野だけでなく、検閲制度や人や物の往来の不許可や制限といったことが大規模に企図された。

（B）第二章は、現在の機械産業を考えると、伝統的な三つの生産要素（その報酬が地代、賃金、利潤）からふたつの要素が抜け落ちていることを明らかにしている。ひとつが過去の経験を継承している社会的に共有された知識あるいは産業技術であり、もうひとつが企業者（entrepreneur）である。後者はカネ儲けにかかわる者をさす専門用語だが、大企業についてはビジネスマンあるいは企業家（businessman）という呼び方のほうが一般的である。典型的な企業者は株式会社の融資者（financier）である。

産業の総帥の起源はまだ大量生産が行なわれていなかった産業革命期のイギリスに求めることができる。当時、かれらは工場や機械設備の設計者であり製作者だった。しかし一九世紀の半ば以降、新しい状況が生まれた。企業規模が拡大し、機械設備は継続的な技術革新に曝され、標準化と大量生産が一般化した。資本と経営が分離し、証券市場からの資金調達と並行して、過剰生産を避けるための生産制限あるいは企業結合や支配の集中が常態化した。

大企業は融資者あるいは金融業者によって支配され、高い利潤を安定的に追求するため、「入念な能率抑制」つまり計画的サボタージュが経営戦略の中軸に据えられるようになった。かつての産業の総帥に取って代わって、産業技術には疎い金融の総帥が大企業を掌握している。一般的にいって、かれらは生産高を増やして価格を下げるよりも生産を抑制して価格を維持するあるいは吊り上げる方法を好む。

こうして、一方では投資銀行家（investment banker）とそのシンジケート、他方では産業技術の専門家の役割がますます大きなものになっていく。法人金融は信用取引としての性格を一段と強め、その安定化のため連邦準備制度（Federal Reserve System）が設けられた。それが十分機能すれば、いつか投資銀行さえ無用の長物になってしまうかもしれない。

（C）第三章によれば、現在の産業システムは機械的な相互依存関係によって成り立っており、財とサービスの専門化され標準化された「量産」システムであり、その効率発揮という点では「生産技術者」によって管理されることが望ましい。

この産業システムは国境を超えており、物的福祉水準の全体的向上のためには、かれら生産技術者が国家の利害関係にもとづく主張や既得権から解き放たれ、利用すべき資源や設備、労働力を自由に使うことができるようにすべきである。この産業体制を政治家や金融の総帥の手に委ねれば、たちまち随所に齟齬が生じ、著しい不効率がもたらされ、結果的に文明社会の多くの国民が貧困に曝されることになる。

いまは、「金融の総帥はかれらのカネ儲けのために技術者が欠かせないといわれ、渋々いやいやながら、控え目に、そして抜け目なくかれらを雇い続けている」（Veblen, 1921a: 64, 訳65——邦訳は以下も小原敬士によるが、油本豊吉の訳業も参照した。なお一部改訳している）。しかもいままでは、これら技術者が団結して自主的団体を組織することもなかった。

しかし、もし「かれら生産の専門家に十分な自由が与えられれば、通常の産業生産高はすぐにも数倍に（いまの生産高の三倍から一二倍までといういくつかの推計がある）に跳ね上がるだろうといわれており、それは公然の秘密になっている」（Veblen, 1921a: 70-71, 訳71）。

最近の注目すべき動きとして、かれら技術者のあいだにある種の「階級意識」の芽生えがみられる。その胎動は二〇世紀になって若い世代の能率技術者のあいだで感じられるようになった。技術の論理は金融の論理と違っており、自分たちの関心は金融の総帥とは異質なもの、実際の産業活動は無数の遅れや手落ち、無駄で充満していると考えるようになった。そのため、金融の総帥の忠実な下僕になっていることに違和感を覚え、不在所有制、企業信用、不労所得、サボタージュを時代遅れのものとみなすようになっている。したがって、もしかれらが「技術者ギルド」「技術者・兵士代表者会議」といった新しい組織を立ち上げることができれば、旧秩序に取って代わることができるかもしれない。

（D）第四章はすでにみたように、第五章および第六章とともにひとつの論文（「ボルシェビズムとアメリカにおける既得権」）を構成している。この章では、まず「革命的転覆の危険」が取り上げられている。

なるほど、ボルシェビズムは既得権階級にとって脅威である。この階級は大戦の遂行に積極的に関与し、その後の平和会議にも大きな発言権をもった。

しかし、アメリカについていうかぎり、ボルシェビズムはアメリカの既得権階級の脅威にはなっていない。かれらの特権を剥奪するような運動があるとしても、その運動がアメリカの産業活動をより効率的なものにするだけの力量をもたなければ、一時的な成功を収めることもできない。そう考えると、現在あるいは近い将来、そうした組織と運動がアメリカで立ち上がるとは考えられない。

アメリカ労働総同盟がそうした役割を担えるわけがない。かれらはひとつの既得権階級であり、その組織は生産のためのものではなく、団体交渉のためのものである。総同盟のリーダーは政治家と折衝し、使用者を脅かすことに熟達した戦術家であり、その組合員は「一杯詰まった弁当箱」の信奉者であるにすぎない。したがって、既得権の番人にとって総同盟は脅威にはならない。では、世界産業労働組合のほうはどうか。支配的な既得権階級からみれば、そちらのほうが気にかかるかもしれない。しかし、かれらは「無責任な産業の浮遊人」にすぎない。したがって、かれらが「一時的な成功」さえ収めることはないだろう（Veblen, 1921a: 88–91, 訳 88–90)。

ボルシェビズムそのものについていえば、革命後にかれらが曝された国際情勢を含む厳しい環境を考えれば、「驚くべき」成功を収めたといってよい。ロシア革命が成功した基本的原因は、ロシアが西欧諸国ほど機械産業を中心とする発達した経済社会になっていなかったからである。その結果、ロシア経済はいまのように「自立的」たりえたのである。しかし、アメリカはロシアとは違っている。アメリカは先進工業国として、すでにかなり緊密に編み上げられた国際的産業システムを形成している。そうした意味で、産業技術のあり方が革命の性格とその成否を決めていく。したがって当面、一九一九年の秋以降、飢餓や経済的無秩序が生じるとしても、それが直ちに既得権階級を窮地に追い込むようなことはないだろう。

（E）第五章の主題は「変化を促す環境について」である。すでにふれたように、現在の産業技術は先進経済における革命を困難なものにしている。しかし、変化を促す確実な力も働いている。

産業革命後に成熟してきた大企業経営では、仕事は専門化され標準化され、所有と経営は分離し、非人格的な組織になっている。それを支配する金融の総帥は巨大な潜在的生産力を抑制し、途方もない無駄を生み出し、多くの国民に窮乏生活を強いている。その状態を克服するため、機械技術に通暁した練達の技術者に対する期待が高まり、かれらを次第に産業体制の頂点へと押し上げていく。

したがって、「アメリカや他の先進工業国における革命的転覆の問題は技術者ギルドが何を出来るかという問題である」。もっといえば、「この国の産業経営上の裁量権と責任を、既得権階級のために働く金融の総帥の手から奪い取り、採算のとれる産業システムを運営できる技術者の手に移すことができるかどうかという問題である」。この点、熟達した技術者に代わりうる存在は考えられない。

肝心な問いは、こうした技術者ソヴィエトのような組織が近い将来、アメリカに登場するかどうかである。答えは否である。「ありえたとしても、それは遠い将来のこと」（at the most a remote contingency）にすぎない（Veblen, 1921a: 133-134, 訳 129-130）。

そうなると、どういう展望になるのか。人や財産をめぐって、恥辱と混乱、困難と分裂、失業と窮乏、浪費と不安定がますます増幅されていくだろう。じっさい、不在所有という既得権はいまも人びとの気持のなかに「共和国の女神」として深く埋め込まれている。技術者たちは「安全で良識をもった」人びとであり、しかもかなり商業化している。

（F）第六章は「実行可能な技術者ソヴィエトについての覚書」と銘打たれている。しかし、この標題から受けるイメージとは違って、内容的にはアメリカにおける技術者ソヴィエト運動がいかに困難であるかが述べられている。そのことは、周到な準備をしなければ、技術ソヴィエトの革命運動は成功しないことを示唆している。

新たに構築されるべき産業秩序は旧秩序の欠陥を克服したものであり、適切な資源配分、設備や労働力の無駄のない使用、財とサービスの公正かつ十分な供給などによって特徴づけられる。そのためには財やサービスの生産、流通、分配システムなどに通暁したそれぞれの専門家とその緊密な相互協力が必要不可欠である。その場合、生産技術者や「生産エコノミスト」（production economists）の支援も欠かせない。この運動に関わる専門家集団は従来の営利主義的なものの見方、考え方から解放されていなければならない。法的に不在所有制は否定されるから、証券や債券などは無価値なものになる。しかし、じっさいの産業の生産方法といった点でいえば、「攪乱も減退も生じない」。これまで培われてきた産業技術の経験と知識は新秩序のなかに発展的に継承されていくからである。

ともあれ、専門的技術者が互いに団結し、協力して行動計画を練り上げ、不在所有制を破棄するということにならなければ、革命的転覆など成功しない。その最初の引き金はアメリカの技術者たちによるゼネストになるだろう。しかも、そうした革命的な企ては運輸業を含むアメリカの基幹産業に働く多くの熟練労働者が強く支持するものでなければならない。

けれども、一方で、アメリカ国民はこれまでの長い習慣から、企業家以外の者に大きな責任を伴う仕事を任せようとは考えない。アメリカ国民は技術者が企業家や金融の総帥に取って代わることを認めないし、技術者自身そうした集団的意欲をもっていない。大方の世論はここでいう技術ソヴィエト運動に反感こそ抱け、期待などしていない。アメリカ国民の商業的精神はほとんど「第二の天性」になっている。

他方、革命的転覆が成功するためには、すべての責任ある地位から企業家を追放しなければならない。現在の産業技術に通暁する卓越した各種の技術者は明確な集団的目的と計画をもち、熟達した基幹産業の労働者と強い連帯感で結ばれる必要がある。

したがって、ここに埋められない大きなギャップがある。技術ソヴィエトによる現存秩序の革命的転覆といってみても、その条件は整っていない。その意味で「既成秩序を転覆させるといった議論はすべて思弁的関心以外のものではない」(Veblen, 1921a: 163-164, 訳 157)。

## 技術者ソヴィエトとテクノクラシー

この『技術者と価格体系』での議論が単刀直入であることもあって、たとえばベルは本書を「ヴェブレン体系の『速修コース』」といい、ヴェブレンをフーリエ風の「ユートピアン」と呼んだ(「はじめに」参照)。こうした見方は枚挙に暇がなく、いまでもひとつの代表的なヴェブレン像となっている。

そこでもういちど、この本でヴェブレンが書いていることを整理してみたいと思うが、そのまえに、ヴェブレンがロシア革命に深い関心をもっていたことを示唆するエピソードをひとつふたつ紹介しておこう。じっさい、ヴェブレンがロシア革命から小さくない影響を受けていたようにみえる(30)。

ひとつは一九一九年の末(ロシア革命後二年)、ヴェブレンは誰の仲立ちか分からないが、レーニンによって選任された駐米ロシア代表のL・マルテンス(Ludwig C.A.K. Martens: 1875-1948)に会っている。折しも赤狩り旋風が吹き荒れていた。ヴェブレンにはいくつか聞いてみたいことがあった。仲介者はふたりを昼食に招いた。はじめのうち、ふたりは黙りこくっていた。しかし食事が終わったころ、ヴェブレンが沈黙を破って革命後のロシア社会の実態について矢継ぎ早に質問を浴びせかけた。「ソヴィエトの実験のすべてが明るみに出された。一時間ほどのうちにヴェブレンは知りたいことすべてを聞き出した」(Dorfman, 1934: 426-427, 訳595)。

もうひとつ、「一九二二年ごろのこと」だったとベッキー(再婚したアンの長女)は書いているが、彼女がシカゴ大学の学生だったとき、ロシア語を勉強しはじめた。「ヴェブレンと一緒にロシアに行くことになっていたからです。レーニンがかれ(ヴェブレン)を招待してくれたのですが、スターリンによってキャンセルされてしまいました」。同じベッキーは、一九八四年二月二〇日のリースマン宛の手紙のなかで、ヴェブレンもロシア語を学びはじめていたが、それは一九二四年にソ連邦に行くためだったと記している(ベッキーのJ・ディッギンス[John P. Diggins]宛の一九八二年一月二五日あるいは二七日の手紙――Jorgensen and Jorgensen, 1999: 258, n. 14)。このロシアからの招聘については、もういちど終章でふれることにしよう。

ところで、ロシア革命のヴェブレンへの影響は技術者ソヴィエト論によって代表される。それにしても、なぜ技術者なのか。アメリカ労働総同盟や世界産業労働組合といったアメリカの組織労働者ではなく(ヴェブレンの両者に対する見方は驚くほど低い――前者は既得権をもつサボタージュを武器とする分配論者であり、後者は無責任な産業の浮遊人にすぎない)、ひとり技術者だけが現代の産業技術がもつ高い生産力を満面開花させることができるからである。もうひとつ、ソヴィエトという呼称のほうについては、ヴェブレンがその言葉で理解していたのは直接民主主義的な意思決定というものだった。したがって、同じくソヴィエトという言い方をしても、ロシアやドイツのような労兵評議会を考えていたわけではない。

ロシアで革命が成功した背景には、ロシアが機械産業を中心とする発達した経済社会ではなかったという事情がある。その点、アメリカは異なっている。したがって、おのずから革命的転覆の条件も違ってくる。先進的機械産業が経済の基軸をなすアメリカのような社会ではひとり技術者ソヴィエトのみが金融の総帥に取って代わることができる。

では、技術者ソヴィエトがアメリカで立ち上がる可能性はあるか。この点、ヴェブレンの見方はきわめて否定的だった。ほとんどのアメリカ国民は不在所有制と価格体系に慣れ親しんでおり、技術者が企業家や金融の総帥の立場に取って代わることなど許容しないだろうし、想像することもできない。要するに、技術者ソヴィエトの形成といってみても、アメリカにはそれに対応する実態がなく、したがって既得権秩序を転覆させるといった類の議論はすべて「思弁的な」ものにならざるをえない。これがヴェブレンの醒めた見方だった。

ヴェブレンはたしかに、全体社会の物的福祉水準の飛躍的向上、無駄と浪費の徹底した排除、そして恒久平和の条件といった点で技術者ソヴィエトに小さな希望を託していたようにみえる。しかしその構想力は「実行可能な技術者ソヴィエトについての覚書」という言い回しにもかかわらず、基本的には論理的な思考実験の域を出ていない。これまでも折りにふれてみてきたように、ヴェブレンは観照と思索の人ではあっても断行と実践の人ではなかった。その意味で、かれの技術者ソヴィエト論はロシア革命に刺激を受けたヴェブレンの論理的構築物ではあっても、現実的な実践的処方箋ではなかった。

けれども、そうとも断定し切れない奇異な事実もある。ヴェブレンは、一方で技術者ソヴィエトの運動は現実的なものでなく、思弁的関心でしかないと書いていた。他方、もうすこし踏み込んだ行動もとっていた(31)。というのは、ドーフマンの『ヴェブレン』によれば、一九二二年、ヴェブレンは学長のジョンソンに技術者の役割に関するみずからのアイディアを展開するため、四万ドルの資金を集めてくれるように依頼した。実際には、ほとんど金は集まらなかった。身近な数名を除けば、ヴェブレンの考え方（技術者ソヴィエト論）に関心を寄せる者などいなかったからである。当然ながら、ヴェブレンは大いに落胆した（Dorfman, 1934: 463, 訳 643）。この記述が正しければ、ヴェブレンは一九二二年になっても、みずからの「思弁的関心」以上のものではない、そして実現などいつとは知れず遠い先のことだとしていた技術者ソヴィエト論にまだこだわっていたことになる。ベルもまた、のちにこの「事実」にふれている（Bell, 1963: 27-35［1980: 85-90］, 訳 200-208）。

ともあれ、ドーフマンはこの『技術者と価格体系』はヴェブレンが書いた本のなかで「最も論争的なもの」だと記している（Dorfman, 1973: 154; Rutherford, 1992: 125-126）。じっさい、この本を根拠にして、ベルはヴェブレンの考え方の精髄を「テクノクラート的エリート主義」といい、またドブリアンスキーは「テクノクラート的管理主義」（technocratic managerialism）といった。他方、ティルマンは技術ソヴィエト論がヴェブレンの思想全体のなかに占める比重は小さく、典型的なものでもないと主張する。しかし、その見方についてはラザフォードなど有力な反論がある（Bell, 1963［1980］; Dobriansky, 1957; Tilman, 1972, 1973; Rutherford, 1992）。

いまここで、こうした研究史上の論争に深入りすることはしないが、事後的で過剰な局所的解釈あるいは読み込みをすることは適切でないだろう。その意味で『技術者と価格体系』に関する解釈としては、つぎのミッチェルの見方に注目しておく必要があるように思われる。すなわち――、「現行のものに取って代わる新しい社会制度の構造についてヴェブレンは明確な像を描いていない。そこでは熟達した専門技術者が産業の管理においていまよりも大きな役割を担うだろうと書いているにすぎない。かれの進化論的理論は社会の巨大な変動や至福千年的出来事の予測を禁じていた」（Mitchell, 1936: Introduction）。

たしかに、ヴェブレンの思索とその影響力を混同し、両者を取り違える誤謬を犯してはならない。ヴェブレンはヴェブレン主義者ではなかった。

## 科学的管理運動の展開とテイラー協会

ヴェブレンの技術者ソヴィエト論へのこだわりもさることながら、それ以上に注目すべき事実がある。それはかれの思弁的図式が一九二〇年代の科学的管理運動のみならず、三〇年代のニューディール政策に対しても独特の影響力をもったということである。そこにヴェブレンの思弁と科学的管理運動との微妙な共鳴関係をみてとることができる。

『技術者と価格体系』はテイラー協会（The Taylor Society）のH・パーソン（Harlow S. Person: 1875–1955）、かれの終生の友人であり、ヴェブレンにも関心を寄せていたM・クック（Morris L. Cooke: 1872–1960）、さらにヴェブレンの知己でアメリカ機械技師協会（American Society of Mechanical Engineers ――以下、技師協会という）事務局長のC・ライス（Calvin W. Rice）などに強い印象を与えた（Dorfman, 1973: 161–164）。ひとことでいえば、技術者が工場や企業組織の外で果たしうる社会的役割に関するヴェブレンの議論はかれらにとってまことに刺激的なものだった。

この点を理解するためには、テイラー協会（以下、協会という）が創設された経緯に遡ってみる必要がある。この協会は一九一一年九月、技師協会から分離独立する形でつくられた。当初は管理科学促進協会（Society to Promote the Science of Management）といっていたが、一九一五年に「科学的管理法の父」F・テイラーが亡くなると、かれの名誉を称えてテイラー協会と改名された。

一八八〇年創設の技師協会は、二〇世紀に入るころには技師の役割を機械設計や操作法の改良といった伝統的で狭い意味に解するようになっていた。旧世代の多くの技師は大企業に雇われ、いまや上司の指示に従うだけの「商業化された技師」となり、技師協会を牛耳っていた。その結果、技師協会のなかで伝統派と革新派の亀裂が深まった。革新派は技師の「独立性とプロフェッショナリズム」を再生させたいと願っていたからである。テイラーもその一人だった。その有力なリーダーのなかに若きクックがいた。「かれの関心は科学的管理がもつ広範な社会的、政治的な影響力にむけられていた。かれは工場の外の世界に対して鋭い感受性をもっていたから、科学的管理が含みもつ深いインプリケーションを捉えることができた」（Layton, 1971: 157）。かれは科学的管理を漸進主義的な社会改良に結びつけたいと思い、「社会的責任を自覚した技師」が必要だと考えていた。かれはまた、企業家に忠実であることと公益に忠実であることとは相容れないとみていた。

一九〇六年に会長に選ばれたテイラーは、技師協会に科学的管理の考え方を適用するべく改革に乗り出した。しかし伝統派から激しい抵抗にあった。テイラーは主著『科学的管理法』(*Principles of Scientific Management*, 1911)の原稿を一九一〇年はじめに技師協会の出版委員会に持ち込んだが、伝統派はその出版を拒んだ。こうした内部対立は一九一〇年のイースタン運賃値上げ紛争(the Eastern Rate Case)で決定的なものとなった。科学的管理法を導入すれば、コストを削減し、運賃を値上げせず、労働者の賃上げも行なうことができるだけでなく、一日一〇〇万ドルを節約することもできるという著名な法律家であり、のちに連邦最高裁判事に任命されたL・ブランダイス(Louis D. Brandeis: 1856-1941)の州際通商委員会(Interstate Commerce Commission)での証言が広く全国的な関心を呼び覚まし、一躍科学的管理(法)という言葉が人口に膾炙することになったからである。この勝訴は革新派の背中を強く押した。そのブランダイスを支援していた技師協会の有力メンバーには、H・ガント(Henry L. Gantt: 1861-1919)、F・ギルブレース(Frank B. Gilbreth: 1868-1924)のほか、H・シール(Henry V. Sheel)、R・ケント(Robert T. Kent)などがいた。

この係争のあと、瞬く間に科学的管理という言葉が全米の流行語となり、多くの雑誌が科学的管理に関する特集号を組み、主要大学で科学的管理が講じられるようになった(Drury, 1918: 18-22)。そして一九一一年一一月には(したがってテイラー協会ができる一ヵ月前)、さきのクックとダートマス・カレッジ(より正確には the Amos Tuck School of Business and Finance at Dartmouth College)の支援をえて、同カレッジの研究科長だったパーソンが科学的管理会議(Conference on Scientific Management)を立ち上げた。目的は東部財界人の科学的管理に関する理解を促すことであり、その会議にはテイラーはじめ革新派の人びとが結集した。

肝心なことは、ヴェブレンとは独立した形で、こうした科学的管理運動の新しい潮流が一九一〇年代はじめに生み出され、それがテイラー協会に結実していたということである。かれらは大なり小なり、科学的管理を社会問題の解決に活かしたいと考えていた。かれらはテイラー主義者(Taylorites)と呼ばれ[32]、その勢いは一九一三年、経済学者パーソンがテイラー協会の会長に選ばれたことで一段と強まった。

しかし一九二〇年代になると、技師協会の伝統派の巻き返しがあり、二〇年代半ばにはクックやテイラー主義者は一時期劣勢に立たされた。しかし、それに反発してかれらは力を盛り返し、協会は政策機関としての性格を強め、その活動のなかに労使協調や組合参加といったテーマを取り込んでいった。

それについては、第一次大戦中の経験が大きかった。かれらは生産性向上や労働力不足問題など重要な国家戦略に深く関わり、無駄の排除、作業の簡素化、部品の標準化などに精力的に取り組み、その社会的視野を広げていった（Pabon, 1992: 120-123）。その経験はやがて三〇年代のニューディール政策にも活かされることになった。

クックによれば、協会の戦時中の成果で最も貴重なもののひとつは軍需局一般注文書一三号（General Order #13）というフォーマットを作成したことだった。それは政府の取引業者に対して団体交渉、八時間労働制、最低賃金、女性に対する賃金差別禁止、安全衛生規準、労使協調などを遵守させるというものだった。このフォーマットの作成がひとつの機縁となり、一九二〇年代になるとアメリカ労働総同盟と協会の関係修復が図られた（Nadworny, 1955; Jacoby, 1983; Nyland, 1998）。

一九二〇年代、協会はその活動領域を拡大し、新たに多くの社会科学者やジャーナリストが会員になった。そのなかには経済学者のI・フィッシャーやジャーナリストのG・ソール（George Soule）もいた。協会はマクロ経済の安定といった観点に立って、マーケティングや新製品開発といった新分野に進出した。個別企業の産業効率を高めることによってマクロ経済の安定を期すという考え方がその背後にあった。

また協会は、一九二一年に設けられた無駄排除委員会（Committee on the Elimination of Waste）で中心的役割を果たした。一九二〇年に創られた全米エンジニアリング会議（Federated American Engineering Societies）のH・フーバー（のちの第三一代大統領）のイニシャティヴで設置された委員会だった。その報告書は、無駄と非効率の責任は誰にあるかという点をめぐって、半分以上の責任は経営者にあり、労働者の責任は四分の一以下だとしたことで大いに物議を醸し、経営者団体から激しい批判を受けたが、この委員会の最も重要な勧告は労使協調による生産性向上と失業防止という点にあった。さらに、いずれもフーバーが企画した鉄鋼業一二時間労働制検討委員会やハーディング大統領による失業会議においても協会は大きな役割を演じた。クックを含む協会のリーダーたちはフーバーの経済戦略、すなわちミクロの生産効率の向上によるマクロ経済の安定化という考え方に共鳴していた。

一九二〇年に協会の会長になったマサチューセッツの製紙業者H・デニソン（Henry S. Dennison: 1877-1952）は企業独自の失業基金の創設などすでに開明的経営者として名を馳せていたが、かれがフーバーによって経済諮問委員会のメンバーに選ばれたとき、ヴェブレンの教え子ミッチェルもその委員会に参加した。フーバーの政策的意図は景気循環の制御にあった（Alchon, 1985: 77f.; Pabon, 1992: 128-142）。

こうした経験を積み重ねることによって、協会は「テクノクラシー的分析と処方箋がもつ社会的価値に対する揺るぎない信念」（Alchon, 1985: 77）をもつようになっていった。それは協会の政策的視点が「工場から社会へ」拡大していくことを意味していた。

## テイラー協会とニューディール政策

ヴェブレンが亡くなってからのことになるが、もうすこしだけ時間の地平を先に伸ばして、協会の活動ぶりを追ってみよう。

まず注目されるのは、フーバーと協会の蜜月時代が一九二〇年代の後半には終わろうとしていたことである。政府と経済の関係や失業についてのフーバーの理解をめぐって、協会内部に違和感が高まりつつあった。クックもまた、電力問題をはじめ商務長官としてのフーバーの仕事ぶりに強い不満を抱くようになり、かれの大統領選出馬にも反対していた。

大恐慌の最中、一九三一年にはクックはニューヨーク州知事だったF・ルーズベルトから要請され、州の電力政策に関わった。そしてルーズベルトが大統領に選ばれることを早くから期待するようになった。一般的にいえば、その政策思想はフーバー路線とは異なり、政府の積極的財政政策に裏打ちされた雇用安定、高賃金、旺盛な消費行動による経済成長政策といったものだった。興味深いのは、こうした考え方がすでに大恐慌に先立つ一九二七年の末までに東部の財界人のあいだで注目され、有力な経営者たとえばさきのデニソン、繊維業者のH・ケンダール

(Henry P. Kendall: 1878–1959)、百貨店業者のE・フィレーヌ(Edward A. Filene: 1860–1937)、銀行家のH・ブルュエール(Henry Bruère: 1882–1958)などによって支持されていたことである。それは、C・パボンに倣っていえば、「プロト・ケインズ主義」とでも呼ぶべきものだった(Pabon, 1992: 155f.)。

クックは、一九二八年の協会会長就任講演において組織労働者がその力量を高め、団体交渉を制度化されていく必要があると説いた。大恐慌後の三二年六月、協会は大不況をいかにして克服すべきかについての連続フォーラムを開き、公然とフーバーの政策を批判しはじめた。翌七月には、協会はフーバー大統領宛に公開要請状を書き送った。そのなかでインフレの政策的促進、購買力向上のための総合的公共事業の立案と実施、全国経済審議会(National Economic Council)の創設の三項目を提言した。

その当時、あるべき経済政策としてふたつの考え方が対立していた。過剰生産に陥っている現状を生産制限によって乗り越えようとする経営者グループ(ゼネラル・エレクトロニックのG・スウォープ[Gerard Swope])や全米商工会議所のH・ハリマン[Henry Harriman]など)が一方にあり、他方には協会をはじめ、大衆の購買力を高めることによって経済成長をめざすべきだと主張するグループが対峙していた。前者の場合、労働組合や団体交渉は無視され、連邦政府の役割も小さなものとみなされた。しかし、後者は真反対のことを主張した。

このプロト・ケインズ主義が大きな比重を占めるようになったのは「第二期ニューディール」[33]政策においてだった。それはクックやパーソンなど協会のリーダーたちが大恐慌以前から提唱してきた考え方に酷似していた。それを象徴するかのように、クックはルーズベルトの要請を受けていくつもの重要な政策委員会に深く関わった。そのなかにはミシシッピー渓谷委員会(Mississippi Valley Committee)も含まれていた。しかし、かれが大活躍したのは農村電化事業管理局(Rural Electrification Administration)の責任者としての仕事だった。それは機械技師として出発したクックにとって、「工場から社会へ」科学的管理法を拡大適用していくその到達点に位置づけられるものだった。

## スコットのテクノクラシー運動

もうひとつ、ヴェブレンのもっと身近にあって、かれの影響を受けながらテクノクラシー運動[34]に携わったH・スコット（Howard Scott: 1890-1970）についてふれておこう。

スコットの生い立ちは不詳、学歴も不明な「謎の人物」といわれるが、第一次大戦終了の直前ニューヨークのグリニッチ・ビレッジに現われ、そこで床磨き剤の販売会社を開業した。かれはその仕事の傍ら、創設されたばかりの新学院に通い、そこでヴェブレンとアーズルーニの「資源の生産的活用」と題する授業を聴講した。ヴェブレンにとってもスコットは印象的だったらしい。同僚のウォルマンに書き送った手紙には、「スコット氏を知ったのは去年のことですが、数日前にもやってきました。かれと会って話をすればするほど、私はかれが期待の人物の一人だと思うようになりました」（ヴェブレンの一九一九年一〇月五日のウォルマン宛の手紙—— Dorfman, 1973: 166-7）とある。

まもなくスコットは、友人たちと諮って技術同盟（Technical Alliance）を立ち上げた。かれは科学者や技術者などこの同盟のメンバーたるべき人物のなかにヴェブレンの名前も入れていた。しかし、なんの相談も受けていなかったヴェブレンはこの計画案をみてスコットを厳しく叱責した。ヴェブレンはスコットに失望し、技術者としての力量にも疑問を抱くようになった。一九二一年、その技術同盟は解散した。

それでも、スコットはテクノクラシーという考え方を捨てようとはしなかった。大恐慌後の一九三二年、コロンビア大学のW・ローテンストローチと一緒にテクノクラシー委員会（Committee on Technocracy）を創設し、「合理的で生産的な」社会建設の必要性を謳った。やがてローテンストローチとも仲違い、翌三三年一月にはその委員会も解散してしまった（Akin, 1977: 88-93; Burris, 1993: 28f.）。わずか数ヵ月の組織だった。しかしスコットはその失敗にも挫けず、同月一三日、ニューヨークのホテル・ピエール（Hotel Pierre）で四〇〇人の聴衆を集めてテクノクラシーについての講演を行ない、それを全国ネットでラジオ放送した。評判は散々だった。一九三三年の暮れにはテクノクラシー社（Technocracy Inc.）を立ち上げ、それ以後亡くなるまでテクノクラシー運動の普及に尽力した。

以上、テイラー協会とスコットについてふれたが、歴史的な出来事して注目されるのは、いうまでもなく前者のほうである。

テイラー協会の四半世紀にわたる活動は、アメリカの技術者たちが科学的管理運動の一環として社会改革に深く関わってきたその歴史と実績を物語っている。それ自体、ヴェブレンの技術者ソヴィエト論と等値することはできないが（技術者ソヴィエトは不在所有制の廃止がめざすものだった）、両者のあいだにある種の共鳴関係をみてとることができる。(35) ヴェブレンが『技術者と価格体系』第三章で最近の技術者（運動）のなかに「階級意識」の芽生えがみられると書いていたのは、明示されていないが、テイラー協会の運動を捉えてのものだったと推察される。じっさい、その運動の推進者のなかにはクックをはじめヴェブレンに関心を抱く者が少なくなかった。

## 第五節　『アメリカの高等学術』の構図

ここで、進みすぎた時計の針を大戦直後まで戻してみよう。『技術者と価格体系』の元になった原稿が書かれたのは大戦直後の一九一九年のことだったが、その前年、ヴェブレンは長く筐底に沈めていたアメリカ大学論の素稿に必要な加筆を施して『アメリカの高等学術』として公刊、翌一九年には『近代科学論集』を編んだ。なぜヴェブレンは戦争中あるいは終戦直後という時期にこれらやや迂遠ともみえる本の出版に踏み切ったのか。そこには、ニューヨークの新学院創設への関与ということまで含めて、高等学術に対するヴェブレンの鮮明な認識があり、熱い思いがあった。

まず、さきの論文リストのなかから、⑩「戦争と高等学術」（Veblen, 1918h［1934］）を取り上げてみよう。そこにヴェブレンの高等学術に関する理解が浮き彫りされている。

## 高等学術・産業技術・平和

ひとことでいえば、ヴェブレンは大戦後に構築さるべき平和的秩序の中心にアメリカの高等学術を据えていた。その論文の骨子はつぎのようなものだった。

産業技術に国境はなく、文明社会すべての共有財産（common stock）である。それはひとつの階級や利害集団、国家の占有物ではない。科学は国家中立的なものであり、国境は産業システムの効率的機能を妨げる。学問もまた国境を超えなければならない。

多くの人びとはいまも愛国主義的敵愾心や野望に虜われているが、科学的知識の開発と普及はそうした国家や国境から自由でなければならない。優れた科学的知識の開発と普及は文明社会に共通した願いであり、その基礎には高等学術教育がある。

この大戦によってヨーロッパの学問世界は大いに疲弊し、重大な危機に瀕している。ヨーロッパの科学と学問研究は戦争によって切り裂かれ、その亀裂は戦争が終わっても容易に修復することができない。研究者の意思疎通は寸断され、かれらは互いに孤立した状態におかれている。じっさい、ドイツの科学者は意気阻喪し、自信を喪失している。かれらはすべてのエネルギーを関心のないことがらに注がなければならず、かれらは著しい活力の低下、精神的な荒廃、物的条件の劣化に陥っている。

しかし、幸いなことに、アメリカの研究者はそうした深刻な事態にはない。したがって、いまこそアメリカの大学と研究者はその使命を果たさなければならない。国籍に関係なく、教師であれ学生であれ、アメリカでの研究教育と勉学の機会を望んでいるすべての人に対して広くその門戸を開くべきである。

しかもその場合、アメリカの大学は互いにもっと協力すべきである。かれらはいまも学生の獲得、同窓会の創設、不動産の取得、寄付集めといったことに奔走し、互いに競争している。しかし、こうした競争は営業精神の大いなる高揚を示してはいても、大局的にみて浪費でしかない。

世界の大学人はいまこそ互いに協力しあうべきである。そのためには、その中心となる組織が必要である。それは国際的な学問研究の推進センターとして、国境を超えて研究者の相互協力と理解を促し、国際的な研究プロジェクトを展開することが望ましい。

いまアメリカの大学人に求められているのは、ひたすら優れた科学的知識のために私心なくこうした喫緊な目的実現のために努力を惜しまないことである。戦争のために閉ざされてしまった国際交流の機会を回復するためには、こうした科学者の国際的連帯組織が欠かせない。世界中の研究者すべてがそれを自由に活用できる知識と情報のネットワークを再構築していく必要がある。それには多くの資金と洞察力、熟慮と善意が必要だが、アメリカの大学人ならば、それができるはずだ――、とヴェブレンは書いている。

かれのこうした理想主義的な提案は、同じ一九一八年に出版された『アメリカの高等学術』での議論と深く共鳴する。しかしそれだけでない。ひとつには、ヴェブレンが英訳の筆を執ったラッサールの『学問と労働者』（一九〇〇年英訳）に横溢する学問的自由に対するヴェブレン自身の深い共感を彷彿とさせるし、いまひとつ、ヴェブレンの手になる『近代科学論集』（一九一九年）の刊行動機を示唆してもいる。

現代の産業技術、「機械過程」を支えているのがほかならぬコスモポリタン的科学とその研究であり、それが劣化すれば、武勇精神あるいは営利原則が幅を利かせることになる。そうなれば、社会の物的生活水準も平和な暮らしも根本から脅かされることになる。そういう意味で、ヴェブレンの高等学術論はかれの平和論の中核をなすものだった。そして高等学術そのものについていえば、それは最も重要な社会的共通資本であり、現代的な製作者精神と無垢な好奇心の発露であり、平和愛好的な社会たりうるための土台であり、また橋頭堡であった。

ヴェブレンがデューイやベアード、ミッチェルなどとともに一九一九年にニューヨークに創設された新学院の運営に関わることになったのも、アメリカの高等教育あるいは学問研究のあり方に対するヴェブレンの批判と理想主義的な思い入れによるところが大きかった。

## ユダヤ人の知的卓越と懐疑主義

この点に関連して見逃せないのが⑭「近代ヨーロッパにおけるユダヤ人の知的卓越」(Veblen, 1919c [1934]) である。その内容はつぎのようなものだった。

平和が戻ってきて(第一次大戦が終わったのは一九一八年一一月一一日)、民族自決ということが声高に叫ばれている。そのなかでシオニスト(ユダヤ民族主義者)の提案ほど冷静さと自信、平衡感覚に充ちたものはない。

かれらは長い流浪の時代を通じて大いなる逆境に曝され、異教徒のなかでバラバラになって生活しながら精神的あるいは知的領域で多くの天賦の資質と能力を発揮してきた。とりわけ近代の科学理論の領域においてパイオニア的、偶像破壊的な役割を果たした。

かれらが「国家」を形成し(いまあるいは見通される将来、ユダヤ人の「国家」が誕生するとは考えられない。それはひとつの空想にすぎない)、そこに安住の地をみつけられるならば、かれらはもっと偉大な事業を達成し、未曾有の繁栄をもたらすだろうというのがシオニストの論理である。しかし、アジアの紀元前一二世紀とヨーロッパの二〇世紀とでは、比較できないほど大きな環境変化が生じている。

バビロン捕囚後のユダヤ人離散に先立つ時代、古代ユダヤ人はまことに優れた豊かな文化的遺産を残した。しかしその遺産がそのまま近代ヨーロッパに継承されたわけではない。

では、異教徒のヨーロッパ社会にあって、かれらユダヤ人が偉大な知的達成をなしえたのはなぜか。ユダヤ人は遺伝的資質に優れているという理解がある。たしかに、かれらのように混血の機会に恵まれた民族は少ない。しかし当然のことながら、ユダヤ人個々人には大きな差異がある。より重要な点は、かれらが異教徒社会の外部ではなくその内部にあって知的卓越性を示したということである。

ひとことでいえば、近代科学の世界で創造的な仕事をするために問われるのは懐疑主義的な精神構造をもっているかどうかである。懐疑主義的な精神があってはじめて堅牢な慣行の檻を破ることができる。しかし懐疑主義的精神をもつことは、一方でかれが生まれ育った旧来の生活図式(ユダヤ人的図式)を放棄しながら、他方異教徒(キリスト教）の世界にあって精神的足場をもつことができないことを意味する（Veblen, 1919c: 39; [1934: 226–227]）。たしかに、「故郷にあって無意味な自己満足の生活を送るのか、見知らぬ土地で金儲けにもならない報われない知識の探究に没頭するのか、難しい選択である」。ともあれ、かれは誰もいない知的世界を彷徨いつづける人間、故郷に戻ることのない異邦人（an alien）となることによってはじめて懐疑主義的精神を身につけることができる。

それにしても、なぜヴェブレンは第一次大戦直後のこの時期にユダヤ人の知的卓越性について書いたのか。ひとつの契機は戦後の政治的雰囲気にあった。すでにパリ講和会議がはじまっており、随所で民族自決ということが取り沙汰されていた。それに関連して、戦時中イギリスが「バルフォア宣言」[36]（一九一七年一一月二日）を出していたことも見落とせない。

しかし、もっと重要な文脈がある。世論と政治動向は早発性痴呆症を患っていたが、近代科学が平和秩序形成の基礎にあるのだということを強調する必要をヴェブレンは感じていた。というのも、近代科学の精神的土台は懐疑主義的なものの見方、考え方であり、ユダヤ人が近代の知的世界形成に大きな貢献をなしえたのは、かれらの異邦人的な生活様式とそれによって育まれた懐疑主義のおかげである[37]。時代の早発性痴呆症に抗してヴェブレンはこの点を強く訴えたかったのだろう。

ヴェブレンとこのユダヤ人の知的卓越論を重ねあわせて理解しようとする研究者は枚挙に暇がない。そこから、「はじめに」でもみたようなヴェブレンは異邦人という見方も生まれる。たしかに、ヴェブレンがその知的達成を高く評価していた代表的人物のひとりはヒュームであったことを思えば、この異邦人仮説には一定の説得力がある。しかし、この論文の意義は――近代ヨーロッパにおけるユダヤ人の知的卓越の源泉を探るという形をとって――、近代科学の基礎が懐疑主義的精神構造にあり、それが枯渇すれば、近代科学に依拠する平和秩序も崩壊しかねないことを強調することにあった。

その点からしても、一九一八年に出版された『アメリカの高等学術』でいかなる議論が展開されているかをみておく必要がある。

## 『アメリカの高等学術』の事実認識

この本の序文（一九一六年三月執筆）によれば、アメリカの高等学術の実態を観察した本書の最初の原稿はすでに一二年以上も前（一九〇四年）に出来上がっていた。その後、大学にも多くの変化があったが、大学の経営政策は基本的に変わっていない。

個人的事情も含めて、この本の公刊は一度ならず先延ばしされたが、そのプロセスでシカゴ大学での経験にもとづく最初の原稿はかなり修正された。ひとつの理由はあまりにも生々しい記述が多く含まれていたからである。この序文には新たに一九一八年七月づけの九行ほどの補足があり、出版社探しに二年間を要したこと、また第一章末尾に数パラグラフを書き足したことなどが記されている。

（A）第一章「序論」は六節、原文五八ページからなる長いものである。その副題は「近代生活における大学の地位」となっており、この本の翌年に出版された『近代科学論集』（正確には『近代文明における科学の地位』一九一九年）を思い起こさせる。この章の骨子を抽出すれば、つぎのようになる。

いずれの文明にも科学者、賢者、僧侶、シャーマン、呪い師などその文明に特有な「秘伝的」（esoteric）知識の担い手がいるものだ。かれらが神話、魔術や宗教の体系、神話、哲学、科学といった知識を紡ぎ出す。その知識はそれぞれの社会の根本的「真理」を体現し、体系化したものであり、現代の高等学術（higher learning）もそのひとつである。このように、なにがリアリティであり、なにが真実であるかの規準は時代とともに変化していく。

ふたつの力が知識の体系を規定している。ひとつは産業技術の状態、もうひとつは一般的な生活習慣つまり法や秩序の体系である。これらの力のせめぎあいによって、その社会に支配的な知識の性格が決まってくる。したがって、一方は機械産業の技術あるいは（『営利企業の理論』の用語でいえば）「機械過程」、他方は一八世紀の自然権的体系を踏まえた「営利原則」（この表現はこの本で多用されている——最初の原稿が一九〇四年に出来上がっていたためかもしれない）が現代のアメリカの大学における高等学術、知識の生産と体系化に大きな影響を与えている。

現代でもふたつの本能、すなわち無垢の好奇心と製作者本能が科学的知識の発展を牽引している。しかし、その発現のあり方を歪める力も働いている。

いうまでもなく、近代文明において科学的知識が占める地位と役割はきわめて高い。近代文明は歴史上、科学的知識の獲得と体系化を最も価値ある行為とみなしている。しかし、この点でもそれを凌駕しかねないものがある。ひとつが戦争へと駆り立てる野望、もうひとつが金融の総帥によって体現される金銭的栄達である。

したがって、虚栄的愛国心と王朝的政治、金銭的見栄と商業貴族の誕生といったものが一方にあり、他方には無垢な好奇心と製作者本能にもとづく科学的知識の探究があるという三つ巴の構図――、すなわち、愛国心と略奪的王朝政治、営利原則と金融の総帥、無垢な好奇心と製作者本能による科学的知識の追求という鼎立状態のなかに近代文明はある（第一節）。

ところで、大学は近代科学と事実にもとづく知識（matter - of - fact knowledge）を探究するための最たる制度として構築され、科学的研究と学生（次代の研究者）の教育をその本旨としている。

大学の教師（研究者）と学生の関係はさしずめ親方と徒弟の関係にある。しかし、大学は学生の道徳的、宗教的、金銭的、家族的、衛生的事項については責任をもたない。その大学は成熟した学者や科学者、ファカルティ（faculty）で構成され、大学人といえば基本的に研究者のことをさし、学長は含まれない（第二節）。

かつてヨーロッパの大学は専門的訓練とくに神学的・哲学的訓練のために設けられた。アメリカの大学はカレッジから発展したものだが、そのカレッジもはじめは職業的目的のために創設された。

いずれも、一九世紀になると、職業的価値を保持しながらも基本的には科学的知識のための機関に傾いていった。それはユニバーシティーと呼ばれた[38]。しかし、アメリカの大学とくにカレッジは一九世紀の第四・四半期になると、ふたたび大きく変わりはじめた。カレッジは単独あるいはユニバーシティーの構成単位（しばしば学部undergraduate）として高等教育機関の一角を構成し、その多くは専門的な職業教育機関としての性格を色濃くしていったからである。

その結果、カレッジあるいは学部とユニバーシティー（大学院が中心）の性格の違いが際立つようになった。厄介なのは、その大学あるいはユニバーシティーにカレッジの管理運営手法が導入され、ユニバーシティー本来の性格（科学的知識の探究）が阻害されるようになったことである。

じっさい、カレッジでは履修内容と方法が標準化され、その成果や達成度合いも計量化された。学校長（学長）がその積極的推進者となった。しかし大学（ユニバーシティー）の性格は基本的に異なっている。内容を標準化することなどできず、個人的接触と訓練によるほか術がないからである。したがって、それは学長の仕事には馴染まない。それにもかかわらず、カレッジの管理手法がユニバーシティーにも適用され、学長の権限が強まっていった。カレッジに当て嵌まることは、職業的な専門学校（professional and technical schools）にも成り立つ。大学法人の規則上、カレッジや専門学校がユニバーシティーに包摂されている場合が少なくないが、それはユニバーシティーがもつ本来の使命や役割とは質的に異なるものである。というのも、ユニバーシティーは決して実務的ではなく、その点でカレッジや専門学校と決定的に違っているからである。一方は世俗的な知恵の獲得をめざし、他方は無垢の好奇心を充足させる。したがって、その管理運営の目的も方法も異なってしかるべきである[39]（第三節）。

学校長（学長）や功利主義者は、こうした異なった管理運営が望ましいという主張に対して、それは空理空論であり、望ましくないと反対する。かれらは、キリスト教世界の大学はもともと功利主義的立場にたって専門的職業訓練、有用な知識を教授してきたものだと反論する。たしかに歴史的事実としてみれば、大学は神学、法学、医学といった分野での専門的職業訓練のための学校から成長してきた。

大学の起源は中世の野蛮文化が近代へ移行していく過程に、さらにその後の近代文明の進展プロセスのなかに求められるが、そのなかで大学の性格も変化してきた。

中世および近代初期の大学は野蛮文化の影響を受けていた。その野蛮文化はプラグマティックで功利主義的、世俗的なものだった。しかし、近代初期には神学の小間使いでしかなかった哲学もやがて「無垢な好奇心の濾過装置」（the alembic of idle curiosity）となって実践的性格のない近代科学の基礎を形成するようになった。「プロフェッショナリズムと実務的有益性といったものは、次第にアカデミックな関心の背後に追いやられていった」（Veblen, 1918i: 38）。こうして大学は研究の実利的成果ではなく、自由な真理探究そのものを目的とし、外部からの掣肘を退けるようになった（第四節）。

しかし、一難去ってまた一難。かつて教会と国家あるいは聖職者的なものと政治的なものが近代科学の障害物だったが、いまでは金銭的商売あるいは営利企業が科学の阻害物になっている。したがって現代の基本的確執は、一方の科学あるいは高等学術と他方の営利原則とのあいだにある（第五節）。

さらに、第六節（一九一八年六月の加筆）では、第一次大戦後のヨーロッパの大学の疲弊と研究者の困難にふれながら、アメリカの大学が果たすべき役割について論じている（したがって、すでにみた論文「戦争と高等学術」と重複する）。すなわち、戦火によってヨーロッパの学界が崩れ去ったわけではないが、現役の科学者あるいは次代を担う若い研究者や学生が数多く亡くなり、かれらのモラールは大いに衰弱している。とくにドイツの学界と学者は戦争によって精神的に大いに荒廃し、共同研究などまったく不可能な状態に陥っている。

しかし、幸いにしてアメリカの学界の戦争による被害は相対的に小さい。いまアメリカの学界は新たな責任を果たすべき戦略的場面に直面している。「利害関係から自由な」研究活動を保障すること、そのための物的条件（研究費、成果発表の媒体も含めて）を確保すること、亡命学者も含めて自由な研究の担い手を保護すること、そのためにも国際的な高等学術交流センターを創設することなどが問われている。世界の学界は敵味方の区別なく、狭隘な国境、愛国主義的感性を克服してひとつにならなくてはならない。

（B）第二章の「理事会」では、大学を支配する大学理事会が取り上げられている。近代の偉大な制度である大学は「ひとびとの知識を増やし普及させる」こと以外に目的をもたない組織である。というのも、利益なき知識の探究（profitless quest of knowledge）こそ近代文化の最高の目的だからである。

しかし、日常的な実利的関心と金銭的配慮が日々の思考習慣を支配し、この近代文化の最高目的（科学的知識の探究）に優位するようになっている。それを体現する機関が大学の理事会である。かつてアメリカのカレッジ理事会の中心メンバーは聖職者だったが、いまでは企業家がその地位に就いている。大学の管理運営は最終的にはこの企業家たちの掌中にある。理事会に企業家が多いのは、かれらが財務管理に長けているからだけではない。むしろ、かれらがビジネスの成功者として多くの尊敬を集めているからである。大学理事会のメンバーに選ばれることは価値ある名誉なことであり、企業家にとっては金銭と名誉の一石二鳥である。しかし、アメリカの技術者やテクノロジストは豊かな階層として大学理事会のメンバーを構成するまでには至っていない。

しかし、企業家の目からみれば、高等学術は役立たず、ときに利益追求の妨げにもなる。アメリカ社会ではビジネスに役立たないものは価値がないという見方が広く一般化している。

企業家にはカレッジと大学の違いなど分からないし、その意識もない。こうした役立たずという悪評を払拭するため、学部や専門的職業学校は実利的カリキュラムをアピールして実業界の役に立っていると主張している。

理事会の歳出管理で注目されるのは、研究者の給与が低いだけでなく、研究に必要な設備や備品が大いに不足していることである。「せいぜい必要経費の一〇－一五％が支給される」にすぎない。

学長と理事会の関係については、学長の裁量は財務的に制約されている。しかも、その学長を選任しているのは理事会であり、学長に選ばれるということは企業経営の手腕があると見込まれてのことである。卒業生や後援会が学長選出に発言力をもっている場合でも、そうした卒業生は有力な企業家であることが多い。学長選任にあたっては、いつでも「金銭的成功が最後の決め手」になる。その人物が優れた学者であるかどうかは二の次である。一般的にいって、学長の学者としての能力は平均以下である。

（C）第三章の「学術の管理と政策」では、J・キャッテル[40]（J. McKeen Cattell: 1860–1944）が編集した『大学管理』[41]（Cattell ed. 1913）に依拠した議論がめだつ。

大学は大きな資産をもつ法人であり、投資を行ない、収益をあげる。他方、大学は高等学術のための機関であり、利害関係に囚われず自由に科学的真理を探究するための組織である。もともと科学的知識の達成度は計量的評価や短期的評価に馴染まないから、バランスシートに乗らないものである。それだけでなく、科学的知識の探究には服従や従属、権威的指示は百害あって一利なし。科学者や研究者はその仕事において誰かの従業員になることはない。科学的研究の発展のためには、こうした仕事の特異性を十分理解する必要がある。もしその関係が逆になれば、結果は「浪費と敗北」である。

しかし、学識の総帥（captain of erudition）である学長が準拠せざるをえないのは競争的営利企業の経営手法である。理事会は学識の総帥に大きな裁量権を与えたくないが、あまり細かな管理も馴染まない。学長は大学間競争に勝ち抜くため、強いリーダーシップを発揮する。その権限のなかには、理事会の許容する範囲においてではあるが、研究者の任免と処遇についての決定権も含まれる。研究者は学長に対して責任を果たし、指示されたことをこなせばよい。かれらは学長に雇われた大学の従業員であり、その最大の義務は学長に対する忠誠心と服従である。

学長には学部長などのほか、いくつもの助言機関がある。呼称はさまざまだが、諮問委員会や大学評議会、顧問会議などである。それ以外にも、政治家や政府高官が登場する。他方、伝統にしたがって、ファカルティは学術的関心の擁護者ではあっても、戦略的学術計画に関する作成権限をもたない。

大学への営利原則の導入は比較的最近のことだが、ひとたび普及しはじめると、この四半世紀ほどのうちに一挙に浸透していった。

研究者は学問研究の自由を保障されたいと考えている。学術研究はその性格からして権謀術数による営利追求に馴染まない。それでも、学長は効率的管理に努めなければならない。それが人材選択や教育内容に影響を与える。官僚制的管理システムが導入され、研究者の格づけが行なわれ、教育内容の標準化も進められる。しかし学術研究内在的には、こうした官僚制的組織、学識の標準化、統計的統一性、細かな財務管理といったものは無用の長物である。学部や専門的職業学校の経営になると、こうした管理手法がいっそう鮮明になる。機械的標準化と統一性、監視的経理が必要不可欠とみなされている。

百貨店や新聞社の経営と同じように、大学にとっても暖簾がきわめて重要である。その大学の最大の資産といえば、無形の非物的資本（intangible, immaterial capital）であり、それが名誉威信の源泉になる。

教科目の多さに比べて教員の数は少ないから、一部の授業はなおざりにされる。授業時間の制約も授業を形式的なものにする。学部は他大学の同じような学部だけでなく、同じ大学の類似学部とも（とくに学生の獲得という点で）競争関係に立たされる。学生数、教科目の数と多様性などの統計数値は理事会の強い関心の的になる。学部長はそうした点でその業績を評価され、その評価の大学全体での集積が外部からの大学への寄付金や後援者の多寡に大きな影響を与えていく。

多くの学部が創設され、学問分野の数を上回ることになる。それにともなって資金不足に拍車がかかる。こうした学内外にわたる競争関係が不和のもとになり、不信感や猜疑心を煽ることになる。学問の世界は生煮えで栄養の足りない過重労働へと追い込まれていく。学問研究の発展という観点からみれば、こうした事態がもたらすのは貧しくかつ陳腐な成果である。教授団は学問的研究とは無関係に、効率的な大学経営という線にそって組織され、統制されていく。

理事会からすれば、高等教育は熟練労働の一種であり、出来高給で給与計算されるような仕事であり、高等学術研究のほうは――それ自体経済的あるいは金銭的目的をもたないという意味で――、レジャーの一種であり、「怠惰な」ものにみえる。しかし科学者あるいは研究者からみれば、そうした見方は科学と学者の仕事を評価せず、学者の誇りを辱めるものにほかならない。出来高給の導入に曝される高等教育の担い手は無防備な状態にあり、労働組合に組織されているわけでもない。

ところで、カレッジのめざすところは「紳士のカレッジ」であり、したがって顕示的あるいは見栄のための消費が教え込まれる。しかし、そうした紳士のカレッジは科学的研究の府とは馴染まない。また、カレッジのスポーツマンシップは研究者の真理探究の態度や行動とは根っから異なったものである。

大学におけるフェローシップ制度の導入はいま（一九一八年）から三〇年ほど前からのことだが、はじめは学問研究の促進という意味で優秀な学生に奨学金を与えるための制度として発足した。しかしいままでは、大学間で優秀な学生を奪い合うための手段になっている。多人数に少額の奨学金を出すのか、あるいは人数を絞って多額の奨学金を出すのか、その最適コンビネーションはなにかが学長や理事会の大きな関心になっている。実態は短期的な利益重視という営利原則にそって、多人数に少額をというパターンに傾いている。

（D）第四章の「大学の名誉威信と物的装置」では、ふたたび大学理事会の浅慮な行動が取り上げられている。営利原則が大学の経営管理に導入された結果、大学運営は科学的知識の探究から離反して短期的な利益追求に傾斜し、標準化と数の論理、有形の事象への集中的関心、官僚制的組織、他大学との競争的優位、社会的名声と暖簾の確保などが優位するようになった。そこに働いているのは営業精神ではあっても製作者精神ではない。

大学は物的にみれば、たしかに各種の建物（図書館、実験棟、教室棟や研究室棟など）と不動産の集合体である。しかし、学術研究そのものは容易には目にみえない。その領域への資金投入はなかなか進まず、その「稼働資本」「運転資金」はいつも不足している。

目に見えるものが大学の社会的名声に結びつけられやすい。そのため建物は見てくれのよい装飾的なものになり、実用性に劣る建物が数多くつくられ、多くの空間が無駄づかいされている。そして流行に左右される大学の建造物は時間の経緯とともに、たちまちマンネリズムに陥ってしまう。しかし結局のところ、こうした華美な建築物にさしたる意味はない。

（E）第五章は「学術研究の担い手」（Academic Personnel）を取り上げ、その問題状況を描写している。

一般的にいって、研究者の採用や解雇、昇進などの処遇についての権限は学長あるいは理事会にある。採用についていえば、応募者の絞り込みの第一規準はいまでも宗教的帰属にある。かれが「神を畏怖する信心深い」人物かどうかが問題になる。優れた科学者が同時に優れたビジネスマンということはあまりない。それと同様に、信心深い科学者が優れた科学者であるという保証はない。それはちょうど、白いクロドリが稀であるのに似ている。

しかし、大学は優れた科学者を必要としている。そこで妥協が生じる。採用のみならず昇進でもビジネスライクな適応力をもった人物が充当される一方、少数であれ、そうでない優れた科学者も採用せざるをえないという妥協である。無垢な好奇心に基づく科学的知識の探究という考え方は近代社会のなかに深く埋め込まれており、そう簡単に払拭することができないからである。

採用にあたっては、宗教的帰属だけでなく、金持の研究者が好かれるという傾向もみられる。余力のある生活水準、体面を保とうとする価値志向、かれらの知己からの寄付や学生の調達力、営利原則への理解、低い報酬への忍耐力など、大学当局からすれば有り難い事情がいくつもある。

一般的にいって、大学研究者の雇用は不安定であり、給与も低い。とくに大学人に求められている相対的に高い生活水準に比べて、そうである。概していえば、大学教師の給与は下級のセールスマンや事務職員と比肩できるものであるにすぎない。その結果、最低限の体面をたもつため、食事、衣服、暖房、光熱、部屋数や広さ、書籍などにかける費用を切り詰めるしかない。子供の数を少なく抑えることさえある。

そのうえ、教員間の格差は大きい。ごく少数の最高給をもらっている教員と最下層の教員との格差は一二倍から二〇倍にもなる（第三章の冒頭でふれたが、シカゴ大学着任当時のラフリンとヴェブレンの年俸差も一〇倍以上あった）。大学には教師の労働組合も団体交渉もない。その結果、給与はすべて個人交渉になる。大学教師の雇用も不安定である。下級の教員の場合にはなおさらである。その結果、かれらは研究よりも、学長の意向に背くことのないように日々の管理的業務に精出することになる。

そのほかにも、大学の教師にはさまざまな監視の目が光っている。新聞で批判や嘲笑の対象にされるとか、宗教的信条をめぐって問題になるとか、望ましからざる政治活動に関与するとか、家庭生活をめぐって悪い噂が立つとかいったことになれば、かれの大学生活は大きく傷つけられる。

さらに、大学の行事に積極的に参加することが高い評価に結びつく。大学の威信を高めるためには、みずからの研究に精励するとか、大学できちんとした授業することなどよりも信仰心の篤い裕福な貴婦人たちの前で講演をすることのほうが望ましいし、大きな収入にもなる。

こうして、大学の教師は学問研究のために研究者になったはずだが、やがて研究は二の次になり、それ以外の校

につけていく。

務に時間とエネルギーを割いて大学の名誉威信を高めるために奔走する。そうしなければ、かれはしかるべき体面を保つことができないし、教員間の競争に勝ち抜くこともできない。結果として、かれは紳士の生活スタイルを身につけていく。

（F）第六章の「科学者の比重」では、とくに社会科学分野の研究者に照明があてられている。すでにみたように、大学の名誉威信を高めるのに直接貢献するとは思われない学術研究は片隅に追いやられる。かといって、儀式を疎んじる不作法な科学者を完全に追い出すわけにもいかない。同僚たちもまた、そうした研究一筋の学者に深い共感を抱いていることが多い。

いまでも表向きは、大学の随一の存在理由は学術研究の推進にあるとされ、さすがの理事会も科学者の無垢の好奇心や科学的精神を踏みにじることはできない。有力な科学者がいることも大学の名誉威信を高めるうえで大切なことである。とりわけ、道徳科学や社会科学ではなく、自然科学の分野で著名な科学者がいることは大学にとって必要不可欠である。

しかし、道徳科学や社会科学の研究は、いくつかの例外を除けば、現行の制度、慣行や伝統、行為の準則、生活水準、道徳や宗教、法や秩序などを研究対象にする。それらの事象の因果関係、その働きと帰結などを問題にするとなると、たとえ偶像破壊といった意図がない場合でも、結果として慣習的信念や考え方に混乱をもたらすことがある。じっさい、「科学は懐疑主義からはじまる（Skepticism is the beginning of science）。そこに説教と科学の違いがある」（Veblen, 1918i: 181）。

社会制度は人びとの思考習慣から出来上がっているものだが、企業家に有能であると認められるためには、その社会の生活図式を受け容れることが必須の要件である。逆に、社会的通念に反するような研究は間違ったもの、危険なものみなされる。しかし、過去の経験が物語っているように、いま優れた科学者とみられている者も次の世代から忘れられてしまう。かれらの評判は長続きしない。かれらは科学のリーダーでなかった可能性がある。

ともあれ、社会科学の世界で流布している学術研究は厳しい批判的研究といったものではなく、現状肯定的な性格のものになりやすい。

したがって、社会科学分野における学問的リーダーは裕福な保守的階層に雇われた人びとであり、かれら富裕層の意見を否定するような議論をしないあるいはできない連中だという厳しい見方がある。いいかえれば、かれらは宗教、所有権、富の分配といった点で現行の法と秩序に抵触するような結論に到達してはならない。

たしかに、社会科学の領域では、ものごとの因果関係の解明（つまり、なぜそうなのかの科学的説明）といったことよりも、現状は正しいのか間違っているのか、なにをなすべきかといった点に人びとの関心が注がれる。

ひとつの例として、たとえば経済学をみてみよう。経済学者のあいだでは物的生活の適切な管理技術という意味で経済学は「技術」（art）であるとみなされている。そうした準‐科学（quasi‐science）としての経済学では、現行の社会的、経済的、政治的、宗教的秩序の基本的正しさを前提にして、「管理的」技術としての有効性と実践性が問われている。したがって、かれら経済学者が貢献できるのは新たな知識ではなく、ものの見方、考え方の安定性に対してである。かれらの仕事は凡庸なものたらざるをえない。かれらの作品は遠い過去に一般化され受容された解釈図式によって細かな事実を読み解き、吟味しているにすぎない。かれらの経済学は科学というよりも「実践的な」世俗的知恵に属している。
（G）第七章の「職業訓練」では、増加の一途をたどっている実利的で多種多様な専門的職業学校が取り上げられている。
歴史的には、こうした職業訓練はアメリカのカレッジ教育での選択科目制の導入と深い関わりがある。それによって学生の希望にそって多彩なカリキュラムが用意されるようになった。当初この選択科目制は学術的関心に対応すべく創設されたものだったが、学生からみて陳腐とみなされた教科目は姿を消し、職業訓練科目に置き換えられていった。かれらにとって価値あるものとは「金になる」実利的性格のものである。

企業もこの選択科目制を大歓迎した。企業にとってよいことは社会にとってもよいことであり、公共善とみなされた。ビジネスマンの問いはただひとつ、その知識はカネ儲けにどれほど役に立つのかというものだった。

魂の救済が人びとの主たる関心事であった時代に神学や説教が演じた役割を、いまでは金銭的利益の獲得のための職業訓練が担っている。

現代のプラグマティックな関心は宗教からビジネスへと変わった。それに見合って人びとの関心は、神学校からビジネス・スクールへと移った。これこそ「大学の世俗化の極致」である（Veblen, 1918i: 205）。

職業訓練のための大学といえば、ビジネス・スクールがその典型である。ひとつには、他の職業訓練の場合とは違ってほとんど科学的知識を必要としない。もうひとつ、他の職業訓練よりも、営業精神とカネ儲けの方法について教育することでその中身が私的利益の追求に大きく傾斜していることである。これに比べれば、ロー・スクールはビジネス・スクールに近いが、医学や工学は社会貢献の度合いが高い、あるいは私的利益追求の程度が低いという違いがある。

そのビジネス・スクールは知的世界の発展にも、また社会への貢献にもならないものであり、体育学部と同じように、大学が果たすべき集合的な文化的目的の向上とは相容れない。ロー・スクールやビジネス・スクールの教師が手にする報酬は科学分野の教師のそれのおよそ倍であって、大学が非科学的・非学問的目的をより重視していることを示唆している。

ビジネス世界のニーズに応えられなければ、寄付金も学生数も激減してしまう。この学生数と寄付金というふたつの数字を大きくすることが、いまや大学経営の目標になっている。

（H）最後の第八章の「要約と試算表」では、それに先立つ諸章の議論を要約しながら、アメリカの高等学術制度の改革に関するいくつかの論点を取り上げている。前者の要約についてはわずかの補足にとどめ、制度改革についてみておこう。

まず、補足ということでいえば、大学間の競争システムが働いている以上、大学および学長の名声あるいは名誉威信を高めることがきわめて重要である。しかも、その名声は有形の成果によって明示される必要がある。しかし、そんなものは科学的知識の探究にとってなんの意味もない。

この大学の名声管理が理事会や学長の最大の目標になっており、多くの大学が「世間の評判」管理に膨大な資金を費やしている。しかしそれとは対照的に、科学研究の投じられる資金はきわめて貧しい。

アメリカの大学の学長は基本的に曖昧な立場におかれている。一方では、深い学識を有する成熟した学者であり、学界でも尊敬されるような人物でなければならない。他方、営利原則にそった大学経営ができる人物でなければ、理事会から信任されない。

この曖昧さのなかで、科学的知識の発展を重視して大学を経営しようとした中西部（Middle West）と極西部（Far West）の事例[42]がある。いずれも、宗教から自由な学問研究の発展を大学の使命と考えた優れた学長のリーダーシップによるものだが、しかし次第に職業目的、学部運営の数値的管理、無教養な俗物（Philistines）からなる評議会への妥協を余儀なくされた。見通される将来において、アメリカの大学でこうした動きが再現できるとは思われないが、いずれの事例も立派な業績をあげ、営利原則に忠実な「強力な人物」によらなくとも世間の高い評価を得て、高い効率で大学を運営することができることを証明した貴重な記録といってよい（Veblen, 1918i: 268-269）。

ところで、改革案を示すことが本章の目的ではないとしたうえで、ヴェブレンはつぎにように書いている。アメリカの大学のあり方をめぐって多くの改革案が提示されているが、そのなかには大学以外の研究機関を学問研究の中心とするという案がある。しかし、そうした機関は以前から存在したが、その企ては大学理念の放棄につながり、望ましいものではない。結局のところ、その機関はビジネスライクな性格をもたざるをえない。また、次代を担う若い学究の育成という点でも大学に劣る。

もっとも、こうした研究機関の研究員には外国人が多いこと、またアメリカ以外の国で訓練された者の多いことが注目される。近年ヨーロッパの大学でも、アメリカほどではないにしても、営利原則の浸透がめだつ。それがひとつの背景になっているのかもしれない。

では、大学の高等学術研究を改革していくために何をすればよいか。残念ながら、営利原則重視という大学を取り囲む環境が変わらないかぎり、有効な解決策はない。いまでも文明人のあいだでは、科学的知識の探究を大切に考える気持は強いが、営利原則を重視する企業家と大衆心理が支配的であるかぎり、大学の真の蘇生はない。学長とその官僚機構を廃止するという「英雄的」治癒策はどうか。実行できないとか非効率とかいうことではない。しかし、そんなことをすれば、大学の各機関はバラバラになってしまうが、それでも全体の四分の三の不要な官僚制的業務はなくなるし、それによる効率アップは大変なものだろう。

この関連で興味深いのは、研究教育の実質的権限をその直接の担い手あるいは担当部局に委譲することである。希望あるいは「妄想」かもしれない（とヴェブレンは断わっている）――学長などの官僚制的監視と外部利害への順応ではなく――、研究スタッフがみずからの関係事項についてみずから管理し、決めていくことが望ましい。とはいえ、こうしたことはすべて、高等学術の発展という観点からする傍論（obiter dictum）あるいは思考実験であって、学長や理事会をなくそうと提言しているわけではない、とヴェブレンはわざわざ書き添えている。

## いくつかのポイント

やや細かく『アメリカの高等学術』の内容を洗い出したが、いくつかのことが強調されてよいだろう。ヴェブレンによれば、近代文明に占める科学的知識の地位はまことに高い。その追求に専念するための制度が大学であるという通念が近代化のなかで形成されてきた。その科学的知識の探究を支え、牽引していくのが無垢な好奇心と製作者本能である。

しかし、このふたつに対抗するものとして、武勇略奪的な闘争心と自己顕示的な金銭的競争心といった別の本能があり、それが愛国心を伴う侵略的王朝政治、営利原則のもとづく貪欲な私益追求に拍車をかけ、いずれも科学的知識の探究を歪め阻害してきた。そういうマクロにみた三つ巴の構図が念頭に置かれていることを忘れてはならない。

他方、目を転じてミクロに大学の実態をみれば、プラグマティックな実利主義か、それとも利害を超えた科学的真理の探究かという二項対立の基本的確執がみえてくる。近代科学についての通念に照らして実利主義の全面勝利というわけにはいかない。

学識の総帥たる学長はそのはざまに立ちながら、しかし理事会の営利原則重視という考え方に準拠せざるをえない。かれはそのための官僚制的組織づくりを行ない、大学の名声管理に奔走する。大学の名誉威信が高まってはじめて多くの寄付金と学生を集めることができる。けれども、それが科学的真理の探究にとっては災いのもとになる。かれらがいなければ成り立たない大学の研究者あるいは教員の雇用は不安定であり、その給与は低く、研究設備や資金に欠ける。かれらは数値によって短期主義的に管理され、生活を切り詰めることを余儀なくされ、研究に割くべき多くの時間を大学の各種行事に費やさなければならない。

実利重視という大学の内外に浸透した考え方に依拠するかぎり、大学の研究者は懐疑主義にもとづく因果関係の解明よりも、現状妥協的な規範論、いまなにをすべきかという実践論に傾かざるをえない。たとえば「準-科学」としての経済学もそうである。その知見はひとつの管理技術であり、その成果は凡庸たらざるをえない。

こうした困難な事態を容易に変えられるとは思わない。実利重視と営利原則は企業家のみならず、一般大衆にも広く支持されているからである。それでも、大学改革の必要性は否定できない。ミクロにみれば、研究者による学部自治という構想がひとつ。もうひとつはさきの論文「戦争と高等学術」でもこの『アメリカの高等学術』の第一章末尾でもふれられている、国際的広がりをもった国境を超えた大学の本義に適ったマクロ政策の実行である。

これほどにヴェブレンがあるべき大学像と科学的知識の探究にこだわったのは、近代科学こそ戦後の平和的秩序の基礎をなすものだと考えていたからだった。

## 第六節 『不在所有制』の検討

すでにふれたように、新学院が開校してまもなく、ヴェブレンはスタンフォード大学のG・マークスに手紙を送った。新学院に教えにきてほしいと思い、技術者ソヴィエト構想についても議論をしたいと考えていた。

マークスはその申し出を快諾し、スタンフォード大学を休職してニューヨークにやってきた。かれにとってその滞在は有意義なものだった。新学院の同僚に恵まれ、学生たちとも楽しい時間を過ごすことができた。かれにとってまことに「刺激的な休暇」だった。そこで、マークスはそのお礼に何かしたいと考えていた。折しも姪の彫刻家がニューヨークにきていた。新学院での報酬二五〇ドルを彼女に渡してヴェブレンの胸像を作ってほしいと依頼した（Jorgensen and Jorgensen, 1999: 257, n. 7）。

一九二〇年のはじめ、女性彫刻家B・ウィル（Blanca Will）はヴェブレンの胸像を作成した。彼女はそのときのヴェブレンの印象をこう綴っている――、「私はとてもヴェブレン先生を好きになりました。物静かで深く思い悩んでいるようなところがあって、でも忍耐強く本質的には親切な方であるように感じました。畏敬の念を抱かせるような人物で、正直にいって、磔になったキリストのような印象を受けました」（一九三四年三月四日のドーフマン宛ての手紙―― Jorgensen and Jorgensen, 1999: 164）。

その胸像は現在カールトン・カレッジに所蔵されているが、ヴェブレンは気恥ずかしい思いだったにちがいない。

## アンが亡くなって――ふたりの娘の世話

そのころ、ヴェブレンと昼食をともにしたR・デュファスは、「ヴェブンはひどく憂鬱な表情をしていて、かれを奮起させるものなどなにもないようにみえた。質問をしても、聞こえているようだったが、なにも答えなかった。その沈黙にはなにか不吉な予感がした」と書いている。ヴェブレンは、かれに喋りかけた誰かに腹を立てているのではなく、「世界に、そして自分自身に腹を立てているようにみえた。かれは個人的な深い悲しみのなかに沈んでいた」（Duffus, 1944: 154）。「不吉な予感」というのは、再婚したアンの重篤な病状とその死のことであるようにみえる。

アンは一九一九年七月一九日、ベルビュー病院からマクリーン病院へ転院した。デュファスは、「かれ（ヴェブレン）は子供たちと一緒で幸せそうにみえた。かれはいつもより良く喋った。そして妻アンは元気になると思って

**ヴェブレンの胸像**
（彫刻家 B・ウィル作、1920年）
（Sylvia E. Bartley 夫人のご好意により転載）

いるようにみえた」と書いている（Duffus, 1972: 152）。

しかし、治療の甲斐なく、アンは亡くなった。妻アンが入院しているあいだ、ヴェブレンは足繁くアマーストに通って「良き父親」になろうと努めたが、それは容易なことではなかった。姉のベッキー（一九歳）はかつてミズーリ大学でヴェブレンの同僚だったアマースト・カレッジのスチュワートの家で数ヵ月を過ごしたあと、スチュワートのシカゴにいる祖父母の実家からシカゴ大学に通うことになった。一方、妹のアンはしばらくスチュワート家で暮らし、つぎの秋になってシカゴに移った。

シカゴ大学の授業料はもちろんヴェブレンが払った。しかし、妹のアンのほうは姉のベッキーのようにはヴェブレンに懐かなかった。アンは大学を一年で辞めてしまい、最後は看護婦の道を選んだ。理解しやすいことだが、アンは両親の離婚にこだわっていた。彼女は自分が父親（Tom Bevans）似だと思っていた。ヴェブレンは長女ベッキーへの手紙には末尾にペットネームの「Toyse」と書いたが、アンには「ヴェブレン」と書いた。たとえば、「七五ドルの小切手を送ります。きょう『不在所有制』という本が出ました。まもなく出版社から届くでしょう。ヴェブレン」（ヴェブレンのアン宛の一九二三年一一月一日の手紙）といったようにである。

ヴェブレンについていえば、かれの体調も芳しくなかった。一九二〇年のはじめ、アーズルーニは大いに心配した。それを裏書きするかのように、ヴェブレンはグレゴリー夫人（シカゴ大学時代に会ったサラ・ハーディ）とその家族に、「死ぬまえに、みなさんに一日会いたいと思っています」と書いていた（Jorgensen and Jorgensen, 1999: 169）。

## アウトウッド事件

新学院がスタートして三年後の一九二二年、四巨頭（ベアード、ミッチェル、ロビンソン、ヴェブレン）といわれた人物のうち、ヴェブレンを除く三人が学院を去った。財政的な困難が直接のきっかけだった。ニューヨーク・イブニング・ポスト紙は、「新学院は失敗した。遠からず閉校になるだろう」と報じた。閉校は免れたが、化学、生物学、物理学など理系科目が幅を利かせるようになり、それとともに発足当初の思想的ラディカリズムは影を潜めていった。

ヴェブレンの給与は「新学院ヴェブレン基金」と呼ばれ〔厳密にはそこからかれの銀行口座に振り込まれる〕、かれの年俸は六〇〇〇ドルだった。これまでにはない高い報酬だった。そうだったのは卒業生や弟子、財団などからの寄付があったからである。しかし、これまでのようにかれは質素で節倹な生活を送った。ときには、友人などに多少の融通もした。一九二〇年代になると、ヴェブレンはかれ自身の主張とは裏腹に石油株に投資し、多少の利益を上げたこともあった。借金の肩代わりに株券をもらうこともあったらしい。

ところで、同じ二二年の三月、ヴェブレンにも関わりがあるひとつの事件が起きた。

再婚したアンの叔父で一九二〇年にクラーク大学学長になっていたきわめて保守的な地理学者W・アトウッド（あのアン殴打事件の張本人〔第三章第八節参照〕、四六年まで学長を務めた）は同大をアメリカの自然地理学研究の一大センターにしようと考えていた。

そのため、地理学科は力強く成長していったが、数学、生物学、心理学、化学、歴史学、社会科学がその犠牲となった。地理学の大学院には一二名の教授がいたが、数学と生物学はゼロになった。他の学科も大なり小なり、打撃を受けた。そして一九二二年三月、ヴェブレンにも関わりがあるひとつの事件が起きた。

同大のクラーク・リベラル・クラブが著名な社会主義者の教授S・ニアリング（Scott Nearing: 1883-1983）を呼んで学内で講演会を開いた。渋々これを許したアトウッドは講演会場を小さな教室に変えさせた。その晩、同じ時間帯に地理学の講演会があったからである。しかし、そこに集まっていたのは一握りの人びとにすぎず、ニアリングのほうには三〇〇人以上の聴衆が詰めかけていた。そのなかにはクラーク大学の教員や（すでにいくつかの文脈でふれた）初代学長のG・ホールも含まれていた。アトウッドはまず地理学のほうに出てから、ニアリング講演会のほうに顔を出した。ちょうど、ニアリングが既得権にもとづく教育統制についてヴェブレンから引用しながら熱弁を振るっている最中だった。かれは数分それに聞き入っていたが、ついに我慢できず、一部の教員に講演を中止するよう命じ、みずから教室の電気を消してしまった。集まった聴衆は仕方なく暗くなった部屋から出て行ったが、なかには聴講料の返却を求める者もいた。

この事件は全国の新聞によって大々的に取り上げられ、クラーク大学の人文系教授四人が抗議して辞職した。アトウッドはこの件で、「ニアリング博士は講演のテーマに関連してヴェブレンの著作を取り上げたのだとすれば、かれはヴェブレンの考え方を理解していない。私が火曜日の夜の講演で聴いたことは、ヴェブレンがこれまでいってきたこと、あるいは書いてきたこととなんの関係もない」と釈明し、さらにつづけて、「(今後)こうした会合が大学のなかで行なわれることはないだろう。もしリベラル・クラブが学外の会場で同じようなことを行なうとすれば、そのときにはかれらはアメリカ政府を相手にすることになるだろう」と語った。

ニアリングの講演は『有閑階級の理論』に関係するものだったと思われるが、かれはヴェブレンに心酔していた。他方、アトウッドはラディカリズムが大学に浸透してくることのないよう全力を尽くす必要があると考えていた。しかし、クラーク大学のモットーは創設者のJ・クラーク(Jonas G. Clark: 1815–1900)が表明していたように、大学はすべての思想信条に対して開かれていなければならず、その意味で学問の自由は譲渡しがたいものだとされていた。

アトウッドはこの事件の余韻を断つためか、ヴェブレンにクラーク大学で講演してくれるように要請したが、ヴェブレンは健康が優れなかったのでその申し出を断わった(Jorgensen and Jorgensen, 1999: 171–172)。

なお、一言つけくわえれば、ドーフマンは「H・バーンズ(Harry Elmer Barnes: 1889–1968――アメリカの歴史家であり、ふたつの世界大戦の原因についてドイツを邪悪視する通念に対して個性的な反論をくりかえした)によると、クラーク大学学長のウォーラス・W・アトウッドとヴェブレン夫人の義兄は、ヴェブレンをクラーク大学の教授に加えることを考えていた」(Dorfman, 1934: 463, 訳644)と書いている。しかし、このアトウッド事件だけでなく、ヴェブレンと再婚しようとしたアンを怒りに任せて銃身で殴打したのがアトウッドだったことを思い起こせば、ヴェブレンのクラーク大学招聘などありえないことだろう。

## 「早発性痴呆」についての憂慮

さて、さきの著作リストでいうと、⑲「早発性痴呆」（一九二二年）という不思議な名前の論文に目を通してみよう。ヴェブレンはつぎのように書いている。

まず、ここでいう早発性痴呆とはなにか。早発性痴呆とは青年期あるいは成人初期に発症する急性かつ強迫性の精神異常というのが精神科医の見方である。しかし、その発症時期は必ずしも年齢に関係がない。強迫性痴呆つまり自分が策略や陰謀の犠牲者になるのではないかという幻覚をもち、論理的能力が錯乱状態に陥ることをさして早発性痴呆という。恐怖心にもとづく軽信がその典型的症状である。こうした精神疾患の生理学的基礎は大きなショックや長期のストレスによる神経衰弱であり、またその結果としての神経組織の一時的錯乱である。

アメリカの参戦によってなにがもたらされたか。少なくともふたつあった。アメリカの参戦によって戦争の原因となった旧秩序が復興され、ドイツではユンカーが決定的に排除されることがなかったことがひとつ。もしアメリカの参戦がなかったならば、ヨーロッパ列強の敵対関係は、ドイツが滅亡し、国境線がすっかり書き替えられるまで続いただろう。そうなっていたら、事態の収拾は富裕階級の手には負えなかったかもしれない。旧秩序は流動化し、特権と財産以外のものにもとづく産業民主主義的な体制が出来上がっていたかもしれない。

しかし、実際には紛争の火種は残り、既得権と国家的野心が温存され、その意味で恒久平和とはまったく異質の休戦的平和体制が生み出された。

アメリカ参戦によって平和の妨害者であるドイツの軍事力と富裕階級が完全に排除されることはなく、その意味で実質的にドイツ帝国は生き伸びた。もし帝政ドイツが崩れ落ち、さらに帝政ロシアも崩壊していたら、フランスの長老政治家が国民を戦争に駆り立て軍備増強に走ることなどなかっただろう。同じことは、程度に違いはあっても、他のヨーロッパ連合国についてもいうことができる。

もうひとつ、アメリカの参戦によって、ヨーロッパ諸国の資源が枯渇し、インフレが昂進し、負債が膨れあがって手に負えなくなるといった深刻な事態に陥ることはなかった。資産収益力を超える通常の資本化、価格維持、生産制限などによって既得権は維持され、同時に失業、生活必需品の欠乏、産業の無秩序は放置されることになった。それだけでなく、政治的には休戦的平和によって旧態依然とした戦争的外交と強制管理がそのまま復活することになった。

一方ではアメリカ参戦によって早期に平和がもたらされ、多くの人命や財産が救われたことは明らかだ。しかし他方では、過去三、四年間の紛争、無秩序、生活必需品の欠乏、疾病といったものが少なくとも通常の二倍の水準に達したことも疑う余地がない。一九一七年にアメリカが参戦したとき、政策当局はこうした結果を予想していたわけではない。しかし意図せずして、また予期せずして、アメリカ参戦によって嘆き悲しむべき誤謬が生じた。

ところが、いまのアメリカ国民は精神的バランス感覚を欠いた混乱状態にある。軽々しくなんでも信じてしまう狂信的状況といってもよい。向こう見ずな不寛容、想像上の罪過に対する無分別な残虐行為、実体のない怒りといったものに駆り立てられ、策略や陰謀を信じやすくなっている。

一方では、近代文化を特徴づける最大かつ建設的な特徴である科学的知識の発達によって、魔術的なものや超自然的なものを信じる心性は衰えた。しかし他方では、第一次大戦の勃発以来六―八年このかた、とくに戦後がそうだが、めだって教会（ハイ・チャーチであれロー・チャーチであれ）の信徒が増え、かれらの収入も増加している。この数年、常識に代わって、神への畏怖を復権させようとする宗教的原理主義が幅を利かせるようになった。たとえば、ルーズベルトやウィルソン、フーバーやロックフェラーを「自分の友人」と呼んで憚らないB・サンデー（Billy Sunday: 1862–1935）の福音主義的運動の盛り上がりがその好例である（Veblen, 1922［1934: 430］）。恐怖心と強迫観念がアメリカ社会を覆い、途方もない噂が狂信的信条と共鳴しあっている。

異なる意見は疎んじられ、ときに犯罪視されている。無罪と判明するまで被疑者は罪人扱いにされ、たとえばラスク委員会によって一万人以上もの者がこれといった証拠もなく逮捕された。外国のメディアは報道を制限され、ボルシェビキのプロパガンダというデマが飛び交った。世界産業労働組合はアメリカ社会の脅威だとされ、秘密警察が暗躍した。浅はかな愛国主義的騒擾が市民の美徳とみなされ、愛国心を高めるための訓練が学校の授業に取りこまれた。狂信的なクー・クラックス・クラン（the Ku-Klux-Klan）が勢づいて市民を脅迫するようになったし、在郷軍人会がいやがうえにも法と秩序の強化を喧伝している。アメリカ参戦によってこうした異様な社会心理が一挙に増幅された。その病理的精神状態は早発性痴呆と呼ぶにふさわしい。

## 『不在所有制』の論旨

大戦後の旧秩序の復活といい、不在所有制がその背骨を形成していることといい、ヴェブレンの認識にゆらぎはなかった。不在所有制こそ現代経済の核心をなす。したがって、六〇歳代半ばを過ぎたヴェブレンの最後の著作が『不在所有制』であったことは自然なことだといってよい。

この本は『不在所有制と最近の営利企業――アメリカのケース』（*Absentee Ownership and Business Enterprise in Recent Times: The Case of America*, 1923）と銘打たれていたが、初版から「不在所有制」という文字だけが大文字、他は小文字で印刷されていた。そのため、やがて『不在所有制』と呼ばれるようになった。ここでも、この通称を踏襲する。ちなみに、この本の「緒言」は一九二三年三月の日付になっており、この本のいくつかの部分はそれより後に『フリーマン』誌に掲載された（第六章「産業の総帥」は同誌の一九二三年四月一八日号、第七章「アメリカの場合」の第二節「独立自営農民」と第五節「森林と油田」は同誌の六月一三日号、五月二三日号、五月三〇日号、七月一一日号、七月一八日号に載った）。ということは、この作品すべてが実質的に新たに書き下ろされたものだったことを物語っている。章を追ってこの本の内容をみてみよう。

まず、原文で一ページの「はじめに」では、この本が最近になって一段と成熟してきた信用経済と不在所有制を分析の俎上にのせていること、その中身は真新しいものであり、一般に流布している経済理論の視野の外にあることなどにふれている。

（A）第一章「序論」も八ページと短い。現代経済の中核的制度として不在所有制が立ち上がっているが、この制度はアメリカの最近四半世紀における意図せざる累積的変化の産物である。しかし、その意味はきわめて大きい。というのも、第一次大戦は不在所有制をめぐる利害関係の対立から生じたものであり、パリ講和会議はこの経済制度の存続と安定化のために行なわれたものだからである。

一般的にいって、人口に膾炙した言葉やそれに基づく行動は物質的現実に後れるものである。しかし、たとえゆっくりとした速度であっても、基本的な物的生活条件に適応できなくなった法や慣行は衰退し淘汰されていく。そのとき、それらに依拠した階級は大きな不安に襲われる。いまようやくにして、現行の法や政治が不在所有者の便益のため、庶民を犠牲にして存在し機能しているという現実に多くの人びとが気づきはじめた。

けれども、物的利害関係と感情をめぐる現代的亀裂は所有者と非所有者のあいだに走っているのではない。その意味で、社会主義 対 反社会主義という問題の立て方は陳腐化してしまった。「今日の問題は所有権ではなく、不在所有制の問題に変わっている」(Veblen, 1923e: 9, 訳 9――以下、邦訳は橋本勝彦のものを基本にし、油本豊吉のものも参考したが「いずれも部分訳(43)」、すべて改訳している)。いま問題なのは、所得分配における公平とかそれをめぐる道徳的反感や嫌悪とかいったことではない。産業活動における不在所有制こそが喫緊の問題である。不在所有者と庶民の物的利害関係が相容れないところまできている現在、産業的資源、労働力、設備などをいかに効率的に使用するかが問われている。

(B) 第二章は「高潔な国家の発展と価値」(The Growth and Value of National Integrity) と名づけられている。不在所有制が法的、道徳的意味で問題にされることはない。それは深くコモン・ローに根ざすものであり、ヨーロッパ文明の基盤を形成している。

この「不在所有制はいまでも真のアメリカ人の精神的偶像」(Veblen, 1923e: 12, 訳 12) であり、アメリカ市民の道徳的中核にはいまもこの不在所有制への価値志向が息づいている。労せずして富を増やすことができてはじめて、かれは「真の市民」になることができる。それが自尊心を充たし、隣人から尊敬されるための社会的尺度になっている。逆に、この濡れ手に粟式の富の獲得競争に敗れた者は「不甲斐ない能なし」(a shiftless ne'er - do - well) とみなされる。不在所有制を正当とする法と慣習に関する原理的な考え方は一六世紀から一八世紀にかけて自然権の思想として形づくられ、磨き上げられてきたものだが、あたかも太古不易のものであるかのようにみなされている。人間は長く依拠してきた行為準則を永遠に正しいものと信じたがるものである。しかし長い目でみれば、物的環境の変化が人間行為の基本線を水路づけていく。それに抵抗しても衰滅の運命から逃れることはできない。しかも現在のように、物的環境が大きく変わる時代には、これまでの行為準則の不具合がいっそうめだつ。一般的にいえば、新たな物的環境の変化に対して古い行為準則はついていけない。「すべての法と慣習は、ある程度まで時代遅れのものである」。

ところで、ヨーロッパにおける国家形成は戦争と策略に満ち溢れ、暴力と欺瞞と略奪の歴史にほかならない。しかも生命と財産の犠牲は諸侯の隷属民が払った。その王朝国家では他国に対する敵意と不信感が充満し、戦争と権謀術数が堂々と大手を振って闊歩した。じっさい、このヨーロッパにおける国家形成期の荒涼とした数世紀は国家的な憎悪心、悪意と相互不信の時代だった。

やがて民主主義的制度が勃興したのちも、こうした精神構造は基本的に引き継がれ、王侯に付着していた王権神授という形而上学的思弁は「国家の神権」として発展的に継承された。もしこの王権神授という考え方が成り立っていなかったとすれば、民主主義的共和国（commonwealth）が国家神権をもつという発想も生まれなかったにちがいない。

その国家の神権と結びついたのが企業利益のための商業的支配だった。その結果、「民主主義的帝国主義」が生み出された（Veblen, 1923e: 31, 訳 31）。そのため、民主主義的共和国はふたたび、あの王権神授的専制主義による略奪行為、それに特徴的な不寛容と強制、狡猾な利権漁りに逆戻りしているようにみえる。

じっさいのところ、重商主義という要素は王朝政治と帝国主義的政策に共通している。「帝国主義とは、不在君主（absentee princes）に代わって不在所有者の利益のために行なわれる王朝政治の新たな呼称にほかならない」。その帝国主義的政策の採用と実行においてアメリカも例外ではない。というよりも、その典型かもしれない。保護関税や植民政策、国際通商上の妨害行為や産業干渉などがその主たる政策メニューである。節約と自助という立派な隠れ蓑のもとで貪欲と狡猾が跋扈している。「アメリカ国民が自助といっている理想は一般社会の犠牲において不労所得を合法的に独り占めすること」(Veblen, 1923e: 34-35, 訳 34-36) にほかならない。

アメリカにおける商業的怠業、保護主義的サボタージュはその不在所有制の発展と軌を一にしている。しかも、いまや企業のための統治はビッグ・ビジネスのための統治となり、民主主義的共和国の管理は「企業家代表のソヴィエト」(a Soviet of Business Men's Delegates) という色彩を濃くしている。

要するに、「かつて人類の自由、平等と博愛といった目的に奉仕するべく設計された民主主義的制度はのちの諸条件の変化によって、いまや庶民の犠牲の上に成り立つ、もっぱら不在所有者の安全と不労所得 (free income) のためのものになっている」。そして「虚栄心や恐怖、侮蔑といった群集心理が共和国という魔術的名称に魅せられ乱舞するとき、一般社会は悪魔の掌中に握られた便利な道具と化す」(Veblen, 1923e: 38-39, 訳 36-37)。このように、現在の高潔な国家は不在所有者あるいはビッグ・ビジネスのための帝国主義的重商主義の担い手となっている。

(C) 第三章の「近代における法と慣習」はふたつの節から構成され、第一節では手工業と自然権が取り上げられている。近代的所有制と国家主義あるいは国民主義は手工業と小商業を勃興させた時代の産業技術に対応したものであり、その手工業時代の新秩序の原動力となったのが「独立人」(Masterless Man) である。それに先立つ牢固とした強制と服従、鉄柵のごとき支配と奉仕からなる封建時代に独立人の存在する余地はなかった。

封建時代にあっては、隷属民は神の挽臼によって砕かれるべき者とみなされていた。それでもその数は増加の一途を辿った。それとパラレルに独立人は不在所有的権益に依存することなく、みずからの生計を立てるようになっていった。かれら身分差別なき産業遍歴人たちはやがて自治的共同体を形成し、手工業と小商業を立ち上げた。そこから新しい思考習慣が生み出され、新たな制度が築き上げられた。

かれらはみずからの産業活動に対していかなる不在所有者的要求ももたなかった。かれらは、自己の労働による成果はかれの所有物であり、その処分権 (自由な契約と売買する権利) もまたかれに属すると考えた。それが「自然な」所有権、つまり自然権にほかならない。じっさい、かれらの生産物は素材に対してみずからが培ってきた労働（技術的知識と熟練）を注ぎ込んで凝結させたものである。そして自由な契約と自由な売買という自然な権利のうえに小商業が成立した。このように、手工業時代に形成された自然権的所有権は生産的で有益な労働にその基本的根拠をもっていた（第一節）。

アダム・スミスの手工業時代にも信用と雇用労働という形で不在所有制は芽生えていた。しかし、そのあとに機械時代がやってきた。現代の不在所有制には手工業時代にはみられなかった新たな性格がみとめられる。ひとつは土地、森林、鉱物資源、水力、自然の港湾などの自然資源の所有である。ほとんどの場合、これらの所有は生産労働にもとづく自然権的な所有ではなく、特権的で暴力的あるいは共謀的で封建的な性格をもった所有である。これら資源の所有は自然権の体系とはまったく関係がない。「その所有者はそれを所有しているがゆえに所有している」だけのことである。もちろん、こうした自然資源の所有すべてが不在所有だというわけではない。たとえば小農的土地所有は明らかに自然権の体系に馴染むものであり、不在所有とはいえない。

もうひとつ、機械産業と大工場制の時代になって、産業への投機が大きく前面にクローズアップされるようになった。手工業時代に不在所有制は「付随的で偶発的な」現象だったが、機械時代においては不在所有制が産業活動の基本原則となり、そのための投資が所有と支配の代表的形式となった。すべて投資の価値はその収益力の資本化によって測られ、産業的企業は商業化され、その関心はこの収益力に向けられた。「資本主義」時代の到来である。生産は製作者精神にもとづく所有者と作業場の人格的関係は投資にもとづく不在所有という非人格的関係に移行した。生産は製作者精神の問題だが、収益は企業の問題である。こうして、機械時代の到来によって産業と企業の関心が乖離し、対立するようになった。

一般的にいって、産業の生産高はふたつの要因、すなわち産業技術の水準と人口増加によって決まる。ただし、短期的にはこれから生産制限量を差し引く必要がある。しかし、人口の増大は産業技術の水準によって大きく左右されることを考えると、産業の生産高を決める第一要因は産業技術だといってよい。その産業技術の水準はモノづくりのための社会的に蓄積された知識、熟練、判断などによって決まる。それらの知識や熟練のほとんどは歴史的に形成され、過去から継承されたものである。その意味で、産業技術の水準を規定するこれらの知識や熟練は重要な社会的な共有財産あるいは共通資本といってよい。その意味で「産業コミュニティはひとつの共同事業体である」(the industrial community is a joint going-concern)。しかもその産業コミュニティは国境を超えている。

他方、不在所有者はその合法的怠業の権利を行使し、産業技術と労働力の活用水準を抑制する。かれらは生産量と単価との積が最大純収益をもたらすように生産制限を行ない、そうした形で社会的共有財産の用益権を占有する。

(D) 第四章は「自由競争の時代」について論じている。機械産業と自然権の原理はイギリスで確立した。「自由競争時代はイギリス帝国の基礎を確立した」のであるが、一九世紀の半ばまでの自由競争の時代、その中心人物は不在地主や豪商に取って代わった産業の総帥たちだった。この自由競争の時代は、イギリスでは一八世紀の第四・四半期から一九世紀半ばまで、またアメリカでは一九世紀第三・四半期の終わりまでをさす。

この自由競争の時代は人口と輸出の増加に支えられてより安価な製品の大量生産が行なわれ、生産抑制という手段に訴える必要はなかった。その点で、つぎの機械時代とは大いに異なる。いまだ電気、石油、化学産業は登場せず、鉄鋼産業も未成熟な時代だった。

しかし、やがて「自由競争は産業の最重要部門で死滅の道を辿った」。自由競争を終焉させたのは、第一に機械技術の飛躍的発展による生産力の著しい増大、第二に需要を凌駕する工業生産物の供給増加、第三に証券投資を中心とする信用拡大という三つの要因である(Veblen, 1923e: 79, 訳 79)。

これらの点でアメリカはイギリスや大陸ヨーロッパ諸国に優位しており、その意味でもアメリカが新秩序形成の先頭に立っている。

(E) 第五章のタイトルは「株式会社の台頭」となっている。その株式会社とはなにか。一九世紀後半以降、株式会社が増加した。株式会社は資金の資本化したがって信用に依拠する事業体であり、不在所有の結合体である。

株式会社がめざすのは貸借対照表上の純利益の増加であり、財貨の効率的生産ではない。その関心は生産した財貨をいかに有利に販売するかにある。端的にいえば、「株式会社は金銭的制度である」。まさに、「株式会社の関心はモノづくりではなく、カネづくりにある」(Veblen, 1923e: 84-85, 訳 84-85)。機械時代の経済活動の中心的役割を担う株式会社は証券保有者の利益を旨とする継続的な事業体(going - concern)であり、生産制限をしないでは立ちいかない、利益を上げられない存在である。

ところで、繁栄期は不可避的にしかも律動的に、生産過剰、滞貨の累積、不況を招致する。そのため、いつでも結果的には景気循環が生まれる。第一次大戦後ここ五年ほどの景気後退局面をみれば(大戦中の異常な物資消費と暴利獲得のあと)、財貨の増産は企業にとっては自殺行為である。設備も労働力の稼働率も五割ほどに落ち込んでいる。そんなときに増産すれば(技術的にはたやすいことだが)、その結果は「惨憺たる破産」あるのみである。もしそんなことになれば、異常に膨張した信用はたちまち崩壊し、帳簿上の貨幣価値の五割が吹き飛んでしまう。しかし他方、増産が行なわれないことで財貨に対する一般社会の欲求は充たされない。その状態は産業に対する「資本家的怠業」と呼ぶにふさわしい。

産業技術は飛躍的な発展を遂げ、生産コストの低下と生産量の増加をもたらすようになっている。そのため、不在所有者に約束した利益分配を手渡せない危険性が生じている。この事態を回避するため、事業企業は販売競争に躍起となる。こうしてかれらは生産制限的怠業と販売拡大に精励する。

(F) 第六章では「産業の総帥」が取り上げられている。産業の総帥は一九世紀の主要な制度のひとつである。しかし、いまではかれらは基本的に過去の存在、「一個の迷信」となり果てた。かれらはもはや現代経済の中心にはいない。かれらが活躍したのは、産業革命から株式会社金融が大きな影響力をもちはじめた一九世紀半ばまでの自由競争時代においてである。

その原型は豪商など冒険商人に求めることができる。だから、Captain(船長)という名前がついている。かれらは機械技術について理解することができた。かれらは企業家であるとともに、製作者精神の担い手だった。かれらは、社会的ニーズに対して製作者精神と創造的洞察力をもち、独立独歩の立場を保ちながら、大きな理想の実現にむけて努力した。だからこそ、多くの経済学者が土地、労働、資本につぐ第四の生産要素として企業家を挙げたのでもあった。かれらが企業の総帥（captain of business）よりも産業の総帥と呼ばれたのはこうした事情によっている。

しかし、機械設備の規模や雇用する労働者の数が大きくなるとともに、所有者と企業家さらに技術者あるいは労働者の役割が専門分化していった。産業の総帥は企業の総帥に変身した。産業と企業の分離である。使用者で所有者だった者（the employer-owner）が不在所有者になっていき、同時に機械の設計や改良などは技術者の仕事として分離独立していった（Veblen, 1923e: 106-107, 訳 110）。

ところが、経済学の教科書はこうした重大な歴史的事実の変化を反映したものになっていない。いまでも産業の総帥は初期の投資家兼技術者（investor-technician）として描かれている。しかし機械時代にあって、一方で企業家は一般社会の犠牲において利益を上げることに奔走し、他方技術者はその良心にしたがってよきモノを効率的に作るという製作者精神の担い手となっている。

初期の産業の総帥がその性格を大きく変えざるをえなかったのはつぎのような事情による。すなわち、自然科学の発達に支えられた産業技術のめざましい発展は市場の需要を上回るほどの生産力あるいは供給力の増加をもたらした。専門化した技術者がその担い手となった。それとパラレルに機械設備と企業規模が拡大し、株式会社が代表的な企業形態となり、その経営は非人格的で金融的性格を帯びるようになった。そしてその金融的利害を重視するかぎり、飛躍的に拡大した生産力にもかかわらず、生産制限を行なわざるをえない。

このようにして、手工業時代とも自由競争時代とも異なるひとつの新たな経済システムが出現した。産業の総帥は産業的冒険者から企業的金融家に変貌し、生産制限による利潤追求がかれらの中心的な仕事になった。

この新たに脱皮した産業の総帥（つまり企業の総帥）が地主階級や政治的冒険者、僧侶階級を凌駕し、「市民生活のみならず政治生活の第一人者となった」。その結果、「人間の優劣は財産の優劣」と等値され、諸々の市民的価値もかれらに準拠して決められるようになった。かれらは「文明人にとっての模範的人物、哲学者であり友人である存在」として尊敬と羨望の的となった。最も民主主義的なアメリカ社会ほどそれがめだつ社会はない。

（G）第七章の「アメリカのケース」は五つの節からなるこの本の最も長い章である。その第三節の中身についてはすでに第一章第三節でふれているが、他の節の内容を掻い摘んでみておこう。

第一節では、アメリカ社会における「自助の人」（the sel-made man）とはいかなるものかが歴史的に描き出されている（下記の第五節も参照）。

不在所有制はアメリカで最も自由かつ完全な形で発達した。その背景にはアメリカの植民地としての歴史があった。英語国民は自助、機会均等、利益獲得をその動機として豊かな自然資源を求めてアメリカに移住した。かれらが手に入れた自然資源は農地の一部を除いて不在所有の対象となった。誰一人、そのことに疑問をもつ者はいなかった。そうした人びとが「自助の人」にほかならない。

石炭、鉱石、油田、水力、木材、石材、河岸などの不在所有から得られる利益は労せずして手にする収益である。自然資源の不在所有者は最初のうちは互いに競争しているが、やがて価格の低下と急激な資源の消耗に直面、不在所有者は互いの競争を抑制し、共謀し結託するようになった。しかし、農民による共謀や結託はこれまでのところ、あまり成功していない。農産物市場は農民以外の人びとや企業によって支配されているからである。農業における不在所有制は他産業のように発達していない。

第二節で取り上げられている「独立自営農民」はすでに過去の遺物かもしれないが、不在所有制との関係でいえば、独立自営農民は小さな準－不在所有者（quas-absentee owner）である。かれらは自助と貪欲によって特徴づけられ、共謀行為は得意でない。

かれらは基本的に開拓者農民だった。そこには、みずからの勤勉力行によって生計を立てていくという側面と投機家としての姿が二重写しになっていた。そのため、かれらが所有する農地は耕作面積をはるかに上回っていた。一般的にいって、いずれの性格が勝っていたかといえば、投機家としての側面だった。しかし、そうした側面はカントリー・タウンの商人の場合にいっそうめだった。農民がカントリー・タウンの商人となって、労せずして収益を上げるということも少なくなかった。

第三節の「カントリー・タウン」については第一章第三節でふれている。カントリー・タウンこそアメリカ文化の精髄を形成したものである。そこに横溢していたのは、一方では自助と貪欲の精神であり、他方では地域独占的な共同結託だった。これがアメリカ民主主義の実態にほかならない。そしてその経済活動の中心にあったのが投機的不動産の売買である。カントリー・タウンには膨大な数の小売業者が巣くい、外部世界とフロンティア農民の媒介項となって利鞘を稼いでいた。

しかしこうした中間的産業はまことに非効率的であり、ムダと浪費が渦巻いていた。それでも一九世紀末から二〇世紀はじめになると、かれらの勢力と存在理由はめだって衰えた。運輸通信システムの飛躍的発達をともなう流通革命が起きたからである。

第四節の「新しい金」(New Gold) の骨子はこうである。将来的には中国やロシアがそうなるかもしれないが、いま現在でいえば、アメリカは他に例をみないほど自然資源に恵まれた国である。そうなりえたのは、アメリカの豊かな自然資源が現代の産業技術の開発と発展によく見合っていたからである。そうした対応関係がなかったならば、アメリカの自然資源に大きな価値はなかったにちがいない。その意味で、産業技術の現状がアメリカを豊かな自然資源の国にしたということができる。

こうした対応関係が鮮明になるとともに、アメリカの自然資源は急速に不在所有の対象になっていった。公共財を合法的に私的財産に転換していくところにアメリカ社会の重要な特徴がある。とくに目立ったのが土地の取得とその取引である。南部諸州では、広大なプランテーションと大規模な農業開発が不在所有制を大いに発達させ、奴隷制をもたらした。道徳や精神形成という点でこの南部に固有の制度は北部や中西部のカントリー・タウンに匹敵する。

農地や不動産だけでなく、金、貴金属、木材、石炭、石油、鉄鋼、天然ガス、水力、灌漑、輸送施設などの発掘や開発においても不在所有制の浸透がみられた。なかでも石炭、鉄鋼、石油の三つ、もしひとつに絞れば、石油産業が自然資源を私的利益に転換していった最大の例である。公共の利益という大義名分を掲げて巨大な私的暴利が貪りとられた。

金探しはまさに濡れ手に粟の一攫千金、山のような失敗にもかかわらず、男たちの魂を激しく揺り動かした。しかも、一般的にいって、金塊づくりに費やされた膨大な諸経費は金の産出額を数倍も上回った。金ほどではないにしても、他の貴金属についても基本的に同じことがいえる。

しかも、正貨として使用されることを除けば、その金に社会的あるいは産業的価値はない。個人的には見せびらかしの浪費に役立つばかりである。しかし、その正貨にもパラドックスがある。金の供給が増えれば、通貨の価値は下がって物価が上昇し、通貨一単位の購買力は低下する。そうなれば、ますます企業は通貨で計測される利鞘の増加を求めて生産に励む。しかしそれは過剰生産という事態を招く。そうなると価格は下がるから、生産制限のスイッチが入る。物資は不足し、設備と労働力は遊休状態となり、失業者が増える。負債が増え、社会的不満が広がっていく。

こうして景気循環の波が高まり（ミッチェルの『景気循環論』［一九一三年］が引かれている）、好景気から不景気へと経済活動は大きく後退していく。

企業の有形・無形の資産は通貨表記されるから、金の産出高の増加に伴う貨幣価値のインフレは企業の資産を増やす。帳簿上、そのインフレは純益の増加を意味する。しかし、固定レートでその会社証券を保有してきた者にとっては困ったことになる。実質購買力が下落してしまうからである。ところが、かれら債権者は株価が上昇したと思うから、得意満面である。かれらは額面価値が下がらないかぎり、そして債務者に支払い能力があるかぎり、不都合はないと考えている。使用価値を規準としない価格体系のマジックである。それがまた証券の追加発行に拍車をかける。

第五節の「森林と油田」では、木材や油田を取り上げてその私的略奪あるいは占有の性格が論じられている。自然資源の不在所有がいかなる帰結をもたらすかを理解しようとするとき、木材ほどよい例はない。松や常緑樹あるいは硬質木材などであれば、その広大な森林地帯を買い占めるのがごく一般的なやり方だった。その土地の所有権が宣言され、木々が切り倒され、製材され、市場に持ち出された。ミシガンやウィスコンシン、ミネソタの松林などが一九世紀後半真っ先にその対象となった。

しかし、金にならない「低質な」木材は見向きもされずに放置され、ときに焼き払われ、あるいは自然発火して焼失した。その面積は全体の半分以上にのぼった。こうした所業は製材業者が一刻も早く成り上がろうとしたためであり、森林資源を故意に破壊しようとしたわけではない。はっきりしていることは、営利原則に忠実に市場へ木材を供給するというかれらの荒削りな企てのなかに、まことに法外な社会的費用と膨大な破壊的浪費が含まれていたということである。

それでもかれら自身、その行為に何一つ恥じるところはなかったし、むしろ隣人たちからは称賛と羨望の声で迎えられた。成功した製材業者だけが「市民」とみなされた。かれらに敬意を表わしてその名前を冠したカントリー・タウン、公園や病院、美術館や図書館、学校やその他の公共施設が数多く作られた。かれらのような人物こそアメリカ人が理想とする「自力で財を成した成功者」(the self-made man) にちがいなかった。占有の対象となった森林が少なくなるとともに木材の価格は高騰し、ますます森林の奪い合いになり、不在所有制が拡大していった。

大規模な初期場面での浪費と結果としての不在所有、社会的費用を厭わない自然資源の準独占的あるいは共謀的奪取――、こうした「アメリカ的企図」(the American Plan) こそ、機械技術が支配するようになった一九世紀後半以降のアメリカの基幹産業 (石炭、鉄鋼、鉄道、水力など) の実態だった。もちろんこうした産業では、不在所有者の利益のための生産制限あるいはサボタージュが日常茶飯事になっていた。

他方、石油あるいは油田開発の場合には、初期の製材業に似て、事態はそこまで進んでいない。各地に多くの「独立」企業が存在し、油田開発を競っている。この産業では熟練労働力のみならず、機械も資金も大いに不足している。しかし、最終的には他の基幹産業と同じようなことになっていく可能性が高い (以上、第一部)。

(H) 第八章の「ビジネスの新秩序」によれば、一方で、新たな産業技術は二〇世紀の技術者によって創造されたものである。それは一八世紀に構想された法秩序と整合しない。とくにアメリカでは産業技術の変化と人口の増加が急激だったから、いっそうその差異がめだつ。その意味で新秩序は全体的な均衡状態に達していない。他方、企業経営という点からみた新秩序の起点はトラスト形成の時代に求めることができる。「ビッグ・ビジネスが新秩序の最も重要な存在である」（Veblen, 1923e: 211, 訳 131）。基幹産業（key industries）では、ビッグ・ビジネスがその不在所有権を発揮して自然資源の大部分を掌握している。その派生効果のひとつが怠業である。それは純利益を拡大するための手段になっている。不在所有の経営、つまり「不在的経営」を担う企業経営者の関心はもっぱら価格ベースでの短期的純利益の最大化にむけられている。

基幹産業の生産活動に依存する他産業の企業経営は、動力といい原材料といい、運輸通信といい機械設備といい、結果的には基幹産業の関数という性格をもっている。

ところで、第一次大戦後のアメリカの産業と企業の関係で注目されるのは、一方での信用の著しい膨張であり、他方での物的富と使用労働力のめだった縮減あるいは抑制だった。両者の不一致は拡大の一途をたどった。アメリカ経済は貨幣価値的にいっそう豊かになったが、使用価値的には貧しくなった。アメリカのインフレ率は一〇〇％以上に達し、失業者は増え、その結果ビッグ・ビジネスを中心に企業経営者と労働者の軋轢は一挙に高まった。ストライキやロックアウトが頻発し、スト破りのみならず、州兵まで大量動員された。こうした状況に対して、アメリカの立法も司法も行政も基本的に不在所有制を擁護する立場にたっている。

企業経営に引きつけていえば、将来の事態について三つのシナリオが考えられる。第一に、信用拡大に大きな役割を果たす投資銀行とそれを監視する連邦準備制度理事会が連携してビッグ・ビジネスに大きな影響を与えていく可能性、第二に、主要な自然資源と基幹産業を所有する不在所有階級が有力な投資銀行などと共同しながら指導的地位に立つという可能性、第三に、ビッグ・ビジネスの企業グループが支配的な力を発揮していくという可能性である。要するに、将来展望という点では、投資銀行などの金融機関と事業会社の関係が焦点になる。

（I）第九章はその「新秩序の産業システム」がいかなるものかについて検討している。

アメリカにおける産業技術と産業組織の累積的発達は一九世紀半ばからめだつようになり、生産力は飛躍的に高まり、組織も大規模化した。そして一九世紀末には、アメリカの資金と信用を支配する不在所有の集合体である金融業界がアメリカ基幹産業の支配権と用益権をその掌中に収めた。

アメリカの産業は二〇世紀の企業と産業の関係からみても、あるいは技術的観点からしても、通常の分類とは異なる三部門に分割することができる。第一に動力、運輸、燃料、構造的資材などを生産あるいは供給する基幹産業、第二に製造業、そして第三に農業である。現代の産業技術は、基礎としての物理学と化学、無生物的エネルギーや無機的原料を用いた機械過程、財とサービスの大量生産といった要素から成り立っている。その点で基幹産業と製造業のあいだに違いはなく、いずれも機械産業に括られる。じっさい、最近では基幹産業と製造業の境界線が曖昧になり、業界を越境した相互乗り入れが活発になっている。

しかし、巨大な生産力をもつ製造業の生産活動は、一方では基幹産業の動力や原材料などの生産制限によって、他方では生産物市場によって抑制されている。基幹産業は動力や原材料の供給制限という方法で一九世紀末から現在まで、アメリカの産業全体を支配してきた。その力は年を追って強化された。

もうひとつの農業部門も機械的改良、機械力の動員、物理的・化学的方法の応用などが行なわれ、大量生産の波に洗われている。しかし、原理的には農業の基本的性格はいまも「動物と植物の習熟した飼育以外のものではない」。多くの農民は勤勉な飼育と育成、季節変動に翻弄される日々を送っている。かれらの多くはどこか偏狭で個性が強く、近隣の噂話に無邪気に耽っている愛すべき古き人間であり、自分の上に支配者を戴こうとはしない自立した人びとである。農村社会はいまも「アニミズムと迷信の豊かな倉庫」になっている。

こうした農民の生活様式や思考習慣にもかかわらず、かれらは巨大な不在所有制のネットワークのなかに包摂され、捕縛されている。かれら農民は手腕のある仲介業者からすれば、「安く買い入れ、高く売りつける」格好の対象であり、信用の巧妙な操作によって不在所有者がその請求権を行使するまたとない対象となっている。農民たちは市場の趨勢に身を委ねるほか術がなく、その市場を支配しているのが鉄道業者であり倉庫業者であり仲買業者であり、また缶詰業者であり製粉業者であり農機具製造業者である。

こうして有機的に結びつけられた全体としての産業システムは、産業技術的観点からみれば、製造業がその頂点をなすが、企業経営的観点からすれば、基幹産業がその中核を形成している。アメリカ以外の文明諸国についても基本的に同じことがいえるが、アメリカがその典型といってよい。

もうひとつ、注意すべき重要な論点がある。産業技術的にみれば、文明諸国はその国境を超えたひとつの包括的活動体あるいはネットワークのなかにある。そのネットワークのカバーする範囲はきわめて広く、その網の目は細かい。それによって生産活動はめざましい効率性を手にすることができる。しかし、営利企業の観点からすれば、この国際的趨勢あるいは可能性は必ずしも歓迎すべきものではない。その可能性豊かなネットワークを攪乱あるいは縮小することによって法外な利鞘を手にすることができるからである。「諸国民の分割と対立とは企業的関心の分割と対立のことである」(Veblen, 1923e: 250, 訳 170)。

(J) 第一〇章の「物理学と化学の技術」では、一方で現代の科学技術の論理が明らかにされ、他方でそれを歯止めする営利企業の金銭的行動、宗教的あるいは愛国主義的な熱狂が指摘されている。

機械産業はイギリスの手工業から発達したものだが、いまでは文明社会の産業システムの頂点に立っている。その機能は、有能な技術者が技術以外のことがらに一切配慮することなく、そのシステムを管理することによって発揮することができる。かれらの精神は非人格的で機械論的な論理によって染め上げられ、「建設的懐疑主義」とでも呼ぶべきものによって充たされている。しかし、いまもかれら技術者は産業システムや企業経営のリーダーになっていない。

かつて自由競争時代に産業の総帥が担っていた役割を、一方では企業経営者が、他方では技術者が果たすようになった。一九世紀半ば以降の変化である。さらに一九世紀の第三・四半期になると、化学や電気工学が産業的重要性をもつようになった。一九世紀初期にはまだ石油もセメントもなく、冷凍法もなく内燃機関もなかったことを考えれば、その大きな変化には目を見張るものがある。

機械産業についていえば、現代の産業技術は物理学的、化学的技術といってよい。その技術は科学的実験室と同じ論理によって支配されている。そこに個人的あるいは人格的要素が介入することはない。農業が曝される季節変動的要因といったものはもちろんのこと、「神の行為」(acts of God) さえ這い入る余地がない。

これに対して、営利企業の金銭的関心はこの科学的プロセスにとってひとつの夾雑物であり、そのプロセスを歪曲し、妨害し、中断するものである。しかも現実には、この不在所有者の金銭的関心が法律や慣習を背景にして、技術者の産業的関心を圧倒している。企業にとって健全な生産サボタージュは、産業からみれば、つねに浪費でしかない。

産業システムはひとつの有機的な結合体であるから、一部の不具合がたちまち全体に大きな影響を与える。特に基幹産業の影響力は大きい。熟達した技術者たちはそのことを熟知しているが、かれらのイニシャティヴは産業システム全体に及んでいない。「論理的にいえば、その仕事は技術者の参謀本部に委ねられるべきである」(Veblen, 1923e: 274, 訳 191)。しかし、現状ではそうなっていない。その仕事は産業技術に疎い不在所有者の利益を代弁する企業家たちの掌中にある。

しかし、技術者が担いうるこうした論理的可能性の図式にはある種の誇張が含まれている。というのも、技術者もまた一般市民として伝統的な慣習や道徳、宗教的あるいは魔術的表象や迷信に曝され、大なり小なりその影響を被っているからである。物理学的あるいは化学的な技術知識は神の忘却からはじまるが、文明国の制度的図式によれば、知識は神に対する畏怖の念からはじまる。じっさい、第一次大戦中の魔術的な愛国主義的熱狂といい、また戦後の宗教的狂乱や騒擾といい、さらには学校教育における営業精神の訓練といい、本来の技術者的精神の「敗北」は明らかである。

(K) 第一一章の「製造業と営業精神」では、製作者精神が衰え、それに代わって営業精神が活性化してきた事情が説明されている。

いまでもアメリカ製造業は拡大しつつある。しかし、それは国内の閉鎖的市場を相手にしている。その市場は生産力に比べて狭く、競争的である。製造業者は生産コストを抑え、販売価格を下げずに販売量を増やすことに懸命である。かれらは生産コスト削減のために賃下げを行なっているが、販売費は足し増している。

営業精神とは「最少の量を高い価格で売りつける」ことである。だから、「買い手は用心せよ」（Caveat emptor）というローマの格言がよく当て嵌まる。賃金労働者も営業精神を発揮している。より少なく働いてより多くの賃金を手に入れようとしているからである。しかし労働者がそうした行動に徹するようになれば、やがて製作者精神を失ってしまう。いまはまだそうなっていないが、そうした事態になれば、産業システムは大いに行き詰まるだろう。

重要なことは、労働組合が取引制限のための組織であり、その精髄から営業精神によって染め上げられていることである。しかし、慣習的な製作者精神の残滓もあって、かれらはまだそのことを自覚できずにいる。

したがって、全体として浮かび上がってくるのは、一方の不在所有者と営利企業のみならず、他方の組織労働者も営業精神を駆使してみずからのその目的を達成しようとしているという姿である。産業システムが求めているのは生産における労使の緊密なチームワークであるが、現状は結果的にはそれとは正反対の「怠業のチームワーク」という事態に陥っている（Veblen, 1923e: 297, 訳 212-213）。この怠業のチームワークがもたらすのは産業技術の巨大な潜在的生産力とは正反対の事態、つまり社会の物的生活水準の相対的劣化である。

ところで、製造業と卸小売などの流通業はゼロサム的な封鎖的市場のなかで競争している。一般的にいって、生産コストは減らしても、販売コストは増える傾向にある。見栄えのする「包装商品」（package goods）が増え、容器にも工夫が凝らされ、広告業が大いに潤っている。たしかに――手づくり（hand-tooling）の個性的広告を別にすれば――、販売費の支出を躊躇する者には敗退の道しか待っていない。最初のうちは一単位当たりの販売広告費に報酬逓増の法則が働く。とくに大量広告の場合がそうである。しかし、ある水準を超えると販売量は逓減する。一般的に価格に上乗せされる広告費は販売価格の半分にものぼる。「コピーライター」やアーティストなどの広告技術者（publicity engineers）が専門学校で熱心に養成され、広告業は大いに成長している。

こうした広告によって顧客が生産される。それは応用心理学の技術といってよい。人間の軽信性に着目し、恐怖心と恥辱に訴えかけながら、消費者の固定観念が形成されていく。

（L）第一二章の「信用の拡大」はさきの第七章「アメリカのケース」についで長い。新時代の企業経営の中核にあるのは信用の拡大である。いまでこそ信用システムはすっかり安定して自足的なものとなっているが、それは一九世紀第三・四半期以降の漸進的変化の結果である。それ以前はそうではなかった。その当時、巨大な債権者と債務者（つまり銀行と事業会社）の関係は共同行動を生み出すまで成熟していなかった。

しかしその後、アメリカの企業家たちも信用機関のリーダーたちも共同行動の必要を痛感するようになり、いまでは信用システムの突然の崩壊や物価水準の急落といった事態を避けられるまでになった。

こうした新秩序の出発点は一八九〇年代、モルガンたちによる持株会社金融に遡ることができる。それは不在主義（absenteeism）のいっそう完成された姿を示している。所有者はみずからの権利と権力を持株会社の経営者に委ねることになった。

一般的にいって、この持株会社の規模はその権限とともに大きい。そして、この持株会社によって基幹産業に対する企業家的統合と金融支配が一挙に進んだ。さらに、それとパラレルに役員の兼任あるいは「役員の持ち合い」(interlocking directorates) といった動きもめだつようになった。

その当時、鉄鋼、石油、鉄道といった基幹産業の事業会社は財務的にみて難しい状態にあった。必要とする信用量を確保することさえ容易でなかった。企業の市場価値あるいは有形資産価値に比べると過剰資本化の状態にあり、したがって収益を上回るほどの間接費を負担しなければならず、収益は低下していた。そうした事態に立ちいたったことについては、これらの事業会社が著しい技術進歩、変化していく競争環境や金融市場に適応し切れなかったということもある。競争企業が乱立して競争は激化し、予定した利潤に見合った価格を維持できない状態になっていた。負債は耐え難い水準に達し、信用追加の必要に迫られていた。こうした事業会社の産業の総帥たちはすでに時代遅れの存在になっていた。

こうした緊迫した事態のなかから基幹産業を戦略的に統制し、アメリカの信用全体を支配する投資銀行グループが登場し、強大な影響力を発揮するようになった。そのイニシャティヴで巨大企業の統廃合や創設が急ピッチで進められ、結果として投資銀行が会社信用全般と資本化の司令塔となった（Veblen, 1923e: 338-339, 訳 241-242）。その投資銀行家たちの首長が大金融業者モルガンである。かれらがアメリカの産業活動全体を支配し、その財とサービスの生産量と速度、価格などを統制し、激甚な企業間競争を和らげた。

これら金融業者たちの当初の狙いは事業会社の統廃合と新会社設立による「ボーナス」の獲得だった。新会社創設のために発行された証券の引受けが投資銀行家に莫大な利益をもたらした。

これら投資銀行家たちは互いにその分をわきまえ、抜け駆けをせず、共謀的に立ち振る舞っている。それがそれぞれの利害関心に見合っているためである。同じことは基本的にアメリカの商業銀行についてもいえる。

こうした金融制度と「信用経済」が立ち上がった結果、ほとんどの事業会社は商業信用であれ社債であれ、信用提供者であり巨大な不在所有者である投資銀行に隷属させられるようになった。事業会社のみならず、「一般社会の生活条件も投資銀行家の思惑の関数となった」（Veblen, 1923e: 361, 訳 260）。

銀行業界における集中と共謀あるいは協調行動は、連邦準備制度理事会の支援を得て行なわれている。その最大の支援は、正貨基盤から大きく乖離した膨大な不換紙幣の発行に保証を与えることである。それによって、物価と信用の急激な下落を回避することができるからである。

ところで、もしこれら投資銀行家を頂点とする産業システムが停止し、その権限がすべて技術者たちの手に委ねられたらどうなるか（とヴェブレンは自問している）。

たしかに、不在所有者ための財やサービスの生産制限が取り払われれば、一挙に生産量は上昇するだろう。そうなれば「必然的に市場への供給過剰と物価水準の回復しがたい低落が生じ、さらに収益の致命的低下と資本化の縮減と毀損、ひいては無形財産の破滅的な清算という事態になる。こうしたことはこれまで一度も起きたことがないし、企図されたこともない。営利企業の考え方はそうしたことを許さないだろう」（Veblen, 1923e: 373, 訳 272）。

たしかに技術者のイニシャティヴによる産業システムの全面的な開発と管理といったことはなかったが、機械技術は継続的に発達し、商品生産の低廉化に大いに貢献してきた。それにもかかわらず、巨大な信用経済の力が大きく勝っていた結果として、一般的物価水準は持続的に上昇し、無形財産の累積的資本化が進行した。銀行と金融業者など巨大な不在所有者の「一大連合」(One Big Union)からすれば、それは必要不可欠なことだった。しかも、この連合のなかには巨大な事業会社も包摂され、統合されている。というのも、こうした事業会社が大きな資産価値をもち、将来収益力が確実であれば、それだけ銀行経営の重要な柱である資産の負債償却能力と資金取得能力は高まり、新たな信用拡大と無形財産の創造にも貢献するからである。ここに資産の「二重利用」という現実が浮かび上がる。不在所有者にとってはまさに一石二鳥である。まことに「金融の安定と平和は巨大な事業会社にとっても金融機関にとっても最大の関心事である」。信用といい資本化といい、それは信頼ゲームにほかならない。

ともあれ、産業システムにおいて支配的地位をもつのが基幹産業であり、その中核をなすのが投資銀行である。しかし、その投資銀行はいうに及ばず、基幹産業の経営も一般社会の物的福祉水準の向上のために行なわれるのではない。万人の常識となっているように、その経営の関心は機械設備や労働力の使用量を制限的に調整しながら、いかにして不在所有者の短期的利益を最大化するかに注がれている。

(M)第一三章の「長期的趨勢」という最後の章では、これまでの議論を踏まえて、見通しうる将来についてのひとつの展望が示唆的に描き出されている。

『営利企業の理論』(一九〇四年)以来二〇年、産業対企業という周知の図式がここでも継承されている。一方で機械時代における産業技術のめざましい発展はきわめて高い潜在的生産力をもたらした。他方、事業会社の経営は不在所有者のための短期的な純益拡大を最優先するため、怠業など生産制限という常套手段に訴えざるをえない。そこに最も基本的な構造的軋轢がある。しかも連邦・地方政府や連邦準備制度理事会は不在所有制を頑ななまでに支持している。

こうした状況のなかで、アメリカの経済社会は投資銀行を頂点とする不在所有者の利益集合体(The Interests)といってよい巨大企業と、産業労働者と農民からなる一般社会の二大勢力に分割されている。共同結託あるいは協調行動という観点からみると、それに馴染むのは労働組合に団結している前者の産業労働者である。

しかしすでにみたように、かれら組合リーダーの行動を支配しているのは製作者精神ではなく、営業精神である。つまり労働組合がめざしているのは、できるだけ少なく働いてできる多くの賃金を手に入れることである。その代表的手段が組織的怠業であり、同盟罷業である。その点で、かれら組織労働者の行為は営利企業が行なうサボタージュ、戦略的怠業と変わるところがない。双方は互いにその主張を貫くべく、あるいは相手の譲歩を引き出すべく、雇用停止と窮乏化、生産制限、同盟罷業、休業や工場閉鎖、ピケッティング、諜報活動などの手段を駆使している。

肝心なことは、こうした意図せざる「怠業のチームワーク」が何を生み出すかである。ひとつには、怠業の結果、生産物の純増加分が減りつづけ、ついには社会的に必要な物的生活条件を充足できない水準に立ち至る可能性がある。いまひとつ、引きつづく物価上昇と労働争議への対応、販売費の高騰のために運転資金が嵩み、信用は継続的に拡大しつづける。そして、こうしたイタチごっこの挙げ句、慢性的欠乏と累積する不満がひとつの契機になって不在所有制と営利企業的秩序に対する疑問符が点滅しはじめ、新たな経済秩序を構想する動きが出てくる可能性があるかもしれない――、とヴェブレンは記している。

このように、不在所有制の改革と新たな経済秩序の展望はともかくも、一方では物資の不足、物価の高騰、失業を背景にして社会的騒擾と生活不安が広がり、他方ではそれと同時に信用が膨張し続けていくその印象的な光景を、ヴェブレンはある種の危機意識をもってみつめていた。

### いくつかの印象――これまでの議論の集大成

戦争のひとつの原因は不在所有制にある。だからこそ、パリ講和会議に集った列強首脳はロシア革命とボルシェビズムを大きな脅威と受け止め、不在所有制をいっそうゆらぎないものにしようとした。それが示唆していたのは、ヴェルサイユ条約もまたひとつの休戦条約にすぎないということだ――、そういう透徹した歴史認識に立って、ヴェブレンは最後の著書『不在所有制』に挑んだ。二〇世紀はじめの現代アメリカ経済の歴史的・構造的分析をめざすこの著作には、いくつもの注目すべき点がある。

第一に、案外見逃されているが、このヴェブレンの作品にはある種の落ち着きが備わっている。事実上四四五ページの全篇すべてが書き下ろされたということもあろうが、他の著作に比べて文章そのものに落ち着きがみられる。脚注が数多く挿入され、しかも丁寧に書き込まれている。引用文献もこまめに挙げられている。そのなかには『営利企業の理論』をはじめヴェブレンの著書も少なくない。内容的には一般理論的な議論も書き込まれており、どこか集大成への意欲を感じさせる。それだけ完成度が高い。体力の衰えを感じていたヴェブレンは、あるいは最後の力を振りしぼってこの作品を書き上げたのかもしれない。

第二に、もうひとつ、やや形式的なことをいえば、冒頭の「はじめに」でも断わっているが、ヴェブレンは『不在所有制』と経済学の一般的議論との距離について時折言及している。端的にいえば、後者の「時代遅れの」性格、したがってそうした経済学ではとても現代経済を捉えることなどできないと考えていた。あらためて、経済学のあるべき姿を明確にしたいと思ったのだろう。

第三に、『製作者本能』で鮮明にされた手工業時代と機械時代の対照性にくわえて、この『不在所有制』では新たに両者のあいだに「自由競争の時代」が挿入されている。産業革命の時代といってもよいだろうが、『営利企業の理論』にも『製作者本能』にもない時代区分である。イギリスでいえば、一八世紀第三・四半期から一九世紀半ばまで、アメリカではさらに四半世紀先までの時代を区切って、ヴェブレンは自由競争の時代といっている。その立役者は産業の総帥、その時代にはまだ利益のための生産制限などは行なわれず、比較的安価なモノが大量生産されていた。この新たな時代区分によって、手工業時代から機械時代への移行期の特徴がいっそう明確になった。

第四に、この『不在所有制』によってアメリカ資本主義の個性がより鮮やかに描き出された。それはアメリカ植民史にまで遡ることができる。ひとことでいえば、まさに不在所有制こそアメリカ資本主義の基本的性格なのだ。アメリカへの移住の動機といい独立農民のなかにある投機性といい、カントリー・タウンの精髄といい自然資源の乱開発といい、そして株式会社（あるいは持株会社）といい投資銀行といい、そのいずれもがアメリカ資本主義に内在的な不在所有制を例証している。その性格は機械時代になって生まれたものではなく、根っからのものだというのがヴェブレンの見方だった。

この『不在所有制』では、もともと社会的共通資本である自然資源を私的に占有し、それを不在所有の対象として憚らない、憚らないどころか、そうした不在所有者こそ「真の市民」だといわれていることにヴェブレンは大方の注意を促している。

第五に、生来の不在所有制的体質といい、機械技術の発達といい、それに伴う生産力の飛躍的高まりといい、信用経済の急膨張といい、一九世紀末から四半世紀のうちに、「遅れた」アメリカ経済は一挙に世界経済の最先端に躍り出たとヴェブレンはみている。

第六に、現代アメリカ経済の最も基本的性格といえば、二〇世紀はじめの二〇年ほどのうちに鮮明になったものだが、それは投資銀行家と持株会社を頂点とする証券資本主義にある、とヴェブレンは指摘する。そのアメリカ経済を構成する基幹産業、製造業、農業という三部門のうち、投資銀行家が絶大な支配力をもつ基幹産業を軸にしてそれは動いている。世界経済の最先端にあるのはこうしたアメリカ証券資本主義である。

第七に、証券資本主義であってみれば、製作者精神を抑えて営業精神が優位する、あるいはカネづくりがモノづくりを凌駕するのは当然なことである(44)。

きわめて大切な点だが、現代経済の根本問題は資本主義か社会主義かにはない。証券資本主義をいかに制御できるかである。

では、その制御の主体は誰か。注目すべきことに、営利企業のみならず、アメリカ総同盟など労働組合も営業精神によって染め上げられている。したがって、そうした分配主義的な労働組合に時代の真の困難を担い、それを超克していく役割など期待すべくもない。じっさい、ビッグ・ビジネスと労働組合はそれぞれの思惑にしたがって怠業に努め、期せずして「怠業のチームワーク」を演じているというのがヴェブレンの醒めた見方だった。

第八に、ヴェブレンがみていた「時代の真の困難」とはなにか。一方では、企業の生産制限による物資の不足と物価高騰、失業（労働力の使用抑制）の増大といったことがあり、それが労働争議など社会的騒擾と生活不安の引き金になっている。

他方では、不在所有者のための短期的利益最大化と組織労働者の攻勢に対応するため、厳しい生産制限を行なう企業の信用は過剰なまでに膨張していく。その結果、めだって高まった産業技術の潜在的生産力は活かされず、一般庶民の生活は困窮を余儀なくされる。

すでに高い潜在的生産力を手にしているにもかかわらず、現実には物資が不足し、物価が高騰し、人びとは失業に喘いでいる。しかし不在所有制を遵守し、不労所得をあげなければならない営利企業は生産制限を行ない、ひたすら信用を膨張させていくしかない(45)。こうした矛盾こそ時代の真の困難であるにちがいない。

では、高い産業技術の生産力に通暁した技術者たちによって産業システムが管理運営されていくというシナリオ（「技術者ソヴィエト」構想）が現実のものとなるのか。それは望ましいことかもしれないが、その可能性はごく小さなものでしかない、というのがヴェブレンの冷徹な見方だった(46)。

現代アメリカ経済を歴史的かつ構造的に分析した『不在所有制』の論旨はおよそ以上のようなものであり――いまからみれば、株主資本主義とは異なる「もうひとつの」資本主義のあり方、すなわち経営者資本主義の可能性がヴェブレンにはみえていなかったという大きな限界があるとしても――、それはひとつの円環を閉じるような明快な結論に到達していた。そういう意味で、この最後の著作はヴェブレンの仕事を集大成するような性格をもっていた。あるいは、「唯一の重要な著作」とはこの『不在所有制』のことだったのかもしれない。

もはや、ヴェブレンに残された仕事は多くない。

# 終章　されど孤にあらず(1)

『不在所有制』を一九二三年に出版したあと、ヴェブレンは一年おいて、かつて手懸けたアイスランド・サガの訳業『ラックサー谷の人びとのサガ』（一九二五年）を刊行、それに序文を認めた。同じ年、W・ミッチェルの要請を受けて、「見通される将来における経済理論」という論文を書き、さらに二年後の一九二七年には最後の論文「優生学の実験」を著わした。

ヴェブレンが亡くなったのは一九二九年八月三日のこと、そこまでの最晩年の足取りを追ってみよう。

## イギリス留学構想と最初の遺書――衰弱するヴェブレン

一九二四年になると、ヴェブレンの体力はさらに衰えた。休暇を取りたいと思った。新学院で教鞭を取りはじめて四年、サヴァティカルをとってイギリスに出向き、そこでイギリス帝国主義の研究に取り組みたいと考えていた。しかし、そのためには応分の研究資金が必要だった。

その年の夏をいつものようにワシントン・アイランドで過ごしたヴェブレンは、元気な姿でニューヨークに戻ってきた。しかし、かれにイギリスに旅立つ気配はない。アメリカ経済学会の会長だったミッチェルは、ある考えがあって、翌二五年のシカゴ大会で「見通される将来における経済思想の展望」というセッションが設けられるので、そこで報告をしてほしいと依頼した。ヴェブレンは、四半世紀ほど前にイリー会長からの要請を受けて「産業的職業と金銭的職業」という論文を一九〇〇年一二月のアメリカ経済学会大会に提出したときと同じように（第三章第二節）、論文を提出するだけでよければ、考えてみましょうと返事をした。そのとき、ミッチェルはヴェブレンの関心がイギリス帝国主義にあることをはじめて知った。そして「かれ（ヴェブレン）のためだけでなく世界のためにも、できればヴェブレンの希望が実現するよう手助けしてあげるのがよいことだ」（ミッチェルのアーズルーニ宛の一九二四年一二月九日の手紙）と思った。

ところが、二五年三月になっても、ヴェブレンはイギリスに出掛けようとしない。気になった学長A・ジョンソンはヴェブレンに手紙を書き、「二年間のイギリス研究の資金が十分でないようですが、研究計画を変えるつもりはないのですか」と尋ねた。結局、健康がすぐれないことにくわえ、研究資金も不足しているという理由でヴェブレンはイギリス留学を取りやめた。

ヴェブレンは「カリフォルニアに戻って、あのお気に入りの山小屋に住みたいと考えていた。そこはアンがマクリーン病院を出たら一緒に住もうと思っていた場所だった」（継娘ベッキーのJ・ディッギンス宛の一九八二年二月二六日の手紙—— Jorgensen and Jorgensen, 1999: 261, f. 5）。

そうした考えがあったためだろうか、ヴェブレンは二三年の秋、最初の妻エレンから古いセドロの家を買い戻していた。一九〇七年当時、この家は七二五ドルしたが、いまでは二〇〇〇ドルほどになっていた。ヴェブレンはまず五〇〇ドルの小切手をエレンに送り、今月末までには残りの一五〇〇ドルも送れるだろうと書き添えた(2)（ヴェブレンのエレン宛の一九二三年八月二一日の手紙）。

じっさい、ヴェブレンの体力の衰えは尋常なものでなかったようにみえる。ドーフマンによれば、ヴェブレンは一九二四年一一月に「最初の遺書」を認めていたからである。そこにはヴェブレン死後の財産処分について、「ベッキーに一万ドル、残りの財産は継娘に譲る」こと、また兄オルソンの債務も基本的には免除すると記されていた（Dorfman, 1934: 504, 訳700）。晩年のヴェブレンの経済生活についてはのちにもふれるが、一九二四年一一月に遺書を認めていたという事実はその内容とともに見過ごすことができない。ヴェブレンはみずからの体力の衰えを痛感し、あるいは死期を悟って遺書を書いたのかもしれない。

## アメリカ経済学会会長就任要請

いまうえで、ミッチェルは「ある考えがあって」ヴェブレンに一九二五年のアメリカ経済学会大会での報告を依頼したと書いた。そのある考えとはなにか。端的にいえば、ヴェブレンにアメリカ経済学会の次期会長になってほしいという思いからだった。この件については、多少立ち入った説明が要る。

その当時、アメリカ経済学会会員のなかには、ヴェブレンが疎んじられ、ときに蔑視されていることに強い違和感を抱く一群の若手研究者がいた。かれらからすれば、アメリカの経済学界を代表するとは思えない、ヴェブレンには比肩すべくもない人物が古参ボスたちの思惑で会長になっているという思いがあった。シカゴ大学教授のP・ダグラス（Paul H. Douglas: 19892–1976――のちにイリノイ州上院議員、コブ＝ダグラスの生産関数で知られる）が中心になって、指名委員会による選出ではなく、請願による会長指名をめざした。他方、会長のミッチェルはヴェブレンに親和的なメンバーからなる指名委員会を設けた。委員長はタウシッグ、委員にはJ・コモンズやH・ミリス（Harry Alvin Millis: 1873–1948――コモンズの最初の弟子でシカゴ大学教授。スタンフォード時代のヴェブレンの友人）のほか、J・ロジャース（James Harvey Rogers: 1886–1939――ミズーリ大学教授、のちにイェール大学教授、ニューディール期にF・ルーズベルト大統領経済顧問）、そしてダグラスという若手が委員になった。「つぎの会長にはヴェブレンがなりそうな雲行きだった」。

しかし、ヴェブレンを指名することにはいくつか難点があった。まず、ヴェブレンはアメリカ経済学会の会員でないこと、多くの年長の経済学者がヴェブレンの経済理論に異論をもっていること、かれの結婚歴に違和感をもつ長老が多数いたこと、ヴェブレンは社会学者であって経済学者ではないという意見があったこと、そしてかつてヴェブレンをスタンフォード大学に招聘した人物であり、当時ハーヴァード大学教授だったA・ヤングという有力な対抗馬がいたことなどである。こうして、結果的には一九二五年大会で会長に選ばれたのはヤングだった。

しかし、ダグラスたちは諦めなかった。どうしても次の会長はヴェブレンになってもらいたいと考え、熱心に請願運動に取り組んだ。新たに指名委員会の委員長になったのはコロンビア大学のセリグマンだった。ダグラスたちの請願文に署名した人の数は二二〇人[3]にのぼった。そのなかには数理経済学あるいはエコノメトリックスのH・ムーア（Henry L. Moore）とH・シュルツ（Henry Schultz）、パレートの弟子で金融専門家の上記ロジャース、コモンズとそのグループ、労働理論・労働史のS・パールマン（Selig Perlman）、かつて『有閑階級の理論』を酷評したことのある連邦準備制度理事会のJ・カミングス（John Cummings）のほか、のちにアメリカ経済学会会長になった一一人の経済学者（A・ハンセン、F・ナイトなど）も含まれていた。

会長ミッチェルは指名委員会の委員長セリグマン宛の一九二五年六月一五日の手紙で、「会員のなかにはヴェブレンが会長になることに反対する意見もあります。しかしこの請願によって、指名委員会のみなさんは、会員のなかにヴェブレンが会長に選ばれるべきだという意見がどれほど強いものであるかをお知りになることでしょう」と書いた。

また、ダグラスはセリグマン宛の一九二五年一〇月三日の手紙で、「ヴェブレンは経済思想に実質的に貢献しえたごく少数のアメリカ経済学者のひとりであり、もしヴェブレンが亡くなるようなことにでもなれば、アメリカ経済学会はなぜ生前にかれを認めなかったのかという問題に直面するでしょう。こうした事態になることを私は怖れています」と述べた。セリグマンは多くの署名が集まったことに強い印象を受け、ヴェブレンを次期会長候補に指名する決定を下し、ヴェブレンに会長就任を要請した。さらにダグラスも、ヴェブレン宛に会長になってほしい旨の「情熱的」ともいえる手紙を書き送っている（Dorfman, 1973: 273）。

しかし、ヴェブレンはこの申し出を断わった。なぜだったのか。この事情にふれてドーフマンは、「セリグマンが帰ったあとで、ヴェブレンはある友人に『断わるのはとても痛快だった。彼らは、私がそうした申し出を必要としたときには申し出をしてくれなかったんだから』と語った」と書いている（Dorfman, 1934: 492, 訳 681）。

この理由づけ[4]は、いかにもヴェブレンが拗ね者であり、断わってやったと悦に入っているようにみえる。しかし、こう書いたドーフマンに対して、のちにダグラスはこう伝えている――、「ヴェブレンが私の友人たちに語ったところによれば、かれは学会のこれほど多くの会員が自分に会長になってほしいと考えていたこと、そしてその事実を伝えられたことを喜んでいた」(ダグラスのドーフマン宛の一九三二年五月一八日の手紙)と。

ヴェブレンが会長就任要請を断わったについては、「自分(ヴェブレン)が本当に助けてほしいと思ったとき、何もしてくれなかった学会の連中からの頼みごとなど、いまさら聞く耳をもたない」というアーズルーニの「証言」とは違って、もっと別の理由があったようにみえる。

一九二五年七月二七日、ヴェブレンはダグラスからの会長就任要請の手紙に応えて、「固辞したいと思います。私にはとても務まらないし、その資格もありません。もっと若い人がなるべきです。私はアメリカ経済学会への関心も弱いし、学会の事情にも通じていません」という返事を書いた。のちに継娘のベッキーはJ・ディッギンス宛の一九八二年一月一七日の手紙のなかで、「その当時、義父(ヴェブレン)はすっかり疲れ果てていました。もし体力があって何か役に立てると思ったら、きっと喜んで要請を受け入れていたことでしょう」と述懐している。ダグラスに返事を書く七ヵ月前、ヴェブレンが「最初の遺書」を認めていたという重い事実を思い起こしてみる必要があるだろう。

ヴェブレンはセリグマン宛の手紙(一九二五年秋、しかし月日は不詳)でこう書いた——、「あなたの(指名)委員会をして私に白羽の矢を立てしめた(会員のみなさんの)素晴らしいご好意には心から感謝しています。しかし、お目に懸かったときにいくつかの理由を申し上げましたけれども、アメリカ経済学会会長に就任するというご指名をお受けすることはできません。この決断はあのときお話しできなかったいくつかの条件によってゆるぎないものになっています。私の体力はますます衰えており、とても来るべき年の公務に耐えられるとは思われません」。

このセリグマン宛の手紙にあるように、ヴェブレンは請願署名をしてくれた会員に感謝しながらも、うえのダグラス宛の一九二五年七月二七日の手紙に書いた理由のほか、健康上の理由をあげて会長就任要請を断わったのであり、辞退の理由づけについてこれ以上の詮索は要らないようにみえる。

## 「見通される将来における経済理論」——大局観と理論なき実証への懸念

会長就任を断わったヴェブレンではあったが、ミッチェルの要望に応えて、一九二五年一二月に開かれるアメリカ経済学会大会のためにひとつの論文を書いた。それが「見通される将来における経済理論」である。

この論文の主張はつぎのようなものだった。経済学者もまた遺伝と生活環境の産物である。しかし、過去一万年をとっても人間の遺伝資質に基本的変化はみられない。したがって、遺伝の側面は無視してかまわないだろう。問題は生活環境のほうである。次代の経済学者が学問の範囲と方法、関心の所在と対象、論理とデータといった点でいかなる思考習慣のなかで育成され、成長していくかが問題である。

ここで、ふたつの隔たりを見落としてはならない。ひとつは、次代の経済学者がその青年期に訓練される支配的な理論図式はいつでも一世代以上前のものだということである。ここに世代間の懸隔がある。しかし逆にいえば、そこに新世代が優位する可能性も秘められている。もうひとつは生活環境と支配的な理論図式の隔たりである。一般的にいって、後者はいつでも前者に後れる。

ところで、この四半世紀の累積的な生活環境の変化はじつに急速であり、めまぐるしい。見通される将来における変化は推測の域をでないが、それでも一九世紀と比べたとき、この数十年の環境変化でめだつのは産業技術と労働生活における著しい機械化あるいは機械的標準化である。見通される将来においてこの傾向は加速されるだろう。もしその動きを止めるものがあるとすれば、それは営利企業によって駆り立てられた好戦的愛国主義とそれがもたらす無益な国家主義、さらには宗教的狂信といったものである。

この機械化・標準化という思考習慣は経済学にも影響を与えずにはおかない。その方法はより正確で客観的な計測と計算を重視するものになっていく。じじつ、そうした傾向がいろいろと目につくようになった。その結果、この四半世紀のうちにこうした方法と齟齬する旧世代の経済理論は陳腐化した。いまの経済学者のあいだでは、「自己完結的な経済理論の体系などもはや関心の焦点にはなく、その必要も感じられていない。いま必要とみなされているのは物質科学や生物科学で開発された知識や信条を経済科学にいかに接合するかである」(Veblen, 1925a: 51

[1934a: 8])。

しかし他方では、産業や企業活動の特定の側面や要素に関する詳細なモノグラフや調査研究に経済学者の最大の関心が集まっている。

要するに、いまの経済学者は一般的な原理原則などお構いなしに、間断なく進化していく経済事象をできるだけ細かく調べることに熱中しており、したがって「現世代の経済学者が包括的な経済理論を構築できる見込みはない」。かれらには「人類の完成」といったヴィクトリア風の関心はなく、あるのは「時は流れ、我らもまた流れゆく」(Tempora mutantur sed nos non mutamur in illis) ばかりである。しかし、獲得された知見が共有される知識や信条となるためには、それなりの理論的手立てが必要である。

現代経済では「産業」と「企業」の対立がますます先鋭化している。そのなかで行なわれる仔細な調査は、意図せずしていずれかに偏らざるをえない。産業は機械の論理に、また企業は不在所有制の必要にみあったビジネスの論理にしたがう。しかもイニシャティヴを執っているのは企業である。ヴィクトリア時代の経済学者には想像もつかない現実である。しかし、これが現代経済の基本的な形姿となっている。企業のイニシャティヴによる経済システムの管理運営という性格が見通される将来において変化するとは思えない。経済学者の関心はいっそうそうしたものになっていくだろう。そうなれば、現代経済のもうひとつの産業技術的側面についての理解は疎かにされ、曖昧なものになっていく。

その結果、経済学はどうなってしまうのか。不在所有制の必要を踏まえた、企業行動と価格体系をその対象としたモノグラフ、その詳細かつ精密な調査研究に傾いていくだろう。その枠内での論争はあっても、現代経済の包括的な構造は関心の外におかれる。営利企業からみた収入と支出の価格差の追求と解明だけが、企業家のみならず経済学者の到達目標(terminus ad quem)になっていく。

企業は競争相手の劣位と失敗によって潤うが、技術はそうではない。技術的にいえば、いくつもの企業の技術者は互いにチームワークを形成しているからである。「企業からみれば独占は無形財産だが、産業と技術からみれば独占は単なる浪費にすぎない」(Veblen, 1925a: 54 [1934: 13])。

一国の政治家が取り組んでいるのも基本的には企業家と同じことである。企業と不在所有者を支援して国富と国力の増大を図ることがかれらに託された役割だからである。大学もまた、こうした経済システム全体のあり方に貢献するような教育を若者たちに施すことをその任務と考えている。

このように、この論文の論旨は明快である。いまの経済学者には経済生活の一部についてのモノグラフ的関心と客観的で精確な方法への執着が強く、逆にいえば、経済システム全体への視野を欠き、一般理論への関心も希薄である。そのため、不在所有制と企業権益最優先によって産業が羽交い締めにされている現代経済の構造とその問題点を捉えることはできない。それが偽らざる経済学の実態である。見通される将来においてもこの基本的なあり方は変わるまい――、とみるヴェブレンは、次代を担う若き経済学者にむかって、これで本当によいのか、よく考えてみてほしいと問いかけているようにみえる。

## ロシアからの招聘

この時期のヴェブレンに対する要請あるいは招聘といえば、もうひとつ、ふれておくべきことがある。ミッチェルは一九二五年四月一日のヴェブレン宛の手紙でこう書いている――、「昨日、アンダーヒル・ムーア[5]から聞かされた話なのですが、ワシントンのロシア政府代表部に関係するケロック氏(Mr. Kellock)という人物から、あなた(ヴェブレン)がロシアを公式に訪問する意思があるかどうかを聞いてみてくれないか、と頼まれたというのです。アンダーヒル・ムーアもよく分かっていないようですが、もしあなたがこの招聘に応じるとしたら、それはそんなに先のことではないようです。そして聖なる地(ロシア)の国境まで行き、そこから先はロシア側が、あなたの金銭的負担や期間の制限なしに、どこへでもお連れするということのようです。ロシアの有力者のなかにあなたのことを知っていて、あなたの仕事を高く評価している人がいるようです」。

さらに五月二八日の手紙では、「ソヴィエト訪問のことですが、唯一の情報源であるアンダーヒル・ムーアに連絡を取ってみました。かれと話をしたあと、私はP・ケロック氏に手紙を書きました。そのなかで、もし時間があれば、シカゴの住所宛にあなた（ケロック）が直接連絡してみてはどうですかと書いておきました。ですから、この件でかれから連絡があるかもしれません」とミッチェルは書いている。

ベッキーによれば、このロシア訪問については「一九二二年ごろ」いちどレーニンから招待されたことがあり、ヴェブレンはベッキーを同行してそのつもりになっていたが、スターリンによってキャンセルされた経験がある。[6]同じベッキーはリースマン宛の手紙のなかで、ヴェブレンは一九二四年にロシアに行くため、ロシア語を勉強しはじめたと書いている（第五章第四節）。それらのことと、このミッチェル経由でのロシア政府からの招聘とがいかなる関係にあるのか、それぞれが別なことを指しているのかどうか、判然としない。

ともあれ、ヴェブレンがロシアに出掛けることはなかった。端からそのつもりがなかったのか、ロシア国境までの金銭的負担を重荷に感じたためか、健康がすぐれないためか、あるいはもっと別の理由があったのか、手懸かりがない。

## サガの英訳

一九二五年といえば、最後に取り上げておくべき大切なテーマがある。中世アイスランド文学の代表的作品のひとつ、『ラックサー谷の人びとのサガ』（『ラックス谷のサガ』とも呼ばれ、愛称は「ラックスデラ」）を英訳し、それに序文をつけて出版したのが一九二五年だった。

すでにみたように、このサガの翻訳は最初の妻エレンと結婚してまもなく一八八八年から九〇年にかけて行なわれた。しかし出版されたのは一九二五年、したがって三五年もの年月が経っている。この間ヴェブレンがどれほどの推敲を重ねたのか分からないが、長兄アンドリューは大きな修正はなかったという。そしてその訳業がそのとき出版されなかったのは手付金をヴェブレンが用意できなかったからだろう、とアンドリューはみていた（第二章第四節）。その経験があったためかもしれないが、『ラックサー谷の人びとのサガ』の出版をB・ヒューブシュ（B. W.

Huebsch: 1876-1964）にもちかけたとき、ヴェブレンは赤字になるかもしれないといった。

それにしても、翻訳しはじめてから三五年以上も経ったいま、なぜヴェブレンはこの訳業を出版しようとしたのか。この点、ドーフマンは「『人びとは年老いたときに行なうことのひとつ』である自分の民族の文学に戻った」（Dorman, 1934: 492, 訳 682）と書いている。そうかもしれないが、決め手はない。

この訳書にはヴェブレンの序文がついている。しかしそれをみるまえに、ごく簡潔にでもサガと『ラックサー谷の人びとのサガ』という史伝的物語の粗筋にふれておこう。

古代北欧語のサガには物語あるいは語り物、語られた出来事という意味がある。一般的に高い芸術性をもつとされる。現存する主要なサガは六〇篇を下らないが、それらはいくつかの種類に分類される。山室静は歴史的サガ、文学的サガ、伝奇的サガ、空想的・童話的サガの四つに区分している。このうち、歴史的サガはアイスランドの歴史を記録したものであり、植民以降一二世紀初頭までの間にアイスランドに到来した約四〇〇家族の歴史を綴った『植民の書』、キリスト教伝来を記した『キリスト教のサガ』、あるいは傑作の誉れ高い長編『ヘイムスリングラ』（歴史家・詩人スノリの作になるノルウェー王朝史）などがその代表作とされる。この王朝史の序章は「イングリング・サガ」と呼ばれ、さしずめ日本の『古事記』にあたる。また本文は「好個の歴史小説に近い。『史記』の列伝や、『平家物語』が思い合わされる」（山室、1994［1963］: 194）といった見方がある。そこでは、つぎにふれるハラルド美髪王やオーラブ・トリグヴェソン王なども取り上げられている。『ストルルング・サガ』もこの歴史的サガの系列に連なる。上記スノリの一族を中心とした同時代史であり、一二世紀はじめから一二六二年にアイスランド自由国がノルウェーに併合されるまでの時代に及ぶ。

文学的サガの代表作といえば、五大サガといわれるが、そのひとつが『ラックサー谷の人びとのサガ』である。これら文学的サガにも多くの史実が書き込まれており、そのかぎりでは歴史的サガと区別しにくいところがある。それでも文学的サガは歴史記述そのものではなく、明らかに史伝的小説の趣をもっている。

全七八話からなる『ラックサー谷の人びとのサガ』の冒頭に出てくるのはつぎのような話である――、ノルウェーの有力な小領主でヴァイキングの経験をもつ「鼻ペチャのケティル」がノルウェーの王朝統一を果たしたハラルド美髪王と対立し、一族の者と衆議した結果、大洋を西に向かうことに決めた。ケティルはスコットランドに行き、そこで高貴な人びとから快く迎えられたが、かれの孫ソルステインはスコットランド各地で掠奪をくりかえし、スコットランドの半分をその手中に収めた。しかし対立が再燃して息子ソルステインは倒れ、父ケティルも亡くなったため、「深慮のウン」（ケティルの娘でソルステインの母）は一族とともにアイスランドに移住、そこで兄ビョルンの大歓迎を受けた。ウンはブレイザフィヨルド谷の全域を回わって広大な土地を手に入れ、フヴァムと呼ばれた場所に屋敷を建てた。そのころ孫娘のソルゲルズが結婚し、その持参金としてラックサー谷の全域を与えた。ラックサーとは鱒の捕れる川というほどの意味である（以下、谷口幸男訳『ラックサー谷の人びとのサガ』による）。

第六話（「ウンが土地を分つこと」）の話も興味深い。その出だしには「それからウンは多くの人びとに自分の土地を分かち与えた」とあり、「ウンの解放民にフンディという者がいた。かれにはフンディ谷が与えられた。ウンの四番目の奴隷はヴィーヴィルといった。かれにはヴィーヴィル谷が与えられた」と書かれている。このくだりは新天地に開かれていった「アイスランド自由国」を示唆しているようにみえる。この自由国あるいは共和国は各地の小首領と独立した自由農民を単位とする自治区からなり、自治区を超えた問題の解決のためにはティングとよばれる広域会議を設け、そこには「地方の各首領が地区のほとんど全自由農民を率いて参加した」（山室、1994: 56）。さらに、アイスランド全体の問題については憲法的規定にもとづいてグラ・ティングという全島会議が開かれた。その最初の会議はティングリールという場所で九三〇年の夏に開かれた。それがアイスランド自由国の誕生である。

中世の極北の孤島にあって、ヴァイキングの子孫たちが民主的な裁判制度を含む憲法にもとづいて三世紀ものあいだ、自由な共和国を作り上げていたというのは驚くべきことである。だからこそ、ヴェブレンもさきの『平和論』第一章でわざわざこのアイスランド共和国に言及し、「例外的に国防的な強制装置や市民的服従をもたなかった」と書き留めたのだと思われる。

一二四五年頃に書かれたとされる女性を主人公とする『ラックサー谷の人びとのサガ』の作者は不詳、その物語に登場する者のほとんどは実在の人物であり、史実的ストーリーとしての側面をもっている（Magnusson and Pálsson, 1969）。主人公は美女グズルーン（グドルン：Gudrun ――以下、固有名詞のカッコ内の表記は山室静による）であり、娘時代にみた不思議な夢を地でいくように、彼女は生涯四回の結婚をくりかえした。最初の相手は親が決めたソルヴァルト（トルワルド：Thorvald）だったが、愛情もなく離別し、全財産の半分を手に入れて前よりも豊かになった。つぎに結婚したソールズ（トルド：Thord Ingunnarson）は部下とともに海で溺れて死んだ。彼女は「孔雀のオーラーヴ（ウーラブ）」（Olaf the Peacock）の長子だった美貌の青年キャルタン（Kjartan）に求婚した。しかし、ふたりの逢いびきによくついていったキャルタンの乳兄弟ボリ（Bolli）は、グズルーンに深い愛情を抱くようになった。

キャルタンはみずからの名声を高め、富を貯えるため、グズルーンが同行したいといったが、三年以内には必ず戻るからと言い残して、ボリたちとともにノルウェーに向かった。かれは偶然にもノルウェーのニダロス（現トロニエム）でキリスト教伝道に熱意を燃やすオーラーヴ・トリュグヴァソン（オーラブ・トリグヴェソン：Olaf Tryggvason）王と泳ぎの腕比べをすることになった。王の計らいで異教徒キャルタンはアイスランドへ帰る自由をえたが、かえってキリスト教に深く帰依することになった。かれは王の厚い信頼を得たのみならず、その妹の王女とも親しくなり、三年以内に戻るというグズルーンとの約束を反故にすることになった。

さきに帰郷していたボリは、思いを寄せるグズルーンに会い、キャルタンは王の妹インギビョルグ（インギビョルグ）と結婚することになるだろうと報告し、代わって自分と結婚してほしいと迫った。グズルーンはしばらくこのプロポーズを受け入れなかったが、最後にはボリと三度目の結婚をした。やがてアイスランドに戻ってきたキャルタンはこの事実を知って裏切られたと思ったが、別の女性を娶った。グズルーンが怒りを感じたのは、キャルタンがその新妻フレヴナにインギビョルグからの贈り物だった見事な頭飾りを与えたことだった。これが契機となってグズルーンとキャルタンの仲は険悪なものとなり、ついにグズルーンは夫のボリにキャルタンを襲って殺すように頼む。キャルタンは「従兄弟よ、いよいよ悪事に手を染めようと思ったな。だが、お前を殺すよりは、お前に殺されるほうがずっとましだよ」といった。キャルタンは武器を投げ捨て、ボリから致命傷を受けてまもなくかれの膝のうえで息を引き取った。ボリはすぐにその行為を悔い、殺害を公表した。一〇〇三年のことである。

この事件が引き金になり、四年後にボリはキャルタンの兄弟によって首をはねられてしまう。その仇を討つため、グズルーンは有力な首領ソルケル（トルケル：Thorkel）と四度目の結婚をする。しかし、そのソルケルもキャルタン一族と和解したのち、突風で船が転覆してフィヨルドで溺死した。ソルケル四八歳、一〇二六年のことだった。

最後の七八話では、わが子ボリ（三番目の夫ボリとのあいだに生まれた同名の子）が母グズルーンに、「お母さん、誰を一番愛したのですか」と尋ねる有名なくだりがでてくる。「私は一番愛している人に一番ひどいことをしてしまったのだよ」と母は答えた。一番愛している人とは、もちろん三番目の夫ボリに殺させたキャルタンのことである。彼女はアイスランド最初の尼となり、隠者となった。老いて視力をなくし、ヘルガフェル（聖なる山の意）で亡くなり、そこに埋葬された。

## ヴェブレンの訳者序文

このような内容からなる『ラックサー谷の人びとのサガ』の英訳本にヴェブレンはどういう序文をつけたのか。その内容はおよそつぎのようなものだった。

一〇世紀から一一世紀初期のアイスランドを舞台にしたサガには少なくないが、血讐（blood-feud）がこの『ラックサー谷の人びとのサガ』のテーマになっている。血讐劇としてこのサガは傑出している。

しかし、このサガは民族学的な記録でもある。その当時の文化状況を理解するうえで第一級の史料的価値をもっている。ヴァイキングの時代が終わり、北欧やアイスランドにキリスト教が浸透していく時代、そして封建的な中世主義（medievalism）を迎えようとしている時代のゲルマン系民族あるいはスカンジナヴィアに生きる人びとの生活習慣や心情（信条）を綴った記録として読むことができるからである。

はじめかれらは、教会も国家もない、いってみれば自由奔放な無宗教的状態のなかにあった。しかし、その古典時代の生活基盤は不確かで不安定なものだった。それがやがて教会中心主義と封建制度に取って代わられた。このふたつの制度変化は「罪と服従」(sin and servility)という言葉によって表現できる。いずれも無宗教あるいは異教主義の時代にはない観念である。古典時代のサガはこの転換していく時代の経験と新たな生活ルールの形成プロセスに照明をあてている。じっさい、この転換は世俗的側面よりも精神的側面で大きなものだった。罪と贖罪の信条は大きな抵抗なく受け入れられたが、生活制度の変化はもっと穏やかなものだった。それでも、新たな秩序への服従はかれらにとって惨めなものであったにちがいない。

この転換によって物的にも精神的にも放棄されたものが多い。しかし、ヴァイキング時代の遺物として中世の教会中心主義に継承されたものもある。なかでも注目されるのがこの物語の中心をなす血讐である。この行為の背景にある思考習慣あるいは論理は聖なる教会とその宣教に馴染むものであり、キリストによる贖罪という説教に継承された。

ヴァイキングの時代を特色づけたものといえば、海賊行為と奴隷貿易である。いまの政治家は国家政策によって同じことをやっているが、かれらは武力と詐欺によって濡れ手に粟のようにして財貨や資源を手に入れた。しかし、こうした行ないは意図せずして庶民の暮らしをいよいよ窮乏化させ、かれらに服従を強いることになった。やがて強力な武器で武装することが権力者の理想とされ、そうした武力の総帥が庶民の尊敬を集めるようになった。結局のところ、庶民にとってこの世は涙の谷間であり、自分たちは容赦なき理不尽な神とその執行官たちの前にひれ伏すべき哀れな罪人であるという思考習慣を身につけていった。

もっと後代のことではあるが、したがって九世紀の最後の四半世紀から一一世紀の最初の四半世紀までをカバーする、そして一一世紀の最初の一〇年間でピークに達するこの『ラックサー谷の人びとのサガ』の物語よりもずっと後のことであるが、中世の聖なる教会と国家がアイスランドを含むスカンジナヴィアの人びとに対して行なった所業は、信じがたいほどに恥ずべき卑劣なものだった。恐喝や汚職や悪徳が渦巻き、それが中世のアイスランド教会を潤しもした(Veblen, 1925b: Introduction [Dorfman ed., 1973: 547])。

ところで、この翻訳は一八二六年のコペンハーゲン版からのものである。翻訳にあたってはプレス夫人のもの（一八九九年、ロンドンのデント社から出版）やR・メイスナー（一九一三年、イェナーで刊行）の訳業を参考にした。とくに後者が優れている。アイスランド語の翻訳にはドイツ語のほうが適しているのかもしれない。このサガにも多くの日常会話が挿入されている。しかし、そのやりとりを異なった時代の異なった言語に正確に翻訳することは生やさしいことではない。言葉づかいの背景にある心情とか知識とか、そこに込められている情感などを表現することは難しい。人びとの日常的な暮らしぶりやものの見方、考え方までよく理解しなければならない。したがって、こうした翻訳はどうしても一時しのぎで暗示的なものにならざるをえない。

『ラックサー谷の人びとのサガ』の文章は散文的なものであり、時代を下るとともにより華美な表現、大言壮語を含むものになった。それは聖職者たちによる入念な編纂作業の結果である。さらに、かれらの手になったため、この物語の登場人物たちは少なくとも見掛けだけは立派な自己犠牲を厭わない人物に脚色された。たとえば、キャルタンがそうである。かれは強欲でわが儘なひねくれ者の青年としてではなく、ロマンテックな精神の持ち主、聖人のような従者、そして美貌の若者として描かれている。他方、女主人公のグズルーンは美しい女性であったが、気性の激しい、意地が悪く虚栄心の強い、自己中心的な女として登場する。

翻訳にあたってコペンハーゲン版を用いた理由でもあるが、物語の最後に出てくる若きボリの「手柄話」は中世の作家によってのちに書き加えられたものである。青年ボリの華々しい功績をかれの末裔たちに印象づけるためだった。ほかにも、かれについての話には疑わしいところがある。

以上のような訳者序文について解説は要らないだろうが、印象的なのは、アイスランド共和国（自由国）がキリスト教に席捲されたのち、それに取って代わった中世主義（教会中心主義と強権的国家制度）がいかに強欲で掠奪的、非道徳的で破廉恥なものだったかをヴェブレンが強調していることである。とくに教会中心主義がこの物語に与えた偏りに大方の注意を促している。翻っていえば、ヴェブレンがアイスランド自由国時代の無宗教と首領的共和制を相対的に高く評価していたということである。それを象徴するのが女主人公グズルーンであり、逆にノルウェー王国への屈服とキリスト教への改宗、そうした屈服や改宗が地ならしていった「罪と服従」の中世主義を象徴するのが婚約者だったキャルタンである。そのキャルタンをグズルーンは夫ボリに殺させるというこの悲劇のストーリーはまことに暗示的といわなければならない。

いまふと思うのだが――、若きヴェブレンが心惹かれたのは、この女主人公グズルーンが示唆するアイスランドの無宗教と共和制についてであり、それが覆されていった悲しむべき史劇についてであり、その転覆に手を貸した恋人を殺害するというその劇的なサガの筋書きについてだったのかもしれない。

このヴェブレンの英訳について、中世北欧文学の専門家であるテキサス大学のL・ホランダー（L.M. Hollander）はつぎのように記している――、この翻訳は傑出した経済学者で社会学者のヴェブレンの手になるものである。かれはこの愛の物語を翻訳することによって祖先の地に対する感謝の念を表わそうとしているようにみえる。

しかし、サガのもつ独特の言い回しを英語に翻訳することは容易なことではない。訳業の出来映えはどうか。総じていえば、「アイスランド・サガの最高の翻訳のひとつ」といってよいだろう。近代的なものに流れるとか、その逆にモリス風の古代趣味に傾くといったこともなく、中庸を得た作品に仕上がっている。そして誤解を恐れずにいえば、この翻訳は専門家の陥りがちな入念な専門家主義から解き放たれている。そこにこの訳業の利点がある。

もちろん、訳文や訳語についていえば、不適切なものが散見される（としてホランダーは一五ヵ所以上も具体的に指摘している）。脚注はよく出来ているが、前半に集中している。それより気に懸かるのは、ヴェブレンがこのサガを文学作品としてよりも社会学的な記録としてみていることである。とはいえ、全体としてこの訳業は称賛に値する（Hollander, 1925: 258–9）。

## 根拠のない噂話――ノーベル賞候補

一九二六年にもヴェブレンの身の上にいくつかのことが起きた。まず、ひとつのエピソードにふれておこう。その年の春、ミッチェルから一通の手紙が届いた。「きのう、私はストックホルム大学の歴史学者であり、ノーベル賞委員会のメンバーでもあるJ・ウォルム＝ミューラー教授（Jacob S. Worm-Muller）から電話をもらいました。ローラ・スペルマン＝ロックフェラー記念財団（The Laura Spelman-Rockefeller Memorial）の後援で短期間、アメリカに来るということでした。かれがこの国で最も会いたいのはあなた（ヴェブレン）だといっています。かれにはいまのあなたの住所を教えたほか、会ってもらえるように頼んでおきましょう、と伝えました。かれはとても感じのよい人物で、まだ四〇歳にもなっていないと思います。かれが特に関心をもっているのは近代経済制度の歴史のようです」と認められ、その宛先は「イリノイ州シカゴ市イングルサイド六一一五番地、R・W・シムズ夫人気付（下の継娘で旧姓アン）」（ミッチェルのヴェブレン宛の一九二六年四月八日の手紙）となっていた。

ウォルム＝ミューラーは二週間後、シカゴを訪れたが、ヴェブレンには会えなかった。かれは滞在先のシカゴのホテルからヴェブレン宛に、ワシントン・アイランドに出向きますのでお目に懸かりたいと伝えたが、ふたりが会うことはなかった。

同じ時期、当時はまだミネソタ大学におり、二七年にハーヴァード大学教授になったN・グラス（N. S. B. Gras）もヴェブレンに会いたいと考えていた。かれはあらゆる機会を捉えて、衆目の一致するところ、誰が経済学（とくに経済史）の分野で卓越した人物とみなされているのかを知りたいと思っていた（Dorfman, 1973: 186, n. 217）。

しかし、これだけのいきさつから、ヴェブレンがノーベル賞候補になっていたなどという根拠はまったくない。だいいち、ノーベル経済学賞が創設されたのは一九七六年のことであり、なんとも奇妙な噂話だった。

## エレン・ロルフの死

一九二六年六月二四日、ヴェブレンの最初の妻であり、一九一二年に離婚したのちも長く療養生活を送っていたエレン・ロルフが亡くなった。甲状腺腫だった。

その遺言にしたがって亡骸は科学献体された。そのことを認めたエレンの文書が残っている。そこには「甲状腺腫、松果腺、脳下垂体、神経腺維」といった検査してほしいポイントまで書き込まれており、結果は「サン・ジョ

**1920年代の最初の妻エレン・ロルフ**(カールトン・カレッジ蔵)

セ(San Jose——友人の母の実家があった)のカップ博士に報告していただきたい」と書かれていた。

A・メイヤー(献体解剖を行なったスタンフォード大学の医師)はエレンが亡くなった翌日(一九二六年六月二五日)、そのカップ宛の手紙でつぎのように書いている——、「今朝がた、わたくしどもはエレン・ロルフの遺体を受け取りましたが、死後三〇時間以上も経っていましたので、検死解剖を行なって細胞学的研究に資するということはできませんでした。遺体はこれから病院の検査室に安置し、クリスマスまでには解剖結果をお届けできると思います。エレンが書き残している点は心に留めておきますが、いまでもはっきりお伝えできることは、彼女は性的に未発達(infantilism)だったということです」。この手紙に対する四日後の返書のなかで、カップはこう書いている。

「私がエレン・ロルフを知ったのは六ヵ月ほど前のこと、主治医だったのは亡くなるまでの三週間だけでした。彼女は亡くなる六週間前にカリフォルニア州のハルシオン(Halcyon)から私のところにやってきました。彼女は眼球突出性の甲状腺腫(exophthalmia)を患っており、肝臓や腎臓、それに心臓もよくありませんでした。両脚はむくみ、腹部は膨れ上がって体液が溜まっていました。病院での加療が必要ということで郡立病院に入りましたから、そのあと私が彼女に会うことはありませんでした。

私は、素人のために身体の諸腺(glands)について小冊子を書いていたので、彼女はそれに大変興味をもち、多くのことを話してくれました。そういうことがあったので、甲状腺や脳下垂体に関する解剖所見を私に送ってほしいと書いたのだと思います。(中略)彼女はとても変わった女性でした。自分がしようとしたことに反対されると、烈火のごとく怒り出すのです。大人の女性なのでしょうが、反対されようものなら、芝生の上に体を投げ出し、周囲のものを蹴り飛ばし、泣き叫ぶのです。よく読書をしていましたが、どこまで分かっていたのでしょうか。彼女の性生活について私はなにも知りません」（カップのメイヤー宛の一九二六年六月二九日の手紙）。

この手紙からは、エレン・ロルフがカップ医師のところに来たときにはすでにかなり重篤な状態に陥っていたこと、そしてその性格と振舞いは周囲の者には御しがたいものになっていた様子がうかがえる。ちなみに、カップの手紙にあるハルシオンとは晩年のエレンが傾倒した神智学の宗教的コロニーのことをさしている。

## 新学院を辞めてカリフォルニアへ

この一九二六年、ヴェブレンは新学院を辞め、継娘のベッキーとともにカリフォルニアに移り住むことにした。一九二六年の半ば、ヴェブレンはニューヨークを離れ(7)、シカゴに立ち寄ってからワシントン・アイランドで一夏を過ごした。途中、ミネアポリスにいる姉のところに寄り、一九二六年一二月一一日、ベッキーとヴェブレンはサン・ディエゴに到着した。そこは長兄アンドリューの住まいから遠くないところで、四ヵ月ほどそこで家を借りた。そのあと二七年四月下旬になって、ふたりはスタンフォード大学のあるパロ・アルトへ向かった。

ベッキーはこの間の事情をその「自伝」のなかで、「私が大学院生のときですが、ヴェブレンの主治医は私にヴェブレンの体力がひどく衰えている。気候温暖なところに連れて行く必要があります、といいました。そのとき、ヴェブレンはまだニューヨークに住んでいました。喉のひどい痛みを伴う咽喉炎に悩まされていました。その医者はカリフォルニアに転地して、そこであなたがヴェブレンの面倒をみてあげられないだろうかといいました。それで私は（学部の四年間を含む）七年間続けてきたシカゴ大学での医学研究を諦め、ふたりでカリフォルニアに向かったのです」（Becky Veblen Meyers, 1979-: 4）と書いている。主治医から、「ヴェブレンがつぎの冬を越すのは難しいかもしれない」といわれたことが決定的だった。

この「帰郷」について、ドーフマンは、ヴェブレンはパロ・アルトに戻りたいと思っていなかった。それは「冷蔵庫に入るようなものだったからである。（中略）継娘ベッキーに伴われて、かれは敗北者として西部に戻った」

(Dorfman, 1934: 496, 訳687) と書いている。しかしすでにみたように、ヴェブレンは「カリフォルニアに戻って、あのお気に入りの山小屋に住みたいと考えていた。そこはアンがマクリーン病院を出たら一緒に住もうと思っていた場所だった」。また、ドーフマンの「敗北者」(a defeated man) という言い方にも独断的な誇張が含まれている。

## 原稿依頼を断わる――クラーク八〇歳記念論文集への寄稿依頼

一九二六年も押し詰まったころ、ヴェブレンの手許にジョンズ・ホプキンズ大学のJ・ホランダーから一通の手紙が届いた。アメリカ経済学会の承認と支援を得て、J・ベイツ・クラーク (カールトン・カレッジでヴェブレンが教えてもらった) 教授八〇歳記念の論文集を作ることになった。ついてはヴェブレンにも寄稿してほしいという内容だった。編者はホランダーのほか、B・アンダーソン、J・モリス・クラークの三人[8]、テーマは自由、長さは通常の学会誌の論文相当であるが、さらに文末には――、「アメリカの経済学者は自国の卓越した経済学者にしかるべき敬意を払ってこなかったと批判されていますが、今回の試みはそうした汚名を濯ごうとする最初の試みであると理解しています」と記されていた。しかし不思議なことに、原稿締切りは一九二七年一月一日となっていた。つまり、この手紙から二ヵ月足らずのうちに書き上げなければならないという寄稿依頼だった (ホランダーのヴェブレン宛の一九二六年一一月五日の手紙)。その理由は分からないが、結果的にはヴェブレンが寄稿することはなかった。

## 最後の論文「優生学の実験」

しかし、ヴェブレンはカリフォルニアに移り住んでまもなく、「優生学の実験」というかれ最後の論文を書き上げた。この論文は生前には発表されず (下記のミッチェルのヴェブレン宛の一九二九年三月二日の手紙参照)、ヴェブレンが亡くなって五年経った一九三四年、弟子のアーズルーニが編集した『秩序論集』に収められた。この論文の骨子はつぎのようなものだった。

これまでスカンジナヴィアの人びとの生活史を優生学的に考えるという関心は弱かった。しかし、意図せずして大規模なスケールで優生学の実験が行なわれたのがスカンジナヴィア地方である。デンマーク、スウェーデン、ノルウェー、アイスランドといった社会は長期にわたって他国あるいは他地域へ移民を送り出してきた。すでに新石器時代にそうした動きがみられた。一九世紀には、言語学的根拠にもとづいてヨーロッパの定住地域へ東部あるいはアジアから野蛮人が侵入してきたとみなされていたが、いまではそうした民族移動（Völkswanderungen）は他のヨーロッパ地域、とくにバルチック＝スカンジナヴィアからのものだったと考えられている。

他地域からこの地域への移民といえば、ヴァイキング時代の末期——つまり一〇世紀から一二世紀までの無宗教あるいは異教時代からキリスト教への改宗時代にかけて——、奴隷貿易が行なわれ、それに伴う人の流入がみられた。それはとくにノルウェーでめだった。それもヨーロッパ人の奴隷だった。したがって初期新石器時代以降、人種あるいは遺伝資質という点で——南欧ではブルネット系、北欧では長頭ブロンド系がめだつことはあっても——、スカンジナヴィアと他のヨーロッパ地域とのあいだに基本的な違いはない。すべてが混血民族である。

スカンジナヴィア地方からの移民はみずから好んで移住していった。一般的にいって、かれらは体躯にめぐまれ、強靱な体力をもち、野心的で有能な人びとだった。そうとはいえないケース（とくに女性）もみられたが、そうでない者たちがあとに残って次世代を育てた。こうした循環が中世まで長期にわたって繰り返された。

しかし、そうした過剰人口に伴う移民循環はその後、途切れた。その期間は一一世紀から一八世紀に及ぶ。こうした人口流出が長期にわたって中断した期間は、黒死病の大流行と大量死の影響もあるが、封建制国家と中世教会がスカンジナヴィア諸国に確立した時代からはじまって、それらの制度によっては人びとを掌握することができなくなった時代までと重なる。

この移民という形での自発的人口流出が可能であったのは、その時々のニーズを上回る物的生活のゆとりがあったからであり、そのひとつの背景にはモノづくりに関わらない「怠惰な非生産的階級」が存在していなかったという事情がある（Veblen, ［1927］ 1934: 238）。じっさい、スカンジナヴィアの無宗教あるいは異教時代には、勤労者階級からその生活の糧を手に入れようとする聖職者階級など存在していなかった。生産的労働に携わらない郷紳や貴族、あるいは王族はいなかった。製作者精神が人びとの尊敬を集めていた社会であればこそ、物的生活にも余剰が生まれた。

しかし、封建制国家と中世教会が登場し、巨大な権力を確立するにともなって事情は一変した。貴族や軍人、聖職者などが富裕階級を形成し、かれらが支配者となった。そのため、ヨーロッパ全土で悪政と強奪が蔓延し、浪費が一般化した。生産活動は衰弱して余剰生産物は枯渇し、他地域への移民も途絶えた。ルター教会がローマ・カソリックに取って代わっても基本的事情に変わりはなかった。

一九世紀初期になって、ようやく変化がみられた。国家と教会権力が衰えたからである。一九世紀の第二・四半期以降、これらスカンジナヴィア諸国から移民が流出しはじめた。こうした変化を最も雄弁に物語っているのがノルウェーである。そこでは、出生率全体に占める私生児の割合が二〇%、地域によっては三五%にも達した。

ヴェブレンがなぜこの論文を書いたのか、編者アーズルーニはなにもふれていない。学術誌からの依頼原稿であれば、そこに掲載されていたはずだ。もっとポピュラーな雑誌に掲載しようとしていたのかもしれないが、学術論文としてみるとやや短い。

執筆動機という点に関連して想起されるのは、社会ダーウィン主義が最も顕著だったアメリカでは、もともと優生学的な関心が強かったということがある。一九〇四年にカーネギー研究所が実験進化研究所（The Station of Experimental Evolution）を立ち上げていたし、一九〇七年には世界最初の断種法がインディアナ州で制定され、一九二三年には三二州にまで広がった。また、一九二二年にアメリカ優生学協会（American Eugenics Society）が創設され[9]、さらに一九二四年には劣等人種の移民を食い止めるための移民制限法（いわゆるジョンソン＝リード法）が制定された。

あくまで憶測の域を出ないけれども、こうした優生学的気運の高まりのなかで、とくに「血の劣化」を防ごうとする移民制限法の制定に強い刺激を受け、それがひとつの動機になってこの論文が書かれたのかもしれない。というのも、ヴェブレンがこの論文で主張しているポイントのひとつは、頑強な身体と精神の持ち主が移民になって外の世界へ出ていくのだということだったからである。移民による「血の劣化」とは反対の見方である。ドーフマンは「素材は古いし、ぎこちなく要を得ていない」（Dorfman, 1934: 500, 訳695）とこの論文を評している。しかしそうか。論旨は明快である。

非生産的な有閑階級が存在しない製作者本能の横溢する社会において、人びとの物的生活条件は改善され、その結果として余剰人口が生まれる。そのなかから屈強かつ有能な人びとが「適者」として選ばれ、他国あるいは他地域へ自発的に移民していく。残った者が次世代を育み、ふたたび自主選択による移民が生じるという見方である。注目に値するのは、優秀な者が移民していくという主張とともに、こうした優生学的現象の循環を条件づけている要因の分析である。封建制国家と中世教会という権力機構が相まって、この優生学的循環の輪を断ち切ったというのがヴェブレンの理解だった。

もうひとつ、この条件に関連づけていえば、『ラックサー谷の人びとのサガ』の訳者序文にも記されていたように、キリスト教への改宗とノルウェー王朝への併呑に先立つアイスランド共和国（自由国）時代こそ中世的権力装置の対極に峻立するものだった、とヴェブレンはあらためて語りかけているようにみえる。

この論文「優生学の実験」を読んで、ヴェブレンの反骨精神いまも健在なり、と思わずにはいられない。

## 最晩年の日々

多少の紆余曲折を経て、ヴェブレンとベッキーはラ・ホンダ・ロードにある山小屋に住むことになった。その山小屋は最初住もうと考えたサンド・ヒルの家から八マイルほど離れていた。衣服、水と食料などは道路から三〇フィート（九メートル）も持って上がらなければならなかった。道路からの急な坂道を登るのにヴェブレンはベッキーの助けを必要とした。その山小屋はきれいに手入れされ、晴れた日にはカリフォルニアの海（太平洋）を行き交う船をみることができた。

ベッキーの「自伝」によれば、そこからパロ・アルトまでは二マイル半、車を買うまではベッキーが食料品を買って戻ってきた。やがてヴェブレンは車（Studebaker Erskine ―― 一九二七年に売り出されたばかりのモデルで九九五ドルした）を買った。ヴェブレンは町から二マイル以上も歩けなかった。運転はベッキーがした。いつものパターンといえば、車でパル・アルトまで下りていって買い物をし、そのあとスタンフォード大学の図書館に寄って沢山の本を借り出し、それを家に持って帰ることだった。ヴェブレンはものを書けなくなっていたが、読書には熱心だった。ヴェブレンはミステリーに関心があったらしい。ベッキーには「いい小説を書きたい。そのほうが、労働者ならば誰でも知っていることを大学教授に教えるよりましだ」（Jorgensen and Jorgensen, 1999: 180）といっていたという。

ところで、一九二七年から亡くなるまでのあいだ、ヴェブレンの経済生活はどうなっていたのか。ヴェブレンはこれまでも、気前よくといってよいほど、エレンはもちろん、友人や親戚筋から頼まれれば、お金を工面してきた。最晩年になっても、その姿勢に変わりはなかった。一九二六年九月九日のヴェブレン宛の手紙によれば、弟のエドワードはサン・ディエゴで建設業に失敗してヴェブレンから借金をした。また二九年五月二日（したがってヴェブレンが亡くなる三ヵ月前）にも、かれは「五〇〇ドル以上、五〇〇〇ドルまでの範囲でいくらでも結構です」といってヴェブレンに無心している。二七年六月には、アンドリューの娘ヒルダは叔父ヴェブレン宛に、「土曜日に三〇〇ドルの小切手が届きました。教員になって給与をもらったら、すぐにお返ししますね」と書いている。同じ二七年、ハワード・ヴェブレンは四回に分けて九五〇ドルをヴェブレンから借りていた。二八年には、ヴェブレンはラルフ・シムズ（姪ヒルダの夫で彫刻家、三〇年代にヒルダと離婚し、ヴェブレンの継娘アンと再婚した）に四七五ドルと二〇〇ドルを送金している（詳しくは Jorgensen and Jorgensen, 1999: 262, n. 25）。こうしたことから推論するかぎり、さきの車の購入も含めればなおさらのこと、最晩年のヴェブレンは経済的に困窮していたという見方は成り立たないようにみえる。(10)

この頃、ヴェブレンに会って話を聞きたいといった類の手紙や連絡がよくあった。「かれらとの会見は退屈至極であり、苦痛であった。それでも、ヴェブレンはかれらに対して親切だった。（中略）かつての教え子たちが訪ねてくると、かれは大喜びした。そしてかれらが帰るときには名残を惜しんだ。スタンフォード大学にはたくさんの誠実な友人がいた。甥のオズワルド・ヴェブレン（プリンストン大学の数学教授）も訪ねてきた。オズワルドはスタンフォードの自分のかつての教え子たちに対して、ヴェブレンに会いに行き、その様子を報告するように頼んだ」。しかしドーフマンによれば、「死が近づくにつれ、ヴェブレンはひどく孤独であり、見捨てられた存在になってしまったと感じていた」（Dorfman, 1934: 502, 訳 697-698）という。

一九二八年六月一日、兄のオルソンが亡くなった。ヴェブレンは一九二八年頃の自分の健康状態について、姉のエミリーに「元気そうにみえるようですが、そうでもないのです。あなたに前に会った頃かあるいはその冬頃から、ゆっくりですが、しかし確実に体力は衰えてきています」（ヴェブレンのエミリー宛の一九二八年六月一二日の手紙）と書いている。

それよりすこし前の二八年の春、サラ・グレゴリー（ハーディー）がヴェブレンに会いにやってきた。サラはそのときのことをミッチェル宛の手紙のなかで――、「先日の土曜日、ヴェブレン博士に会いました。（中略）ヴェブレン夫人がもっていた二階建てのコテージ（彼女が亡くなってからは、ヴェブレンの所有物になっています）まで一緒にブラブラと散歩をしました。そこは住みやすく、心地よいコテージでした。腰を下ろして、いろいろなことについて話しました。ベッキーというきれいな肌をした、大きな目の若い女性が部屋に入ってきましたが、しばらくして土曜日の買い物があるといって出掛けていきました。ヴェブレンは彼女にお金を渡していました。ヴェブレンは特に変わったところはなく、上機嫌でジョークをいっては笑っていました。（中略）ヴェブレンの体調について聞くと――医者は原因が分からないといっているが、と断わったうえで――、極度の疲れだといっていました。夏の数ヵ月はウィスコンシンのグレート・ベイ（ワシントン・アイランドのこと）に行きたいと思っているともいっていました。ベッキーによると、ヴェブレンはワシントン・アイランドに郷愁を感じているようです」（サラのミッチェル宛の一九二八年四月二六日の手紙）と書いている。

この当時、ヴェブレンが「極度の疲れ」に悩まされていた様子がうかがえる。さらにその手紙のなかでサラは、ヴェブレンがワシントン・アイランドに出掛けるのに二〇〇ドルの餞別をしたいといい、ミッチェルにも一〇〇ドル出してほしいと頼んでいる。

ところで、そのミッチェルは一九二八年の暮れ、ヴェブレンにつぎのような手紙を書き送った――、「ハーヴァード大学哲学科のR・ペリー（Ralph B. Perry）教授が全体の編集者になって、プラトンからはじまってヒュームやカントまでカバーするような選集シリーズの出版が計画されているのですが、その出版社であるスクリブナーズ（Scribner's）は社会科学の領域でも同じようなシリーズが作れないかと考えているようです。ペリーは私にあなた（ヴェブレン）の巻を編集するつもりはないかと尋ねてきました。論文と本の抜粋から構成し、それに短い編者序文をつけるという体裁のようです。もちろん、その打診に対して私がどう返事するかは、すべてあなた次第です。ペリーによれば、あなたの本を出している出版社などとの交渉はすべてスクリブナーズが行なうといっています。でも、あなたが手にする報酬は大したものではないと思います」（ミッチェルのヴェブレン宛の一九二八年一二月一五日の手紙）といった内容だった。

この手紙に対してヴェブレンは、選集を編むことについては了承するが、それに未刊の論文を収録することはできないかとミッチェルに尋ね、すでにみた「優生学の実験」という論文をその返事に同封した。ミッチェルは直ちにペリーにヴェブレンの意向を伝えたが、最終的には、既発表の論文あるいは本の抜粋で選集を編むという方針は変わらず、この論文は収録されないことになった。「ということで、あなたの『優生学の実験』という論文をお返しいたします。でも、なぜこの論文を『アメリカ社会学雑誌』（*American Journal of Sociology*）なり、あるいはノース・カロライナ大学のH・オーダムが編集している『社会力』（*Social Forces*）なりに投稿なさらないのですか」とヴェブレンに問いかけ、さらにつづけて、「いうまでもありませんが、あなたの本や論文を読み直すことは私にとって大きな喜びです。『有閑階級の理論』から『不在所有制』までを念頭においています。でも、もし選集の出来映えがよくなければ、その責任はすべて私にあります。（中略）この選集は、あなたが社会科学者たちに対して何をなさってきたかを伝えるよい機会になると期待しています」(ミッチェルのヴェブレン宛の一九二九年三月二日の手紙)と付け加えた。教え子ミッチェルからのこの手紙は、ヴェブレンにとってもきっと嬉しいものであったにちがいない。

そして亡くなる二ヵ月前の二九年六月、ミッチェルはこのヴェブレン選集につける序文をヴェブレンに送った。ヴェブレンからは、悪いところも訂正するところもありませんという返事が届いた。

しかし、その頃になると、ヴェブレンの体力はほとんど底をついていた。そんなある日、ベッキーはヴェブレンの片眼の視力がひどく衰えていることに気がついた。ヴェブレンもそれをひどく気にしていた。もう生きられて一日か二日か、かれは死期が目の前に近づいていることを感じとった。というのも、兄のオルソンが亡くなったとき、死の直前、視力を失ったことをよく覚えていたからである。

ベッキーによれば、ヴェブレンは「姪のヒルダとその夫のラルフ・シムズ、そして一二歳の娘コレット(Colette)に対してもう数日泊まっていってほしい。死ぬとき、ひとりぼっちにしないでほしい」といった(Becky Veblen Meyers, 1979-: 61)。そして一九二九年八月三日の土曜日、ヴェブレンはメンロ・パークの自宅で亡くなった。その直前かれは激しい心臓発作に襲われたが、ベッキーに「このままでいいから」といって彼女の腕を押さえた。ベッキーにはヴェブレンが医者を呼ばなくていいよ、といっているように思えた。兄のアンドリューによれば、発作から亡くなるまでは一時間ほど、部分的に意識はあり、痛みはあまりないようにみえた。しばらくして医者が呼ばれたが、医者がやってきたときには、すでにヴェブレンは亡くなっていた。ベッキーの妹アンもヴェブレンの側に寄り添っていた。

激しく変貌していく時代の核心にむかって一直線に突き進んでいったヴェブレンの波瀾万丈の生涯に比べれば、その死は多くの肉親に看取られた静かなものだった。

## もうひとつの遺書

その後まもなくして、アーズルーニはヴェブレンの寝室の引出しから、日付も署名もない、しかしきれいに鉛筆書きされた「もうひとつの遺書」をみつけた。そこには、「死亡した場合、できうれば、いかなる儀式や礼式も行なわず、できるだけ速やかにかつ費用をかけずに火葬に付すことが私の希望である。私の灰は海ないし海に注ぐ大河に撒くこと。いついかなる場所にも墓石、碑板、碑銘、彫像、銘板、石碑あるいは記念碑など名称や性質がいかなるものであれ、私の思い出や名前の残るものを建立しないこと。私に関する追悼文、記念文、肖像画あるいは伝記、さらには私宛の書簡ないし私がものした書面は印刷したり出版したりせず、いかなる形であれ再製、複写あるいは頒布しないこと」(Dorfman, 1934: 504, 訳700) と記されていた。(11)

亡くなる一週間ほど前に書かれたものらしいが、ドーフマンの『ヴェブレン』に引かれたこの短い走り書きが現存するのかどうか分からない。しかし、のちにヴェブレンの『秩序論集』を編んだとき、アーズルーニはその編者序文の冒頭にその文章を引き、「かれは生前そうだったように、死後においても世間一般の目からみれば理解しがたい人物でありたいと願っていたようにみえる」(Ardzrooni, 1934: Introduction) と書いた。そうだったのだろうか。

ともあれ、はっきりしていることは、ヴェブレンの希望どおり、かれの遺体は火葬され、灰は太平洋に撒かれたということであり、また墓や記念碑が建てられることはなかったということである。葬儀のとき、ダベンポートやアーズルーニ、キャンプやスチュアートなど多くの教え子や弟子がヴェブレンの棺に付き添った。

けれども、この遺書の後半にあるヴェブレンの論文集、追悼文や伝記、あるいは記念論集などはすべて無用の業、私信の類も公にしないように、というかれの希望は叶えられなかった。ヴェブレンの学問的業績がその希望をはるかに超えていたからである。かれは自分の書き残したものが「誤解されることをひどく怖れていたし、往復書簡などが公然となれば、サラ・グレゴリー、ベッキーや継娘アンに迷惑をかけることになるのではないかと気遣ってもいた」。しかし、すでにみたように、ヴェブレンはミッチェルの出版企画を受け入れていた。だからかれは、自分の期待が裏切られることを感じ取っていたにちがいない。じっさい、本の出版にかぎってみても、一九三四年にドーフマンの古典的ヴェブレン伝（原題は『ヴェブレンとかれのアメリカ』――ドーフマンはアンドリューに対して繰り返し、自分のヴェブレン論はかれの死後でないと出版しないと伝えていた）が出され、同じ年に弟子のアーズルーニが編集して『秩序論集』が刊行された。折しも、大恐慌後の深刻な経済社会情勢を背景にして、ヴェブレンへの関心がめだって高まっていたときだった。そして一九三六年には、ミッチェルが編んだ『ヴェブレンが教えたこと』も出版された。

それにしても、なぜヴェブレンは葬式など極力簡素に、そして遺灰は散骨してほしいと書き残したのだろうか。ヴェブレンの醒めたものの見方、考え方からすれば、およそ儀式的なもの、とりわけ宗教的儀式の尊大さに対してかれは強い嫌悪感を抱いていた。散骨についても、ジョルゲンセン夫妻が書いているように、「肉体の燃えカスなど、地球上のすべての生物のごくありふれた生と死の永遠の循環と渾然一体となることがふさわしい」（Jorgensen and Jorgensen. 1999: 182）と考えていたのかもしれない。

しかし、スタンフォード時代の良き同僚であり、新学院にも出講してくれたG・マークスがいうように、「ヴェブレンの冷徹極まりない外科医のごときポーズは人間の愚かさと過ちに深く苦悩するみずからの繊細な精神を守るための甲冑だった」のだとすれば、その繊細な精神は、近くは妻アンやその子供たちと何年もの夏を過ごした懐かしいアイスランド人の開拓地であり、グリーン湾とミシガン湖に囲まれたあのワシントン・アイランドを、遠くは大西洋を越えて両親の故郷ノルウェー、さらには一〇世紀のアイスランド自由国の精神世界をめざしていたのかもしれない。

# 注

## はじめに

（1）ヴェブレンの理論的体系性については、明確な体系性があるという見方（古くはAnderson, 1933、新しくはO'hara, 2002）と体系性に欠けるという見方（たとえば、Dobriansky, 1957; Dowd, 1958）がある。

（2）有力なヴェブレン研究者の理解を整理したものとしてエッジェルのもの（Edgell, 2001, Chap. 2）がある。

また、リーディングな社会学者（リースマン、パーソンズ、ベル、マートン、ミルズ）によるヴェブレン理解を比較検討したものとしてシミックとティルマンのもの（Simich and Tilman, 1983-84）がある。かれらによれば、ヴェブレンに対してパーソンズが最も否定的、ついでリースマンとベルが両義的だがやや否定的、マートンは慎重で口数少ないが好意的、ミルズが最も好意的な見方をしている。たしかに、一般的にはそうかもしれない。リースマンは『ソースタイン・ヴェブレン』（Riesman, 1953）を書き、ベルは『技術者と価格体系』（Veblen, 1921a）の一九六三年のHarbinger版に長い序文（Bell, 1963）を寄せ、ミルズは『有閑階級の理論』（一八九九年）の一九五三年のMentor版に序文（Mills, 1953）を書いた。

リースマンとベルについては本文中でふれるが、初期パーソンズがヴェブレンに対して否定的だったのは、かれが構想していた主意主義的行為理論（voluntaristic theory of action）に照らして、ヴェブレンの行為理論がその古典派経済学批判にもかかわらず、実証主義的なものにとどまっているとみたからであり、またヴェブレンのラディカリズムに対して批判的だったからである（Parsons, 1935: 435-442 [Camic, 1991: 198-203]; Tilman, 2007, 263-239）。ちなみに、パーソンズはヴェブレンの立場を実証主義的制度主義（positivistic institutionalism）、もっと一般的には実証主義的経験主義と規定した。しかしこの規定では、ヴェブレンの反功利主義的な主体的人間観のみならず、その象徴主義も無視されてしまうし（西部、1983）、ヴェブレンの制度的遅滞の理論、螺旋的回帰モデルなどがみえなくなってしまう。「単位行為」（unit acts）の類型学によってヴェブレンを分類しようとすること自体に無理があったのかもしれない。

日本人によるヴェブレン解釈のひとつに西部邁のものがある。かれはヴェブレンを懐疑者、偶像破壊者、アウトサイダー、逃亡者、マージナル・マン、政論家、記号論者などとそれぞれの文脈にそって形容しているが、「荒寥たる風景のなかに長い影を落とす孤高の人物」という表現もさることながら、「両者（哲学者のパースとヴェブレン）はともに苦行僧の面持ちをもって、貧困と病弱に苛まれながら、不遇な人生を不屈の姿勢で生き抜いたのである」（西部、1983: 98）というくだりが印象的である。

（3）G・ジンメルによれば、異邦人とは「定着していてもそこに由来もせず所属もしない者」のことであり、「近さと遠さが独特の仕方で統合された」存在である。そのため異邦人は移動性と客観性、社会関係における一般性・抽象性といった性格を獲得する。ここでは、「異邦人は理論的にも実践的にもより自由な人間であり、状況を偏見にとらわれずに見渡し、それをより普遍的で客観的な理念にもとづいて判断する。そのため異邦人の行為は習慣や忠誠や先例に拘束されない」（Simmel, 1908: 510, 訳・下巻 288）としている。

R・パーク（Robert E. Park: 1864-1944）はミシガン大学でデューイに学び、ハーヴァード大学大学院でジェームスの指導を受けたのちドイツに留学、ベルリン大学でジンメルの薫陶を受けて哲学と社会学を学んだ。そのパークは、境界人のことを「決して完全には浸透しあうことも、融合しあうこともないふたつの文化または社会の境界（margin）に佇む人間」（Park, 1928: 354）と定義し、この境界に創造性の契機をみてとった。こうしてパークはジンメルの異邦人に関する肯定的で好意的な見方を継承したが、問題はラーナーらがこの肯定的な意味づけを十分理解したうえでヴェブレンを異邦人あるいは境界人と呼んだのかどうかである。

ちなみに、境界人についての学説研究としては、折原（1969: 37-199）が優れている。

（4）西部はなぜリースマンがヴェブレンに対して異様に批判的であるのかについて四つの理由を挙げていた（西部、1983: 166-167）。第一に中西部人（東部人との隔たり）、第二に学界のアウトサイダー、第三に前世紀末の混乱期（一九五〇年代の安定期との違い）、第四に「ノルスキー」（ユダヤ人との近親憎悪）であったことを指摘し、「私のような外国人やドーフマンのようなあまりに近くにいすぎるものにはなかなか見えてこないヴェブレンの嫌な面が、リースマンにはみえているという可能性を否定することができない」と書いている。

（5）ヴェブレンの理解あるいは解釈に冷戦構造が与えた影響は大きかった。それだけにその構造が一九九一年に崩れて以降、「ヴェブレン・ルネッサンス」が生じたということができる。奇しくも、ドーフマンが亡くなったのも一九九一年だった。

（6）ドブリアンスキーが「ヴェブレン主義」というとき、そこにはヴェブレンの社会哲学や歴史観、認識論などが広く包摂されており（Dobriansky, 1957: Chap. 8）、そのヴェブレン理解はリースマンやベルに比べてより内在的である。

（7）第二次大戦後の対ソ連邦強硬路線に反対して協調路線を構想し、大統領選に出馬して落ちたウォーラスを、ある研究者は「ドン・キホーテ的十字軍」の政治家と呼んだ。

（8）ティルマンはこの違いを理解していたようにみえる。「たしかにかれ（ヴェブレン）はアウトサイダーだった。しかしその原因がかれにあるというだけでは、かれが批判した社会の構造的欠陥や病理的性格を無視してしまうことになる」（Tilman, 1996: 229）と書くことができたからである。

（9）ヒュームの「インダストリー」（勤勉、生産活動、産業）を中心とする経済社会思想もまたヴェブレンに大きな影響を与えていたようにみえる。たとえば、『市民の国』（岩波文庫、訳・下巻、一九八二年）二六五頁にある小松茂夫の訳注（7）参照。あるいは浪費的奢侈といい無為（idleness）といい、用語まで感化されていたのかもしれない。

（10）第三章の第六節でもふれるように、ミッチェルは一九〇四年、ヴェブレンの再就職のための推薦状を書いたとき、かれの独創性を称え、「いまから五〇年後には、かれはこの世代の経済学者のなかで最も重要な人物とみされていることになると思う」と述べた。

（11）新学院は一九一八年、哲学者のJ・デューイ、歴史家C・ベアード、経済学者W・ミッチェルなどコロンビア大学の有力な研究者によって創設された。かれらは当時のアメリカの大学における学問の自由や教育のあり方に強い不満をもっていた。ひとつのモデルはS・ウェッブらがつくったロンドン経済政治学院（London School of Economics and Political Science）だった。ヴェブレン『アメリカの高等学術』（一九一八年）がこれらの人びとを突き動かし、新学院創設にむけてその背中を押したといわれる。ヴェブレン自身、L・ウォルマン、A・ジョンソンとともに新学院創設に関わり、一九一八年から二六年まで教鞭をとった。初期にはケインズやラスキもこの新学院に滞在した。三〇年代にはE・レーデラーやH・スパイヤー、A・シュッツなどナチスに追われた多くの亡命学者を受け入れ、ドイツからの「亡命者大学」といわれた。さらに四〇年代になると、A・レーヴェ、J・マルシャクなどを擁するキール経済研究所がそのまま新学院に移設された。

（12）論理的にはこれと同型の議論――すなわちヴェブレンを好意的に評価する（できる）ゆえに、その学問的業績もひとしく優れたものだとするような短絡も裏返しの「ドーフマン・コード」というべきものである。たとえば、J・ラーソン

(Jonathan A. Larson)の議論(http://elegant-technology.com/TVcorhis.html)にはそうした懸念がある。
(13)のちにドーフマンは、ヴェブレンの時代がそうであったように、社会が急激に変化していく時代には社会の中枢にいる者(man in the mainstream)よりも「火星人」(man from Mars)のほうが社会認識において優位する(Dorfman, 1968: 127-8)と書いている。そのかぎりでいえば、こう書いたドーフマンはドーフマン・コードから自由だったといってよいだろう。しかし、いつでもそうだったとは限らない。
(14)そうした見方を流布させた代表的文献がDiggins(1978)とHeilbroner(1953)である。なお、のちに後者のハイルブローナーは一九九六年八月一〇日のR・バートレー宛の手紙のなかで、「前著(『世界的哲学者』*The Worldly Philosophers*, 1953[1986])は一介の大学院生(ドーフマンのこと)が抱いた信念と無知の所産」にもとづいて書かれたものだと独白している(Bartley and Bartley, 1997: 169, n. 69)。
(15)アンドリューが一九二五年三月一九日のドーフマン宛の返事でふれていた人物であり、単行本としては最初に書かれたヴェブレンに関する研究書『ソースタイン・ヴェブレンの経済社会理論』(Jaffé, 1924)の著者である。一般的にはワルラスの研究家として知られる。
(16)Gilman(1999)とMaynard(2000)は、その論旨こそ違っているが、ヴェブレンの女性関係とかれの理論とのあいだに内在的関係がないとするドーフマンの理解は間違っていると主張している。
(17)宇沢弘文も、「この世紀末的混乱に際して、ソースタイン・ヴェブレンにはじまる制度学派の経済学は、私たちに一つの明るい解決への道を示している。それは資本主義、社会主義を超えた制度主義の考え方であって、社会的公正と経済的安定性とを確保して持続的な経済発展を実現するものである」(宇沢、2000a: vi-vii)と書いている。ちなみに、宇沢がスタンフォード大学に着任したとき、奇遇といえば奇遇、その下宿先の女主人がヴェブレンの二番目の妻の次女アン(Ann Bevans[結婚後 B. Sims: 1903-1986])だった。それが機縁となって、「それからの私はヴェブレンの書物はほとんどすべて大学の図書館から借りてきて、貪るように読んだものであった。(中略)しかし、ヴェブレンの経済学は読めば読むほど魅力的であった。私はそれ以来ヴェブレンの経済学に傾倒していった」(宇沢、2000a : 5)と述懐している。
(18)ヴィディックは新学院名誉教授。スロヴェニア移民の四番目の子としてミネソタ州マンガニーズに生まれる。一九四〇年ウィスコンシン大学に入学、戦争で学業中断。長崎原爆投下から九日目の一九四五年八月一八日、長崎に上陸。その悲惨さを世界に訴えた（のちに同志社大学客員教授を歴任）。除隊後ウィスコンシン大学に戻り、人類学を専攻。ウェーバー研究家のH・ガースから強い影響を受けた。さらにハーヴァード大学でB・ムーアに師事、一九五〇年に博士号（人類学）取得。アメリカ社会学の古典のひとつ『大衆社会のなかの小さな町』（Vidich and Bensman, 1958）が主著である。

（19）簡潔には、「ＩＴＶＡ小史」（http://projects.vassar.edu/itva/history.html）参照。

（20）Joseph Dorfman Papers 1890–1983. http://www.columbia.edu/cu/lweb/archival/collections/ldpd_4079523/. ちなみに、ドーフマンは一九〇四年生まれ。一九三五年、ヴェブレン論でコロンビア大学から博士号を取得、四八年には同大教授、七一年名誉教授。『アメリカ文明における経済的精神』（全五巻、1946-59）が主著。新古典派経済学よりも制度派経済学に親近感をもち、主著は制度派経済学史としての性格をもつ。一九七四年にヴェブレン＝コモンズ賞を受賞。W・サミュエルズ（Samuels, 1975）によれば、温厚な紳士、いずれかといえば孤高な学究で控えめな人物、しかしその業績は斬新で構想力に溢れているという。邦文では田中（1993, 第六章）参照。

（21）http://www.2manitowoc.com/05/1860cto2.html.

（22）ティルマンもまた、ヴェブレンが生まれた頃にはヴェブレン一家はもはや貧しさから解放されていたと記している（Mattson and Tilman, 1987 : 219–220）。

（23）ドーフマンは主著『アメリカ文明における経済的精神』第三巻でも、なぜか「ヴェブレンはほとんど英語が理解できないまま、一八七四年、近くのカールトン・カレッジに入学した」（Dorfman, 1949: 434）と繰り返している。

## 第一章

（1）特に断わりのないかぎり、以下の記述は、Andrew Veblen (1932); Florence Veblen (1935); Emily Veblen Olsen（1940）のほか、一部 Dorfman（1934）によっている。

（2）この男の子（一八四五年生まれの Anders Thomasson Veblen）を入れると、ソースタインの兄弟、姉妹は合計一二人になるが、本書で長兄あるいは長男アンドリューという言い方をしているのは、この幼くして亡くなった男の子を除いてのことである。

（3）ウィスコンシン州は一八四八年に合衆国の正式な州になり、一八四一年成立の連邦先買権法（Preemption Act of

1841）が適用された。同法によれば、その地に最低でも一四ヵ月以上住み、最低一六〇エーカーを購入する者に対して、一エーカー一・二五ドル以上で公有地を売却すると定められていた。

（4）ヴェブレン家の人びとは外形上ルター教徒だった。ソースタインは無神論者あるいは不可知論者といわれた。しかし、かれらは宗教に対する内在的関心の弱いあるいはもたない人びとだった。詳しくは、第二章参照。

（5）エミリー・ヴェブレン（結婚してMrs. Sigurd Olsen）はその「回想録」（Emily Veblen Olsen, 1940）のなかで、一九二四年にこのカトー・タウンシップを訪れたとき、かつてのヴェブレン農場は酪農場になっていたが、家はそのまま使われていたと書いている。

（6）一八六四年の秋、トーマスが土地を手当てするためにライス郡に出かけたとき、アンドリューは『アンドリュー版ラテン語文法』などの本を買ってもらった（Andrew Veblen, 1932: 78）。

（7）トーマスが四三歳の一八六一年四月、南北戦争が勃発した。ウィスコンシン州も北軍の一部に加わったが、志願兵は少なく、州政府は徴兵しなければならなかった。エミリーの「回顧録」によれば、徴兵が免除される年齢の上限は四五歳だったから、父が兵役に取られるのではないかと家中の者が大いに心配した。そんなことになれば、一家は大黒柱を失ってしまうからである。近所には徴兵された若者が何人もいたが、幸いなことにトーマスは兵役を免れた。リンカーンが撃たれたとき、エミリーは兄のアンドリューと一緒にマニトウォック市にいたが、ここかしかに半旗が翻っていたのをよく覚えていると書いている。

この南北戦争の最中、一八六二年に隣のミネソタ州でダコタ族インディアンによる白人開拓者の襲撃と追放事件（ダコタ戦争）が起きた。六週間の戦乱ののち、州兵と連邦軍によってこの内乱は鎮圧され、最終的にはダコタ族のリーダーら三八人が処刑され、二百数十人が収容キャンプに拘束された。ふたたびエミリーの「回顧録」によると、ヴェブレン家から数マイル先の森にもインディアンが住んでいたこともあって、インディアンたちが開拓地の人びとを殺して家に火をつけるという噂が広まった。トーマスも含めてカトー・タウンシップの男たちが集まった。銃や斧、熊手などをもっている者が多かった。しかし、インディアンが家の前のリバー・ロードを行き来する姿をよくみかけていたトーマスは特に恐怖心をもつ気配もなく、万一インディアンが襲ってきたら逃げ出せばよいといっていたらしい。この一件は流言飛語に終わった。

（8）トーマスは創意工夫の人であり、農業技術の開発にも熱心だった。その一例が馬力による全天候型脱穀機の開発である。

一八六〇年代の初期には二五キロも離れたアイルランド人の農家から注文が相次ぎ、人を雇うほどの忙しさだった。かれはまた、優れた牧畜家として羊の品種改良にも努めた。

（9）ヴァレー・グローヴ教会はミネソタ州ナーストランド（Nerstrand, Rice Country）にあり、ノルウェー移民によって建てられたルター派教会である。古い方が一八六二年、新しい方は一八九四年に建立されたもので、いまはアメリカの歴史遺産に登録されている。その墓地にはヴェブレン家の墓があり、トーマスとカリー、そしてハルダーもそこに眠っている。

（10）これに続けてJ・ラーソンは、たしかにアメリカ東部の大都市基準からすれば、トーマスは金持とはいえない。しかしノルウェーでの生活と比べても、またミネソタ州ナーストランドの基準からみてもかれは郷紳（the landed gentry）だったと書いている（Larson, 1994）。

（11）"American Association for State and Local History Award of Merit to William C. Melton for Rescue of Veblen Farmstead." *The Minnesota History Interpreter*, Vol. 27, No. 9 (September 1999).

（12）こうした手紙の貴重なコレクションとして、Blegen ed.（1955）がある。

（13）ノルウェーは一八一四年、デンマークから独立。その時の憲法でルター派教会を国教会として承認した。しかし、国教会は信徒伝道や巡回説教を認めていなかった。それに抵抗する形で敬虔主義の宗教改革運動が高揚し、ハウゲがその創設者となったノルウェー・ルーテル伝道会などが作られた。

（14）もっとも、ヴェブレン家の人びとがこうした「知識人嫌い」とは縁遠い存在だったことは「はじめに」でみたとおりである。

（15）一八九〇年にソースタインの兄オルソンがセント・オラフ・カレッジの理事になったとき、当時浪人中だったソースタインはこのカレッジの自然科学の教師になろうとしたことがあった。モーン学長（Thorbjørn N. Mohn）はソースタインの宗教思想について問い直し、ソースタインはそれに手紙で回答している（Bjork, 1949）。詳しくは第二章第四節参照。

（16）Anti-Missouriansと呼ばれたのは予定調和説を支持するルター派教会ミズーリ会衆組織（Lutheran Church-Missouri Synod）に反旗を翻したからである。なお"Anti-Missourian Brotherhood"についてはhttp://en.wikipedia.org/wiki/Anti-Missourian_Brotherhood参照。

（17）フロンティア・ラインの移動について、簡潔にはターナーの古典的論文（Turner, 1893［1920: 4-9］）参照。

(18) 政治思想史家のL・ハルツ（Louis Hartz: 1919-1986）は「過剰な」自由主義の出現について、アメリカには封建制度や貴族制の伝統がなく、トクヴィル風にいえば、アメリカ人は「生まれながらにして」自由主義を手にすることができたという特異な歴史的経験に――フロンティアの経験やアメリカ社会の活発な社会移動というゾンバルト命題を受け入れながらも――その基本的根拠を求めている（Hartz, 1955）。これに対してターナーは、あくまでも自由主義の過剰さの生成基盤をフロンティア経験のなかに探りあてようとした。

ここでいうゾンバルト命題とは、（1）アメリカの労働者は「ブルジョワ化」しており、ラディカリズムから自由であり、資本主義に対して好意的であること（ハルツもアメリカでは小農民や労働者もプチ・ブルジョワジーに括られることをつとに強調した）、（2）アメリカの労働者はアメリカの政治制度に好意的であり、二大政党制に異議を唱えることが少ないこと、（3）アメリカの労働者は上位階層への社会移動の可能性をもっており、「開かれたフロンティア」がかれらの潜在的戦闘心を和らげてきたことなど、W・ゾンバルト（Werner Sombart: 1863-1941）が一九〇四年の訪米後に明らかにした見解（Sombart, 1906［1976］）をさす。

(19) 開発されたフロンティアは政治経済的のみならず、移民エスニシティの違いを反映して文化的、宗教的にも多彩で個性的であるという地域主義（sectionalism）命題については、Turner（1932）参照。

(20) 自由のための新しいフロンティアの開拓という考え方から、アメリカの対外的膨張という可能性も生まれてくる。

(21) 一九世紀第四・四半期の「金ピカ時代」を象徴するもののひとつが「泥棒貴族」（Robber Barons）である。そのなかには製造業で成り上がった者も多かったが、不動産業や金融業でも泥棒貴族（悪徳資本家）が輩出した。内容的には投機家といってよい。「東部」では遺産継承も大きな役割を演じた。これらの点を明らかにした最近の研究のひとつにRockoff（2008）がある。

ちなみに、M・トウェインが東部のエッセイストであったC・ウォーナーとともに書き上げた『金ピカ時代』（一八七三年）は、少なくともトウェインの筆になる部分についていうかぎり、フロンティアに育った若者の夢（鉄道敷設やナポレオン市の建設、大学の創設など）がもろくも潰え去り、黄金のメッキが剝がれていく姿を描き出していた。

(22) V・マトソンとR・ティルマン（Mattson and Tilman, 1987）は、ターナーとヴェブレンを対比し、いくつかの共通点（中西部北方の生まれ、ジョンズ・ホプキンズ大学での勉学、進化論的な思考様式など）を指摘したうえで、いかに両者がフロンティアの理解において対抗的議論をしたかについて述べている。しかし両者の違いもさることながら、重なる部分や相互補完的な部分も少なくない。

(23) この「戦時期の農業労働」論文はヴェブレンがパールに提出した未発表の報告書を書き直して、翌年『公衆』誌(*The Public*, Vol. 21, July 13, 20, 27, August 3, 1919)誌上で四回にわたって連載したものである。また、「農業労働とIWW」はドーフマンの解説づきで『政治経済学雑誌』(*Journal of Political Economy*, Vol. 40, December, 1932)に「ソースタイン・ヴェブレンのIWWに関する未発表論文」として掲載されたものであり、さらに「主要食料品価格一覧表に関するメモ」は同じくドーフマンが解説をつけて『サウスウェスタン社会科学四季報』(*The Southwestern Social Science Quarterly*, Vol. 13, March, 1933)に発表されたもので、「食糧管理局統計部のために一九一八年に書かれた」ものであると付記されていた。この三篇のうち、前二篇は『秩序論集』(一九三四年)に収録されている。

しかし、ふたつの補足が要る。ひとつは、第二論文の正しいタイトルは“Using the I.W.W. to Harvest Grain”(「穀物収穫にIWWを使う」――*Journal of Political Economy*, Vol. 40, No. 6, Dec., 1932, pp. 797-807)であるが、『秩序論集』の編者アーズルーニはこの点について何もふれていない。もうひとつ、この論文の基本的主張は――本文中でふれた「戦時期の農業労働」に盛られた農業労働力不足対策にくわえて――、IWWに共鳴している中西部の「反抗的な」農業労働者を敵視して迫害(不当逮捕)したりすることなく、かれらを積極的に活用して農業労働力不足を補うべきだというものだった。

(24) IWW(Industrial Workers of the World)はアメリカ労働総同盟(AFL)の保守的傾向に不満を抱く組合運動家や社会主義者などが集まって一九〇五年にシカゴで創設された。AFLとは違い、戦闘的な行動をくりかえして大規模なストライキを先導した。ちなみに、中西部では多くの農業労働者がIWWに参加、一九一五年には中西部の農民によってIWWの下部組織として農業労働者産業組合(Agricultural Workers Industrial Union)が組織された。その結成大会で決議された要求には、一日一〇時間労働制、残業割増制、最低賃金、食住環境の改善などが盛り込まれており、IWWよりも直接的な労働条件の改善に運動の力点が置かれていた。

他方、連邦政府は第一次大戦を好機にして過激なIWW潰しを企てた。一九一七年、法務省が全米四八ヵ所のIWW事務所を捜索し、多数の検挙者を出したのがそのひとつの証左である。したがって、ヴェブレンらへの調査依頼の背景には、戦時食料生産のための農業労働力不足対策といったことがらを超えた政治的な問題関心が食糧管理局にもあった可能性がある。

（25）この事情については、のちにA・チャンドラーが説得的に記述をしている（Chandler, 1990: 59-62, 訳 46-49）。

（26）ヴェブレンとターナーの違いといえば、カントリー・タウンと農民の利害が衝突するかどうか、また「新しい現実」（大量生産とビッグ・ビジネスの時代）とフロンティア精神とが連続しているかどうかの理解が大きいように思われる。ヴェブレンは「衝突」（もっといえば搾取）と「連続」を強調した。

（27）ドーフマン『ヴェブレン』によれば、この一八七〇年代、カントリー・タウンの（ヴェブレンのいう）「仲介人」たちや鉄道業者に対する農民たちの非難と憎悪がめだって激しいものになっていたからである。「他の農民と同様に、トーマス・ヴェブレンも借財を背負い、不況が広まるにつれて苦しい生活を余儀なくされた。国勢調査の数字によると、一八七九年のヴェブレン農場の粗収入は一二〇〇ドルだった。（中略）彼の家族は農民の見方であるドネリーや他の論者たちの演説に強い関心を寄せた。とくに、中間商人の生計が農民たちの払った税で成り立っていると述べた学識ある指導者ペンツ博士の講演に強い感銘を受けた」（Dorfman, 1934: 16, 訳 23）と書いている。さらにドーフマンは、「こうした不況の経験が（ソースタイン）ヴェブレンの人生経験の一部となった」と記している。こうしたドーフマンの記述はヴェブレンのカントリー・タウン論と大いに共鳴する。

なお、この引用にあるペンツ博士（Dr. Pentz）とは、ヴェブレンが「失われた七年間」、よくペンツの家に出入りし、その蔵書からカント、スペンサー、J・S・ミル、ヒューム、ルソー、T・ハックスレーなどを引き出して読み漁ったその当の人物である（Dorfman, 1934: 31, 訳 42-43）。

## 第二章

（1）シカゴ大学の社会学者A・スモールは、一九〇四年のセントルイス万博の一環としてセントルイス国際芸術科学会議（St. Louis Internatiounal Congress of Arts and Science）が開かれたとき、ハーヴァード大学のH・ミュンスターベルク（フライブルク大学時代のM・ウェーバーの友人）などと一緒にその企画立案に携わった。ドイツからは関連分野のすべての教授を招聘することになったが（ウェーバーはトレルチ、ゾンバルトなどとともにこの会議に出席している）、そのさい、「アメリカに対するヨーロッパの、また西部に対する東部の狂信的差別主義がこの会議で表面化しないかという怖れ」を抱いていたスモールにとって、この会議はアメリカ学界のドイツ学界からの自立を象徴するべきものだった。詳しくは

Rollmann（1987）参照。

また、哲学についていえば、「一八六六年のドイツの哲学は、哲学的あるいは神学的問題の取扱いにおいて英語圏に比べて二世代ほど先を行っていた。しかも、イギリスのほうがアメリカよりも先を行っていた」という見方が有力である（Wenley, 1917: 107）。

ちなみに、アメリカはイギリスやドイツ文化の模倣ではなく、独自のアメリカ文化を確立するのだという主張は一九世紀前半の超越主義的な詩人R・エマソン（Ralph W. Emerson: 1803–1882――その講演「アメリカの学者」［一八三七年八月三一日］では、「自己信頼」［self-trust］によるアメリカ文化の自立ということと併せて、学者は書物に埋没して「本の虫」になるのではなく、「生きた経験」を学び、考えることが最も重要だと説いて、のちのW・ジェームスやJ・デューイらに大きな影響を与えたといわれる）、その先生W・チャニング（William E. Channing: 1780–1842――たとえば「国民文学論」［"Remarks on National Literature," The Works of William E. Channing, Vol. 1, pp. 243–280］一八二三年一〇月一八日）の活動のなかに先駆的な形で現われていた。

（2）会衆派は長老派（Presbyterianism）、バプティスト、クエーカーなどともにピューリタニズムを構成する代表的宗派のひとつである。このうち、イギリス宗教改革の分離派にまで遡るピルグリム・ファーザーズをその担い手としたアメリカ会衆派教会（Congregational Church）は熱烈な聖書信仰とともに、個別教会の独立性と直接民主的な意思決定、伝道的巡礼（信徒による辻説法）などで知られる。会衆派は神学的にはカルヴァンの影響が強い。

（3）一八七一年、W・ペイン教授（William W. Payne）が天文学と数学の教授として招聘され、天体観測所が造られた。一八七七年から「カールトン・カレッジ時間」が採用され、鉄道の発着時間管理がめだって改善された。こうした「実践的」天文学に関連して数学が教科目に取り入れられたらしい（Dana, 1879: 25; Leonard, 1903: 200f.）。

（4）「前期クラーク」がヴェブレンに与えた影響の可能性については、たとえばStabile（1997: 817–825）参照。経済学の人類学的アプローチ、消費や競争の性格理解といった点でヴェブレンと共鳴する点があると指摘している。

（5）イギリスにおける常識哲学の成果はそのまま一九世紀前半のアメリカ哲学界にもちこまれた。アメリカの大学で使われたポピュラーな教科書でいえば、エディンバラの著名な医者でもあったJ・アーバークロンビー（John Abercrombie: 1780–1844）の『知性と真実の探求に関する考察』（一八三〇年）や『道徳感情の哲学』（一八三三年）はリード哲学の簡易版といってよいものだったし、ハーヴァード大学の学長だったJ・ウォーカー（James Walker: 1794-1874）はリードの高弟D・スチュアート（Dugald Stewart: 1753-1828）の著作の縮刷版を使って自然宗教や道徳哲学を講義した。南北戦争の時代になっても、アメリカ哲学界にはスコットランド常識哲学の影響が残っていたといってよい。ハーヴァード大学のF・ボーウェン（Francis Bowen: 1811-1890）はハミルトン哲学の大いなる礼賛者であり、その『ウィリアム・ハミルトン卿の形而上学』（一八六一年）および『論理学論集』（一八六四年）はハミルトン哲学を踏襲した内容になっている。詳しくはKuklick（2001）参照。

また、神学内在的な論争としてはニューイングランドのカルヴィニズム正統派とユニテリアニズム（Unitarianism ――キリストが神であること、キリストによる贖罪などを否定）との確執が注目される。エマソンとT・ジェファーソンなどがこうした考え方を代表する存在だった。これに対して、イェール大学の学長を務めたポーターは正統派につながる人物だった（Andrews, 1893: 84-89）。

（6）H・ジョージの『進歩と貧困』に対して、MITの学長だった経済学者F・ウォーカー（Francis Amasa Walker: 1840-1897）は『土地とレント』（一八八三年）を書いて論争を挑んだ。七〇年代不況の原因は土地投機ではなく、貨幣供給制限だったこと、技術進歩がつねに労働節約的とはいえないこと、投機のための土地所有がいつでも非生産的で非効率的とはいえないことなどを主張した。

（7）南北戦争後あるいは一八七三年のパニックのなかで穀物の価格維持を願う農民を中心に起こった造幣・増発運動であり、ポピュリスト運動との結びつきが強い。

（8）ドーフマンの原語は alterum genus（直訳すれば、「別の種類」）であるが、訳者の八木甫はこれを「異端者」と訳している。

（9）この見方には多少誇張が含まれている。傍証的なことだが、常識哲学者J・マコッシュ（James McCosh: 1811-94 ――一八六八年、かれはベルファーストのクイーンズ・カレッジの論理学・形而上学教授を辞し、プリンストン大学学長となって道徳哲学を講じ、聖書とダーウィン主義の調和を図ろうとした人物）はミルのハミルトン批判が出た三年後に、『J・S・ミル氏の哲学についての考察』（*An Examination of Mr J.S. Mill's Philosophy*, 1866）を出版して真正面からミル批判を行なった。本のタイトルをみると、「ハミルトン卿」と「J・S・ミル氏」が入れ替わっただけである。

(10) 一八四六年、G・エリオットによってドイツの神学者D・ストラウス(David Friedrich Strauss: 1808-1874)の『イエスの生涯の批判的考察』(*Das Leven Jesu kritisch bearbeitet*, 1835-6)の第四版が英訳された。かれは新約聖書の物語を解明し、キリストの奇跡やイエスの神格に疑問を投げかけた。またJ・ヴェルハウゼン(Julius Wellhausenn: 1844-1918)の『イスラエル史序説』(*Prolegomena zur Geschichte Israels*, 1882――英訳は一八八五年)は、モーゼという人物は実在しなかった可能性、旧約聖書の最初の五書の著者は複数であり、それぞれ別のテキストを編纂してつくられたこと、その物語は史料的根拠に欠けていることなどを明らかにして大きなセンセーションを巻き起こした。

こうした聖書批判は容易に時代を遡ることができる。たとえば、あのT・ペイン(Thomas Paine: 1737-1809)は一八世紀末に理神論的立場から『理性の時代』(*The Age of Reason*, 1794)を書き、キリスト教も含めてすべての啓示宗教と教会組織(「すべての国の教会制度は、ユダヤ教会であれキリスト教会であれ、トルコ教会であれ、人間が発明したものにすぎない。それは人間に恐怖を与えて奴隷化し、権力と利益を独占しようとするものだ[Paine, 1794: 6(1896: 22)]」、そしてその基本教典を否定した。聖書は「嘘と邪悪に満ちており、神を冒瀆する書物」であり、新約聖書は「一幕の茶番劇」とでもいうべきものだといい、マタイ、マルコ、ルカ、ヨハネといった福音書も「馬鹿げていて矛盾だらけ、嘘の話」で充満していると徹底的に非難した。ペインは「私自身の精神が私の教会」(My own mind is my own church)であると宣言し、理性と自然(宇宙)のなかに神を認識することができると主張した。

(11) "Photo, Staff, Course Lists 1875-Present: 1875-1900", http://apps.carleton.edu/curricular/history/overview/pastphotoscourses/

(12) といっても、そのことは、リードの常識哲学がジョンズ・ホプキンズ大学でヴェブレンが教えてもらったC・パースによって「批判的常識主義」として進化論的に再構成された意義まで否定するものではない。批判的常識主義については、Peirce(1905)参照。

(13) たとえば大槻(1968: 33)、坂本(1995: 23, 25-26)を参照。なお、山崎正一は「科学はこの時代において今日のごとき意味における科学であるよりも、むしろ哲学――自然哲学――であったし、『自然哲学の数学的原理』(一六八七年)を書いて近代の数学的自然科学を確立せるアイザック・ニュートンが、その自然哲学にもとづいて秩序ある宇宙の創造者としての神の存在の証明――自然神学的証明――を行なう神学者であり得たのである」といい、「ヒュームの前半生にあたる一八世紀前半のイギリスにおいては、ニュートンの自然哲学はむしろ神学であり形而上学であった」（山崎、1949: 28, 41）と記している。

ちなみに、ヒュームはその人間学から自然神学を排除していたが、スミスは道徳哲学の第一部門に自然神学をおいている。その含意については坂本（1995: 15f, 25）が興味深い。

(14) ロックは主著『人間知性論』（一六八九年）の冒頭で、「生得的な観念」（innate notion）など存在せず、すべての観念は「究極的に経験に由来する」ものであり、原初の心はタブラ・ラサ（白紙状態）にすぎないという有名な言葉を書き残している。したがって、「神の観念も生得的ではない」というロックは、近年（一八世紀）の航海によって「サラダナ湾やブラジルやボーランディやカリブ諸島で、すべての人の間に神なるものの思念も宗教も見いだされそうにもない民族を発見したではないか」（『人間知性論』第四章冒頭の「神の観念は生得でない」）と指摘し、文明社会で無神論の嘆きが説教壇から聞かれるのもうなずけるとたたみかけて、理神論論争に重要な一石を投じた。

(15) この遺稿のクレアンテスを主人公とする前半部分は一七五〇年前後に書かれ、フィロを主人公とする後半部分はそれから一〇年ほどして書かれたらしい（山崎、1949: 203-204）。

(16) 惜しくも三八歳で夭逝した中山はヴェブレンの思想史的背景を解きほぐすため、常識哲学にはじめて足を踏み入れ常識哲学に批判的な議論を展開した（中山、1974: 2-20）。ただし、中山も一部依拠しているL・スティーヴン（Leslie Stephen: 1832-1904——ヴァージニア・ウルフの父。著者名はステファンではなく、スティーヴンとなっている）の古典的労作は常識哲学に対して痛快といってよいほどに批判的である。

(17) ケイムズ卿の『原理』はかれの根本思想のみならず、スコットランド常識哲学の主要な特徴を示している作品であり、かれ自身、「以上のすべての諸編は、神の存在と完全性との証明にいたる道を準備するものであり、この証明が本書を企てた主要な目的である」といっている（詳しくは、篠原、1986: 第六章参照）。

(18) リードは『人間精神の諸力に関するエッセイ』（*Essays on the Powers of the Human Mind; to which are added An Essay on Quantity and An Analysis of Aritotle's Logic*, 1825）の序文のなかで、物質を対象とする自然哲学（科学）に対比して人間精神を対象とする学問を聖霊学（pneumatology）と呼び、そのうえで「われわれを囲繞するすべてのものが至高の精神（the Supreme Mind）、宇宙の創造者であり支配者（the Maker and Governor of the Universe）であるものの存在を確証させずにはおかない。人間精神は神の高貴なる業である」と書いている。

また、日本での本格的リード研究に先鞭をつけた篠原久によれば、「リードは人間の努力による人間本性の高尚化を強調することによって、『堕落した自然に対する恩寵の絶対的優位』を主張する正統派カルヴィニズムのドグマを拒否しつつも、同時に『神と人間とのあいだの絶対的懸隔というカルヴァン派の教義（Geneval doctrine）』はあくまも保持しているのである」（篠原、1986: 225）と記した。
(19) リードも常識哲学の確立者としてだけ捉えることはできない。その多彩な活動については長尾（2004）参照。
(20) というよりも、リードとカントのあいだには多くの共通点もあるのであって、それを見逃すことはできない（Johnston, 1915: 12f.; Brent, 1993: 52, 訳 105）。
(21) このタイトルにある「条件づけられたもの」という意味は、すでにみたハミルトンの処女論文（「クーザンの『哲学講義』」一八二九年）での議論を念頭においてのことである。
(22) 原文は "He held, in a word, that the case of Mill versus Hamilton was clearly one of non-sequitur." であるが、邦訳は「一言でいえば、ヴェブレンは、ハミルトンに対するミルの主張は明らかに非論理的であると断じた」（Dorfman, 1934: 36, 訳 51）となっている。
(23) フローレンス・ヴェブレンはドーフマン宛の手紙（一九二五年一二月七日）のなかで、ヴェブレンがジョンズ・ホプキンズ大学に進学したのは、「新しい経済学を構想するにはそこが最適な場所だと考えたからだ」と書いている。
(24) "Baltimore: Adress on University Education". http://www.gutenberg.org/files/16136/16136-h/16136-h.htm#BALTIMORE
(25) 常識哲学者だったJ・マコッシュ（注9）がニュージャージー大学（現プリンストン大学）の学長になったのは一八六八年、またN・ポーターがイェール大学の学長になったのは一八七一年のことである。
(26) イリーは、ベイツ・クラークとともに「若きドイツ組」（Young Germans）のひとりとしてハイデルベルク大学に留学、そこで経済学博士の学位を取っている。帰国後、八一年から九二年までジョンズ・ホプキンズ大学の政治経済学科の教授を務めた。また、アメリカ経済学会の創設に尽力し、九二年まで初代事務局長の要職にあった。九一年には、キリスト教社会ユニオン（Christian Social Union）を創り、その初代事務局長を務めた。この点にも現われているが、ドイツ歴史学派の影響を受けていたイリーは、一方では限界効用理論にもまた社会主義にも反対していたが、他方では労働運動に深い理解を示し、社会的福音運動を支援した。

イリーの弟子には第一章で取り上げたF・ターナーのほか、J・R・コモンズがいる。

(27) この論文でイリーがいう「過去」とはスミス以来の古典派経済学を、また「現在」とは一八五〇年前後にB・ヒンデブラント (Bruno Hildebrand: 1812-1878)、K・クニース、W・ロッシャー (Wilhelm Roscher: 1817-1894) という若いドイツの経済学者たちによって提唱されたドイツ歴史学派の考え方を指している。イリーはそれぞれの理論的・方法論的特質を明らかにしたうえで (古典派については、利己心の強調、方法論的個人主義、最小費用による最大便益、私益が公益という予定調和、小さな政府とレッセ・フェール重視などの特徴をもち、また歴史学派は歴史的発展、有機体としての社会、方法的には統計的データ処理、国際比較の方法、さらに現代経済における企業の役割重視といった個性をもっていると書かれている)、数理学派 (S・ジョヴォンズとL・ワルラス) は措くとしても (といっても、イリーの数理派経済学に対する評価は否定的なものだった)、前者はいまや「陳腐化した観点」(ein überwurdener Standpunkt) によってその正統性を失いつつあり、アメリカの経済学は新旧交代の時代を迎えているという大胆な見解を提示した (Ely, 1884)。

こうした明快な見解も、もしヴェブレンがドイツ経済学界における方法論論争 (代表的にはドイツ・マンチェスター派と講壇社会主義の論争) の内容に通暁していたとしたら、たしかに陳腐なものにみえたに違いない。しかし、そうであったかどうか判然としない。

ちなみに、S・ニューカムはこの「政治経済学史」を批判の俎上に載せ、政治経済学に合理的で科学的な方法を導入しようとする新たな試みを評価していないとしてイリーを批判した。両者の対立はニューカムが『政治経済学原理』(一八八五年) を、イリーが『アメリカの労働運動』(一八八六年) を出版することで頂点に達した。サムナー＝ニューカム風の極端な個人主義とニュートン主義に強い違和感を表明したイリーは、ニューカムが自分をジョンズ・ホプキンズ大学から追放しようとしているのかもしれないと考えた。しかし、「専門化」の時代が到来したことを悟ったニューカムは、「数学と天文学以外のことについて自分が何を言ってもあまり評価されない」と考えるようになった。やがて両者の対立関係は解け、九二年にイリーは自発的にウィスコンシン大学に移っていった。詳しくは Hawkins (1960: 179-186) 参照。

(28) ギルマンがヨーロッパ歴訪から戻ってまもなく、ハーヴァード大学の生理学者・心理学者W・ジェームスから私信が届いた。ジェームスは「一般的な力量でもその独創性という点でも、近年これほどの知性の持ち主はいない」という激賞の文章を添えて、ジョンズ・ホプキンズ大学の「論理学と精神科学」の担当者に最適な人物としてC・パースを推薦してきた（Hawkins, 1960: 54）。

（29）パースは長い別居生活のあと、最初の妻H・フェイ（Harriet Melusina Fay）と正式に離婚できたのは一八八三年。しかしそれに先立ってやがて再婚するフランス人J・フロワシー（Juliette Froissy）と同居していたことが講師解任の理由であったらしい（もっとも、ホーキンズもカクリックも「その理由はハッキリしない」と書いている。Hawkins, 1960: 195; Kuklick, 2001: 144）。

この一件を大学理事会に持ち出したのがS・ニューマンだった。不幸なことに、この「ホプキンズ・スキャンダル」が災いして、その後もパースはクラーク大学、ウィスコンシン大学（マディソン校）、ミシガン大学、コーネル大学、スタンフォード大学、シカゴ大学におけるすべての採用人事に躓くことになった。この人事問題にはパースの「難しい人柄」もあったといわれている（Hawkins, 1960; Brent, 1993）。こうした経緯はヴェブレンの経験と酷似しているが、パースのほうがより悲劇的であったようにみえる。

（30）まず、「固執の方法」とは最初に抱いていた信念に執着すること。しかし、その信念に反する考え方や事実、他者や社会（community）の信念を無視することになる。第二に「権威の方法」がある。教会による教義の普及や異端者の禁圧、貴族制や支配階級の利益代表組織の行動などがその格好の例である。この方法は壮麗かつ長期的なものかもしれないが、しばしば乱暴なものである。人びとが他の社会を知れば、やがてその有効性は失われる。より理性に叶ったものとして、第三に「ア・プリオリな方法」がある。この方法の本質は形而上学者がそうするように、それぞれが自ら考えやすいように考え、他者は間違っていると強弁する。パラダイムの嗜好性や流行にも囚われやすい。第四の「科学の方法」は外的恒久性（external permanency）を求め、人間の感情や願いから自由な論理的なものであろうとするが、可謬主義（fallibilism）を内在化させる必要がある、とパースは書いている。詳しくはPeirce（1877）参照。

（31）「仮説形成の論理」のことをのちにパースはretroductionともいっている。すべての探求は「驚きの観察」に端を発し、その現象を単純明快に説明するため、創意溢れた、不安定であっても新しい概念を大胆に導入してみる必要があることなどについてふれている。一種の創造（想像）の方法学、新しい真理発見のための推論ということができる。

（32）この常識主義という表現はスコットランドのT・リードを思い起こさせるが、実際パースは批判的常識主義の起源をリードに求めている。また、リードの影響でパースはカントを研究するようになったという見方がある（Brent, 1993: 52, 訳105）。

しかし、「プラグマティシズムの問題」（Peirce, 1905――この論文でプラグマティシズムという概念が使われた）でパースが批判的常識主義というとき、六点にわたって常識哲学を批判し限定づけていたことを忘れてはならない。第一に、疑いえない命題が存在するのではなく、疑いえない推論が存在すること、第二に、常識は過去から伝えられた社会全体の知恵だが、その常識も固定的ではありえないこと、第三に、それ以上に遡りえない原初的信念や推論が本能に根ざすとしても、その本能も短期間である程度の変容を遂げること、第四に、批判や疑いの余地のないと考えられているものもよく調べてみれば実は曖昧なものであること、第五に、批判的常識主義者は懐疑的であることを高く評価すること、第六に、批判的常識主義者は、みずからの主張、スコットランド学派（常識哲学）の主張、論理学あるいは形而上学を心理学あるいはその他の特殊科学の基礎の上に築こうとする現在流行ってはいるが、きわめて欠陥の多い主張、そしてカントの主張（物自体は絶対認識不可能であるにもかかわらず、存在するという主張）の四つに対して批判的である。

（33）G・モリスはヴェブレンがジョンズ・ホプキンズ大学に入学する前年の一八八〇年、請われてミシガン大学から移ってきた。そしてその年に『イギリスの思想と思想家』（Morris, 1880）を出版している。かれはヴァーモント州のノーウッチの生まれ、キンボール・ユニオン学院を経てダートマス・カレッジを卒業、南北戦争で北軍兵士として二年間の兵役に服したのち、ダートマス・カレッジで教壇に立った。一八六六年二月から一年半、ドイツのハレ大学とベルリン大学に留学。ハレ大学ではH・ウルリッキ（Hermann Ulrici: 1806-1884――ヘーゲル哲学の批判者）に、ベルリン大学ではF・トレンデレンブルク（Friedrich Adolf Trendelenburg: 1802-1872――ヘーゲルの講筵に連なった古代ギリシャ哲学の研究家であり、当代ドイツの代表的な観念論者。「いまのドイツでは哲学の第一人者」というのがモリス評）に師事してアリストテレスの倫理学を研究した。帰国後、トレンデレンブルクと共鳴するところ多かったF・イゥーバーベック（Friedrich Ueberweg: 1826-1871）の浩瀚な哲学史研究の翻訳に携わる。一八七〇年にはミシガン大学で教授として近代語・近代文学を教える傍ら、ボードウィン・カレッジで哲学を講じた。その後、七八年一月からジョンズ・ホプキンズ大学で哲学史に関する連続二〇回の公開講義を行ない（平均の受講者数は一二四人）、翌七九年一月にも倫理学の歴史的・実践的トピックスについて連続公開講演を行なって好評を博した。それが機縁となって、ギルマン学長からジョンズ・ホプキンズ大学の哲学史・倫理学講師になってほしい、当面三年間の契約、年俸は一五〇〇ドルという内容の七九年二月三日の理事会決定を伝える招聘状を受け取った。七九年六月、モリスはミシガン大学を辞し、ジョンズ・ホプキンズ大学に移った。この移籍を惜しむミシガン大学は八一年六月三〇日付けでモリスを倫理学、哲学史、論理学の教授に任命した。

こうして、半年はジョンズ・ホプキンズ大学で、半年はミシガン大学で教えるというモリスの二重生活が始まった。しかし、住まいはアン・アーバーに残したままだった。モリスのジョンズ・ホプキンズ大学での研究・教育両面での活躍は当時の科学主義の浸透という逆風にもかかわらず、目覚ましいものだった。だが、ミシガン大学の哲学教授だったB・コッカー（Benjamin Franklin Cocker: 1821-1883）が八三年三月に亡くなったことで事態は急変した。モリスは八四-八五年の一学期が終わったところでジョンズ・ホプキンズ大学を退き、ミシガン大学に戻らねばならなかったからである。かれは八五年一月から四八歳で夭逝するまで、ミシガン大学哲学科の主任教授を務めた。そのスタッフのなかに弟子の若きデューイがいた。詳しくはWenley（1917）参照。

（34）単純に学費が払えず、大学を辞めざるをえなかったという理解がある（Viano, 2009: 39）。その当時、親元からの資金援助は難しかった可能性が高い。

（35）この教科書事件がきっかけになったのかもしれないが、ポーターは『プリンストン評論』第二巻（一八八〇年）に問題のスペンサー『研究』を取り上げ、「ハーバート・スペンサー――批判的考察」（Porter, 1880b）という長い論文を寄せている。そのなかで、この著作の論理的非一貫性、曖昧な定義、帰納の危うさなどを指摘するとともに、スペンサーの物質主義的で無神論的な不可知論を厳しく批判した。

（36）アメリカでは、スペンサーの『研究』の元原稿は『月刊通俗科学』（*Popular Science Monthly*）の創刊号（一八七二年五月――まことに象徴的なことにその巻頭論文）から第四巻（一八七三年一二月）までにわたって連載されたものである。ただし、「The Study of Sociology」というタイトルに通し番号がついているのは七三年九月号の「一四」までであり、そのあとは「精神科学と社会学」（七三年一〇月号――『研究』の第一五章前半部）、「心理学と性」（七三年一一月号――同章後半部）、「急進主義、保守主義、そして制度の変化」（七三年一二月号――『研究』の第一六章「結論」）というように個別論文として発表されている。

（37）サムナーは一八六三年にイェール大学を卒業、七二年に政治学教授としてイェール大学に着任するまでニュージャージー州モリスタウンでアメリカ聖公会の牧師を務めていた。七〇年代の半ば、スペンサー、ダーウィン、ハックスレーの影響を受けて「改宗」した。一八八一年六月（したがって、ポーターとの論争の最中）にイェール大学事務局宛てに送った手紙のなかで、「(私はみずからの研究を通じて）四、五年前になるだろうか、科学的方法が自然科学に対してなしえたこと、すなわち恣意的ドグマと混乱から自然科学を救い出したのと同じことを、社会学が社会科学に対して行なおうとしているという確信をもつようになった」（Marsden, 1994: 40）と書いた。

(38) この雑誌は科学的知識を一般市民向けにわかりやすく伝えようとした啓蒙的雑誌であり、寄稿者にはダーウィン、スペンサー、ハックスレー、パース、ジェームス、デューイにくわえて、ヴェブレン（Veblen, 1894b）もいたのであり、「通俗」という言い方は不適切かもしれない。

(39) スペンサーとエマソンの内在的接点がどこにあるのか、ひとつの興味深い問題である。エマソンは一九世紀前半のアメリカにおけるユニテリアン論争（the Unitarian Controversy）――人間の原罪、キリストによる贖罪、予定調和、三位一体を信奉する伝統的カルヴィニズムとこれらを否定し、人間の自由意思、道徳的・精神的・知的成長を信じるユニテリアニズム（ニュートンやロックの思想を継承する自由主義神学のひとつ）との論争――において後者の立場に親和的であったようにみえるが、どちらかに分類できるわけではない。かれは急進的な改革にコミットすることはなかったが、政治的には奴隷解放、女性の権利拡大、自由な大学教育などを主張した。ちなみに、カーネギーはその『自伝』のなかで、スペンサーがエマソンに会ったときのエピソードを紹介している（Carnegie, 1920: 335, 訳 329)。

(40) しかし、もし「非対称的な進歩」という発想をしていれば、サムナーの図式からしても、文化が技術に遅れるという文化的遅滞の理論が浮上したことだろう。

(41) 教科書騒動といいこの晩餐会でのスピーチといい、サムナーは真正のスペンサー主義者、社会的ダーウィン主義者のようにみえる。しかし、主著『フォークウェイズ』（Sumner, 1906）から示唆されるように、サムナーには「もうひとつの顔」があり、かれ固有の社会学的業績に照らしていえば、社会的ダーウィン主義者サムナーというイメージはミスリーディングである（Hofstadter, 1944: 63-66, 訳 78-81 ; Bannister, 1979, 98-100, 109; Kaye, 1986, 31-34 参照)。

ちなみに、ヴェブレンがサムナーを評価したのは社会的ダーウィン主義者あるいはスペンサー社会学の積極的受容者としてではなく、アメリカ政治史や金融史に関する業績にもとづいてのことだった（Dorfman, 1968: 155, n. 6)。なおサムナーの弟子の一人にI・フィッシャーがいる。

（42）この点については森（1970: 134）参照。この本でのスペンサーに関する森博の叙述は簡潔かつ明快であり、日本人の筆になるものとしては最も優れたもののひとつである。

（43）この引用文は坂西志保の訳書にはない。抄訳されたためだろう。また、カーネギーの『自伝』（Carnegie, 1920）から同じ箇所を引いているHosfstadter（1944: 45, 222, n. 49, 訳55［原文二二二ページの脚注49は訳されていない］）のページ数は三二七ではなく、三三九ページが正しい。

（44）ポーターは、「確信をもってつぎのようにいうことができる。カントが近代思想に与えた最も銘記さるべき贈り物のひとつは、およそ哲学的といってよいその後の考察にとって必要不可欠な公理として神を導入したことである」と書いている（Porter, 1881: 419）。

（45）ポーターは『カントの倫理学』（一八八六年）のなかで、カントがキリスト教倫理にとって重要な感情（emotion）や感性（sensibility）の役割を軽視していること、「神はひとつの科学的必要である」（God is a scientific necessity）にすぎず、必要不可欠なものとされながらもその位置づけが低いこと（この点は『実践理性批判』の行論に照らしてポーターの主張するとおりである）、自由な意思についての議論が不徹底であることなどを批判している（Porter, 1886: 210-231）。

（46）原文を素直に訳せば、「われわれはなぜ神を信じる必要がないのか」となり、八木甫の訳文よりも語感が強くなる。

（47）ヴェブレンはポーターの倫理学のクラスでこの『倫理学の基礎』を取り上げ、「スペンサーの倫理学は神学的ではなく、自然主義的（邦訳は自然科学的）naturalistic である」とコメントした、とドーフマンは書いている（Dorfman, 1934: 46, 訳68）。

（48）イェール大学図書館のアーキビストであるM・カルデラ（Mary Caldera）からの返事によれば、「ヴェブレンの博士論文が私どものカタログに登録されていた記録からすると、一九三五年以降私どものコレクションからなくなっているように思われます」（カルデラの私宛の二〇〇九年六月二九日の返信メール）とある。

（49）W・ヤッフェ、P・ホーマンに比べて遥かに内在的かつ密度の高い初期のヴェブレン研究にR・ティガート（Richard V. Teggart）のものがある。そのなかでかれは、ヴェブレンの博士論文の「副産物」がカントの判断力批判に関する処女論文だったといっている（Teggart, 1932: 17）。しかし、それ以上の言及はない。

(50) ヴェブレンのデビュー論文については、ドガート (Daugert, 1950) のほか、いまも光彩を放つ中山大の先駆的研究 (中山、1874: 63-82) がある。ヴェブレンが「カントのことを常識哲学者とみていた」というドガートの主張は分かりにくいが、ポーターの影響下で「ヴェブレンがカントと常識哲学とを調停しようとしていた」という解釈 (Daugert, 1950: 8, 22) は、中山の批判 (中山、1974: 69) にもかかわらず、意味があるかもしれない。もっとも、ポーターよりもパースの影響のほうが大きいのではないかと思われる。

(51) 「新ヴェブレン論」(一九七三年) のなかでドーフマンは、「カント主義者ヴェブレン」(Kantian Veblen) という言い方をしている。またミズーリ大学の学生 (J. S. Urie) からドーフマン宛の一九三四年六月一日の手紙のなかから、「ヴェブレンはカントの『純粋理性批判』をドイツ語で読みたいと思ってドイツ語を勉強した」というくだりを引いている。

しかし、それとともに、ヴェブレンがジョンズ・ホプキンズ大学でのモリスの講義に触発されてヘーゲルへの関心を強めていったこと、イェール大学のポーター学長はヘーゲルに批判的だったが、それにはお構いなしに、ヴェブレンはヘーゲルが「ますます好きになった」ことにも言及している。たとえば、量がめだって変化すると質的な変化が生じるといった考え方に興味を示したという (Dorfman, 1973: 258)。

ちなみに、ヴェブレンに対するヘーゲル (弁証法) の影響を強調する邦文の著作のひとつに佐々木 (1967) がある。

(52) 家族からの経済的支援に頼ることができず、自活しなければならなかったヴェブレンはポーターの世話でラッセル将軍カレッジ・軍事アカデミーという士官学校のパートタイムの仕事をもらい、数学や英作文を教えたらしい (Griffin, 1982: 7)。

(53) ハドレーは一八七六年首席でイェール大学を卒業して大学院に進学。七八年から七九年までベルリン大学に留学。七九―八三年にチューター、八三―八六年まで政治学講師、八六―九一年まで政治学教授、九一―九九年まで政治経済学教授、そして九九年イェール大学の学長に就任した。交通経済学のパイオニアであり、一九一三年に New York, New Haven and Hartford Railroad の社長になったが、神戸で客死した。

(54) マラリア罹患とヴェブレンの帰郷についてのドーフマンの見方は適切でないようにみえる。「ヴェブレンは家に戻ったのは東部の重症患者からうつされたマラリアを癒すためだと言い張った。そのマラリアは一八八三年に大西洋岸地域で猛威をふるったのである。かれは、自分が病気であることをみんなに納得させようとしただけでなく、家族の者たちにも自分たちはみな短命で結核に罹っており、体はどんどん悪くなっていくと言い募った。かれは仕事に励んでいる子供たちにとって迷惑な存在だった。かれの食養生には特別の料理が必要だった」（Dorfman, 1934: 56, 訳 82）と書いている。

しかし、ジョルゲンセン夫妻の最近の研究によれば、当時マラリアの治療薬として猛毒の水銀を混合した塩化第一水銀（$Hg_2CL_2$――カロメルともいう）がよく用いられており、その副作用で死亡した者もいたほどだが、ヴェブレンの場合、その過剰投与から立ち直るのにかなりの時間が必要だった（Jorgensen and Jorgensen, 1999: 25, 218）。ドーフマンもまた、二番目の妻アンが、「かれ（ヴェブレン）がひ弱なのは、三〇代のはじめに時々服用していたカロメルの量が多すぎたためであると思い込んでいた」（Dorfman, 1934: 306, 訳 433）ことにふれている。

さらに、再婚したアンの長女だったベッキーによれば、ヴェブレンが二九歳のとき、医者がこんなひどい低血圧の人を診たことはないというほどに血圧が低く、そのための投薬治療を受けていた。のちにX線透視鏡検査を受けた結果、ヴェブレンの心臓は三分の一の大きさでしかないことがわかったという（ベッキーのD・リースマン宛の一九五四年二月二〇日の手紙――Jorgensen and Jorgensen, 1999: 218）。

（55）五一歳で夭逝した卓越したアメリカ史家。一八七二年にアマースト・カレッジを卒業後（ジョン・B・クラークは同級生）、ドイツに留学し、ハイデルベルク大学で学位を取得。帰国後、ジョンズ・ホプキンズ大学で教鞭をとる傍ら、学術雑誌「ジョンズ・ホプキンズ歴史学・政治学研究」（*Johns Hopkins Studies in Historical and Political Science*）叢書を刊行し、F・ターナーやW・ウィルソンなど多くの歴史家を育てた。また八四年にはアメリカ歴史学会（American Historical Association）を創設、その初代事務局長を務めた。ヴェブレンはかれの講義「初期ヨーロッパ史の起源」（Sources of Early European History）を聴講している。詳しくはイリーの弔辞（Ely, 1902）参照。

（56）このセント・オラフ・カレッジへの就職問題については、Bjork（1949）参照。

（57）ひとつ補足しておけば、モーン学長のヴェブレン宛の手紙にもあったように、この時期のセント・オラフ・カレッジの教授人事については応募者の宗教的見解に神経を尖らせるような特別な事情が存在した。第一章第二節でもふれたように、八〇年代にたたかわされた神学論争の結果、アメリカ・ノルウェー福音教会から反ミズーリ派として独立した人びとが他の組織と九〇年に糾合して統一教会（正式には全米ノルウェー・ルター派統一教会 the United Norwegian Lutheran Church of America）をつくったのであるが、新組織の発足当初、セント・オラフ・カレッジの教育のあり方をめぐって内部抗争が生じた。カレッジに対する教会の発言力を抑制すべきかどうかについての意見対立だった。穏健派の学長モーンの「ヒューマニズム」に対して統一教会の一部（カレッジ教育への積極的関与派）から批判が噴出するほどだった。折り悪しく、ヴェブレンが講師に応募したのはこうしたデリケートな時期のことだった。

（58）最近の研究によれば、この人物は弟のジョン・エドワード・ヴェブレン（John Edward Veblen: 1866–1949）だったらしい。ちなみに、兄アンドリューも姉エミリーもこの時期のヴェブレンが「怠け者」だったという見方に与していない（Jorgensen and Jorgensen, 1999: 218）。

（59）ドーフマンは、ヴェブレンがイェール大学から戻ってきてからの数年間、ゴーストライターとして『北米評論』にいくつもの論文を書いたことがわかった、とアンドリューに書き送っている（ドーフマンのアンドリュー宛の［正確な日付は不詳（一九二五年七月から二六年二月までの間）］手紙）。

（60）フローレンス・ヴェブレンはエレンのことを「知的で魅力的な女性」といっているが、他方、「（カールトン・カレッジ）卒業後、学校の先生になりましたが、ヒステリックでひどく神経を病むようになりました。彼女が精神的にふつうでないことは確かで、それには多くの証拠があります。彼女のソースタインに対するこれまでの発言や行動、これから言うだろうこと、為すだろうことについて評価する場合、いつでも彼女の気の毒な健康状態を考慮に入れておく必要があると思います」と書き、さらに続けて「ソースタインが苦悶した悲劇的なストーリーについてはいつか語られる必要があると思っています。それがかれの権利でもあるのですが、しかしいまはまだそのときではありません」と付け加えていた（フローレンスのドーフマン宛の一九二五年一二月七日の手紙）。

（61）ヴェブレンが長く所蔵していたスミソニアン・インスティテューションの『民族学年次報告』第六巻に収められた人類学者F・ボアズ（Franz Boas: 1858–1942）の『中央エスキモー』（Boas, 1888）のつぎのくだり――、「ふつう若いカップルは妻の家族と生活をともにすることからはじめなければならない。夫は、その出身が名門でないときは妻の部族に所属し、義理の両親が亡くなったのち、その家の主人になる」という箇所にヴェブレンの書き込みがあるというのは示唆的である（Bartley and Bartley, 1999a: 286–287）。

（62）この科学献体に関連してリースマンは興味深い事実を書き留めている。エレンは後年、神智論者（Theosophist）になっただけでなく、菜食主義的な平和主義者のセクトに加わり、男女の差など最終的にはなくなってしまうと信じるようになったらしい。また献体については神智論の影響が強いといい（肉体は重要ではない）、とくに女性の神智論者は一般的にセックスレスであり、弱い男に強いパートナー意識をもつという心理学者の学説をリースマンは引いている（Riesman, 1953: 9）。
（63）この医学的所見と、ドーフマン『ヴェブレン』第七章の末尾に出てくるエレンの「記憶」、すなわち、「子供を欲しくないと思っていた」ヴェブレンは、「（エレンに）ふたりの子供ができたかもしれないと思えたとき、彼は大いに狼狽し（云々）」（Dorfman, 1934: 120-121, 訳 176）という記述とは相容れない。
継娘ベッキーはその「自伝」（Becky Veblen Meyers, 1979-）の随所で、エレン・ロルフはヴェブレンとの関係を「プラトニックな」ものと考え、子供など要らないと思っていたこと、母アンとは違って、夫の健康と幸福を願うというごく一般的な意味での妻ではなかったこと、わがままで独占欲の強い、子供じみた女性だったこと、他方、ヴェブレンはごくふつうの家庭を望んでいた、と記している。
（64）この申し出をヴェブレンが断わったため、エレンの叔父だったカールトン・カレッジのストロング学長の怒りを買ったという理解がある（Bartley and Bartley, 1999a: 289）。
（65）Viano（2009: 39, f. 5）参照。ヴィアノはこれに関連して、ヴェブレン一家がクエーカー主義の強い影響下にあったというノルウェー語の研究書（Knut Odner, *Thorstein Veblen: Forstyrreren av den Intellektuelle Fred*, 2005）が最近公刊されたことに注意を促している。その副題は「知的平和による混乱」であるが、知的平和という表現がクエーカー主義を示唆しているのだという。
（66）ホワイトはアメリカ歴史学会（American Historical Association）の初代会長（一八八四－八六年）となり、一八九一年にはスタンフォード大学の初代学長就任を依頼されたが、それを断わり、代わりにD・ジョーダンを推薦した。かれはまた政治家でもあり、一八六三年にニューヨーク州選出の上院議員となり、のちにドイツ大使（一八七九－八一年および一八九七－一九〇二年）、ロシア大使（一八九二－九四年）、第一回ハーグ万国平和会議（一八九九年）のアメリカ代表などを務めた。
（67）ここで、ヴェブレンのデビュー論文の結論のひとつが、「究極的な特定の目的や意図についての知識は普段の生活では役に立たないものであり、人間が必要とする知識は最終原因の助けを借りずとも充足することができる」というものだったことが想起されてよい。
（68）父トーマスに対するヴェブレンのこの高い評価は、『有閑階級の理論』についてヴェブレンがシカゴ大学の学生「スチュアートに語ったところによると、本書の全体的な構想は少年期の頃に出来上がり、その多くの部分は父親の意見に基づくものだった」（Dorfman, 1934: 174, 訳 250）という発言を思い起こさせる。

（69）この「泥棒貴族」という言葉が有名になったのはニューディール期の評論家M・ジョセフソン（Matthew Josephson）の『泥棒貴族』（一九三四年）によってである。かれによれば、一八八〇年代に鉄道王をさしてこの言葉が使われた。のちに泥棒貴族といわれた百万長者のリストをみてみると、鉄道業者が最も多く、ついで鉄鋼、金融、不動産、石油産業の「産業の総帥」が多い。

この一九世紀末、正確には一八九二年から一九〇二年までの一〇年間について、当時の富豪を調べたある論文によれば、大富豪は新技術を使って大量生産を行なった産業の総帥がめだつ。しかし、富豪の範囲を広げていくと、金融業者や不動産業者が次々と登場する（Rockoff, 2008 参照）。

（70）マルティノーは極めて多作かつ多面的な風貌の持ち主である。三〇歳代のはじめには全九巻からなる『政治経済学解説』（*Illustrations of Political Economy*, 1834）を書き（サムナーはこの本から多くを学んだらしい）、レッセ・フェール主義を説いたが、まもなくアメリカを訪問、『アメリカ社会の理論と実践』（*Theory and Practice of Society in America*, 3 Vols., 1837）を上梓、奴隷解放を主張した。また、のちにA・コント『実証哲学講義』（一八三九年）を編集して英訳、『オーギュスト・コントの実証哲学』（*The Positive Philosophy of August Comte*, 2 Vols., 1853）を出版して「最初の女性社会学者」と評された。社会を全体論的に捉える必要を強調し、女性の生活を理解することの大切さを訴えた。他方、多くの小説を書き、大陸ヨーロッパや東方社会（エジプト、パキスタン、シリア）を旅して多彩な紀行文を残した。その社交圏は広く、T・マルサス、J・S・ミル、R・コブデン、T・カーライル、ブロンテ姉妹、C・ダーウィンなどに及んだ。しかし、彼女はその浩瀚な『自伝』（*Harriet Martineau's Autobiography, with Memory by Maria Weston Chapman*, 2 Vol., 1877）のなかで「要するに、私（マルティノー）は何も発見も発明もできていない。ただ（そうしたことを）わかりやすく人びとに伝えることが出来ただけである」と書いている。たしかに、レッセ・フェールとA・コントは馴染まない。

ヴェブレンはマルティノーのどこに惹かれたのか判然としないが、東方社会を見聞して彼女が無神論者になったことに興味を覚えたのかもしれないし、コントへの関心（初期の実証主義ではなく、晩年の女性崇拝的な人類教だったかもしれない）をいっそう深めた可能性もある。

（71）http://www.1911encyclopedia.org/Thomas_Edward_Cliffe_Leslie.

（72）もっとも、レズリー自身も演繹法を無視していないことについては、つとにＪ・ネヴィル・ケインズ（John Neville Keynes: 1852-1949――もちろんJohn Maynard Keynesの父）が指摘しているとおりである（Keynes, 1890: 311-312, 訳225）。ケインズはイギリス経済学における方法論論争に決着をつけようとしたこの著作で、演繹法と帰納法の相互補完性を大切にすべきことを強調し――「純粋な帰納法が不適切だとすれば、純粋な演繹法も同じように不適切である」（Keynes, 1890: 168, 訳125）――、同じような主張がドイツ新歴史学派のＡ・ワグナー（Adolf Wagner: 1835-1919）やＧ・コーン（Gustav Cohn: 1840-1919）によって行なわれている点に注意を促し、それぞれの文章を引いている。たとえば、コーンからは「因果関係についての推論なき帰納は盲目であり、観察から出発しない演繹は不毛である」（Ｇ・コーン『国民経済学体系』第一巻、一八八五年、二八頁）という文章を、またワグナーからは「演繹か帰納かの二者択一ではなく、両者を受け入れることのなかに方法論的対立を克服する真の道がある」（Ａ・ワグナー『政治経済学原理』第一巻、一八九二年、一七頁）という文章を引用している。

ネヴィル・ケインズの先生で同僚でもあったＨ・シジウィック（Henry Sidgwick: 1838-1900――道徳科学と経済学のいずれが優位するかでケインズと対立した）、Ｆ・エッジワース（Francis Ysidro Edgeworth: 1845-1926）もそれぞれの仕方で演繹法と帰納法の「不毛な」対立を批判し、両者の相互補完性を強調した。しかし、こうした方法論の対立が政策的対立を内包していたことを見落としてはならない。なお、一九世紀イギリスにおける経済学方法論をめぐる論争については只腰・佐々木編（2010）が詳しい。

（73）この『学問と労働者』を日本語訳した猪木正道は、その決闘死を「自殺のような死であった」（猪木、1953: 158）と書いている。

（74）ベラミーとヴェブレンの類似性あるいはベラミーのヴェブレンへの影響を主張する者は少なくない。たとえば、Riesman（1953: 9, 139）やTilman（1985）参照。

（75）中里明彦「あとがき」『エドワード・ベラミー』アメリカ古典文庫７（研究社、一九七五年）、二九三頁。

（76）一八八四年の創設当初はマルクスの娘エリアとその夫Ｅ・エイヴリングも加わったが、やがてかれらと袂を分かち、連盟そのものも五年後には急速に衰退していった。モリスはアナーキストと一線を画していたが、議会で多数を制することによって上から改革していくといった考え方にも一貫して反対した。

(77) サガというアイスランド語は「語られたもの、語り、物語」を意味するが、アイスランドの「黄金時代」（といっても、アイスランドは一二六二年にノルウェーに併合されている）といわれる一二世紀から一四世紀にかけて北欧世界で編まれた伝承的な散文文学の総称。そのなかには史実を編年史的に記述したもの、叙事詩的なもの、英雄伝説などが含まれる。谷口(1979)、山室（1994［1963］）参照。

(78) ヴェブレンの英訳に先立つ『ラックサー谷の人びとのサガ』の翻訳としてはつぎのふたつがある。最初の英訳はM・プレス夫人（Mrs. Muriel A.C. Press）によって一八九九年に出版され、ついで一九〇三年にR・プロクター（Robert Proctor）が翻訳している。ヴェブレンのもの（一九二五年）が三番目になる。その後はA・マーガレット・アレント（A. Margaret Arent, 1964）、さらにM・マグヌッソンとH・パルッソン（Magnusson and Palsson, 1969）などの英訳が出ている。しかしモリスは『グズルーンの恋人たち――ひとつの詩編』（*The Lovers of Gudrun: A Poem*, 1870――*The Early Paradise*［1868–1870］第三部を構成する六つの物語のひとつ）のなかですでにその一部を抄訳している。

(79) これら三論文以外にも、シカゴ大学に移ってまもなく発表された二つの論文がある。ひとつが「一八六七年以降の小麦価格」（Veblen, 1892c［1973］）という長文の実証研究であり、もうひとつは「A・ワグナーの新著」（Veblen, 1892d［1973］）と題する紹介論文（のちの注89参照）である。いずれもヴェブレン自身が編集者だった『政治経済学雑誌』の一八九二年一二月号に掲載された。

(80) ラフリン「小伝」（Bornemann, 1940）の著者A・ボーンマンがコーネル大学准教授のA・ミラー（Adolph Miller: 1866–1947）とのインタビューのなかで聴いたミラーの発言。

(81) 当時のコーネル大学では、政治経済学は政治学の一部門として位置づけられていた（Viano, 2009: 41）。その政治学や歴史学から経済学を自立させることがラフリンの強い願いだった。

(82) 発刊まもない『経済学四季報』誌上でラフリンは――財の価値はその生産費用によって決まるという考え方にもとづいて――、マーシャルとちょっとした「論争」をしている。ラフリンはマーシャル夫妻の『産業の経済学』（一八七九年）を取り上げて、マーシャルが「生産コスト」（cost of production）ではなく「生産費用」（the expenses of production）が価値を規制するとした点を批判した（Laughlin, 1887a）。しかし、「論争にかかわらないのが私のルールという」マーシャルの反論はあっさりとしたもので、J・S・ミルによる用語法の混乱を避けるため、生産コスト（「生産のために費やされた努力や犠牲」という言葉を使わずに、しかしそれと同じ意味を込めて「生産費用」という言葉を使っただけのことであり、したがってラフリンの「丁寧な非難」は的を射ていないというものだった。これに対してラフリンは、私も論争に関わりたくないという気持はマーシャルと同じなので――「犠牲がノーマルな生産費用を決定する」という点は納得していないとしたうえで――、あとは読者の解釈に委ねることにしたいと応答している。詳しくは、『経済学四季報』第一巻第二号（一八八七年一月）のラフリン論文（Laughlin, 1887a）、および第一巻第三号（一八八七年四月）のマーシャルによる反論（Marshall, 1887）とラフリンの応答（Laughlin, 1887b）を参照。

（83）ラフリンの批判には、もうひとつ演繹的理論にも推論の経験的妥当性が求められるという批判があった（Bornemann, 1940: 81）。それは、さきにみたレズリーのスミス論を彷彿とされる重要な論点であるにちがいない。

（84）ウィスコンシン大学を卒業後、一九〇〇年にコーネル大学で学位取得。イリノイ大学、オハイオ州立大学、北京金融研究学院、テキサス大学の教授などを歴任。第一次大戦期の戦時通商局や国務省で極東通商・金融問題の専門家として活躍した。

（85）この論文はほぼそのまま、『営利企業の理論』（一九〇四年）の第五章に収録されている。

（86）「一八九三年のパニック」後に起きた貨幣の複本位制をめぐる複本位制主義者W・フィッシャーなどとの論争、「一九〇七年のパニック」（Bruner and Carr, 2007 参照）後の銀行制度改革と連邦準備制度理事会に類似した政府機関の設置構想、一九三〇年代まで継続した貨幣「数量の理論」論争などがある。簡潔には、Bornemann（1940: Chaps. 5–10）参照。

（87）T・マッケーが編集したこの『自由の弁護』はB・バーナード・ショー編『社会主義に関するフェビアン論文集』（G.B. Shaw ed., 1889［American ed. 1891］）に対する反論として出版されたものである。ちなみに、編者マッケーは筋金入りの個人主義者であり、たとえば老齢年金など怠惰と他者への依存心を培養するだけだと激しく批判した。他方、フェビアン論文集に寄稿していたのはショーのほか、S・ウェッブ（Sidney Webb）、G・ウォーラス（Graham Wallas）、S・オリビエ（Sydney Olivier）、A・ベザント（Annie Besant）などである。

（88）若きヴェブレンに対するダーウィン（主義）の影響はカントに劣らず大きなものだった。しかし、その影響は「社会主義論」から『有閑階級の理論』を経て、一連の経済理論の批判的研究を行なうなかで鮮明になっていった。したがって、ダーウィン（主義）は修業時代のヴェブレンに大きな影響を与えた理論であり思想であるが、それについてはつぎの第三章で述べることにしよう。

（89）前注79でもふれたように、ヴェブレンはシカゴ大学に赴任した直後、「ワグナーの新著」（Veblen, 1892d [1973]）という紹介論文を書いている。この内容は、ワグナーが『国民経済学原理』第三版（一八九二年）において、一三年前の第二版までの立場（すなわち、「イギリス経済学のア・プリオリな教義」の絶大な支持者、「ドイツ新歴史学派の手厳しい敵対者」という立場）から、両者のメリット・ディメリットを勘案し、基本的には演繹的経済理論の意義と必要性に足場を置きながら、両者の相互補完的関係を構築していく立場へ変わっていったそのプロセスをワグナーの原文を引きながら明らかにしたものである。ワグナーが相互補完的関係というとき、その代表的先行事例として、レズリー同様、スミスを引き合いに出しているのは興味深い（前節「浪人時代の読書と思索」（B）を参照）。

なお、ワグナーはみずからの方法的立場と共鳴する当持のイギリスの経済学者として、シジウィック、マーシャル、ネヴィル・ケインズの名前を挙げている。ヴェブレンは、当代の「最も卓越した経済学者のひとり」であるワグナーのこうした方法論的立場の変化は長い経済学方法論争に終止符が打たれる予兆かもしれない、とコメントしている（Veblen, 1892d: 111-112 [1973: 401]）。

この時代の英独における経済学方法論争というとき、第一に、演繹法か帰納法かという方法論の対立（あるいは経済学と歴史分析、または静学と動学との関係――この点については、次章第三節でのマーシャルに関する議論を参照）。第二に、「自然法則」（自由主義的市場経済）か「講壇社会主義的」社会改革かという思想的・制度論的な対立。第三に、快楽主義あるいは功利主義をめぐる人間観の対立的理解という少なくとも三つの問題があった。この論争がイギリスよりも徹底的だったドイツにおける方法論論争の包括的研究としては、いまでも大河内一男『独逸社会政策思想史』（一九三六年）が個別の解釈の正否（たとえば、シュモラーについての田村［1993］）を超えて参照されるべき重要文献である。ドイツ・マンチェスター派と講壇社会主義の論争点の要約として、大河内はA・ヘルトの簡潔な整理を引いている（大河内、1936: 201 参照）。

ちなみに、「講壇社会主義」者の共通点を集約すれば、さきの第一点については歴史と統計を重視した「現実的」経済学の樹立を、第二点については「自然法則」を否定した社会政策的で「歴史・法学的」立場の重要性を、第三点については利己心よりも公共心が優位する「倫理的」経済学の必要を訴えていた。

（90）賃金基金説（the wage-fund doctrine）はJ・S・ミルの『経済学原理』（一八四八年――ラフリンが簡略本を出版した

もの）で肯定的に取り上げられたが、六八年の改訂版ではミル自身それを否定している。すでにみた経済学者でいえば、レズリー（Leslie, 1868）やウォーカー（Walker, 1876: 138-151）も実証的あるいは理論的根拠に基づいて賃金基金説を批判した。マクロ経済的にみて、資本量とそのなかの賃金支払い原資の関係が長期にわたって一定であるということはないが、ある時点をとると、労働者の賃金支払いに充当される資本原資は一定であるとする賃金理論をさしている。その起源はフィジオクラットが農業生産の実態を踏まえて提唱した農業労働者に関する賃金理論にまで遡ることができる。

(91) クロッカーは自分が先に提案した「過剰生産の理論」をウェルズのみならず、A・カーネギーまでがなんの断りもなしに使っていることに怒りを露わにしている。また、クロッカーは経済学者のラフリンもヴェブレンも、またサムナーもタウシッグもダンバーも自分の「議論の余地なく正しい」過剰生産論を認めようとしていないことに強い不満を表明している（Crocker, 1895: 31, 107）。

(92)「トービンのQ」に先行する議論はJ・メイナード・ケインズのものである。「同じような企業を安く買収することができるのに、それ以上の資金を出して新しい企業を興すのは馬鹿げたことである」（Keynes, 1936: 151. ケインズ全集第7巻［東洋経済新報社］、訳 149; 岩波文庫、訳・上巻 207-208）。

(93) ヴェブレンも『アメリカの高等学術』（一九一八年）のなかで、一九世紀の第四・四半期以降、アメリカの大学は「カレッジからユニバーシティーへ」転換していったこと、それは職業訓練の比重が低下し、科学的知識の探究それ自体が目的になっていったと書いている（Veblen, 1918i: 22f.）。

(94) これは死の直前、一八七三年一〇月にアガシが協会事務局宛に書き残していた手紙のなかに出てくる文章である。原文は機関誌『社会科学雑誌』第七号（一八七四年九月、三七五頁）に掲載されている。

(95) 呼びかけ人はタイラーのほか、アメリカ社会科学協会のJ・イートン会長（John Eaton）と事務局長のサンボーン、ミシガン大学教授のC・アダムス（Charles K. Adams）、そしてジョンズ・ホプキンズ大学のハーバート・アダムスだった。

(96) 発足時のアメリカ歴史学会会員の全員リストについては http://www.historians.org/info/AHA_History/meeting8.htm 参照。

(97) アメリカ経済学会発足とその後の経緯、とくに初代事務局長イリーが作成した「綱領」と「原理の声明」、その声明の削除とイリーの「敗北」などについては高（2004: 第一章）が詳しい。

（98）同誌は一八八〇年から刊行されたアメリカ科学振興協会の機関誌である。また論争については、*Science*, Vol. 6, 1885: 470-471, 495-496, 517-518, 538, 563 参照。

（99）「新しい経済学」の少なくともひとつが、経済学者の関心を捉えた「一八九〇年代の限界効用や限界生産性の分析」だったと慧眼の学説史家A・W・コーツは書いている（Coats, 1960: 566）。具体的には、マーシャル（『経済学原理』初版の刊行は一八九〇年）、ジョン・B・クラークやフィッシャーの仕事をさしている。しかし、それだけが新しい経済学のあり方であったかどうかが問題である。

（100）コーツはこのアメリカ経済学会の脱皮現象の副産物として、社会学や経済史の分野でそれぞれの専門的ディシプリンを確立しようとする動きが生じたとみている（Coats, 1960: 567）。このうち、社会学についてはHaskell（1977: Chap. 9）参照。

（101）この会員数の推移（Coats, 1960: 571-2, ns. 33, 37）は現在アメリカ経済学会がネット上で開示している数字と違っている（http://www.aeaweb.org/AboutAEA/demo_info.php）。後者によれば、一八九三年から九九年までは五七〇人前後でほとんど変化していないが、一九〇〇年が六二一人、一九〇一年が八〇〇人、一九〇二年が八六〇人と急増している。この点ではコーツの記述と整合する。

（102）その背景には、すぐあとでふれるように、ラフリンがつくった政治経済学クラブが一九〇三年頃には事実上消滅したという事情がある。

（103）一八八五年にアメリカ経済学会がつくられ、八六年に『経済学四季報』が発刊されたことはイギリスの経済学者に大きな衝撃を与えた。それが一八九〇年のイギリス経済学会の発足と九一年の機関誌『エコノミック・ジャーナル』出版の引き金となった。その当時、イギリスの経済学者はイギリス科学振興協会（British Association for the Advancement of Science）のセクションF（経済学および統計学部門）に所属していたが、その九〇年一一月二一日の会合で、A・マーシャルはイギリスにおける経済学会の創設と経済学の専門雑誌の刊行を提案し、それがイギリス経済学会の創設と機関誌発刊の直接のきっかけとなった。かれはその席でこう述べている――、「一八七〇年のイギリスは他のどの国よりも創造力に富んだ強力な経済学者の陣容を整えていた。しかしその後、かれらの力と独創性によって世界の最前列に立つことができた多くの人びとがこの世を去った。ケアンズ、ジェヴォンズ（Stanley W. Jevons: 1835-1882）、バジョット（Walter Bagehot: 1826-1877）、クリフ・レズリー、トインビー（Arnold Toynbee: 1852-1883――甥が歴史家のA・トインビー）、フォーセット（Henry Faucett: 1833-1884）などである。（中略）しかし、幸いなことに有能な若い研究者が育っている。しかし、イギリスにはアメリカの『経済学四季報』やフランスの『経済学雑誌』（*Journal des Économistes*）のような学術雑誌がない」（Mason and Lamont, 1982: 395）。だから、どうにかしなければならないという強い思いがマーシャルにはあった。

## 第三章

（1）一八九八年一一月、ヴェブレンはハーパー学長宛に一通の手紙を出している。「あなたからの度重なる評価とご好意に接し、昇進できるかもしれないという気持が私の励みになっています。わざわざ思い出していただく必要もないのですが、私はこの三年間、インストラクターとしての地位と俸給に甘んじています」と書いて昇進を願い出ていた（Dorfman, 1973: 16, n. 17）。

（2）細かなことになるが、そのなかには筆者がただ「v.」とだけあるもの、あるいはドーフマンがこれはヴェブレンの書評であるとみなしたものも含まれる（Dorfman, 1973: 261f.）。

（3）的中したといっても、それはヴェブレンの推計方法が正しかったことを意味しない。小麦価格の低迷には一八九三年から四年越しの経済不況の影響が大きかったようにみえる。

（4）この産業軍という言葉は、いうまでもなくベラミーの『顧みれば』（一八八八年）で使われたものである。

（5）Rebecca Edwards, "The Depression of 1893." http://projects.vassar.edu/1896/depression.html

（6）こうした行論プロセス（「心の習慣」と古い信念→新しい問題の出現→事実に基づく新たな教義による不安の除去と新たな信念の再構築）はふたたびC・パースの論理学を彷彿とさせる。

（7）ドイツ語からの翻訳はヴェブレンが英語で訳文を読み上げ、それをエレンが書き取る形で行なわれたらしい（エレンのハーディー宛の一八九七年のものと推測される手紙――Jorgensen and Jorgensen, 1999: 201）。しかし、ヴェブレンの訳者序文には、思いを寄せるハーディーへの謝辞はあるが、エレンへの言及はない。そのことがエレンを深く傷つけた。シカゴ大学に移って三年目の一八九五年、「最も幸福な三年間」の結婚生活が破綻しはじめたときだった。

（8）コーンに次いでブレンターノの翻訳が多いのも、ワグナーとは対照的なかれの「下からの改革」思想やイギリス労働組合の研究にてらしてうなずける。その点でいえば、コーンの翻訳が多いひとつの理由は、かれの初期の研究がイギリス鉄道政策についてのものだったことに由来しているのかもしれない。

（9）たとえば、一八九〇年以降ベーム＝バヴェルクはいくども『経済学四季報』に寄稿するようになっていたし、ワグナーも九一年にマーシャルの『経済学原理』に関する書評論文を寄せている。ドイツの学会や新刊動向についての報告も少なくなかった。

（10）具体的には ヘンリー・C・アダムス、J・ベイツ・クラーク、R・イリー、F・タウシッグ、E・セリグマンなどである。詳しくはParrish（1967: Appendix）参照。

（11）もっとも、コーンの「倫理的」経済学に基づく政策的判断という考え方に対してヴェブレンが共感していたとは思えない。その意味では、ヴェブレンとコーンの共鳴関係を過大に見積もってはならない。コーンは後年、M・ウェーバーの「客観性」論文（一九〇四年、『社会科学と社会政策にかかわる認識の「客観性」』岩波文庫、富永祐治・立野保男訳、折原浩補訳、一九九八年）を批判し、みずからの「倫理的」経済学の立場をより鮮明にしたが、すでに雌雄は決していたようにみえる。この点については大河内（1936: 498-501）参照。いいかえれば、類似した方法論的立場、つまり功利主義的な演繹的経済理論、マルクス経済学、歴史学派経済学に対して批判的であるのみならず、進化論的な見方まで共有していたとしても、そこから唯一の新しい方法論的立場が導き出されるわけではなかった。

（12）クロッソンは人類社会学（anthropo-sociology）の提唱者の一人として知られる。ラプージュ（Georges Vacher de Lapouge: 1854-1936——悪名高い人種理論のリーダーの一人）とともに『政治経済学雑誌』第六巻第一号（一八九七年一二月）に「人類社会学の基本原理」という論文（Lapouge and Closson, 1897）を書いている。そこで、いまでは支持しがたいかれらが「ラプージュの法則」と呼ぶ一〇の命題を提示している。なお、クロッソンなど人種的・優生学的観点から経済社会的不平等を説明しようとした当時の議論については、Maccabelli（2008）参照。

（13）『ラベングロー』は一九世紀イギリスのロマン主義的旅行作家G・ボロー（George Borrow: 1803-1881）の自伝的小説であり、一九世紀イギリス文学の古典のひとつとされてきた。ボローは機械文明と都市化に対して大いに批判的であり、ロマニー（ジプシー）に強い親近感を寄せていた。「ラベングロー」はロマニー（ジプシー）語で主人、師匠あるいは先生を意味する。文脈上、ヴェブレンは自分をラベングローに重ね合わせているようにみえる。

（14）時期的にみて、ハーディーが「カリフォルニアに発つ」というのは彼女が新進の弁護士W・グレゴリーと結婚することを意味していた。

(15) この三つの章が一八九八年から九九年にかけて『アメリカ社会学雑誌』(*American Journal of Sociology*) に発表された、のちにふれる三論文であるのかどうかはわからない。

(16) 一九三四年のモダン・ライブラリー版には、H・P・シルストン (Shilston) の手による索引が付けられたが、その出来映えについては感心しない。

(17) 初版の副題は「制度の進化に関する経済学的研究」となっていた。しかし、一九一二年の改訂版では「制度の経済学的研究」と改められ、「進化」という文字が削られている。本文についての修正はないから、副題が変えられた理由について詮索する必要はないかもしれないが、敢えていえば、この改訂版から遠くない時点で (実際には二年後の一九一四年) 歴史的な進化そのものを主題にした『製作者本能』が出版されることになっていたためだろう。そこでは『有閑階級の理論』で素描された歴史図式が一部修正されている。しかも、その修正は必ずしもマイナーなものではない。

ちなみに、本書では「制度派経済学」という言葉をほとんど使っていない。もちろん、その必要がなかったからであるが、経済学における「制度論的アプローチ」の必要が強く意識されるようになったのは一九一九年のアメリカ経済学会でこの主題が取り上げられてからのことである。その「制度」という言葉はこのヴェブレンの副題にひとつの起源をもっている。

(18) この「先祖返り」という用語と見方はC・ダーウィン『種の起源』(一八五九年) に一度ならず登場する。しかし、ダーウィンは先祖返りを含む「変異の法則」について「われわれの無知はきわめて深い」。「遺伝を支配する法則はまったく (第五版では「大部分」) まだ知られていない」(Darwin, 1859: 8, 105, 訳・上巻 24, 215) と書いている。

(19) この文章は一般論というよりも、ヴェブレン自身のことをいっているようにみえる。そうだすれば、すでに『有閑階級の理論』を書くころには、かれは自分の宿命のようなものを自覚していたことになる。

(20) Instinct of Workmanship の日本語訳は訳者によってそれぞれ違っている。邦訳の順番にいうと、大野信三が「労働の本能」(『有閑階級論』而立社、一九二四年)、陸井三郎が「腕前の本能」(『有閑階級論』世界大思想全集、社会・宗教・科学思想篇17、河出書房、一九五六年)、小原敬士が「製作本能」(『有閑階級の理論』岩波文庫、一九六一年)、松尾博が「職人技本能」(『ヴェブレン経済文明論』ミネルヴァ書房、一九九七年)、高哲男が「製作者本能」(『有閑階級の理論』ちくま学芸文庫、一九九八年) あるいは「モノ作り本能 (あるいは感覚、衝動)」(『現代アメリカ経済思想の起源――プラグマティズムと制度経済学』名古屋大学出版会、二〇〇四年）と訳している。また宇沢弘文は「職人気質」あるいは「生産倫理」（宇沢弘文『社会的共通資本』岩波新書、二〇〇〇年）としている。それぞれの苦心と工夫ではあるが、本書では「製作者本能」（workmanshipならば、「製作者精神」あるいは「職人精神」）という訳語を用いる。それがヴェブレンの原義に照らして最も素直な日本語であるように思われる。

(21) このヴェブレンの産業あるいは勤勉という用語法は、同時代人のM・ウェーバーばかりでなく、モンテスキューの「商業」やヒュームやジェームス・スチュアートがいう「インダストリー」とも異なるものであるが、『製作者本能』（一九一四年）を取り上げる箇所で検討するように、実質的には重なる側面もある。ひとことでいえば、「産業は有徳と平和をもたらす」というインダストリアリズムを共有している。アルバート・O・ハーシュマンはそれをモンテスキューに因んで「穏和－商業」命題（'doux-commerce' thesis）と呼んだ（Hirschman, 1982b [1986]）。

(22) この三区分から、資本主義が産業的かあるいは金融的か略奪的かによって、産業資本主義、金融資本主義、略奪資本主義という三つの類型が浮かび上がるだろう。『製作者本能』（一九一四年）の第四章参照。

(23) マンデヴィルの場合でも、「私悪が公益」となるためには「政治家の巧みな管理」などが必要だったことを忘れてはならない。

(24) オグバーンの『社会変動』（一九二二年）で論じられた文化的遅滞の理論については、先行する理論にふれておらず、ヴェブレンあるいはマルクスからの盗用ではないかという批判があった。この点について、のちにオグバーンはつぎのように書いている。第一に、自分の理論は一九一五年にほぼ出来上がっていた。第二に、すぐに発表しなかったのはその理論（仮説）の検証が必要だと考え、その作業に取り組んでいたためである。第三に、その概念や考え方はヴェブレンによるものではない。というのは、「私（オグバーン）はこの点に関してヴェブレンを読んだことがなかった」（Ogburn, 1957 [1964: 87-9]）からである。またマルクスとの関係についていえば、文化的遅滞の理論は唯物史観や経済決定論とは異質なものである。そして第四に、文化的遅滞の理論は「関連する二変数間の時間的ズレ」を理論化したものであることなどについて述べている。この点、Tilman（2007: Chap. 3）も参照。

(25) ここでいう集団とは人類とか人間存在一般といったほどの意味である。それにしても、なぜ集団と個人の循環的シーソーゲームなのかという大きな問題にヴェブレンが十分答えているのかどうかについては議論の余地がある。のちにハーシュマンは、類似の問題（私的行為と公的関心の反転循環という問題）に答えて、「失望と不満」による移行・反転という見方、「リバウンド効果」という仮説を提示した。Hirschman（1982a）参照。

（26）ダーウィンは変異あるいは遺伝の法則についてわかっていることほとんどないといったが、ヴェブレンによれば、先祖返りはこの内在的な自己破壊性によってもたらされることになる。

（27）「歴史の終わり」という見方はユダヤ教以来のものであるが、その後の多くの変異についてはLöwith（1949）の叙述がいまも光彩を放っている。また最近の議論では、冷戦構造の崩壊を踏まえて書かれたF・フクヤマの『歴史の終わり』（Fukuyama, 1992）がよく知られている。

（28）この「獲得」という言葉は『有閑階級の理論』と共鳴する内容をもつ、R・H・トーニーの『獲得社会』（Tawney, 1921）を思い起こさせる。

（29）労働者や職人のヒエラルキーは基本的に仕事に携わってきた長さまたはその熟達度によって決まるが、上流階級や中間階級はもっぱらその浪費的支出の多寡によって決まるというヴェブレンの議論を捉えて、アルヴァックスは「大いに示唆的」であると評している（Halbwachs, 1905: 898）。

（30）同じ手紙のなかでアルヴァックスは、ヴェブレンの見解は「『ポトラッチ』や秘密結社についてのF・ボアズやアメリカ北西部のインディアンに関する民族誌学者の調査研究だけでなく、マックス・ウェーバーの資本主義とプロテスタンティズムについての研究によっても支持されています」という興味深い言い方をしている（Dorfman, 1973: 33, n. 48）。

（31）『有閑階級の理論』のドイツ語訳が出たのは一九五九年であったから、同じ頃までに日本で三種類の翻訳が大野信三、陸井三郎、小原敬士の手によって行なわれていたことは特筆に値するかもしれない。現在までであれば、さらに高哲男による訳業が加わる。

（32）その後、この著作がどれほど多くの有力な研究者に大きな影響を与えることになったか、その一端についてはDorfman（1973: 22–59）参照。

（33）J・S・ミルにもみられるこの「自然な」秩序観は自然法則といったものではなく、大雑把な経験則（the rule-of-thumb）にすぎないとヴェブレンは書いている（Veblen, 1901a: 213［1919e: 302］）。

（34）その当時、「ビジネス」と呼ばれる経済活動の比重はまだ小さなものだった。その時代の経済は、個々の家計はみずからのために生産し、また職人は市場を介さずに顧客のためにモノづくりに励んでいた、とヴェブレンは書いている（Veblen, 1901a: 197-198［1919e: 286-287］）。

（35）この「継承」が制度的遅滞の一例を示している。『製作者本能』（一九一四年）でも、ヴェブレンは、手工業時代の産物であるスミスの経済理論がいかにこの制度的遅滞としての性格をもっているかについて説明している。Veblen（1914: 237, 訳 242）参照。

（36）『有閑階級の理論』でヴェブレンは「魂のない」株式会社が産業の総帥にとって代わる可能性についてふれていたが、証券会社（の投機家）が代表的投機家だとすれば、産業の総帥がその席を株式会社に譲ったとしても、いったい何が変わるのかという問題が残る。

（37）静学と動学という区別はA・コントが用いたものであるが、のちに『社会静学――あるいは人間の幸福にとって本質的な諸条件、とくにその第一条件』（*Social Statics; or, The Conditions Essential to Human Happiness Specified, and the First of Them Developed*）という形でスペンサーに引き継がれた。コントの社会静学の狙いは、社会運動や社会進歩の研究とちがって、社会的秩序や均衡を維持するための法則を明らかにすることにあった。また、スペンサーの社会静学は「完全社会（a perfect society）の均衡を取り扱うもの」であり、その目的は「完全な幸福（complete happiness）を獲得するためにわれわれが従わなければならない諸法則を決定すること」にあった（Spencer, 1850: 447）。ちなみに、その第一条件とは、「すべての人間は、他人の同等の自由を犯すことがないかぎり、みずからの意思にしたがって行動する自由を有する」（Spencer, 1850: 121）という命題をさしている。

ヴェブレンが分類学というとき、狭くはこの静学をさしており（Veblen, 1908a:159［1919e: 191］）、したがってまた、静学と動学という区別をやめるべきことを示唆していた。

この見方はのちの歴史家E・H・カーのつぎの文章――、「ダーウィン革命の本当の重要性は、ダーウィンが歴史を科学たらしめ、（中略）科学はもう静的なもの、無時間的なものを取り扱うのではなく、変化および発展の過程を取り扱うものとなりました」（Carr, 1961: 51, 訳 80）という理解と大きく重なる。ダーウィンがヴェブレンに与えた最も大きな影響のひとつがここにある。

カーは、「ダーウィン革命が進化と進歩とを同一視することにより、（中略）進化の根源である生物的遺伝と、歴史における進歩の根源である社会的獲得とを混同することによって、ますます重大な誤解への道を開くことになったのです」（Carr, 1961: 105, 訳 168）とも付け加えている。

（38）この点を分析した優れた仕事として、ヴェブレンはW・ハスバッハ（Wilhelm Hasbach: 1849-1920）、J・ボナー（James Bonar: 1852-1941）、D・G・リッチー（David George Ritchie: 1853-1903）の著作を挙げている。詳しくは、Veblen（1899b: 125, 133［1919e: 86, 94］）参照。

（39）ヴェブレンは脚注で、この「見えざる手」という言葉が使われている『国富論』第四篇第二章の有名な箇所（Smith, 1776: 349, 351, 訳・第二巻 300, 303-304）を長々と引用している。

（40）ヴェブレンは脚注で『国富論』第四篇第九章から、この復元力を示唆する「自然の英知」（the wisdom of nature）に関する記述（Smith, 1776: 459, 訳・第三巻 318）を引いている。

（41）ここでもヴェブレンは『国富論』第一篇第二章から「自然価格」（natural rates）と「実際の価格」（actual price）を区別した文章（Smith, 1776: 58-59, 訳・第一巻 103-104）を引いている。

（42）このパラグラフは、ヴェブレンの論旨に沿って、筆者が例証的に書き加えたものである。

（43）『国富論』第四篇第二章での「見えざる手」に関する議論の背景には、大土地所有者と商工業者のそれぞれの私利私欲が、結果として前者の没落と後者の興隆をもたらし、そうした形で絶対王政体制を切り崩していったという重大な歴史的事実がある。その意味でスミスの「見えざる手」の論理は歴史的経験にもとづくものであり、ヴェブレンがいうように、楽観主義的なアニミズムというだけでは（その側面は否定できないとしても）、「見えざる手」の理解として不十分であるようにみえる。

（44）ヴェブレンはジェームス・スチュアートと書いているが、A・ファーガソンとT・リードの弟子であり、常識哲学者だったデュガルド・スチュアートの間違いだと思われる。

本書ではconjectural historyを「臆断された歴史」と訳したが、福鎌忠恕は「推測的歴史」、また八木甫は「推測による歴史」と訳している。スチュアートは正確には、「理論的あるいは臆断された歴史」（theoretical or conjectural history）と表現しており、そのあとに、「これはヒューム氏によって用いられたごとき自然史（natural history）という言い方や若干のフランスの著述家たちが合理的歴史（histoire raisonnée）と呼んだものと、その意味の上できわめて緊密に合致する一表現である」（Stewart, 1793［1858: 34］, 訳 38）と書いている。

またヴェブレンは、この「臆断された歴史」の意味について、学生から臆断による歴史と実際の歴史との関係について聞かれたとき、「本物の馬と木びき馬（sawhorse）との関係と同じだ」と答えたという（Dorfman, 1934: 248, 訳351）。

（45）この論拠としてヴェブレンはK・ビュッヒャーの『国民経済の起源』（一八九三年）を挙げている。

（46）この新古典派という表現はヴェブレンがこの論文ではじめて用いたものであり、具体的には（ここでは）マーシャルやネヴィル・ケインズを念頭に浮かべているが、それとオーストリア学派との違いはほとんどないとも書いている（Veblen, 1900: 261-262, 268［1919e: 171, 178］）。

（47）「自然は飛躍せず」という言葉について、のちにマーシャルは、『経済学原理』という本は「非常に頻繁にかつ規則正しく起きる現象を詳しく観察し、綿密に研究する」ことを意図したものであり、「不連続、頻度も小さくかつ観察困難なもの」は別の特殊研究の対象になることを指摘しようとしたものだと解説している。したがって、ヴェブレンの理解とはかなり異なっている。馬場啓之助訳「第五版への序文」『経済学原理』第一巻（東洋経済新報社、一九六五年）の「訳者付録」二三二頁参照。

（48）ここからは、特定の国民経済であれ階級であれ、あるいは産業であれ、すべて盛衰を免れないし、「絶頂期」の地域間移動も避けて通ることができないというイメージが浮上する。

（49）ウェーバーは一九〇三年――ようやく深刻な神経症から立ち直る兆しがみえ、「研究の新しい局面」を切り開こうとしていた時期――、ヴェブレンよりも一層立ち入った形でロッシャーの方法について論じている。ロッシャーの歴史的方法は「純理論的に考察すれば、全体として矛盾にみちた構成物であり」、また「ロッシャーはヘーゲルに対し、これの反対物というよりもむしろその退化なのである」とウェーバーは結論づけている（Weber,［1903-1906］1922: 41-42, 訳・第一冊85-87）。

（50）この一八七四年のドイツ経済学界に「センセーションを巻き起こした」論争については大河内（1936: 187-199）、田村（1993: 175-196）を参照。三六歳の若きシュモラーは一八七四年三月一四日、ベルリンのジング・アカデミーで「社会問題とプロイセン国家」と題する講演を行なった。その夜の熱心な聴衆のひとりにドイツ皇帝・ヴィルヘルム一世もいた。

歴史家トライチュケはその内容に反論して、直ちに「社会主義とその擁護者」（『プロイセン年報』一八七四年七–九月号）を発表した。シュモラーは、第一に、社会的不平等には個人的で自然なものだけではなく、社会的原因があること、第二に、「上からの分配的正義」の社会政策によって「第四階級」たる労働者階級を国民文化の形成に参加させ、プロイセン国家をひとつの道徳的共同体として構築していくことが「歴史の目的」であると考えていた。トライチュケは、一方でドイツ・マンチェスター派や投機的な成り上がり者に対して強い違和感を抱きながらも、他方では階級的秩序は「自然の産物」であり、勤勉による上昇的な社会移動は認められるが、「講壇社会主義」による国家的介入によってかれらの立場を改善することなど必要ないと考え、結果的にはマンチェスター派と共鳴することになった。

（51）安藤英治は、「このアメリカ訪問は、ウェーバーのプロテスタンティズム研究のいわば画竜点睛ともいえる体験をもたらした」（安藤、1979: 100）と書いている。

（52）最も基本的な論点は、産業の総師より低い地位にある企業家のあいだでは、いま（二〇世紀はじめ）でも「正直は最善の商略なり」という格言が成り立ち、そうしたものとして受け入れられているという理解が果たして妥当かどうかにある。ウェーバーのアメリカでの経験、すなわちウェーバー「アメリカ合衆国における『教会』と『ゼクテ』」（『キリスト教世界』第二〇巻二四－二五号、一九〇六年六月一四日、二一日――梶山力訳・安藤英治編『プロテスタンティズムの倫理と資本主義の「精神」』未来社、一九九四年、安藤英治訳、三六六－三八六頁）やマリアンネ・ウェーバー『マックス・ウェーバーⅡ』（大久保和郎訳、みすず書房、一九六三年、二三六－二三七頁）によって描き出されたヴァージニア州のカントリー・タウンの生活世界についての記述にもかかわらず、ウェーバーのコメントにヴェブレンは納得しないだろう。宗派や教団所属に関するゼクテ的原理にもとづく厳格な資格審査（ウェーバーが記しているのは、「借金をきちん返す」「無駄な支出をしない」「飲み屋通いをしない」など）が「有能なビジネスマン」の証明になるというが、その審査に合格した者がはたしてタウンシップに渦巻く自助と貪欲、不労所得、共同結託に対して十分排除的であるのかどうか、議論の余地が大きい。もっといえば、「有能なビジネスマン」が合格しなければならない「ビジネスマンの適者生存試験」の理解において、ウェーバーとヴェブレンのあいだには大きな隔たりがある。

ちなみに、ウェーバーが「プロテスタンティズムの倫理と資本主義の『精神』」（一九〇四－〇五年）のなかで二度、ヴェブレンの『営利企業の理論』（一九〇四年）を引いているが（大塚久雄訳［岩波文庫版］二八三、三三七頁。梶山力訳・安藤英治編［未来社版］二八九－二九〇、三三四頁）、ヴェブレンは一度としてウェーバーに言及したことがない。

(53) 一六世紀末になっても、イギリスの法律や慣習は利子付き貸付など金銭的契約の分野で大陸に遅れていた。しかし一七世紀に入ると、その領域でもイギリスは大陸諸国に追いつき、それ以後はイギリスが主導権を握るようになった、としてヴェブレンはW・アシュレー(William J. Ashley: 1860-1927——一八九二年から一〇年間ハーヴァード大学の経済史教授、一九〇一年から二五年までバーミンガム大学教授、イギリス経済史学会の創設者)の仕事を引いている。

(54) このくだりだけを読むと、ウェーバーのアメリカ旅行での観察(前注52参照)を彷彿とさせるものがある。

(55) ヴェブレンは『営利企業の理論』が出た一九〇四年、「トラストの初期の実験」(Veblen, 1904a [1919])という論文を書いている。一〇世紀北欧のヴァイキング・トラストが次第に国際交易と帝国主義の波に飲み込まれ、その産業と国家が滅亡していく姿を——おそらく二〇世紀初頭のアメリカを念頭に浮かべながら——、描いている。

(56) ヴェブレンはイギリスがそうでありえた理由について、ヨーロッパの好戦的政治舞台から遠かったことなどの地政治学的な優位性、日常生活の支配的基調が産業と交易にあり、王朝政治や戦争ではなかったこと、それらにもとづく立憲的政府と近代科学や産業技術の発展などについてふれている。

(57) シャーマン反トラスト法(一八九〇年制定)を踏まえて裁判所は、「労働組合による規制行為が個人の自由を阻害し、取引を制限することで労働者と雇い主双方の自然権を侵害していると宣言することによって、問題の本質を突いた」と書いている(Veblen, 1904b: 329, 訳 261)。

(58) この見方は、のちにM・ウィーナーが「産業者のジェントリー化」と称した内容と重なる(Wiener, 1981)。またイギリス資本主義の個性を歴史家P・J・ケインとA・G・ホプキンズは「紳士の資本主義」(gentlemanly capitalism)と呼んだ(Cain and Hopkins, 1986-87)。

(59) なぜ長頭ブロンド族が社会主義的なのかについてヴェブレンの説明は十分でない。機械産業の中核的で知的な労働者がその仕事の性格からして最も自然権思想に否定的であり、社会主義的な人びとであるというのがヴェブレンの基本的推論であるらしい。この見方と人種、都市、宗教とがどのように関係するのか。統計データひとつ示されていないので疑似相関的推論にすぎないようにもみえる。いずれにせよ、この人種論は唐突の感を免れない。

ヴェブレンは『有閑階級の理論』でも一部ふれておいたが、ヨーロッパ産業社会の主な三つの人種タイプ(長頭ブロンド族、短頭ブルネット族、地中海族)のうち、長頭ブロンド族は他のふたつの人種タイプよりも略奪的気質という特徴を示しているといった議論をしている（Veblen, 1899c: 215, 訳241）。

ちなみに、この時代の優生学の台頭については、簡潔には Hofstadter（1944: 161-176, 訳 195-202）、より立ち入った議論として Maccabelli（2008）参照。

(60) ホブソンは生前のヴェブレンと親交があり、ヴェブレンの死後七年して『ヴェブレン』（Hobson, 1936）を書いた。この本は「かれ（ヴェブレン）独特の社会学」を簡潔に解説したものだが、七八歳のときの比較的小さな作品ということ、ドーフマンの『ヴェブレン』（一九三四年）に依拠していることもあってか、ホブソン自身の経済学的業績に比べて迫力に欠ける。

(61)『営利企業の理論』の経済学的理解については、高（1991, 後編）参照。

(62)「ケインズ経済学を理解するためにもっとも重要な点は、『一般理論』の背後にある企業観を明確に捉えることである」という宇沢弘文によれば、ケインズの企業観は新古典派とは異なり、「ソースタイン・ヴェブレンの企業の概念そのもの」であり、所有と経営が分離し、固定的な生産要素から構成され、中枢的な経営管理系統をもち、合目的的な行動をする有機体的な組織である。「ヴェブレン＝ケインズ型の企業」は固定的な生産要素をもつため、企業の生産と雇用量の調整は限界原理によることがなく、長期利子率との関係で最適投資が決定され、その投資理論から有効需要の理論が導き出された。「ヴェブレン＝ケインズ型の企業においてはじめて、投資（固定的な生産要素の蓄積）が重要な役割を果たすことになる」（宇沢、2000a: 139-148）。

ちなみに、ケインズはヴェブレンが強調した金融市場の不安定さという制度的特徴についての指摘も継承し、そのマクロ経済的含意（投機的バブルの危険性）を解明した（宇沢、2000b: 35 参照）。

(63) たとえば、マーシャルの『産業と商業』（Marshall, 1919）第二篇第八章および第九章など参照。

(64)『営利企業の理論』の翻訳者である小原敬士は、「この書物は、いわばヴェブレンの『資本論』であった」（小原、1965: 63）といっている。

(65) 期せずして、ここに三つの文化が登場していることが注目される。第一に営利企業が体現する金銭的文化、第二に機械過程が醸成する「非人格的」で規格化され標準化された、しかし効率的で平和愛好的な機械的文化、そして第三に武勇的な略奪的文化の三つである。

この三類型から推論するならば、ひとつの分析図式が浮上する。タテ軸（個人主義）の両端にエリートと大衆、ヨコ軸（集合主義）の両端に戦争と平和と書き込み、「エリート‐平和」象限に産業の総帥あるいは金銭的文化、「エリート‐戦争」象限に武勇的文化、「大衆‐平和」象限に機械的文化、「大衆‐戦争」象限に愛国主義的文化と記入してみたとき何がみえるか。また、ヴェブレンの短期展望がどう位置づけられるかである。

（66）ドーフマンはつぎのような話を紹介している。ミズーリ大学の「教授たちの多くもヴェブレンの講義を聞きにやってきた。そのなかの一人、法学部のグローヴァ・C・ホスフォードは、一九一一年に街路上でヴェブレンと交わした会話を思い出した。そのときヴェブレンは、遠からずロシアにおいて政治経済的な革命が起こり、フランス革命を上回る処刑や殺戮が生じるだろう、と語ったという。その頃の彼は、平和の継続は望み薄と思っており、ヨーロッパでいまにも戦争が始まるであろうと予想していた」（Dorfman, 1934: 312, 訳 441）。ということは、一九一一年には、ヴェブレンは第一次大戦とロシア革命を予想していたということになる。

（67）もうひとつだけ補足すれば、ハーヴァード大学の「アメリカのケインズ」ともいわれるA・ハンセン（Alvin Hansen: 1887-1975）は『非均衡世界における経済安定化』（一九三二年）のなかで『営利企業の理論』に強い関心を寄せ、その景気変動の理論とともに、不況期における企業家の価格調整行動の心理学的分析の鋭さに注意を促していた（Hansen, 1932: 237-238, 316-317）。

また、ハンセンは『ケインズ入門』（一九五三年）において、将来の利益低下が現在の投資を抑制するというヴェブレンの推論にふれ、わざわざそれに注をつけて、「ケインズはこの点についてヴェブレンの『営利企業の理論』を引用することも十分可能であったのである」と書いている（Hansen, 1953: 120-121, 訳 154）。

（68）一九一四年の訪欧のさいにも、ヴェブレンはアメリカへの帰途、スコットランドに立ち寄ってゲッデスに会っている（Dorfman, 1973: 87, n. 113）。

（69）この論文で「プラグマティック」あるいは「プラグマティズム」というとき、ヴェブレンは、第一に、当代アメリカのプラグマティズムの心理学や哲学と等値してはならないこと（それよりももっと狭い用語法）、第二に、モノづくりのための製作者精神（workmanship）とも区別しなければならないとしたうえで、目的志向的な人間主体にとって役立つような便宜的行為をさして「プラグマティック」な行為というのだと断わっている（Veblen, 1906a: 591-592, n. 4, 595, n. 8 [1919e:

8-9, n. 5, 13, n. 9〕)。

(70)この idle curiosity の訳語には悩まされる。都留重人は「無益な好奇心」と訳すべきだとしたうえで、わざわざ注をつけて、「無益でも精神的喜びを与える好奇心のことであって、これを『怠惰な好奇心』と訳す(西部〔邁〕)のではヴェブレンの真意を伝ええないだろう」(都留、1985〔2006: 48-49〕)と記している。しかし、idle という形容詞は目的論的な動機から自由であるというところにポイントがある。この点、ヴェブレンは『製作者本能』(一九一四年)のなかで、「好奇心の衝動には功利的な目的や感情が存在しない」からこそ、その好奇心は idle であるといっている(Veblen, 1914: 88, 訳71)。また、『アメリカの高等学術』(Veblen, 1918i: 8, 10)でも「利益を問わない気質」(the disinterested proclivity)とか「獲得された知識が役に立つかどうかを超えて」(beyond the serviceability of any knowledge)といった説明をしている。したがって、idle curiosity は好奇心そのものといってもよいが、それではこの形容詞が訳されないことになってしまう。私には「無益な」というよりも、「無垢な」あるいは「無欲な」と意訳した方が「ヴェブレンの真意」に叶っているようにみえる。もっとも、都留の『制度派経済学の再検討』(Tsuru, 1993)を邦訳した中村達也らが(本書と同じように)「無垢の好奇心」と訳しているのは興味深い(訳96)。

また、松尾博は一方で idleness を「無為」と訳し、他方では idle curiosity を「暇な好奇心」と訳している(『ヴェブレン経済文明論』訳69, 71)。さらに宇沢は「適切な訳語がない」と断わったうえで、さしあたり、「自由な知識欲」とでもしておこうと書いている(宇沢『社会的共通資本』、一四九頁)。

(71)すでに言及した「芸術とクラフト」(Veblen, 1902)はオスカー・トリッグスの著書(*Chapters in the History of the Arts and Crafts Movement*, 1902)についての書評である。

(72)ヴェブレンもまた「狙い撃ちされていた」一人だった。一九〇〇年代のはじめ、社会学者のウォードはオスカー・トリッグスへの手紙のなかで、ヴェブレンもこの大学を辞めて、どこか避難場所を探さなければならないことになるかもしれないと書いていた。

(73)本の献呈について、内気なヴェブレンにしては珍しいことだという見方がある(Jorgensen and Jorgensen, 1999: 83)。

(74)もしヴェブレンが訪欧ではなく、セントルイス万博の一環として開かれたセントルイス国際芸術科学会議に出席していたら、そこでドイツからきていたウェーバー夫妻やゾンバルト、トレルチなどに会っていたかもしれない。そう思うと、ヴェブレンの選択はいかにも口惜しい。

この会議には、コーネル大学からヴェブレンとともにシカゴ大学に移ってきたA・C・ミラーが出席し、そこで「経済学の先入観に関するヴェブレンの議論は非常に有益であると思い、セントルイスでの国際芸術科学会議に提出したかれの論文はヴェブレンの考え方にもとづくものだった」(Dorfman, 1934: 252, 訳 358) とドーフマンは書いている。

(75) このベッキーの「自伝」(彼女の娘E・バラン [Esther Baran] が書き取った「ベッキー伝」[作成年次不詳] とは別のもの) は作文練習帳に手書きされたものであり、その表紙に「一九七九年から始まる (Started 1979)、Mrs. Becky Veblen Bradley Meyers/Nee Arundel Fessenden Bevans」と記されている。原文はカールトン・カレッジに所蔵されており、二〇一二年になって同大アーキビストのE・ヒルマンと大学院生M・シェーデルによってタイプアップされた (「あとがき」参照)。

(76) 中国人移民労働力の導入に反対していたロスは、西部鉄道建設で大儲けをし、アメリカ人労働者に損害を与えているとしてスタンフォード家を批判した。この言動が大学の創設者 (Leland Stanford: 1824-1893) を侮辱するものだとして、未亡人のジェーン・スタンフォードはロスとの雇用契約の更新に反対した。

(77) 正確には、その後ちょっとした出来事があった。ヤングの友人だったダートマス・カレッジのF・ディクソン (Frank H. Dixon) から一通の手紙がヤングの許に届いた。そこには、ハーヴァード大学のT・カーヴァー教授が年俸五〇〇〇ドルでスタンフォード大学に来てくれないかという電報をジョーダン学長から受け取ったが、カーヴァーはその申し出を断わったらしいという話が書かれてあった。「学科長のような仕事はあなた (ヤング) には向いていない」とも書き添えてあった。ヤングはすぐにジョーダンに真偽のほどを尋ねた。かれの返事は「あなたが断わったので、第二候補としてカーヴァーに連絡したのだ」というものだった。ふたりのあいだには小さな凝りが残った (Blitch, 1995: 21)。

(78) 一九〇六年八月、ヴェブレンの父トーマスが亡くなったが、その葬儀などにヴェブレンがどう関わったかなどについては明らかでない。なお、母のカリーもトーマスの後を追うようにまもなく亡くなった。ヴェブレンの両親の墓はミネソタ州ナーストランドのヴァレー・グローヴ教会に現存している。

(79) アメリカ統計学会の会長就任講演 (一九一七年一二月二七日) のタイトルは「戦争と平和のなかの国家統計」であり、アメリカ経済学会の会長就任講演 (一九二五年一二月二九日) のタイトルは「経済学と戦争」である。それぞれ遺稿集

（Mehrling and Sandilands eds., 1999）に第三章、第四章として収録されている。

（80）そうした主張の例として、ヴェブレンはA・メンガーの『全生産物に対する労働の権利』（*The Right to the Whole Produce of Labor*, 1899. ドイツ語版一八九一年）とそのH・フォックスウェル（H.S. Foxwell）による「優れた」序文に言及している。ちなみに、社会主義者アントン・メンガーはカール・メンガーの一歳下の実弟である。

（81）レヴィットがいうように、マルクスの歴史観にはキリスト教的終末論の図式が投影されている。そのことは左派ヘーゲル主義者としてのマルクスという像と齟齬しない。ヘーゲルの観念論はその歴史的起源をキリスト教的伝統に遡及しうるからである。この点については、Löwith（1949: 51, Chap. 3）参照。

（82）この点は、内田義彦を彷彿とさせるものがある（内田、1966）。もちろん、マルクスが生前に自分で書き上げたのは第一巻のみである。

（83）イギリスに長期亡命していたベルンシュタインにとって、社会主義は「その実現が科学的に保証されているようなものでは決してなく、あくまでも『意欲された目標』にすぎない。それゆえ、社会主義は『科学的社会主義』という名の神話から切り離され、科学的に証明することができない、一種の『理想主義的』あるいは『ユートピア的』要素を内包せざるをえないのである」とみる亀嶋庸一は、さらにベルンシュタインの以下の文章を「社会民主主義の闘争と社会革命」（1898/98）から引いている――、「私（ベルンシュタイン）は、一般に『社会主義の最終目的』という言葉で理解されていることに対する何らかの感覚も興味も一切もちあわせていないことを、はっきりと述べる。それがどのようなものであれ、この目標は私にとって無でしかなく、運動こそがすべてである」（亀嶋、1995: 84, 87）。

ヴェブレンが注目していたのは、ヘーゲル左派から離反し、ダーウィン主義的思考様式を身につけたベルンシュタインだった。

（84）この箇所にふれて、ホブソンは「一九〇六年、この講義がなされたのを念頭において考えると、ヴェブレンの天才的洞察力がよく理解できる」（Hobson, 1936: 56, 訳 42）と書いている。

（85）ヴェブレンが強調していたのは――かつて宇沢が新古典派理論における企業とヴェブレンの考える企業との違いを明らかにするために引いた箇所だが――、「資本の『永続的な存在』―企業―がもっている連続性は、所有権の連続性であって、物理的なものの連続性ではない。事実、この連続性は非物質的な性質をもっていて、法的な権利、契約、売買にかかわるものである。この明白過ぎることが（ジョン・ベーツ・クラークの論説では――宇沢）なぜ見逃されているのか。わざわざ念入りに見逃されているが、理解するのは容易でない。『資本』は『制度』にかかわる事柄であり、機械的なものではない。すなわち、ある評価の結果得られたものであって、評価者の意見によって直接左右される。資本が他のものから区別される特徴的な点は、非物質的な、制度的な性格をもっているということである」（Veblen, 1908a: 163-164［1919e: 197］――訳文は宇沢［1977: 116-117］による）。

(86) かくも限界効用理論は消費者主権という性格をもっている。だから、ヴェブレンはクラーク経済学が生産を価格問題としてしか把握できない構造をもっており、視野が狭い、といったのだろう。

(87) この形容詞（exuberant）の名詞が「exuberance」だが、そうなると、アメリカ連邦準備制度理事会のA・グリーンスパン議長が一九九六年一二月五日、株式市場での投機行動を称して「irrational exuberance」（直訳すれば、非合理的な繁茂あるいは歓喜）と言い放ったことが思い起こされる。イェール大学の行動経済学者R・シラーは同名の本（Shiller, 2000）を出したが（邦訳のタイトルは『根拠なき熱狂』）、その第二版（二〇〇五年）でシラーはリーマン・ショック（二〇〇八年九月一五日）に先立って、新たに住宅バブルを取り上げ（第二章）、その破綻の可能性を強く示唆していた。

(88) ドーフマンは、このヴェブレンの書評に対するクラークの反応についてつぎのように書いている――、「この書評が出たあと間もなく、クラークはヴェブレンに会い、あの論文は少なくとも二、三箇所について訂正すべきであるという注意を私に促してくれたと述べた」。ヴェブレンはその対応をみて、「クラークは紳士であると述べた」という（Dorfman, 1934: 284, 訳402）。しかし、内容的なことはわからない。

(89) もっとも早い時点で「クラーク問題」を提起した者のひとりにP・ホーマンがある。しかし、ホーマンは『富の哲学』（一八八五年）と『富の分配』（一八九九年）のあいだに、「根本的な見方の変化とはいわないまでも、少なくとも強調点の違いが生じている」（Homan, 1927: 42; 1928: 20）とだけ書いた。

(90) フィッシャーはかれの『利子率』に関するヴェブレンの書評にふれて、私の方法論とレッセ・フェールに関する考え方をヴェブレンは誤解している。私の立場はむしろヴェブレンと近い。レッセ・フェールについての私の理解はヴェブレン教授の『有閑階級の理論』で述べられているものと変わらない、と述べている（Fisher, 1909: 516）。

もっとも、ヴェブレンの書評論文に対するこの「資本と利子」論文でのフィッシャーの反論は、ヴェブレンが「分類」と

「分析」の違いを理解しておらず、また「快楽」と「願望」の差異を見落としている点にむけられていた。

(91) ロバート・デュファスは一九〇七年、ウィリアム・R・キャンプ（William R. Camp: 1873-1934——スタンフォード大学時代のヴェブレンの最も有能な弟子といわれる農業経済学者）の紹介でヴェブレンに会った。デュファスはのちにニューヨーク・タイムズ紙上でも活躍したアメリカの著名なジャーナリスト、哲学的アナーキストである。ヴェブレンから強い影響を受けた人物で、かれには『セドロの無邪気な人びと——ソースタイン・ヴェブレンとその他の人たちの思い出』（Duffus, 1944）がある。

(92) ダベンポートは本文中でふれたF・フェッターとともにアメリカ心理学派経済学の中心人物とされる。オーストリア学派（特に機会費用の考え方）とヴェブレンから大きな影響を受けたが、限界効用理論やマーシャル経済学には批判的だった。主著に『価値と分配』（一九〇八年）、『企業の経済学』（一九一三年）、遺稿集に『アルフレッド・マーシャルの経済学』（一九三五年）がある。F・ナイトは教え子のひとりである。

(93) 兄オルソンによれば、「彼女（エレン）が生きているあいだ、頼まれれば、いつでもヴェブレンはエレンにお金を送っていた。ヴェブレンは彼女が暮らしていくのに十分なものを与えていた。しかし、彼女はその管理ができなかった。そのため、しばしば支援が必要になった。のちに、彼女がヴェブレンの与えた資産を売却したいと願ったときも、ヴェブレンはそれを買い戻した」（Florence Veblen, 1931: 195）とある。

(94) エレンはシカゴのほか、オレゴン州やアイダホ州などに不動産をもっていたし、カリフォルニア州のサン・マテオ郡には家作もあった（Nilan and Bartholomew, 2007: 23）。

(95) このとき、カーネギー研究所に提出されたヴェブレンの研究計画書はのちにドーフマンが解説をつけて『アメリカ社会学雑誌』（第三九巻第二号）誌上に、「古代のバルチック海とクレタ島に関する調査企画書」として発表された。ヴェブレンによれば、ヨーロッパの「自由な」社会制度の起源を遡っていくと、古代のバルチック地方とクレタ島文化に辿り着くが、交易関係にあった両地域は人種的および物的あるいは経済的に類似した性格をもっていたと推察される。そしてこれら仮説は精査してみるだけの十分な価値があると記されていた。そのほか、調査にかかる主要経費である旅費と宿泊費として三年間で七五〇〇-九〇〇〇ドル、資料収集費として四〇〇-八〇〇ドル、さらに私（ヴェブレン）の給与として年間三〇〇〇ドル、したがって三年間の総額では一万六〇〇〇ドルから二万ドルが必要になるだろうと書かれてあった（Veblen, 1910b

[1933: 237-241] Dorfman ed., 1973: 575-582)。

(96) ジョーダンはヴェブレンの辞職の原因はアン・ベヴァンズとの関係にあると判断していた。しかし、「この出来事に犯罪的なものはなにもない。それはヴェブレンという人物のボヘミアン的な自由奔放さ (Bohemianism) によるものである」と考えていた。ジョーダンは「ベヴァンズのことについてヴェブレンと話をしたが、かれはそれを避け難いことと受け止め、辞職の道を選んだ。その後のヴェブレンの行動について、私の理解するかぎり、かれを非難できるものはなにもない」(ジョーダンのJ・ハーヴェイ教授宛の一九一〇年一月二一日の手紙) と書いている。

ちなみに、継娘ベッキーの自伝によれば、「ヴェブレンのことを女たらしという人がいますが、かれらはかれを知らないのです。ヴェブレンはそういう人ではありません。たしかに、かれは男性と同じように女性も子供も好きでした。とくに知的な人たちと一緒にいることが大好きでした。その人たちの潜在能力、美的感覚などに興味をもっていました。しかし、それは決して性的関心などではありません。私 (ベッキー) が知るかぎり、一九〇六年あるいは一九〇七年から一九二〇年までのあいだ、ヴェブレンが愛していたのは (母の) アン・フェッセンデン・ブラッドリー・ヴェブレンだけでした」(Becky Veblen Meyers, 1979-: 95) と書いている。

(97) ことがらの性格上、当然かもしれないが、離婚のいきさつについては分かりにくい部分が残る。ドーフマンによれば、エレンはヴェブレンからの離婚要請にもかかわらず、かれは自分のところに戻ってくるだろうと思っていたらしい。彼女は決して貧しかったわけではないが、「ヴェブレンからは何年も一セントも貰っていないと不満を漏らしていた。だが、(一九一一年一月から) 一年も経たずに、エレンの気持は落ち着いた。『数ヶ月もの行きつ戻りつの話し合いの後、たった三人の人の前で、わずか一五分で扶養不履行を理由に離婚しました。ヴェブレン氏は約束事項として、月二五ドルを私に払ってくれることになっていますが、おそらく払わないでしょう』と手紙を書いている」(Dorfman, 1934: 303, 訳 429-430)。

わからないというのは、その離婚理由についてである。エレンが書いているように、もし「扶養不履行」が理由であれば、離婚の申し立てはエレンが行なったと考えられる。しかし、長く離婚を求めてきたのはヴェブレンのほうである。本文中でも書いたように、裁判所が離婚を認めたのは、ヴェブレンのエレンに対する「虐待行為」がないという認定にもとづくものだった。

(98) ダベンポートはこう書いている——、「教師としてのかれは教え方などで特に優れているわけではないが、個人的にもまた学者としても、上級の優秀な学生たちの大きな支持を得ていた。大学院の仕事については、かれは私の知るかぎり、最良の人物である。かれは真摯で有望な学生や研究生の面倒を実によくみるし、思いやりのある態度で接している」（一九〇四年のヴェブレンの国会図書館文書部長職への応募に関する推薦文――Dorfman, 1934: 255-256, 訳 363）。すでにみたように、ヤングがヴェブレンをスタンフォード大学に呼びたいと思ったのも研究者の育成という点でヴェブレンを高く評価し、大きな期待を寄せていたからである。

## 第四章

（1）ブロンド族についての二論文はそれぞれ別の雑誌に一九一三年四月に発表された。しかし、『製作者本能』（一九一四年）はすでにその年の二月には脱稿していた（Dorfman, 1973: 101）。

（2）このくだりは第二章（Veblen, 1914: 46-47, 訳 40）から引用したもの。ヴェブレンはこの文章に長い注をつけ、「将来財よりも現在財が選好される」という命題の誤謬を指摘している。

（3）率直にいって、ヴェブレンがなぜ「自己汚染」という言い方をするのか分かりにくい。『有閑階級の理論』では、たとえば製作者本能が自己破壊的に競争心にもとづく力の誇示に転化していくと議論されていた。それであれば、明らかに製作者本能の自己汚染といってよい。

（4）この共存関係というテーマは、のちに若きロバート・K・マートンが「清教主義、敬虔主義と科学」（一九三六年）や学位論文『一七世紀イングランドの科学、技術そして社会』（Merton, 1938）などによって系統的に明らかにしようとしたものである。もちろん、かれはこの共存関係の存在を肯定し、立証した。

（5）この観点はのちに『技術者と価格体系』（一九二一年）においてさらに展開されている。

（6）この点に関連して、ヴェブレンはスミスに関する長い注を書いている。重要なコメントなので、ここにその要旨を引いておこう。

スミスの古典的な一節（『国富論』序論の冒頭の文章）は産業技術の手工業的概念を示している（として、ヴェブレンは原文を引用している）。スミスは終始、職人精神（workmanship）という観点に立って産業について語った。それは、伝統とその世代の思考習慣がそうさせたのである。経済生活に関するスミスの見解はその時代に行き渡っていた観念と見事に共鳴していたがゆえに、広く受容された。かれは機械時代が始まる時期に執筆していたのだが、かれの経済学的観念は機械時代のものではなく、手工業時代の後期に流布していたものである。しかし、産業と経済状態に関するかれの観念が人びとの考え方に十分すり込まれたため、スミスの学説が成り立つような経済情勢が機械産業や大企業管理によってすっかり解消してしまったあとでも、長く経済理論を支配することになった、と（Veblen, 1914: 237, n. 1、訳 242）。したがって、文化的遅滞の一事例がここに示されている。

（7）地理的孤立という点でイギリスと類似していたスカンジナヴィア諸国がイギリスの歩んだ道を取れなかったことについて、ヴェブレンは、スカンジナヴィア諸国が「手工業体制が要求する条件下で自給的社会をつくるには小さすぎた」という理由を挙げている（Veblen, 1914: 251, 訳 206-207）。

（8）ヴェブレンは、一方でこの一八世紀の自然概念に母性イメージ（「母なる自然」Mother Nature）を重ねながら、他方では中世の厳格な家父長的天父（Heavenly King）と対比させている（Veblen, 1914: 259, n. 1、訳 243-244）。

（9）ヴェブレンは技術的熟達と宗教的異端（プロテスタンティズム）の共存関係について、「宗教的専門家のあいだでは正当で有益な説明とされている」としたうえで、さらに、ヨーロッパのブロンド族の拡散とプロテスタンティズムあるいは宗教的異端の近代的形態とのあいだの共存関係にも注意を促している。

しかし、ヴェブレンはこうした議論をさらに一歩進めて、プロテスタンティズムの職業倫理が近代資本主義の形成に重要な貢献をしたといったところまで主張しているわけではない。

（10）この「意図せざる結果」という言い方はスミスの「見えざる手」と重なる。

（11）ヴェブレンは「必要は発明の母」という格言は無批判な合理主義の断片にすぎないという。「どの大きな機械学的発明についても、その究極の結果は予見もされず、意図されもしなかったのであり、重大な結果は発明者によって考えられたというよりも、むしろ発明によって強要されてきた」とも記している（Veblen, 1914: 316-317, n. 1, 訳 287-288）。

（12）ヴェブレンはこの引用に長い注をつけ、H・ベルグソン（第三章で言及したM・アルヴァックスの先生）が「生の飛躍」という言葉を用いて、まことに巧みにしかも純粋な仕方で機械論的概念がもつ空虚感と焦燥感を断ち切ろうとしていることにふれている。

（13）中範囲の理論は一般理論と経験的一般化の中間にあって両者を媒介するものであり、特定の仮説をそこから演繹することができ、経験的研究によって検証可能な命題から構成されている。詳しくはマートンの『社会理論と社会構造』（Merton, 1949, Revised ed. 1957）参照。

（14）反時代的といえば、本書の最終章で登場する「訓練された無能力」（trained incapacity or inability ―― Veblen, 1914: 347, 訳 280）という言葉が想い起こされる。もっとも、この箇所では、金銭的感覚を磨くことだけを訓練された企業家には機械過程を理解することができないことを意味したが、のちに文学理論家であり哲学者でもあったK・バーク（Kenneth Burke: 1897-1993）などを通じて一般化され（かれはその概念をヴェブレンに負っていると明記している―― Burke, 1935: 7）、たとえば特定の学問的ディシプリンの訓練を受けた結果、視野狭窄が起きて事象の全体像がみえなくなる（みなくなる）ことを意味するように拡張された。

（15）C・エヤーズ（Clarence E. Ayers: 1891-1972）によれば、ヴェブレンは本能心理学など信じていなかったという。また、ヴェブレンはミズーリ大学での教え子だったM・ハンドマンに、「私が本能というのは傾向（direction）、つまり性向（anlage）のこと」にすぎないと語ったという（Dorfman, 1973: 104, n. 135）。エヤーズはヴェブレンの本能という用語が文化的な意味をもった概念であることを指摘している（Ayers, 1958: 28）。

（16）ガーシェンクロンについては「歴史的展望のなかの経済的後進性」（Gerschenkron, 1952）、またドーアについては『イギリスの工場・日本の工場』（Dore, 1973）などを参照。ちなみに、二人とも後進性あるいは後発性の優位に関する理論的視点は先駆的なヴェブレンの慧眼に負っていると記している（Gerschenkron, 1952: 5, 訳 5; Dore, 1969: 433）。ここでは詳しくは立ち入らないが、たとえば、「遅れた工業化は社会に非連続性をもたらす」。「遅れた工業化は大企業主導の工業化となる」。「遅れた工業化は生産財の生産に傾注する」。「遅れた工業化は国民の消費水準を抑制する」。「遅れた工業化は資本供給のため、特定の制度的手段を集権的に動員する」などのガーシェンクロン命題に対して、ドーアは日本の工業化研究を踏まえて、人的資源形成や産業組織の観点からいくつかの命題を追加的に補強している。

（17）A・ジョンソンはその書評のなかで、製作者本能という言葉の出自とその意味は必ずしも明断でないといい、その本能は手工業時代に復権したものの、ふたたび近代企業家の金銭的裁量の手中にその身を没してしまったとき、果たしてわれわれは生き延びられるのかと問い、さらにヴェブレンの困惑を覚えるその難解な文体が「社会哲学者のあいだに蔓延していかないことを願っている」（Johnson, 1916: 633）とも書いた。また、U・ウェザリーはその書評で、同じようにヴェブレンの文体にふれ、かれは古典研究の価値を軽んじているにもかかわらず、その文体は古臭いこと、ヴェブレンの難点はあまりにも事象に距離をおいた素っ気ないものであり、どうすべきなのかという治癒策について論じていないこと、それでも、「最近これほど刺激的な心理学あるいは社会学の書物はない」と結んでいる（Weatherly, 1914: 861）。

(18) タウシィッグがヴェブレンを高く評価していたことについてはこれまで幾度かふれたが、タウシィッグはその『発明家と金儲けする人々』（一九一五年）のなかで、ヴェブレンの製作者本能という言葉よりも、マグドゥガルに倣って「発明本能」（instinct of contrivance）という概念を用いたほうがよいのではないかと書いている（Taussig, 1915: 11, n. 1）。

(19) このスタンフォード大学でのヴェブレンの辞職について、ヤングはダベンポートに対して、「ヴェブレンは甚だしく不法な行為の犠牲者であったのだと考えるようにしています」と書き送っている（ヤングのダベンポート宛の一九〇九年一一月一四日の手紙）。

(20) この箇所（混血種と積極的技術導入の深い関連）にヴェブレンは注をつけ、北欧のバルチック文化と日本文化、さらには古代エーゲ海文化との類似性にふれている。日本については、『古事記』（*Ko Ji Ki: the Records of Ancient Matters*）の記述にもかかわらず、日本人がふたつあるいは三つの混血種である。そして両者の先史・有史時代の区分も時期的に重なっているだけでなく、日本人の文化的生活史もまた外部からの巧妙で積極的な技術等の移植・導入の歴史だったことにふれている（Veblen, 1915a: 23, n. 1）。

(21) 日本については、R・ドーア『江戸時代の教育』（Dore, 1965）参照。

(22) ここでヴェブレンは、フリードリヒ大王によって代表されるプロシャの経済政策について、シュモラーの『重商主義国家』（W・アシュレーが編集した「経済学古典」シリーズの一冊として英訳されている）を参照するように求めている。

(23) ヴェブレンはこの箇所にわざわざ注をつけ、一九世紀中葉の愛国主義的なドイツ経済学者はプロシャの王朝国家をいっそう強力なものにするための政策を重商主義（Cameralism）とはいわず、「国民経済学」と呼んだこと、またかれらは理論的研究よりも政策提言に強い関心を抱いていたこと、さらにドイツの国民経済学ではイギリスの古典派経済学と違って、財政学に固有の重みが与えられていたこと（ヴェブレンが一八九五年にG・コーン『財政学』を英訳し出版したことを思い起こしてほしい）などにふれている（Veblen, 1915a: 174-5, n. 1）。

(24) この記述は、ノルウェー移民としてアメリカのフロンティアで苦労したヴェブレンの両親の経験を彷彿とさせる（第一章第三節参照)。

(25) 比較的最近の国家の盛衰に関する理論的一般化としては、たとえばM・オルソン『国家興亡論』(Olson, 1982) があり、その応用としてカームフォース＝ドリフィル (Calmfors and Driffill, 1988) の「コブ型モデル」(Hump-shape Model) などがある。

(26) のちにH・オオシマは、このふたつの経路を通じた「古い日本精神」の変質に関するヴェブレンの見通しについて、一九二〇年代、三〇年代の経験に照らして正鵠を射ていたとして「ヴェブレンの洞察力の鋭さと予言の正確さ」にふれている (Oshima, 1943: 487, 490)。しかし、この論文が第二次大戦の渦中で発表されていることを考えると、「古い日本精神」が死に絶えることなく大きな戦禍をもたらしていたという点でアイロニーを感じざるをえない。

(27) ヴェブレンの日本論については、松尾 (1966: 178-194) が丁寧に紹介している。

## 第五章

(1) この議論はカント『永遠平和のために』第一章 (予備条項) の第一条項を想起させる。そこには、「将来の戦争の種をひそかに保留して締結される平和条約は、決して平和条約とみなされてはならない」とあり、その理由についてカントは、「それは実はたんなる休戦であり、敵対行為の延期であって、平和ではないからである」(Kant, 1795: 5, 岩波文庫、訳 13, 傍点はカント) と記している。

(2) ヴェブレンは、一〇世紀から一三世紀にかけてのアイスランド「共和国」が例外的に国防的な強制装置や市民的服従をもたなかったこと、しかしキリスト教世界に巻き込まれて「諸大国の防衛的貪欲性の犠牲になった」ことに注目している (Veblen, 1917a: 12-13, 訳 249-250)。

(3) ヴェブレンは迷うことなく「王朝国家の破壊」という道を選択し、迅速かつ効果的な戦闘方法についても関心をもっていた。のちにドーフマンが「アンドリュー・ヴェブレン文書」のなかから発見したものであり、一九六四年版の『秩序論集』の末尾に収められた「一九二〇年のメモ」にはドイツ潜水艦攻撃の方法などが具体的に認められている (Veblen, [1920b] 1964: 471-474)。

(4) ショットウェル、ミーゼス、ヤング以外にはC・ハスキンズ (ハーヴァード大学大学院長)、I・ボウマン (アメリカ地理学会会長)、C・セイモア(イェール大学教授)、W・ルント(コーネル大学教授)、C・デイ(イェール大学教授)、D・ジョンソン(コロンビア大学准教授)、W・リップマン(軍事大臣秘書官)、D・ミラー(弁護士)がいた。詳しくはBlitch(1995: 65-66)。

(5)ここまでの記述はその多くをBlitch(1995)に負っている。しかし、必ずしもその記述と整合しないアメリカ外交文書(*Papers Relating to the Foreign Relations of the United States 1919, The Paris Peace Conference* ——以下、「講和会議文書」[United States Department of State, 1919]という)がある。それによれば、調査チームができる最初のきっかけはアメリカ参戦後四ヶ月(一九一七年八月四日)、第三国務次官だったB・ロングが国務長官のR・ランシングに手紙を送り、講和会議のための部局を設置するよう提案したことにある。大統領の指示でハウス大佐が調査チームを指揮することになったが、一九一七年一二月一一日にはメンバーがほぼ確定した。執行委員会が設けられ、委員長のミーゼス、ミラー、ショットウェル、リップマンの四人が就任した。そのほか各部門の主任として、リップマン(政治・統治、国際協調)、ミラーとヤング(経済・企業)、ショットウェル(歴史を含む社会科学)、チェンバレン(国際法)、ボウマン(地理)が選ばれ、戦略部門だけが未定だった。また同月二二日には、早くも一三ページからなる長文の「現状——戦争の目的とそれが示唆する平和の条件」(The Present Situation: The War and Peace Terms it Suggests, *Inquiry Document*, No. 887, December 22, 1917——この文書は守川[1983: 61-78]に翻訳されている)が作成され、「平和の条件」についていえば、そのかなりの部分が二週間後のウィルソン大統領の「一四箇条」(一九一八年一月八日)に反映された。

しかし、調査チームは「現状」に続くいくつかの報告書(一九一八年三月二〇日、同年五月一〇日など)を提出してからも、同年八月三日には執行委員会のなかに調査委員会を設置し、その陣容も拡充した。そのなかの三〇人が平和交渉委員会(Committee to Negotiate Peace)のメンバーとしてパリ講和会議に出席した。そのなかにミーゼス、リップマン、ショットウェル、ミラー、ボウマン、ハスキング、セイモア、ルントなどのほかヤングも含まれていた(「講和会議文書」xi-xvi)。

ちなみに、この「講和会議文書」から推論するかぎり、ヤングはヴェブレンを調査チームに参加するよう要請したが、その時点(一九一七年一二月あるいは翌年一月)ですでにメンバーはほぼ固まっていたし、上記の「現状」まで出来上がっていたことを思えば、その内容に照らしてもヴェブレンの採用は難しかっただろうと思われる。またBlitch(1995)の記述にもかかわらず、「講和会議文書」(全文一一二頁)にある拡大された調査チームにおけるヤングの地位は——収録されている文書に、ヤング宛あるいはヤングからの上司や高官宛のものは一通も含まれていない――、必ずしも高いものではなかったようにみえる。

（6）のちに述べるように、ヴェブレンはこうした付和雷同する世論動向を捉えてアメリカ市民の「早発性痴呆」（Veblen, 1922）について論じている。

（7）『ダイヤル』誌の一九一八年四月二五日号に載ったのが「国境を超えて」（"Passing of National Frontiers"）であり、一九一九年一一月一五日号に掲載されたのが「休戦という薄暮の平和」（"The Twilight Peace of the Armistice"）だった。ちなみに、同誌の第八〇四号（一九一九年一一月二九日）には、M・ジョンソン、O・W・クノース、H・マロットはダイヤル社を退職し、R・M・ロベット、T・ヴェブレン、L・マンフォード、G・ロビンソンは編集委員を降りること、また同誌の第六七巻はこの号で終わり、一九二〇年からの第六八巻以降は月刊誌に衣替えし、その内容も芸術や文学が中心となることなどが記されている（*The Dial*, Vol. 67, No. 804, Nov. 29, 1919, p. 486.）

（8）といっても、ヴェブレンもデューイも帝政ドイツを軍事的に無条件降伏させる必要があると考えていた。

（9）オスロ大学の有力者だった歴史家H・コート（Halvdan Koht: 1983-1965）は外交官を務めたことがあり、一時期（一九三五-四一年）外務大臣を経験した。一九一八年から四二年まで（正確には三六年の平和賞授与および外相在職中には棄権）ノルウェー・ノーベル賞委員会のメンバーでもあった。

（10）詳細な著作リストについては、Camic and Hodgson eds.（2011）の文献目録（pp. 577-604）を参照。

（11）ヤングから調査チーム参加への誘いがあったとき、ヴェブレンがかれに書き送ったのは「提案」だけだったのか、あるいは二つのメモランダム（①と②）だったのか判然としない。ドーフマンはこれら二論文を『政治学四季報』第四七巻第二号（一九三二年六月）に掲載したとき、その「解説」ではふたつとしている（Dorfman, 1932: 185）。

（12）最初一九一九年に出版されたとき、本のタイトルは『既得権と産業技術の状態』（*The Vested Interests and the State of Industrial Arts*）だったが、翌年に『既得権と庶民』に変えられた。

（13）そういえば、上記の「講和会議文書」に収録されているパリ講和会議出席者の「名簿」（List of Principal Persons）のなかにAFL会長S・ゴンパースの名前を見出すことができる。

ちなみに、この当時、ヴェブレンはサンディカリズムの影響を受けていた世界産業労働組合（IWW）の動向に関心を払っていた。

(14) もっとも、アメリカ農民は土地投機のための不動産所有者としての性格ももっている。そのかぎり、かれらにも不労所得者としての側面がある（Veblen, 1919a: 172, 訳 122）。

(15)「一四箇条」の項目だけを列挙すれば、秘密条約の禁止（第一条）、海上の自由（第二条）、経済的障壁の撤廃（第三条）、軍備制限（第四条）、植民地解放と統治国家との調整（第五条）、ロシア問題（第六条）、ベルギー問題（第七条）、アルザス・ロレーヌ帰属問題（第八条）、イタリア問題（第九条）、オーストリア・ハンガリー国内の民族問題（第一〇条）、ルーマニアなどからの撤兵と旧領回復問題（第一一条）、トルコ問題（第一二条）、ポーランド問題（第一三条）、国際連盟の創設（第一四条）となる。

(16) 中川竹三は徳富蘇峯（猪一郎）がつくった国民新聞社の外報部記者。『ヴェルサイユ会議』（民友社、一九二〇年）は中川が現地での取材にもとづいて書き下ろした迫力と臨場感溢れる貴重なルポルタージュである。国民新聞社編集部長の石川六郎が編集し、蘇峯が監修している。もっとも、この好著が扱っている講和会議は一九一九年九月上旬までのものである。冒頭の凡例にあるように、「講和全局の終りを待たしむるならば、此書は猶数年間、読者に提供さるる機会を得難いであろう」からであった。

(17) ほかにも同盟国の戦争責任、旧植民地の独立と民族自決、植民地の再分割、国際労働機構の創設など多くのテーマがあるが、ヴェブレン論という文脈に沿ってここでは割愛する。

(18) そのため、一九二一年八月になってアメリカは単独でドイツ、オーストリア、ハンガリーなどと和平条約を結ばなければならなかった。

(19) 一九一八年三月に連合軍総司令官に就任したフランスのF・フォッシュ（Ferdinand Fosh）も、ヴェルサイユ条約について、「これは平和などではない。たかだか二〇年の停戦だ」といっていた。じっさい、ヴェルサイユ条約から二〇年後の一九三九年九月三日、フランスはイギリスとともにナチス・ドイツに宣戦布告した。

(20) このエピソードを知ったのは都留（1985［2006: 44-45］）によってである。

(21) ケインズも『帰結』の第三章で、はじめは「予言者」と目されたウィルソンがじつは英雄でも予言者でも哲学者でもなく、会議が進むにつれてひとりの「盲目で耳も不自由なドン・キホーテ」にすぎないことが明らかになったと書いている

(Keynes, 1919: 24-26, 訳30-32)。

(22) もっとも、こうしたレーテの実態は社会民主党に対立するものではなかった。たとえば、一九一八年一二月中旬のベルリンでの労兵評議会の全国大会では社会民主党が圧倒的な勝利を収めている。詳しくは、林 (1963) の第二-三章参照。

(23) ケインズは、参戦後のアメリカからの金融支援がなかったら、「アメリカ軍の到着のもたらした決定的影響をまったく別にしても、連合国は今次の戦争に勝利を収めることは決してできなかったことであろう」(Keynes, 1919: 173-174, 訳 214) と記している。

(24) この経緯については、ケインズ『条約の改正』(一九二二年) の第二章と文書付録参照。

(25) ケインズは『条約の改正』の第七章では、『帰結』でふれた危機的状態については「安全に過ぎ去った」と書き、その理由についてヨーロッパの一般大衆が「最悪の衝撃を耐え忍んだ」からであり、政治家の「賢明な判断によってヴェルサイユ条約を執行しようとする真剣な試みがなされなかった」からであると説明している。そしてこの最終章で、かれはあらためて三項目からなる賠償金額と方法に関する新たな提案を行なっている (Keynes, 1922: 127, 訳148-149)。

(26) もっとも、ヴェブレンは「AFLの儀典係」(S・ゴンパースのこと) がアメリカの労働者を代表する形でパリの長老政治家たちのあいだに紛れ込んでいるが、さしたる役割を果たしていないと付記している (Veblen, 1919f [1934: 421])。

(27) 「ランズダウンの手記」は一九一七年一一月二九日のデイリー・テレグラフ紙に掲載されたものであり、そのなかでかれは、大戦に負けるわけにはいかないが、戦争が長引けば、文明世界は破滅しかねない。ドイツの完全破壊が戦争の目的ではないし、その統治形態はドイツ国民がみずから選択すべきだ。国際通商の世界でドイツが占めるべき地位を否定しようとは思わない、という趣旨のことを書いている。同じ考え方をかれは第二次アスキス内閣の無任所大臣だったときに表明したが、内閣の方針に反するとして非難された。

(28) まずは、ヴェブレンはソヴィエト (方式) を労兵評議会といった実態的なものとしてではなく、直接民主制的な意思決定システムとして捉えていた。

(29) こう書いてから、ヴェブレンはつぎのようなイギリスの桂冠詩人A・テニスンの「軽騎兵の突撃」(クリミア戦争のバラクラヴァの戦いで多くの軽騎兵が亡くなったその突入を称えた詩) からつぎの三行を引いている。

兵士たちは無言で (Theirs not to make reply)

理由を聞くこともなく（Theirs not to reason why）

ただ命令されるがまま死地に赴いた（Theirs but to do and die）

（30）新学院の創設者の一人だった哲学者のH・カレン（Horace M. Kallen: 1882–1974）によれば、ヴェブレンはボルシェビキ革命に大いに心を揺り動かされ、その急速な浸透を確信しながら、一九二〇年から二三年までのあいだ（ちなみに、スターリンの書記長職解任を提案した「レーニンの遺書」が書かれたのは一九二三年一月のこと）、つぎになにが起きるのか、熱い期待をもって事態の推移を見守っていた。しかし、それが期待外れだったことがわかるとなにごとにも関心を失ってしまい、年を重ねるとともに死への思いを募らせていったという（Jorgensen and Jorgensen, 1999: 165）。

もっとも、ジョルゲンセン夫妻はこのカレンの文章（日付不詳）を引いたあとで、カレンの洞察力は鵜呑みにできないと記している。

（31）ドーフマンも言及しているが、一九一九年一〇月二一日、ヴェブレンはスタンフォード大学工学部の教授だったG・マークス（Guido H. Marx: 1871–1949）に手紙を書き、半年（一セメスター）でよいから新学院で教えてもらえないかと依頼している。その文面には、「この国の産業に関わり、その現状とニーズについての知見をもつ技術者たちと接触することはこの新学院が抱く大望の本質的な部分に属しています。（中略）技術者の若い世代は不安な気持に苛まれており、ゆっくりとした動きではあるが、団結しはじめています。かれらは産業労働者の境遇に疑問をもち、何らか解決策がないものかと考えるようになっています」とあり、さらにヴェブレンはマークスに会いたいと考えている理由にふれて、「この冬には経済学者と技術者が集まって産業労働者の状況について組織的な研究や広報活動を行なおうとしています。貴兄にも何かやっていただくことがあるでしょうし、ここニューヨークは貴兄にとって格好の場所だと思います」（ヴェブレンのG・マークス宛の一九一九年一〇月二一日の手紙―― Jorgensen and Jorgensen, 1999: 257, n. 7）と記している。

マークスは『ダイヤル』誌に載ったヴェブレンの技術者ソヴィエト論に目を通していたし、それに興味を抱いていた。その冬、マークスはニューヨークにやってきて経済学者と技術者の会議にも出席した。そこにはヴェブレンのほか、ロビンソン、ミッチェル、バーンズ、アーズルーニといった経済学者が顔を出し、またアメリカ機械技師協会のF・ミラー会長と事務局長のライス、それにクック、マグローヒル出版のE・メーレン、さらに建築家F・アッカーマンらも出席していた（Dorfman, 1934: 453–454, 訳 630–632）。

こうしたいきさつから判断するかぎり、一九一九年当時、ヴェブレンは技術者ソヴィエト論をより具体的に詰めてみたいという希望をもっていたし、それが新学院のひとつの使命であると考えていたようにみえる。

ちなみに、松尾博は「ヴェブレンの著書は、絶えず、懐疑的で傍観者的なポーズに満ちている。（中略）しかし、技術者革命論を打ち出した頃のヴェブレンは、いちじるしく革命的な立場に接近するに至っていたと推察される」（松尾、1966: 214）と書いている。

（32）したがって、ここでのテイラー主義という言い方には人間を機械に見立て、その労働効率を高めるといったマイナスのニュアンスはまったく含まれていない。

（33）この表現はB・ローチの『ニューディールの歴史』（Rauch, 1963）による。かれによれば、第一期は大企業や大農場主の利益を重視した緊縮的経済ナショナリズムをその特徴とするが、第二期は労働者と小零細農民の利益を優先させた成長的国際経済協力政策によって特色づけられる。

他方、C・パボンは、それぞれの時期の政策思想に着目して、第一期はコーポラティズム、第二期は（プロト）ケインズ主義が優位したと記している（Pabon, 1992: 177f.）。

（34）アメリカでいえば、ベラミーの『顧みれば』（一八八八年）にもテクノクラシーという言葉を彷彿とさせるものがある。ちなみに、『技術者と価格体系』の元になった論文が『ダイヤル』誌に掲載されはじめる直前の一九一九年三月、カリフォルニアの技術者W・スミス（William H. Smyth）が「テクノクラシー――産業民主主義を獲得するための方法」という短い論文を『産業管理』（*Industrial Management*, Vol. 57, pp. 208-212）に載せている。

（35）客観的な共鳴関係だけでなく、クックとヴェブレンはいくども会って議論を交わしている。E・レイトンはこう書いている――、「かれ（ヴェブレン）はモリス・クックの書いたものをいくつか読んでおり、それを『技術者と価格体系』のなかでパラフレーズしている。ヴェブレンはガントとクックの行動をみて、アメリカの労働運動には欠けている革命的潜在力を技術者のなかに認めた。（中略）クックは何回かヴェブレンと議論した。話題はクックの電力（増強計画）についてだった。しかしクックはヴェブレンのことを『極左』の理論家とみており、ヴェブレンの考え方に改宗することはなかった」（Layton, 1971: 227）。

（36）外相バルフォア（Arthur J. Balfour）はこの宣言のなかでイギリスの有力なユダヤ人財閥の家長だったロスチャイルド

究に「パレスチナにユダヤ人のための民族的郷土（national home）をつくることに好意を抱いており、かつその目的達成のために全力を尽くすつもりである」と伝えている。しかしそのすぐあとに、そのことは「パレスチナに住む非ユダヤ人の市民権や宗教的権利、および他国においてユダヤ人が享受している政治的地位や諸権利を害するものではない」とも明記していた。

（37）ヴェブレンは記していないが、「はじめに」の注3でも書いたように、その内容は明らかにジンメルの異邦人論、パークの境界人の理論と大きく重なる。

（38）もっとも、アメリカの州立大学は最初から実利的な教育機関として設けられたものであり、「真正な大学には成熟していない」（Veblen, 1918i: 43）とヴェブレンは書いている。

（39）ヴェブレンはこうした大学理解を近代文明の図式のなかに論理的に含まれたもの（the ideal logically involved in the scheme of modern civilization）、したがって理念型的な分析だとしている（Veblen: 1918i: 44）。

（40）ライプチッヒ大学のW・ヴントのところに留学して一八八六年に博士号取得。ケンブリッジ大学、ペンシルヴァニア大学を経て、九一年にコロンビア大学の心理学科主任教授、九五年にアメリカ心理学会会長を歴任。心理学を科学的地位に高めただけでなく、『科学』など科学的知識の普及にも大いに貢献した。キャッテルはまた、アメリカの第一次大戦への参戦に反旗を翻し、そのためにコロンビア大学から解雇された。この事件が大きな契機になってアメリカの大学にテェニア（終身在職権）が普及していった。

（41）この本の第二部には、編者の五項目からなる大学改革提案に対するハーヴァード、イェール、コロンビア、ジョンズ・ホプキンズ、シカゴ、コーネルといった有力大学からの「回答」が掲載されており、そのボリュームは合計二五〇ページ弱にのぼる。

（42）ヴェブレンはいずれの事例についても意図して場所を変えている可能性がある。端的にいえばジョンズ・ホプキンズ大学とコーネル大学、前者のギルマン学長、後者のホワイト学長の名前が脳裏に浮かぶ（第二章第六節参照）

（43）橋本勝彦訳『アメリカ資本主義批判』（白揚社、一九四〇年）は力の籠もった訳業であるが、なぜか肝心の第七章は訳されなかった。また、油本豊吉の訳業（『駒沢大学経済学論集』第二巻第三号［一九七一年一月］から第四巻第三号［一九七二年一二月］までに原書の第一章から第七章第四節までが、さらに『横浜商大論集』第七巻第一号［一九七三年一一月号］

には第二部の第八章が翻訳されているが、第七章第五節および第九章以下は未訳に終わった）も中途で終わっている。

（44）モノづくりとカネづくりという対抗軸だけについていえば、ヴェブレンは期せずしてその諸著作を通じて、第一に、証券資本主義や不在所有制に具現される両者の対立モデルだけでなく、第二に、手工業時代の未分化モデル、第三に、一九世紀帝政ドイツ期の親和モデル（インダストリーのためのファイナンス）、第四に、モノづくりからカネづくりへの進化モデル、第五に、カネづくりからモノ作りへの反転モデル（将来展望）について論じている。

ヴェブレンが、こうした両者（インダストリーとファイナンス）の歴史的に形成されてきた、あるいは将来的に展望される多様な結びつきについて論じていたことは――たとえば、ケインズの『貨幣論』（一九三〇年）における貨幣の「産業的流通」（industrial circulation）と「金融的流通」（financial circulation）の区別とその関連、それが景気循環や資本主義社会のあり方に与えるだろう影響に関する議論を視野に入れればなおさらのこと――、まことに興味深い。

（45）この過剰信用の先に待ち構えているのがその破綻、つまり株価の暴落といった現象であるが、R・シラーによれば、I・フィッシャーは大恐慌の直前（一〇月二三日の水曜日）、「米国の株式市場は少しも過大評価されていないと主張していた」（Shiller, 2000: 106, 訳129）という。

しかし、フィッシャーはこの不名誉を挽回するべく、まもなく「債務デフレーション」（debt-dellation）の理論を開発し、二一世紀初頭の金融危機分析にも大きな影響を与えている。

（46）一方で既得権に染まった分配主義的な労働組合は頼りにならない。他方、技術者ソヴィエト構想の実現は、たとえありえても遠い将来のこととみるヴェブレンにとって、等しく困難なものではあるが、もうひとつのシナリオがあった。『アメリカの高等学術』で示されたものだが、無垢な好奇心と製作者本能に支えられ、現代の産業技術の基礎となる、しかも最も基本的な社会的共通資本といってよい科学的知識の（国際的）共同開発とその社会的普及という展望である。

思考習慣（したがって制度）の改革という意味では、ヴェブレン内在的にも高等学術（教育）による知の革新こそ最もオーソドックスな方法だといえるかもしれない。

## 終章

（1）このタイトルは丸山健二の随想集『されど孤にあらず』（文藝春秋、一九九一年）による。

（2）ヴェブレンはエレン宛の一九二三年九月一〇日の手紙では、七五〇ドルを同封したこと、そして残りの七五〇ドルは来週になると思われる新学院からの給与の払い込みがあってからにしたい、と伝えている。

（3）この人数について、ドーフマンは二一四人（Dorfman, 1973: 270）、数百人（Dorfman, 1934: 492, 訳 680）とも記している。二一〇人のリストはDorfman ed.（1973: 667-674）にある。

（4）のちにドーフマンは、健康上の理由にくわえて、会長になったからといって当時ヴェブレンが抱えた問題は解決されなかっただろうと書いている。ドーフマンがいう問題とは、金銭的問題のほか、ヴェブレンはイギリスに行ってイギリス帝国主義の研究をしたいと思っていたこと、またロシア訪問も考えていたからだと述べている（Dorfman, 1973: 275）。しかし、イギリス行の計画は二五年の春には断念していたし、ロシア行については後述のようにはじめからその気はなかったようにみえる。

（5）アンダーヒル・ムーア（William Underhill Moore: 18679-1949）とはミッチェルの同僚でコロンビア大学の法学教授、のちにイェール・ロー・スクールの教授になった人物であり、法研究に社会科学の方法を導入したこと、および法現実主義の主張で知られる。

（6）ベッキーはJ・ディッギンスへ書き送った手書き草稿（かれの『未開の詩人』［一九七八年］が出版されたあとのもの）の「項目6」のなかでヴェブレンのスターリン評価にふれている。「父（ヴェブレン）はレーニンが亡くなる前から、トロツキーを含めてボルシェビキを排除していくスターリンに対して不信感をもっていました。一九二七年のことですが、（弟子の）W・キャンプにむかって、スターリンはこれまで前例を見ないような災禍をもたらす人物だといっていました。また、一九一八年か一九年のことですが、ヴェブレンはトロツキーのことを（アレキサンダーといっていたかどうか、忘れてしまいましたが、その人物以来の）軍事的天才であるにちがいないといっていました。そして、その頃トロツキーはニューヨークにいました。でも、ヴェブレンがかれに会ったのかどうかまでは分かりません」と書いている。なお、トロツキーのニューヨーク滞在は一九一六年から翌一七年にかけてのことである。

（7）ヴェブレンはニューヨークを発つとき、下宿の女主人M・ベネット（Miss Mildred Bennett）にはなにも告げず、突然いなくなったらしい。それで、ベネットは「一〇月にいただいたお手紙に返事を出しましたが、その後あなたから返事がありません。あなたが私に黙っていなくなってしまうとは思っていません。私はあなたが私のことを最良の友人だといってくださったことを忘れていません。私はいまでもそう思っています。(中略) あなたがどうしているのか、どこに行ってしまったのか知りたいのです。ご返事をいただけますか。そしてもうここまでにしたいというのであれば、正直にそういってください」(ベネットのヴェブレン宛の一九二六年一二月一二日の手紙) という内容だった。

ヴェブレンとベネットの関係がどんなものだったのか。この手紙からは親密な関係にあった人から軽視され、憤慨しているようにもみえる。「しかし、オールドミスからの手紙という感じも否めない」(Jorgensen and Jorgensen, 1999: 177)。それ以上の推測は慎むことにしたいが、ワシントン・アイランドでの写真からすると、ベネットは健康そうな中年の女性にみえる。彼女は「国の宝」と思われる人物の身の周りの世話をすることに満足していたようだが、ヴェブレンが突然いなくなってしまい、その機会を一方的に奪われたことに大いに感情を害したのだろう。

そのベネットに、一九二四年から二五年にかけて、ヴェブレンは彼女を受取人にした小切手を毎月送っている。額面は一〇〇ドル、おそらくは家賃だったのだろう。しかし、二五年三月には五〇〇ドル、二六年二月には一一〇七ドル三〇セントの小切手を送っている。その理由は分からない (Jorgensen and Jorgensen, 1999: 177)。

(8) J・モリス・クラーク (John Maurice Clark: 1884-1963) はJ・ベイツ・クラークの子、したがって親子二代の経済学者ということになる。そのモリス・クラークは新古典派と制度論的分析を架橋しようと努力し、投資や景気循環の理論、競争理論などの領域で大きな成果を挙げた。かれは『アメリカ経済学評論』(*American Economic Review*, December, 1929) にヴェブレンへの追悼文を書いている。そのなかでかれは、「アメリカの経済学は最も独創的な人物を失った」と記し、そのうえで、ヴェブレンは経済学者だったか、ヴェブレンは科学者だったか、ヴェブレンは建設的だったかという三つの問いを立て、ヴェブレンは「単なる経済学者」ではなかったこと、ヴェブレンはJ・S・ミル的規準からすれば、科学的ではなかったが、その規準そのものがいまでは正当なものとみなされていないこと、そして正統派経済学からみれば、建設的ではなかったかもしれないが、経済的事象の無視されてきた側面に光をあて、その構造を解明してきたという点ではきわめて建設的だった、と述べている (Clark, 1929: 742, 745)。

(9) その初代会長 (一九二一―二六年) がI・フィッシャーだったこともヴェブレンの視野に入っていたことだろう。

(10) ドーフマンによれば、ヴェブレンの晩年の物的財産は「減り続け」、その経済生活は苦しくなっていったと書いている (Dorfman, 1934: 503, 訳 698)。しかし、そこにも誇張がある。

(11) 正確な英文は"It is *also* my wishes, in case of death, to be cremated etc."(イタリック体は引用者)となっている。気になるのは、「also」とある以上、訳出された文章の前にヴェブレンは何か別の希望を書き留めていただろうということである。しかし、なぜかアーズルーニは(したがってドーフマンも)その部分には触れていない。

# あとがき

いま長いヴェブレン踏査を終えて、いくつかのことが脳裏に浮かぶ。

ヴェブレンはその生涯を通じて、いかなる環境のなかで、いかに生き、いかに思索したか。この本で明らかにしたいと考えたのはこれらのことである。そうすれば、きっとヴェブレン像もいままでよりもっとはっきりしたものになるだろう。

このうち、「いかに生きたか」に力点をおけば、本書はおのずから評伝という性格をもつ。ヴェブレン伝といえば、ドーフマンの古典がある。本書はその書き直しをめざしたわけではないが、結果としてそうした性格をもっているかもしれない。ジョルゲンセン夫妻、バートレー夫妻などによる近年の新たなヴェブレン生活史研究の成果に大いに助けられた。

そういえば、終始不思議でならないことがあった。ドーフマンはアンドリューから「直接ソースタインに会って聞いてみたらどうですか」といわれていたにもかかわらず、ついにヴェブレンに手紙一通出すことがなかった。もちろん、会ってもいない。この点、E・バラン（Esther Baran）が書いた母親ベッキーについての小さな伝記によれば、「ドーフマンは私（ヴェブレン）の仕事について本を書くだけの学問的力量に欠けている」といっていたらしい。まだ三〇歳にもならない大学院生の「ヴェブレン伝」であってみれば、ヴェブレンのこの評価はあながち的外れなものではないだろう。ヴェブレンもまたアンドリューと同じく、ドーフマンの原稿には多くの間違いがあるとみていた。あるいは、ヴェブレンもアンドリューの手許に届いたドーフマンの原稿に目を通していたのかもしれない。ヴェブレンは、例の「もうひとつの遺書」にもあるように、「自分についての伝記を書くような企てには、誰のものであれ、手を貸そうとはしなかった」。

しかし問題は、生活史上の個々の事実を超えて、ヴェブレンの作品の内容をどこまで理解できるかにある。というわけで、この本では、「いかに思索したか」を明らかにすることに傾注した。ヴェブレンの思索も累積的に進化する。したがって、その軌跡を正確に理解するためには、時間を追ってヴェブレンの最初から最後まで、原則すべての論文や本、翻訳にも目を通す必要がある。適当に摘み食いしていたのではヴェブレンの多面体を見失い、その精髄を見誤ることになるのではないかと思われた。

といっても、ヴェブレンの英文は難解で聞こえる。ある書評子は「つぎの著作は英語で書いてほしい」という痛烈な皮肉を飛ばした。最近K・マコーミックは『平易な英語で書かれたヴェブレン』(Ken McCormick, *Veblen in Plain English*, Youngstown, New York: Cambria Press, 2006) というなかなかの出来映えの小さなヴェブレン経済学入門書を書いた。英語圏でもこうした具合だから、ヴェブレンの凝った文体や長い構文、特異な語彙や格式表現（それを立派な英語だというネイティヴもいる）は日本の研究者にとって難物であるにちがいない。じっさい、先人たちの多くの努力にもかかわらず、ヴェブレンの邦訳は必ずしも読みやすいものではない。それがヴェブレン理解の躓きの石となってきた。その責任の少なくとも半分はヴェブレンにある。

「いかに思索したか」について考えるためには、ヴェブレンが生きた思想空間を理解する必要がある。かといって――ドーフマンの問いかけに対してアンドリューや義姉のフローレンス・ヴェブレンもそう返答していたように――、ヴェブレンに最も大きな影響を与えたのは誰ですかといった問いにあまりこだわらないほうがよい。たしかに、ヴェブレンも先なる知的巨人たち（ヒュームであれスミスであれ、カントであれダーウィンであれ、あるいはパースであれ）から大きな刺激を受け、その知的遺産を継承した。しかし、所詮ヴェブレンはヴェブレン。かれの精髄はそれら遺産の合成物ではありえない。大切なのは、歴史的な思想空間のなかに投射されたかれのオリジナルな構想力の中身である。

それにしても、感動的なことがふたつ。ひとつは、生涯変わることなく、時代の真相（深層）にむかってまっしぐらに突き進んでいったヴェブレンの姿であり、もうひとつは――教え子のミッチェルやダベンポートは別にしても——、互いの考え方の違いを超えて、ヴェブレンを支えつづけたラフリンやヤングといった人びとの存在である。クラークもタウシッグも、あるいはポーターもサムナーも、さらにいえばスタンフォードのジョーダンも、それぞれのとき、それぞれの仕方でヴェブレンに手を差し伸べた。この点を見落として、ヴェブレンは終始孤立し、寂しく亡くなったなどといってはならない。

いまからみればもちろんのこと、ヴェブレンの書き残した作品にも多くの限界や欠陥がある。ヴェブレンもまた可謬的であるほかはない。それでもなお、その限界を超えていまに語りかけ、訴えてくるものがある。しかし、それが何であるかを特定するのは読み手の観点であり、力量であり、また特権というものだろう。

たとえば、ヴェブレンにとって重要であるにちがいない「産業」という重厚な言葉が響きもつ広くかつ深い音色に、また意図せずしてそれが対抗的なものに反転していってしまう自己破壊プロセスへの関心に、手工業時代がもつ経済史的・文化史的意義のみならず、その時代と機械時代との鮮やかな対照性を包括的に浮き彫りにしてみせたその手腕に、さらにいくつもの三つ巴の確執（神話ドラマトゥルギーとプラグマティズムと科学、あるいは営利企業と機械過程と王朝国家など）を凝視するその眼差しに、制度的遅滞の理論を援用しながら、技術移転によるその中心地の地理的移動をともなう経済発展メカニズムを浮かび上がらせたその傑出した洞察力に、不在所有制という言葉を用いて現代アメリカ経済の精髄を証券資本主義と喝破したその凛とした姿勢に、そして分類学的推論を一刀両断する累積的で因果論的な非目的論的方法にもとづいて描き出された切れ味鋭いその卓抜した経済理論史に、私はそれぞれ強い印象を受けた。

ところで、この本を書き上げるため、かれの遺言に反することになったが、ヴェブレンの私信や書簡の類を利用し、また近親者が書き残した多くの一次資料を使った。そしてそれらを入手するうえで、アメリカの多くの大学図書館などのお世話になった。そのなかにはカールトン・カレッジ（ヴェブレン・コレクション）、シカゴ大学図書館特別コレクション研究センター、コロンビア大学バトラー図書館（ドーフマン文書）、ミネソタ歴史協会（Minnesota

Historical Society）、ウィスコンシン歴史協会（Wisconsin Historical Society）、ノルウェー・アメリカ歴史協会（Norwegian-American Historical Society）などが含まれる。

とりわけカールトン・カレッジのアーキビストであり、ヴェブレン研究にも詳しいエリック・ヒルマン（Eric Hillemann）さんにはいろいろと助けていただいた。特にヴェブレンの継娘ベッキーの「自伝」のコピーを取って送ってほしいと連絡したところ、現物は手書き原稿で読みづらいでしょうからといって、大学院生のM・シェーデル（Marie Schaedel）の協力をえてワープロ文書にしてくださった。また、ヴェブレンの胸像（一九二〇年、B・ウィル作）の所在について尋ねたところ、それがいまはカールトン・カレッジに所蔵されていること、それは二〇〇九年の暮れにドーフマンの娘であるスーザン・ドーフマン・ジョーンズ（Susan Dorfman Jones）から寄贈されたものであること、さらに遡れば、その胸像はヴェブレン関係のいくつかの本を出していたAugustus M. Kelley社から一九七五年にスーザンに贈与されたものだったことなどについて教えてくださった。

なにもヴェブレン・コレクションに限ったことではないが、アメリカの大学が所蔵しているこの種の膨大なコレクションやアーカイブスの充実ぶりにはまことに目を見張るものがある。歴史の浅い移民の国・アメリカが懸命に歴史の素材を紡ぎ出し、編み上げていくその静かな営みに私は小さな感銘を受けた。

また、人類遺産といってよい人文・社会科学領域の古典（原本）や有力な雑誌などがネット上で多数公開され、誰でも自由にダウンロードできるようになっていることについてもちょっとした感動を覚えた。ヴェブレン風にいえば、それらが社会的な共通資本、社会の共有財産とみなされ、用益権（usufruct）を開放して無償で提供することが望ましいと考えられているためだろう。

最後に、短い謝辞を一言ずつ。まず、本書にヴェブレン、エレン・ロルフ、アン・ブラッドリー・ベヴァンズなどの写真を収めることができたのは一重にカールトン・カレッジ・アーカイブスのご好意による。またヴェブレンの胸像写真を本書に収録するにあたっては、ヒルマン、マリー・キャサリン・ジョーンズ（Mary Catherine Jones

――スーザン・ドーフマン・ジョーンズの義娘）のおふたりからその連絡先を教えていただいた、本書でもその論文に言及しているヴェブレン研究家のシルヴィア・バートレー（Sylvia E. Bartley）さんのご好意による。おかげで、彼女が撮った胸像写真を本書に載せることができた。これらの方々にたいしてこの場を借りて心からお礼の言葉を申し上げたいと思う。

新曜社の渦岡謙一さんからは多くの有益なアドバイスをいただいた。深く感謝したい。また、渦岡さんを紹介してくれた東京大学の佐藤健二さんにもお礼を申し上げたい。

しんがりとして、二〇〇七年一〇月から三年あまり理事長を務めた（独）労働政策研究・研修機構のみなさん、とくに労働図書館の橋本八恵子さんと時枝尚子さん、秘書室の菅真由子さんにも大変お世話になった。特に記してお礼の言葉を申し上げたい。

著者識

平成二四年晩秋

# 人名索引

## ア　行

## カ　行

## サ　行



## タ　行

## ナ　行



## ハ　行

## マ　行

## ヤ　行



## ラ　行



## ワ　行

# 事項索引

## さ 行

## ま　行



## や　行

## ら 行



## わ 行

# 引用文献一覧

Akin, William E., 1977, *Technocracy and The American Dream : The Technocrat Movement : 1900–1941*, Berkeley : University of California Press.

Albert, Michel, 1991, *Capitalisme contre capitalisme*, Paris : Éditions du Seuil. （M・アルベール『資本主義対資本主義』小池はるひ訳、竹内書店新社、1992年。）

Alchon, Guy, 1985, *The Invisible Hand of Planning : Capitalism, Social Science and the State in the 1920s*, Princeton : Princeton University Press.

Anderson, Karl L. ; 1933, "The Unity of Veblen's Theoretical System", *Quarterly Journal of Economics*, Vol. 47, No. 4 (August 1933), pp. 598–626.

安藤英治、1979、『マックス・ウェーバー』人類の知的遺産62、講談社。

Andrew Veblen, 1932, *The Veblen Family : Immigrant Pioneers from Valdris*, 1932. ミネソタ歴史協会（Minnesota Historical Society）所蔵。

Andrews, W. W., 1893, "Student at Yale" to "Family Life", in George S. Merriam ed., *Noah Porter A Memorial by Friends*, New York : Charles Scriber's Sons, pp. 9–102.

Ardzrooni, Leon, 1934, Introduction to Veblen, *Essays in Our Changing Order* ed. by L. Ardzrooni, New York : The Biking Press.

Ayers, Clarence E., 1958, "Veblen's Theory of Instincts Reconsidered", in Douglas F. Dowd ed., *Thorstein Veblen : A Critical Reappraisal, Lectures and Essays Commemorating the Hundredth Anniversary of Veblen's Birth*, Westport, Connecticut : Greenwood Press, pp. 25–37.

馬場啓之助、1951、『経済学の哲学的背景』同文館。

Bannister, Robert C., 1979, *Social Darwinism : Science and Myth in Anglo-American Social Thought*, Philadelphia : Temple University Press.

Bartley, Russell, H., 1996, "Unexamined Moments in the Life of Thorstein Veblen : Refining the Biographical References", The Second Conference of the International Thorstein Veblen Association, Severance Great Hall, Carleton College, Northfield, Minnesota, 30th May–1st June 1996. http://elegant-technology.com/TVbarRI.html

Bartley, Russell H. and Sylvia E. Yoneda, 1994, "Thorstein Veblen on Washington Island : Traces of a Life", *International Journal of Politics, Culture and Society*, Vol. 7, No. 4 (1994), pp. 589–613.

Bartley, Russell H. and Sylvia E. Bartley, 1997, "In Search of Thorstein Veblen : Further Inquiries into His Life and Work", *International Journal of Politics, Culture and Society*, Vol. 11, No. 1 (1997), pp. 129–173.

——, 1999a, "In the Company of T. B. Veblen : A Narrative of Biographical Recovery", *International Journal of Politics, Culture and Society*, Vol. 13, No. 2 (1999), pp. 273–331.

——, 1999b, "Revising the Biography of Thorstein Veblen", *International Journal of Politics,*

*Culture and Society*, Vol. 13, No. 2 (1999), pp. 363-374.
——, 2000, "Stigmatizing Thorstein Veblen: A Study in the Confection of Academic Reputations", *International Journal of Politics, Culture and Society*, Vol. 14, No. 2 (2000), pp. 363-400.
Becker, Howard S., 1963, *Outsider: Studies in the Sociology of Deviance*, New York: The Free Press. (H・ベッカー『アウトサイダー』村上直之訳、新泉社、1993 年。)
Becky Veblen Meyers, 1979-, "Autobiography". Carleton College Archives, Veblen Collection. カールトン・カレッジ (Carleton College) 所蔵。
Bell, Daniel, 1963, (1980) "Introduction" to the Harbinger edition of Veblen's *The Engineers and the Price System*, New York: Harcourt Brace Jovanovich, Inc., pp. 2-35. Bell (1980) の第 3 章に、「ヴェブレンとテクノクラット」("Veblen and Technocrats: On The Engineers and the Price System") という題名で収録されている。
——, 1973, *The Coming of Post-industrial Society: A Venture in Social Forecasting*, New York: The Basic Books. (D・ベル『脱工業化社会の到来』上・下巻、内田忠夫ほか訳、ダイヤモンド社、1975-76 年。)
——, 1980, *The Winding Passage: Essays and Sociological Journeys, 1960-1980*, Cambridge, Massachusetts: ABT Books. (同上『二十世紀の散歩道』正慶孝訳、ダイヤモンド社、1990 年。)
Berle, Adolf A. and Gardiner C. Means, 1932, *The Modern Corporation and Private Property*, New York: MacMillan. (A・バーリー＝G・ミーンズ『近代株式会社と私有財産』北島忠男訳、文雅堂書店、1958 年。)
Böhm-Bawerk, Eugen von, 1889 (1891a), *Positive Theorie des Kapitales* (*Kapital und Kapitalzins*, Zweiter Arbeitung), Innsbruck: Verlag der Wagner'schen Universitats-Buchhandlung, 1889. *The Positive Theory of Capital* translated by Willaim Smart, 1891, London: Macmillan and Co.
——, 1891b, "The Historical vs. Deductive Method in Political Economy", *Annulas of American Academy of Political and Social Science*, Vol. 1 (1891), pp. 244-271.
Bjork, Kenneth, 1949, "Thorstein Veblen and St. Olaf College", Norwegian-American Historical Society, *Studies and Records*, Vol. 15 (1949), pp. 122-130. http://www.naha.stpolf.edu/pubs/nas/volume15/vol15_5.htm
Blitch, Charles P., 1995, *Allyn Young: The Peripatetic Economist*, New York: St. Martin's Press.
Blegen, Theodore C. ed., 1955, *Land of Their Choice: The Immigrants Write Home*, Minneapolis: University of Minnesota Press.
Boas, Ftranz, 1888, "The Central Eskimo", in *The Sixth Annual Report of the Bureau of Ethnology to the Secretary of the Smithsonian Institution*, 1884-1885, pp. 399-669.
Bogart, E. L., 1916, "Review of *Imperial Germany and the Industrial Revolution* by Thorstein Veblen", *The Mississippi Valley Historical Review*, Vol. 3, No. 2 (September 1916), pp. 229-230.
Bornemann, Alfred, 1940, *J. Laurence Laughlin: Chapters in the Career of an Economist*,

Washington, D. C.: American Council on Public Affairs.
Bourne, Edward G., 1885, *The History of the Surplus Revenue of 1837*, New York: G. P. Putnam's Sons.
Brent, Joseph, 1993, *Charles Sanders Peirce: A Life*, Bloomington: Indiana University Press. （J・ブレント『パースの生涯』有馬道子訳、新書館、2004年。）
Bruner, Robert and Sean D. Carr, 2007, *The Panic of 1907: Lessons Learned from the Market's Perfect Storm*, Hoboken, New Jersey: John Wiley & Sons.
Burke, Kenneth, 1935, *Permanence and Change: Anatomy of Purpose*, New York: New York Publishing Inc.
Burris, Beverly H., 1993, *Technocracy at Work*, New York: State University of New York.
Cain, P. J. and A. G. Hopkins, 1986-7, "Gentlemanly Capitalism and British Overseas Expansion, I-II", *Economic History Review*, Vol. 39, No. 4 (1986), pp. 501-525; Vol. 40, No. 1 (1987), pp. 1-26. （P・ケイン＝A・ホプキンズ『ジェントルマン資本主義と大英帝国』竹内幸雄・秋田茂訳、岩波書店、1994年、1-102頁。）
Calmfors, Lars and John Driffill, 1988, "Centralization of Wage Bargaining", *Economic Policy*, No. 6 (April 1988), pp. 14-61.
Camic, Charles, 1991, Introduction: Talcott Parsons before *The Structure of Social Action, Talcott Parsons: The Early Essays* ed. by Charles Camic, Chicago: Chicago University Press, pp. ix-lxix
——, 1992, "Reputation and Predecessor Selection: Parsons and the Institutionalists", *American Sociological Review*, Vol. 57, No. 4 (August 1992), pp. 421-445.
——, 2010, "Veblen's Apprenticeship: On the Translation of Gustav Cohn's System der Finanzwissenschaft", *History of Political Economy*, Vol. 42, No. 4 (2010), pp. 679-721.
Camic, Charles and Geoffrey M. Hodgson eds., 2011, *Essential Writings of Thorstein Veblen*, London: Routledge.
Capozzola, Christopher, 1999, "Thorstein Veblen and the Politics of War, 1914-1920", *International Journal of Politics, Culture and Society*, Vol. 13, No. 2 (1999), pp. 255-271.
Carnegie, Andrew, 1889, "Wealth", *North American Review*, Vol. 148, Issue 391 (June 1889), pp. 653-665.
——, 1920, *Autobiography of Andrew Carnegie*, London: Constable & Co. （A・カーネギー『カーネギー自伝』坂西志保訳、中央公論新社、2002年。）
Carr, E. H., 1961, *What is History?*, London: Macmillan. （E・H・カー『歴史とは何か』清水幾太郎訳、岩波新書、1962年。）
Cattell, McKeen J. ed., 1913, *University Control*, New York: The Science Press.
Carver, T. N., 1905, Review of *The Theory of Business Enterprise* by Thorstein Veblen, *Political Science Quarterly*, Vol. 20, No. 1 (March 1905), pp. 141-143.
Chandler, Alfred D. Jr., 1990, *Scale and Scope: The Dynamics of Industrial Capitalism*, Cambridge: The Belknap Press of Harvard University Press. （A・チャンドラー『スケール・アンド・スコープ——経営力発展の国際比較』安部悦生ほか訳、有斐閣、

1993 年。)
Christie, Jean, 1983, *Morris Llewellyn Cooke : Progressive Engineer*, New York : Garland Publishing, Inc.
Clark, John Bates, 1877a, "Unrecognized Forces in Political Economy", *New Englander*, Vol. 36, Issue 141 (October 1877), pp. 710-725.
——, 1877b, "The New Philosophy of Wealth", *New Englander*, Vol. 36, Issue 138 (January 1877), pp. 170-187.
——, 1879, "Business Ethics", *New Englander*, Vol. 38, Issue 149 (March 1879), pp. 157-169.
——, 1882, "Non-Competitive Economics", *New Englander*, Vol. 41 (1882), pp. 837-846
Clark, John Maurice, 1929, "Thorstein Veblen : 1857-1929", *American Economic Review*, Vol. 19 (December 1929), pp. 742-5. In Dorfman ed., 1973, pp. 595-600.
Coats, A. W., 1960, "The First Two Decades of the American Economic Association", *American Economic Review*, Vol. 50, No. 4 (September 1960), pp. 556-574.
——, 1961, "The Political Economy Club", *American Economic Review*, Vol. 51, No. 4 (September 1961), pp. 624-637.
——, 1969, "The American Economic Association's Publications", *Journal of Economic Literature*, Vol. 7, No. 1 (March 1969), pp. 57-68.
Cohn Gustav, 1889 (1895), *System der Finanzwissenschaft*, Stuttgart : F. Enke. Translated by Thorstein Veblen as *The Science of Finance*, Chicago : Chicago University Press, 1895.
The College Society (The Society for the Promotion of Collegiate and Theological Education at the West), 1844, *The First Report*, New York : J. F. Trow & Co.
Commager, Henry S., 1950, *The American Mind : An Interpretation of American Thought and Character Since the 1880s*, Princeton : Yale University Press.
Coser, Lewis A., 1971, *Masters of Sociological Thought : Ideas in Historical and Social Context*, New York : Harcourt, Brace and Javanovich.
Creighton, J. E., 1918, "Review of Veblen's *The Nature of Peace*", *The Philosophical Review*, Vol. 27, No. 3 (May 1918), pp. 318-321.
Crocker, Uriel H., 1892, "The 'Overproduction' Fallacy", *Quarterly Journal of Economics*, Vol. 6, No. 3 (1892), pp. 352-363.
——, 1895, *The Cause of Hard Times*, Boston : Little, Brown and Co.
Cummings, John, 1899, "The Theory of Leisure Class", *Journal of Political Economy*, Vol. 7, No. 4 (September 1899), pp. 425-455.
Dana, M. M. G. Rev., 1879, *The History of the Origin and Growth of Carleton College*, Saint Paul : Office of the Pioneer Press.
——, 1880, "Western Colleges : Their Claims and Necessities", *New Englander and Yale Review*, Vol. 39, Issue 157 (November 1880), pp. 774-794.
Darwin, Charles, 1859, *On the Origin of Species by Means of Natural Selection or the Preservation of Favoured Races in the Struggle for Life*, London : John Murray. (C・ダーウィン『種の起源』上・中・下巻、八杉竜一訳、岩波文庫、1963-71 年。)

Daugert, Stanley M., 1950, *The Philosophy of Thorstein Veblen*, New York : King's Crown Press.

Day, A. M., 1901, "Review of *The Theory of Leisure Class* by Thorstein Veblen", *Political Science Quarterly*, Vol. 16, No. 2 (June 1901), pp. 366-369.

Diggins, John P., 1978, *The Bard of Savagery : Thorstein Veblen and Modern Social Theory*, New York : The Seabury Press.

Dobriansky, Lev E., 1957, *Veblenism : A New Critique,* Washington D. C. : Public Affaires Press.

Dore, Ronald, 1965, *Education in Tokugawa Japan*, London : Routledge & Kegan Paul.（R・ドーア『江戸時代の教育』松居弘道訳、岩波書店、1970 年。）

——, 1969, "The Modernizer as a Special Case : Japanese Factory Legislation, 1882-1912", *Comparative Studies in Society and History*, Vol. 11, No. 4 (1969), pp. 433-450. In Dore, *Social Evolution, Economic Development and Culture : Selected Writings of Ronald Dore* ed. by D. Hugh Whittaker, Cheltenham : Edward Elgar, 2001, pp. 113-127.

——, 1973, *British Factory-Japanese Factory : The Origins of National Diversity in Industrial Relations*, Berkeley : University of California Press.（同上『イギリスの工場・日本の工場』山之内靖・永易浩一訳、筑摩書房、1987 年；ちくま学芸文庫、上・下巻、1993 年。）

Dorfman, Joseph, 1932, "Two Unpublished Papers of Thorstein Veblen on the Nature of Peace", *Political Science Quarterly*, Vol. 47, No. 2 (June 1932), pp. 185-203.

——, 1934, *Thorstein Veblen and His America*, New York : Augustus M. Kelly.（J・ドーフマン『ヴェブレン——その人と時代』八木甫訳、CBS 出版、1985 年。）

——, 1939, "Introduction" to *Imperial Germany and the Industrial Revolution* by Thorstein Veblen, , New York : The Viking Press, pp. xi-xxi.

——, 1949 (reprinted 1969), *The American Mind in American Civilization,* Vol. 3 : 1865-1918, New York : The Viking Press. Reprinted ed. from Augustus M. Kelley, New York.

——, 1958, "Source and Impact of Veblen", *The American Economic Review*, Vol. 48, No. 2 (May 1958), pp. 1-10.

——, 1964, "Introductory Note", Veblen's *The Instinct of Workmanship and the State of the Industrial Arts*, pp. 47-50.

——, 1968, "Background of Veblen's Thought", in Qualey ed., *Thorstein Veblen : The Carleton College Veblen Seminar Essays,* New York : Columbia University Press, pp. 106-130.

——, 1973, "New Light on Veblen", in Dorfman ed., 1973, pp. 5-325.

—— ed., 1973, *Thorstein Veblen : Essays, Reviews and Reports*, Clifton, New York : Augustus M. Kelly.

Dowd, Douglas, F., 1958, "Preface" of Dowd ed., *Thorstein Veblen : A Critical Reappraisal, Lectures and Essays Commemorating the Hundredth Anniversary of Veblen's Birth*, Westport, Connecticut : Greenwood Press, 1958.

Drury, Horace B., 1918, "Scientific Management : A History and Criticism", *Studies in History, Economics and Public Law*, ed. by the Faculty of Political Science of Columbia University, Vol. 65, No. 2 (1918), pp. 18-22.

Duffus, Robert L., 1944, *The Innocents at Cedro : A Memoir of Thorstein Veblen and Some Others*, New York : The Macmillan.

Dyer, Alan, W., 1986, "Veblen on Scientific Creativity : The Influence of Charles S. Peirce", *Journal of Economic Issues*, Vol. 20, No. 1 (March 1986), pp. 21-41.

Eby, Clare V., 1999, "The Two Mrs. Veblen, Among Others", *International Journal of Politics, Culture and Society*, Vol. 13, No. 2 (1999), pp. 353-361.

Edgell, Stephen, 1996, "Rescuing Veblen from Valhalla : Deconstruction and Reconstruction of a Sociological Legend", *British Journal of Sociology*, Vol. 47, Issue 4 (December 1996), pp. 627-642.

——, 2001, *Veblen in Perspective : His Life and Thought*, New York : M. E. Sharpe.

Edgell, Stephen and Rick Timan, 1989, "The Intellectual Antecedents of Thorstein Veblen : A Reappraisal", *Journal of Economic Issues*, Vol. 23, No. 4 (December 1989), pp. 1003-1026.

Ely, Richard T., 1884, "The Past and Present of Political Economy", in Herbert B. Adams ed., *The Johns Hopkins University Studies in Historical and Political Science*, Vol. 2 : Institutions and Economics, Baltimore : N. Murray Publication Agent, 1884, pp. 143-202.

——, 1902, "A Sketch of the Life and Services of Herbert Baxter Adams", in J. M. Vincent *et al.*, *Herbert B. Adams : Tributes of Friends with Bibliography of the Department of History, Politics and Economics of the Johns Hopkins University, 1876-1901*, Baltimore : The Johns Hopkins University, 1902, pp. 27-49.

Ely, Richard T., Thomas S. Adams, Max O. Lorenz and Allyn A. Young, 1908 (1916), *Outlines of Economics*, New York : The Macmillan Co.

Emily Veblen Olson, 1940, "Memoirs of Emily Veblen Olson". ノルウェー・アメリカ歴史協会（NAHS）所蔵。http://elegant-technology.com/resource/EMILY.PDF

Fay, Sidney B., 1916, "Review of *Imperial Germany and the Industrial Revolution* by Thorstein Veblen", *American Economic Review*, Vol. 6, No. 2 (June 1916), pp. 353-356.

Fisher, Irving, 1896, "Appreciation and Interest", American Economic Association, *Publications*, Vol. 11, No. 54 (July 1896), pp. 1-98.

——, 1909, "Capital and Interest", *Political Science Quarterly*, Vol. 24, No. 3 (September 1909), pp. 504-516.

Florence Veblen, 1931, "Thorstein Veblen : Reminiscences of His Brother Orson", *Social Forces*, Vol. 10, Issue 2 (December 1931), pp. 187-195.

Foresti, Tiziana, 2004, "Between Darwin and Kant : Veblen's Theory of Causality", *International Review of Sociology*, Vol. 14, No. 3 (2004), pp. 399-411.

Freeman, R. E., 1915, "Review of *Imperial Germany and the Industrial Revolution* by Thorstein Veblen", *Journal of Political Economy*, Vol. 23, No. 8 (October 1915), pp. 852-854.

福鎌忠恕・齋藤繁雄、1975、「解説」『自然宗教に関する対話――ヒューム宗教論集Ⅱ』法政大学出版局、178-189頁。

Fukuyama, F., 1992, *The End of History and the Last Man*, New York : International Creative Management. （F・フクヤマ『歴史の終わり』上・下巻、渡部昇一訳、三笠書房、1992年。）

Gerschenkron, Alexander, 1952, "Economic Backwardness in Historical Perspective", in Burt Hoselitz ed., *The Progress of Underdeveloped Countries*, Chicago : University of Chicago Press, 1952, pp. 3-29. In Gerschenkron's *Economic Backwardness in Historical Perspective : A Book of Essays*, Cambridge : Harvard University Press, pp. 5-30. （A・ゲルシェンクロン『後発工業国の経済史』絵所秀紀ほか訳、ミネルヴァ書房、2005年、2-30頁。）

Gilman, Daniel, C., 1876, Address at the Inauguration of Daniel C. Gilman as President of the Johns Hopkins University, Baltimore, February 22nd 1876, Baltimore : John Murphy & Co.

――, 1880, "The Purposes of the American Social Science Association and the Means that May be Employed to Promote these Ends", The American Social Science Association, *Journal of Social Science*, Vol. 12 (December 1880), pp. 22-29.

Gilman, Nils, 1999, "Thorstein Veblen's Neglected Feminism", *Journal of Economic Issues*, Vol. 33, No. 3 (September 1999), pp. 689-711.

Gjerde, Jon and Carlton C. Qualey, 2002, *Norwegians in Minnesota*, Minnesota Historical Society.

Grave, S. A., 1960, *The Scottish Philosophy of Common Sense*, Oxford : Clarendon Press.

Gregory, T. E., 1929, "Professor Allyn A. Young", *The Economic Journal*, Vol. 39, pp. 297-301.

Griffin, Robert A., 1982, *Thorstein Veblen : Seer of American Socialism*, Hamden, CT. : The Advocate Press.

――, 1998, "What Veblen Owed to Peirce", *Journal of Economic Issues*, Vol. 32, No. 3 (September 1998), pp. 733-757.

Guterman, Stanley S., 1968, "The Americanization of Norwegian Immigrants : A Study in Historical Sociology", *Sociology and Social Research*, Vol. 52 (April 1968), pp. 252-270.

Halbwachs, Maurice, 1905, "Remarque sur la position du problème sociologique des classes", *Revue de métaphysique et de morale*, Vol. 13, No. 6 (November 1905), pp. 890-905.

――, 1913, *La classe ouvrière et les niveau de vie : Recherches sur la hiérarchie des besoins dans les sociétés industrielles contemporaines*, Paris : Felix Alcan.

Hall, Stanley G., 1885, "The New Psychology", *Andover Review*, No. 3 (1885), pp. 239-248. http://psychclassics.yorku.ca/Hall/newpsycho.htm

Hamilton Earl J. ed., 1962, *Landmarks in Political Economy : Selections from the Journal of Political Economy*, Vol. 1, Chicago : Chicago University Press.

Hamilton, Sir William B., 1829, [1852] "Cousin's Course of Philosophy", *Edinburgh*

*Review*, Vol. 50 (October 1829), pp. 194-221. In Hamilton, *Discussion on Philosophy and Literature*, New York : Harper & Brothers, 1852, pp. 9-44. （論文集に収められたとき、論文タイトルが“Philosophy of the Unconditioned : In Reference to Cousin's Infinito-Absolute”と改題された。）
Hansen, Alvin H., 1932, *Economic Stabilization in An Unbalanced World*, New York : Augustus M. Kelly.
──, 1953, *A Guide to Keynes*, New York : McGraw-Hill. （A・ハンセン『ケインズ経済学入門』大石泰彦訳、東京創元社、1956年。）
Hardy, Sarah M., 1895, “The Quality of Money and Prices, 1860-1891 : An Inductive Study”, *Quarterly Journal of Economics*, Vol. 3, No. 2 (March 1895), pp. 145-168.
Harris, William T., 1867, “Preface” to *The Journal of Speculative Philosophy* (Vol. 1, No. 1), Penn State University Press.
Hartz, Louis, 1955, *The Liberal Tradition in America : An Interpretation of American Political Thought since the Revolution*, New York : Harcourt Brace & Co. （L・ハーツ『アメリカ自由主義の伝統』有賀貞訳、講談社、1994年。）
Haskell, Thomas L., 1977, *The Emergence of Professional Social Science : The American Social Science Association and the Nineteenth-Century Crisis of Authority*, Baltimore : The Johns Hopkins University Press.
Hawkins, Hugh, 1960, *Pioneer : A History of the Johns Hopkins University : 1874-1889*, Baltimore : The Johns Hopkins University Press.
林健太郎、1963、『ワイマール共和国──ヒトラーを出現させたもの』中公新書。
Heilbroner, Robert, 1953 (6th ed. 1986), *The Worldly Philosophers : The Lives, Times, and Ideas of the Greatest Economic Thinkers*, New York : Simon & Schuster, 1953. （第6版〔1986年〕の翻訳が、R・ハイルブローナー『入門経済思想史──世俗の思想家たち』八木甫ほか訳、筑摩書房、2001年。）
Higham, John, 1955, *Strangers in the Land, Patterns of American Nativism : 1860-1925*, New Brunswick, N. J. : Rutgers University Press.
Hirschman, Albert O., 1982a, *Shifting Involvements : Private Interest and Public Action*, Princeton : Princeton University Press. （A・ハーシュマン『失望と参画の現象学──私的利益と公的行為』佐々木毅・杉田敦訳、法政大学出版局、1988年。）
──, 1982b (1986), “Rival Interpretations of Market Society : Civilizing, Destructive, or Feeble?”, *Journal of Economic Literature*, Vol. 20, No. 4 (December 1982), pp. 1463-1484. In Hirschman, *Rival Views of Market Society and Other Recent Essays*, Cambridge : Harvard University Press, 1986, pp. 105-141.
Hobson, John A., 1902a, *Imperialism : A Study*, London : George Allen & Unwin. （J・A・ホブソン『帝国主義』上・下巻、矢内原忠雄訳、岩波文庫、1951年。）
──, 1902b (revised 1906), *The Evolution of Modern Capitalism : A Study of Machine Production*, London : The Walter Scott Publishing Co.
──, 1936, *Veblen*, London : Chapman & Hall. （同上『ヴェブレン』佐々木専三郎訳、文眞堂, 1980年。）

Hodgson, Geoffrey M., 1995, "Varieties of Capitalism from the Perspective of Veblen and Marx", *Journal of Economic Issues*, Vol. 29, No. 2 (June 1995), pp. 575-584.

Hofstadter, Richard, 1944, *Social Darwinism in American Thought*, Boston : Beacon Press. （R・ホフスタッター『アメリカの社会進化思想』後藤昭次訳、研究社出版。）

——, 1964, "What Happened to the Antitrust Movement?", in Earl Cheit ed., *The Business Establishment*, John Wiley & Sons, pp. 102-151 ; also in Hofstadter, *The Paranoid Style in American Politics*, with a New Foreword by Sean Wilentz, New York : The Vintage Books, pp. 188-237.

Hollander, L. M., 1925, "Review : The Laxdaela Saga translated from the Icelandic with an Introduction by Thorstein Veblen", *Scandinavian Studies*, Vol. 8, No. 8 (1925), pp. 258-259.

Homan, Paul T., 1927, "John Bates Clark : Earlier and Later Phases of His Work", *Quarterly Journal of Economics*, Vol. 42, No. 1 (November 1927), pp. 39-69.

——, 1928, *Contemporary Economic Thought*, New York : Harper & Brothers.

Horowitz, Irving L. ed., 2009, *Veblen's Century : A Collective Portrait*, New Brunswick, New Jersey : Transaction Publisher.

Howells, William D., 1899, "An Opportunity for American Fiction", *Literature : An International Gazette of Criticism*, No. 16, New Series, April 28, 1899. In Dorfman ed., (1973), pp. 630-637.

Hughey, Michael W., 1999, "The Use and Abuse of Thorstein Veblen", *International Journal of Politics, Culture and Society*, Vol. 13, No. 2 (1999), pp. 347-352.

Hume, David, 1734 (1932), "A Letter to a Physician", in J. Y. T. Greig ed., *Letters of David Hume*, Vol. 1 (1727-1765), Oxford : Clarendon Press, 1932, pp. 12-18.

——, 1776 (1777a [1826]), "My Own Life" (The Life of David Hume, Esq. by Himself, In 1777), in *The Philosophical Works of David Hume, Including All the Essays, and Exhibiting the More Important Alterations and Corrections in the Successive Editions by the Author*, Edinburgh : Adam Black and William Tait, Vol. 1, 1826, pp. iii-xv. (「ヒューム自叙伝」山崎正一訳、D・ヒューム『人間悟性の研究』福鎌達夫訳、彰考書院、1948 年、293-322 頁；山崎、1949、295-309 頁；同上「自叙伝」福鎌忠恕・齋藤繁雄訳、『奇蹟論・迷信論・自殺論——ヒューム宗教論集Ⅲ』法政大学出版局、1985 年、40-151 頁。)

—— 1777b (1826), "Of A Particular Province and A Future State", Section 11 of *An Enquiry concerning Human Understanding*, in *Essays and Treatises on Several Subjects*, Vol. 2, London : Printed for T. Cadel. In *The Philosophical Works of David Hume*, Vol. 4, 1826, pp. 155-173. （D・ヒューム「特殊摂理と未来の状態について」福鎌達夫訳、『人間悟性の研究』彰考書院、1948 年、233-260 頁；同上「特殊的摂理と未来［来世］の状態について」福鎌忠恕・齋藤繁雄訳、『奇蹟論・迷信論・自殺論——ヒューム宗教論集Ⅲ』法政大学出版局、1985 年、36-58 頁。）

——, 1779 (1826), "Dialogues concerning Natural Religion", in *The Philosophical Works of David Hume*, Vol. 2, 1826, pp. 419-548. （同上『自然宗教に関する対話——ヒューム

宗教論集Ⅱ』福鎌忠恕・齋藤繁雄訳、法政大学出版局、1975 年。)
猪木正道、1953、「解説」、F・ラッサール『学問と労働者 公開答状』猪木正道訳、創元文庫、1953 年、115-160 頁。
泉谷周三郎、1988、『ヒューム』清水書院。
Jacoby Sanford M., 1983, "Union-Management Cooperation in the United States: Lessons from the 1920s", *Industrial and Labor Relations Review*, Vol. 37 (October 1983), pp. 18-33.
Jaffé, William, 1924, *Les théories économiques et sociales de Thorstein Veblen*, New York: Burt Franklin.
Johnson, Alvin S., 1916, "Review of *The Instinct of Workmanship and the State of the Industrial Arts* by Thorstein Veblen", *Political Science Quarterly*, Vol. 31, No. 4 (December 1916), pp. 631-633.
Johnston, G. A., 1915, "Introduction" to G. A. Johnston ed., *Selections from the Scottish Philosophy of Common Sense*, Chicago and London: The Open Court Publishing Co.
Jorgensen, Elizabeth W. and Henry I. Jorgensen, 1999, *Thorstein Veblen: Victorian Firebrand*, New York: M. E. Sharpe.
亀嶋庸一、1995、『ベルンシュタイン』みすず書房。
Kant, Immanuel, 1783, *Prolegomena zu einer jeden künftigen Metaphysik, die als Wissenschaft wird auftreten können*, Riga: Johann Friedrich Hartknoch. (I・カント『プロレゴメナ』篠田英雄訳、岩波文庫、1977 年。)
――, 1795, *Zum ewigen Frieden: Ein philisophischer Entwurf*, Konigsberg: bey Friedrich Nicolovius. (同上『永遠平和のために』宇都宮芳明訳、岩波文庫、1895 年。)
Kaye, Howard L., 1986, *The Social Meaning of Modern Biology: From Social Darwinism to Sociobiology*, New Jersey: Yale University Press.
Keynes, John Neville, 1890, *The Scope and Method of Political Economy*, London: Macmillan and Co. (J・ネヴィル・ケインズ『経済学の領域と方法』上田正一郎訳、日本経済評論社、2000 年。)
Keynes, John Maynard, 1919, *The Economic Consequences of the Peace*, New York: Harcourt, Brace and Howe. In *Collected Writings of John Maynard Keynes*, Vol. 2, London: Macmillan & Co. (J・メイナード・ケインズ『平和の経済的帰結』早坂忠訳、ケインズ全集第 2 巻、東洋経済新報社、1977 年。)
――, 1922, *A Revision of the Treaty: Being A Sequel to the Economic Consequences of the Peace*, London: Macmillan & Co. In *Collected Writings of John Maynard Keynes*, Vol. 3, London: Macmillan & Co. (同上『条約の改正』千田純一訳、ケインズ全集第 3 巻、東洋経済新報社、1977 年。)
――, 1936, *The General Theory of Employment, Interest and Money*, London: The Macmillan. In *Collected Writings of John Maynard Keynes*, Vol. 7, London: Macmillan & Co. (同上『雇用・利子および貨幣の一般理論』塩野谷祐一訳、ケインズ全集第 7 巻、東洋経済新報社、1983 年。);同上『雇用・利子および貨幣の一般理論』上・下巻、間宮陽介訳、岩波文庫、2008 年。)

Kuklick, Bruce, 1984, "Seven Thinkers and How They Grow : Descartes, Spinoza, Leibniz, Locke, Berkeley, Hume and Kant", in Richard Rorthy *et al.* eds., *Philosophy in History*, Cambridge : Cambridge University Press, pp. 125-139.

——, 2001, *History of Philosophy in America : 1720-2000*, Oxford : Clarendon Press.

Lapouge, Georges Vacher de and Carlos C. Crossen, 1897, "The Fundamental Laws of Anthropo-Sociology", *Journal of Political Economy*, Vol. 6, No. 1 (December 1897), pp. 54-92.

Larson, Jonathan, 1994, "Speculations on the Origins of Veblen's Aesthetic Criticisms : As Revealed by the Restoration of the Veblen Family Farmstead", Paper Presented at the Inaugural Conference of the International Thorstein Veblen Association (ITVA), New School for Social Research in New York, 4-5th February, 1994.

Lassalle, Ferdinand, 1862, *Das Arbeiter-programm*, Berlin : Verlag von Meiyer & Zeller. (F・ラッサール『労働者綱領』小泉信三訳、岩波文庫、1928年)

——, 1863 (1900), *Die Wissenschaft und die Arbeiter*, Berlin : Verlag von Meyer & Zeller. Translated by Thorstein Veblen as *Science and the Workingmen*, New York : International Library of Publishing Co, 1900. (同上『学問と労働者 公開答状』猪木正道訳、創元文庫、1953年。)

Laughlin, J. Laurence, 1876, "The Anglo-Saxon Legal Procedure", in Henry B. Adams ed., *Essays in Anglo-Saxon Law*, Boston : Little, Brown & Co., pp. 183-305.

——, 1885, *History of Bimetallism in the United States*, New York : D. Appleton and Co.

——, 1887a, "Marshall's Theory of Value and Distribution", *Quarterly Journal of Economics*, Vol. 1, No. 2 (January 1887), pp. 227-232.

——, 1887b, "Reply from Laughlin", *Quarterly Journal of Economics*, Vol. 1, No. 3 (April 1887), pp. 361-2.

——, 1903, "Credit", in *The Decennial Publications of the University of Chicago*, First Series, Vol. 4, (March 1903), pp. 3-28.

The Laxdaela Saga, 1925, Translated by Thorstein Veblen, New York : Huebsch.

Layton, Edwin T., 1971, *The Revolt of the Engineers*, Cleveland : Case Western Reserve University.

Leonard, Delavan Levant, 1903, *The History of Carleton College : Its Origin and Growth, Environment and Builders*, Chicago : Fleming H. Revel Co.

Lerner, Max, 1948, "Editor's Introduction" to M. Lerner ed., *The Portable Veblen*, New York : The Viking Press.

Leslie, Thomas Edward Cliffe, 1868 (1870), "Political Economy and the Rate of Wages", *Fraser's Magazine* (July 1868), in Leslie's *Land Systems and Industrial Economy of Ireland, England and Continental Countries*, London : Longmans, Green & Co., 1870, pp. 357-379.

——, 1870 (1879 ; new ed. 1888 as *Essays in Political Economy*), "The Political Economy of Adam Smith", *Fortnightly Review*, November 1, 1870. In *Essays in Political and Moral Philosophy*, Dublin : Hodges, Figgis & Co, 1879, pp. 148-166 ; new ed.

1888 : 21-40.
——, 1876 (1879), "On the Philosophical Method of Political Economy", *Hermathena*, Vol. 2, in *Essays in Political and Moral Philosophy*, Dublin : Hodges, Figgis & Co, 1879, pp. 216-242 ; new ed. 1888. pp. 163-190.
Löwith, Karl, 1949, *Meaning in History*, Chicago : University of Chicago Press.
Lubin, Isador, 1968, "Recollection of Veblen", in Qualey ed., *Thorstein Veblen : The Carleton College Veblen Seminar Essays*, New York : Columbia University Press, pp. 131-147.
Lynd, Robert, S., 1939, *Knowledge for What? : The Place of Social Science in American Culture*, Princeton : Princeton University Press. （R・リンド『何のための知識か』小野修三訳、三一書房、1979 年。）
Maccabelli, Terenzio, 2008, "Social Anthropology in Economic Literature at the End of 19th Century : Eugenic and Racial Explanations of Inequality", *American Journal of Economics and Sociology*, Vol. 67, No. 3 (2008), pp. 481-527.
MacElwee, R. S., 1917, "Review of *Imperial Germany and the Industrial Revolution* by Thorstein Veblen", *Political Science Quarterly*, Vol. 32, No. 2 (June 1917), pp. 336-337.
Mackay, Thomas ed., 1891, *A Plea for Liberty : An Argument against Socialism and Scientific Legislation*, New York : D. Appleton & Co.
Magnussen, Magnus and Hermann Palsson, 1969, "Introduction" to *The Laxdaela Saga*, London : Penguin Books, pp. 9-42.
Mannheim, Karl, 1940, *Man and Society in the Age of Reconstruction : Studies in Modern Social Structure*, London : Routledge & Kegan Paul. （K・マンハイム『変革期における人間と社会』福武直訳、みすず書房、1962 年。）
Marot, Helen, 1917, "Review of *The Nature of Peace and its Perpetuation* by Thorstein Veblen", *Political Science Quarterly*, Vol. 32, No. 4 (December 1917), pp. 590-594.
Marsden, George, M., 1994, "God and Man at Yale : 1880", *First Things*, Vol. 42 (April 1994), pp. 39-42.
Marshall, Alfred, 1887, "Note by Professor Marshall : To the Editor of the Quarterly Journal of Economics", *Quarterly Journal of Economics*, Vol. 1, No. 3 (April 1887), pp. 359-361.
——, 1890 (9th ed. 1920) *Principles of Economics*, London : The Macmillan & Co. （A・マーシャル『経済学原理』全 4 巻、馬場啓之助訳、東洋経済新報社、1965-67 年。）
——, 1898, "Distribution and Exchange", *The Economic Journal*, Vol. 8, No. 29 (March 1898), pp. 37-59.
——, 1919 (4th ed. 1923), *Industry and Trade*, London : The Macmillan & Co. （同上『産業と商業』全 3 巻、永澤越郎訳、岩波ブックセンター信山社、1986 年。）
Mason, Edward S. and Thomas S. Lamont, 1982, "The Harvard Department of Economics from the Beginning to World War II", *Quarterly Journal of Economics*, Vol. 97, No. 3 (1982), pp. 383-433.
Mattson, Vernon and Rick Tilman, 1987, "Thorstein Veblen, Frederick Jackson Turner

and the American Experience", *Journal of Economic Issues*, Vol. 21, No. 1 (March 1987), pp. 219-235.
松尾博、1966、『ヴェブレンの人と思想』ミネルヴァ書房。
Maynard, Tony, 2000, "A Shameless Lothario: Thorstein Veblen as Sexual Predator and Sexual Liberator", *Journal of Economic Issues*, Vol. 34, No. 1 (March 2000), pp. 194-199.
McCormick, Ken, 2006, *Veblen in Plain English: A Complete Introduction to Thorstein Veblen's Economics*, Youngstown, New York: Cambria Press.
Mead, George H., 1918, "Review of *The Nature of Peace and the Term of Its Perpetuation* by Thorstein Veblen", *Journal of Political Economy*, Vol. 26, No. 7 (July 1918), pp. 752-762.
Medlen, Craig, 2003, "Veblen'Q: Tobin's Q", *Journal of Economic Issues*, Vol. 37, No. 4 (December 2003), pp. 967-986.
Merton, Robert K., 1938 (1970), *Science, Technology and Society in Seventeenth Century England*, New York: Howard Fertig.
——, 1949 (revised 1957), *Social Theory and Social Structure: Toward the Codification of Theory and Research*, New York: The Free Press. (R・K・マートン『社会理論と社会構造』森東吾ほか訳、みすず書房、1961年。)
Mills, C. Wright, 1953, "Introduction" to Veblen's *The Theory of Leisure Class*", New York: Mentor Books, pp. vi-xix.
Mitchell, Wesley C., 1913, *Business Cycles*, Berkeley: University of California Press.
——, 1929, "Thorstein Veblen: 1857-1929, Obituary", *The Economic Journal*, Vol. 39 (December 1929), pp. 646-650. In Dorfman ed., 1973, pp. 601-606.
——, 1936, "Introduction" to *What Veblen Taught*, ed. by Wesley C. Mitchell, New York: The Viking Press, pp. vii-xlix.
——, 1941, "J. Laurence Laughlin", *Journal of Political Economy*, Vol. 49, No. 6 (December 1941), pp. 875-881.
——, 1969, *Types of Economic Theory: From Mercantilism to Institutionalism*, Vol. 2, ed. by Joseph Dorfman, New York: Augustus M Kelly.
森博、1970、『現代社会論の系譜』誠信書房、1970年。
守川正道、1983、『第一次世界大戦とパリ講和会議』柳原書店。
Morris, George Sylvester, 1880, *British Thought and Thinkers: Introductory Studies, Critical, Biographical and Philosophical*, Chicago: S. C. Griggs and Co.
——, 1882, *Kant's Critique of Pure Reason: A Critical Exposition*, Chicago: S. C. Griggs and Co.
Mumford, Lewis, 1982, *Sketches from Life: The Autobiography of Lewis Mumford, The Early Years*, New York: The Dial Press.
Nadworny, Milton J., 1955, *Scientific Management and Unions, 1900-1932*, Cambridge: Harvard University Press. (M・ナドワーニー『科学的管理と労働組合』小林康助訳、ミネルヴァ書房、1971年;新版:広文社、1977年。)
長尾伸一、2004、『トマス・リード——実在論・幾何学・ユートピア』名古屋大学出版会。

中川竹三（徳富蘇峯監修・石川六郎編輯）、1920、『ヴェルサイユ會議』民友社。
中山大、1974、『ヴェブレンの思想体系』ミネルヴァ書房。
Newcomb, Simon, 1885, *Principles of Political Economy*, New York : Harper & Brothers.
Nilan, Roxanne and Karen Bartholomew, 2007, "No More 'The Naughty Professor' : Thorstein Veblen at Stanford", Stanford Historical Society, *Sandstone & Tile*, Vol. 31, No. 2 (Spring/Summer 2007), pp. 13–33.
西部邁、1983、『経済倫理学序説』中央公論社。
Nyland, Chris, 1998, "Taylorism and the Mutual Gains Strategy", *Industrial Relations*, Vol. 37, No. 4 (October 1998), pp. 519–542.
Ogburn William, 1922, *Social Change with Respect to Culture and Original Nature*. New York : B.W. Huebsch.
——, 1957 (1964), "Cultural Lag as Theory", *Sociology and Social Research*, Vol. 41, No. 3 (January–February 1957), pp. 167–174. In *William F. Ogburn on Culture and Social Change* ed. by Otis D. Duncan, Chicago : Chicago University Press, 1964, pp. 86–95.
小原敬士、1965、『ヴェブレン』勁草書房。
O'hara, Phillip A., 2002, "The Contemporary Relevance of Thorstein Veblen's Institutional-Evolutional Political Economy", *History of Economics Review*, Vol. 35 (Winter 2002), pp. 78–103.
大槻春彦、1968、「イギリス古典経験論と近代思想」、大槻春彦責任編集『ロック ヒューム』世界の名著 27、中央公論社、1968 年、7–60 頁。
Olson, Mancur, 1982, *The Rise and Decline of Nations : Economic Growth, Stagflation and Social Rigidities*, New Haven : Yale University Press. （M・オルソン『国家興亡論』加藤寛監訳、PHP 研究所、1991 年。）
大河内一男、1936、『獨逸社会政策思想史』日本評論社。
折原浩、1969、『危機における人間と学問』未来社。
Oshima, H. T., 1943, "Veblen on Japan", *Social Research*, Vol. 10, No. 4 (November 1943), pp. 487–494.
Pabon, Carlos E., 1992, *Regulating Capitalism : The Taylor Society and Political Economy in the Inter-War Period*, University of Massachusetts, Ann Arber : University Microfilms International.
Paine, Thomas, 1794 (1896), *The Age of Reason : Being an Investigation of True and Fabulous Theology*, Paris : Barrois. In *The Writings of Thomas Paine*, ed. by Moncure D. Conway, Vol. 4, New York : G. P. Putnam's Sons, 1896, pp. 21–195.
Park, Robert E., 1928, "Human Migration and the Marginal Man", *American Journal of Sociology*, Vol. 33, No. 6 (May 1928), pp. 881–893.
Parrish, John B., 1967, "Rise of Economics as an Academic Disciplines : The Formative Years to 1900", *Southern Economic Journal*, Vol. 34, No. 1 (July 1967), pp. 1–16.
Parsons, Talcott, 1935, "Sociological Elements in Economic Thought : I. Historical", *Quarterly Journal of Economics*, Vol. 49, Issue 3 (May 1935), pp. 414–453. In *Talcott Parsons : The Early Essays* ed. and with an Introduction by Charles Camic, Chicago :

The University of Chicago Press, 1991, pp. 181–212.

Peirce, Charles, S., 1877, "The Fixation of Belief", *Popular Science Monthly*, Vol. 12 (1877), pp. 1–15. *Collected Papers of Charles S. Peirce*, ed. by Charles Hartshorne and Paul Weiss, Vol. 5 : Pragmatism and Pragmaticism, Cambridge, Massachusetts : The Belknap Press of Harvard University Press, 1934, pp. 223–247.（C・パース「探究の方法」上山春平訳、上山春平責任編集『パース ジェイムズ デューイ』世界の名著 48、中央公論社、1968 年、53–75 頁。）

──, 1905, "The Issues of Pragmaticism", *The Monist*, Vol. 15 (1905), pp. 481–499. *Collected Papers of Charles S. Peirce*, Vol. 5, 1934, pp. 293–313.（同上「プラグマティシズムの問題点」山下正男訳、上山春平責任編集『パース ジェイムズ デューイ』世界の名著 48、中央公論社、1968 年、247–262 頁。）

Peel, J. D. Y., 1971. *Herbert Spencer : The Evolution of a Sociologist*. London : Heinemann.

Porter, Naoh, 1880a, "The Newest Atheism", *The Princeton Review*, Vol. 1 (1880), pp. 359–392.

──, 1880b, "Herbert Spencer's Theory of Sociology : A Critical Essay", *The Princeton Review*, Vol. 2 (1880), pp. 268–296.

──, 1881, "The Kantian Centennial", *The Princeton Review*, Vol. 2, pp. 394–424.

──, 1886, *Kant's Ethics : A Critical Exposition*, Chicago : S. C. Griggs and Co.

──, 1887, *The Human Intellect with an Introduction upon Psychology and the Soul*, New York : Charles Scriber's Sons.

Qualey, Carlton C., 1968, "Introduction" to Qualey ed., *Thorstein Veblen : The Carleton College Veblen Seminar Essays*, New York : Columbia University Press, pp. 1–15.

Rauch, Basil, 1963, *The History of the New Deal : 1933–1938*, New York : Capricorn Books.

Reid, Thomas, 1764 (1863), *An Inquiry into the Human Mind on the Principles of Common Sense*, Edinburgh : Printed for Bell & Bradfute, and William Greech, 1764. In *The Works of Thomas Reid, D. D.* ed. by Sir William Hamilton, Bart, Vol. 1, Edinburgh : Maclachlan and Stewart, 1863.（T・リード『心の哲学』朝広謙次郎訳、知泉書館、2004 年。）

──, 1785 (1863), *Essays on the Intellectual Powers of Man*, Edinburgh : Printed for John Bell, 1785. In *The Works of Thomas Reid, D. D.* ed. by Sir William Hamilton, Bart, Vol. 1, Edinburgh : Maclachlan and Stewart, 1863.

Reinert, Erik S. and Francesca L. Viano eds., forthcoming, *Thorstein Veblen:Economics for an Age of Crisis*, London : Anthem Press.

Rhoades, Lawrence J., 1981, *A History of the American Sociological Association : 1905–1980*, Washington, D. C. : ASA.

Riesman, David, 1953, *Thorstein Veblen*, New York : Charles Scriber's Sons.

Rockoff, Hugh, 2008, "Great Fortunes of the Gilded Age", National Bureau of Economic Research, *Working Papers* 14555. http://www.uber.org/papers/w14555.

Rollmann, Hans, 1987, "Meet Me in St. Louis : Troeltsch and Weber in America", H.

Lehmann and G. Roth eds., *Weber's Protestant Ethic : Origins, Evidences, Contexts,* Cambridge : Cambridge University Press, 1987, pp. 357–383.
Rosenberg, Bernard, 1956, *Values of Veblen : A Critical Appraisal,* Washington, D. C. : Public Affaires Press.
Rutherford, Malcolm, 1992, "Thorstein Veblen and the Problem of the Engineers", *International Review of Sociology,* Vol. 3 (1992), pp. 125–150.
——, 2000, "Understanding Institutional Economics : 1918–1929", *Journal of the History of Economic Thought,* Vol. 22, No. 3 (2000), pp. 277–308
Rutherfold, Malcolm and Warren J. Samuels eds., 1997, *Thorstein Bunde Veblen,* 2 Vols., London : Pickering & Chatto.
坂本達哉、1995、『ヒュームの文明社会——勤労・知識・自由』創文社。
Samuels, Warren J., 1975, "The Veblen-Commons Award : Joseph Dorfman", *Journal of Economic Issues,* Vol. 9, No. 2 (June 1975), pp. 143–146.
佐々木晃、1967、『経済学の方法論——ヴェブレンとマルクス』東洋経済新報社。
Schneider, Herbert W., 1946, *A History of American Philosophy,* New York : Columbia University Press.
Schumpeter, Joseph, 1937, "Allyn A. Young", Edwin R. A. Seligman and Alvin Johnson eds., *Encyclopedia of the Social Sciences,* Vol. 15 (1937), pp. 514–515.
Seligman, Edwin R. A., 1894, "Progressive Taxation in Theory and Practice", American Economic Association, *Publications,* Vol. 9, No. 1–2 (March 1894), pp. 7–222.
Semmingsen, Ingrid, 1980, *Norway to America : A History of the Migration,* Minneapolis : University of Minnesota.
Shaw, G. Bernard ed., 1891, *Fabian Essays in Socialism,* London : The Humboldt Publishing Co.
Shiller, Robert J., 2000 (2nd ed. 2005), *Irrational Exuberance,* Princeton : Princeton University Press ; the 2nd ed., New York : Doubleday. (R・シラー『根拠なき熱狂——アメリカ株式市場、暴落の必然』植草一秀監訳、ダイヤモンド社、2001年。)
篠原久、1986、『アダム・スミスと常識哲学——スコットランド啓蒙思想の研究』有斐閣。
Simich, J. L. and Tilman, Rick, 1983–84, "On the Use and Abuse of Thorstein Veblen in Modern American Sociology, I–II", *American Journal of Economics and Sociology,* Vol. 42, No. 4 (October 1983), pp. 417–429 ; Vol. 43, No. 1 (January 1984), pp. 103–114.
Simmel, Georg, 1908, *Soziologie : Untersuchungen über die Formen der Vergesellschaftung,* Berlin : Duncker & Humblot. (G・ジンメル『社会学——社会化の諸形式についての研究』居安正訳、上・下巻、白水社、1994年。)
Smith, Adam, 1776, *An Inquiry into the Nature and Causes of the Wealth of Nations,* London : Printed for W. Strahan and T. Cadell. (A・スミス『国富論』全4巻、水田洋監訳・杉山忠平訳、岩波文庫、2000–2001年。第5版からの翻訳。)
Smyth, William H., 1919, "Technocracy-National Industrial Management : Practical Suggestions for National Reconstruction", *Industrial Management,* Vol. 57 (March 1919), pp. 208–212.

Sombart, Werner, 1906 (1976), *Why is there no Socialism in the United States?*, New York : M.E. Sharpe. (*Warum gibt es in den Vereinigten Staaten keinen Sozialismus?* [1906] を C. T. Husbands が 1976 年に英訳したもの。)

Spencer, Herbert, 1850, *Social Statics, or The Conditions Essential to Human Happiness Specified, and the First of them Developed*, New York : D. Appleton and Co.

——, 1883, "Mr. Spencer's Address", in E. Youmans, ed. (1883), pp. 28-35.

——, 1891, "Introduction : From Freedom to Bondage" to Thomas Mackay ed., *A Plea for Liberty : An Argument against Socialism and Scientific Legislation*, New York : D. Appleton & Co., 1891, pp. 3-32.

——, 1904, *Autobiography*, 2 Vols., New York : D. Appleton and Co.

Spindler, Michael, 2002, *Veblen and Modern America : Revolutionary Iconoclast*, London : Pluto Press.

Stabile, Donald, 1997, "The Intellectual Antecedents of Thorstein Veblen : A Case for John Bates Clark", *Journal of Economic Issues*, Vol. 31, No. 3 (September 1997), pp. 817-825.

Steffens, Lincoln, 1931, *The Autobiography of Lincoln Steffens*, New York : Harcourt, Inc.

Stephen, Leslie, 1876, *History of English Thought in the Eighteenth Century*, 2 Vols., London : Smith, Elder & Co. (S・スティーヴン『十八世紀イギリス思想史』上・中・下巻、中野好之訳、筑摩書房、1969-70 年。)

Stewart, Dugald, 1793 (1858), ""Account of the Life and Writings of Adam Smith L. L. D", The Transactions of the Royal Society of Edinburgh, Read by Mr. Stewart ; January 21, and March 18, 1793. In *The Collected Works of Dugald Stewart* ed. by Sir William Hamilton, Bert, Vol. 10, Edinburgh : Thomas Constable & Co., pp. 5-98. (D・スチュワート『アダム・スミスの生涯と著作』福鎌忠恕訳、御茶の水書房、1984 年。)

Sumner, William Graham, 1883 (1919), "The Science of Sociology", in E. Youmans ed. (1883), pp. 35-40. In Sumner's *The Forgotten Man and Other Essays*, ed. by Albert G. Keller, New Haven : Yale University Press, 1919, pp. 401-405.

——, 1884, "Our Colleges before the Country", *Princeton Review*, Issue 2 (March 1884), pp. 127-140. In Sumner, *War and Other Essays* ed. by Albert G. Keller, New Haven : Yale University Press, 1911, pp. 355-373.

——, 1906, *Folkways : A Study of the Sociological Importance of Usages, Manners, Customs, Mores and Morals*, Boston : Ginn and Co. (W・G・サムナー『フォークウェイズ』青柳清孝ほか訳、青木書店 , 1975 年。)

Sutherland, E. H., 1916, "Review of *Imperial Germany and the Industrial Revolution* by Thorstein Veblen", *American Journal of Sociology*, Vol. 21, No. 4 (January 1916), pp. 555-557.

只腰親和・佐々木憲介編、2010、『イギリス経済学における方法論の展開』昭和堂。

高哲男、1991、『ヴェブレン研究』ミネルヴァ書房。

——、2004、『現代アメリカ経済思想の起源——プラグマティズムと制度経済学』名古屋大学出版会。

田村信一、1993、『グスタフ・シュモラー研究』御茶の水書房。

田中敏弘、1993、『アメリカ経済学史研究――新古典派と制度学派を中心に』晃洋書房。
――、2006、『アメリカ新古典派経済学の成立――J. B. クラーク研究』名古屋大学出版会。
――、2007、「解題」、ジョン・ベイツ・クラーク『富の分配――賃金、利子、利潤の理論』田中敏弘・本郷亮訳、日本経済評論社、457-485頁。
谷口幸男、1979、「解説」『アイスランド サガ』新潮社、845-857頁。
Taussig, F. W., 1915, *Investors and Money-Makers*, New York : Macmillan.
Tawney, R. H., 1921, *The Acquisitive Society*, New York : Harcourt Brace and Howe. （R・H・トーニー「獲得社会」山下重一訳、『イギリスの社会主義思想』世界思想教養全集17、河出書房新社、1963年、293-394頁。）
Teggart, Richard V., 1932, *Thorstein Veblen : A Chapter in American Economic Thought*, Berkeley : University of California Press.
Tilman, Rick, 1972, "Veblen's Ideal Political Economy and Its Critics", *American Journal of Economics and Sociology*, Vol. 31 (July 1972), pp. 307-317.
――, 1973, "Thorstein Veblen : Incrementalist and Utopian", *American Journal of Economics and Sociology*, Vol. 32 (April 1973), pp. 155-169.
――, 1985, "The Utopian Vision of Edward Bellamy and Thorstein Veblen", *Journal of Economic Issues*, Vol. 19, No. 4 (December 1985), pp. 879-898.
――, 1992, *Thorstein Veblen and His Critics, 1891-1963 : Conservative, Liberal and Radical Perspectives*, Princeton : Princeton University Press.
――, 1996, *The Intellectual Legacy of Thorstein Veblen : Unsolved Issues*, Westport, Connecticut : Greenwood Press.
――, 2007, *Thorstein Veblen and the Enrichment of Evolutionary Naturalism*, Columbia : University of Missouri Press.
―― ed., 2003, *The Legacy of Thorstein Veblen*, 3 Vols., Cheltenham : E. Elgar.
Triggs, Oscar L., 1905, *The Changing Order : A Study of Democracy*, Chicago : The Oscar Triggs Publishing Co.
杖下隆英、1982、『ヒューム』勁草書房。
都留重人、1985 (2006)、『現代経済学の群像』岩波書店。
―― (Tsuru, Shigeto), 1993, *Institutional Economics Revisited*, Cambridge : The Syndicate of the Press of the University of Cambridge. （都留重人『制度派経済学の再検討』中村達也・永井進・渡会勝義訳、岩波書店、1999年）
Turner, Frederick J., 1893, "The Significance of the Frontier in American History", *Report of the American Historical Association for 1893*, pp. 199-227. In Tuner (1920), pp. 1-38.
――, 1910, "Pioneer Ideals and the State University : Commencement Address at the University of Indiana" (1910), in Turner (1920), pp. 269-289.
――, 1914, "The West and American Ideals", Commencement Address, University of Washington, June 17, 1914. In Turner (1920), pp. 290-310.
――, 1918, "Middle and Western Pioneer Democracy", An Address Delivered at the Dedication of the Building of State Historical Society of Minnesota, May 11, 1918. In

Turner (1920), pp. 335–359.
——, 1920, *The Frontier in American History*, New York : Henry Holt and Co.
——, 1932, *The Significance of Sections in American History*, New York : Holt.
Tuttle, Herbert, 1883, "Academic Socialism", *The Atlantic Monthly*, Vol. 52, Issue 310 (August 1883), pp. 200–210.
United States Department of State, 1919, *Papers Relating to the Foreign Relations of the United States, The Paris Peace Conference*, Vol. 1, Washington, D. C.: U.S. Government Printing Office.
内田義彦、1966、『資本論の世界』岩波新書。
Uselding, Paul, 1976, "Veblen as Teacher and Hunker in 1896–97 : The Hagerty Notes on How the Economist Derived His Criticism of the Structure of Classical Economic Theory", *American Journal of Economics and Sociology*, Vol. 35, Issue 4 (October 1976), pp. 391–399.
宇沢弘文、1977、『近代経済学の再検討』岩波新書。
——、2000a、『ヴェブレン』岩波書店。
——、2000b、『社会的共通資本』岩波新書。
Veblen, Thorstein, 1884 (1934), "Kant's Critique of Judgment", *Journal of Speculative Philosophy*, Vol. 18, No. 3 (July 1884), pp. 260–274. In Veblen (1934), pp. 175–193.
——, 1891 (1919e), "Some Neglected Points in the Theory of Socialism", *Annuals of the American Academy of Political and Social Science*, Vol. 2, No. 3 (November 1891), pp. 345-362. In Veblen (1919e), pp. 387–408.
——, 1892a (1934), "Böhm-Bawerk's Definition of Capital and the Source of Wages", *Quarterly Journal of Economics*, Vol. 6, No. 2 (January 1892), pp. 247–252. In Veblen (1934), pp. 132–136.
——, 1892b (1934),"The Overproduction Fallacy", *Quarterly Journal of Economics*, Vol. 6, No. 4 (July 1892), pp. 484–492. In Veblen (1934), pp. 104–113.
——, 1892c (1973), "The Price of Wheat since 1867", *Journal of Political Economy*, Vol. 1, No. 1 (December 1892), pp. 68–103. In Veblen (1973), pp. 331–380.
——, 1892d (1973), "Adolph Wagner's New Treatise", *Journal of Political Economy*, Vol. 1, No. 1 (December 1892), pp. 110–117. In Veblen (1973), pp. 399–408. (同誌原文に著者名はない。)
——, 1893 (1973), "The Food Supply and the Price of Wheat", *Journal of Political Economy*, Vol. 1 , No. 3 (June 1983), pp. 365–379. In Veblen (1973), pp. 381–397.
——, 1894a (1934), "The Army of the Commonweal", *Journal of Political Economy*, Vol. 2, No. 3 (June 1894), pp. 456–461. In Veblen (1934), pp. 97–103.
——, 1894b (1934), "The Economic Theory of Woman's Dress", *Popular Science Monthly*, Vol. 46, No. 2 (December 1894), pp. 198–205. In Veblen (1934), pp. 65–77.
——, 1898a (1919e), "Why is Economics not an Evolutionary Science?", *Quarterly Journal of Economics*, Vol. 12, No. 3 (July 1898), pp. 373–397. In Veblen (1919e), pp. 56–81.
——, 1898b (1934), "The Instinct of Workmanship and the Irksomeness of Labor",

*American Journal of Sociology*, Vol. 4, No. 2 (September 1898), pp. 187-201. In Veblen (1934a), pp. 78-96.
——, 1898c (1934), "The Beginnings of Ownership", *American Journal of Sociology*, Vol. 4, No. 3 (November 1898), pp. 352-365. In Veblen (1934), pp. 32-49.
——, 1899a (1934), "The Barbarian Status of Women", *American Journal of Sociology*, Vol. 4, No. 4 (January 1899), pp. 503-514. In Veblen (1934), pp. 50-64.
——, 1899b (1919e), "The Preconceptions of Economic Science I", *Quarterly Journal of Economics*, Vol. 13, No. 2 (January 1899), pp. 121-150. In Veblen (1919e), pp. 82-113.
——, 1899c, *The Theory of Leisure Class: An Economic Study of in the Evolution of Institutions*, New York: Macmillan. （T・ヴェブレン『有閑階級の理論』小原敬士訳、岩波文庫、1961年；同上『有閑階級の理論』高哲男訳、ちくま学芸文庫、1998年。）
——, 1899d (1919e), "The Preconceptions of Economic Science II", *Quarterly Journal of Economics*, Vol. 13, No. 4 (July 1899), pp. 396-426. In Veblen (1919e), pp. 114-147.
——, 1899e (1934), "Mr. Cummings's Strictures on *The Theory of Leisure Class*", *Journal of Political Economy*, Vol. 8, No. 1 (December 1899), pp. 106-117. In Veblen (1934), pp. 16-31.
——, 1900 (1919e), "The Preconceptions of Economic Science III", *Quarterly Journal of Economics*, Vol. 14, No. 2 (February 1900), pp. 240-269. In Veblen (1919e), pp. 148-179.
——, 1901a (1919e), "Industrial and Pecuniary Employments", *Publication of the American Economic Association*, Series 3, Vol. 2, No. 1 (February 1901), pp. 190-235. In Veblen (1919e), pp. 279-323.
——, 1901b (1973), "The Later Railroad Combinations", *Journal of Political Economy*, Vol. 9, No. 3 (June 1901), pp. 439-441. In Veblen (1973), pp. 413-415. （同誌原文に著者名はない。）
——, 1901c (1919e), "Gustav Schmoller's Economics", *Quarterly Journal of Economics*, Vol. 16, No. 1 (November 1901), pp. 69-93. In Veblen (1919e), pp. 252-278.
——, 1902 (1934), "Arts and Crafts", *Journal of Political Economy*, Vol. 11, No. 1 (December 1902), pp. 108-11. In Veblen (1934), pp. 194-199.
——, 1903 (1904b), "The Use of Loan Credit in Modern Business", The Decennial Publications of the University of Chicago, First Series, Vol. 4 (March 1903), pp. 31-50. In Veblen (1904b) の第5章に再録。
——, 1904a (1919e), "An Early Experience in Trusts", *Journal of Political Economy*, Vol. 12, No. 2 (March 1904), pp. 270-279. In Veblen (1919e), pp. 497-509.
——, 1904b, *The Theory of Business Enterprise*, New York: Charles Scriber's Sons. （同上『企業の理論』小原敬士訳、勁草書房、1965年。）
——, 1905 (1934), "Credit and Prices", *Journal of Political Economy*, Vol. 13, No. 3 (June 1905), pp. 460-472. In Veblen (1934), pp. 114-131.
——, 1906a (1919e), "The Place of Science in Modern Civilization", *American Journal of Sociology*, Vol. 11, No. 5 (March 1906), pp. 585-609. In Veblen (1919e), pp. 1-31.
——, 1906b (1919e), "The Socialist Economics of Karl Marx and His Followers I: The

Theories of Karl Marx", *Quarterly Journal of Economics*, Vol. 20, No. 3 (August 1906), pp. 575–595. In Veblen (1919e), pp. 409–430.
——, 1907 (1919e), "The Socialist Economics of Karl Marx and His Followers II: The Later Marxism", *Quarterly Journal of Economics*, Vol. 21, No. 1 (February 1907), pp. 299–322. In Veblen (1919e), pp. 431–456.
——, 1908a (1919e), "Professor Clark's Economics", *Quarterly Journal of Economics*, Vol. 22, No. 2 (February 1908), pp. 147–195. In Veblen (1919e), pp. 180–230.
——, 1908b (1934), "Fisher's Capital and Income", *Political Science Quarterly*, Vol. 23, No. 1 (March 1908), pp. 112–128. In Veblen (1934), pp. 148–172.
——, 1908c (1919e), "On the Nature of Capital I: The Productivity of Capital Goods", *Quarterly Journal of Economics*, Vol. 22, No. 4 (August 1908), pp. 517–542. In Veblen (1919e), pp. 324–351.
——, 1908d (1919e), "The Evolution of the Scientific Point of View", *University of California Chronicle*, Vol. 10, No. 4 (October 1908), pp. 395–416. In Veblen (1919e), pp. 32–55.
——, 1908e (1919e), "On the Nature of Capital II: Investment, Intangible Assets and the Pecuniary Magnate", *Quarterly Journal of Economics*, Vol. 23, No. 1 (November 1908), pp. 104–136. In Veblen (1919e), pp. 352–386.
——, 1909a (1934), "Fisher's Rate of Interest", *Political Science Quarterly*, Vol. 24, No. 2 (June 1909), pp. 296–303. In Veblen (1934), pp. 137–147.
——, 1909b (1919e), "The Limitations of Marginal Utility", *Journal of Political Economy*, Vol. 17, No. 9 (November 1909), pp. 620–636. In Veblen (1919e), pp. 231–251.
——, 1910a (1934), "Christian Morals and the Competitive System", *International Journal of Ethics*, Vol. 20, No. 2 (January 1910), pp. 168–185. In Veblen (1934), pp. 200–218.
——, 1910b (1933 [1973]), "As to a Proposal Inquiry into Baltic and Cretan Antiquities" (Memorandum submitted to Carnegie Institution in 1910), *American Journal of Sociology*, Vol. 39, No. 2 (September 1933), pp. 237–241. In Veblen (1973), pp. 575–582.
——, 1913a (1919e), "The Mutation Theory and the Blond Race", *Journal of Race Development*, Vol. 3, No. 4 (April 1913), pp. 491–507. In Veblen (1919e), pp. 457–476.
——, 1913b (1919e), "The Blond Race and the Aryan Culture", *University of Missouri Bulletin, Social Science*, Vol. 2, No. 3. (April 1913), pp. 39–57. In Veblen (1919e), pp. 477–496.
——, 1914, *The Instinct of Workmanship and the State of the Industrial Arts*, New York: Macmillan. (同上『ヴェブレン 経済的文明論——職人技本能と産業技術の発展』松尾博訳、ミネルヴァ書房、1997年。)
——, 1915a, *Imperial Germany and Industrial Revolution*, New York: Macmillan.
——, 1915b (1934), "The Opportunity of Japan", *Journal of Race Development*, Vol. 6 (July 1915), pp. 23–38. In Veblen (1934), pp. 248–266.
——, 1917a, *An Inquiry into the Nature of Peace and the Terms of its Perpetuation*, New York: Macmillan. (同上「平和の条件」陸井三郎訳、『ヴェブレン「有閑階級の理論」

「平和の条件」』世界大思想全集「社会・宗教・科学篇 17」河出書房、1956 年、239-305 頁。ただし、原書の約 4 分の 1 の抄訳。）
——, 1917b（1934）, "The Japanese Lose Hope for Germany", Letter for *The New Republic*（June 30, 1917）, pp. 246-247. In Veblen（1934）, pp. 245-247.
——, 1917c（1932［1934］）, "Suggestions Touching the Working Program of an Inquiry into the Prospective Terms of Peace"（Memorandum submitted to U.S. Presidential Committee of Inquiry in 1917）, *Political Science Quarterly*, Vol. 47, No. 2（June 1932）, pp. 186-189. In Veblen（1934）, pp. 355-360.
——, 1917d（1932［1934］）, "Outline of a Policy for the Control of the "Economic Penetration" of Backward Countries and of Foreign Investments", *Political Science Quarterly*, Vol. 47, No. 2（June 1932）, pp. 189-203. In Veblen（1934）, pp. 361-382.
——, 1918a（1934）, "An Unpublished Memorandum of Thorstein Veblen on Government Regulation of the Food Supply"（Memorandum for Statistical Division of the U.S. Food Administration in 1918）, *Southwestern Social Science Quarterly*, Vol. 13, No. 4（March 1918）, pp. 372-377. In Veblen（1934）, pp. 347-354. （『秩序論集』［1934 年］に収録されたとき、論文タイトルは "A Memorandum on a Schedule of Prices for the Staple Foodstuffs" と変更。）
——, 1918b（1973）"On the General Principles of a Policy of Reconstruction", *Journal of the National Institute of Social Sciences*, Vol. 4（April 1918）, pp. 37-46. In Veblen（1973）, pp. 535-540.
——, 1918c（1934）, "A Policy of Reconstruction", The *New Republic*（April 13, 1918）, pp. 318-320. In Veblen（1934）, pp. 391-398.
——, 1918d（1934）, "Passing of National Frontiers", *The Dial*（April 25, 1918）, pp. 387-390. In Veblen（1934）, pp. 383-390.
——, 1918e（1934）, "Menial Servants during the Period of War", *The Public*（May 11, 1918）, pp. 595-599. In Veblen（1934）, pp. 267-278.
——, 1918f（1932［1934］）, "Farm Labor and the I. W. W.［Using the I. W. W. to Harvest Gains］", *Journal of Political Economy*, Vol. 40, No. 6（December 1932）, pp. 797-807. In Veblen（1934）, pp. 319-336.
——, 1918g（1934）, "Farm Labor for the Period of War I-IV", *The Public*（July 13 : pp. 882-885 ; July 20 : 918-922 ; July 27 : 947-952 ; August 3 : 981-985, 1918）, In Veblen（1934）279-318.
——, 1918h（1934）, "The War and Higher Learning", *The Dial*（July 18, 1918）, pp. 45-49. In Veblen（1934）, pp. 337-346.
——, 1918i, *The Higher Learning in America : A Memorandum on the Conduct of University by Business Men*, New York : Huebsch.
——, 1918/19（1919e）, "The Modern Point of View and the New Order I-Ⅷ", *The Dial*（October 19 : 289-293 ; November 2 : 349-354 ; November 16 : 409-414 ; November 30 : 482-488 ; December 14 : 543-549 ; December 28, 1918 : 605-611 ; January 11 : 19-24 ; January 25, 1919 : 75-82）. Veblen（1919a）はこれら 8 論文を一冊にまとめ

たもの。
——, 1919a, *The Vested Interests and the State of the Industrial Arts*, New York: Huebsch. (1920 年に書名が *The Vested Interests and the Common Man* と変更された。)(同上「既得権階層と庶民——近代的見地と新秩序」油本豊吉訳、『新潟大学商学論集』第 2 号、1965 年、1-130 頁。)
——, 1919b (1934), "Bolshevism is a Menace: to Whom?", *The Dial* (February 22, 1919), pp. 174-179. In Veblen (1934), pp. 399-414.
——, 1919c (1934) "The Intellectual Pre-eminence of Jews in Modern Europe", *Political Science Quarterly*, Vol. 34, No. 1 (March 1919), pp. 33-42. In Veblen (1934), pp. 219-231.
——, 1919d, "On the Nature and Use of Sabotage", *The Dial* (April 5, 1919), pp. 341-346. Veblen (1921a) の第 1 章として再録。
——, 1919e, *The Place of Science in Modern Civilization and Other Essays*, New York: Huebsch.
——, 1919f (1934), "Peace", *The Dial* (May 17, 1919), pp. 485-487. In Veblen (1934), pp. 415-422.
——, 1919g, "The Industrial System and the Captains of Industry", *The Dial* (May 31, 1919), p. 552-557. Veblen (1921a) の第 2 章として再録。
——, 1919h, "The Captains of Industry and the Engineers", *The Dial* (June 14, 1919), pp. 599-606. Veblen (1921a) の第 3 章として再録。
——, 1919i, "Bolshevism and the Vested Interests I-III", *The Dial* (October 4: 296-301; October 18: 339-346; November 1, 1919: 373-380). Veblen (1921a) の第 4-6 章として再録。
——, 1919j (1934), "The Twilight Peace of the Armistice", *The Dial* (November 15, 1919), p. 443. In Veblen (1934), pp. 459-461.
——, 1920a (1934), "Review of *Economic Consequences of the Peace* by John Maynard Keynes", *Political Science Quarterly*, Vol. 35, No. 3 (September 1920), pp. 467-472. In Veblen (1934), pp. 461-470.
——, 1920b (1964 初出), "Wire Barrage", In Veblen (1964), pp. 471-474.
——, 1921a, *The Engineers and The Price System*, New York: Harcourt Brace and World. (同上『技術者と価格体制』小原敬士訳、未来社、1962 年；同上「技術家と価格体制」油本豊吉訳、『新潟大学商学論集』第 1 号、1962 年、1-86 頁。)
——, 1921b (1934), "Between Bolshevism and War", *The Freeman* (May 25, 1921), pp. 248-251. In Veblen (1934), pp. 437-449.
——, 1922 (1934), "Dementia Praecox", *The Freeman* (June 21, 1922), pp. 344-347. In Veblen (1934), pp. 423-436.
——, 1923a, "The Captains of Industry", *The Freeman* (April 18, 1923), pp. 127-132. Veblen (1923e) の第 6 章として再録。
——, 1923b, "The Timber Lands and Oil Fields I-II", *The Freeman* (May 23: 248-250; May 30, 1923: 272-274). Veblen (1923e) の第 7 章第 5 節として再録。
——, 1923c, "The Independent Farmer", *The Freeman* (June 13, 1923), pp. 321-324.

Veblen（1923e）の第7章第2節として再録。
——, 1923d, “The Country Town I-II”, *The Freeman*（July 11 : 417-420 ; July 18, 1923 : 440-443）. Veblen（1923e）の第7章第3節として再録。
——, 1923e, *Absentee Ownership and Business Enterprise in Recent Times : The Case of America*, New York : Huebsch.（同上『アメリカ資本主義批判』橋本勝彦訳、白揚社、1940年；同上「不在所有制」油本豊吉訳、『駒沢大学経済学論集』第2巻第3号［1971年1月］61-94頁、第3巻第1号［1971年6月］120-144頁；第3巻第2号［1971年11月］121-145頁；第4巻第1号［1972年6月］112-132頁；第4巻第2号［1972年9月］169-183頁；第4巻第3号［1972年12月］115-131頁；および『横浜商大論集』第7巻第1号［1973年11月、78-101頁］。ただし、橋本訳は第7章のみが未訳、また油本訳は第7章第4節〔第5節は未訳〕と第8章までの抄訳。）
——, 1925a（1934）, “Economic Theory on the Calculable Future”, *American Economic Review (Papers and Proceedings)*, Vol. 15, No. 1, Supplement（March 1925）, pp. 48-55. In Veblen（1934）, pp. 3-15.
——, 1925b（1973）, “Introduction” to Translation of *The Laxdaela Saga*, New York : Huebsch. Veblen（1973）, pp. 541-551.（「ラックサー谷の人びとのサガ」谷口幸男訳、『アイスランド・サガ』新潮社、1979年, 311-438頁。）
——, 1927（1934初出）, “An Experiment in Eugenics”, In Veblen（1934）, pp. 232-242.
——, 1934（1964）, *Essays on Our Changing Order*, ed. by Leon Ardzrooni, New York : The Viking Press.（1964 ed. with the Addition of a Recently Discovered Memorandum “Wire Barrage” Supplied by Joseph Dorfman.）
——, 1973, *Thorstein Veblen : Essays, Review and Reports* ed. with an Introduction by Joseph Dorfman, New York : Augustus Kelley.
Viano, Francesca L., 2009, “Ithaca Transfer : Veblen and the Historical Profession”, *History of European Ideas*, Vol. 35（2009）, pp. 38-61.
Vidich, Arthur J. and Joseph Bensman, 1958, *Small Town in Mass Society : Class, Power and Religion in a Rural Community*, Princeton : Princeton University Press.
Walker, Francis A., 1876, *The Wages Question : A Treatise on Wages and the Wages Class*, New York : Henry Holt and Co.
Wallace, Henry A., 1940, “Veblen's *Imperial Germany and the Industrial Revolution*”, *Political Science Quarterly*, Vol. 55, No. 3（September 1940）, pp. 435-445.
Wallas, Graham, 1915, “Review of *Imperial Germany and the Industrial Revolution* by Thorstein Veblen”, *Quarterly Journal of Economics*, Vol. 30, No. 1（November 1915）, pp. 179-187.
Ward, Lester F., 1900, “Review of *The Theory of Leisure Class* by Thorstein Veblen”, *American Journal of Sociology*, Vol. 5, No. 6（May 1900）, pp. 829-837.
Weatherly, Ulysess G., 1914, “Review of *The Instinct of Workmanship and the State of the Industrial Arts* by Thorstein Veblen”, *American Economic Review*, Vol. 4, No. 4（December 1914）, pp. 860-861.
Weber, Max., 1905, “Die protestantische Ethik und der »Geist« des Kapitalismus, II”,

*Archiv für Sozialwissenschaft und Sozialpolitik*, Band 21, pp. 1-110. (M・ウェーバー『プロテスタンティズムの倫理と資本主義の精神』大塚久雄訳、岩波文庫、1989 年;同上『プロテスタンティズムの倫理と資本主義の « 精神 »』梶山力訳・安藤英治編、未来社、1994 年。)
——, (1903-6) 1922, "Roscher und Knies und die logischen Probleme der historischen Nationalökonomie", in Weber's *Gesammelte Aufsätze zur Wissenschaftslehre*, Tübingen: J. C. B. Mohr (Paul Siebeck) 1922, pp. 1-145. (同上『ロッシャーとクニース』全 2 冊、松井秀親訳、未来社、1955-56 年。原論文は 1903 年から 06 年にかけて『シュモラー年報』第 27、29、30 巻に掲載された。)
Wells, David A., 1890, *Recent Economic Changes and their Effect on the Production and Distribution of Wealth and the Well-Being of Society*, New York: D. Appleton and Co.
Wenley, Robert M., 1917, *The Life and Work of George Sylvester Morris: A Chapter in the History of American Thought in the Nineteenth Century*, New York: The Macmillan.
White, Andrew D., 1876, *The Warfare of Science*, London: Henry S. King & Co.
Wiener, Martin J., 1981, *English Culture and The Decline of the Industrial Spirit, 1850-1980*, Cambridge: Cambridge University Press. (M・ウィーナー『英国産業精神の衰退——文化史的接近』原剛訳、勁草書房、1984 年。)
Wood, John C., ed., 1993, *Thorstein Veblen: Critical Assessments*, 3 Vols., London: Routledge.
山室静、1994 (1963)、『アイスランド——歴史と文学』紀伊國屋書店。
山崎正一、1949、『ヒューム研究』創元社。
Youmans, Edward L., 1872, "Editor's Table", *Popular Science Quarterly*, No. 1 (May 1872), p. 117.
—— ed., 1883, *Herbert Spencer on the Americans and the American on Herbert Spencer*, New York: D. Appleton and Co.
Young, Allyn A., 1928a, "English Political Economy", *Economica*, Vol. 8 (March 1928), pp. 1-15, in Young (1999), pp. 17-28.
——, 1928b, "Increasing Returns and Economic Progress", *The Economic Journal*, Vol. 38, No. 152 (December 1928), pp. 527-542, in Young (1999), pp. 49-61.
——, 1999, *Money and Growth: Selected Papers of Allyn Abbott Young*, ed. by Perry G. Mehrling and Roger J. Sandilands, London: Routledge.

## 著者紹介

稲上　毅（いながみ　たけし）

1944年生まれ。東京大学文学部倫理学科卒業、同大学院社会学研究科博士課程中退、東京大学文学部助手、法政大学社会学部教授、東京大学大学院人文社会系研究科・文学部教授、法政大学経営学部教授、（独）労働政策研究・研修機構理事長を経て、現在、東京大学名誉教授。博士（社会学）。

主著：『現代社会学と歴史意識』（木鐸社、1973年）、『労使関係の社会学』（東京大学出版会、1981年）、『現代英国労働事情』（東京大学出版会、1991年）、『ポスト工業化と企業社会』（ミネルヴァ書房、2005年）など。

共編著：『現代日本のコーポレート・ガバナンス』（東洋経済新報社、2000年）、*The New Community Firm* with D. Hugh Whittaker（Cambridge University Press, 2005）など。

# ヴェブレンとその時代
## いかに生き、いかに思索したか

初版第1刷発行　2013年6月28日

著　者　稲上　毅

発行者　塩浦　暲

発行所　株式会社　新曜社

〒101-0051　東京都千代田区神田神保町2-10

電　話（03）3264-4973・FAX（03）3239-2958

E-mail：info@shin-yo-sha.co.jp

URL　http://www.shin-yo-sha.co.jp/

印刷所　星野精版印刷

製本所　イマヰ製本所



ISBN978-4-7885-1340-2 C1036